JN123896

# 復刻資料「中津川労音」

## 1960年代における地域の文化実践の足跡を辿る

東谷護 編著

風媒社

# まえがき

本書は、一九六〇年代における地域での文化実践、とりわけ岐阜県東濃地域の音楽文化の実体解明を目的として、中津川勤労者芸術協議会の機関誌である「中津川労芸」（一九六三年五月〜一九六四年九月）と中津川勤労者音楽協議会の機関誌である「中津川労音」（一九六四年一〇月〜一九七〇年一〇月）の全面復刻をするものである。さらに中津川労音の文化実践を読み解くための手がかりとして、編著者による解説と論考を提示するものである。この解説と論考では、戦後日本の社会・文化的潮流と地方文化との関係の再考を促すことも視野にいれている。なお、機関誌名の違いはあるものの、中津川勤労者芸術協議会の発展解消を受けて中津川勤労者音楽協議会が創設された経緯に鑑みれば、「中津川労芸」と「中津川労音」という機関誌は同一機関誌とみなすことが出来る。

本書の起点となった研究は、科研費（挑戦的萌芽研究）「地域共同体の文化実践の担い手としての小学校教員に関する文化社会学的研究」（研究代表者：東谷護、研究課題番号：23653275）である。この研究では、研究対象地として岐阜県東濃地域に着目したが、研究を進めるなかで「岐阜県東濃地域において地域在住の小学校教員が文化実践の担い手となっていた」ことが明らかとなった。具体的には、戦後まもなく「恵那の教育」と呼ばれた綴り方運動を推し進めた教員たちは一九六〇年代に勤務評定反対運動、いわゆる「勤評闘争」に巻き込まれていく。そうしたなかで、一部の教員たちが地域住民と文化実践を行う繋がりを求め、一九六三年五月に勤労者芸術協議会に参加し、中津川勤労者芸術協議会を立ち上げる。翌一九六四年一〇月に音楽に絞った中津川勤労者音楽協議会に発展した。中津川労音は、この人的な繋がりを支えた「場」であった。

中津川労音は、戦後、労音運動が盛んになっていくなかで、結成された。興味深いことは、中津川労音の取り組みが、全国労音の一支部としてとらえられるよりも、地域独自の動きがあった点にある。戦後日本のポピュラー音楽史にとどまらず、戦後日本文化を考察する上で、多くのヒントを内包していると思われる。中津川労音の独自の活動として、日本のフォークソング、とりわけ関西フォークの黎明期の支援、日本の野外コンサート（オールナイト形式）の黎明期のものである、全日本フォークジャンボリー（一九六九年〜一九七一年）の開催や、入場税撤廃に関わる裁判、などがあげられる。こうした精力的な活動も、中津川労音機関誌の創刊号から最終号までの八年余りを精査してみると、具体的な労音活動の裏に、当時の生活やコミュニティの在り方が見え隠れしている。

これらを念頭に、本書は「Ⅰ資料復刻」「Ⅱ解説」「Ⅲ論考」で構成される。本書が、岐阜県東濃地域をはじめとした地域のあり方、日本の音楽文化の再考とローカルアイデンティティ（地元愛）を考える契機の一助となることが出来たならば本望である。繰り返してしまうが、本書は、一九六〇年代の一地域の文化実践を支えた労音の機関誌の全面復刻である。この機関誌は、岐阜県の現地図書館にも収録されていないものである。この点においても、本書の刊行はきわめて貴重なものであるといえよう。

# 目次

**1960年代の恵那山（1963年）**

中津川市街を見下ろす丘の上です。市内に、そんなに大きな建物はありません。恵那山がよく見えたことでしょう。国道19号も、中央道もありません。国道19号は市内を通過していました。桃山や、恵下にもほとんど住宅はありません。四つ目川の流れる川すじがはっきりと分かります。

出所：『恵那山百景 2001 笠木透・写真集』（雑木社、2002年）

Ⅰ. 資料復刻

# 「中津川労芸」（1号～9号）・「中津川労音」（10号～50号）

凡例

一、第Ⅰ部は、中津川労芸機関誌「中津川ろうげい」(「中津川労芸」)・中津川労音機関誌「中津川労音」全号の復刻である。原本のサイズ(B5判)を95%に縮小して収録した。

二、原本の号数には重複と欠番が見られるため、目次に別途通番を付けた。通番の先頭の数字【1】は「中津川ろうげい」(「中津川労芸」)、【2】は「中津川労音」に付した。

三、収載は原本のページ順だが、No.19(通番【2-18】)からNo.34(【2-33】)までは横組みの体裁であるため、レイアウトを維持するために見開きページの左右を逆に配置した。

# 中津川ろうげい

中津川勤労者芸術協議会　63年4.5月　No.1

# 中津川勤労者芸術協議会規約

**（名称）**
第一条　この会は、中津川勤労者芸術協議会といい、事務局を中津川市内におきます。

**（目的）**
第二条　この会は、私たちの手で、すぐれた舞台芸術を、より安く、より多く、定期的に鑑賞して、私たちの教養を高めるとともに、舞台芸術の創造、発展に努力して、生活文化の向上を図ることを目的とします

**（事業）**
第三条　この会は、次の事業を行ないます
一、例会（定期的な舞台芸術の鑑賞会）
二、特別例会（随時行なう鑑賞会）
三、機関誌「中津川労芸」の配布
四、舞台芸術に関する研究会、座談会、批評会などの随時開催
五、全国各地の労演、労音、労映などとの提携によるすぐれた舞台芸術の紹介と普及
六、郷土に生まれている演劇、音楽、舞踊などのサークル活動との協力と育成
七、その他前条の目的にそう活動

**（構成）**
第四条　この会は、勤労者を中心とするすべての舞台芸術愛好者によって構成された自主的組織であり、三名以上のグループを単位として構成します
グループは代表を選出して、この会の運営に参加します

**（会員）**
第五条　毎月会員を納めるものを会員とし、会員は例会に招待されるほか、この会の行なうすべての事業に参加することができます
一ケ月以上会費を納めないときは、会員の資格を失います

**（機関）**
第六条　この会には、次の機関をおきます
一、代表者会議
二、幹事会
代表者会議は、この会の最高決議機関で、グループ代表者及び役員で構成され、毎年一回以上会長が召集します
代表者は、会員数に応じ、各サークル毎に次の割合で選出します。
十名まで　一名
十一名から二十名まで　二名
以下右に準じます。
幹事会は、この会の執行機関であり、会計監査を除く役員で構成され、会長が必要に応じて召集します。議決は幹事の過半数により行います。

第七条　この会には、幹事会のもとに事務局をおき、会務を処理します
事務局長及び事務局員は幹事会で決定します。

**（役員）**
第八条　この会には、次の役員をおきます
一、会　長　一名
二、副会長　二名
三、幹　事　若干名
四、会計監査　二名
役員は、代表者会議において会員中より選出します
会長、副会長は幹事会において選出します
会長はこの会を代表し、副会長はこれを補佐します
役員の任期は一年として、再選をさまたげません。

**（会員と財政）**
第九条　この会の経費は、会費その他によりまかないます。会費は前納制で、月額一〇〇円入会金五〇円として、前月末までに各グループでまとめて事務局に納入します。
会計年度は毎年四月一日より三月三十一日までとし、会計報告は、代表者会議で承認をうけます。

**（入会・退会）**
第十条　この会の入会、退会、所定の手続きをとれば自由にできます。
会費の未納者は会員の資格を失ない、再入会の場合にも、入会金を必要とします
退会の際、入会金及び既納の会費は返しません。

**附　則**
この会の規巻の改正は、代表者会議の承認を必要とします
この規約は一九六三年五月一三日から実施します。

# 中津川労芸

63年4・5月 No.1

中津川勤労者芸術協議会が発足した。

若い人々のたくましい力を結集してこの組織は生まれた。

齢60を超えながらも、若いなかまの１人としてわが中津川労芸にはせ参じたこの私は、若くして逝つたかの石川啄木が、その死を前にして綴つた日記の一節をいま思い出している…

「年とつたものは先に死ぬ。老人と青年のたたかいはいつでも青年の勝になる。そうして新しい時代が来る。
私はいま、ちようどのどがかわいて一杯の茶の飲みたいときに、だい分熱くなりかけた鉄瓶の湯のたぎり出すのを、今か今かと待つているような心持でおとなしい日本の青年の口から『ぼくは若いんだ!!』という男らしい宣言の語られる日を待つているのである。」

中津川勤労者芸術協議会会長　西尾彦朗

中津川労芸 63年4.5月 例会

人形劇団プーク中津川公演

62年度文部省芸術祭奨励賞受賞に輝く

# 逃げだしたジュピター

2幕10場

モリエールの「アンフィトリヨン」より　川尻泰司 作・演出・美術

## スタッフ

作・演出・美術　川尻泰司
音楽　長沢勝俊
効果　田村憲
舞台監督　宗方真人
美術製作　川尻泰司
デザイング・ループ　野田牧史・星野毅
人形製作　小林博・高橋春光・鏑木昌弥
川尻泰司・野田牧史
衣裳　大塚ふく代・中山杜卉子
福岡京子・竹内紀代
福岡峰子・和田玲子・倉沢美智子
装置・小道具　星野毅・松本裕史
石井勝喜・大塚ふく代
中山杜卉子・鏑木昌弥

## キャスト

|  | | | |
|---|---|---|---|
| アンフィトリヨン | | 前野博 | 同 |
| アルクメーヌ | | 久保田恵美子 | 同 |
| ソジー | | 水田外史 | 同 |
| クレアンティス | | 木村陽子 | 同 |
| ジュピター | | 古賀伸一 | 同 |
| ヤーキュリー | | 池内芳子 | 岡崎明俊 |
| 夜の女神 | | 吉村福子 | 中村サエ |
| 水の精 | A | 久保田恵美子 | 吉村福子 |
| | B | 木村陽子 | 竹内トヨ子 |
| | C | 中村サエ | 小松市子 |
| 客人 | A | 松本裕史 | 同 |
| | B | 松本久 | 同 |
| 武将 | A | 岡崎明俊 | 同 |
| | B | 石井勝喜 | 同 |
| | C | 池内芳子 | 宗方真人 |

## 場割

### 第一幕

第一場　森の泉のほとり
第二場　夜の空
第三場　夜道
第四場　アンフィトリヨンの家の前庭
第五場　幕前
第六場　アンフィトリヨンの家の前庭

### 第二幕

第一場　森の泉のほとり
第二場　アンフィトリヨンの家の前庭
第三場　森の泉のほとり
第四場　アンフィトリヨンの家の前庭

# ものがたり

## 第一幕

テーブの将軍アンフィトリヨンは戦い終り妻アルクメーヌのもとへ下男ソジーをつれて急ぎ帰る途中、森の泉で水の精たちと会う。水の精たちは競つてアンフィトリヨンの心をとらえようとするが、彼はそれをふりきり道を急ぐ。そして妻の兄の家に立寄るためソジーを先に舘へ帰えす。

これを空から見ていた全智全能の神ジュピターは、水の精たちと「わしがお前たちのかわりに、アンフィトリヨンの妻の心を取つてみせよう」と約束する。

さて下男のソジーは主人より一足先に館にたどりついてみると、驚いたことに自分と全く同じ姿のソジー（実はジュピターの手下のマーキュリーが化けたもの）がいて逆に追いだされてしまう。いつぽうジュピターはアンフィトリヨンに化けて、アルクメーヌの部屋に入りこみ、アルクメーヌと一夜をともにする。そして「じつは仕事をぬけだしてきたので今夜のことは内しょにしておいてくれ」といつて去つてしまう。

なにがなにやらわからずに追い出されたソジーは、ほうほうのていで逃げ帰る途中で、アンフィトリヨンに会いことのなりゆきを話すが本気にされず逆に酒でもくらつてねぼけているのだろうと叱られる。しかしアンフィトリヨンが館につくと、夫との再会に喜びあふれたアルクメーヌと話のつじつまがあわない。夫は「なにものかにお前の心は……」となじり、妻は「昨夜あれほど愛の言葉を告げながら今日はまた人の真心をからかうとは……」と泣き叫ぶ始末、とうとうアンフィトリヨンは、昨夜会つた妻の兄を証人につれてくるといつてとびだしてしまう。

## 第二幕

「あのアルクメーヌが私以外のものに心を奪われるとは……」と嘆き悲しむアンフィトリヨンを見た水の精たちとジュピターが「どうやらジュピター様の勝らしい」と話しているところえ、マーキュリーがやつてきて、アルクメーヌがひどく嘆き悲んでいることを知らされ、ジュピターは再びアルクメーヌのもとへとんでいく。

またしてもアンフィトリヨンに化けたジュピターは、言葉たくみになだめ、アルクメーヌを慰める晩饗会を客人を招いて開く。そこへ本もののアンフィトリヨンがやつて来たので大騒ぎになるが、アンフィトリヨンはとうとうソジー同様にせ者に追い出されてしまう。

さてソジーもまたマーキュリーにつまみ出され、しようことなく森の泉のほとりでまどろんでいると、あとからマーキュリーがやつてきて水の精たちにいまのいきさつをおもしろおかしく話をする。それを聞いたソジーは「これでなにもかもわかつた。神さまだつて人をだまして真心をかつぱらうなんてがまんがならねえ」といきまき館にとつてかえす。

まず女房のクレアンティスをそのかしてマーキュリーを追つぱらい、ジュピターとわたりあつているところへ、アンフィトリヨンが仲間の武将をともなつてやつてきた。

二人のアンフィトリヨンを前にとまどうアルメーヌはついに短剣でわれとわが胸を刺しみずからの命を絶つてしまう。

すると突然、稲妻がきらめき雷鳴がとどろいてジュピターの姿は「アンフィトリヨンよジュピターの負だ。アルクメーヌの心はお前のものだ……アルクメーヌはうばうことのできない真心のように新しい生命をもつてよみがえるだろう」との声をのこして消えさる。

間もなくアルクメーヌは息を吹きかえし、ソジーの一世一代の大はたらきで、とんだ人さわがせのこの騒動も終りをつげる。

# 大人のために童話を

川尻　泰司
（人形劇団プーク主宰）

今日われわれのおかれている日本人の現実の中では、人間が人間として正常にものを感じ、楽しみ、あるいは思索することすら困難なほど精神的破壊活動がおこなわれています。

このままの状態が、このまま進行していくなら、のびのびとした思索はゆがめられ、自由の精神の翼はおられ、ヒステリカルな異常興奮の中にのみ自己解放をもとめるようになるでしょう。私は大人のための童話が、もつともつと必要だと思うのです。

大人も子供もともに人間です。そして子供たちの世界からさえ、童話は遠ざかりつつあります。

子供たちにとつて、童話がいかに大切なものかは、誰も異論のないところでしよう。

私はその子供たちの童話をなくさないためには、大人の世界に、大人たちの心の中に童話がなくてはならないと思うのです。

そこで、私はこのたびの「逃げだしたジユピター」をやることにしました。これは、大人のための童話です。この本は御存知のモリエールのギリシヤ神話をもとにした「アンフイトリヨン」を改作したものです。モリエールは、本来この話のもつ神話性から離れるところで、この戯曲をつくり上げました。私は更にこの話を、大人のための童話につくりかえようと思いました。

またモリエールのソジーにあらわされる庶民的性格を、今日的段階で一歩強いものに表わそうと思いました。

また「アンフィトリヨン」の話の中にある妻を寝取られた男としての喜劇、裏がえしすると、策略をもつてアルクメーヌをおかしたジュピター（ジュピターとマーキュリーだけを英語読みにしたのには、深い意味はありません。その方が今日の日本人にわかりやすいからです）の行為を肯定するという観点に立つことはやめました。それは今日の日本の現状の中にある、民族の運命にかかわる根本問題につながる大きな問題とかかわりあいのあることだと思うからです。

次に今回の舞台を、全部棒使い人形で創り出して見ようと思うことは、大きな冒険です。それを承知の上で、やはりやつて見ようと思うのは、なんとかして、今日の人形がぶつかつている表現上の問題を、たとえ半歩なりとも前進させ、その可能性を拡大し、人形劇が人形劇であるための独自性の発見と確立をしようと考えるところからです。

この様な、われわれ人形劇人の中にある主体的問題の明確化ともう一つ、人形劇は大人が見ても本当に面白いものだと、一人でも多くの大人の人に感じとつてもらうこと、つまり大人たちの中に、人形劇を徹底して大衆化することを今度の舞台でやつていきたいのです。

このたびの舞台が、みなさんからどのようなお小言をいただくかをたのしみに、今後とも本当に日本の大人の人たちに喜こんでもらえ、楽しんでもらえ、できうるなら深い感動を与えることができる人形劇をつくるためにひとつ、せいいつぱいがんばつてみるつもりです。その時はまた子供たちのために、本当によい舞台の幕をひらくことができることでもあるのですから。

私は健康上の理由で「ファウスト博士」再演以来、長い間舞台創造の仕事から離れていました。

やや快方に向つて来た現在、人形劇が人形劇であるための仕事を、地道にやりはじめたいと考えています。

# 芸術祭受賞をめぐつて

大木直太郎（劇作家）

## うたがいのない事実

　文楽をひきあいに出すまでもなく、古くから伝承され、今日でもなお、諸地方に、おどろくべき専門的な技術とともに遺存されている人形芝居をみれば、人形芝居の芸術としての可能性を疑う余地はないと思います。

　といつても、正直のところ、わたくしは、文楽や結城孫三郎のあやつり人形芝居のような古典的（?）なもののほか、日本演劇学会で発表された郷土人形芝居の研究を通して、わずかに知り得ただけで、たとえば戦後、演劇協会のことで知遇を得た川尻氏などのおやりになつている現代のいわゆる人形劇というものについては、ほとんど知識を持つていませんでした。それはその多くが、児童の観客を対象としていて、したがつて芝居の内容脚本が、われわれおとな向きでない——最近の人形劇は必ずしも、そうでないことを知りましたが——ことと、もうひとつ、アマチュア特有の眼高手抵で、なんとなく鑑賞に堪えられないのではないかというはなはだ失礼な疑いを以前から持つていました。

　つまり、芸術的な高度な精神を形象化する技術——すなわち芸——の在り方について根強い不信を持つていたのです。

　これは、とんでもないことです。

　先日も、芸術祭審査員の人たちが異口同音に、日本の人形劇が、すばらしい芸を持ちはじめたことは、もはや疑いのない事実であると発言したことです。これは単に、ある特定のグループを指してではなく、一般的水準を指しての発言だつたことに、わたくしなどおどろいたくらいです。わたくしが、久しぶりに見た「逃げだしたジユピター」は、極めて明確に、このことを証明してくれました。

## 棒使いのおどろき

　まず、あの棒使い人形の操作技術の巧妙さが、わたくしには、おどろきでした。

　その棒使いの操作で、特に感心したのは、人形の足使いです。糸あやつりでも、その他手使いの人形で一番ぎこちないのは人形の足使いで、ぎこちなくいきいきと見せるためには、よほどの熟練を要するだろうと、素人目には見えるからです。

　それから操作と台詞とが別人になつているようですが、人形のからくりと動作が複雑になればなるほど、分離の必要があるのは当然と思われますが、この場合、適所適声を欠かないようにしないと、せつかくの芝居がアンバランスになります。わたくしの見た範囲だけについていえば、この点の考慮が不十分だつたと感じました。声の色と質が登場人物に密着して選択されなければなりません。人形の場合は、現実感に大きく影響を与えます。

## 好評の原因は

　「逃げだしたジユピター」が好評だつたのは、このように人形操作の技術水準が、一般に他の人形劇団のものも芸と呼んではずかしくないまでに達しているとすれば、脚本にあるといえます。つまりおとなのわれわれの鑑賞にも堪えるものだつたからです。それについで、この物語にふさわしい人形の創造的形象（人形づくり）と、舞台美術（舞台づくり）の見ごとさ、調和だと思います。日本の現代人形劇の水準がよくも、ここまで精進発達をとげたものだと感動したくらいです。

　いつてみれば、この感動も、日本の現代人形劇についての、わたくしの無知を表現していることになるのかもしれません。いわんや外国の人形劇の進歩発達については、まつたく知るところがないのです。国際人形劇連盟（ウニマ）が組織されている現状から推してみても、おそらく人形劇は世界各国人民文化から切り離すことの出来ない関係において重要視され愛されているに相違ありません。

　あらためて人形劇について考えているうちに、例の「芸術家はまず職人でなければならない」というアランの言葉が、わたくしのあたまにひらめいてきました。

# 「逃げだしたジュピター」の位置

河竹 登志夫（劇評家）

## この受賞は現代日本の人形劇への評価と奨励を意味する

人形劇団プークの最新の力作「逃げだしたジュピター」が昭和三十六年度第十六回芸術祭で、奨励賞を獲得した。明文化された受賞理由は「モリエールの原作を現代の童話に脚色し、大人にじゅうぶん楽しめる人形劇として新境地を開いた」ことである。表現術の上では疑問や不十分の点もないではない。が、前述の理由により奨励賞に推すことには、審査員全体が賛成したのである。しかし私はここでは審査員の一人としてではなく、一介の演劇学徒としての勝手な感想を記そうと思う。

### コメディーフランセーズの「アンフィトリヨン」

さて、私は三年あまり前、パリのコメディー・フランセーズ（リシュリュー館）で、原作の「アンフィトリヨン」を見たことがある。「女房学校批判」と二本立て。ルーブル博物館のすぐ裏の大シャンデリアの吊るされた、六階もの客席をもつ伝統的な劇場で、モリエールを二つも見ること自体、私には非常に貴重な体験だつたわけだが、日本ではほとんど一般上演されない、しかも全く様式傾向のちがう（精神は同じでも）作を比べて見られるのは、一層楽しかつた。「女房学校批判」ではほとんど動きのない鋭いセリフの応酬、エロキューションのみごとさを知り「アンフィトリヨン」では幻想的なダイナミックな演出の中に、神と人間との自在な次元交流のおもしろさを見た。雲の上の世界は、扇のように折りたためる何枚かの雲形の切り出しでたちまち出現し、ジュピターの出没はギリシャ劇のマキーナ式の雲形のゴンドラのようなものの上下で行われる。セリフも演技も様式的で特にソジー、マーキュリーなど庶民的道化役がおもしろかつた。そしてそれはまさしく、歌舞伎の感覚だと感じたものである。

ギリシャ神話によるものではあるが、モリエールの「アンフィトリヨン」はいわゆる十七世紀的古典主義の枠を破つたもので、むしろ多分にバロック的な臭いの強いものだと、私には思われる。そこに、日本演劇ことに人形浄瑠璃、歌舞伎との共通した性格がある。そうした、大人の芝居でしかも反自然主義的バロック的な作品をとりあげたところに、こんどのプーク劇の意義と成功の大きな要因があつたのではないか。

### 現代人形劇の使命

由来人形劇というものは、自然主義的合理主義の時代には大人の芝居としては迎えられず、子供の慰みにとどまる傾向をもつている。人形自体のもつ超自然性からの必然的な結果であろう。逆にシュトルム・ウント・ドランクのような非合理主義的な時代には、グーテがこよなく愛したように、人形劇は独自の演劇ジャンルとしての使命を確認せしめるのである。そしてその人形がふつうの芝居に近づき自然主義を追いはじめると、究極には衰亡が待つている。江戸後期の人形浄瑠璃の行き詰りがそうであつた。しかし文楽はその過程において、江戸庶民の支持の中で近松以下のあのすばらしいドラマを生み、演出様式を生んだのだ。歌舞伎もその豊富な所産なくしては考えられない。江戸の人形浄瑠璃劇は、「曽根崎心中」も「国性爺合戦」も「忠臣蔵」もすべて大人の演劇であり、現実を反映したドラマであり、その点、世界に比類のない人形による演劇であつた。

プークは現代においてそれと同じ使命を担うべきものであり、それをめざすものとして進んでいるのだと信ずる。

西欧の伝統を日本の伝統の中で生かしつつしかも現代の日本のテーマを打ち出したという点において、これはまさしく戦後日本のシュトルム・ウント・ドランクの一翼を負う演劇運動だ。技術的にはなお研究途上にある。それでいいのだ。こんどの受賞はプークのみでなく、現代の日本の人形劇の方向についての評価と奨励を意味するものである。この線でさらに、日本独自の創作劇の分野を開拓しつつ進んでいつてほしいと思う。

# 「逃げだしたジュピター」公演に寄せる……

## 夢と笑いの人形劇

本もののアンフィトリヨンとソジー、にせもののジュピターと手下のマーキュリーが化けたアンフィトリヨンとソジーという二組の本ものと、にせもののからみが見せばになっている。

ちよつと気負いすぎた感じで、セリフにうわずつたところもあるが、見ていてとにかく面白い。取り上げた作品が、人形劇にぴつたりだつたせいもあろう。道化役のソジー（操作、セリフとも水田外史）が、かなめになつて、全体をよくひきしめている。夢と笑いを忘れた人に一見をすすめたい。（朝日新聞）

## 成功！おとなの人形劇

人形劇団としてはふるい歴史をもつプークが、おとなのための人形劇公演を企画して、成功した舞台を見せている。

もともとギリシヤ神話から出た「おとなの童話」なので、人形劇の素材としてムリがない。アンフィトリヨンの従僕ソジーが、大きな目玉をクリクリさせて活躍する。そこに庶民の活力性を託したあたりに、作者の意図がうかがえる。人形の製作も操作もこれが一番よい。人形操作を全部棒使いにしたので、これまでのマンネリ的動きから脱した。目やマユやアゴが動くしかけで、表情を効果的に使つている。人形が足組みしたりするのも、おもしろい。ただ、水の精が、人形も動きも安つぽいのと、全体に、操作にくらべてセリフがまずいのが気になる。おとなのための人形劇は先ごろひとみ座がシエークスピアの「マクベス」で一応の成果をみせたがそれをもう一歩進めている。近代的な「寄席のたのしさ」がつくられそうだ。中学生以上のこどもならたのしめる。（産経新聞）

## 高度な技術

たいへんおもしろかつた。モリエールらしい芝居づくりのおもしろさもさることながら人形使いの高度の技術がなかつたらこうまで成功しなかつたであろう。

舞台は文楽のてすりの様式をとり入れ、人形使いは黒衣を着、人形の使い方は文楽に近い棒使いであり、主要な役はふたりで使つている。そのようにすぐれた文楽の人形使いの技術を吸収したことと、これまでの文学や舞台にひきずり回されていた行き方から、人形劇の鉱脈をやつと探し当てたこと、これが成功の原因であろう。（中国新聞）

---

## プークのなかまと語り合おう――

「逃げだしたジユピター」**合評会** をひらきます

ソツチヨクな感想を出しあい
エンリヨのない意見をのべあつて
大いに語りあいましよう

と　き　逃げだしたジユピター公演終了後PM9.30〜11.00

ところ　い　せ　屋　旅　舘　二階大広間

# 中津川労芸の発足によせる……………

## 中津川労芸発刊を祝して

今回皆さんの真摯な努力が実つて中津川労芸として呱々の声をあげられた。

この種の問題はどなたも双方を挙けて賛成である事だが仲々実行の段階に移すことは難かしく又手を染めてみても思わぬ障害にぶつかつて折角誕生してもひ弱な育ち方であり終には日蔭に萎んでしまうのが運命である様に考えられて居る。

文化的事業と云うものが金銭的には考へられず反面多大の努力を必要とするものである事を痛感させられて居るが幸い、いい先達を得てここ迄漕ぎつけられた労苦に感謝するとともに田舎であればある程に発足の意義が深く是非共立派な中津川労芸として育てて頂きたい。

中津川労芸として洋々たる前途と共に今后はかり知れぬ多難と荊蕀の道が行く手に横たわつて居ると思いますが多数の同好の皆さんの深い理解と謙虚さに依つて愛される労芸としての心から御発展と御成功を祈ります。

（東労会議議長　赤塚勲）

## 中津川労芸の発展を

中津川労芸の皆様、発足おめでとうございます。私達が所属しております中央演観協では、昨年四日市、津、浜松、長野、松本、水戸の六つの都市に相次いで仲間が産れ、演劇鑑賞運動の広がりを一歩押し進めましたが、今また、中津川労芸の発足によつて新たな発展の目途を持つ事が出来る様になりました。一つは、中小都市に於ても勤労者を中心とした鑑賞組織が出来ると云う確信と、今一つは今迄どうしても成功しなかつた岐阜県において労芸が発足したと云う事です。

現在の様な厳しい状勢の中でこそ私達の様な組織が必要な訳ですが、それだけに困難で地味な仕事を着実に押しすすめて行く努力が必要だと思います。特に中小都市での組織の成否は巾広い層を結集出来るかどうかにかかつている様です。

民主的な文化の普及と高揚は、私達自身の手によつて切り開いて行く以外に道はありません。かたく手をとりあつて前進しましょう。心から中津川労芸の発展を祈ります。

（名古屋演劇同好会事務局長宇都宮吉輝）

## 心からの友好を

中津川勤労者芸術協議会の発足おめでとうございます。心から御祝い申しあげます。

東濃地方の中心都市中津川で貴会が発足されたことは、東濃地方のみならず、中部地方さらには全国の民主的文化運動にとつて、極めて大きな意義をもつものと考えます。

多くの勤労者が集まり、自主的に運営、企画し、芸術文化を創造的に鑑賞することは、勤労者の自覚をたかめ、地方文化を発展させ民主的、民族的文化をつくりあげる道に必ず通ずるものと確信します。

情勢はきびしく、道は決して平担ではありませんが、一人一人の力を結集すれば、貴会も大きく発展できるでしよう。

中部九労音を代表し、改めて心からの友好と連帯性を表明します。

（名古屋勤労者音楽協議会事務局長　矢橋）

## 新しい光、東方より

中津川労芸発足の報せを受けて、いま私どもは、「新しい一筋の光が、東の方よりさしきたつた……」の感慨ひとしおなるものを覚えております。

働くなかまたちの友情と団結にかけて「圧政の下にあつても涸れることのない民衆の力のたくましさ」をさし示すよう、ともどもにいよいよがんばろうではありませんか。

（岐阜県映画サークル協議会々長
岐阜県自主上映促進会事務局長　後藤　一）

すばらしいナマの迫力！
みごとなハーモニーの魅力！
あなたのこころを
はげしくゆさぶる
ボニー・ジャックスの歌声！
なかまをさそつてみんなで聞こう！

# ボニー・ジャックス／リサイタル

## 中津川労芸6・7月例会

と　き　6月20日（木）PM6.30
ところ　中津川市民スポーツセンター
（専用バス運転します）

ボニー・ジャックス／リサイタル

# プログラム

**第一部　太陽の国　雪の国**

**（イタリア、ロシア民謡）**

一、マリアマリ
二、彼女に告げてよ
三、サンタルチヤ
四、マンマ
五、カルメラ
六、カプリ島
七、モスクワ郊外の夕
八、流刑人のうた
九、一週間

**第二部　ボニージヤックス病院へ**

永六輔
いずみたく作曲のバラード

**第三部　サトーハチローさんのうた**

一、小さい秋みつけた
二、リンゴのうた
三、サンタクロースは不思議だな

## 愉快な四人の若者

―ボニー・ジャックス―

ボニーの特徴といえば、何となく土くさくて、どことなくのんびりとしているところだというのがもつぱらの噂です。

ボニー・ジャックスの名付け親として、ジャックスはトランプの四枚のジャックで四人の若者の表現ですが、ボニーというのは実はボンヤリのボンに〝Y〟をつけたんだぜとからかうと、大そうくやしがります。〝いとしのボニー〟なんかというときのボニーでしよう？と一生けん命抗議を申込んできたりします。

トップテナーの西脇君…ロクさん
リードテナーの大町君…アツちやん
バリトンの鹿島君…トラさん
ベースの玉田君…のぼさん

## ボニージヤツクスのおいたち

早稲田大学グリークラブ部員であつた彼ら４人は、クラブの演奏旅行をきつかけとして現在のカルテツトを組み、青春ジヤズ大学（ラジオ関東）という番組に賞金稼ぎの気持で出場して、ここでコーラスチームとしては初の合格を得ました。そしてこの番組の審査員であつた笈田敏夫氏の紹介で小島正夫氏に合い、ここでプロのコーラスチームとなることを決心しました。同時に小島氏の奨めで33年５月から９月迄合唱をし、ここでみつちり基礎練習をしました。

33年の暮れ近くに小島正夫氏、磯部叔氏、長田暁二氏のお力添えで、正式にプロフエシヨナル、コーラスチーム、ボニージヤツクスが誕生した次第です。

ボニーとは、美しいとか愉快とかいつた意味で、ジヤツクスは、野郎、連中、若者という意味です。ですから愉快な若者達、愉快な仲間とでもいうのでしようか。

ダークダツクスとは又、ちがつた意味の清潔な感じや若さがあり、私達はいつまでも健康的で若々しい四重唱をきかせてもらいたいものです。

四、メンコイ小馬
五、モシヨモシヨフムフム
七、わっしよいわっしよい

歌唱指導　一週間

第四部　あなたのボニーがうたう

一、なつかしのヴアージニア
二、線路のうた
三、オールマンリバ
四、故郷のそら
五、オーラリー
六、ピクニツク
七、モズが枯木に
八、砂山の花
九、波浮の港
十、紅萠ゆる丘の花
十一、さくら貝
十二、ムスターフア
十三、アムール河の波
十四、ネリーフライ
十五、北帰行

ピアノ　矢野　康子

# プログラム解説

北帰行の大ヒット以来、最近めきめき実力と人気を出してきたボニージヤツクス。このあげ潮にのつてきたボニーの人気は何よりも健康的で家庭的な雰囲気につつまれていることが最大の原因でしよう。ボニーのうたを私達はボニーと一緒に楽しみたいと思います。

**第一部**

太陽の国、雪の国では、南国の情熱的なイタリア民謡と、そして、悠々たる大地、嫋々しい愛の調べによせて、雪深いロシアの民謡をおききいただきたいと思います。

**第二部**

ボニー自身が、これだけは何をおいても是非やりたいと自信満々の〝ボニージヤツクス病院へ〃これは永六輔さんが書きいずみたくさんが作曲した創作曲で、ボニーが白衣のお医者になつて奮斗します。

医者が大嫌いのボニーは、医者に行かない為にお医者になつてしまいます。四人揃つて医学博士。さつそく出前迅速、親切丁寧なボニージヤツクス病院を開業しますと、とたんに若い女性の患者が入院してきます。手術がうまくいつて患者はどんどんよくなつていきます。ところが四人は、お医者でも草津の湯でもドツゴイシヨと、なおらぬ病気にかかつてしまいます。そこで四人は考えた。この娘の傷を悪くしちやえ……とまあこういつたぐあいに、おなかがよじれて病院行きを覚悟していただきたい程大笑いとなる誠にコミカルなバラードです。

**第三部**

がらりと変つてハチローさんの童話を皆一同、純真な気持にひたつてきくことができます。そして歌唱指導ではボニーと一緒に私達はここで楽しむための音楽を最高度にとらえたいと思います。

**第四部**

ボニーのヒツトパレードで、北帰行や、ネリーブライ等、童謡、学生歌、民謡と幅広いレパートリをもつて、ボニーのよさを最高に生かしてくれることでしよう。

## あなたのグループに新しい仲間を
### 会員をふやしましょう

☆☆☆☆☆

労芸のプログラムを充実することは、会員を一人でも多くすることです。会員が少なければ、それだけ、個人負担が多くなります。従つて、会員が拡大することは、安く例会に参加できることになり　例会の内容も充実して来るわけです。あなたのグループに、あなたの新しい友だちをさそいましょう。

《新しい会員のための申込用紙は、労芸事務局及び梅村書店にあります。》

☆☆☆☆☆

## 会費はキップ代ではない

### 芸術運動・文化活動を進める費用、それが会費

労芸の組織は、会員が規約に定められた会費を出し合い、代表者を通じて、事務局に集め、幹事会の決定により、会員の希望をとり入れた例会を開催し、会員だけできく訳です。

労芸は、基本会費一〇〇円となつています。

運営は、会員の代表である幹事会によつて行われ、会員全体の利益になるものを、いかに安く観たり、きいたりすることができるかを目的にしています。ですから、会費は「労芸」という会員制の共同組織体を守り育てて行くために集めるものです

形式上は、キップ代と似ていますが、会費を出し合うことで例会を作るということが継続的に行なわれるわけです。

▼お金を出し合う――→例会を作る
（会費前納）　　（労芸例会）

▼次のお金を出し合う――→次の例会を作る

主催者は、会員全部であつて、誰も利益を得ることなく、全体の利益を目的に組織されているわけです。

### 労芸はプレイガイドではありません

私たち会員は一人一人が、運営に参加しているのであり、
私たち一人一人が例会を作りあげていくのです。
意見を出し合い、労芸をみんなで育てましょう。

## 事務局からのお知らせ

▼六月の会費納入方法

○六月分の会費は六月一日から五日迄に納入して下さい

○会費はグループ責任者でとりまとめ事務局（東労会議事務所内）又は梅村書店へ納入して下さい

## あとがき

働くなかまの友情に支えられて……とにもかくにも、ここまで漕ぎつけることができました。

しかし、「たたかいは、これから……」いま、わが胸の底のここには「這えば立て、立てば歩め……」の思いしきりなるものがあります。

働くものの団結の力を、芸術、文化の分野でも高らかにさし示すよう、いつそうのがんばりを続けようではありませんか。

（K）

## 表紙について

題字　中津公民館長　三宅武夫

版画　石田和男編　夜明けの子ら　－春秋社版－より

発行　1963.5.25　中津川勤労者芸術協議会　　印刷　中津川市　文昌堂印刷所

明るく豊かな未来をめざして
すべての労働者の力を中津川労芸へ！

## 働くものこそ文化のにない手だ！

美しさとたくましさにあふれる労仂者の力を**中津川労芸**に結集しよう

動力車労仂組合中津川支部
支部長　野沢種助
電呼2354

濃飛自動車労仂組合中津川支部
支部長　柘植日出夫
電2725

全逓信労仂組合中津川地区分会
分会長　勝　重男
電3964

宮崎工作所労仂組合
執行委員長　広瀬敏夫
電2810

大栄工業労仂組合
組合長　樋田孝利
電3622

全自運労仂組合中津川支部
執行委員長　日下部智美
電2878

帝燃工業従業員組合
組合長　渡辺　進
電坂本14

恵那繭糸労仂組合
執行委員長　坂下英子
電2239

中津川包装工業労仂組合
執行委員長　鈴木久夫
電2174

川上森林組合労仂組合
執行委員長　原　正春
電坂下3015

恵那地方一般労仂組合
組合長　田島　輝
電2916

国鉄労仂組合中津川自動車班
代表者　垂見文行
電3476

長尾建築労仂組合
執行委員長　桂川恭次
電2644

全専売労仂組合中津川分会
分会長　今井孝二
電2902

㊇間醸造労仂組合
執行委員長　土屋文夫
電2351

㊂間酒造労仂組合
執行委員長　土川兼造
電3042

労仂金庫労仂組合中津川支部
支部長　川口喜久
電2009

全建設労仂組合
代表者　原　富美夫
電3512

# 中津川ろうげい

中津川勤労者芸術協議会　　63年 6.7月　　No.2

# 中津川勤労者芸術協議会規約

（名称）

第一条　この会は、中津川勤労者芸術協議会といい、事務局を中津川市内におきます。

（目的）

第二条　この会は、私たちの手で、すぐれた舞台芸術を、より安く、より多く、定期的に鑑賞して、私たちの教養を高めるとともに、舞台芸術の創造、発展に努力して、生活文化の向上を図ることを目的とします。

（事業）

第三条　この会は、次の事業を行ないます。

一、例会（定期的な舞台芸術の鑑賞会）

二、特別例会（随時行なう鑑賞会）

三、機関誌「中津川労芸」の配布

四、舞台芸術に関する研究会、座談会、批評会などの随時開催

五、全国各地の労演、労音、労映などとの提携によるすぐれた舞台芸術の紹介と普及

六、郷土に生まれている演劇、音楽、舞踊などのサークル活動との協力と育成

七、その他前条の目的にそう活動

（構成）

第四条　この会は、勤労者を中心とするすべての舞台芸術愛好者によって構成された自主的組織であり、三名以上のグループを単位として構成します。

グループは代表を選出して、この会の運営に参加します。

（会員）

第五条　毎月会費を納めるものを会員とし、会員は例会に招待されるほか、この会の行なうすべての事業に参加することができます。

一ヶ月以上会費を納めないときは、会員の資格を失います。

（機関）

第六条　この会には、次の機関をおきます。

一、代表者会議

二、幹事会

代表者会議は、この会の最高決議機関で、グループ代表者及び役員で構成され、毎年一回以上会長が召集します。

代表者は、会員数に広じ、各サークル毎に次の割合で選出します。

十名まで　一名

十一名から二十名まで　二名

以下右に準じます。

幹事会は、この会の執行機関であり、会計監査を除く役員で構成され、会長が必要に応じて召集します。議決は幹事の過半数により行います。

第七条　この会には、幹事会のもとに事務局をおき、会務を処理します

事務局長及び事務局員は幹事会で決定します。

（役員）

第八条　この会には、次の役員をおきます。

一、会　長　一名

二、副会長　二名

三、幹　事　若干名

四、会計監査　二名

役員は、代表者会議において会員中より選出します。

会長、副会長は幹事会において選出します。

会長はこの会を代表し、副会長はこれを補佐します。

役員の任期は一年として、再選をさまたげません。

（会員と財政）

第九条　この会の経費は、会費その他によりまかないます。会費は前納制で、月額一〇〇円入会金五〇円として、前月末までに各グループでまとめて事務局に納入します。

会計年度は毎年四月一日より三月三十一日までとし、会計報告は、代表者会議で承認をうけます。

（入会・退会）

第十条　この会の入会、退会、所定の手続きをとれば自由にできます。

会費の未納者は会員の資格を失ない、再入会の場合にも、入会金を必要とします。

退会の際、入会金及び既納の会費は返しません。

附　則

この会の規約の改正は、代表者会議の承認を必要とします。

この規約は一九六三年五月一三日から実施します。

6・7月例会

# ボニー・ジャックス／リサイタル

と　き■6月20日（木）PM6.30
ところ■中津川スポーツセンター

## 良いところも 悪いところも 皆できいて下さい

ボニージヤックス

ぼく達に中津川における初のリサイタルの機会を与えてくださり感謝して居ります。

皆さまが暖かく見守つてくださる中で、ボニージヤツクスもはや四年三ケ月余りになりました。この船頭四人の船、迂回したりどうどうめぐりをしたり、暗礁の影におびえたりしながらも、どうやら取り返しのつかない陸地のかけらも見えない沖まで来てしまいました。さすがめくらへび……の四人もここに至つてようやく事の恐ろしさに気付いたようです。

そこで、より多くの皆さまから、り強力な助言と御指導を得る契期として、また我々の仕事の一つの道標として、中津川労芸の例会を企画させていただきました。

テレビやラジオ、レコードなどで私達の歌を知つて下さる方もおいでのことと思います。しかしそれはきつと氷山の一角であり、僕達にはもつともつと別の姿があるのだということをごらんに入れたかつたので、欲張りな四人のこと、はじめは「ボニージヤツクス・リサイタル」という名前の手前りきんで、あれもこれもと考えましたが、その全てをとうてい一夕の演奏会に盛り込むこともできないので良いところも悪いところもありのまま日頃のボニーの姿を見ていただくことに意義を求め、皆にきいていただくことにしました。

北帰行の大ヒット以来、最近めきめき実力と人気を出してきたボニージャックス。このあげ潮にのつてきたボニーの人気は何よりも健康的で家庭的な雰囲気につつまれていることが最大の原因でしょう。ボニーのうたを私達はボニーと一緒に楽しみたいと思います。

**第一部**

太陽の国、雪の国では、南国の情熱的なイタリア民謡と、そして、悠々たる大地、嫋々しい愛の調べによせて、雪深いロシアの民謡をおききいただきたいと思います。

**第二部**

ボニー自身が、これだけは何をおいても是非やりたいと自信満々の〃ボニージャックス病院へ〃これは永六輔さんが書きいずみたくさんが作曲した創作曲で、ボニーが白衣のお医者になつて奮斗します。

医者が大嫌いのボニーは、医者に行かない為にお医者になつてしまいます。四人揃つて医学博士。さつそく出前迅速、親切丁寧なボニージャックス病院を開業しますと、とたんに若い女性の患者が入院してきます。手術がうまくいつて患者はどんどんよくなつていきます。ところが四人は、お医者でも草津の湯でもドッコイショと、なおらぬ病気にかかつてしまいます。そこで四人は考えた。この娘の傷を悪くしちやえ……とまあこういつたぐあいに、おなかがよじれて医院行きを覚悟していただきたい程大笑いとなる誠にコミカルなバラードです。

**第三部**

がらりと変つてハチローさんの童話を皆一同、純真の気持にひたつてきくことができます。そして歌唱指導ではボニーと一緒に私達はここで楽しむための音楽を最高度にとらえたいと思います。

**第四部**

ボニーのヒットパレードで、北帰行や、ネリーブライ等、童謡、学生歌、民謡と幅広いレパートリーをもつて、ボニーのよさを最高に生かしてくれるでしょう。

**ボニージャックス／リサイタル**

# プログラム

**第一部　太陽の国　雪の国**
**（イタリア、ロシア民謡）**

1. マリアマリ
2. 彼女に告げてよ
3. サンタルチヤ
4. マンマ
5. カルメラ
6. カプリ島
7. モスクワ郊外の夕
8. 流刑人のうた
9. 一週間

**第二部　ボニージャックス病院へ**

永六輔
いずみたく作曲のバラード

**第三部　サトーハチローさんのうた**

1. 小さい秋みつけた
2. リンゴのうた
3. サンタクロースは不思議だな
4. メンコイ小馬
5. モシヨモシヨフムフム
6. わつしよいわつしよい

**歌唱指導**　一週間

**第四部　あなたのボニーがうたう**

1. なつかしのヴアージニア
2. 線路のうた
3. オールマンリバー
4. 故郷のそら
5. オーラリー
6. ピクニツク
7. モズが枯木で
8. 砂山の花
9. 波浮の港
10. 紅萠ゆる丘の花
11. さくら貝
12. ムスターフア
13. アムール河の波
14. ネリーブライ
15. 北帰行

ピアノ　野康子

一週間

ロシア民謡
楽団カチューシャ 訳詩
小川寛興 編曲

にち ようびに いちばへ

でかけ ー いと とあさ をかつ

テュリヤ テュリヤテュリヤ
てきた ー テュリヤ テュ リヤ

テュリヤテュリヤ テュリヤリヤ ー テュリヤ
テュ リヤ テュリヤリヤ ー テュリヤ

テュリヤテュリヤ テュ リヤ リヤ ー
テュ リヤ テュリヤ テュリヤ リヤ ー

一、日曜日に 市場へ出かけ
糸と麻を 買つてきた
「テユリヤ テユリヤ テユリヤ テユリヤ
テユリヤ テユリヤ テユリヤ リヤ
テユリヤ テユリヤ テユリヤ テユリヤ
テユリヤ リヤ」
以下「」の中毎回くりかえし
二、月曜日に お風呂をたいて
火曜日は お風呂に入り
三、水曜日に あなたと会つて
木曜日は 送つていつた
四、金曜日は 糸巻きもせず
土曜日は おしやべりばかり
五、恋人よ これが私の
一週間の 仕事です

## 北帰行

一、窓は夜つゆにぬれて
都すでにとおのく
北へ帰る旅人一人
涙ながれてやまず
二、夢はむなしく消えて
今日も闇をさすらう
遠き思いはかなきのぞみ
恩愛我を去りぬ
三、今は黙して行かん
何はま語るべき
さらば他国いとしき人よ
明日はいずこの町か

## 線路の仕事

一、線路の仕事はいつまでも
線路の仕事は果がない
汽笛のひびきが鳴り渡れば
親方は叫ぶ吹きならせ
二、つらい仕事でもしまいには
つらい仕事でも果がくる
汽笛のひびきが鳴り渡れば
つるはし置いていき絶える

## もずが枯木で

一、もずが枯木で鳴いている
おいらはわらをたたいてる
綿びき車はおばあさん
コツトン水車も廻つてる
二、みんな去年と同じだよ
けれどもたんねえものがある
兄さんの薪割る音がねえ
バッサリ薪割る音がねえ
三、兄さんは満洲へ行つただよ
鉄砲が涙で光つただ
もずよ寒いと泣くがよい
兄んさはもつと寒いだろう

## かわいいあの娘

一、かわいいあの娘はだれのもの
かわいいあの娘はだれのもの
かわいいあの娘はだれのもの
いえあの娘はひとり者
「かたつむりはどこから
川からたんぽえ
恋人はどこから
目から心へ
ノーナマニサパヤンプーニヤン
ノーナマニサパヤンプーニヤン
ノーナマニサパヤンプーニヤン
ラササーヤサーヤゲン」
二、かわいいあの娘のかたえくぼ
ちよいとつついて袖ひいて
やしの木かげのランデブー
おやあたまに実がおちた
「くりかえし」
三、かわいいあの娘はだれのもの
かわいいあの娘はだれのもの
かわいいあの娘はだれのもの
いえあの娘は僕のもの
いえあの娘は僕のもの
いえあの娘は僕のもの
ラサー

# プーク公演によせる

## 逃げだした人形劇に対する安易な考え方
### —プーク公演をみて—

①まさに大人のための人形劇であつたこと。

「わざわざチロリン村をみに行くアホウがあるかい。テレビを見ていた方が……」の声を公演前に耳にし、私もそう思つていたがなにせ安月給のあさましさ、前納した会費がほしくて、アホウになつたつもりで出掛けたが、開演後五分程で水の精の登場になるや、民芸の「るつぼ」の魔女達を思い出させる程引きつけられてしまつた。

棒使い人形、黒衣、折りたたみ式の舞台装置など、心にくいばかりの出来ばえであつた観客の態度も、ゆつたりした気持で楽しんでおり、ある時は「プー」と吹き出し、その後「クク」と笑うなど、正に「プーク」であり、そのプークの人形劇は、大人に充分楽しめる新境地を開いたといえよう。

②今やソジーになろうと思つたこと。

逃げ出したジユピターの中で、一番心引かれたものは、アンフイトリヨンの下男ソジーであつた。どんな苦しみ、困難に当面しても根つからの庶民的なズブトサをもち、立ち向つていくド根性。

この事は直面する幾多の難関にもひるまず明日を信じて生きていく私達に一番必要なものではなかろうか。あの舞台の中のソジーを私達の町、中津川に、そして日本全国に一人でも多くふやそうではありませんか。

長瀬信夫（三三才）

## いきいきした人形の動きにびつくり

労芸の第一回例会としてもたれた人形劇団プークの「逃げだしたジユピター」を観て、生き生きとした人形の動きに、まず驚ろかされました。

今迄私が観てきた人形劇といえば、二本の指で動く指人形が、無表情に笑う動作をし、泣く動作をし、又、怒る動作をします。それを私は「ああ、泣かされているな」と人形の演技させられる部分に同情しながら見てきました。

けれど今度の「ジユピター」は少しも人間に動かされる人形――を感じませんでした。劇を観ている最中は、人形の動きや照明の美くしさに目を奪われ、別段深く考えてもみませんでしたが、公演終了後劇団員との座談会に出席してみて人形が単に人形としての動きを見せなかつたその理由がわかりました。

――最近の子供は、テレビや映画の真似をして困る――どうも不健康な遊びが多いようだ良い映画や良い遊び場を与えてやりたい――というお父さんやお母さんの声が多いが、当の大人が本当の文化を知らないでは話にならない。まず大人に健康な人形劇を観て貰い、人形劇にも棒使いのこんなのがあるのだということを知つて貰う。その上で「やつぱり子供達にこれからの社会人として豊かな人間性を身につけさせる為に、良い映画や演劇を観せてやらなければだめだ」ということで、大人の文化への関心を高めていく――プークの人達はこう言つています。

人形の驚ろいたり、あわてたり、いたずらしたりの一つ一つの動作の中に、このプークの人達の信念が生きていると思うのです。それだからこそ、私の眼の前でうつろな眼を見開いて、ぐつたり横になつていた人形が舞台の上では素晴しい動きをし、私達の眼を奪うのでしよう。

東労会議合唱団員である私は、歌でも信念のない歌は訴える力が弱いのだな――と改めて教えられました。

伊藤りつ子（二一才）

## こぼれ話

=四・五月例会会場にて=

〝とにかくおどろきました。人形が胸をふくらませて、三つ大きく息をしたんですよ。そしたらパアーと夜が明けていつた幕明けは感動的でしたね〟

〝妻にうらぎられた夫が柱にもたれてため息をついたところは、アッカンでしたね。生きた人間でもあれまでですよ〟

〝私の前にいた若い御夫婦でしたけどね赤ちやんをだいて見ていたけど、あんまり劇に熱中してしまつて、赤ちやんをひざの上においたまま、ついうつかり。隣のハズさんに夢中で話しかけたとたん赤ちやんは下へおつこちて、オギャ――みんなしんとしてみているのに、テンヤワンヤ。おくさんは口をおさえるやら、だんなさんはあわてるやら、イヤハヤけつさくでしたよ〟

〝人形劇なんて、きいた時は、小さな手先きの子ども向きのものだと思つていました。まあ〳〵チロリン村程度のものと思つていたのに、あの人形の大きさにはおどろきました。あれが人形とは、劇がすすむにつれて人形の息づかいや表情がみえるような気がしました〟

## 公演当日のバス運転について

時刻は……5時30分より6時10分まで（約5分毎に発車します）
停留場は……中津川駅前 → 市民病院上 → プール前 → 八幡町
→ 三菱前 → 駒場石屋坂 → スポーツセンター前
料金は……10円均一（今回は事前のバス券は発行しませんから
降車のとき車掌に渡してください）
その他……バスは北恵那バス、車体にハリ紙がしてあります

## ■ あなたのグループに 新しい仲間をふやしましょう

労芸のプログラムを充実することは、会員を一人でも多くすることです
会員が少なければ、それだけ、個人負担が多くなります
従つて、会員が拡大することは、安く例会に参加できることになり、例会の内容も充実して来るわけです
あなたのグループに、あなたの新しい友だちをさそいましょう
《新しい会員のための申込用紙は、労芸事務局及び梅村書店にあります》

## 会費はキップ代ではない

**芸術運動 文化活動を進める費用、それが会費**

労芸の組織は、会員が規約に定められた会費を出し合い、代表者を通じて、事務局に集め、幹事会の決定により、会員の希望をとり入れた例会を開催し、会員だけできく訳です。

労芸は、基本会費一〇〇円となっています。

運営は、会員の代表である幹事会によつて行われ、会員全体の利益になるものを、いかに安く観たり、きいたりすることができるかを目的にしています。ですから、会費は「労芸」という会員制の共同組織体を守り育てて行くために集めるものです。

形式上は、キップ代と似ていますが、会費を出し合うことで例会を作るということが継続的に行なわれるわけです。

▼お金を出し合う――→例会を作る
（会費前納）　（労芸例会）
▼次のお金を出し合う――→次の例会を作る

主催者は、会員全部であつて、誰も利益を得ることなく、全体の利益を目的に組織されているわけです。

## 労芸はプレイガイドではありません

私たち会員は一人一人が、運営に参加しているのであり、
私たち一人一人が例会を作りあげていくのです。
意見を出し合い、労芸をみんなで育てましょう。

発行 1963,6,14 中津川勤労者芸術協議会　　印刷 中津川市 文昌堂印刷所

# 中津川労芸　63年8月　No. 3

8月例会〔映画〕 怒りの葡萄／禁じられた遊び　とき 8月11日～15日　ところ 中津劇場

中津川勤労者芸術協議会

中津川勤労者映画協議会
中津川勤労者音楽協議会
中津川勤労者演劇協議会

## アカデミイ監督賞　ジョン・フォード作品

# 怒りの葡萄（ぶどう）

# THE GRAPES OF WRATH

貧困とアメリカ農民のたゆまぬ生活力と　未来への希望を鋭く描破した待望の名篇　遂に登場

原作／ジヨン・スタインベツク《ピユリッツア賞》
ジエーン・ダーウエル　アカデミイ女優助演賞
ニユーヨーク映画批評家賞
第17回芸術祭参加作品

### ★スタツフ

監督……………ジヨン・フオード
撮影…………グレツグ・トーランド
製作補.脚色…ナナリイ・ジヨンソン
原作………ジヨン・スタインベツク
音楽……アルフレツド・ニユウマン
技術協力…………トム・コリンズ
美術監督………リチヤード・デエイ
〃　………マークリイ・カーク

### ★キヤスト

トム・ジヨード…ヘンリイ・フオンダ
母…………ジエーン・ダーウエル
ケーシイ……ジヨン・キヤラダイン
祖父…チヤーリイ・グレープウイン
ロザシヤーン……ドリス・ボードン
父…………ラツセル・シムプソン
アル…………O・Z・ホワイトヘツド
マレイ………ジヨン・フオーレン
コニー……………エデイ・クイラン
他

### 「怒りの葡萄」の題名について

アメリカの女流詩人ジユーリア・ウオードハウ（1819～1910）の南北戦争を歌つた有名な詩「共和国の戦いの歌」の第一聯からとつたものだが。ぶどうとは豊穣の象徴であると同時に、人間の暴虐に対する神の怒りの醗酵という、聖書的なイメージをもつている。スタインベックの作品では、最初にじいさんがぶどうの豊穣を待ち望み、じいさんの死後受けつがれたその望みが次々と暴虐に出あつてついには「怒りの葡萄」に転じていつたことを思いだしていただきたい。ハウ女史の詩の第一聯はこうだ——

主のきたりたもう栄光をわが目で見たり、
怒りのぶどうの貯えられし収獲を主は踏みしぼりたまい、
主のおそろしき早業の剣の、運命の稲妻を抜き放ちたまいぬ
主の真実こそ進みゆく。

### スタインベックと時代的背景

一九三三年の十一月から三年間、北はカナダの国境から南はテキサスにいたるアメリカ中央部の大平原地帯をおそつた砂嵐、「黒い大吹雪」はオクラホマをふくめてこの地帯一帯の農地を砂丘と化してしまつた。地主である土地会社はこの機会を利用して小作人から土地をとりあげトラクターによる大農経営にきりかえようとした。一九三〇年代の一般的不況にくわえて生きてゆくべき土地をうばわれた農民たちは困窮のどん底におちてしまつた。多くは「怒りの葡萄」のジヨード一家と同様、豊かなカリフオルニアに希望をもとめて移住したが、そこにも難民化した農民があふれ、賃金はきりさげられ、ストライキをやれば警官と暴力団がグルになつて弾圧するという状態だつた。

スタインベツクはなんども移住労働者たちのキヤンプをおとづれ実状を調査し

果実つみの労働から綿花つみの仕事にまで従事した。

そして一九三八年の終りに「怒りの葡萄」を完成した時には、数週間寝こんでしまい、医者から書くことも読むことも禁じられる状態だった。

その当時この作品がアメリカ中にまきおこしたセンセーションの大きさは、今日の読者には容易に想像しがたいほどであった。

ことに、この作品の直接の舞台になっているオクラホマ州とカリフォルニア州での反響はすさまじく、この作品に描かれている両州の小作人や地主、移住労働者や資本家の状況についての信憑性が、賛否両論の立場から激しく論議されたのである。それに参加するものも、専門の文芸批評家というよりは、地方新聞の編集者から、宗教家、政治家、学校の教師さらには一般人に及ぶはなはだ広汎なもので、果てはオクラホマ州出身の国会議員が国会で「怒りの葡萄」の弾劾の演説をぶつといった一幕もあったほどであった。

研究家の報告によると、オクラホマ州では新聞という新聞がほとんどこの作品を攻撃し、それに対してこの作品を弁護する声はかなり少なかったが、一方数多くの図書館でこの本が禁書になったにもかかわらず、売れゆきはすさまじく、マーガレット・ミッチエルの「風と共に去りぬ」（一九三六年）に匹敵するベストセラーになったということだしカリフルニア州でもこの作品が公けにされた二ケ月後には「喜びの葡萄――ジョン・スタインベックの「怒りの葡萄」に対する、元気と生気を与えるカリフォルニアの回答」というパンフレットが出されたりして、かつての「アンクル・トムの小屋」（一八五二年）がまきおこしたセンセーションを思わせるものがあったらしい。

そしてこうしたことは、決してオクラホマ、カリフォルニア両州に限ったことではなく、ある研究家の言葉によると、この小説は「ニューヨーグ州のバファローからカリフォルニア州にいたるあいだで政治的及び猥セツ文書の理由で禁じられ焼かれるというほどの騒ぎをまきおこしたのである。

## ● 解説

ジョン・フォードがこの作品を映画化した時期は彼のもっとも製作意欲の旺んなときで「わが谷は緑なりき」「果てなき航路」「タバコロード」（未輸入）を発表している頃で、この「怒りの葡萄」はこれらの作品の中でもきわだった名作といわれている。海外の批評のなかに、「どのカットもすぐれている」とさえ最高の評を加えている。

ジョン・フォードの作品の中で日本での公開を切に待たれた映画であり、アメリカ映画の未輸入作品の中で一番待たれたのはこの作品であろう。終戦後の米軍の占領下にあった日本にこの映画の上映は何故か禁止されていた。アメリカ農民の暗い面が捕えられていたからか、それがフォードという作家の描写力による日本へのある影響を考えてのことか、その点はいまだに明らかにされていない。

だがこの映画の登場する人物の背景と置かれた生活環境は暗いものではあるが最悪の事態にあるアメリカ人の不屈の生活力と、それをはねのけて行く天性の明るさはこの映画を通してあきらかである

このスタインベックの原作に肉付けしたフォードの演出力はたくましくヒューマンな態度に一貫されたものである。政治の貧困、農民政策の不備に当然メスを当てた結果にはなっているが、彼のアメリカ人に対する信頼は深くあたたかい、ユーモアをさえたたえたフォードの人間性がこの映画から、ただちにくみとることができる。

尚、この映画でフォードはアカデミイ監督賞（四〇年）を得ている。

スタインベックの原作からナナリイ・ジョンソンが脚色（脚本家の後、プロデューサー監督となるこの映画ではアソシエート・プロデューサーも兼ねている）撮影は「嵐ケ丘」他、ウイリアム・ワイラー作品などでわが国でもなじみ深いアメリカ第一のキャメラマングレッグ・トーランドが担当。

キャストは「十二人の怒れる男」「女優志願」「荒野の決斗」「ミスター・ロバーツ」のヘンリィ・フォンダがフォードの信頼どおり、すばらしいトム・ジョードを創造する。他にアカデミー女優助演賞（1940年）を得たジエーン・ダーウエル「駅馬車」のジョン・フォードの映画に出てくる面々が活躍、これもたのしみの一つである。製作はダリル・F・ザナツク。

## ● 梗概

オクラホマ国道を、一見直ぐ刑務所給与と判る、身なりの男が歩いてくる。暑い日射しにも無関心なのか、その顔は堅く無表情だ。男はトム・ジョードである。彼は道路の食堂から出てきた運転手に頼んで大型トラックに便乗させてもらう。運転手は遠回しにトムの素性にさぐりを入れる。

「俺は四年間刑務所にいたんだ。俺は人殺しだ」トムは捨てぜりふを残してトラックを降りた。

トムは女のことでダンスホールで喧嘩をし、七年の刑を受け、四年目で仮出所したのである。

家の近くで先輩であり尊敬しているケーシーに逢った。トムに洗礼をさずけたのも彼である。教会の説教師であったケーシーは彼の説教に夢中になる娘に手を出して教会を追われた。

二人はすさまじい砂塵に追われジョードの家についた誰もいない空家になっていた。

奥をのぞくと隣の家のミューリィがうずくまっていた。トムはジョード一家が二週間前にジョン伯父の家に移ったことを知る。ミューリーの家族も他の土地に移った。ミューリーは生まれた土地に愛着をもっていてここで死ぬ覚悟だ。

ここ数年続いた猛烈な砂嵐のため小作人たちは畑の収穫がなく、土地は「土地家畜会社」の所有となった。

ジョード一家は七十年間、祖父から三代も小作をつづけたが会社から立退きを迫られていた。………

# 全世界の心に訴えたルネ・クレマンの傑作!!

監督ルネ・クレマン ／ 原作フランソワ・ホワイエ ／ 脚色ジヤン・オーランシユ／撮影ローベル・ジユイヤール／音楽ナルシソ・イエベス

キネマ旬報ベストテン第一位 ／ ベニス国際映画祭グランプリ

フランス映画フエミナ大賞 ／ アカデミイ外国映画賞 ／ 文部省特選

悲しい呼び声は雑踏のなかにかき消えた幼女ブリジツトの名演技とギターのテーマ音楽……世界の映画賞を独占したルネ・クレマンの傑作

# "禁じられた遊び"

童心と詩情の中に戦争の悲劇を鋭く描きだす感動の名篇!

JEUX INTERDITS

★キヤスト★

ポーレツト……………ブリジツト・フオセエ
ミシエル…………ジヨルジユ・ブウジユリイ
ミシエルの父…………リユシアン・ユベール
ミシエルの母…………スザンヌ・クウルタル
ミシエルの兄…ジヨルジユ・ジヤツク・マラン
ミシエルの姉……………ロオランス・バデイ

飯島　正

作者はポーレツトという戦災孤児のあたらしい発見と経験とを通じて戦争がこの五才の少女になにをしたか　それをえがき　戦争をひきおこした大人たちに抗議をおこなつているのである。

しかしこれは決して社会劇的な公式的な抗議の映画ではなく、その意図とは別に少年少女の成長が戦時という特殊の環境にどう発展していくか、そういう描写によつて終始した作品である。そして死および死者がおさないものにとつて固定観念となつていくいじらしさを一篇の詩としてえがきだしたのである。

（世界の映画　3より）

# 解説

第一作「鉄路の斗い」でカンヌ映画祭の鑑督賞を得て以来「海の牙」「居酒屋」「太陽がいつぱい」「生きる歓び」等と新作品発表毎に全世界の映画ファンの期待を満たしているルネ・クレマンの監督作品。

この「禁じられた遊び」は彼の全作品中、もっとも詩情に溢れた作品といわれている。わが国では昭和二十八年に公開されたが、いまなお再公開を希望する声が強い。

フランソワボワイエの「木の十字架、鉄の十字架」を原作とし、ジャン・オーランシュ、ピエール・ポストの二人とルネ・クレマンが脚色に当りオーランシュ、ポストと原作者自身が台詞を担当、撮影はロバール・ジユイヤール、南仏一帯のロケーションを中心とした撮影はすばらしい。

音楽のナルシソ・イエーペスのギター演奏もメロディの一小節をきいただけで、この映画の題名が浮ぶほどポピュラーになつてしまつた。いまだにラジオのネットから洩れてくるほど有名になつてしまつた。

出演者はニィスで発見された五才のブリジット・フォセと十一才のジョルジン・ブウジユリイが主演、ルネ・クレマンが千人以上の幼女少年のなかから選んだ二人である。

なかでもブリジッド・フォセの演技はこの映画を見た人々に終生忘れることのできない印象を残す。尚この映画の真価は一九五二年度ベニス国際映画祭グランプリ、仏フエミ十大賞、同年度アカデミイ賞外国映画賞、わが国ではキネマ旬報ベストテン第一位等が示すとおりである。

## 禁じられた遊び

（女声三部）

花田英三・飯塚広 共訳
スペイン民謡
渡辺修 編曲

Andante

禁じられた遊び

一、空は青くだまっている
雲は遠く流れていく
行方しれぬ波のままに
さすらう　少女

二、水車小屋の暗いかげで
二人だけの十字架立て
よろこびにふるえている
おさなき　こころ

三、やさしかった名をば呼びて
追えどむなし霧の面影
引きさかれし　愛の歌を
たれか　歌わん

113

# 座談会

## ルネ・クレマンの禁じられた遊び

・飯島正
・植草甚一
・双葉十三郎

飯島　あの音楽は凄いですね。実に単純だけれども感じが出ている。

植草　ギターを非常にうまく弾いているのですよ「第三の男」の音楽と匹敵する。

植草　ブリジツシト・フォセイという五つの女の子、何ともいえませんよ。最初にお父さんとお母さんが避難民の間にいて機銃掃射にブスッとやられて倒れる。「死の謎」というマスクをかけた女（推理小説の広告）その前で倒れる。それから何も言わないで、お母さんの顔が出るところ。

飯島　お母さんの顔をなでて、自分の頬に手をやる。犬はそばでピクピク足を動かしてけいれんして死にかかっているのです。

双葉　百姓に助けられて、

植草　そのおばあさんが小犬を捨てちやつて、

双葉　それを子供が助けに行く。その前に爆撃があつて誰もいなくなる。荷車がぐるぐると行く。

植草　小川のところにポーレットが来るところはきれいですね

飯島　写真は実にきれいだ。

双葉　それからひとりになつて、犬の死んだのを抱いて木立に行く。ギターが入つてね。全然いいな。一言でいえばすばらしい映画詩です。

飯島　とにかく詩ですよ。

双葉　それに力んで見せるとか、作劇のうまさでみせる写真でなく、感じさせる写真でしよう。りくつ抜きに受けるのじやないか。喜ばれるのじやないかな。劇のうるさいことを知らないでもいい、ただ感じとる写真です。

# ひろば

■ひろばはあなたのページです
例会の感想、グループのこと
どんなことでもみんなで出し合いましょう

## 「ボニー・ジャックス」をきいて
### もつとたのしく聞けるように

◆**市民会館がほしい**

マイクの調子の悪るい上に会場がだだぴろく歌がよかつただけに残念でした。次の例会からは旭ケ丘に是非かえてほしいと思います。そして一日も早く中津川に素晴しい市民会館をたててほしいと思います。

◆**子どもさんをつれたお母さんに是非ともおねがい**

子どもの走る足音、泣き声、さわぎ声が会場の雰囲気をこわしてしまいました。静かに音楽を聞こうと思う会員に迷惑になると思います。

すわつて聞かれないような年令の子どもをつれてくることについては考えてほしいと思います。また、つれて来ても勝手にあるかせないように、さわがせないように是非ともおねがいします。

〈くちなしの会〉

◆**バスに上手に乗つた労芸会員**

「我れさきにとびのりたいのが人情。しかし静かに列んで待つて下さつたことはさすが労芸の会員さんです。ありがとうございました」これはバス会社の方の感想でした。

（事務局）

## うずもれた郷土芸能をほり起そう

もつとより安く、より多くのすぐれた舞台芸術を、もつと多くの人にみてもらいたい。そんなねがいがかなつてこのたび中津川に労芸が生れました。

こうして内外のすぐれた舞台芸術を、定期的に鑑賞できるようになると共に、今までバラ〳〵であつた中津川の文化運動が労芸を中心に大きくまとまつてきました。

会員も七百名をこえ、今年一パイの例会も大体きまりました。こうした中でより労芸を発展させるためには、職場や地域の実際の文化活動ともつと結びつく必要ができていると思います。というのはこれら職場や地域の文化活動は現在、好きということが活動をささえている要素となつているという消極的なもので、大

---

コーラスは
聞くのも楽しいが
自分でうたうのはなお楽しい

**あなたも、うたいませんか**

たのしそうに歌うボニー、それを聞いてはりきつたのが合唱団。

火曜日ごとに大声をはりあげ、うたうたのしさ、コーラスのたのしさを体中でとらえてきた私たちです。

「あれくらいなら俺たあでも……」というわけです。

声を合わせることは心を合わせること。「オンチだから」「オタマジヤクシが読めないから」という考えは忘れて一度大声でドナツテみてください。「ハハン」とコーラスの味がわかりますよ。

労芸のみなさん　合唱団にはいりませんか
練習は毎火曜日 7時　南小学校教室

（東労会議合唱団）

---

衆にささえられて目標をもつて創造活動をするということが出来ないままでいるからです。

もう一つは、われ〳〵の祖先が労働の中でつくりだした民謡、民舞（この旧恵那郡には非常にたくさんあります）これからの郷土芸能は、そのにない手であつた青年が農村にますく少なくなり現在うずもれたままになつているというのが実状です。これをほり起し文化活動の中にもつと民族的内容を意識的にとり入れていくことが大切ではないかと思います。

その点で、ずべての青年団体が共催しておこなう平和友好祭は、農村青年活動の役割を明らかにして、昨年から「うずもれた郷土の芸能を青年の手でほり起そう」とこの運動にとりくみ数々の成果をあげています。

今年も恵那郡福岡村の田瀬につたわる二百五十年来の伝統的な「シシ舞」をだし封建的な支配権力の圧力に屈せず生きぬいた農民の持つ天性の明るさがヒョツトコを通じて参加者の心をとらえました。

こうした活動を青年運動の分野からだけでなく文化運動として、勤労人民である祖先が残した、すぐれた芸能――民族の伝統を正しくうけつぎ発展させて行くこうした中にこそ文化運動がより大きくより大衆的に発展していく基礎があるのではないでしょうか。

中津川労芸がこうした課題にとりくんでいくとじつにすばらしいと思います。

そのために中津川労芸が有名な劇団や合唱団をよんでいい劇をみたりいい音楽をきいたりすることも意義はありますが一回来年になつたら労芸会員の自発性と創造性を思いきり発揮した郷土の芸能大会をみんなで計画するといいと思います。

（田口　進）

× × ×

□グループ紹介□

# 山男たちのユメはふくらむ

## ―中津川営林署グループ―

＜ボクラの職場＞

御存知の通り恵那山を中心とした国有林の管理経営――つまり木を植えたり、育てたり、伐つたり、売つたり、に当つている。

従業員の数は約二八〇名（但し冬は一三〇名となる）その三分の二は岩村、上矢作両町に在住する。

＜ボクラのグループ＞

自然相手の仕事だから人恋しの気分が強いと言うわけでもあるまいが、現在継続会員は一九名、中津の町在住従業員の三割に当るのだから多い方と言えましよう。

この中には、町から一六粁、恵那山の中腹黒井沢に近い事務所に働き且つ生活する三名も入つている。知る人ぞ知る、〝恵那山の三橋美智也〟I君もその中の一人だが、例会ともなると、歩いたり、オートバイをとばしたり、トラックに乗つかつたりと涙ぐましい（?）努力で中津の町へやつてくる。

がボクラの仲間の中でこれは未だ幸いな方だ。上矢作や岩村の仲間の中に入会したい者もいるのだが、余りに職場の地理的条件が悪すぎてアキラメ。せめて例会が必ず土曜日の夜あれば何とかなろうけれど……。

＜ボクラの夢＞

こんな部落から車で三〇分以上も林道をとばしたところが、職場であり住居であるボクラの仲間。此頃でこそやつとテレビが入つたが、やはり娯楽の中心はラジオ、マージャン、酒――（女の子の顔など下山時しか拝めぬ）つい二〜三年前迄は若い仲間が集つて、歌を――と言つても「しあわせの歌」が辛うじて、「若者よ」さえどこの外国の歌か?と言わんばかりの仲間も少くなかつた。それが、青婦部の現場うたごえ交流やらで、最近は中津の若い人達の歌う唄ぐらいは発表出来るようになつた。これがボクラの職場の唯一の文化かも知れない。

だからボクラはユメ見る。ボクラの現場に「ブーク」が「ボニー」が巡回し、皆んなと笑い、皆んなと歌つたら、……そしてボクラの中から「ブーク」が生れ「ボニー」が育ち、各現場を交流して廻つたらと思う。

そんな世の中に早くしたいが「中津労芸」が単なる観賞団体を脱して、こんなユメが話せる働く者の文化を創造する集りになれば――と。ボクラの仲間にウス暗い自家発生の灯の下で考える。

＜ボクラの注文＞

―いい芝居が見たいナ―

―ウン生きている喜びがカーツと胸に押し寄せて来るようなヤツをナア―

―ダークが聞きたい。それにペギーもいいナア―

―シビれるようなジャズもいいけど、たまには心に泌みるクラシックもョ―

―映画さえ見るに価するヤツ―

―タダでなくとも、見るチャンス作つてくれればいいんだヨナア―

―ソ連映画の「晴れた空」「鋼鉄は……」それから「シベールの日曜日」のようなのそれに昔の独立プロの作品もネ

―たまに集つてだべるのもいいぜ、やつぱりサークル的ムードが必要だヨ―

―大体会員が少いとかだけど、大きな労組でもつと力を入れんのかナ?―

―口では文化〳〵と言つても、幹部自身余りピンと来てネエンじやないのか―

―何か遊びなんか?つて言う偏見があるんだろうナ。そこら辺が浮いてんのかナ―

（どーも言わせておいたらキリがなくて差しさわりも出るようですのでこの辺で）

＝中野記＝

# 労音、労演に対する不法な弾圧に抗議し
# 入場税撤廃運動をくり拡げよう

六月十九日　国税局は四日市、津、浜松の労音、労演に入場税不持の理由を口実に差し押えを強行してまいりました。四日市では同居している四日市市職組の物品まで差し押えるという暴挙にでております。その他名古屋労音に対しても、六十余万円もの入場税の納入を一方的に決め強要してきています。そればかりか大阪等各地労音、労演についても、法人税まで取り立てようとしているのです。

私ども労芸（労音、労演）は会員一人一人が資金を持ち寄つて自分たちの希望する音楽、演劇、映画を観賞しようとする集りであつて、いわば家庭における観賞会の延長とも云うべきものであります。又、労芸は入場税法上からみても、不持定多数の人々によびかけ催し物を売ることによつて利益を得ようとする納税義務者（興行師〈法人個人〉）でもなくいわゆる〝人格なき法人〟であり、入場税納税の義務はないものとしか考えられません。しかし国税庁の不法な法解釈とそれにもとずく処分が強行される中で、昭和三十三年東京、大阪などの労音は裁判所に正当な判断を仰ごうと提訴し、この裁判はいまなお続行しております。

このような労音、労演への弾圧は単に税金の問題だけでなしに勤労者の、文化を創り出そうとする運動を弾圧し分裂させようとするものだと見ることはできないでしょうか。

戦前の演劇は警察官の一声で上演できなくなつたりしたのですが、戦後それは形をかえ遊興飲食税並の入場税を取り立てたり、劇場を使用させないとか、NHKのように芸術家のブラックリストを作つてシャットアウトしたり、フォード財団からの資金援助による文学座の分裂と雲の設立といつた芸術家への弾圧が続きついには、私ども労演、労音のような観客組織に対立する組織（芸文協）を大資本がスポンサーとなり組織させたり、入場税、法人税の取り立てによつて労音、労演をたたきつぶそうとしているのです。

私たちはこのような不法な攻撃に厳重に抗議するとともに、東労会議、市民会議にこの問題を訴え広く入場税撤廃運動を展開しようではありませんか。

## 市民会館建設運動
## みんなで力を合わせて!!

労音の例会を実現するのに一番頭を悩ますのは会場問題です。中津川スポーツセンターが例会場として適していないのは「野火」や「ボニージャックス／リサイタル」をみても明らかです。

何とかして文化的な中津川市にふさわしい会場がほしいと思います。

東労会議においては、五月一日のメーデーで市民会館の早期建設を決議しています。

あちらこちらに出されているこうした私たちの要求をみんなが力をあわせることによつて実現するよう運動をすすめたいと思います。

## 9月以降の例会予定

**9・10月**　（10月の予定）

**芦野宏**

シャンソンリサイタル
吉村英世クィンテツト

**特別**　（9月の予定）

**アンネの日記**

創作座　会費200円

**11月**　夜明けの会公演

**三角帽子**

アラルコン原作
木下　順二脚色

**12月**

**A案**　東京労音で好評を博した日本伝統芸能の夕べ

**労芸寄席**

落語・万才・手品・講談

**B案**　映画鑑賞

**裸の島**

**晴れた空**

## 事務局日記

七月二十日　中部労音実務会議
七月二十三日　第四回代表者会議
　規約運用について
　六七月例会反省、
　八月例会決定、十
　二月までの例会について討議
七月二十五日　機関紙編集会議
七月三十一日　機関誌編集会議

岐阜県中津川下沢　東労会議内（消防署二階）中津川勤労者芸術協議会　TEL2878　　印刷　文昌堂印刷所

No. 4

# 中津川労芸

昭和36年10月　中津川勤労者芸術協議会機関誌

九・十月例会

さわやかな秋風にのせて
あなたに贈る
シャンソンの調べ

## 芦野宏

うた　芦野宏・川島弘
演奏　吉村英世クワルテット
ナレーター　小崎邦子
十月二十七日(日)

# シャンソン・ド・シャルム ═ 芦野宏

## 帰朝第一声は 中津川労芸で

NHKテレビ朝9時から30分は〈暮しの窓〉です。その月・水・金の週三回は芦野宏の番組。そこで彼は司会し、歌つてます。この番組を今まで一年間も支え、彼にいわしむれば、「まだちよつとやめさせてもらえそうもない」程の人気ものにさせているのは、家庭の勤労者、主婦です。

主人や子供達を送りだし、ざつと朝食の後始末がすんで、これから一日の仕事が始るという時、フランスの評論家のいつた「シャンソン・ド・シャルム」（チャームな唄、甘い声と柔いうたい方）が流れてきます。いわばこのシャルムな唄が、主婦の健康な家庭作りの心の支えともなつているといえましよう。

その芦野が何度目かの外国で活躍の後、この10月に帰つてきます。その成果の第一声が中津川労芸のステージで聞かれるのです。

### 芦野宏の魅力

彼の唄は、ダミアやグレコのようなシャンソン・ド・リアリズト（現実的なシャンソン。暗い現実をジツと見つめるような唄が多い）ジローのようなシャンソン・ド・ファンテジスト（空想的な変化に富んだ内容や曲趣のもの）ともちがいます。もちろんこれらの唄も若干唄いますがやはり、一番多いのはシャンソン・ド・シャルムです。甘い、柔い唄です。日本の流行歌にも、「甘い、柔い唄」はありますがあの夢多い娘時代を通りすぎてきびしい現実に日常ぶつかつている主婦が一日の仕事始めにきいて、その労働の支えになるよ

# 芦野宏

## 芦野宏プログラム

〔中津川のみ〕

**第1部**

A 懐かしのシャンソン・メドレー

ラメール
さくらんぼ実る頃
小鳥がさえずる
待ちましよう
ラ・セーヌ
ミラボー橋
枯葉
セシボン
カナダ旅行
ブン

B ベコーをうたう（川島）

そして今は
もしもお金があつたなら
マリー・マリー
ワルソーのピアニスト

**第2部** 芦野宏創作日本のうた

ぼくの日記帳
水戸の梅
南国薩摩の白絣
砂丘
わんこそば

<芦野さんとうたおう>
〞幸福を売る男〟

**第3部** シャンソン・ド・パリ

――芦野氏がフランスより直送の予定――

うな力が流行歌の〈甘さ〉の中にあるでしょうか。
もちろん主婦の中にも、彼の柔い、甘さの中で、娘時代を思いだし、ホッとタメイキをもらす人もいましょう。しかし、甘い過去の追憶ばかりでは、バタバタした、それだけでは味気のない家庭のコマゴマした仕事にイヤ気を生むだけです。マヒナ調で「好きだったとか」「お百度こいさん」など口ずさみながら、雑巾がけ、台所ではチョット能率が上りそうもありません。それよりも芦野の歌の唄が朝のすがすがしいはりきつた雰囲気にもつとぴつたりしています。
芦野の甘さには流行歌のべとべとしたわびしい甘さはありません。マヒナのハワイアンよりももつとスッキリ、さわやかです。そして、歌の内容が世界のどこの民謡よりも、多様でしやれたシャンソンです。
彼は努めてシャンソンを日本語で唄い、シャンソンを紹介する一方で、シャンソンに匹敵する深い豊かな現代の大衆の唄を作りだそうとしながら「子供もできたし、これからはテレビ、ラジオを通して、いつでも家庭の内に入つてゆける歌手になりたい」と抱負を語つています。
今度のプログラムでは、おとくいのシャンソンで、フランスの民衆の歴史を味あう第一部。芦野さん自作の日本の大衆歌（シャンソン）をめざした歌とバラード第二部。第三部には今フランスで流行しているシャンソンでやつてもらう予定です。
第一部でも、三部の中にも、きつと皆さんの知つている、またなつかしい唄が沢山でてくるでしよう。その間に、芦野さんに歌唱指導（幸福を売る男）をして頂きながら皆さんと一しように歌える時間もつくるつもりです。

——×——

### ○シャンソンとは何か

シャンソンとは、フランス語で〝歌〟を意味します。つまりドイツ語の〝リード〟や英語の〝ソング〟に通じる広義の〝歌〟の意味なのです。だから、その種類はきわめて多く、オペレッタなどの中に現われる大ステージ向の唄も、小さな酒場の片隅でつぶやかれる唄も、シャンソンです。外国曲、即ち、ケ・セラセラのように、世界的大流行曲をフランスの歌手が唄う場合（フランスの語詩で）も、又シャンソンと呼ばれます。それから、「秋の日のヴィオロンの

（四頁へ続く）

## 出演者のプロフィール

**芦野 宏さん** 昭和27年、東京音楽学校（現芸術大学）本科声楽科を優秀な成績で卒業。在学中よりその美声と確実な唱法で将来を嘱望されていたが、卒業と同時に軽音楽に転向、昭和28年2月、NHK「虹の調べ」にアルゼンチン音楽を歌つてデビューした。その後、ダミアの来日を機に原孝太郎氏からシャンソンを歌うようにすすめられ、主としてシャンソンの勉強をつづけてきた。天性の美声と正確な外国語の発音、確実な唱法は彼の一番の強みであり、彼の演奏会はほのぼのとしたたのしさと、あたたかい雰囲気に包まれていることが特徴である。

リサイタルは毎年趣向を変えた意欲的なものを発表し、精力的な演奏活動をつづけており、過去六年間、シャンソン誌によるシャンソン歌手人気投票NO・1の栄誉を持ちつづけている。彼の代表的なうたは「ラ・メール」「小雨降る径」などのスタンダードもののほか、最近松井八郎氏と組んで発表している自作の自由詩をうたう「日本のうた」シリーズ、野上彰詩「ひとりのバラード」などである。

昨年四月よりNHK・TV「くらしの窓」（午前9.00—9.30）の総司会者として毎週、月水金の三日間出演、新境地を開拓している

**川島 弘さん** 大阪に生まる。昭和27年、府立北野高校を卒業、同年早稲田大学第一文学部演劇専修科入学、31年卒業、32年、武蔵野音楽大学声楽科入学、34年卒業、という変つた経歴をもつている川島さんは、在学中より葦原邦子さんの紹介で芦野宏氏に師事し、シャンソンを学び、昭和35年6月 NHKオーデイションに合格、それ以来NHK、民間放送をはじめ、芦野さんのリサイタルには各地で共演している。

まだ30才の若さで今後に無限の期待をもつている新人である。

**吉村英世・吉村英世クインテット** 昭和9年、満州に生まる。明星中学在学中音楽部でコーラスのメンバーとなり、上級生の伴奏に興味をもつてピアノを始めた。星野すみれ氏に師事。バイエルを一カ月間で終了するほどの才能をみせ、国立音楽学校に編入。芸大を受験しようとしたが、特待生で残れといわれて結局国立音楽大学に入学。青木和子氏、後に安部和子氏に師事。レオニード・クロイツア氏のレッスンもうける。その後、家庭の事情で同校を中退し、ポピユラーに進む決意を固め、ラジオの劇伴、帝劇、アーニー・パイル等劇場オーケストラのピアニストを勤めた。

昭和35年より吉村英世クインテットを結成して、シャンソン歌手芦野宏の専属バンドとして全国に出演、同時にそのシャンソンへの深い造詣を認められ、現在までに淡谷のり子、高英男、中原美紗緒深緑夏代、ビショップ節子、岸洋子等に殆どのシャンソン歌手にのぞまれて協演している。昭和36年2月より エレクトーンを加えてクインテツトとし、日航ミユージツクサロンの専属として連日出演しているし、又、NHKの「暮らしの窓」にレギュラーとして出演するなど、巾広い演奏活動を続けている。

「彼のピアノは、極めて正確である一方、晩学にもかかわらず、テクニツクは抜群で、その上詩情に溢れており、伴奏のときはひかえ目に歌を引き立て、演奏では一転して明確な自分の解釈を打ち出し、緩急自在に処理する。

現代人の感覚にぴつたり合致したクールなセンスは、今後を極めて期待させるピアニスト、クインテツトである。尚、現在名称は吉村英世クインテツトであるが、編成はピアノ・吉村英世、ギター・進多喜二、ベース・伊藤博、エレクトーン・柳田育秀、ドラム・小林晴一他一名、計六名が正メンバーである。

ためいきの」という、ヴェルレーヌの詩や、「ミラボオ橋の下をセーヌ河がながれる」というアポリネールの詩などに曲がついて歌われる場合、これも、シャンソン・ソテレール（文学的シャンソン）と呼ばれます。という具合ですから、シャンソンは、一部の人からさげすまされている様な低俗なものでもありませんが一部の人達から学問の様にしてありがたがられている様なものでもありません。

## ○シャンソンの流れ

その起源、それはもはや今となっては知るよしもありません。それ程古く、十四、五世紀——いやもっとさかのぼった頃に発したといわれます。シャンソンという言葉が生れる前から、シャンソンは此の世にあったのです。シャンソンは此の世に咲いた野辺の死、むつかしい理屈も音楽の規則も知りませんでしたが、自由にうたう心をもっていました。〝アヴエヨンの橋の上で〟というよく知られている歌は、大体当時のうただといわれます。その頃のうたはメロディーや、歌詞が弁放で極めて単純明快なものが多かった様です。

やがて「良き時代」ベル・エポックが訪れました。一九〇〇年代の初頭を迎えて、シャンソンは一せいに百花りよう乱の華やかな時代に入ります。その頃、フランスでは、オペレッタや、レビューが全盛を極め、我が国でも、その主題歌が宝塚を通して紹介され始めました。日本で初めてシャンソンがうたわれたのは、宝塚の「モンパリ上演」の時だと云われております。今から二五年前、昭和二年のことです。一方、小さなカフェの一隅からも数々のシャンソンが生れました。「聞かせてよ愛のことばを」はその頃の代表的なシャンソンと云えるでしょう。

こうして円熟期に入ったシャンソンはフランスはもとより、世界の唄として拡まっていたのです。そして……金融恐慌や、世界的不況、ファシズムの勃興、満州事変、近々は第二次大戦と激動する国際状勢の波にもまれながらも、地面に、雨水のしみるように、日本にも普及して来ました。

### 機関誌にあなたの原稿を！

例会についての批評、感想、希望
グループや職場での話題、事件
なんでも、いつでも、お寄せ下さい

原稿のとどけ先は
事務局（東労会議 小倉）
編集部（西小学校 長瀬）いずれかへ

〝劇団 夜明けの会〟上演

# 『三角帽子』

内舞台と外舞台による 十六景

アラルコン 作
木下順二 脚色
和田あきら 演出

## 本格的喜劇!!

演出子曰く「先づ多忙、その言葉を抹殺せよ、さらば成功せん」

劇団創立八年間民謡劇の公演と日本民謡の研究を重ね「移動劇場」「子どもの劇場」を持って、山間辺地を歩き続けた夜明けの会が本格的な民話作品「三角帽子」ととり組んで半年劇団総力を結集して十一月労芸例会を目標に最後の厳しい稽古を続けている。

「三角帽子」は作者アラルコンの名をスペイン文学史に永久にとどめたほどの代表作で、日本では以前「ぶどうの会」が上演し大変な好評を拍した権力に対する民衆の知恵とエネルギーをテーマにした大変なユーモアとリアリズムに富んだ芝居である。地方アマチュアー劇団の新劇らしい新劇を一度理解してもらい、又劇団もこの芝居から本格的な創造劇団へと発展させようと張切っている。

職場—演出—俳優—経営—宣伝—裏方等々劇団員先づは三役以上の仕事で多忙〳〵の毎日である。

（写真は合宿における（円通寺）稽古風景である）

合評会

# (映画) 怒りの葡萄　禁じられた遊び

出席者　男子七名　女子八名

三菱グループ

八月の例会の「怒りの葡萄」「禁じられた遊び」についての批評会を、会員の方に集つて戴き開催した。

S　「怒りの葡萄」この題名チョットまよつたね。何故「怒りのブドウ」なのか解らなかつた。

K　フィルムにブツブツ線が入つていたし、だいぶフィルムが古いね。あれだけ古いと見にくいし、聞きぬくいわ。

I　フィルムは古いし、もう少し声が大きいほうが、例えば「バカヤロー」など声が小さすぎてピントこないものなあ、もつと美しいフィルムで見せて欲しかつたね。

M　ハンチング素適やつたわ。

N　今風に言つたね、ハンチングは素適だつたが、昔はどんなだつたかな。

T　「禁じられた遊び」に出て来た子供二人、千人以上から選んだ二人ですつて、本当に上手だつたね。

K　言葉が解らないので、子供の演技が自然に見えるということじやないの、日本の子供の演技などに較べたら、よつぽど上手だと思う。

S　爆撃の後、チョット空をみあげた。その時の表情、音楽何んとも云えなかつた。それに女の子が母と自分の頬を位べる表情とても可愛いかつた。

H　「禁じられた遊び」のほんすじは何んだろう、恋愛か、それとも死んだ人か。

S　馬にけられて病人にしたと云う事はゴタゴタを作つて二人の世界と云うものを強調したんじやないのか、悪い意味でなく子供の恋愛だと思う。

A　それに着飾るとか、死んだものに対する可愛そうやでと云う事で十字架遊びをしたのじやないか。

K　子供の恋愛でなかつたならば、どうして後で男の子を女の子は追つかけたのかね。

S　大人と子供の物事の違いだとか、禁じられたものと云うか、その間の食い違いを云うんじやないか。

T　二人の子供が何んに喜びを見い出したかと云うと、十字架を沢山出してもつとそれより美しいものをと云う、それだけの遊びじやないか。最後に男の子の名を聞いた時パツト立つたと云う事は、その中に親しい人をみつけたというそれだけのことじやないのかな。

M　十字架はどうなつても女の子を家に置きたいと云う事はとてもいじらしいわね。

N　ウソを言つて十字架の有り場所を大人が云わせたところは僕達が見ていて恥かしかつたよ。

I　「禁じられた遊び」についてはだいぶ出てきたが「怒りのブドウ」についてはどうかな。

S　人間的にはどん底の生活にありながら一家が完全にまとまつていたなあ。その中の本当の美しさは何にか。一個一個の人間はつまらない、本当につまらん集りだけどもそれでいて纒た美しさと云うことは社会にも考えなければならないということが云える訳だ死ぬか解らない老人を連れて出るということは無鉄砲だけど、家族がバラバラになりたくないというその考えは社会が考えるべきだ。

刑務所から帰つて来ても、堂々としているね、きちんとキリをつけているね。非常に割り切つた観念を持つている。このへんは日本と違うところだ、周囲も暖かいし途中に会う人は皆んな良い人だ。ヒューマニズムの表われと云うのだろうか、今の時代ではそうはいかないと思うが、作家は書こうとして書いたのではなくて、唯そう云つた時代の反発を云いたくつて書いて出来上つた、それだけだと云う事だな。

H　年寄りの土地を離れないと云つた気持解るなあ、今なんか土地に対する観念はだいぶ違つているね。

B　たしかに年寄りの人は今でも土地に対する執着と云つたものは強いね、特に先祖代々の土地だと云つた観念が強いよ、しかし若い人は違うのではないか。

I　あの映画ピンからキリまで見た人つてあるか。

K　二本共卒直に言つて暗いと言う感じを持つたわ、二本ともこんなんじやなくて見て楽しめる、そんな映画が一本組合されていたら良かつたと思うわ、それから組合とジョーの描写が良く解らなかつた。

S　何んのための組合かはつきりすべきだね。

H　砂あらしで農作物が駄目になつたと云う、その土地を買うことに意味があるのかなあ。

M　結末がはつきり解らないということが後になつていろいろ考えられて良いんじやない。

K　本当にこれからと云う時に終つた事結局皆んなで考えると云うことじやない。

C　映画のことじやないけど、ボニージヤックス、見に行つたけど、子供達が多くて、全然ムードがくづされてしまつたね。会場も適当でなかつたと思うね。

E　たしかにそうだつたよ、もつと観賞する態度そう云つたものが必要だよ。

Y　もう少し会員を増やして中津川で観賞することが出来ない、そんな大きなものがみたいよ。

I　宇野重吉が来ると云つていたが、来ないと聞いて失望したね。決定してからやはり会員に知らせるべきだね。

B　たしかに期待をかけていたよ、今後もそういつた問題が起ると思うね、やはり自分達の要望を反映して実現するよう努力すべきだね、皆んなで大いにもりあげて行こう。

N　自分達で盛りあげてゆこうと言うことは解るが僕なんか観賞するだけの団体であつて、その意味で要望を出すことはいいと思うね。

S　そうだね、芸術を観賞する集りの方が皆んなが入り易いのではないかね。

創作座公演

# "アンネの日記" 合評会

とき　公演終了後
ところ　伊勢屋旅館
参加者　出演者も含めて約25名

Ⓐ　はじめから全体の感じをいつて申訳ないと思うけれど、「よかつた。よくやつた」といえるね。

Ⓑ　そうだよ、特に後半は会場のあちこちで、自然に拍手が出ていたものね。

Ⓒ　舞台装置が始めから終りまで、屋根裏という設定の芝居というのも珍しいね。

Ⓓ　珍らしいといえば、劇団の持つて来た装置は、大きすぎてステージに入りきらず、大分苦労したそうだが、よくやつたね。

Ⓔ　しかしね、見方によつては戦争の悲惨さや、屋根裏といつた限られた場所へ追い込められた人間のぎりぎりの気持といつたものの、えがかれ方が、やや不足気味だつたように思われたね。

Ⓕ　ぼくもそう思つたね、ユダヤ人に対する史上最大といわれる大虐殺の中で追われ追われて屋根裏に逃げた人達のギリギリの葛藤を、もつと描いてほしかつたと思うね。

Ⓖ　でもね、原作者は十三才の少女で、その少女なりに体験した異常な状況の中で、明日への希望もないのに、実にたくましく生きていく姿が出ていてよかつたと思うよ。

Ⓗ　うん、終戦以来二十年近い年月が流れている今日では戦争に対する描き方も違つてくるだろうし、人間は常に希望をもつているのではないだろうか、そうした明るい方向が強調されていてよかつたよ。

Ⓘ　あのせまい屋根裏で二年余の苦しい生活の中で、大人達が人間的な、あまりにも人間的な、いがみ合いの中で若いアンネ達はそれらに負けずに成長していつたことは本当にたのもしいことだと思うね。

Ⓙ　アンネの純粋さにはうたれたね。毎日毎日暗い状勢の中で、ぼくは、そうではない、よし頑張るぞという気持がわいたよ。

Ⓚ　中国の古いことばに「暗い空は小さな窓から見れば、よけい暗くなる」という意味のことばがあるが、本当にそれがピッタリした感じだつたわ。

Ⓛ　いろいろ細かいところに、チョイチョイ問題があつたが、やはり一番はじめに云われたように、よかつたといえるね。でも残念だつたのは人数が少なかつたことだね、もつともつと大勢の人に見てもらいたかつたね。それには特別例会の持ち方や、とりくみ方も今後検討しなくてはいけないね。

## 「アンネの日記」寸評

◇よかつた。本当によかつた。労芸の例会の中で一番よかつたです。　恵那の会員

◇おれ、前半はもり上がりがすくないのでたるいなあーと思つていたら後半すごくよくなつたので嬉しかつたよ。　恵北の会員

◇私は原作も読んだのですけど、芝居になると又違つた感動を受けていいなあと思いました。　坂下の会員

◇舞台がせまくて音響効果が悪く、せつかくのアンネの朗読が聞きにくかつたのは残念だつた。　中津の会員

◇母親として、露骨な戦争否定のものよりアンネくらいの年頃の子を持つているとアンネと自分の子といれかえてみて劇を見ていましたが、本心から平和を願う気持になりました。　中津の会員

◇少ない人数で、見るにはよかつたのですが、労芸の運営から云うと赤字が出たのではないですか。　中津の会員

◇知人の家で一泊させてもらう予定で来たが、本当に来てよかつたと思うね。これを見て感動したことを大勢の仲間に知らせてやります。　恵南の会員

# □グループ紹介□

## ハイハイ こちら電通の仲間です

＝中津川電報電話局グループ＝

午後五時三十分より昨日観た「アンネの日記」の職場での合評会を開く。参加者、会員三十二名中九名（男三、女六）亀の甲よりなんとかで司会をつとめる。やろうやろうと思つていてなかなかできなかつた最初の会合だから、合評会なんてことにこだわらずに、なんでもしやべつて、楽しくやろう、という事で始める。

A女「あんな風に、自由でのびのびと生きてみたいわ」

B男「ほんとうだね、思つた事や感じた事をそのまま、しやべるなんて事は、サラリーマン稼業じやむつかしいもんな」

B男「俺、止むを得ず途中で帰つたけど舞台装置は最後まで屋根裏の場面やつたかね」

A女「そうやつたねえ」

ーみんなうなずくー

C女「新制作座の 泥かぶら みたいな舞台装置やと思つて行つてみたら違つとつたわ、そうやもんで、なんか暗い感じと変化がなかつたみたい」

D女「そりやあしようないと思うな、泥かぶらとは全然質が違うもんなあ」

「そうやねえ」ー異口同音にー

E男「一番前で観ていたら、僕ばつかり見ているようで（アンネがさ）ー爆笑ー恥かしなつちやつた。

それにしても、最後にみんなであいさつすると思つて、最後まで拍手してたのに、あいさつはなかつてガツカリしたよ」

「手の減り賃返してもらい」ーヤジー（爆笑）

こんな調子で合評会らしからぬ合評会を午後七時半閉会にした。

その他きめた事は、代表者の他に世話人を三名おくこと、会費は九日に集金すること。今後の例会について希望する事は、生の音楽が聞きたい、観る事だけでなしに創る事と将来考えていつたらいい。

合評会については、今後も続けてやりたい。むつかしい批評なんてものはできなくても、少しでもいいものを観たい、観たら話したい、また職場の中で、ほんとうに楽しく大声で笑い合えるような会にしていこう。

などを話し合つてやる事にした。

### ■職場とびある記

電報電話局全員で百十八名。うち組合員百十一名、モシモシと交換作業に従事する者五十六名が交替で二十四時間勤務。「ウマレタスグコイ」ハハの片仮名商売、電報作業に従事する十一名ここも二十四時間交替勤務。その他、故障の修理や、新しく電話をつける作業、また電話に関する営業業務などすべて電報電話に関する事ばかり。国鉄と同じく公企体。

スト権よこせと頑張つています。

ーーM生ーー

# ◎中部労音友好祭に参加して

自分たちの手で芸術を守り、自分たちの手で芸術を育てようと考える人たち約3000人が、三重県四日市市の宮妻峡にあつまつた。それは、中部労音友好祭を成功させ、意義あるものとするために。気温30度前後のうだるような暑さの中で、谷川をはさんだ両岸から木々の間をぬつてきこえてくるコーラス。いくつものサークルが、それに呼応して宮妻峡全体をつつむ。「すごいなあー」「きてよかつた」という感に、しばしひたる。本部へ受付けをすませにいく「中津労音ですが、御邪魔します」「ごくろうさま！」「ようこそ！」あらゆるところから歓迎の挨拶。私たちは中津労音として第一回中部労音友好祭に参加しました。私たちは少数のため、松阪労音と合流してバンガロー村を編成しました。そして、松阪の仲間たちとの生活が、こぜわしくはじまり、そのなかで、勤めのはなしや、音楽のはなし、組織（サークル）のはなしを交換しながら、笑つたりうたつたり、考えたりしました。みんなで、カンカンに怒つてはなしたのは労芸、労音、労映など不当な課税をしてくることについて、「まつたくバカにしとるなあ」「大体ヤツらは税金をとるのが目あてやないで、たとえ、俺んたあから税金をとつたつてしれとるもん」「民主的な団体をつぶそうとしとるんやな」「そんなもん、家庭で音楽をきくことの延長やに、なんで税金がかかるんや」「組織破壊にきまつとるんやで、俺んたあは、もつと、しつかり音楽を通じて手をつながなあかん」等々。さらに、みんなで悩みをうちあけたことは、会員がすこしづつ減つていくということでした。ある一定の時期までは、どんどん増えていつたが、今は会員数の増加がストップし、むしろ減少していく現実にさらされ、みんな困つていました。「どうやつたらええやろ」「例会が多すぎる。（反対に、少なすぎる）」「もつと、中味のええものを一年に１回でもええから触れたい」「例会の回数を多く持つことだけが進んだ労音とはいえんな。要は会員が、どれだけじかに触れたものによつて満足したかということやないか」「もつとみんなをさそおまいか」「自分たちの芸術を、自分たちの手で守り、育てていくという観点に会員がたたなはじまらんな」「そんなこといつたつて、急には無理やで」等々。

以上のようなはなしをしながら、松阪独特の牛肉を思いきりつかつた珍料理に舌づつみをうち、夏の夜空をこがす大キャンプ、ファイアーに集まる。おもいきり踊つて、おもいきりうたうと全身汗ばむが、すかさず山のつめたい夜風が、すかつと汗をぬぐいさつてくれる。まんまるい月が音楽を通じて一つになつた多くの仲間の真上にかがやき、「ねむれる獅子よ！今は、ねむつているときではない。立ちあがろう！我々の芸術を守るため、そして、育てるために。」と互いに心に誓いながら、今まだ、おとろえやまぬキャンプ、ファイアーの炎をあとに、三三、五五、散つていつた。宮妻峡の一日も、こうして静かに幕がおりていつた。

――ふくし――

11個のアカデミー賞を受賞した史上最高のミュージカル映画

スクリーンいつぱいに爆発する若いエネルギー！

# ウエスト・サイド物語

10月8日～15日

中津川労芸特別優待整理券（￥150）を発行しています
お求めの方は東労会議内事務局へ………

名古屋労音及び岐阜労音の例会　整理券は労芸事務局で斡旋します

**名古屋労音**

○ 10月5・6日
中国のうたと踊り　民族楽器オーケストラ

○ 10月27日
パーベル・セレブリヤコフ　ピアノリサイタル

○ 10月23・24・25・28日
芦野　宏　リサイタル

**岐阜労音**

○ 10月10日
みずはら ひろし と　シツクス・ジョーズ

○ 10月11日
井内澄子　ピアノ リサイタル

希望の方は労芸事務局へ至急お申込みください

落語（柳家小さん 或いは、林家正蔵）をはじめ奇術、講談、俗曲等
家族ぐるみで楽しめる特別企画！

# 〃労―芸―寄―席〃

12月例会

■12月14日（土）
■中津劇場

No. 5

# 中津川労芸

昭和38年11月　　中津川勤労者芸術協議会機関誌

11月例会

地元劇団が8年間の成果を舞台一ぱいに繰りひろげる

## 『三角帽子』

夜明けの会 公演

# 11月例会『三角帽子』

内舞台と外舞台による 十六景

## 劇団夜明けの会

とき 11月24日(日)6・30
ところ 中津南小学校 講堂

## ■演出について

和田あきら

民話といえば、素朴な民衆の知恵物語ということになつているが、日本民話の場合何かすつきりしない物足りなさを感じる。

そのことについて、専門家の間では「日本的矮小だ」といわれるが、現代のわれわれにはあまりにもテーマがおざなりで単純そのものではなかろうか。

三角帽子はスペインの民間詩を一九世紀にアラルコンが創作したもので、民衆が権力者をひつくり返してしまうという日本民話に見られない行動性に富んでいる作品で、水車小屋の女房フラスキータのエロチズムと、亭主ルーカスの社会的状況の中で生きてゆく知恵が、権力者市知事（選挙による市長ではなく国王に任命されて司法、行政に亘つて市政の全権を掌握する）への抵抗（レジスタンス）といえよう。

物語そのものは大変面白い気軽なファルスであるが、一方作品の量感をいかに出すかが問題で、作品の前提条件となつている絶対王制政治体制を強調するため市知事をオーバーに戯化しフラスキータの健康的なエロチズムを、ユーモラスなルーカスとっつあんと一本に合せ速かな舞台運びに重点をおき、市知事初め舞台全体の戯化の中から作品におけるリアリズムを出してみたいと思つていますが、果して訳者のいう随所に現われる軽妙な皮肉と上品な諧謔、これがどの程度現わせるかが問題です。

いずれにしても、愉快な楽しい芝居として受けとつていただければ先ず成功といえましよう。

―スタツフ―

| | |
|---|---|
| 原作 | アラルコン |
| 脚色 | 木下順二 |
| 演出 | 和田あきら |
| 装置 | 高橋卓祐 |
| 照明 | 鳴海清司 |
| 効果 | 井口大作 |
| 衣裳 | 劇団衣裳部 |
| 大道具 | 劇団製作部 |
| 美術 | 吉村茂男 |
| 舞台監督 | 菅井省吾 |
| 結髪 | 安藤美容院 |

―キャスト―

| | |
|---|---|
| 市知事 | 和田あきら |
| 市知事婦人 | 山内千世 |
| うば | 藤井弘美 |
| ガルドウーニャ | 土屋学 |
| 村長 | 佐藤ひろし |
| トニコエロ | 加藤治己 |
| ルーカス | 伊藤孝男 |
| フラスキッタ | 真内ヒサ |
| おうむの声 | 田中照代 |
| 説明者 | 伊藤重治 |

## ものがたり

時は十八世紀の始まりで、何年頃とはわからない、所はスペイシ片田舎、粉挽く小屋が一軒あつた。水車小屋の御主人は、せむしの男と来てござる。ところがカミサンまつたく美人、誰もがうらやむ二人の仲、ところが町の知事様は、これ又大の浮気者、バカバカじくでつかい三角帽子、目も覚めぬばかりの緋ラシャの外套に威厳と権威を持たせ、毎日せつせとかみさん目あてに水車小屋。

ある夜ラソツのガンドウーニャと、またまた権力行使の計画で……。

さて日暮れにいよいよ戦斗開始酒飲み村長にルーカスおやじをタイホさせかみさん一人の水車小屋へと――

ところが知事さん川へザンブリコ。落ちて助けを求めて戸をたたく。心配顔のかみさんはてつきり亭主のお帰りと思つて戸口を開いたとたんずぶぬれ知事がぬつと出た。

かみさんびつくり「出て行け！」と。

ところが知事さん最後のチャンス、のがしてなるかと奥の手出した。

そこでかみさん鉄砲取つて逆おどし、知事さん青くぶつたおれそれをしりめに村長宅へ。村長宅のルーカスも女房の身が心配でわら小屋ぬけ出し水車小屋へと、ロバにむちあてきて見れば女房の姿どこにもみえず、ベツトに知事の大頭、二人の平和もこれまでと知事にふくしゅうを考えた。ふと眼にとまる市知事の着物これ来て知事のヤシキへのり込んで知事夫人も美人だぞ。

さて、それからが大そう動、あとは見てのおたのしみ。

## 『キリ』の劇団

劇団も十年近くと言われれば、文字通りベテランと称される部類に入るかもしれない。しかし一口に劇団といつてもピンからキリまである。ピンは三大劇団と言われるものからキリとなればそれこそきりが無い。私達はキリの中で、まさにきりきり舞をしている劇団である。

この私達の劇団も創立当時からくらべると、どうやら劇団といわれても不自然でないようなものになつてきたというのは、明りの数がどうとか、道具がどうかの問題はさておいて、それぞれが創るという力を持ち始めてきたからだ。この五年間というものは「仲間をいかに安定させるか」に苦しんできたからである。

一人だけではどうにもならない演劇というジャンルの中に立ち、ほかの創造芸術にくらべて、あまりに歩みの遅い自分達を思えば、あせりのでる私達なのである。一時は雨上りの竹子のようにできたサークル劇団も、いつのまにやら消えて馬鹿と言われた者だけが残つている。「サークル活動の停滞」これは難かしい問題として数々の議論がされてきたが、サークル理論だけではどうにもならないものがあり、こうあるべきものだと言つてみても、実際には机上の空論としかとれないものが多いのである。

サークル演劇の私達が自から進んで創造活動を活発にしようとすれば、必ず職場、仕事との問題にぶつかるのである。私達の劇団は「職場第一主義」をとつているのであるが、その私達ですら時には仕事に抵抗を感じたり、さらにそれを犠牲にしなければならない場合も起つてくる。私達が一人一人その点で苦しみ、参加することに努めているのだが、稽古中にキャストが二人も休めば、まず稽古は中断である。その繰り返しに自然他の仲間にゆるみがでてくる。「これではいけない」とは思つても、何十人もの仲間を持つ大劇団なら、いざ知らず、それこそきりきり舞の私達ではキャストの変更もできないのである。

このように創造―仕事―時間―人員不足に起きる緒々の問題を残している私達ではあるけれど、「芝居は時間があつてできるものではない。時間は工夫してつくり出すものだ」と常々話し合い自からむち打つて、今までの仲間つくりの中で蓄積されたものを基にして、力強く創造活動をして行こうと思いながら、更に「夜明けの会」を支持し、応援してくれる幾多の民主団体、サークル、はては市民の一人〳〵の温かい友情と激励に支えられながら、共に肩を組み「心はいつも夜明けだ」を声高らかに歌いあげようではありませんか……。

①夕陽がよごれた工場の屋根にしずめば俺たちや街に散らばる
若者や娘たちの胸に灯をともしに
心にや夜はない
いつも夜明けだ
心にや夜はない
いつも夜明けだ
（以下くり返し）

②朝陽がよごれた工場の窓をてらせば俺たちや職場に散らばる
若者や娘たちの胸がくもらぬように

③朝日は夕陽は働く仲間
ああそうだ今日もがんばろう
やがて開ける未来を照そう
若者よ娘たちよ胸に誇りを持とう

# 12・1月例会

# 労芸寄席

とき　十二月十四日(土)　昼夜二回公演
ところ　中津劇場

## 労音寄席　ROON YOSE

トザイ、トーザ――イ、ここもとごらんに入れまするは、YOSE。音楽ばかりの労音に珍らしくもヨセ寄席でござ――い。

ヂヂサ、ババサはむろんのこと、そこなニキビのアンチャン、ネーチャン、ガツパリ見てお楽しみ下さ――い。

**本日寄席の種目は**

落語二題に、娘義太夫、新内に万才、太神楽（ダイカグラ）とござ――い。

寄席の演目（ダシモノ）さわやま（沢山）ある中に、まずまず、寄席にお近ずきなき方がたのためとりそろえましたるこのダシモノにこのタレント。古くて新しいは、良酒ばかりではございませんとばかりに、若くハツスルする人のおん前にも、ズイズイズイーツとおすすめいたします。百聞は一見にしかずとやら、東京労音の若い仲間に負けぬ程大きな声援強く強く頂けますよう願いあげたてまつりまする。

さて演目の第一は、いつもの手順で、**落語**。おはなしは、**柳家小三太**さん。その内容と申しますれば、落語を新しく開拓しようとハッスルしている若手の一人。東京労音「権助サークル」の代表者である小三太さんにはうつてつけ、「**労音は何故寄席をするか?**」でござりまする。ああなんとカチンカチンの題であることよ。それがヤワラカーク、オモロクオカシク、スマートにお話して下さる予定。もちろん、新作中の新作。ついでのことながら、三遊亭歌笑ほどではありませんが、少々「破壊」されかけたオカンバセもつて司会もあいつとめさせて頂きまする。

さてその次は、若き乙女の美声もてお耳に入れまする**娘義太夫**は「**絵本太功記十段目、尼ケ崎閑居の段**」略称「太十」（タイジュー）あいつとめまする太夫は竹本朝重（二代目、アサジュー）竹本重子（ジューコ）両太夫。

そもそも**義太夫**なるものは、今を去る二百が五十年ばかり前、大阪は竹本義太夫らによりはじめられた浄璃瑠（ジョールリ）の一派でありまして、主に人形芝居の伴奏に用られましたが、人形とは別に、お座敷や寄席でも語つてきかせてまいりました。江戸浄るりの諸派が武張つたものを特色としているのに、上方浄るりは、世話物（心中 その他 ツヤツぽいものが材料）を得意とするような、キメの細い情緒で売出しております。義太夫節はその代表。

**今回の下題**（ゲダイ）は、例の太閤記に取材し、明智光秀の謀叛（ムホン）から滅亡までの十三日間の事件を十三段（十三幕）の芝居にしたもの。

義太夫がすたれないのも、近松門左衛門を始めとするすぐれた台本作者がいて封建時代の枠内ながら、義理人情をつきやぶろうとして、やぶりえぬ、人間のたたかいをリアルにえがいてきたからでありますが、**この十段目では**光秀も秀吉もともに、民衆のあこがれる勇気と情けをかねそなえた英雄としてえがかれ、とりわけ、民衆が一番嫌つている戦争の残酷さ、肉親を戦場に失つた悲しみ、などよくえがかれているので、今日まで民衆の共感をよび、歓迎されているのでございまする。

さて演じまする**竹本朝重太夫**、**重子太夫**は共に往年の人気太夫の二代目を襲（オソ）うだけに、若さと力倆にあふれた太夫でござりまする。

さて三番目には、**落語会の長老**、重鎮ベテラン中のベテラン、御存じ**林家正蔵**師匠にお出まし願つて、十八番（オハコ）中のオハコ「首ちようちん」――

「無礼者、身どもをなんと心得るか、いやしくも士農工商の上にたつた武士だぞ」

「てやんでえ、武士は武士でも、カツオ節だろう、二本差しているのがこわくちやあー表通りは歩けねえや、焼豆腐なんざあ、二本差してらあ、気のきいた蒲焼なんざあ、四本も差してらあ」

「うぬう、この刀が目にはいらぬか」

「そんな長い刀が目にはいるくらいなら手品使いになつて、大金もうけしていらあ」

「おのれ、ほざいたな手は見せぬぞ」

「ちえっ、そんなきたねえ手なんか、見たくねえや」

まことに痛快無類、奇智縦横、さむれえには切すてされても文句のいえぬ被支配者、町人の人間差別への痛烈な反逆であります。これが江戸ッ子師匠のオハコときているからタマラン。

さて四番目は、しみじみとした情緒たつぷり、**新内節**は、その第一人者で変り者、芸術選奨、文部大臣賞芸術祭奨励賞に輝く岡本文弥師匠によりまする樋口一葉原作は「十三夜」

そもそも江戸時代の大衆の芸術は、これ、二大悪所、廓（クルワ）と芝居小屋から生れ、育つたものでして、その意味では道徳堅固なおかたさまにはまことにけしからぬものでござりましよう。

とりわけ新内節は、その悪所の真只中クルワに育ちましたもので、新内の名作古典でも、今の若い人には少々どうかと思われるフシがないではありません。しかし、『その代表作「明烏」（アケガラス）「蘭蝶」（ランチョウ）など、多くは貧農や没落者出の身売りした遊女（パンパン）の「篭の鳥」的生活のみじめさをバクロし、雇い主（レジャー施設経営家）遣手（やりてババア）――（遊女監督?）の搾取横暴を非難しているので、新内職業人の吉原遊廓立入り禁止という時代もあつたといわれる』という具合にうわべはキラビヤカナ、ドン底中のドン底にそれでも生きようとした女性の現実が語られます。それは、義太夫節の系統をひくだけに、さらに一層、キメ細かく哀愁をもつて、また一面、廓の表面を反映してツヤツぽく、はなやか?にも語られます。（『　』内は岡本文弥氏（　）内は筆者）

岡本文弥師匠は、この古典だけにあきたらず常に新作、新しい語り口を心がけてきました。レマルク原作「西部戦線異状なし」の新内化（大正末―昭和初）を始め沢山の作品がありまする。しかし、新作といつても『あまり突飛な節付けは許されないし、私自身も突飛なことには興味がもてない』という風に着実に伝統を生かしながら、新しい芸境を開拓しておられまする。「十三夜」は一連の「一葉もの」の一つで新内古典の心意気が継続されまする。

さてお次は、二十才台のまさに売出し中、チャキチャキのハリキリガール大空わかばとハリキリボーイ大空みのる御両人の漫才。

大空みのる君ギター片手に、ラテン歌手、坂本すみ子さんによく似た声、スタイル?で大空わかば嬢の歌入りに世相諷刺とハツスルしてござる。

落語も万才も台本はありまするが、どちらも読んでこれほど気のぬけるものもない。それが舞台で聞けば何ともはや面白いものになりまする。とりわけ漫才師御両人の丁々ハツシのやりとりの気迫、剣豪の真剣勝負のような烈しい気合で間を抜いて笑わせる。そこが、見所、きき所。諷刺がぐんと深ければ深いだけ痛快な爽やかな笑いをまきおこす。近頃、世の中が暗くなるとどうも底の浅い笑いがくすぐりが多くていけません。その風潮をふきとばさんとハリキル御両人に乞御期待。

さて漫才で大笑いし、雰囲気が花やぎわいた所で、フィナーレにふさわしい、

**太神楽**（ダイカグラ）

派手な下座音楽と共に演じまするは、一つマリの芸を中心として「深川」「かつぽれ」などの派手なもの、コミツクなものなど寄席踊を即興ではさみましての日本の曲芸。神楽の名はつきましても、もう宗教とは全くの無関係。曲芸でござりまする。一つまりは、一コのまりと何本かの太鼓用のバチを用いましての口ではいいつくせぬ至芸。

曲芸は芸術ではないなどと申す御人がござりまするが、歌謡曲は下等な音楽というに似て少々困つたものと思いまする。肉体や勘をあれだけ訓練することは容易ではありませんし、また同じ曲芸でも、日本の曲馬団サーカスの持つ、うらさびしい性質のものでなくするためにはそれ相当の考え方、感じ方の健康な訓練も必要でバカにはできないことです。

海老一さん兄弟は健康で明るい日本の曲芸を目指しで努力している人達で三十五年五月ダークダックスと共にソ連文化省に招かれ、各地で好評をえておられる。しかも舞踊は花柳流の名取とござ―い。

| | | |
|---|---|---|
| 前座・落語 | 「労音は何故寄席をするのか」 | 柳家小三太 |
| 娘義太夫 | 絵本太功記 十段目「尼崎閑居の段」 | 竹本　朝重<br>竹本　重子 |
| 落　　語 | 「首ちようちん」 | 林家　正蔵 |
| 新　　内 | 「十三夜」 | 岡本　文弥 |
| 漫　　才 | | 大空わかば<br>みのる |
| 太 神 楽 | 「深川」<br>「かつぽれ」 | 海老一染太郎<br>染之助 |

## なぜ労芸が寄席をとりあげるのでしょう

寄席というと、何だかジジクサク、若い人に縁がうすいように見えます。しかし、本当はとりわけ敗戦以後アメリカものを中心とした外国音楽のハンランにおされて、若い人の目にとまらなくなたつにすぎません。今の若い人でも、見ればきつと面白いはずです。その証拠に東京労音がつい先頃行なつて、大勢の会員にずい分好評だつたそうで、中津川の公演のすぐ翌日、名古屋労音でも例会としてとりあげています。

中津川労芸が、ただたんに東京労音のマネをするのではなくて、さきの「芦野宏」の日本の歌や、今後例会予定にあがつている「わらび座」で日本民謡をとりあげようとする中で、日本の伝統音楽芸能を、もつと会員に面白く見てもらうことを考えてくると、必然的に労音寄席をとりあげることになつてきたのです。

いいかえれば、私達の祖先に直接出会うような気持にさせられるからです。

# 9.10月 例会をふりかえって

芦野宏と
吉村英世
クインテット

## 芦野さんと話したこと

公演終了後、さめやらぬ感動につつまれながら、十一屋旅館で芦野宏と語る会が開かれた。

—会員—よかつた、感激しちやつたわ、大衆的で誰でもとけこめるんじやない。

——大声の会員　本当によかつたね。

—会員—中津川の例会はどうでしたか。

—芦野—沢山の例会に出演させてもらいましたが、今日の中津川の会場は感じが本当によかつて歌い易かつたですね。

—会員—第一部をとてもおさえて歌われたように思いましたが、田舎だということで差別されるようなことはありませんか。

——サインを手早くしながら——

—芦野—全然ありません、出演者一同一生懸命にやりましたよ、それより第一部の原語で歌つたところはどうでしたか。

—会員—ことばはわからなかつたが、何ともいえないムードで、なげき、喜び、悲しみがわかりましたよ。

—会員—日本の歌を聞いて、特に「ワンコソバ」がよかつたと思いますが。

—会員—そうですね、私は鳥取の砂丘で泣けてしまいました、これからも日本の歌の創作曲をふやしてください。

—芦野—ええ、作詩、作曲もやつていますがむずかしいしね、うまくできないんですよ、でも日本の歌は、今後うんとつつこんで発表していきたいと思つています。

—会員—労音についてどう思われますか

—芦野—いいことだと思いますね、働く人がよい音楽をより安く聞く組織として今後もどんどんのびるでしようし将来は音楽の本当のにない手になるんじやないですか。

—会員—シャンソンの流れについて。

—芦野—発生以来の長い歴史の中で、よいものは今でも残つていますが、心は変りなく同じでリズムは変つていますね。

—会員—もしもお金があつたならの歌は精力的で体全体で歌われたので引きつけられたが、歌詞については、私は何となく、なげやりな点があつたように思いますが。

—芦野—あの歌はリズムが新しいので採りあげましたが、原語の意味はもつともつと深いものがあつて、訳詩が確かに悪いですね。

—名古屋労音の会員—働く者の立場から直線的につつこむ場合には中央合唱団などになりますが、私達の生活は非常に多面的で、音楽でも巾広く組織し、楽しんでもよいのではないでしようか。

—会員—ピアノの吉村さんは出身校が音楽の私立大学である国立(くにたち)音楽大学なのに会員の人の中には、国立(こくりつ)と読むんだと思つてみえた方があつたようですが。

—芦野—そうですね、紹介した時、何故笑われたかわからなかつたのですが、おかしいと思われた方が、おかしかつたわけですね。

——みんなわらう——

—会員—私は恵那からきましたが、今度の例会が一番参加数が少なかつたのですが、シャンソンというとむずかしいといいますので、どうか、この感激を大勢の人にひろめるためにも頑張つて下さい。

—会員—では、お互いに頑張りましよう

### 寸評

※楽しいムードでいつぱい。
※例会の中で一番よかつたですね。
※アンネの日記よりよかつた。(?)
※大変好感をもつてききました。
※このようなシャンソンも私達労働者にとつてよいことかと存じます。
※バンド演奏の禁じられた遊び　本当によかつた。アンコールしたかつた。
※第二部の日本の歌もよかつた。
※労芸さまさま、安くてよかつた。
※胸がジーンとして何ともいえなんだ。
※シャンソンというものを、はじめて聞いたが、歌謡曲なんかより、うんとよかつた。
※芦野宏が中津に来るなんてウソやらつて声があつたけど、本当に来たに—よう呼べたね—よかつたね、なまの声はやつぱりいいね。

### 芦野宏の詩帖から

#### 砂丘

鳥取の砂丘は白くて広い
まるで大きなすり鉢みたいだ
僕は歩く　素足で歩く
遠い海の潮騒が空しく胸に呼びかける
鳥取の砂丘どこまで続く
いつか見た夢　アラブの沙漠か
僕は歩く　一人歩く
よごれた僕の心臓が都会の媒をはき散らす
鳥取の砂丘はひどくつれない
いじわる女の冷い仕打ちだ
僕は歩く　空しく歩く
風の残した足跡が　白い心を嘲笑う
鳥取の砂丘よ　白い砂丘よ
果しなく遠い夢の続きよ
僕は歩く　どこまでも歩く
遠い海の潮騒が虚しく胸に呼びかける

# アンケートの中間集計

## あなたのアンケートが例会をよくします

芦野宏の例会整理券につけたアンケートの概略集計が出来ました。詳しくは事務局の方で整理し、今後の例会決定の大切な資料にしてもらいます。

①アンケート回答数　一〇五名　男三二名　女七三名

②今迄の例会について
よかつた三四名　普通四六名　悪かつた六名

③今後の例会希望
音楽を第一希望にした人　四三名
演劇を第一希望にした人　一七名
映画を第一希望にした人　九名

④希望するもの
音楽、演劇、映画ともに散票が多く大体の方向しか出て来ませんが、音楽では、ダーク・ダックスが二三名で一番多く続いてデューク・エイセス、五十嵐喜芳、アイジョージ、中央合唱団など沢山出ています。

演劇では、民芸、新制作座、前進座わらび座などが希望され、映画ではアラビヤのロレンス、鋼鉄はいかにきたえられたか、僕の村は戦場だつた、地上最大の作戦、裸の島などが出ていました。

⑤その他の希望意見としては、

A　会場問題として、会場が悪い、交通不便だ、子どもがやかましい、マイクが悪い、土曜日曜に例会をもてなどで、つまるところ文化会館建設の方向で運動を強力にすすめながら、それ迄は現状の中で最善の方法をとつていくことだと思います。

B　例会内容として、音楽でバンド演奏を希望される声が多く、また例会外行事として、レコード・コンサート、十六ミリ映画会、講演会などが出され映画会は中津川市外の支部でも上映してほしいとの意見がありました。

こうしたアンケートにより来年度の例会スケジュールが組まれていくわけですが今後もアンケート、合評会、グループの話合いなど、あらゆる機会に希望を出していくようにしましょう。

□グループ紹介□

## 〝目下公演準備に大張り切り〟

—劇団夜明けの会グループ—

夜明けの会が生れたのは三十一年二月当時、中津高定時制を卒業した和田金夫君らが中心となつて〝いつまでも素直で明るく生きる〟ことを合い言葉に友人三十人で演劇活動に取り組むことになつたのがはじまり、そして〝つらさや苦しさに会つても明るさを失わず、必ず夜明けのくることを信じて進もう〟と夜明けの会と名づけた。会員は商店員、工員、農業、看護婦さんなど職場に働く若い人たちばかり、それだけに、まじめな同志で気心もピッタリと合い〝さつぱ夜ばなし〟〝彦一ばなし〟〝まつかつかの長者〟〝二十二夜待ち〟などの公演が、中津で、国立療養所で、辺地で幾多の苦労にも負けず上演され、幾多の人達を楽しませて来たが、なにより困つたのは資金面で、自分達で舞台装置や衣裳、照明器具など工夫して作つたり、赤字のアナうめに映画の切符売りなどもやつたことがあるという。また一方練習も、それぞれ職場が違つていて集まりが悪く困つたこともあつたという。

こうした苦斗の中で今年八年目を迎えた夜明けの会では、近くにせまつた労芸十一月例会の「三角帽子」に一年近くも取り組み、夏には合宿までして練習に励んだ。

そして来年は北野に、会員待望の劇団けい古場を自力で完成させ、さらに五年後には、百平方メートルの演劇場を会員の力で建設しようと計画がすすめられている。この演劇場は会員が入居、職場へ通うかたわら共同生活を通じて劇の勉強をしていくそうで、会員の希望は、今まさに夜明けを迎えたように、明るさをまし、発展していくことであろう。

## メルシボーク

小島としお

ぼくは労芸発足以来の会員で、労芸のプログラムのほとんどに付合つて来たがずば抜けて面白かつたのは『芦野宏』だつた。本当にあれは楽しかつた。『感銘を受けた』など云つてしまつたのでは言葉が調子づいて、流石にテレくさいがシャンソンというもののよさを初めて味つた充足感は否めない。

シャンソン・ド・パリ、などとおつしやられても、パリがフランスに存るというたつたそれだけの知識しかない野暮夫にとつて、正直、何が何やらさつぱり見当がつかずピンとこないのだ。けれども『芦野宏』をみて、そんな鹿爪らしいことは実はどうでもいいのだ、と一つの発見をした。

時代も環境もちがうけれど、やつぱりそこには、一生うだつの上らない男や、イキでダンテイな若者や、夢見る小娘らが生々と人生を哀歓しているのだ。そのありようが眼に浮ぶような心地がする。それが芦野宏の完ぺきな演技と歌声のなかにひそんでいる。あの静かなバラード（いわば『話』のある唄）には人生がはりついていたね。そして庶民的な茶目ッ気を充分こめたあのコミカルソングには思わず失笑を禁じ得ない、得もいわれぬ味があつた。『もしもオレにゼニがあればこんな歌など唄つてないで寝ていたい』とか『美人の女房むらえば苦労するぜ』とか『子供は考へてほどほどに産めよ』とか、ああそこには隣のおかみさんのなげきや忠告がある。生活がある。それは本当に心を温かにしてくれる『生まれざりしこそ最善。生まれしからには出来るだけ早くこの世を去ることこそ次善』こんな皮肉を口にしながら、自分はケタ違いの長生きをした文学者も、たしかこの国の男だつたつけ――流石ウィットとユーモアの国の住人だけのことはある。

『ベコーをうたおう』の川島弘は、ボクサーはだしのたくましさで、魂消る程の声量と肺活量で『愛してくれ』『ああこの胸の苦しさ、悩ましさ』だのと、まことにナマナマしい詩のリフレンを心臓がハレツするまでも絶叫して、きいているのに人間の勇気を必要とさせられたけれど、それはそれで捨てがたい味があつた。あんまり唄を身振りも熱つぽくてゾクゾクしたけれど、存るものはすべて、存るがよい。それぞれ存るものは、存ればいいのだ、とぼくは自からをはげましてきいてやつたよ。

ピアノの吉村英世。これは凄い。上手だとかたくみだつたという位いでは言葉が追いつかない。悪マ的な見事な演奏だつた。ことに『禁じられた遊び』のピアノソロは、何か絹糸のような美くしい光沢を放つていて、ぼくは感動した。このピアニスト、ぼくは忘れない。

ともかく『芦野宏』はずば抜けてぼくは楽しかつた。こんな時、フランス人は『メルボシーク！』と叫んで踊り上つて喜ぶのだそうだ。それならぼくもマネしてみたい。

『メルシボーク（大多謝）芦野宏シャンソン、リサイタル！』

## ◆全国労音ニュース◆

全国勤労者音楽協議会連絡会議では、毎月〝全国労音ニュース〟という機関誌を出しています。その九月二十五日号のニュースらんに、

中津川労音（中部）十月発足

岐阜県中津川市にも新しい労音が生まれます。中津川市（人口四七〇〇〇人）には民主団体、地区労が中心になつて結成した中津川勤労者芸術協議会がありましたが、これが労音、労演、労映の協議体として考えて、労音は十月二十五日芦野宏リサイタルで発足例会を行ないます。全国一三九番目。事務局は中津川市下沢、東労会議内。

とありましたので、お知らせします。

## スキー友好祭

とき　64年1月21、22、23日の3日間
ところ　赤倉温泉スキー場
会費　2.450円

全国各地労音から会員が大勢参加します
…… 詳しくは事務局へ ……

参加申込
期日　12月15日まで
場所　中津川労芸事務局へ

## ●名古屋労音の例会

ゴスペル・ソングの
ガード・ルートとワード・シンガーズ
12月16日～20日　PM 6.30　公会堂 350円

ジユピター・トリオ
12月15日　AM11.30　公会堂 200円

辻久子バイオリン
11月26日　PM 6.30　公会堂 200円

伊藤素道とリリオ・リズムエアーズ
11月19日～21日　公会堂 220円

No. 6

# 中津川労芸

昭和38年12月　中津川勤労者芸術協議会機関誌

## 12・1月 例会 労芸寄席

12・1月例会

# 労芸寄席

家族大会

◇ とき　12月14日（土）
午後3時半　6時半
二回公演

◇ ところ　中津劇場

○ 前座落語「労音は何故寄席をするのか」　柳家小三太
○ 娘義太夫 絵本太功記　竹本朝重
　十段目「尼崎閑居の段」　竹本重子
○ 落　語「首ちょうちん」　林家正蔵
○ 新　内「十　三　夜」　岡本文弥
○ 漫　才　大空わかば
　みのる
○ 太神楽「深　川」　海老一染太郎
　「かつぽれ」　染之助

## 演　目 《ダシモノ》

## 演目（ダシモノ）解説

○落語　柳家小三太

申訳なし、前座に出た顔が、少々「破壊」されかけたオカンバセだが、当人は三遊亭歌笑ほどではないと、妙な自信を持つているから、あとは御想像下さい。題と中味と、まるで反対という見本になるようなオモシローイお話。

○娘義太夫　竹本朝重・重子

昔ありましたなあー、娘義太夫にゾッコン参り、果ては男児の本懐までも投げ捨てようとした、よか時代のよか男が、若き乙女の美声もて、相つとめまするはオットどなたも御承知の明智光秀と豊臣秀吉の物語りとござい。

○落語「首ちようちん」　林家正蔵

テレビに、ラジオに、寄席に大活躍の落語界の長老、重鎮、ベテラン中のベテラン、御存じ林家正蔵師匠の下題は、十八番中の三十六番、「首ちようちん」江戸ッ子師匠が、ハギレのよいタンカでもつて、熱演いたしますれば、必ずや御満足まちがいなしのコンコンチキにござい。

○新内節　岡本文弥師匠

グっと、のどの渋いところで新内節はいかがでござる。なに?、新内節を御存じない。新内流しを御存じないのか、あなつかしいなあと思われる方も、どうもよく知らないなあと思われる方は、なほさら、まずはお聞き下さいませ。

そもそも新内節は、江戸時代の廓（クルワ）に育ちましたるもので〈廓とは何だとは?、それに答えるのでございますかえい御無理な御質問でござる。それは、それ、昔、その、あの、遊んだことのある趣味のひろいおじ様に御質問あれ〉それを演ずるは芸術祭奨励賞に輝く岡本文弥師匠のしみじみとした、情緒たつぷりな声で、お耳に入れまする。

○漫才　大空わかば・みのる

民主主義の典型、女尊男卑、いや御無礼、レディ、ファーストのハリキリガール、ハリキリボーイの、今や人気絶頂、大空わかば、大空みのる御両人の漫才。みのる君、ギタ片手に、ラテン歌手、坂本すみ子さんによく似た声とスタイルの大空わかば嬢の歌入りの漫才で、中津川初出演の抱負に燃えて、大いにハッスルしてござる。ハリキル御両人に乞御期待

○太神楽　海老一染大郎・染之助

神楽と申しますと、おかぐらと云つて宗教に関係があるのではないかと思いますが、今は全くの無関係、つまり曲芸でございます。一このまりと何本かの太鼓用のバチを用いましての口では、筆ではいいつくせぬ、書きあらわせぬ至芸でございまする。

フィナーレにふさわしい太神楽で楽しんでいただくのは、海老一さん兄弟で、さる三十五年五月、ダークダックスと共にソ連文化省に招かれ、各地で好評をえておられ、健康で明るい日本の曲芸を目ざして努力している人たちで、しかも花柳流の名取とござーい。

# 労芸寄席の楽しさ

寄席?ヨセキ?ヨリセキ?、一体何と読むんですか? なに?何と読むんですかつて?、あなた学校へ行つたんでしよう。こんな字の読み方は習つたでしよう!。なに習わなかつた?。いや、ごもつとも、寄席学校の卒業生じやなかつたんですね。はい、では申しましよう、寄席と書いて「ヨセ」と読むんですよ。なに? なんで「ヨセ」と読むんですつて? ヨセよ、そんな事聞くのは。はいヨセまでよ。

さて中津川労芸の紳士ならびに淑女諸君、それにおじ様におば様、もう一つおまけに「い」と「あ」をつければ、おじい様におばあ様、えい!、めんどくさい家中揃つて全部だい!。労芸寄席の紹介を、いや前座をこれより相つとめまする

こんな話がありまする。

落語の「小さん」が初めて、ラジオに出た時、スタジオにマイクがポソンと一つあるだけ「小さん」これにはこまりました。別に病気でもないのに声が出ないのです。お客さんの顔を見ていないと話せないのです。大いそぎで局の連中を何人かかり集めてお客さんにして始めました。

次にこまつたことは、落語は、お客さんがザワザワして話にのつてこないと、話にもはずみがつかない、熱心に聞いてくれるといくらでも話せる、一つの話しが15分にも45分にもなりうるということです。

「話」を面白くするのもしないのもお客さん次第というわけです。だから、ラジオのように15分とか、30分とかキチンとはめこんで一分ののび縮みもきかないものにはなれてない「小さん」は時間にはめこむために苦心さんたんというわけです。テレビはよけいいけません、一方通行でユターン禁止ときてしまい、ハナシカの顔は見せといて、お客さんの顔を見せないからね。

ですから、テレビ、ラジオのような、お客さんの見えない所で、満足なことが出来るわけはありません。

もう少し大きく出ましよう。どんな芸術でも、それを「する者」と「うけとる者」がいます。とくに音楽や芸能では、よくナマの味が一番よいといわれるように、演奏者を目の前にしてきくのが一番よいことは、もう皆さん例会で体験ずみのことでしよう。「ボニー」や「芦野」でよくおわかりでしよう。『やや押しつけかな』これは「うける側」だけではなく「する方」もずい分やりがいのあることです。とくに日本の大衆芸能のようにその発生の時から、する方と見る方が一体となつて発展してきたものでは、やる方が気が抜けるようです。

したがつて大衆芸能という、芸人とお客が全く一体でないと満足なものができないのに、ラジオ、テレビの普及と共に一応衰えていくのは当然とも見えます。これらの芸能はいずれは、新しい時代に即応した、放送向けの形式を作るでしようが、現状では衰えるばかりです。

そこに会員が、いつもタレントと一体になり楽しみたいという気分が溢れている、わが中津川労芸こそ、寄席に一番ふさわしいものということができます。そして労芸がこうした先祖が作つた立派な芸能を守り、発展させる大きな、すばらしい仕事をすることができることにもなるわけです。

さて、それでは寄席で行われるものにどういうものがあるでしよう。

落語、講談、万才、漫談、腹話術、娘義太夫、浪花節、新内、琵ワ歌、民謡、音曲物真似、小唄、三味線等の曲弾き、舞踊、物真似、手品、曲芸、太神楽(ダイカグラ)『あー、くたびれた』などというわけで、昔の民衆の芸術芸能がすべて入つているのです。

昔は芝居と同じように朝から晩まで、この大衆芸能アラカルトが行われていました。さて――。寄席とは、これで人を寄せる所という意味です。おわかりかな

エー長々とおしやべりを続けて申しわけないが、なに、かんたんに申せば、寄席というものが、労芸のみなさんにピッタリということを申し上げたかつたのじやよ。

だがね、中津川の皆さんには寄席テエーもんが始めてじやので、どうもピンとこねエーなんて云われるかも知れねエーが、もうエエじやろー、寄席の舞台はお客さんと一しよに作るもので――寝そべつたり、センベをボリボリでも熱心に聞いて頂いてるてエーことがわかるとマコトにハズミのつくもので――その意味では、面白ければ、大きな声でワツハツハアーと笑い、拍手をお願いしたいもんでエー。

それから、労芸寄席の時期が、またおよろしいようで、師走の十四日、もうチョイしたら、チョイにこガツカリのボーナスの支給の前だということは、心にくいばかりのタイミングのよさデー。

シンマイなもんで、オチをつける前に紙数がたりなくなりまして、オアトがヨロシイヨーデ――

# あなたの のぞみにピッタリ
# 第一次企画案ができました

豪華な例会、全会員の要望を実現する例会—— さあ！ まだ労芸を知らないお友達、家族の方々にこのすばらしい第一次企画案を教えてあげよう。そして職場ぐるみ家族ぐるみで入会しましよう。
これらの企画案はこれまでの会員の皆さんのアンケートや例会感想をもとにつくりあげられたもので、その意味では会員の皆さんがつくりあげた例会といえます。

———例会についての御意見をお聞かせ下さい———

| 例会 | | |
|---|---|---|
| 2・3・4月 | 5・6月 | 7・8月 |
| テレビ・ラジオで大活躍!!<br>男性ボーカル・グループのナンバーワン<br>ダーク・ダツクス<br>2案 黒い花びら．上を向いて……の<br>中村八大カルテツト | わきたつエネルギー!!<br>あふれる楽しさ！<br>訪中公演成功の<br>民族歌舞団<br>わらび座 | 民衆に親しまれる<br>新しい演劇を!!<br>演劇（劇団（ぶどうの会）<br>目下交渉中） |
| 9月 | 10・11月 | 12月 |
| 音楽<br>1案 日本のイブ・モンタン！ 友竹正則と歌おう<br>2案 青空の歌．イタリーの歌 五十嵐喜芳<br>3案 世界の音楽をどうぞ 立川澄人 | 強いリズム・スイング!!<br>「デユークは歌う」<br>デユーク・エイセス<br>｛スタンダード・ジヤズ<br>黒人霊歌<br>日本の歌 | 楽しい芸術<br>はりのある生活！<br>演劇（劇団目下交渉中） |

| 特別例会 | |
|---|---|
| 2月 | 5月 |
| 映画 誓いの休暇（他一本）<br>今も忘れられぬ テーマソングの調べ につれて…… | 映画 鋼鉄はいかにきたえられたか<br>待望の自主上映映画公開 |

## 「ろーげい」で楽しめる ―労芸文化講座―

毎月を欲張つて楽しく過したいな　オカネがあまりかからずに、なにか充実感がのこるもので——　そう考えていらつしやる方だけこのランをお読み下さい。

第一回

**日本人の生活と笑いについて**

—寄席をめぐつて—

・12月7日（土）午後7時より
・中津公民館

講師は名古屋大学の助教授 高村正一先生です
助教授先生、ぐつとくだけて笑いをさそうお話

第二回

**前進座の俳優と語る会**

・12月21日（土）午後７時より
・中津公民館

前進座の三枚目 瀬川さん を囲んで新春公演「黒田騒動」「本町糸屋の娘」を中心にしての楽しい話し合い

# 中津川労芸

No. 7　4　1964

中津川労音・労演・労映機関誌

創立一周年記念 <労音（勤労者音楽協議会）> 特集

祝　創立一周年

# 中津川労芸

| | | |
|---|---|---|
| 仂く者の立場でほんものの文化の創造へ…… | 衆議院議員 | 楯　兼次郎 |
| 県内の民主化と文化活動をすすめよう……… | 県議会議員 | 佐々木喜意智 |
| 労働者芸術協議会が生まれて早くも１週年を迎えられました。この間関係者みなさんの御努力で地方では味わうことの出来ない高い文化を享受出来ましたことは……まことに喜びに堪えません。これからも地方文化の発展向上のためたゆまない前進を期待いたします。 | 中津川市長 | 間　孔太郎 |
| 中津川労芸の発展を祈ります…………………… | 中津川市議会議長 | 丹羽　新平 |
| 中津川市の文化を発展させよう……………… | 中津川市議会副議長 | 長瀬　兼作 |
| ミロのヴィーナスが、日本人の美感覚をゆり動かす。ダーク・ダックスの肉声が中津川市民の耳に生気を与……える、うれしいことだ。 | 中津川市中央公民館長 | 三宅　武夫 |
| 田舎に居ると新しい芸能に直接触れる機会がないので此の会の催物にはいつも参加して居ります。……将来は中津川芸術協議会となるのではないでしょうか | 中津川市教育委員長 | 林　義之 |
| 文化活動を通じて団結を……………………… | 東労会議議長 | 安福　昭次 |



労芸一周年おめでとう。

私達は「平和共存」「話し合い」「内政不干渉」のいわゆる平和三原則に立つて平和運動を進めて行きたいと願つている者です。

上野誠平和版画展を先月開いて、労芸の皆様からも支援を頂きました。ありがとう。

お互いに頑張りましょう。

中津川市平和委員会準備会

今夜の例会　創立一周年記念例会

# ダーク・ダックス リサイタル

演奏／江藤ヨシアキ カルテツト

## 中津川労芸の皆様へ

この度は発足一周年を迎えられおめでとうございます
私達ダーク・ダックスを、この記念すべき例会にお招きいただけたことを大変うれしく思います
一年間のうちには色々とご苦労がおありでしたでしようが、皆様の熱意とご努力が実つて、例会も充実し会員数も増加しめざましいご発展を遂げられたことはまことに喜ばしい限りでございます
私達もこの記念例会にふさわしい充実したリサイタルを皆様にお聞きいただけるよう頑張りたいと思います

ダーク・ダックス

プログラム

### 第1部 創作合唱曲小品集

新聞少年の歌
ダーク・ダックス 作詞
服部克久 作曲

コマーシヤルオブCommercial
野坂昭如 作詞
いずみたく 作曲

子供達のうた 中田喜直 作曲
理論社版「おとうさんより」

1.とうちやん　2.よつぱらうと
3.1本の牛乳　4.しんぱい
5.母の日　6.おとうちやん
7.バー　8.ふうふげんか
9.パチンコ　10大きいおなら
11あし

《歌唱指導》

歩いてみよう　吉永淳一 作詞　服部克久 作曲
<別紙>

バンド演奏
江藤ヨシアキカルテツト

### 第2部 僕等の楽譜棚より

さて何が出るでしよう？

# 黒いアヒルのすばらしさ

## ダーク・ダックスのこと

ダークダックス。これはもう今更ご紹介するまでもなく、それぞれ良い声とおかしな顔をもつた（こんなことを書くと後で彼らからつるし上げられますが）四人のコーラスグループ、毎日、テレビのダイヤルを廻せばお目にかかる顔です。それほど今の彼らは、日本の数あるコーラスグループの中でもトップを切つています。というより数年前、歌ごえ運動などで世の中が、コーラスブームの直前の状態にあつた時、それを爆発点にまで持つていつたのが、ダークダックスだといえるでしょう。

もう私がいわずとも、彼らの細かい癖までご存知の方が多いとは思いますが、一応ご紹介しますと、四人とも慶応大学経済学部出身「ワグネル・ソサエティ」のころからコーラスにとりつかれ、ゆくゆくはスマートな貿易商社マンにでもなるつもりだつたのが、いつか四人が、それぞれの人間的魅力でグループを作つて歌い出したのが病みつきで、とうとう商社の試験に落ち（いやこれはウソですが）つまり二筋の道を前にして悩んだ挙句、彼らの清潔さ、スマートさにほれこんだ多くの人たちに励まされてプロ入りし、とんとん拍子に今日の人気をなしてしまつたのです。その蔭には、彼らの素質あり、勉強の賜物あることはもちろんですが、現在自らも売れつ子タレントとして活躍している小島正雄氏のよき指導を忘れる事はできないでしょう。

元来カルテットというのは、インストルメンタルにせよ、ヴオーカルにせよ、音質が等しく技量が平均してその上気質が合つている時、最も美しい効果がでるわけで、その点、ダークダックスの成立が音楽というより人間的な結びつきにあつたことは最も難かしい問題を解決した上発声法においてもすぐれている彼らのハーモニーの美しさは、その後続々生まれたコーラスグループの到底およばないところです。

またレパートリーという点では、これはもう幅が広い。ジャズのスタンダード・ナンバー、ポップス、黒人霊歌、シャンソン、ラテン、ハワイアン、ヨーロッパの名曲、世界の民謡、子守うたをはじめ日本の歌は民謡、古謡、長唄、童謡、カレッジソング、寮歌、こうあげてくると歌つていないのは浪曲ぐらいということになりそうです。

× ×

特に「ともしび」とか「トロイカ」など、赤ではないかなどとおエラ方を神経過敏にさせていた合唱運動からとり上げて今は誰にでも親しまれる美しい歌にしたのは彼らの偉いところです。レコードは数知れずその中には32年の「さんさんソング」33年の「四季の自然に寄せて」といつた芸術祭奨励賞を受けたものもあります。

× ×

リサイタルも毎年で、昨年はミュージカルまで、学芸会とけんそんしながらやつてのけましたが、いつ見ても観客席は女性が圧倒的に多いんですね。慶応ボーイのスマートさ、清潔さというのがわれわれ男性からみても、好感がもてるのですから、ましてや女性にはアピールするでしよう。

少々ヒガ言めいてきましたが、とにかく四人のそれぞれに、高見沢宏（パク）、佐々木通正（マンガ）、喜早哲（ゲタ）遠山一（ゾウ）というニツクネームがつき、多くのファンを持つ黒いアヒルたちに、ますます美しいコーラスを歌つてもらいたいものです。

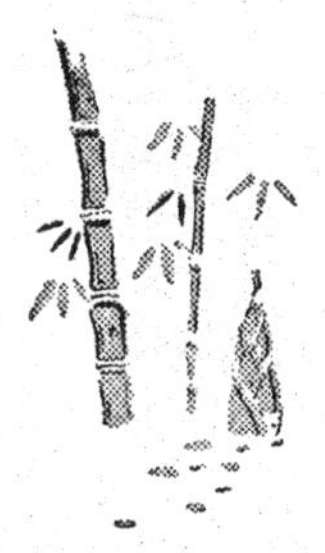

リサイタル開始前にお読み下さい

## 創作合唱曲について

### "新聞少年の歌"

大都会の朝は、新聞配達の少年達が呼びかける「おはよう」「オハヨウ」の声で明ける。

そしてネオン輝く路地裏にも夕刊配達の少年の足音が一日の活動の終りを告げる。

雨の日も、風の日も、雪の日も都会の隅から隅まで走り廻っている新聞少年達の喜びと悲しみを、美しいハーモニーで歌いあげます。

### "子供たちのうた"

子供たちの書く、綴方とか、詩というものは大人の書くことの出来ない面をもっています。

純粋に見たまま、感じたままを書きしるすので、そこにたくまざるユーモア、ペーソスにあふれている作品が多くあります。そのような作品をあつめて発行された"お母さん"(理論社版)の中から中田喜直さんに、いくつか選んで作曲していただきました。

## 江藤ヨシアキ　カルテット

アルトサックス……………江藤ヨシアキ
フルート………………中元経一
ベース………………河原孝守
ドラム………………宮川　彪

関西学院出身の江藤ヨシアキを中心とした新進演奏家によるコンボバンド。レパートリーもモダンジャズからポピュラーと広く、関西地方では屈指のコンボバンドとして活躍している。

又、伴奏音楽を得意としダークダックスのリサイタル、労音他の演奏旅行には専属バンドとして貴重な存在である。

---

## 5、6月例会　6月14日(日)　PM6、30

あなたと誰かと八大と　　歌・沢村美司子(予定)

# "中村八大" クインテット

レコード大賞に輝く「こんにちはあかちやん」「黒い花びら」「上を向いて歩こう」……の作曲者。そしてNHKTV「夢であいましよう」のレギユラーの中村八大は今回の演奏を最後にクインテツトを解散して、アメリカへ勉強に行きます。

ピアノ／中村八大・ドラム／菊地・ベース／永井啓二・ギター／坪井功・ヴアイブ／鈴木邦彦・ナレーター／黒柳徹子

## 現代に生きる音楽家　中村八大の場合

### あるエピソードと初めての出会い

いまでこそ、中村八大(なかむらはちだい)といえば、〈黒い花びら〉とか〈上を向いて歩こう〉で知らぬひともない歌謡曲作家である。しかし、この「歌謡曲作家」という括弧のついた肩書きが、彼に似つかわしいかどうか？　いや実のところ「歌謡曲」だけを作るひとなどを、ほとんど知らないので、そう具体的に条件を指摘できもしないといった方がたしかであるが、やはり中村八大はどうもふさわしくない。むしろ彼は間宮芳生(まみやみちお)や中田喜直(なかだよしなお)や、その他いろいろの「クラシツク」の作曲家と全く変りない音楽家であつて、これは当然のことにちがいない。

その中村八大を、はじめて「音楽家」だと思つたのは、数年前の秋だつたが、いまヨーロツパに渡つている岩城宏之(いわきひろゆき)の指揮で、ガーシユインの〈コンチエルト・イン・エフ〉のピアノ・ソロをきいたときだつた。「俺、今度八ダイの〈コンチエルト〉を振るんだぞ」と岩城がいたずらつぽそうにいつた。その頃、たしかプーランクの二台のピアノのための〈協奏曲〉を岩城が指揮したことがあり、また岩城とごく親しかつた作曲家がムソルグスキーの〈展覧会の絵〉を四台のピアノのために編曲してTV放送したのが話題になつていた。一瞬、そのことばに目をむいたりしたが、誰かが、「ああ、中村八大か」といつて、はなしは通じたものだが、当時わたしたちのあいだでは、クラシックの演奏者とジャズのプレーヤーとの表現のちがいというか「要するに、ただ譜面をみてひくのが能ではあるまいといつたたぐいの、批判めいた気分があつて、特にモダン・ジャズにつよい関心がしめされていた。したがつて、中村八大と岩城のガーシュインなどに期待があつたし、決してうら切られはしなかつた。

しかし、こちらも不勉強なものでそのあとしばらくして〈黒い花びら〉で有名になつた「中村八大」がガーシュインをひいたモダン・ジャズ的なテンペラメントにみちたピアニストだとは、全く気がつかなかつたし、「上を向いて歩こう」にしても、変りない。だからもし、これをまとめるために会わなかつたら、おそらく中村八大は日本にふたりいるものと、信じてうたがわなかつたことだろう。大変、うかつなはなしで〈上を向いて歩こう〉を得意とするヴォーカリストではないが「申しわけない」

## 音楽する日本人として

しかし、外山雄三や林光と同じ年の中村八大はやはり子供の頃から音楽につよい関心をしめし、小学校三年でピアノを正確に習いはじめている。中国の青島(ちんたお)で生まれた彼は、そこでローゼンストック(「N響」の育ての親)の友人に習い、日本にもどると九州からはるばる東京の上野児童学園にピアノを習いにきている。したがつてそのまま正規の教育課程を経ていれば、おそらく日本のクラシックの若い作曲家のひとりとして成長していることだろう。

ところが、中学二年で終戦を迎えると、この少年の耳には、いままでになかつた新らしいひびきがきこえ、惹きつけられてしまつた。駐留軍放送から流れたアメリカのモダン・ジャズ。もちろん、それを同じように経験しながら、一方では現在クラシックの作曲家や演奏家として仕事をしているひともいるし、黛敏郎(まゆずみとしろう)のようにジャズ・ピアノを奏きながら結局は現在の地位にある音楽家もいるし、また中村八大のようなケースもある。

そしてここでたいせつなのは、いままでこそ広くわかれているが、その末端は同じようなつながりをもつばあいがすくなくないことだ。おそらく、これからの日本の音楽を創造的におしすすめてゆくのはクラシックもポピュラーもない、ただ「音楽する日本人」であり、それが各自のゆき方によつて役割を別にし、だからこそ一本につながる「日本の音楽」の振幅を広げていることになりもするといえる。

## 音楽家としてのなりたち

ところで、中村八大のばあいは、早稲田大学に進み、同時にアルバイトとしてコンボを結成し、演奏活動をはじめる。そうなると「需要が多いもので、それに追いまくられ、しかもその時その時に応じて新らしい試みもしなければならなかつたので、いやでもいろいろな方法も身につけ」ざるをえなかつたのだそうだ。

こうして、ジョージ川口などと「ビッグ・フォア」をつくり、秋満義孝(あきみつよしたか)との二台のピアノによる、第一回リサイタルとモダン・ジャズ・トリオを主にした二度目のリサイタルをもつことで、ジャズ・ピアニストとしての彼が、社会外にアピールする。

岩城とガーシュインをひいたのもトリオと同じ五八年で、子供の時からの技術の基礎教育と、仕事をしながらのばしていつた才能によつて、ひとつの段階を築いたのだつた。

そして、しばらく音楽家としては沈黙の時期がおとずれる。これはひとりの作曲家を長い眼でみたとき、誰にもありうる空白の期間でもある。それを、一時的な停滞とするか、挫折にしてしまうかは、やがてきたるべき新らしいときのみのりからしか判断できない。

## 日本中をかけめぐるメロディ

中村八大にとつて、それは〈黒い花びら〉へとつながることで、才能が確認された。たまたま、映画〈青春を賭けろ〉のなかでうたわれるポピュラー・ソングを依頼され、永六輔(えいろくすけ)のテクストに書かれたいくつかのなかに、〈黒い花びら〉がふくまれていたのだつた。

やがて、水原弘のうたうブルースは、日本中をかけめぐる。それは「ジャズの仕事をしていて、クラシックにコンプレックスをもつていたが、それと同じくらいの逆なコンプレックスを歌謡曲にもつていて」そうしたシュペリオリティー・コンプレックスを逆用したのが〈黒い花びら〉だつた。

六〇年にはニューヨークにいて、あらゆるモダン・ジャズ的な雰囲気にひたりきり、およそ日本とは異質の「本もの」を感じ、それゆえにこそ日本人的な発想をたいせつにし、自分のなかにそだてたのが、〈黒い花びら〉から〈上を向いて歩こう〉につながるポピュラーソングの仕事といえる。

彼と同世代の日本の(クラシックの)作曲家たちは、ごく自然にポピュラー音楽的な書き方もとり入れ、時と場合に応じて使いこなしている。

中村八大のばあい、それと全く変りないし、おそらくこれからどう移るのかは、彼自身のことばをかりるまでもなく「なるようにしかならない」が基本的に現代日本に生きる音楽家であることだけはどうにもしようがない。そして、ポピュラーとかクラシックとかを別けへだててみたところで、そこからはなにも生れないというあたり前のことを、中村八大のばあいも端的にあらわしている。

私達の運動を知るために………

# 特集「労音」について

………サークルで話し合いましょう

## 《その一》 労音はこんなしくみです

ある日突然に鹿児島に転勤――そこはビンロウ樹の繁る南の国、雄大な阿蘇のけむるところ。都会の喧噪から当分逃れられることにほつとしたのも束の間、演奏会もなさそうな地方で生活することにあなたは多少の不安を感じることでしょう。

でもご心配は無用。あなたが毎月楽しみにしていた労音例会――それが九州の南の果てでも聴けるのです。

× ×

今全国には一五〇余の労音があり約五六万名の人たちが会員になつています。その中には、大阪や東京のように一〇万以上の会員を持つ労音もあれば、会員数一〇〇〇人前後という小さな労音もあります。しかし、いずれの労音も皆、いい音楽を聞き、自分たちの文化を育てようとがんばつています。

福島県郡山市、東京から約五〇キロのこの町は、戦後二七、八年頃まで、ジャーナリズムに〝東北のシカゴ〟とりざたされるほど暴力の横行する荒んだ町でした。こうした郷土の姿に不満を感じた青年たちは〝東北のシカゴ〟から〝東北のウィーン〟へを合言葉に、レコード・コンサートやうたごえ運動を開始、34年に労音を結成して文化都市への歩みを着々とあげています。昨年9月には〝日頃音楽を通じて市民の文化環境の育成のため大きな役割を果している〟ことを全議員が確認。市議会において〝入場税撤廃〟を全国で一番はじめに決議させることに成功しています。

新居浜・金沢・岡山などでは、市民のための公立ホールをたてるのに労音の活動が大きな力になりました。秩父では労音を中心とした署名運動で、ドイツ製ディアパソンピアノが公民舘に備えられました。

このように大小それぞれの労音は文字通りその地方の文化のセンターとして地方文化の発展に貢献しています。

× ×

以上のような運動をよりうまく運営するため、全国的な横の連絡機関として全国労音連絡会議があります。

小さな単位労音では実現不可能な外人演奏家の招へいなども、ここが窓口となつてやるわけです。私たちが作つたミュージカルとして評判の高かつた〝劉三姐〟もこうした各労音の協力→共同企画の中から生まれ、今も全国の労音をまわつています。

ジェリー藤尾や渡辺トモ子の出演で評判になつたミュージカル「灯台の灯のように」も、北九州や京都の共同企画から生まれたものです。

あなたが郷里に帰つたとき、また出張したとき、ちよつと注意して街の宣伝広告に目をとめてごらんなさい。「新宮労音、九月例会、劉三姐」といつた立て看板などを見つけて、なんとなくなつかしい想いをすることと思います。

<組　織>

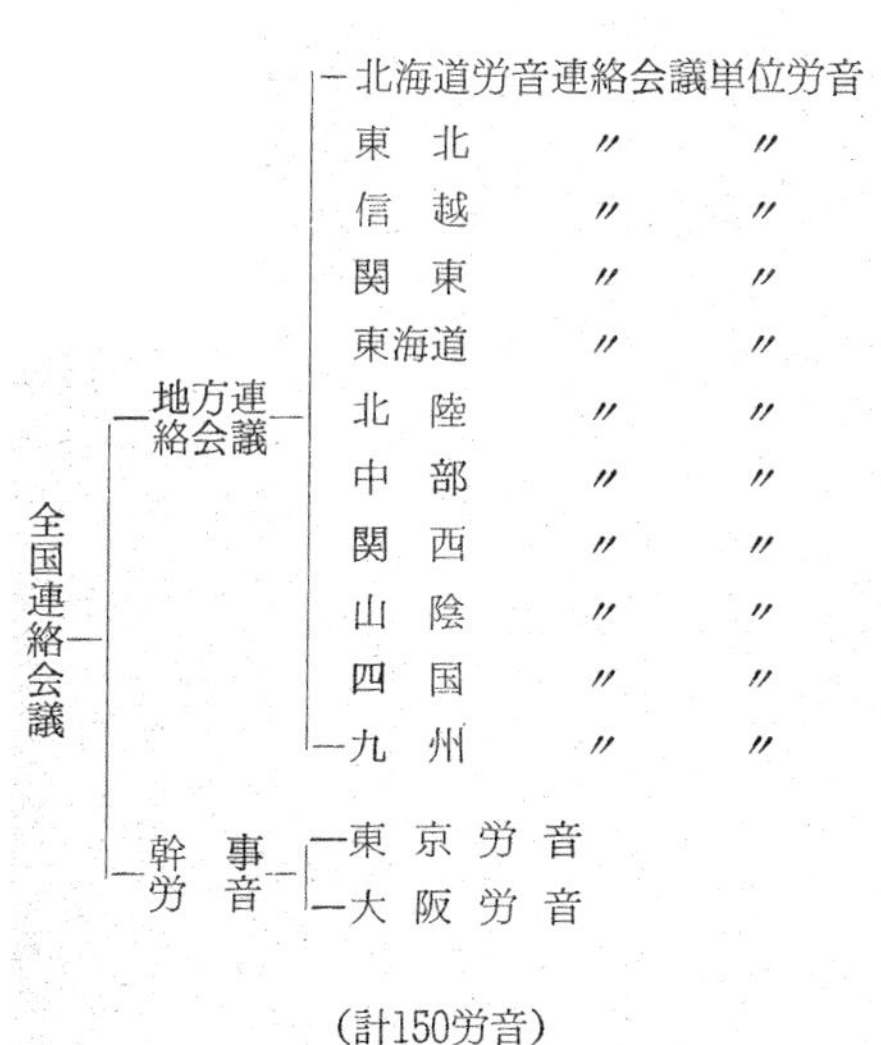


(計150労音)

《その二》

# 一〇〇万人の労音運動へ

## 第九回全国労音連絡会議

その日の東京は肌寒く晴れてはいるがかの有名なスモッグで太陽も見えず、朝の号外は「ケネディ暗殺される」の報を伝えていました。

第七回全国会議で「労音の基本任務」と、それを実現するための「百万人の労音運動」が決められ一昨年京都で開かれた第八回全国会議では「基本任務をさらに深め百万人の労音運動へ」のスローガンのもとに、第七回会議の正しさを各地の生々しい実践活動のなかで確認し、この時の全国五〇万人の会員の代表五〇六人の仲間達は「来年こそは、今年の二倍千人の全国会議を実現しよう」という申し合せをしました。

そして、一年後十一月二十三日二十四日の両日、全国一四二労音六〇万人の会員の力によって申し合せの二倍を越える二〇八六人の仲間が参加し、第九回全国労音連絡会議を開きました。

これは、ただ単に参加者の増加ということだけでなく、基本任務にそつた力強い活動によつて十万人の会員拡大に成功し、労音運動が、質、量ともにいつそうの発展をした姿だと思います。

このように、みごとに一年間の活動の実を結び、全国六〇万人の仲間にささえられて大成功をおさめた第九回全国会議に参加した私達十二名は、いろいろなことを学びました。

第一日目は全体会議で各地の豊富な経験が話されました。

田川労音の青年の発言は私達に深い感動をあたえました。「企業合理化で炭鉱がどしどし閉鎖されています。そして、来年は大手三井の山も閉鎖されますが、そうすれば田川の町の三割から四割まで生活保護世帯になります。

九州の炭鉱町、田川労音には、いま六〇〇人の会員しかいませんが私達は千人の労音をつくる決意です。

〃歌だけは、どんなに苦しい生活の中にでも生きています〃」

まだ発言が続きます。

「この企業合理化の問題は、田川だけではありません。全国働く人達の問題です」と……。

税金攻撃は、労音を逆に強くしました。長野労音では「デートするなら税務署で！」の合い言葉で、税務署へ波状デモをかけ、預金を差押えられて出演料も払えなくなつたとき、七〇%のサークルが臨時会費一〇〇円を出し合つて例会を守りました。

また、浜松労音から対抗団体のあくどい金にいとめをつけないやり方が報告されました。

「労音より必ず五〇円会費が安くひとまわり編成も大きい例会をぶつけてくる音鑑。現在三〇〇〇人の会員をもつています。しかし、われわれは、支部活動を充実し、委員と、支部サークル代表者の結びつきを深め、お互いの信頼感や連帯感を育てて行きました。そして、四〇〇〇人から今年は六〇〇〇人の拡大に成功し音鑑の会員を切りくずしています」

その他、いれ墨のあんちやんを雇つて妨害してくる東京音協、アメリカの有名ジャズ・タレントでまきかえしてくる京都音協、創価学会によつてつくられている「民音」のこと等々。

労音をとりまく情勢のきびしさを具体的によりくわしく知らされました。そして、きびしい情勢のなかで生き生きとした活動でそれをはねかえしている力強さを感じました。五分間という短い時間の発言でしたが、場内からは「ウウー」という声と拍手の大きな波がおこります。短い言葉のうらの長い苦しいたたかいに感激して。

「東京労音では毎月日本の伝統音楽、芸能を例会にとりあげています。会員は、〃日本の音楽つてこんなにすばらしいものだつたのか〃〃日本人に生まれて良かつた〃〃日本民族を高める上にもとりあげる重要さがある〃と言つています。十ステージの予定が二十ステージになり、一カ月四万の会員が参加しました。

二千人の会員が＜長唄＞の大合唱をしましたが演奏者の方でビツクリし大感激しています」

私達は、東京労音が、全国会議参加者のために開放してくれた構成、花柳徳兵衛の＜郷土民謡（踊）集＞（関東編）例会を鑑賞することができました。

この例会には、両毛、秩父、水戸労音が製作に協力し、現地の老人（六〇才、七〇才の人達）や子供によつて、モダン化されない、昔のままの民謡を聞き、踊を見て感激しました。

それはステージ芸術にはない、日常の生活のなかで唄われているものえの身近かさ。

「中津川にもたくさんあります。それを見つけ出し例会にとりあげよう」と話し合いました。

第二日目は専修大学で百人位単位の分散会が開かれました。

昨日の全体会議で発言しつくされなかつたこと。サークルと例会内容の結びつきについて——各地の経験と意見が出されました。

二日間のこの会議で

サークル活動こそ例会づくり、音楽づくり、仲間づくり、そしてきびしい状勢に立ち向かつていく源泉であることが強調され、全国六〇万人がガツシリ手を結び早く一〇〇万人労音を達成し、基本任務にうたわれているわれわれの民主的民族的な音楽をつくり出し、いつそう充実した例会をつくつていくことを確認しました。

参加した私達ともども委員一人一人ガツシリ手を結び、中津川一〇〇〇人の仲間の手をより強く結び合えるような活動をやつて行こう。そして、現在の二倍の仲間、二〇〇〇人を達成し、われわれの民謡を踊をみつけ出し、われわれの音楽をつくつて行きたいと思います。

## 労音は私たちのもの

＜T・M＞

全体会議の最後に、成功を祝して二千人の大拍手が湧き上り、渦巻きこだまする中で、Nは熱くなつてきたまぶたをしばたきながら懸命で拍手を送つて。ともかく彼が感激した原因をN自身に究明してもらおう。その前に皆さんになじみのないNを少し説明してみると、彼はあるサークルの代表者であるが、代表者とは事務局と会員の間で会費と整理券とプログラムを運ぶ者としか考えていなかつたけれど彼は音楽が好きで、ナマの演奏を安く聴けるから入会した一人だつた。そんな彼がなぜ労音に関心を向け始め、全国会議に出席するようになつたか、ただちに涙の原因をNに語つてもらおう。

「二千人の仲間はそれぞれ〝労音は私の労音である〟という自負と満々の自信を持つています。それに比べて我が身の情けなさ。また労音の発展を願つて一致団結している二千人の情熱と若さ、それに押しつぶされそうなわが身のミジメさ。けれど、そのうちボクもその気になつてきて中津川労音の毎月例会一〇〇〇人はわが力の現われるところ、我こそは中津川労音を背負つて立つ者、といつた幻覚に溺れてしまい。最後の拍手で我に返り自分の力で少しでも労音を良いものにとどこからか不思議な力が滲み出てそれとともについ涙が……」

皆さん、N君の今後の成長を、彼が中津川労音を背負つて立ち上がるのを暖かい拍手で応援しましょう。

### 全国会議で確認されたスローガン

- ● 活動家をふやしいきいきとしたサークルをつくろう！
- ● サークル活動を強め、専門家と力を合わせて民主的、民族的な音楽を発展させよう！
- ● 一〇〇万人労音建設の速度を早めよう！

《その三》

## めざましい長野労音飯山会場

### 夜中に戸別訪問して会員拡大

〝一〇〇万人の労音運動〟に向つて、いま全国の労音が拡大を行つています。その中でも特にめざましい活動をつづけている長野労音の飯山会場の活動について手紙をいただきました。

長野の飯山会場というのは市部人口が約三万、市の外れまでいくのにバスで二〜三時間もかかる所に組織されています。朝四時半から七時、夜は八時から十時まで活動家はバイクにのり戸別訪問で一人一人あたつて説得し、千名の目標を達成した所です。

ここは奥信濃、冬は雪深い山間農村地帯です。冬になればすべての交通はとだえ、馬ソリだけに頼らざるを得ません。一戸当りの耕地面積はごくわずかで、広大な山岳地域に人口三万五千、組織労働者一一〇〇名青年たちは春から秋にかけて農業基本法、農業改善事業などと斗いながら生活し、十一月から翌年三月まで東海、中部へ出稼ぎに出なければなりません。

### 歴史のある青年運動

ここ飯山地方を長野県では岳北とよび苦しい農村地帯に満足しない若いエネルギーが無限に育てられてきました。それは安保斗争の時、各部落ごとに共斗会議が組織され、また農村の合理化といわれる農基法に反対する斗い等、青年団を中心とした平和と民主主義、生活を守る斗いの〝のろし〟は誇り高い青年たちによつて育てられ進められてきたのです。もちろん文化的にも岳北のうたごえは、山岳地帯にこだましていました。

### ついに労音誕生

昨年の四月、長野労音飯山会場が発足しました。ほとんど生の音楽をきくことのできなかつたこの地方の勤労者は「本当に嬉しい、まだ来週もガンバレそうです」などと喜びを表わしています。

当日会場入口までき た一人の青年は会場へ入ることをためらいました。会場の周囲を行つたりきたりすること三十分、思い切つて会場へ入つたのです。彼はこの例会が日曜日の昼でしたので、天気のいいのに若い者が音楽会なんて——といわれないだろうかと心配したのです。事実、彼が出かけてくる途中には多くの農民が働いていたのです。でも会場に入つた彼はそんな思惑は一度にふきとび、すがすがしい友竹正則の「にほんのうた」に感動しました。休憩時間に訴えられた労音の基本任務と八百名への拡大をきいた時、彼は畠で働いていた仲間の顔を思い浮かべ、来月は必す友達を誘つてサークルを作ろうと考えました。

## 四月の三百名が七月には千名に

発足例会に参加した会員は三百名でしたが、すべての会員は新たに生まれた音楽的要求と、自分たちの労音という意識にたつて飯山会場確立への第一歩をふみ出しました。五月「わらび座例会」に向けての取組みは、サークルでの拡大と未組織サークルへの働きかけではじめられ地域代表者会議での活発な討議をへて、いままでなんの活動経けんのない人々も立派な活動家として育つていきました。

私たちの、すばらしい労音を確立しようという意気は、ついに五月、六月は六五〇名に、そして七月からは飯山地域からも中心的な活動家が委員となり、ここで飯山会場を確立しなければ、われわれの音楽がきけなくなると、拡大統一行動を組み、例会前数日間は、ほとんど徹夜に近い活動で、ついに千名の組織を確立しました。

## 一度知つた労音運動は絶やせない

いま飯山会場は非常に生き生きとしています。それは第一に総会で確認した千名の目標を達成し「生の音楽」をきいていける見通しがついたから、そして豊かなサークル活動をはじめようとしているからです。

毎日々々の小さいサークル活動は、もうすぐくる冬に向つてなんのそのと発展しています。冬になれば多くの青年は働きに出かけ、遠くの仲間は雪に埋もれて会場にくることもできなくなります。それでも一度味わつた労音運動は絶やさず例会は地元の演奏家をとりあげていくことになつています。

## 娘さんをバイクに乗せて

例会場を見れば、例会参加者の層の広いのに驚きます。例会が終ると特設バス三台と商売上の自家用車ガーデントラクターに便乗して帰宅の途につきます。若者たちは娘さんをバイクにのせて……

飯山会場—それは長野労音のすべての会員の連帯に支えられた。飯山地域の青年のエネルギーの結集です。音楽に恵まれなかつたこの地方に労音が生まれ、音楽をきいて、新らたな強い要求となり、それが組織化された時、困難を克服したということは当然の理ですが、この事実は正しくとらえる必要があります。労音は、どんな苦しい、困難な条件をもつている地域でも組織できるということです。

---

### ▼会員募集

**前進座後援会員**

とき　七月二十六日（日）
ところ　御園座

本年一月に引続き、前進座七月公演「続新平家物語」と「」が行われます。申込用紙は事務局にありますので五月十日までに御提出下さい。

### 会員募集

名演5.6月例会
6月26日（金）　名古屋市文化会館
至急事務局へ

劇団民芸公演

# 泰山木の木の下で

作　小山祐士
演出　宇野重吉

天真らんまん、明るく無邪気なハナ婆さんは原爆で夫や子供9人を失つた。
静かな瀬戸内海の小島を背景にくりひろげられる原爆のおそろしさと生命の尊さをうつたえる感動的な芝居

---

「夜明け前」公演にちなんで

### ▼藤村堂へハイキング

名演会員四〇〇名が貸切バスで名古屋から五月三十一日に藤村堂へハイキングに来ます。労芸会員の皆さん、地元として、歓迎し、交流し、案内をしていただいたりするために大勢藤村堂へ出掛けましょう。

車で、オートバイで、テクシーで新茶屋へ十一時頃迄に到着し、名演会員を出迎えてからは合流しましょう。

### ▼会員募集

劇団民芸公演

「夜明け前」

とき　七月四日（土）
ところ　名古屋市文化会館

特別例会で会費六〇〇円。貸切バス代五〇〇円、計一、一〇〇円をそえて事務局へ申込んで下さい。

# 中部労音『夏の労音友好祭』

於　根の上高原

来る8月7・8・9日に中部労音主催で名古屋、岡崎、西尾、津、四日市、松阪、伊勢、岐阜、半田、中津川各地労音会員 約800名が参加して盛大に夏の友好祭が開かれます
各地の経験を交流し親善を深めこれからの方向を話合い交流の中からはつきりさせていくために大勢参加しましよう
また地元としてこの友好祭を成功させるために皆様の御支援をお願いします

# 中津川労芸

No. 8
64' 6

中津川労音・中津川労演準備会・中津川自主上映促進会・協議会機関誌

5·6月例会
N·H·K TV
『夢であいましよう』の
レギュラー・メンバーを迎えての

## 中村八大クインテット リサイタル

唄　沢村美司子

中津川勤労者芸術協議会

# 5・6月例会

# ジャズを楽しく　あなたとだれかと八大と

演奏　中村八大クインテット　　唄　沢村美司子

6月14日（日）PM6.30　東小学校講堂
会費　5・6月分＋50円（追加会費）

## 第一楽章

開幕前のざわめきも、定刻六時三十分演奏開始のブザーと共に静まり、ステージのドンチョウが上がる。期待に胸ふくらませた会員が、ステージの上を見渡しても、ただ楽器だけ、あれ、あれ、変だぞ?と思う。あなたの耳へ、どこかで聞いたことのある声が聞こえてきますよ、オ徹チャンこと黒柳徹子さんです。

「大変おまたせいたしました。これからおおくりいたします中村八大クインテット、リサイタルは、まず、あなたが即席ラーメンを食べ、公団住宅に申込み、五百円の会費で結婚パーティを開く、そんな気分をつくつて下さい。それからあとは、こちらの仕事、中華料理のフルコースを食べ、フロリダの別荘で、力道山に負けないような結婚パーティを開く気分にしてさしあげます……」だとさ。

即席ラーメンが中華料理のフルコースになり、公団住宅がフロリダの別荘、五〇〇円の結婚パーティが力道山の結婚パーティに負けないようになるという中村八大リサイタル。

そのわけは第二楽章で

## 第二楽章

昨年一年間、音楽関係の中で一番話題といえば、何といつても、レコード大賞に輝く「こんにちは赤ちゃん」の中村八大、永六輔、梓みちよでしょう。

これ程広く大衆に受け入れられ、口ずさまれている曲は近頃めずらしい事ですが、これを作曲した中村八大と作詞の永六輔のコンビは、これまで何回となくヒット曲を生み出しています。

「黒い花びら」「上をむいて歩こう」それに「こんにちは赤ちゃん」それぞれ曲はまつたく違つた性格が描写されていますが、しかし、どの曲にも私達がいつも胸に抱き、はつきりと口に出して表現出来なかつた思い……といつたものが実にスラスラといつた感じで表現されています。

近頃の流行歌といえば「涙ながして」とか、「死んじやつた」とか、お先真暗なものかと思えば、しらふで歌うのが恥かしいようなものが多い中で、庶民の中に生き、庶民の中から歌いあげ、健康で明るく楽しく、胸を張つて歌える歌の作曲者、中村八大を迎え、大衆の歌を八大のピアノとクインテット、沢村美司子の唄で楽しい演奏を十分味わいたいと思います。

## 第三楽章

永六輔

音楽を聞く前に、演奏する人間の戸籍調べをすると、その音楽はより楽しくなるのだろうか。音楽会のプログラムによくそうした紹介が出ていることがあるが僕はまず読んだことがない。

中村八大は実は女性である、というのならこれは読んでおかないと興味が半減するがまあ、見た通りの年輩の五体健全な男性でそれ以上珍しいことはない。中村八大クインテットは実は五人組の銀行ギャングで近日中に日銀を襲撃するから今回が最後の演奏になるだろう、というのならこれもプログラムに書いておくべきだ。ただ、中村八大の生年月日が書いてあつたりその演奏スタイルが専門用語で並べてあつたりするのは音楽を聞く楽しみをマイナスするだけである。すべて余計なことなのである。僕達は音楽を独立させる運動を起さねばならない。

天涯孤独のピアニストや離婚した歌手の音楽を、天涯孤独、離婚という点で感激したのでは音楽に失礼である。

中村八大クインテットとそこで演奏される音楽とは全く別のものであり説明を読んで理解出来たと思うのは錯覚に他ならない。新しい芸術は常に説明書なしで登場するものなのである、そして説明されることなく感動を与えるものでなければいけないのである。以上のことを演奏で説明してくれるのが中村八大クインテットである。これだけ書いた後にあえて第四楽章でクインテットの紹介文を書くのは前文を理解していただいたことに対する感謝の特別附録である。

## 第四楽章

★中村八大　ピアニストであると同時に作曲家、代表作は「上を向いて歩こう」「こんにちは赤ちゃん」「第九交響曲（

運命）」NHKTV「夢であいましょう」の喜劇王としても有名。ピアニストになる前は美容院を経営して自分の頭のパーマネントに失敗して廃業した。頭髪は当時のまま。

★坪井 功　ギターは藤間流の免許皆伝。モダン・ジャズの世界に飛び込む前には津軽地方で民謡を歌つていた。その頃から釣をたしなみ最近では自宅の金魚鉢から出目金を釣りあげた。

★チコ菊地　「チコと鮫」という映画でも御存知の演技派ドラマー。落語の研究も有名で彼自身、古典落語に出てくる与太郎のモデルともいわれている。又、その右腕から繰り出す豪球の威力は凄まじく、すでにアパートのガラスを三枚割つている。

★永井啓二　質屋の若旦那。家業を継ぐのがいやで質流れのベースを肩に家出した。今では両親も喜こんでクインテットのメムバーには一般の三割高で金を貸している。最も二枚目だが三枚目のチコよりもてないのが東京七不思議のひとつ。

★鈴木邦彦　ピアノ、ヴァイヴ、クラビアタ、エレクトーンとなんでもこなし尺八、三味線も名取りである。演奏中に楽器を変える見事さはガールフレンドの交通整理にも通じる。その為か最年少ながら最も白髪が多い。

以上が僕が区役所で調べた事実であるといつても嘘になるであろう。しかし、こうじやないかなと想像が出来るような楽しいクインテットであるという点は信じてほしい。

さアその証拠に聞き給え
レッツ・ゴウ！
八大クインテット！

## プログラム

演奏 ／ 中村八大クインテット
唄 ／ 沢村美司子

### ☆第一部　ジヤズを楽しく

1. セントルイス・ブルース
2. ワシントン広場
3. グラナダ
4. モスコーの夜は更けて
5. キヤラバン
6. 思い出のサンフランシスコ　（唄）
7. ココナツツウーマン　（唄）
8. ラ・ノビア　（唄）
9. シング・シング・シング　（唄）
10. 組曲「ウエスト・サイド物語」

### ☆第二部　あなたとだれかと八大と

1. 心はずんで
2. 目を閉じて
3. 誰れも
4. 故郷のように　（唄）
5. 遠くへ行きたい　（唄）
6. 芽えてそして　（唄）
7, ウエイデング・ドレス　（唄）
8. こんにちは赤ちゃん　（唄）
9. ブラジル組曲（中村八大作品）

## 第五楽章

## こんにちは赤ちゃん

こんにちは赤ちゃん
あなたの笑顔
こんにちは赤ちゃん
あなたの泣き声
そのちいさな手
つぶらな瞳
はじめまして
わたしがママよ
こんにちは赤ちゃん
こんにちは赤ちゃん
あなたの生命
こんにちは赤ちゃん
あなたの未来に
この幸福が
パパの希望よ
はじめまして
わたしがママよ

ふたりだけの
愛のしるし
すこやかに美しく
育てといのる
こんにちは赤ちゃん
お願いがあるの
こんにちは赤ちゃん
ときどきはパパと
ホラふたりだけの
静かな夜を
つくつてほしいの
おやすみなさい
おねがい赤ちゃん
おやすみ赤ちゃん
わたしがママよ

# ひろば

労芸はみんなの要望で
運営されます
その要望をまとめる窓
それが「ひろば」です

## 二つにわれた評価
### ダーク・ダックス リサイタル

#### 楽しかった

○さすがダーク・ダックスですね。チョッピリスマートで、きれいで、美しいハーモニー、本当に楽しませてくれました

○テレビやラジオでいつも聞いている歌でなくて、直接ステージの上で、生の声で、しかも創作曲ときましたからね、こたえれなかつたですよ。

○テレビやラジオで聞く歌ならと思つていましたが、一度も聞いたことのない歌が多くてよかつた。

○ダーク・ダックスが思つたより気さくなのに驚いた。今迄の例会の中で最高にたのしかつた。

○みる人、きく人と演奏者とが一体となつた雰囲気が出て本当に味のあるものとなつた。拍手も非常に多かつた。

○玉のような汗を流しずめの演奏は見ていて気の毒です。冷房完備の会場設立の署名を。

#### 残念だった

○スマートすぎて、なんだか、わたしたちとは違つた立場の人たちのようで心からとけこんでいくことが出来ないような気がしました。

○ダークと云えば、ロシヤ民謡と思つて例会に参加したら、知らない歌が多くてどうも私の頭の中にあるダークと違った感じでした。

○創作曲で新聞少年の歌など、本当に新聞少年の苦労が、スマートすぎて、生に出ていない気がした。

○ダーク・ダックスは思つたより、お高くとまつているように思えた。芦野宏の例会の方がよかつた。

○定刻までに着席せず、会場全体がやかましくて、何が何やらわからないところがあつた。拍手をしようにも、どこでしたらよいかわからない。

○バンド演奏、ダークに比べて、おそまつすぎた。

#### みんなで考えよう

〝ダーク・ダックスの例会会場で、会員券を持つて入場したのに、席は全然なく係の人の指示で、二階ともつかぬ妙なところへ追いやられてしまい、一方受付でお金を払つて入場した人達が坐つていたと聞きましたが、労芸は会員が主体なのに、こんな状態では面白くない、一体どうなつていたのか〟

こんな不満が例会終了後、大勢の会員から出されました。このことについては当然事務局でも、企画会議でも五月二十五日のサークル代表者会議でも問題になり、都合の悪かつたことは、おわびすると同時に、今後は開演予定十五分前までは当日受付の会員は入場させず、継続会員を優先させる。その上坐席に余ゆうがある場合に限つて入場させると云うことが確認されました。

さらに将来は、当日会員受付けはやらず、（従つて入会したい人は事前に手続きを済ませておく必要があります）また会員の入場も開演五分前迄とし、それ以後おくれてくる人は、第一部終了まで入場出来ないようにして会場をしずかにする。また坐席も、サークル毎にまとめて前よりＡＢＣの三段階くらいに決めて、順次交替し、出来るだけ公平に例会が楽しめるようにしたいと云う意見が出されています。

さてみなさん　労芸はみなさんのものです。ですから労芸をよくするのも、みなさんの意見によつて出来ることです。

例会について　労芸全体について、その他どんな問題でも、あなた一人だけの胸の中にしまつておかないで、あなたのサークルでみんなで集つて話し合つてみましよう。

そして話し合われた内容について機関誌部（西小、長瀬）までお知らせ下さい。

#### もっと労芸のPRが必要

●まだ労芸の事を知らない人が多いように思いますから、もつともつと宣伝してもよいと思う。

○　結構な意見です。事務局では、企画会議、代表者会議などで、いろいろＰＲをしているつもりですが、このようなＰＲの仕方をして集めるという良いアイディアがありましたら教えて下さい。

労音随筆

# サークルの思い出（京阪神サークル会員）

大阪労音の機関誌より

私が初めて「ろーおん」という言葉を聞いたのは、ちようど四年前のことである。当時、ぼくは九州の片田舎から大都会にあこがれて就職した〝山猿〟の一人であつた。ぼくの入社した所は関西でも大きいといわれている電鉄会社であつた。仕事は改札係。乗車する人の切符に穴をあける。また定期券を検査するそして降車する人の切符を受け取る。これがぼくの一日の仕事であつた。誰にでもできることだ。だが、むやみと人が多すぎる。休む間もなく次から次へとお客が目の前を通る。大きな手小さな手、黒い手、白い手。定期券をゆつくり見せる人、すばやく見せる人。「アッ、あの定期日が切れとるぞ」とよくあとを追つかけたものだ。不正旅客を発見すると、金一封が出る。中味はタバコ代程度だ。でも義侠心に燃えた九州男児は目を皿のようにして不正の発見につとめる。だから当時はよく疲れたものだ。こんな毎日がかれこれ半年以上続いただろう。そんなある日、出札係のYさんが「あんた、音楽会に行けへん？」と声をかけてくれた。

Yさんは当時二十一、二だつたと思う。色が白くて目が大きくポチャリしていつもオデコに小さなニキビがある可愛い感じの女の人だつた。何でも組合の婦人部の委員とかでよくカンパをしてくれと廻つて来られたのを憶えている。

「音楽会？」音楽を聞いただけで、学校時代の面白くなかつた音楽の時間と、ミイラみたいな顔の教師を想い出す。

「いつたい何の音楽会です？」

「ろーおんョ」

「ろーおん？！」

「勤労者音楽協議会の略称ョ」

ぼくはさすがに組合の仕事をしている人は違うなあ、いうことがむつかしいや、と思つた。

「一体何です？　もうちよつとわかりやすくいうてえなあー」

「つまりやネ、働く人が良い音楽を、安い料金で鑑賞できる団体よ」

なるほど、これでちよつと分つたような気がする。

「今月は××さんのバイオリン独奏会よ」

バイオリンと聞くと、耳にキーンとひびいてくるようである。あまり気も進まなかつたが、その演奏会の日が公休日であつたのと、生れて初めて「音楽会」なんていう〝貴族的な趣味〟を味わつてみたかつた。ぼくは一週間先の当日が待ち遠しく感じられたものだつた。いよいよ音楽会の日がやつて来た。ぼくは音楽会というからは、やはりちよつとはパリッとして行かねばならぬと思い、一張羅の洋服を着て、頭の先から足の先まで汚れがないようにした。これならどこへ出ても恥かしくないだろうと、自分では思つたものである。

Yさんは友だち四人と来ていた。この日のYさんは紺のスーツを着て、胸に赤い小さな花のブローチがついていた。実に美しいと思つた。驚ろかされたことは他の男の人、二人が会社の制服のまま来ていることであつた。この五人のグループは、みんな職場の先輩たちで青年部の委員をしている人たちばかりであつた。

「おい！もうすぐクリスマスやな、青対（青年婦人対策部のこと）でクリスマス・パーティせえへんか」とニキビ面のKさん。

「そうやなあ、いつちようやつてもおもしろいなあ」とリーダー格のSさん。

「でもみんな来てくれるやろか」

「大丈夫や、まかしとき」

こんな話をしながらサンケイ・ホールまでやつて来た。ここでまたまた驚ろかせることがあつた。音楽会だというのに、みんな勤め帰りのカッコである。ぼくはやはり料金が安いだけあつて、内容もたいしたものではないだろうと感じた。この考えは演奏会が始まつたとたんに裏切られた。音楽そのものは正直のところぼくには分らなかつた。でも雰囲気というか、会場全体を包んでいる空気はぼくが今まで味わつたことがない甘いソフトな感じであり、心から酔わせてくれる何かがあつた。隣りに坐つているYさんを見ると大きな瞳を輝かし、舞台の上のバイオリニストを喰入るように見つめているではないか！その横顔からは何か近寄り難い尊厳な美しさが感じられた。帰りの電車はぼくとYさんが一番遠く、みんなそれぞれ途中の駅で降りてしまつた。

「今日のろーおん、面白かつた？」

「音楽は分れへんけど、ムードが良かつた」

「これから毎月行く？」

「はい。できたら行きたいです」

今月はちようど友だちの一人が行けなかつたので、代りにぼくが行けたのだそうである。

「来月から私やめるの、だからそのあとへ入つたらええわ」

「エッ！やめる！またなんでです？」

「会社やめんねんよ。そろそろ年頃やからね」

「結婚しはりますのか」

「フフフ……」

まつたく意外というほかなかつた。

女の人なら、そのくらいの年になればそろそろ結婚しても不思議ではない。だのになぜかYさんだけは結婚してはいけないように感じた。ぼくはその晩、まんじりともせずに夜を明かした。それから約三週間ほどしてYさんの退社を耳にした。

理由は〝結婚のため〟

ぼくもそれから二、三回労音に行つたが、いつの間にか止めてしまつた。今だに「ろーおん」と聞くと、あの時のYさんの美しい横顔が想い出され、何かしら淋しい感じがする。

（池田・箕面地域機関紙「もみじ」より）

全国一五〇余の労音では創意に満ちた機関誌を発行しています。その中で大阪労音の労音随筆をえらんでみました。あなたも中津川労芸機関誌へ是非御投稿下さい。

## 7・8月例会

# 東京少年・少女合唱隊

### テレビ・ラジオでおなじみ

8月15日(土)予定　PM6.30　会場　未定

## 合唱の美しさを!!

七、八月例会は、企画では演劇になっていましたが、事務局便りにもあるように、会員の要望が音楽に多く、しかも演劇を上演する会場難などの問題があり、いろいろの条件を代表者会議で検討した結果、東京少年少女合唱隊を例会でとりあげることにしました。

東京少年少女合唱隊は、テレビ、ラジオで知らぬ人がない程活躍し、今年の春休みには、アメリカへ演奏旅行に渡米して、美しい合唱で大好評を受けてきました。中津川労芸としては、はじめての合唱になるわけで、指揮は、長谷川新一、東京少年合唱隊（小学生十三名、中学生七名）東京少女合唱隊（小学生十名、中学生八名）他にピアノ一名の大合唱隊であり、少年小女合唱隊とは云え、プログラム案でもわかるように本格的な合唱団であります。

発声法としては、もっとも美しい頭声発声法による、美しい合唱、調和のとれた合唱、万人の胸をうつ合唱を楽しみましよう。

## プログラム案

### 第一部　古典合唱曲

一、あゝすべて道行く人
二、二人の天使セラフ
三、悲しみの御母は立てり
四、我ら天主を愛すべく

### 第二部　ポピュラー合唱曲

一、吹きならせラッパを
二、ホフマンの舟歌
三、ビール樽
四、子守唄
五、美しきドナウ

### 第三部　日本の子供の歌より

一、さくら
二、越後獅子
三、通りやんせ
四、砂山
五、ほたる
六、おまつり
七、しよじよ寺
八、みかん船
九、そうらん節
十、赤とんぼ
十一、荒城の月
十二、金比羅船

---

●特別例会

# ひとりっ子

劇団　はぐるま

原作／家城巳代治
脚色／こばやしひろし
劇団はぐるま公演

原作は、三八年度芸術祭参加作品として製作され、放映まぎわに突然スポンサーの提供中止の申入れによって未放映のまま今日に至った家城已代治、寺田信義作のテレビドラマで試写の結果「放送記者賞」を受賞試写のようすを十一月二十九日付の毎日新聞は「純粋に戦争を憎む母の気持を訴える映画に、すすり泣きの声も聞こえ、終ったとたんに一斉に拍手がひびいた。記者たちの感想は〝芸術的にみても非常にすぐれている。放送されていれば入賞確実だろう〟と惜しむ声が多かった」と伝えている。

劇団はぐるまは、こばやしひろし氏を中心にした自立劇団で、アマチュア劇団としては全国的なレベルに於ける高さを持つものと好評をうけている。

上演活動十年を誇っていて、先般「どん底」を上演。

日時　七月十二日
会場　スポーツセンター
会費　二〇〇円（ただし八〇〇名動員目標）

実行委員会をつくってもりあげていくことが代表者会議で確認されていますので御協力下さい。

# 9・10月例会

## 〔若者に明日への力を!!〕

若者達が全身のエネルギーをうたと踊りにたたきつける

# 〃わらび座〃

——訪中国・朝鮮・ベトナム帰国報告レパートリーを持つて登場!——

山ゝ焼けても
　わらびは死なぬ
その根つ子が
　大地の生命に
とどいているから
　わらび座一同

日本民族歌舞団わらび座の公演が北京で絶讃をあびた。

公演第二日目、おどり手が中国の観客を舞台にさそつている時、とつぜん満場の観衆が総立ちになつた。舞台に周恩来総理があがつて、いつしよに踊りだしたのだ。楽屋もにわかにいろめきたち、原団長をはじめ、座も残らず舞台にあがつた。中国の舞台係員も仕事着のまま飛び出した。満場の手拍手に場内はゆるぎ、はやしの音も聞えなくなつた。

中国の舞台関係者は「いままでいろいろな劇団がきたが、こんなことははじめてだ」と語つていた。

——人民中国　12月号より——

「太鼓叩いて人様寄せて……」と盛り上がつていく民衆の姿を力強く叩きあげる、八丈島の太鼓に私達は感激に胸ふくらませて、目がしらが熱くなるのを押えることは出来ませんでした。

——前回の中津高校での感想——

数年前、中津をおとずれたわらび座をみた人たちに、多くのはかりしれない感動を感じました。しかし私達の中津川労芸の多くの仲間達には、まだまだわらび座を知らない人がかなりいます。

また今度の公演では、昨年末にわらび座が新中国、朝鮮、ベトナムの諸国に出かけて、多くの成果をあげて帰国しており、この海外公演の成果も今回の公演では期待されています。

わらび座を観て、私達が感動するのは私達の祖先から、素朴ながらも実際の生活と結びついたもの、即ち百姓の苦しい日、楽しい日、そして働く者の限りない斗いが力強い太鼓の音が、リズムにのつて躍動し、見ている私達に対して勇気と情熱、明日への力を与えてくれるからでしよう。

こうして祖先の創造にかかるもの、生産と労働の中で生みだされたものを、私達現代の働く若者がどう受けつぐかを明確にしていきたいものです。

そのためにも、わらび座について、例会を見る前に、サークルの人と話し合つたり、七月十一日（土）にマイクロバスで名古屋労音の例会を見に行つたり、サークルで事務局と相談の上、資料などを中心にして理解する機会を是非作つてください。

【わらび座公演プログラム】

■第一部　アジアの友はうたう
◇うたえ人民公社の勝利
　祖国をうたおう、紅い布のおどり、草原の太陽は沈まない　他六
◇斗うベトナム
　歌の故郷、解放の斗い　他三
◇千里の駒は走る（朝鮮民主主義人民共和国）
　わが祖国、建設場のうた　他二
■第二部　土からのひびき
　雪国のうた、沖縄のうた、明日への力で十一

## 中津川でのわらび座例会を成功させるために

名古屋労音のわらび座例会（中津川と同一内容）を事前に見ておきましょう

名古屋労音の例会日
7月11日（土）6.30
12日（日）2.00　6.00
13日（月）6.30
会場　名古屋市公会堂

（往復旅費　自弁
会　費　無料）

希望者は
6月20日迄に事務局
高山迄

特に7月11日の例会には往復マイクロバスを出します

## サークル・支部の拡大用に　みんなの会合に!

16㎜映画

〃荷車の歌〃

主演・望月優子　アジアアフリカ映画賞受賞

働く婦人・働く者の立場から製作された芸術性の高い作品です

上映希望のサークル・支部は事務局近藤武典宛（電話西小2355）申込み下さい

# 労音の税金問題 その①

私達は「良い音楽を安くより多くの人に」というスローガンをかざしながら団結と組織の力で日本の働く仲間の文化をうちたて、良き日本文化をつくり育てることを目的に労音という団体をつくりたくさんの人々に呼びかけています。

しかし「今労音とはなんぞや?その法律的地位はなんぞや?」という問題をめぐつて一つの大きな争いがおこつていることに注目しなければなりません。

現在私達は私達の例会について入場税という税金を納めている、というより納めさせられているのです。そしてこんどは法人税という税金を納めさせられようとしています。

これは他人ごとではありません。

なぜならこれらの税金は私達の会費から納められるからです。

いま全国の労音が納めた入場税は六千万円以上になり法人税を納めると、これも毎年何十万何百万という大金になるでしよう。

もしこれらの税金がなくなつたら、今の会費をもつと安く出来るかも知れません。例会の内容をもつと豊かにすることが出来たり、サークルや地域の活動をもつと強めることが出来るかも知れません。

こういう経済的問題だけでなく、私達労音の税金をなくする事が日本の憲法を守り、民主主義を強める運動とつながつていることを考えねばならないと思います。

中部労音では名古屋労音を始め、岡崎四日市と労音に対する弾圧は激しく税金を払わなければ差押をして労音の動きを封じようとする動きがますます激しくなつています。

当労芸も入場税を納めさせられています。当然支払うべきものではない事は承知しております。しかし結成してまもない為組織もしつかりしてなく又全国労音の不当課税反対運動に足並をそろえる事は当時の状態では困難であつた。そこで出来るだけ税務署との摩擦を少なくして労芸を維持して来たわけです。

今までは経費課税方式によつて支払つて来ましたが、これからは券面課税方式に変りました。この変更により今までより入場税60%増になり支払額が多額になつてしまいました。

私達はもはや一刻の猶予もなりません。事務局や一部の代表者がとりあげるのではなく会員皆なで労音の税金問題について学習し話し合つて全国の仲間達と共にたたかつていかなければならないと思います。

又これを機会に無関心すぎた私達の税金に対しても労音の税金問題と共に学習していきましよう。

# 中部労音友好祭

会場は御存知、根の上高原、すばらしく楽しい労音友好祭に参加しましよう。

◇　◇　◇

▼八月七日(金)八日(土)九日(日)根の上高原で、千名の仲間が集つてさ、友好祭をやるんだつて。

▽ほんと? じやあ中津川労芸の会員もみんな集まりましようよ。

▼できればさあ、中津川労芸千名の会員が全員参加してくれればいいんだけどね

▽ほんとうよ、労芸の会員だつたら参加するのは義務よ。

▼そうだね、中部労音が、今後一年間、より団結と話し合いをすすめ、国民音楽創造と労音の基本任務遂行の活動をひろげるもとにするというのが友好祭の目的なんだよ。

▽いやにむづかしいのね、でも私はね。自分の生活や、みたい、聞きたい音楽を話し合つて、少しでも利口になり、青春をハツスルしたのよ。

▼それでよいのだよ、お互いに仲間をさそつて参加しようね、実行委員会の呼びかけもあるからね。

▽うんと頑張りましようね。

第一日(七日)十六時集合

基調講演(松本新八郎)

帰朝報告(わらび座)に始まり、第二日、第三日にかけて、分散会、郷土芸能、キャンプファイヤー、ホークダンスなど盛沢山な行事があり、第三日の十三時に終了します。

## 事務局便り

◇会費は入場料でなく、また入場券でなくて会員券です。その月の会費は五日までに労働金庫か東労会議へ代表者が納入してください。

◇ダーク・ダックス例会のお手伝いは、三菱、西小、カリンカ、南小、つばき商高校、東小、夜明けの各サークルでした。ごくろうさまでした。

◇中村八大リサイタル例会のお手伝いは三菱、国鉄、カリンカ、常盤、電通の各サークルにお願いします。

◇例会会場ではき物を入れるビニール袋は一回分約二千円いります。帰りに出口の箱へ砂などはらつて入れておいてもらえば、私達の会費がそれだけ安くなります。是非御協力を。

◇中村八大リサイタル例会には、アンケートをお願いしたいと思います。あなたの労芸を、あなたのアンケートでよくしていきましよう。

◇代表者会議でも、例会問題が議題にあがると、いつでも頭を痛めるのが会場です。中津高校講堂はなかなかむずかしくて借りれませんし、スポーツセンターは音響が悪い、距離が遠いなどがあります。そうした中で東小の校長先生はじめ先生方が心よく引受けて下さつたことはうれしいことです。一日も早く市民会館をつくる運動を起したいものです。

◇どんな小さなことでも、どんな意見でも、どしどし事務局なり機関誌部へ出してください。

# 中津川労芸

1964' No.9

中津川勤労者芸術協議会機関誌　編集／機関誌部　事務局／中津川市東労会議内

夏の一夜　魅惑のシンフォニックを聞きましよう

写真は東京シンフオニツク・タンゴ・オーケストラの演奏　指揮／北村維章

中津川労音　中津川労演　中津川労映

指揮者の北村維章

# 魅惑のシンフォニック

北村氏は大正8年鹿児島の生れで、若い頃から音楽に親しみ、東京に出て当時の東京音楽学校（現在の芸大）に学び、フランスから帰つたばかりだつた高木東六氏に師事しましたが、戦時中には郷里の鹿児島に帰り、女学校の教師をしていました。きびしい軍の統制下で、国民歌や軍歌を教える身でありながら、高本氏に影響された関係もあつてか、教え子にひそかに抒情的な歌曲や自分の作曲したものを教え、生徒に喜ばれたというエピソードがあり、人がらが偲ばれます。「夕映」等は当時の作品です。

終戦になるとすぐ上京し、セミ・クラシックの演奏を目的として、アンサンブル・ファンタジーと命名した七人編成のバンドを結成しました。これはアンドレ・コステラネツツやモートン・グールドの演奏に感激してつくつたもので、主にコンチネンタル・タンゴを演奏していました。

昭和24年春、NHKからのすすめもあり、我国最初の大編成による軽音楽団として　京シンフォニツク・タンゴ・オーケストラを結成し、「虹の調べ」「食後の音楽」などの番組に出演して、その実力を認められました。当時クラシックの演奏者が、タンゴに加わるということは殆どなかつたのですが、北村氏の要請により、フルートの森正、チエロ橘常定オーボエ鈴木、バイオリン岩崎といつたデラックスクラスの人達が参加していました。クラシックの弦楽、木管にアコーディオン、ピアノ、打楽器を配して、音色の豊かさで好評でした。巾広いレパートリーは、今日のムードミュージクの隆盛をもたらす上に大いに貢献しました。

このバンドの特色の一つに北村氏自身が使われるクラビリオンというのがあります。わずか三オクターブの鍵盤を持つ一見玩具のピアノのようですが、鍵盤の下にあるいくつかのストップの操作でオーケストラの打楽器以外のすべての楽器の音は一通り出すことが出来、実物との音色はちよつとつきかねます。日本にも数少ない楽器の一つです。

北村氏は、レパートリーの拡大を常に目ざし、タンゴ、オケの名称にこだわらず、オペレツタ、民謡、セミクラシックなど、新しい編曲でとりあげています。

従来、日本の音楽愛好者の中には、クラシツクファン、ジャズ　ノアンと割合はつきり分けられ、両者の間にはかなりの断絶がありました。この面で各々の固い殻から両者を引き出し、音楽のもつ巾広い楽しさをひろげていつた北村氏の仕事は、充分評価されていいと思います。

音楽のもつ大衆性と芸術性を少しもそこなうことなく完全に融合させ誰にでも親しめる真に健全な大衆音楽を普及させようという彼の念願は見事に実を結んできています。

なおピアノは夫人が担当しています。今後の理想としてクラシック、ポピュラーの両方に足をかけ、巾広い中間音楽を新しい感覚で演奏するコステラネットのオーケストラのような楽団に——ということでした。

## なぜ空白があるのでしょう？

機関誌などは読まない（読めない）よという意見がよく出されて、機関誌部はくさつています。どうせ読まれないのなら出さずにおこうかと考えましたが、出さないわけにはいきませんので、紙だけ出しては？の珍案に相成りました。どういかがですか？

# 7・8月例会

## 夏の一夜をシンフォニック・ムードで

# 北村維章と
# 東京シンフォニック・タンゴ・オーケストラ

ナレーター　森下典子

とき／8月21日(金)PM6.30

ところ／スポーツセンター

## 演奏会曲目

【第1部　ホームコンサート名曲集】

1. イバノビツチ　ダニユーブ河の漣（円舞曲）
2. アイレンベルク　森の水車
3. ワルドトイフエル　女学生（円舞曲）
4. ルロイ・アンダスン　プリンク・プランク・プルンク（ポルカ）
5. ヨハン・シユトラウス　狩人のポルカ
6. バツハ　G線上のアリア
7. ブラームス　ハンガリー舞曲 No.5
8. 芥川也寸志　行進曲へ調（オリンピツク・マーチ）

【第2部　ヨーロツパ・スタイル・タンゴ・スタンダード・ナンバーズ】

1. ジエラシー
2. 碧空
3. ばらのタンゴ
4. 夕映え
5. 紅いペテイコート
6. さらば草原よ
7. ラ・クンパルシータ
8. エスパニヤ・カーニ
9. ヴイオレフタに捧げし唄

【第3部　映画音楽と世界の民謡】

1. エデンの東
2. 太陽が一杯
3. 太陽はひとりぼつち
4. シエーンより　遥かなる山の呼び声
5. おてもやん
6. エストレリータ
7. 草競馬
8. 村の娘
9. アムール河の流れ

# TANGO　―タンゴへの招待―　TANGO

タンゴはスペイン民族音楽のハバネラがアルゼンチンに古くからあつたカンドンベというリズムと一緒になつてミロンガというリズムを生み、それが発達したものだといわれています。アルゼンチンの民謡と土人と白人の混血から発達したもので、カンドンベというリズムは日本のお祭の太鼓によく以たリズムです。又ミロンガというのもテンポの早いもので、こういうものがタンゴになつたわけです。

ですから初期のタンゴは非常に素朴で、直情的であり、新大陸でなければ生まれることのできない新鮮さと強さとを持つていました。しかしブエノスアイレスでは、タンゴは下町のミーハー族相手に発達したので卑俗なうたとして、世間一般の人々には顧みられませんでした。

ところがフランスからバンドネオンで入り、この楽器こそタンゴを表現するのに一番いい音色を出すというので大いに使われ、アルゼンチンの音楽家がその演奏方法を学びにフランスやドイツに出ていきました。そしてタンゴがヨーロッパで大へんな讃辞をうけたので、ブエノスアイレスの上流社会もタンゴを認めたのです。逆輸入になつたわけです。

これがアルゼンチン・タンゴと呼ばれているもので、リズムが強烈土俗的であり、且つ楽器編成がバンドネオンという特殊な楽器を中心としていることが特徴となつています。〝ラ・クンパルシータ〟〝夜明け〟〝ジーラ・ジーラ〟などがよく知られている曲です。

さてこうしてヨーロッパに紹介されたタンゴは長年のうちに、ヨーロッパ人の手によつて彼らの好む傾向に改良されていきました。それがコンチネンタル・タンゴと呼ばれ、ことさらタンゴのリズムを強調せず、どちらかといえば十八世紀の宮廷舞曲のようなエレガントな趣きを持ち、且つ楽器編成も古典的なオーケスラに近い弦楽五部に木管群、それにアコーデイオン、ピアノ、ドラムが加わるといつたものです。コンチネンタル・タンゴの名曲としては〝碧空〟〝夜のタンゴ〟〝ばらのタンゴ〟などがあります。

さてタンゴの音楽の内容は人の心です。人の心の悩みを取り扱つています。

日本人は世界的にセンチメンタルな人種だといわれています。日本がアルゼンチンに次ぐタンゴ愛好国だというのもわかるような気がしますね。

## プログラムから

今月のプログラムは、特に解説の必要がないほど、私たちには既にお馴染みのものばかりです。でも念のため、ごく軽くふれてみましょう。

**★ ジェラシー**

デンマークの作曲家、ヤコブ・ガーデの作品。この曲が始まると東京シンフオニック・タンゴ・オーケストラの演奏会だと思われるほど、切つても切れないテーマ・ミュージックです。

**★ バラのタンゴ**

タンゴ作曲家シエラィエルの作つた紅バラの香りのように甘いメロディーは多くの人に親しまれています。タンゴ中の白眉です。

**★ 紅いペチコート**

ムードミュージック・メーカーとして戦後我が国でも多くのファンを獲得したマントバーニ・オーケストラの指揮者マントバーニが作曲したタンゴ。珍らしいイギリス製のタンゴで結尾が印象的。

**★ 夕　映**

ナポリ湾にそびえ立つヴエスヴィアス火山と比べられる鹿児島錦江湾に英姿を映す桜島。鹿児島は東洋のナポリと言われています。（鹿児島の人は、ナポリが西洋の鹿児島だといつている）。その七彩に輝やく桜島の夕映えを、北村氏は、濃厚な油絵でなく、サラリと〝絵風にスケッチしたといつていますが、東洋的な短調によるピアノソロで出る導入部のカデンツア主部の第一、第二テーマ、一転して明るい長調によつた中間部、そのコントラストの見事さは〝日本でき た〟欧州風タンゴの代表作といつても過言ではないでしょう。

**★ ラ・クンパルシータ**

ジェラシーがコンチネンタル・タンゴの代表作なら、これはアルゼンチン・タンゴを代表する不滅の名曲です。作曲はアルゼンチンの隣国ウルグワイのヘラルド・エルナンマトス・ロドリゲスで、彼はこの一曲で名声を不朽のものとしました。題の意味は仮装行列ということ。

**★ ヴイオレツタに捧げしうた**

ヴェルデイの歌劇「椿姫」第一幕前奏曲の中の最も甘美なバイオリンの旋律をつかつて、クローゼとルケシュが作曲した美しいドイツ・タンゴです。原曲の感じを少しも損わずタンゴとしても実に味わいのある趣きをそえています。

**★ エストレリータ**

メキシコの作曲家エマニユエル・M・ポンセの作曲で「小さな星」という意味です。澄み切つた星空を思わせるようなメロディーはよく知られていますが、メキシコではクラシック歌手の方がよく唄うものです。

機関誌についての御意見御希望を、どしどしおよせください。
機関誌部

## 第1部■うたうアジアの仲間たち

**躍進する人民中国**
祖国をうたおう　紅調舞
草原の太陽　羊飼いの娘
見ろ大きな道はひらけている
人民公社の花嫁　腰鼓

**歌唱指導**　けつまずいてもころんでも

**闘うベトナム**
竹おどり
カトンの波　大砲のうた

**千里馬は翔ける**
建設のうた　崔じいさんの平壌見物
わが祖国　農楽舞

## 第2部■夜明けへの鼓動

**土からのひびき**
なまはげ　臼ひき唄　木遣り唄
地形唄　胴づき唄

**沖縄の炎**
浜千鳥　護身の舞
まみどうま　あいがま

**明日への力**
もみ太鼓　じゃんがら
荒馬

〈9・10月例会〉

# 民族歌舞団　わらび座

## 日本の夜明けをうたい

### 中国、朝鮮、ベトナム人民との友好・連帯をうたう！

佐藤好徳

わらび座は、昨年九月から十二月にかけて、アジアの社会主義三国を訪問公演し相互の文化交流と人民的友誼をうちたてた。

私たちは、訪問公演を通じてわらび座十三年の活動の成果を総括し、社会主義先進国の経験を学ぶことで、民族芸術発展の道すじを確しかめることができた。私たちはまた、各国の芸術家から、いくつかの演目をうけとつた。第一部「アジアに昇る太陽」のなかの「紅調舞」「腰鼓」「羊飼いの娘」（中国）「竹踊り」（ベトナム）「農楽舞」（朝鮮）などがそうだ。それ等はいづれも各国で人民政権が生れてから育てられ発展させられたもので各国の民族芸術の発展段階にも見合つたものだ。

### 太陽がさんさんと輝く国の民族歌舞

第一部「アジアに昇る太陽」はそういつた演目をもとにして創られたものです。人民政権を勝ちとつた国々は、民族伝統の継承発展が非常に進んだ国々ですが、私たちの日本は、また緒についたばかりです。これからも数多くの経験を重ね、仕事をあとづけ発展の道すじを求めねばならぬでしょう。

その道すじを、人民的芸術のありかたと共に、労音の皆さんと一緒に考え、日本における民族的、民主的音楽の創造の仕事に役立てていきたいと考えています。労音の皆さんは今回のわらび座の公演を通して、アジアの人民が日本人民と同じような性質の民族歌舞を持つていることに気づかれるだろうと思う。

第二部「夜明けへの鼓動」は、私たちの祖先がさまざまな圧迫と苦しみをのりこえ、今日の日本を築いてきた。その脈々と流れる民族の誇り、勤労人民の楽天性をうたいあげ、日本人民の「夜明け」へ向つての鼓動を伝えるものです。

### みんなで　わらび座例会に　とり組もう

さきに行われた名古屋労音の「わらび座」例会へ、わたしたちの中津川労音の仲間がマイクロバスで参加しました。どうしてそんなことをするのでしょう。

「はい」それは「わらび座」例会を中津川で大成功させるために直接参加してもらつたのです。

あなたのサークルで話合いの会をもつてください。事務局へ連絡下されば、その人たちに話に行つてもらいます。スライドもテープも使つて下さい。

# ひろば

あなたの希望・意見を
「ひろば」欄へ是非寄せて下さい

## 「中村八大」のアンケートより

とてもすばらしかつた。

最高によい、打ちとけれた。（だれを呼ぶのがアンケートでも取つているのか）

沢村さんにも少し自分の歌をうたつてもらいたかつた。第一部のボリュームのある歌声がよかつた。

本当に素晴しかつた。

なかなか地味で、とにかくこんな音楽に接するのは始めてだが聞いているうちに何となく楽しめる気持になつた。「こんな世界もある」という気がするし、やつぱり新しい時代の音楽だという感じがする。

すばらしい。またお聞きしたく思いました。沢村さんの成長ぶりまたミゴト、大変よかつたと思います。どれもこれもすばらしい。

---

雨で入場者が多く外でぬれていた。こんな場合早目に入場を許可されたい。――ごもつとも、そういたします。

運営面では気持よかつた。

静かに整然としていた。

男性が少ない、多く勧誘のこと――大賛成、お互いにね。

そばでガヤガヤさわぐやつが不安で聞けやしない、ここに集まる連中は教育程度が知れるね。――よいはずですが、これから気をつけましよう。

労音のためにも、中津川市民のためにも中津川に一つ公会堂を作ろうではありませんか。（多治見市を見てみろ）―早速行動を起しましよう。

くつのしまつにナイロン袋を使用したことはよかつた。

聴衆があまり拍手をしないのが中村氏にたいして気毒な感じがする。

遠くから来た場合など早く会場につくゆえ、会場準備をはやくやつておいてください。――みんなの会です。みんなでどうぞ。

## 企画研究会（第一回）開かる

### これからの例会、会の運営　サークル活動について

▼大編成のジャズバンドを聞く機会をつくつたらどうか。（東京キューバンボーイズ）

▼ボーカル（同じようなもの）が続いている、企画をもつとみんなで考えていかねばならない。（その意味で東京シンフオニツクタンゴオーケストラはいい）

▼一〇〇円会費は安すぎる――という意見ともつと安い出演者、もつと身近な人に出演してもらつたらという意見、郷土芸能など考えていくとよい。赤字覚悟で安くするやり方はやめた方がよい。

▼会員が財政上のことも知る必要があるはじめての追加会議の方法、例会がなりたたないのならやむを得ない。今回の場合、出すことでは問題はなかつた。

▼サークル活動の中で例会づく　会費の問題、税金の問題を会員にわかるようにしていくとよい。

▼機関誌、ニュースなどあまりみんな読まないが、やはり読んで理解しなければならない。

サークル交流、サークル訪問はどの方法を考えて活動の中で理解を深めることが必要であり、そしてお互いにもつとつながりを持ちたいものである。

▼こうした企画会議を定期的に持つて、例会をたのしいものにしていくことが必要である。

▼来年度の企画

アンケートを基にしてたてていく、どのサークルも話し合う機会をつくつてアンケートを出し、その結果をサークルで深め、会員一人ひとりの希望で例会をつくつていくようにする。

---

中津川労芸もいよいよ九、十月例会から中津川労音として組織的にも内容的にも充実し、立派な運営をしていくために、代表者会議、企画会議、会員交流会などをもつてきましたが、これから十月までは特に精力的に取組まなければなりません。サークルの日常活動のあるところ、その労音は大きく躍進するのです。みんなでがんばりましよう。

# 税金講座 ①

## こくごの巻

### 「きく」でとれない税金を「きかせる」でとる

税制経営研究所
森山拓男

左の写真は芸術議員連盟で芸術家、文化人に対する重税と不当な調査を発表する須藤議員、徳川夢声、船橋聖一、佐田啓二、小泉博他

「き　〝見せる、聞かせる〟というコトバの表現に〝見る、聞く〟という意味をふくんでいると思うかい？」

「冗談じゃないよ、そんなこと小学生の文法の問題だョ。だいいち〝見せる〟の〝せる〟は〝さす〟という助動詞の変化で〝AがBに見せる〟ということだョ。〝見る〟というのは動詞であつて〝Aが見る〟ことそのものだから、根本的にちがうじゃないか……」

「ところがネ、大蔵省や国税庁では、ぼくたちが〝見る、聞く、楽しむ〟ための例会は〝見せる、聞かせる〟ための〝催物〟だというんだぜ」

「フーン、でも〝見る〟が〝見せる〟になるとどうなるんだい」

「税務署では〝見る〟ではとれない税金が〝見せる〟になると〝イタダキ！〟とくるわけサ」

〝見る、聞くため〟というコトバを〝見せる、聞かせるため〟と解釈することもできるとしたら、現代っ子のコトバ使い以上に日本語を混乱させることになるし「こくご」の先生は、採点するのに大変なことになつてしまう。

にもかかわらず、大蔵省式「こくご」では文部省検定教科書にはない解釈をして「税金をとろう」というのです。

つまり、入場税法には、入場税の課税対象となる「入場料金」というものを、「日本語」でつぎのように表現しています。

①興行主等の「主催者」が、②「興行場等」で、③映画・演劇・音楽などを「多数人に見せ、又は聞かせ、」ための「催物」の、④「入場者から領収すべき入場の対価」であるということになります。

ところが、労音のばあいは、自分たちがみたり、聴いたりするために、自分たちが自主的に行つている例会ですから、第一に、法律が前提としているように、「主催者」と「聴衆」とが別個な存在ではなく、「主催者であると同時に聴衆である」わけです。第二に、自分たちが、「みたり、聴いたり」するための例会ですから、労音が誰か他の者に「みせ、又は聴かせる」ための「催物」ではありません。したがつて、労音の会費は「法律に定めた条件」からすれば、「入場料金」ではないし、「入場料金」が存在しないのだから、入場税を払う必要がないのです。

にもかかわらず、大蔵省式の「こくご」の解釈は、「会員とは別個な存在である労音という主催者」が労音とは別個な者としての会員に「みせ、又は聞かせるための催物」をやつているのだから「会費は入場料金」である。だから税金を納めろというのです。つまり、労音というものが会員とは別個に、興行会社や映画館のような存在と同じだというのです。こういう解釈をしないと「租税法律主義」のたてまえからいつて税金がとれないのです。こんな苦労をしてまで、税金をとろうとする大蔵省式「こくご」は、まさに「酷語」というところです。

しかし、「労音とは別個な会員」ということがありうるでしょうか？

なるほど、労音の例会は興行主のやる催物と実態は似ているかも知れません。だから、労音＝興行主で、会員＝一般聴衆だというのでしょうか。それなら、私鉄と国鉄は同じ商売をしているから、私鉄（会社）と同じ法人税を国鉄（公社）も払えということと同じ論理であつて、「法律に該当しなくても、税金を払つてる者に似てるから税金をかける」なんてことは、憲法が否定している問題です。

でも、大蔵省式「酷語」の根本には、労働組合と組合員が別個な存在であるかのように思想攻撃をかけている誰かさんの考え方と、ピッタリ一致しているのは皮肉ですネ。

要するに、「こくご」をよく知らないとヤミクモに不当な税金をとられるのがいまの税務行政ですから、御用心のほどを。

### 《宿　題》

一、正しい表現に○をつけよ。

(1) 車のハンドルは右手がにぎらせて左手がにぎる。

(2) 上アゴは噛ませる側で、下アゴが噛む側である。

二、つぎのコトバを解釈せよ。

(1) 惚れる

(2) 税金をとられる

(3) ナメられる

# おしらせとおねがい

労芸に対する希望・意見
企画に対する希望・意見
どんどん出してください

## 必ず守りましょう

良い音楽を楽しく聞くためには私達みんなが気を付けることがあります。

☆機関誌を読んでください（手前味噌）
☆場内禁煙
☆ちこくしたら静かに
☆拍手は全員で盛大に
☆会費は期日までに必ず
☆意見や希望をどんどん出す

## あなた買います？
## みんなでやりましょう

機関誌をつくつてやろうといわれる人。
宣伝ポスターなどをかいてやろうといわれる人。
いろいろな会の計画実施をしてやろうといわれる人。
どうぞ、名乗りでてください。

### ◆7・8月例会場について

八月二十一日（金）の東京シンフォニツク・タンゴ・オーケストラは編成が十八名という大人数の出演になりますこととピアノの関係で、スポーツセンターになります。拡声装置には充分気を付けて行いますので御了承下さい。なお会場への往復は、午後五時より六時二十分まで、中津川駅前↓国道↓スポーツセンター間を北恵那バスが臨時に運行いたします。料金は同乗している労芸係員にお払い下さい。また、終演後も同様にバスが出ます。

### ◆雑誌「月刊労音」購読について

全国勤労者音楽協議会連絡会議機関誌として、「月刊労音」が発行されています。全国の仲間と手をつなぎ、労音運動を前進させ、自分の考えを向上させるために、会員一人〳〵が購入して読みましよう。またサークルの話合いの資料としても最適なものです。一部四十円です。申込みは事務局まで。

### ◆新潟地震見舞カンパ

本当に有難うございました。仲間の友情のあたたかさ、強さを、はつきり示されたような気持です。集まつた分から早速中部労音へ送つています。次号には集約された分を発表させてもらいます。本当に有難う。

### ◆税金問題

税金といえば、どうも恐ろしいもののよう　、われていますし、月給袋の税金も仲々大変で思わずタメ息が出ますが、労音や労演、労映もまた税金の攻撃を受けています。

ではなぜ労音などが税金をとられるのでしようか、また、とられるのは合法なのでしようか。そんなこと知らんわなどといわないで、一度、ゆつくり、税金の事について、じつくり学習したいと思います。その時は大勢参加してください。

### ◆労音友好祭について

第二回中部労音友好祭が、八月七、八九日と根の上高原で開かれましたが、中津川としては、会員の交流とサークルの交流を行うため、会員交流会を七月二十三日、桃山会館で行い、歌やホークダンス、映画と楽しい会をもちました。その時の意見として、今後も交流会をもちたいということが多く出されていましたので継続していきたいと思います。どうでしよう。「よし、そういうことなら、計画をたて、会をすすめてやろう」とか、「おれや、わたしのサークルで今度はやつてあげるわ」と、いう方はありませんか。みんなでやれることを、自分達の手ですすめていこうではありませんか。

## わらび座を
## サークルの話題に

労音の中から生れ、労音と共に育つたわらび座のスライド、テープを利用してください。事務局へどうぞ。

# 中津川労音

No. 10
64' 10

中津川勤労者音楽協議会機関誌


九・十月例会

民族歌舞団

わらび座

中津川労音事務局　中津川市昭和町1の1 東労会議内 TEL 2878

# 統一の輪をより広く運動のみのりをより豊かに

## 中津川労芸の発展的解消についての訴え

### 一、中津川労芸のめざしたもの

中津川労芸が生まれてから、やっと一年とすこしたちました。この間のあゆみは、まさに「手さぐりのヨチヨチ歩き」ではありましたが、いったい私たちは、何をめあてにして「労芸という名の文化運動」をすすめてきたのでしょうか……

一九六三年三月、中津川労芸準備会より出された結成にあたってのアピールがこれに答えてくれると思います。それは

低俗なマスコミの風の中で〝ひとくきの葦のように〟ゆれ動いている私たちの生活……

華やかなレジャーブームの蔭にあって

〝面白うてやがて哀しき〟ため息のつ

いつついもれてくる私たちのくらし……

けれど、あなたも、わたしも

今日を生き、明日を生き……

今日も仂き、明日も仂き……

その中で、精いっぱいに生きる喜びと、仂くことへの誇りとを見つけていきたいと願っています。

**中津川勤労者芸術協議会**は、あなたと私のそういう願いをひとつに集め、月々の若干の会費にそれを託して、

★すぐれた芸術作品を私たちの暮らしと結びつけ

★みごとな文化活動を私たちの生活の中から生み出していくことをめざして結成されようとしているのです。

そのための**活動**として

★全国各地の労演、労音、労映の組織と提携して、すぐれた舞台芸術（演劇、映画、音楽、舞踊など）の紹介と普及につとめます。

★私たちの郷土に生まれている演劇、音楽、舞踊などのサークルの活動の育成と発展をはかります。

いま、私たちの身のまわりには、私たち日本人の民族的な自覚を忘れさせてしまったり、私たち勤労者のまじめで切実な生活向上への意欲をフハイさせたり、あるいは、平和や民主主義などとはおよそ逆な方向へむかってダラクさせてしまおうとするような植民地的な、タイハイ的な、軍国主義的な文化が、上べだけはいかにもケンランとしていっぱいにはびこっています。こういう中で、私たちがすすめてきた運動は、さまざまな欠陥や未熟　持ちながらも、ひとつの役割を果たし、ある力量をたくわえてまいりました。

### 二、より豊かな運動の発展のために

さて、私たちの運動の役割をさらに前進させ、力量をより豊かなものとしていくには、どうすればいいでしょうか――

第一に、文化活動の分野に従って、それぞれ独自の組織を持ちながら、互いの連帯と協力とを強めていくことが、どうしても必要となりました。いうまでもなく、中津川労芸は、文化的要求を中心にした勤労者の民主的な運動体です。従って、中津川労芸は、その要求にもとづいていままでに音楽、演劇、映画の三つの分野での例会を中心にしてその活動をつづけてきたのです。しかし、私たちの文化的要求が、この三分野にわたって常に一致していたわけではなかったことは、これらの例会の回数と参加の会員数がはっきりと物語っているわけです。このことを見失って、いつまでもいままでのような雑居家族的な運動体としての活動を続けていくことは、運営上の無理や財政上の不安もさることながら「会員の要求を中心にした民主的な運動体としての組織原則」が大きくくずれさることになり終るでしょう。

そこで、いま、中津川労芸は、その本来のしごとをさらに豊かに発展させるために、「単一組織体的な協議会という性格」を自からうち破って、音楽、演劇、映画の三つの分野にそれぞれ独自の組織を確立していくことの中で発展的解消をとげるという課題をどうしてもやりとげなければならない段階にさしかかってまいりました。この新しい組織を確立していくことは、私たち会員に負わせられた光栄ある責任というべきでしょうが、当面私たちの努力の重点は、昨年一〇月発足した中津川労音の質的な向上と量的な拡大とにおくべきでしょう。力強く成長した中津川労音が大きなはげましと支えとになって、当面準備会として発足する労演、労映の組織の確立と運動の発展とをもたらすであろうことを期待しながら………

第二に、その期待を実現するために、つまり私たちの文化運動が全体として大きく統一の輪を広げ、さらには、私たちの生活の領域でのさまざまな運動とも結びつきながら、いっそう運動のみのりを豊かにするために「連絡協議会的な性格」を持つ新しい組織の結成が必要となってくるでしょう。その組織は、労音、労演、労映のみならず、この地域で活動をつづけているいろいろな文化サークルをもひとしく包含して、私たちの中に芽ばえ、生まれている文化的な創造活動（伝統芸能などの継承と発展のための活動をも含む）を伸ばし育てる上でも大きな役割を果たしながら、歴史的な国民文化の創造という潮流の中に加わっていくことになるでしょう。

一九六四年一〇月を、中津川労芸の飛躍的発展のための生まれかわりの月としてがんばろうではありませんか。

## こんどの例会（9·10月）

民族歌舞団

中国・朝鮮
ベトナム
帰国報告公演

◆10月24日(土)　◆P.M 6時30分　◆スポーツセンター

### プログラム

**第一部　アジアに昇る太陽**

◇大躍進（中華人民共和国）
祖国をうたおう（混声四部合唱）
紅綢舞（男女群舞）
草原の太陽（男声独唱）
羊飼いの娘（女性群舞）
腰鼓（男性群舞）

◇愛するふるさと（ベトナム民主共和国）
私のふるさと（女性合唱）
大砲のうた（男性合唱）
竹おどり（男女群舞）

◇千里馬は翔ける（朝鮮民主主義人民共和国）
建設の唄（男声合唱）
我が祖国（重唱）
農楽舞（男女群舞）

◇歌唱指導　わが祖国

**第二部　夜明けへの鼓動**

プロローグ　八丈島太鼓

◇土からのひびき
なまはげ
臼ひきうた
木遣唄（男声合唱）
胴づき唄（混声合唱）

◇沖縄の炎
浜千鳥（女性群舞）
護身の舞（男性群舞）
まみどうま（群舞）
あんがま（群舞）

◇明日への力
よせ太鼓（西馬音内より）
もみ太鼓
さんさ踊り（群舞）
しやくし売り唄（独舞）
じやんがら（群舞）
荒馬（群舞）

## みなさんへ

百年もの長い暗い夜の歴史をつき破つて今、アジアには輝やかしい朝が訪れています。

大躍進の中国、千里馬の勢いで翔ける朝鮮。二つにひきさかれた民族の傷口からいまもなお、赤い血潮をしたたらせながらも愛するふるさとを守り育てるベトナム。

私たちは昨年九月から十二月にかけて招かれてこれらのアジアの社会主義三カ国を訪問しました。自からの力で解放をかちとつたこれらの国々では芸術もまたすばらしい勢いで発展していました。自からの芸術を愛するものは他の国の芸術をも愛する深い心をもつています。私たちの舞台は何処でも圧倒的な拍手で迎えられました。そして忙しい日程の合間をぬつて三カ国の芸術団といくつかの歌舞の交流を通して学びあうことも出来ました。民族伝統の継承発展の仕事もこれらの国では国家的規模で非常に高い水準で進められています。

私たちはこのたび、中国、朝鮮、ベトナムの歌舞を上演することによつて社会主義建設にいそしむこれらの国々の人々がつくりだした民族芸術から学び、これからの日本の民族芸術をつくり出していくための道すじをみなさんとともにさぐりあつていきたいと思つています。そして七億にのぼるこれらの国々の人々が熱烈にさしのべている日本の私たちへの連帯の心を舞台から訴えて帰国の御報告にかえたいと考えております。

〈わらび座一同〉

## わらび座のおいたち

わらび座の歴史は、一九五一年二月、作曲家、原太郎を師として東京の新宿、渋谷などの日雇労働者を対象として公演活動をはじめた「海つばめ」の活動からはじまります。

当時、座員三名、「海つばめ」は、その活動の当初から「民族音楽の創造」を課題にし「大衆とともに歩む」ことを活動方法としました。この方針は、いまも「わらび座」の活動の基本になつているものです。

東京で約一年余、活動を続けたあと、北海道の芸能社と民主団体のまねきで渡道。約十ケ月「ポプラ座」という名前で巡演。

一九五三年七月「海つばめ」「ポプラ」とつづいた二年あまりの工作活動の経験から「日本音楽の創造」のためには、日本の民族が、人民生活のなかでうけついできた音楽遺産と、さまざまな文化遺産を受けつぎ、発展させる必要を痛感し民謡の宝庫といわれる秋田に定着。それ以後「わらび座」として活動をつづけています。

いま座員の総数は、一三五名、座員の八割までが二〇代の青年です。

# 曲目の解説

**◇祖国をうたおう**

……雄々しき民の団結は
鉄よりも　なおかたし
赤旗は風うけ　もえたちひるがえり
野に山に　とどろく勝利のうたごえ
よろこびの歌ささげん
さかえゆく　我が祖国！

自らの手で自らの祖国を建設する新中国の勝利のうたごえは高らかにひびきわたる。

**◇紅綢舞**

希望に輝く青年男女が喜びに溢れて踊る紅綢舞は、百花斉放の中国の民族芸術の圧巻といえます。

**◇羊飼いの娘**

澄んだチベットの高原、よく笑う健康な娘たちが今日も羊をつれて集つて来た

**◇腰鼓**

中国の伝統的な腰鼓は、歯切れのよいリズムと足さばきで若者達を熱狂させる。人民公社はこういう若者たちを中心に限りなく発展していく。

**◇大砲のうた**

それひけ丘を越えろ
それひけ丘を越えろ
祖国を泥靴で汚す敵をうちくだく砲を引きあげろ！

有名なディエンビエンフーの斗いのうた。

**◇竹おどり**

ベトナムは美しい竹の国
そしてベトナムの人民は、この竹おどりを心から愛している。

**◇建設のうた**

戦火にさらされて鉄骨しか残らなかつた朝鮮の町や村が、若々しい建築労働者の歌声の中で人民の幸わせの住家に変つていく。

**◇我が祖国**

波うつ稲穂、ゆたかな祖国
我が汗そそぎし故郷よ
血潮で築かれた　しあわせの園

朝鮮でもつとも愛唱される深い祖国への愛の歌。

**◇農楽舞**

南北統一の希望をこめて舞台一杯に朝鮮人民の楽天的なエネルギーを溢れさせます。

**◇なまはげ**

秋田の男鹿半島に伝わる正月行事、村の若者が鬼の装束をし、家々をあばれ廻り厄払いをして歩く行事である。

**◇臼ひきうた**

農家のいろりばた、婆さまが石臼をひきながらうたう臼ひき唄。そこへ〝なまはげ〟が訪れ、爺さまと〝なまはげ〟の軽妙な問答となる。〝なまはげ〟の扮する若者も明日から出稼ぎに出なければならない。きびしい現実が人々の心をひきしめる。

**◇木遣唄**

出稼ぎに出た若者たちが吹雪をついて山から木をひきおろす時に唄われる労働歌が山々にこだまして、労働の誇りがみなぎつている。

**◇胴づき唄**

堤防工事の作業現場で唄われるこの唄は農民の意気と心を、明るくうたいあげ労働の連帯感にめざめていく。

**◇浜千鳥**

沖縄の代表的な民族舞踊の一つ。子は親を想い、親が子を想う旅愁をうたつたものだが、それはそのまま現在の祖国復帰をねがう沖縄県民の心情をあらわしている。

**◇護身の舞**

浜千鳥を祖国復帰の願いとするならばこれは抵抗の姿である、武器をもたずに身を守つた空手をいかした、はげしい斗いの踊りであり、怒りに燃える沖縄の島を表現しているようである。

**◇まみどうま**

これは八重山諸島の民謡で鍬と鎌とヘラをもち農民の生産生活をスケッチ風に表現したコミック舞踊です。

**◇あんがま**

石垣島の盆踊り。長い屈辱の歴史の中で解放への斗いを放棄することのなかつた祖先の斗いの心をひきついでいこうとする沖縄の人々の誓いのしるしでもあるのでしょう。

**◇もみ太鼓**

千葉県銚子市の祭りばやしの一つ。大漁になればその喜びを力一杯こめ、不漁で暗い気分になれば人々の心を奮い起こせるもみ太鼓のひびきは、そのまま今の斗いのエネルギーとなるだろう。

**◇しやくし売り唄**

おなじみ、しやくしづくりの勘三郎。三年三月かかつてつくりあげた三本のしやくしをかついで町へ売りに出かけます。そしてまた山へ帰つて大きなシャクシをつくつてくるぞ、と勇んで帰つていきます。

**◇じやんがら**

福島県石城地方の念仏おどり。農民一揆が野火の如く燃えひろがつた時代に、かねと太鼓を乱打しつつ踊り狂うこの念仏踊りは、当時の農民のそのような斗いの力の、一つの現れでもあつたでしょう

**◇荒馬**

田植えを終えた農民が五穀豊穣をねがい村中総出でさなぶり祭りを祝う。野や山をかけめぐる荒馬の勢いが、そのまま人民の楽天的な戦斗性を象徴するかのようである。荒馬おどりの姿は明日をつくる勤労人民の源泉だろう。

# みんなと語り考える中で

わらび座　矢本和男

労音の仲間たち、ヤモトちゃんです。よろしく。十月例会を成功させようと、たくさんのサークルを歩きまわつています。その中でわらびの舞台の内容、又中国、朝鮮、ベトナムのことを聞いてもらつています。

二年前中津川で公演をもたれたときは労音　もりませんでした。そして二年後何回かの例会をすでにもつた労音がある本当、うれしいことです。なんとしても各会員と仲良くなりたいし、又たくさんの人々にみてもらいたいと思うのです。

去年三国訪問公演の中でわれわれ一人一人が体に感じ又感動し、べんきようをたくさんしてきました。言葉では数かぎりなく、いいたいし聞いてもらいたいことがあるのです。そのいくつかのことを舞台にしてみました。三国訪問、そこにはかがやくばかりのまなざしでわたしたちをむかえてくれた人民がいたのです。日中、日朝、日ベの各両国人民の共通の願いがあつたのです。それはなんだつたのでしよう。それは共通の敵、アメリカに対して斗う人民が数かぎりなくいたのです。今度の舞台を会員の人にもつともつとアジアの人たちが、手をつないでいこうと云う気持になつてもらいたいのです。充分のことは出来ないのですが、人民の願いを聞いてほしいのです。平和を求める人民が数多くいることにきつときつと勇気がでてくると思うのです。今度いくつかのサークル訪問する中でわらびのことに対して、本当にあたたかいきもちでむかえてくれた仲間がいたことにおどろきました。

数多くのことを語りあいました。日本音楽のこと、生活のこと、職場のこと、その他たくさんのことをおしえてくれました。民謡つて、わらびを観てから非常にいいものだと感じた。わらびの人たちはどうしてあんなにあかるいの、日本の太鼓つてどうしてあんなに力強いのか、一時間か二時間話しただけでは足りないのです。でもやつぱり少ない時間の中でこれだけの時間で数かぎりないことを話さなければならないのです。

中心の話題は生活のことです。民謡が生活から生れてきているのだから生活から切りはなしてわらびの仕事は出来ないのです。そこではたくましく成長し、生活した農民の歴史が唄、踊りの中にふくまれているのです。その力を歴史をぼくら若い座員が体の中にしつかり入れていきたいのです。そういうことをわらび座がやつてきたことを話す中でどうしても今日の生活を合わせてかんがえないわけにはいかないのです。

わらび座の歩みも知つてもらう中で、又、わらび座もそういうふれ合いの中で日本の音楽を作つていきたいのです。今度の公演を会員のみなさんと作つていく中で日本の音楽をどうして作つていつたらいいのか一諸に知恵をだしあいましよう。これからのぼくらの生きていく方向を本当に例会を通じてかんがえていきましよう。そうすればきつと素晴らしい例会を作りあげることが出来るでしよう。

これから又いくつかのサークルをまわります。その時一諸に語りましよう。これから約一カ月間よろしく。わらび座と会員と本当のつながりを強く強くもちましよう。

唄も踊りも一諸に踊りましよう。楽しく唄つたり踊つたりする中で、日本の音楽の楽しさもきつと判るでしよう。

## 「わらび座」はすばらしい!!

### スケールが大きくなつた「わらび座」

七月十一日名古屋市公会堂にて名古屋労音例会の「わらび座」をみましたが、今度で三回目の見学でした。今までのは日本の民踊ばかりでしたが、昨年中国、朝鮮、ベトナムを訪問して以来、あちらの民族舞踊を沢山とり入れ、第一部は、「うたうアジアの仲間たち」と題して約一時間十分行なわれた。

「躍進する人民中国」では、衣裳の美しさに見とれ、歌の力強さに聞きほれ、心の通つた踊りに思わずこぶしをにぎり、初めから終りまで感激の連続！　あざやかな服装、こまかな身体の動かし方、心の底から楽しそうに踊つている様子をみていると自然に舞台にすいつけられてしまいます。

今まででも各地の民踊で好評がありましたが、スケールが大きくなつたことで若い人からお年寄まで広範囲の人に受けると思いました。

しかし中津川公演の時は舞台の大きさ等を考慮しないと踊る人が思い切り出来ないのではないかと感じました。

とにかく一人でも多くの人たちに見て頂いて、この地方の文化運動を発展させる力になればと希望するところです。

# ジャズを私たちのものに

## ―ジャズ例会をみんなで考えよう―

「わらび座」例会にひきつづいて、12月と2月にジャズコーラスNo.1の「デューク・エイセス」とデキシーの王様「薗田憲一とデキシーキングス」とジャズ例会を迎えることになりました。そこで、この二つの例会をつくり上げるために、みんなでジャズというものについて考えていきたいと思います。

しいたげられたアメリカ黒人が創り出したジャズが、現在は商業主義と結びつき、本来のジャズから形だけをかりて、せつな的な恋唄などに内容がかえられ、テレビ、ラジオなどのマス、コミを通してどんどん私たちの生活の中にはいりこんでいます。そして、「無条件に楽しい音楽」として、支配者の都合のよい人間をつくる政策の道具にもさせられています。

こうした現実を労音としては、どのように考えていつたらよいでしようか。

有名な民謡歌手ベラフオンテは民謡について次のようにいつています。

「初期のブルースとかスピリチュアルス（黒人霊歌）は全て人びとが自分たちを表現しようという内的必要性から自然に作りうたい、お互いの意志を交流するという美しい習慣があつたけれど、音楽が産業化の波にのり機械化されるにつれ人びとは自分たちの生活や心を反映した歌を忘れてしまつた。そして、売るための音楽をまねするようになつた。一方、だからこそ、民謡をうたうことは、歌手として、ひとりの人間として、自分をみつけ出すよき素材である。なぜなら、うたうということは、うたうことによつて自分が〝人〟との生活とつながることだからである」

私たちがジャズとしてとらえているものはどうでしよう。商業主義にまんまとのつかつてしまつています。

大衆的であるジャズをまず、私たちのものにしなければならないと思います。そのためには、ジャズを生んだものを、私たちの生活とのかかわりのなかで明らかにしていくことだと思います。

ジャズとはいつたいなんでしよう。

アメリカの黒人のながい苦しい生活の歴史の反映に他なりません。アフリカの黒人が奴れいとして大量にアメリカにつれてこられ、農場主に買われ激しい労働においたてられ、人間としてのすべての権利をうばわれた生活を送つたのです。黒人たちは経済的にも文化的にも完全に過去の伝統から切りはなされてしまつたのです。だけど、奴れい商人や農場主のうばえなかつたものがひとつだけありました。それが音楽です。

アフリカの原始的なリズムと強制的にキリスト教に改宗させられ歌わせられた讃美歌がきびしい人種差別の中で自分たちの苦悩を訴えるスピリチュアルスに変つていつたのです。

私たちを楽しませてくれるジャズ音楽を、正しくとらえ、発展させることは、日本の民謡や伝統芸能を私たちのものにすることと同じに労音の任務だと思います。

売らんかなの商業主義によつて、ニグロ音楽から内容をぬき去られ、たいはい的な音楽にすりかえられてしまつているジャズが、私たち大衆を眠りこませる武器にされているのです。人種差別をうたう歌が、ストリツプの伴奏にもなりうるのです。

日本の民謡が、働く農民の労働の中から生れたのに、お座敷の酒の席でのみうたわれるようになつたのと同じです。日本の音楽を正しく発展させるための例会「わらび座」と同じようにジャズ例会も例会づくりの中で、ジャズを正しくとらえよりよい例会にしたいものだと思います。

× × ×

---

**11・12例会**

# デュークと歌おう

デューク・エイセス
真木利一カルテツト
12月8日（火）PM6.30
東小学校講堂

プログラム

**第一部　スタンダードと黒人霊歌**

1. 踊りあかして
2. 君住む街で
3. 初秋
4. ミリオン・ダラーベイビー
5. キャラバン
6. A列車で行こう
7. 揺れる幌馬車
8. 時には母のない子のように
9. ユー・ベター・ラン
10. ジエリコの斗い

**第二部　日本の歌**

1. 与太郎（落語シリーズより）
2. 一番星はどんな星
3. デューク・チヤンネル
4. おさななじみ

―おさななじみ―　（歌唱指導）

**第三部**

1. ミスター・ベースマン
2. 思い出のサンフランシスコ
3. いとしのアイーダ
4. 花はどこへ行つた
5. 漕げよマイケル
6. ロシヤより愛をこめて
7. 16トンズ

---

**1・2月例会**

ジヤズと土のうた
黒人の心をうたう!!

## 薗田憲一と デキシーキングス

唄　サイラス・モズレー
（又は）ビリーバンクス
水島早苗

労音はあなたのもの、そしてみんなの労音です。この頁はサークルの話合いの資料にして、意見を代表者会議へどうぞ。

## 《その一》

# ぜいたくは敵だ 入場税を取れ（大蔵省）

### どう考えてもおかしい入場税 無理して出すのはやめました

どう考えてもおかしい入場税、すじの通らぬのを知りながら、まああしかたがない……代表者の御意見でした。けれどお役所というところ、始めは例会に直接つかかつた経費の一割とおつしやつたのに、そちら様の御都合で、こんどは会費全額に税金かけるとおつしやいます。あまりに勝手なお話に、法をまげてまで出すことない、やめましよう……代表者の御意見です。

### どこがおかしいのでしようね

その第一は労音という団体は税金を払う義務も、法律によつて守られる権利も持つていない団体なのだそうです。法律によれば労音の名によつて財産を登記し守つてもらうことも、金融機関から借金する能力も無いとされています。ああ、それなのに税務署は税金だけはガツポリ取ろうとおつしやいます。

お[illegible]な話の第二番は、入場税は特定の主催者（個人、法人）が利益を見こしお客に見せ（聞かせ）たいと呼びかけ、入場料金を取つて「催し物」を行う場合にかけられると定めています。

なるほど、主催者ね……そりやあ会員全部だね。お客は……そんなものいませんよ。自分の金で自分の好きなの聞くのに入場税？

自分の金で、レコード買つて公民館借りてコンサート、入場……税？

どつかのだれか（興行師、興行社）がお客を相手に開く音楽会とはちがうんですよ。労音は働くものの一人一人がなけなしの金を集めて、すこしでも豊かな心をと自分で会を開いているんですよ。どつかのだれかの音楽会入場の対価としての入場料を払つて入るのとは、まるきり違うことが税務署にはわからないのかねえ。

### だれが考えだしたんだい こんなもの ――戦時中の幽霊さ――

昭和十三年〃ぜいたくは敵だ〃〃ほしがりません勝つまでは〃と入場税は生まれ、たび重なる撤廃運動の中でしだいにやせ細りながら幽霊のごとく生きのこり労働者の……国民の文化を圧迫し続けてきたのです。こんなものは世界中さがしても、あまりおめにかかれないようです。「国立劇場」「国家の補助」等進んだ国ならざらだそうですよ。一日も早くこんな悪法の息のねをとめたいものですね。

## 《その二》

# 私のボクの希望を出して 「グット イカス 例会」を!!

「こないだの東京シンホニックタンゴオーケストラつてとてもよかつたわ。ウットリしちやつた。もう一度聞きたい」

「ウン！ ああいうのをこれからもどん〱聞きたいナ。今度はアルゼンチンタンゴだ」

「ボクはロシア民謡がジツクリ聞きたいから白樺合唱団を希望するヨ」

「白樺もいいけど、私は立川澄人の大ファン！ ぜひやつてほしいわ」

「私、もつと楽しめるものがいい、芦野宏の例会がとてもよかつたでしよう。だからこの次は坂本スミ子、出来ればペギー葉山だつたら申し分ないわネー」

× ×

多分どのサークルでも、音楽好きが集るとこんな話合いがされるでしよう。そうしたら代表者会議や企画委員会に出席して、ぜひ持ち出して下さい。そうしてそれを本当に実現させるのです。「会員皆さんの希望で例会（音楽会）をつくる」――これが私たち労音の一番の特色なのですから……。

全国には今一六〇以上の労音、愛知、岐阜、三重の三県（中部労音）にも十労音があります。だからお互いに協力して取組めば、お金のかかるミュージカルでもオーケストラでも海外演奏家でも実現出来るのです。

× ×

来年の企画がいろ〱と検討されています。こんな例会が予定されています。

〈二月〉薗田憲一とディキシーキングス
〈四月〉立川澄人とクールアベイユ
〈六月〉東京キューバンボーイズ
〈八月〉合唱（中央合唱団か白樺合唱団）
〈十月〉エドアルド・ファルー（アルゼンチンのギター奏者）

まだ〱全部決つたわけではないので今からでもドシ〱希望を出しましよう。それに、若し他の労音のように毎月例会が実現したら、クラシックファンの満足出来る例会も開けるでしようし、ハワイアンやシャンソンの好きな会員の喜びそうな企画も立てられそうです。

又大衆的な歌手、たとえばフランク永井や三橋美智也に彼等の本当に歌いたい唄、彼等に歌つてほしい唄をやらせる意欲的な企画も立てられるのです。

音楽好きの気持は、音楽好きの仲間にしかわかりません。とに角、皆んなの力で〃グッとイカス例会〃をつくり出そうではありませんか。

〈企画部〉

## 七・八月例会をふりかえって

◇ 久しぶりに、いや生れて始めてナマのオーケストラを聞いたので、ホウいいものだなと感激した。やはりナマはいい（ビールも）迫力が違う。真中の前の方で聞きたかつた。会場を暗くして二人で聞けば一層ムードがあつて気分がよい。（野郎同士ではダメ）

◇ 余りのスバラシサに人に合うたび話し、行かなかつた人達には気の毒であつたと思う。ある人はそんな楽団が来たの行きたかつたにと不満顔でした。いつも思う事だけど宣伝方法をもう少し考え、一般商店街の人にも気楽に行ける集いであつてほしい。

◇ あまりの感激に鳥肌の立つしまつ、とてもよかつた。労音としての満足感を得た。今后の例会により多くセミクラシツクなものを多く取入れてほしいが、それが出来ないにしても労音としてレコードコンサートを行なつて、もつと音楽に接する機会を作つてほしい。一番前で耳の痛くなるようなバイオリンの調べを聞きたかつた。

◇ スバラシかつたと思う。もつと大勢の人に聞いてもらいたかつた。

◇ 音楽の美しさ、素晴しさをしみぐ\と感じた。今迄の公演の中で一番印象にのこるものとなつた。接待でじつくり聞けず残念であつたが、ただ会場へ来て公演を見聞して帰るというだけでなく、労音の一員として働いているんだという喜びがあつた。

◇ 現場の人で今迄の中で最高に良かつたと言つていました。

◇ 私達は接待をしていたためゆつくり聞くことは出来なかつたけれど、楽屋裏の普段接することの出来ないこと、たとえば舞台ではいかめしい顔でバイオリンを演奏している人が、裏では適当に冗談を言つて、暑いから二部は上衣を脱ごうとか、アンコール曲は何と何だとか、腹が減つたとか、体育舘としてはいい等々会場では味わえない何かがあつた。たまにはいいと思う。

◇ チョツトものたりなかつたが、とにかく生の音楽で久しぶりに楽しめた。曲目はポピュラーな（セミクラシツク）ものでけつこうだが、本格的なオーケストラを聴きたい。クラシツクファンでなくとも楽しめるだろう。

◇ 音楽の楽しさを味わせてくれた例会だと思う。とに角久々に大人数のナマのオーケストラらしきものに出会わしただけに、物足りなさあつても一応よかつた一番いいのはやはりコンチネンタルタンゴだつた。こうなるとヤツパリ、オーケストラでシンホニーが聞きたくなる。

◇ もつと多くの人に聞かせかつたが、何はともあれ会員が多少高くなろうと、どーせ消えてしまう金だから、毎月例会にしてほしい。そうすればこの程度のものは始終聞けるようになつて、日常の暮しがどんなに楽しくなることか。そういう生活に対する欲みたいなものを皆んな持とう。そうすれば楽しい例会づくりにもつ　ち込めるだろう。

## お知らせ

### ◆第十回全国労音連絡会議

全国一六五労音、七十万の労音会員が一年に一度集つて、日頃の活動を交流し基本任務を深め、交流し、感激と自信に満ちた力強い会議が、大阪で、十一月二十二、二十三日の連休に行われます。

昨年の第九回は二、〇〇〇名の仲間が東京に集り、本当に劇的な集会を成功させましたが今年は、四、〇〇〇名の仲間が集ろうと云つています。中津川でもマイクロバスで統一行動をとりながら参加したいと思いますので、多数参加できる体制をつくりましよう。

〝サークルから一名以上の代表を参加させる運動を、今すぐ起こしましよう〟

### ◆月刊「労音」を購読しましよう

全国労音連絡会議の機関誌「月刊労音」（一部四十円）は労音運動をすすめるうえに必要であり、全国の仲間を結ぶ機関誌です。是非購読し、サークルの学習の資料や、話合いの材料にしていきましよう。希望者は事務局までお知らせ下さい。

### ◆七、八月例会の おてつだいごくろうさま

受付、会場、舞台、招待、バス係などに、中津川包装、一中、婦人の集い、西小、三菱、坂本小、電通、林野、みどり歌う会、カリンカの各サークルの皆さんごくろうさまでした。また早く会場へ来られた会員の方もいすならべなど手伝つていただき、労音ならではと思います。本当にごくろうさまでした。

### 九、十月例会「わらび座」の

会員受付と機関誌・会員券渡しを左記のように行います。必ず期日までに手続きを済ませてください。

期日―十月五、六、十二、十三、十九、二十日の六日間（毎週月、火）
時間―午後一時より七時まで
場所―東労会議事務所

### 「わらび座」例会のバス運転

十月二十四日の例会当日は、中津川駅前――スポーツセンター間を、北恵那バスが午後五時二十分より六時二十分までピストン運転いたします。停留所は北恵那バス停と三菱前石屋坂です。料金片道二〇円を添乗の労音係員に支払い下さい。終演後も同様です。

### 十一、十二月例会「デューク」の

会員受付と機関誌、会員券渡しは左記のように行います。ぜひ期日までに手続きを済ませてください。

期日―十一月九、十、十六、十七、二十四、二十五の六日間
時間―午後一時より七時まで
場所―東労会議事務所

## 編集後記

招からざる客、その名は台風と労音に対する入場税。台風の方は大事なく済んで一安心、税金はウンと学習して私達が強くならなければ。

歓迎するもの、新入会員と会員の活躍わらび座で現在会員七百余を千五百名にしたいものです。それ、あなたの隣りの人に入会をすすめましようよ。

〝天高くして会員ふえる〟がんばろう。

# 中津川労音

No. 11
64'12

中津川勤労者音楽協議会


## 11・12月例会

ジヤズコーラスの
ナンバーワン

## デューク・エイセス

演奏 ／ 真木利一カルテツト

中津川労音事務局　中津川市昭和町1の1 東労会議内 TEL2878

# あなたのお友だちを
# 労音に誘いましょう！

### だれでも入会できます

あなたを含め３人以上の仲間を誘ってください。３人以上集まらなくても、将来サークルを作ることを前提にして、1〜2人でも入会できます。

### 入会金は 100円 です

すでに、あなたの職場や地域にサークルがあるときは、その代表に申し込んでください。どなたでも、いつからでも入会できます。

### 入会すると

労音の例会に参加し、またホークダンス、レコードコンサート、座談会ハイキング、友好祭など楽しいつどいを自分たちで企画し参加します。

また会員には機関誌、ニュース、会員券が配られます。

### 会費は

月額150円が基本会費で、その中には、例会参加費、機関誌、ニュース会員券、ホーク・ダンス、レコード・コンサートその他の会合の費用、労音の運営費など、一さいの費用を含んでいます。


よい音楽が安く聞けるのは、会員自身が運営しているので利潤など考える必要がないからです。

会員制ですから、会員でなければ例会に参加できません。不特定多数の人に入場券を売る一般興行とは、はつきり違います。

### これからの例会予定

◇1.2月例会
黒人の心を　リズムに
園田憲一とデイキシーキングス

◇3.4月例会
音楽をどうぞ!!

立川澄人とクールアベイユ

◇5.6月例会
心躍るラテンリズム
東京キューバンボーイズ

# 第10回全国労音連絡会議に
# 大勢の仲間をさそつて参加しましょう

**日　程**

第1日　11月22日（日）
9時半〜17時
全体会議　議案に沿つて報告と討議
夜宿舎交流

第2日　11月23日（祭日）
10時〜17時
分散会　テーマ「私の生活と労音」
17時半〜20時
大交流会
夜宿舎交流

第3日　11月24日（火）
観光しながら交流
（京都、奈良、六甲山などのコース）

ところ／大阪市見本市会館１号館と市内大学

こんどの第十回全国労音連絡会議は、1949年に労音運動が大阪で始まつてから、ちようど15周年にあたります。

① 労音運動15年の運動の成果を確認し、心から祝いあう。
② 日本の音楽家と音楽愛好家が力を合せて、日本の音楽を守り発展さることが大切であることを意志統一する。
③ 労音をめぐるきびしい情勢の中で、労音運動のいつそうの団結をかためる。

また、こうした点から分散会のテーマも「私の生活と労音」と決定されています。

全国の仲間、約4.000人と交流しあい、楽しい中にも労音運動を体で直接学びとつていきたいものです。

サークルで代表を、そしてあなたも参加しましょう。事務局までお知らせください。

## 11・12月例会

# デューク・エイセス

演奏／真木利一カルテツト

12月8日〔火〕PM6､30
東小学校講堂

## プログラム

### 第一部　ジヤズコーラスの歴史

(1) ジエリコの戦い
(2) 時には母のない子のように
(3) いとしのアイーダ
(4) ドライ・ボーン
(5) キヤラバン
(6) マイ・フアニー・バレンタイン
(7) A列車でいく
(8) バンド演奏

<休けいなし>

### 第二部　日本の歌

(1) 与太郎
(2) かあさんのうた
(3) デューク・チヤンネル
(4) おさななじみ　（歌唱指導）

<休けい10分>

### 第三部　ポピユラー・ナンバー

(1)
(2) } バンド演奏
(3) 踊りあかして
(4) 君住む町で
(5) 思い出のサンフランシスコ
(6) ミリオン・ダラ・ベビー
(7) エンジエル・アイズ
(8) 夜ふけのブルース
(9) 漕げよマイケル
(10) 勝利よわれらに
(11) ロシアより愛をこめて
(12) 16トン

## ‖デューク・エイセスの紹介‖

デューク・エイセスの誕生は昭和三十年八月一日で、当時流行していたリズム・アンド・ブルースを中心に歌うグループとしてスタートしました。当時から黒人的なフィーリングを身につけたグループとして特色を持つていましたが、三四年にアメリカのヴオーカル・グループ　ゴールデンゲイト・クワルテットが来日した際に彼等の歌う黒人霊歌にすつかり魅せられて了い黒人霊歌の勉強を始めました。

「ジエリコの斗い」「ゆれる幌馬車」等彼等の代表的なレパートリーをどしどし採り入れて行き、黒人霊歌はデューク・エイセスの一八番となり、黒つぽい感じの曲に於いては彼等の分野とも云うべき道を切り開きました。

その時には、吉田、真木野の二人の新メムバーの加入により内容的にも発足メムバーより一段と充実した力を備えて居り、この時期に於ける練習はすさまじいものがありました。あれ程にもやらなくてもとまわりの人達に云われたのも一度や二度ではありませんでした。その甲斐あつてか、レパートリーはぐんぐんと拡がり、黒人的なものは勿論、スタンダードジャズ、日本民謡、ポピュラー、童謡それに落語に迄題材を求め「ジユゲムの嘆き」や「与太郎」等と云うオリジナルものなど約五〇〇曲に余るレパートリーを持つようになりました。とにかくいろいろなものを吸収して行く意欲はすさまじいものがありました。

将来は今迄の彼等の持ち味の以外にもアメリカの「ハイローズ」「フオー・フレッシュメン」と云うモダン・ジャズコーラスも目標にしたいと希望を述べて居り、とにかく最も期待のかけられて居るコーラスグループと云えましょう。

● **谷口安正**（たにぐちやすまさ）（トップテナー）
九州は長崎の産、食欲すさまじきものがあり、異常な程にエネルギツシユ。青山学院英文科卒で、在学中はその語学をもつぱら歌に生かしすぎたため、デユーク・エイセスにおさまつた。ソコツなことにおいては谷と覇を競う。快活。スポーツ万能。

ニツクネーム　安兵衛

● **吉田一彦**（よしだかずひこ）（セカンドテナー）
商都大阪に育つ。デユークきつての社交家（?）たるはそのゆえんか。「実ればたれる稲穂かな」のたとえ通り腰が低く、だれにでも愛想がいいその態度は、芸能にたずさわる者の亀鑑とほめそやさぬ者はなしか？　大阪港高校音楽部を出て、刻苦勉励よく、今日の地位を保てるはなによりの証拠であろう。

ニツクネーム　婦人会長

● **谷　道夫**（たにみちお）（バリトン）
デユーク創立以来のメンバー。近時ますますその容姿に実り豊か（?）なものを見せて、三人の悪童どもをうまくとりさばくサマは、アニその重厚さのためばかりではないと見抜いた。東京で生まれながら、遠く九州は宮崎の学校を出たときくだけで、なにか彼らしくホノボノとしたものが感ぜられるではないか。

ニツクネーム　コロツケ及び
アドバルーン

● **真木野義孝**（まきのよしたか）（バス）
人は見かけによらぬものというが、そのことわざを実証したのが新潟で生まれたこの人間。この痩身からまさかこんな低音がでようとはお釈迦さまでもご存知あるまいと、その意外性をだれよりも承知して鼻をひくつかせホクソえんでいるのがご当人。明大建築科からの横すべり組。

ニツクネーム　与太郎もしくは
殿様ガエル

# 与太郎

池田　豊和作詩
広瀬健次郎作曲

隣の横丁の与太郎さん
間ぬけで　のろまで　お人よし
おつむの弱いが　玉にきず
すること　なすこと　どこかが狂う
けれどもなんだか　にくめない
隣の横丁の与太郎さん
与太郎　与太郎　与太郎
与太郎　与太郎
与太郎　与太郎　与太郎　与太郎
与太郎　与太郎
　御隠居「呼ばれたら返事しねえか
　与太郎「なんだ」
与太郎や　与太郎や　いい年をして
いつまでも　遊んでいないで
何か仕事はじめたら　始めたら
もつともだ　もつともだ

猫のひげばかり抜かないで
何か仕事を始めたら
八つあんや　熊さんや
このなまけものの与太郎を　仂かせる
いい　智恵はないものか　ないものか
もつともだ　もつともだ
ずうたいばかり　でつかくて
何か仕事はないものか

一つあるんだ与太郎に
ぴつたりむいてるこの仕事
魚屋だ　魚屋だ　魚屋　魚屋　魚屋だ
　御隠居「どうして、また、この与太郎
　に　魚屋がむいているんだい」
うすのろの　この与太郎
金魚鉢に手をいれて
金魚をとるのが　うめえんだ
　御隠居「冗談じやないよ」

与太郎　与太郎　与太郎
与太郎　与太郎
与太郎　与太郎　与太郎　与太郎
与太郎　与太郎
　御隠居「呼ばれたら返事しねえか」
　与太郎「ああ」

しるしばんてん　ねじりはちまき
道具箱　肩にして　大工姿の与太郎さん
いきな姿の与太郎さん
日の出の太陽いただいて
夕べの星を背にうけて
仂きものの与太郎さん
転ぶんじやないよ　与太郎さん
けれど何だか心配御隠居さん
ある日与太郎呼びつけて
台所の戸棚をつくらせた
汗をふきふき与太郎さん
朝から夜までかかりきり
やつと棚をつりました

やつと棚をつりました
感心　つかの間　御隠居さん
つつた棚がおつこつて
血相かえてどなりこみ
　御隠居「何だ与太郎　お前が一日がか
　りでつくつた棚がもう　おつこつたじ
　やねえか」
与太郎「棚の上になにかのけつただろ
う」
　御隠居「あたりめえよ」
与太郎　与太郎　与太郎
与太郎　与太郎
与太郎　与太郎　与太郎　与太郎
与太郎　与太郎
　御隠居「いいかげんに返事したらどう
　だ」
　与太郎「よかろう」

## デユークとともに歌いましよう

# おさななじみ

永　六輔　作詩
中村八大　作曲

4. にきびのなかに顔がある
毎朝鏡とにらめつこ
セーラー服がよく似合う
きみが他人に見えたつけ

5. 出すあてなしのラブレター
書いて何度も読み返し
あなたのイニシヤルなんとなく
書いてやぶいて捨てたつけ

6. 学校出てからひさしぶり
ばつたりあつたら二人とも
アベツクどうしのすれちがい
ねむれなかつた夜だつけ

7. あくる日あなたに電話して
食事をしたいと言つた時
急にかんじた胸さわぎ
心のきりがはれたつけ

8. その日のうちのプロポーズ
その夜のうちのくちづけは
おさななじみのしあわせに
かおるレモンの味だつけ

9. あれから二年目ぼく達は
若い陽気なパパとママ
それから四年目おさなごは
おててつないでようちえん

10. おさななじみのおもいでは
あおいレモンの味がする
愛のしるしのいとしごは
遠い昔の君とぼく

## ■楽団の紹介■

ピアノ　真木利一
ギター　長井利夫
ドラム　中坂寿夫
ベース　福島正利

リーダーの真木利一は故レオニード・クロイツアー教授の薫陶を受け幼少の頃よりピアノ一途に邁進、十五才の時大阪朝日会館に於てリサイタルを開き、楽壇にデビュー、以来長年に亘る錬磨とその天与の才はすぐれた技倆と共に彼を第一線ピアニストとして安定した地位を保たしめている。

東京、大阪でのリサイタル、又オーケストラ等に度々客演しその数々の演奏の中でも、ショパンアーベントなどを開きショパン演奏者として特に定評を博している。

一九六〇年ピアノカルテットを結成、ジャズピアニストとしてその活動分野を拡大し、以来四年間独自の境地を開拓、クラシツクピアニストとしては勿論、ジャズピアニストとしても幅広い演奏活動を続けている。

ピアノカルテツトのレパートリーは、モダンジャズ、スタンダード・ジャズ、ラテン、ポピユラーと幅広いものを持つている。

デユーク・エイセスとは一昨年来各地労音のステージで共演し、その非常に呼吸の合つた演奏は、その楽しさと共に各地で大変な好評を博している。

税金講座<3>

# 勤労者には フォルティッシモ

## ―― 調子はずれコーラスの指揮棒ひとふり ――

税制経営研究所　森山拓男

音痴コーラスのM君は「わかものよ」のうたが大好きです。多少は調子はずれであつても「……ささえられる日がいつかはくる」までは気持ちよく歌つていけるのだけれど、つぎの「その日のために」が高すぎて音（?）にならない。そこで、いつでも一オクターブさげて歌うことにしています。ちなみに、M君はなかまたちから「エレベーター音痴」という〝あだ名〟と特権?を得ました。

「エレベーター」であれ、調子はずれであれ、M君のように天真爛漫に大声をハリ上げるからこそ、みんなにわかるのですが、「税金」のように音の出ないものは、高くあるべきところで低かつたり、調子はずれにとられたりしていてもなかなかわかりにくいものです。

税金の仕組みは、音楽と同じように、いろんな要素が複雑に組み合わされていますが、音楽でいえば幹音であるハ調にあたるものが、所得税だといえるでしょう。そして、ドレミファ……と音階があがるにつれて音が高くなるように、所得税のばあいも、所得金額が上がるにつれて税金が高くなる仕組みになつています。

そして、ピアノ、ヴァイオリンなど楽器の種類はちがつても、楽譜が同じならば音色こそちがえ同じ音階を奏でるように、所得にも配当、利子や給料のように種類のちがいはあつても、所得金額が同じなら同じ税額になるべきはずのものです。

さて、現実にはどんな音が出てくるか……。ド・ミ・ソ・ドにあたる所得額で種類別に音（税額）を出してみたのが、次の表です。

**所得の種類別にみた税額（39年分）**

| | 30万円（独身） | 50万円（夫婦） | 70万円（夫婦子3人） | 100万円（同左） | 500万円（同左） |
|---|---|---|---|---|---|
| (1)給与所得 | 8・800円 | 14・600円 | 20・850円 | 65・000円 | 1・477・990円 |
| (2)事業所得 | 16・200 | 28・950 | 39・750 | 92・000 | 1・538・740 |
| (3)配当所得 | 0 | 0 | 0 | 0 | 788・740 |
| (4)譲渡所得 | 0 | 0 | 0 | 5・680 | 497・885 |
| (5)山林所得 | 0 | 9・800 | 15・600 | 39・200 | 733・750 |
| (6)利子所得 | 15・000 | 25・000 | 35・000 | 50・000 | 2・500・000 |

（注）社会保険料、生命保険料は計算上省略

ここで、(1)**給与所得**とは、みなさん勤労者の給料、賃金のことで、(2)**事業所得**とは、中小商工業者、農漁民や芸能人、作家、自由業者のもの、(3)**配当所得**は株式の配当、(4)**譲渡所得**は土地、家屋などの資産を売つた儲け、(5)**山林所得**は山林（立木）を売つた利益、(6)**利子所得**は銀行等へ預けてある預金の利子、ということです。

さて、(1)と(2)の所得は、一般的に、はたらいて得た収入ですが、これらは規則正しい音を出しているのに、寝転んでいても儲かる(3)、(4)、(5)などの資産家の所得は、ウルトラ・バス（?）のように音になるかならないかという状態です。(6)は低音部では目立つていますが、源泉分離課税という特例で、どこまで音階が上がつても同じ5%の音しか出さないため高くなるほど音が小さくなつています。

これで合唱をはじめたら、マジメにうたわされている(1)と(2)の人たちは憤慨するはずですが、音になつていないために**気づかない仲間が多いのはなんとも残念です。**

コーラスに調和されたハーモニーの美しさがかんじんなように、税金の面でも「課税公平の原則」があります。そして、バス、テナー、アルト、ソプラノなど、各パートのうけもちがあるように、(1)勤労所得に軽く、資産（不労）所得に重く、(2)貧乏人に低く、大金持に重く、税金を分担するのが民主的で公平な課税だとされています。

**いまの税金の仕組みは**、別表のように大金持などの所得にはさまざまな特例があつて、「エレベーター音痴」や「ウルトラ・バス」が認められている反面、(1)・(2)の所得には政府当局の指揮棒が「フォルティッシモ」に振りおろされているのです。

その指揮棒の一振りが労音などへの税金攻勢となつて現われたといえるのです。

（つづく）

# ひろば

■ひろばはあなたのページです
例会の感想、グループのこと
どんなことでもみんなで出し
合いましょう

## 「九、十月例会に出席して」

「わらび座」が、労音例会で中津川へ来るという、その知らせを聞いたのは、二ケ月程前だつたろうか、私は思わず、「ホント！」と大声をあげたものである。二年前、わらび座公演を観て以来、すつかりファンになつていたのです。その「わらび座」公演が、今日、愈々行われるのである。予定より十分遅れて、六時四十分、開演された。〃大躍進〃〃祖国をうたおう〃〃腰鼓〃等々……力強い動き、その手に、その足に、その体に、力一杯の力をこめて舞うその姿に、そして祖国をうたう合唱の一人々々の晴々しい笑顔に、私の目には、いつか涙がうかんでいた。ふと私は何の涙を流しているのだろうかと不思議な気がした。何に感激しているのだろうか――。おぼろげながら私は私なりに分析してみた。

私達は毎日の生活の中で、つい自分というもの、最も身近なものであり、最も大切なものであるこの〃自分〃を忘れがちである。毎日がただうわべだけ平穏に過ぎていけばいい。さわらぬ神にたたりなしという、あたらずさわらずのことを言い、行い、過ぎていく、それが人生だと考えている人が多いのではないかと思う。しかしそれでよいと思つている人は少ないと思う。私のようにこれではいけない、いけないと思いながらも自分の意志の弱さから、あるいは消極的な気持からそのまま毎日を送つている人が案外多いのではなかろうか。そんな私達の眠つている心を呼びさましてくれた〃わらび座〃の公演。私達の言いたかつたこと、私達はこうでなければならないというその気持を〃わらび座〃の人達は、歌と踊りで表現し、呼びかけてくれた。そこに私達の涙を流す程の感激が生まれてきたのではなかろうか。今もこうしているとあの舞台一杯に活躍していた座員の方たちの力強い動きとほほえみとが浮かんでくる。そして座員皆が、ガッチリと一つに組んでウロウロしている私達に「しつかりしろよ！」と叫んでいるような気がしてならない。公演が終つて帰途、二年前の方がよかつたと言つていた人がいた。どんな点で以前の方がよかつたのか聞かなかつたけれど、そう言われてみれば、そんな気もするナと思わないでもない。以前よりいわゆる〃泥くささ〃とかいうものが、少なくなつていたような気がしたせいかもしれない。これは単なる私の思い過しかもしれないけれど――。いつまでもいい意味での泥くさい素朴なわらび座であつてほしい。そしてとかく浸害され易い私達の心の支えとして私達に呼びかけてくれる彼等であつてほしい。私は今、とても嬉しいのである。すばらしい仲間がこんなに沢山いたことを知つて。舞台と客席とが、しつくりと一つにとけ合つた例会でした。私はこの九十月例会に手の痛くなる程の拍手を惜しみません。

これからも私達の手で良い例会が行えるよう努力していきたい、心からそう思いつつペンを置きます。

〈坂下支部一会員〉

## 声 声 声

▼ドタ〳〵と忙しくやるのが「わらび」の良いところだと思いますが、全国には未だ未だ静かで味のある民謡もある事と思います。この次はそうしたものを願いたい。

▼歌、踊り共に近代化され、昔ながらの素朴な味がだん〳〵とうすれていくような気がするが、今回の公演がつまらなかつたというのではありません。大へんすばらしいものでした。ただ何となく物足らない感じでした。

▼座談会に出席したかつたが、残念ながら寒くて歯が合わなかつたので失礼しました。役員の方達、本当に御苦労様でした。

▼うずもれかかつている歌や踊りをほりおこすという事で、新しいものだけをくみあわせるのでなく、「あゝあの踊りはいつ見てもいいなあ」と言われるような取り上げ方も大切ではないかしら。

▼朝鮮にはあんな踊りがあるんですネー。又日本にもあんな変つたお祭りがあるんですね。沖縄や大島の歌はいいもんですネ。流暢です。

▼出来るだけ土曜日曜を除いて、平日にやつてもらいたい。（付知から通勤しているので）

▼バリッとした印象は、中国や朝鮮のものだけど本当の意味で心をうつたのはやはり日本のもの、その点で前回ほど感銘を受けなかつた。

▼六時廿分のバス、通過して乗れず30分遅刻した。いろんな意味でザンネン。

# "わらび座"とのふれあいの中で

## ――わらび座との交流座談会――

例会後約一時間、同じスポーツセンターの会議室で行つた。出席者はわらび座五名（岡倉、林、山田、下野、上田の皆さん）会員は約25名、約20名はわらび座と始めて観た人たちだつた。（中野記）

### 感動的な素晴しい舞台！

◇ とにかく良かつた。感激した。

◇ 私は坂下の者16〜17名で「花の木会」という民謡の集りをやつているが、わらび座はのびのびとやつていて好感が持てて見習う点も多かつた。

◇ 私もやつているが、わらび座の人が伊那へ入つているそうだから、是非私たちも教えてもらいたい。

◇ 高校の演劇部をやつているけど、照明が素晴しいし、それを一人でやつているのはオドロキだつた。又舞台での照明の占める割合が大きい点も感心した。

◇ 楽しく踊つていた良さを感じたが、やはり地元のものも取上げてほしかつた。

◇ 私もすきで祭りばやしをやつているが、なぜ郷土芸能に力を入れるかがはつきりつかめない。好きで始めたものの、そのうちにそうしたことを考える。

◇ 私は恵那市で「こぶしの会」という演劇サークルをやつているが、その基礎はこの前のわらび座公演によつて出来た好きだからやつてゆくという程度だが。

◇ 今夜は感動した。中国、朝鮮、ベトナムの斗いの姿を目でわかつたし、日本での農民の斗いのあともよくわかつた。

▼ 〈**わらび座**〉 サークルのことはいろ〱違うので、仲々一口にうまく言えないが、秋田のわらびの研究所へは全国から泊りがけでやつて来て、話合つたり唄つたりしているので一度ぜひ来てほしい。そうすればもつとそれらの疑問に答えられると思う。

◇ わらびのオルグの人にもつといろいろ教わりたいが、公演の前後だけ廻るのか？

▼ 〈**わらび座**〉 大体そうだ。さつきも言つたように研究所で一緒に教えたり教えられたりしているが、そういう形と共にもう一つは、労音を中心にして民謡の掘り起しや発展をやつているので、そういう経験の交流をやるといいと思う。たとえば東海労音では一月に東北民謡を例会に取上げている。

### 労音を中心に民謡の掘りおこしを

◇ 最近は特に忙しかつたり、歌つたり踊つたりする条件が少くなつて来ている。

◇ ボクは今度、わらびのオルグと一緒にサークルに入つたが、これ迄文化サークルの存在が仲々わからなかつたけれどこの公演を通じてだん〱わかり、目覚めて来たことは非常によかつた。

◇ わらび座例会では市内より周辺地域の方が関心が高まり、活動が活発になつて来ている。

▼ 〈**わらび座**〉 皆さんが郷土の伝統芸術を掘りおこすことがなみ大抵でないことは、わらび座も同じだと思う。何度か危機を迎えるだろう。大変なことはわかるが。何をやるかということで一人一人の考えを一つにまとめてゆくことが大切だし、それは作品をやつてゆく中で作られてゆく場合もあるだろう。また一つ〱のサークルだけでは弱いので、労音やうたごえ等を通じたりわらび座と一緒にやつてゆく方向をとつたらいいのではないか、この二つを重点に考えたら……と思う。

▼ ここへ来る前、中津川の労音は素晴しいと聞いていたが、実際具体的に話を聞いて感心した。伝統芸術掘りおこしを言つていても全国的にも実際には案外やられていない。だからそれだけにぶつかる問題も多い。それはそれだけ素晴しい労音だと言える。周辺地域でわらび座に関心が高いのも、それは農民を取上げたものが多いのだから、むしろ当然なのではないか。ここは市内の労働者と周辺の農民が一緒になつてやつている感じがした。ここならわらび座のやれないものをやれる可能性があると思う。

### 将来は歌舞劇でわかりやすく

◇ 斗いの中で生れた民謡ももう少し具体的に出て来るともつとよくわかる。このままだとただの民謡だと受取られないか。

◇ プログラムを作る時にもつと資料を提供してもらつて、民謡の背景や中味をもつとくわしく皆んなに知らせる必要があるし、馴染みのない風俗や労働が多いのでよくわからない面も出てくる。

◇ 「なまはげ」の中でオニが世間話をしたが、あの雰囲気は本当に良かつた。こうしたものを知る機会が少いので、やはりもつと機会を多くしてほしい、資料もよく知りたい。

▼ 〈**わらび座**〉 将来の方向としては歌舞劇を考えているので、今言われたこともその中でやつてゆきたい。又私たちはうたごえや音楽の専門家とも協力して技術的な面も高めるよう努めている。

▼ いろんな問題が出されたけど、やはり労音やうたごえやいろいろなサークルと一緒に研究したり、わらび座の研究所に来てもらつたり、オルグにやつて来たりして、それを次第に結集してゆくことが、日本の伝統芸術、民族文化を発展させるカギだと思うので、これからもお互いに一生懸命頑張つてゆきましよう。

### 《編集後記》

恵那山が冬を呼んでいます。でも労音運動の暖かい火は、ますます燃えひろがることでしよう。

機関誌づくりに自信のある人、ない人、大勢運営委員として参加してください。

# 中津川労音

1965'1 No.12

中津川勤労者音楽協議会ニュース　編集／情宣部　事務局／中津川市東労会議内

## "一千名会員によってすばらしい例会を"

## 抱負を新たに前進しよう

中津川労音も、新春と共に今年で満二才になります。

岐阜県下で岐阜労音に次いで二番目に誕生した中津川労音の今までの歩みを、先ずみんなで心から祝いたいと思います

ここで私たちは、私たちの労音のできた当時のことを想い出さずにはおられません。

その頃、中津川では、勤労者自身の音楽文化への要求が解決される場所があまりにも少なすぎました。年に一度か二度あるかなしかの与えられる音楽会に出席し、自分のレコードを聞くのが精一ぱいで、それが出来ればまだいい方でした。しかし、レコードではあきたらず、その頃、名古屋や岐阜でやつていたのと同じような、私達勤労者で組織された音楽の鑑賞団体を作つて、生の音楽を聴こうと活動が始められました。

自分達で勤務のかたわら、夜の十時ある時は十二時過ぎまでかかつて、ポスターをつくり、機関誌をつくり、会合をもつては、このことをみんなに呼びかけました。

こうしてこれに賛同する人達が活動に参加し、六百余名の人が集まりました。そこでみんなで任務を分担し合い、照明や、器具も、放送設備もない中津南校の講堂で、椅子をガタガタいわせながら、第一回目の例会が、芦野宏さんのリサイタルで行なわれたのは、今から二年前の十月のことです。

この時の私達のよろこびは、このつたない文章では表現出来ない程、大きなものでありました。会場の後片付けも終り音楽会をつくり、自分たちで聴くよろこびをはじめて味わつた感激に胸ふくらませながら、楽しくて、嬉しくてしかたがなく、目頭にジーンとくる熱いものを押えながら帰つた事を忘れることが出来ません。

この喜こびを自分たちだけのものにするのでなく、もつと多くの人々にわかち合つていこうと、新しい仲間への呼びかけの活動がなされました。

しかしダークの例会のような例会はあつても、それ以外の例会は発足以来の七百名から八百名の線でのびなやんでいます。

また例会づくりに追われて、ただ目の前の仕事を片付けるために仕事が一部の人達にかかつて苦しめたこともありました。

こうしたなかで、私たちは段々と労音運動の正しいあり方について知つて来ました。地域的にみても中津市内から岩村恵那、蛭川、坂下、北恵那沿線と組織もひろがり、それぞれに支部やサークルが出来て活動をはじめています。また営林署の仲間は恵那山から例会に参加しています。川上村の仲間は例会終了後はおそくて帰れないので、サークル代表者が自分の家を開放して泊らせたこともありました。

私達は活動するなかで労音は自分のものであり、会員のものであるという実感をもち、サークル活動を重視し、例会は会員の希望で実現させていくのだということがわかりかけて来ています。

このような経過の上にたつて、これからの私達は、サークルがもつといきいきした人間のあつまりになるように、更に深い討議と活動を必要とします。

豊かな音楽を正しく聴くことによつて美しい人間に育ち、又豊かな人間によつて素晴らしい音楽が創造されるという循環作用が私達の例会とサークルの間でつくられることが必要です。

私達が労音の活動内容を理解し、みんなで取り組みを進めるならば、任務分担も明確にされるでしょうし、労音事務所も独立してもうけ、その上専従の事務員も出来ることでしょう。こうしたことを進める一方、もつと多くの人々に労音への参加を呼びかけ、本年中には「一千名会員」になれるよう、今からみんなで頑張ろうではありませんか。

# 楽しかったディキシー例会

## 名古屋例会に参加して

去る十二月二十日、中津川労音有志十一名は、名古屋労音十二月例会（C）に参加しました。例会は「ディキシー。ジャズの根つ子」会場は名古屋市公会堂。わが中津川労音も、一・二月例会としてこれを取り上げ、すばらしい例会にしたいものだと思つて、研究かたがた参加したのです。どんなプログラムだろうか、どんな照明だろうか、出演者の意図はどのようなものだろうか、等々、各自が目的を持つて会場入りしました。

それらの目的は、残念ながら一つもはたせなかつたのです。研究どころの話ではありませんでした。二時間半にわたる上演が終つて、十一名が廊下で顔を会わせたとき、みんな口々に

「知らず知らず手をたたいていたわ」

「やつぱしナマ演奏にかぎるなあ。久方ぶりに、コーフンしちやつた」

「よかつたデス。ブルースがよかつたデス。なんとなしに、黒人の心がわかつたようデス。ほんとによかつたデス」

と、わめくばかりです。ミイラ取りがミイラになつたとは、このことです。全員が、ディキシー、ランドジャズに圧倒されてしまつたのです。もう中津川労音での取り上げ方なぞは、どうでもいい、とさえ考えているようでした。

何がそんなによかつたのか、説明しよう。出演者は

○薗田憲一とディキシーキングス

この楽団は、テレビラジオ等にはあまり顔を出してはいませんが、各地の労音本当のジャズファン、専門家から高い評価を受けています。トロンボーを演奏する薗田憲一をリーダに、ピアノ、バンジヨー（ギターとマンドリンを合わせたような楽器、非常に演奏がむつかしいといわれている。ディキシーランドジャズにはかかすことができない）、トランペット、トロンボーン、ベース、ドラム、それに、テユーバ（どんなものか、中津川労音例会までのお楽しみ）の八名で、楽しいジャズから民謡、童謡まで、手広く演奏します。赤い上着に、カンカン帽というスタイル。音も、いい音を出す芸達者ばかりです。

○永田清司

ブキ、ウギピアノの演奏では、日本一の人。コーラスのコーチをしたり、若いジャズメンの指導をしたり、作曲、編曲もする。ヤサシイおじさま。日本各地に古くから伝わる民族文化、特に、古謡、民謡、わらべうた、について深い関心を持つていて、最近ではそれらとジャズとの結びついた作品を発表している。水島早苗さんの御主人。

○水島早苗

ジャズシンガーの第一人者。日本のジャズを語るとき、この人をのぞいては語れないといわれる程の人。福々しく、体重が少々多いにもかかわらず、とても身軽に舞台でハツスルするオバサマ。労音活動に対しても、あたたかい理解を持つていて下さる。三十五年も前から歌つているのに「最近どうやらジャズがわかるようになりました」と語つてくれましたが、それにつけても、このごろの若い歌手たちは……。

○サイラス、モズレー

国際キリスト教大学の英語の先生。日本に居る黒人として、又、独特の哲学的解釈でジャズを歌う。黒人としては、最高の教育を受けた人なのですが、やはりその心の底には、黒人としての悲しみや悩みを抱いていると、いわれます。黒人の心から発生したジャズ、それを我々にしみじみと感動させる、本格的な歌い手にふさわしいといえましょう。

○水戸労音会員

アメリカの音楽に、日本の太鼓が参加しているのです。そして、その太鼓を、我々と同じ労音の会員がたたいているのです。というのは、後に記すように、永田清司氏が、水戸近辺、特に、霞ケ浦、のあたりに古くから伝わる「まつりばやし」「ばかばやし」に想を得て「ジャズ」と「日本民謡」の結合をはかられ、これを「葦と共に」という曲名によるジャズで書かれた作品に仕上げられたのです。その「葦と共に」の中で、井川、小久保両水戸労音会員による「日本の太鼓」が、ディキシーキングスの演奏をバックに、堂々と力強くたたかれているのです。労音の会員、その一人はまだ高校生なのですが、わざわざ名古屋までやつて来たのです。

目で見て感動したものを、文字で伝えようとしても、それは一寸不可能です。しかし、どんな点に感動したかを、伝えずにはおられません。勿論、名古屋例会

と同じものが、中津川例会で演奏されるとは思いませんが、しかし、あの、名古屋例会に参加した人たち全員が感じ取つた感動を、必らずや、中津川労音の会員真に音楽を愛好する人々、そして老いも若きも、皆が、受けとるでしよう。このことは、確信を持つて云えます。

名古屋例会のプログラムは、三部に分かれていました。

第一部　ディキシーで手拍手を

ディキシーキングスの演奏を中心に、その楽しさ、明るさ、素直さ、そしてその底にある黒人の生活の悲しみを、チョツピリとのぞかせながらの第一部です。ディキシーランドジャズが、本当はどんなものであるのかわからなかつた、我々は、一聞して騒々しいけれども、「これはニセ物ではないぞ」と思いました。曲名はあまり知りませんでしたけれども、つい手拍手を（やはりそのテーマのごとく）とりたくなつてしまいました。ディキシーキングスの楽団員の、オリジナル作品も、二曲ばかり披露されましたが、これも又、なじみ易いものでした。中津川例会のときには、内容を少し変えるとのお話でした。これは、都会と異なつて地方だからというのではなく、まつたくの構成上の問題だとのことです。たとえディキシーランドジャズの名さえも聞いたことのない人でも、この第一部の早々から、きつとそのトリコになつてしまわれるでしよう。

[illegible]部　何がジャズを生んだか

いよいよこの例会企画の見せ場です。これこそ労音でなければ聞けないものです。そのテーマに現われているように、我々が一口に「ジャズ」「ジャズ」といつている、そのジャズが、いつごろ、どこから、だれたちから、どのようにして発生したのか、それを、楽しさのうちに考えさせるものでした。「ジャズ」の流れが本当によくわかりました。

そして、黒人問題について、我々日本人が、どれだけ理解しているのか、と考えこまざるをえませんでした。ここに、「ジャズ」と「黒人」のまつたくの「切り離せないもの」を感じとりました。

第三部　葦と共に

水戸地方に古くから伝わる「民謡」「おはやし」「神楽」などにその主題、旋律を求めて、永田清司氏が作曲された作品です。日本の音楽とジャズとの結合がここにあります。バンジョーを三味線の音色のように使つて、又、ディキシーキングスの音が「外国の曲ではなくて日本の曲なんだな」と感じさせるほど、すぐれたものでした。この作品の中に、太鼓をたたいているが、（太鼓であつて、ドラムではない）水戸労音会員の井川、小久保の両君です。

労音会員と専門家とが、みごとなアンサンブルを作り上げていたことが、会場に「労音ならでは」というような感動をよんでいました。明日の日本の音楽を作り上げるために「葦と共に」に於てこころみられたことは、もつともつと、今後おし進められてゆかなけ[illegible]ばならないでしよう。

例会が終つた後、会場で二月に、「ディキシーキングス」をとり上げる、労音の見学者が集まつて、出演者との話し合いが持たれました。その席上でも

○「ジャズ」なんて騒々しいだけだと思つていたのに、こんなにも感動したとは、われながらおどろいた。

○サイラス、モズレー氏の、心の奥底から湧き出る迫力のある声に、完全に魅せられた。

○気どらないディキシーは楽しい。

○今まで、暗いものだとばかり思つていた黒人の歌の中に、明るく燃えあがる「炎」を感じた。とてもすばらしかつた。

○会場の雰囲気を変えてしまう、水島さんの楽しい唄い振り、身軽な動き、には感心しました。

○水戸労音の二会員が、遠いところからわざわざ名古屋まで来てくれたことをありがたいと思います。

等々の評が出され、これらに対する、出演者のお礼の言葉がかえされました。

四人の中津川会員が旅舘に、出演者を訪ねたのは、ぜひ一度、お話しを親しく聞きたい、と思つたからです。小さな旅舘の一室に親切にまねき入れて下さつて色々と音楽のこと、労音のこと、黒人のこと、中津川地方の民謡のこと、などを話していただきました。

最後に、永田清司氏が

「中津川労音の例会で、多くの会員の皆さんにお会いしたい。我々は、自信を持つて、例会に出演させていただく皆さんによろしくお伝え下さい」

と、おつしやつていました。

## サークル便り

こんにちは！

私達は恵那郡岩村町のある小さな労音サークルの一つで「わらびグループ」っていう名前のサークル員です。

この間は素晴らしいコーラス、グループ「デューク、エイセス」の例会に参加して最高に御満悦だつたの、でも会場準備から受付、照明と例会を成功させるための運営委員の方の御苦労は大変なものであつたろうと思います。感謝するわ。

そこで私達「わらびグループ」では、ただ例会に参加するだけでは無意味と、例会三日後にサークルの会合をもち、デュークのことを話し合つたのです。集つたのは、わずか十人たらずでしたが、その時の模様を概略報告しますと、

まず最初に、これは当然であることがなかなか当然でない昨今、デュークの四人とバンドの人達が本当に熱演してくれたことです。とかく小さな山間都市ともなれば軽視されがちですが、さすが労音の例会だと嬉しく思いました。

次にあまりにも横文字の歌が多く、ややとっつきにくかつたということです。広く一般に普及しているものをと思います。しかし最後のアンコール曲、最高の感激でした。

三番目にデュークの特徴は一体なんだろうということがはつきりしませんでした。デュークでなければならないもの、それをもつと出してほしいと思いました。歌唱指導とてもよかつた。これからも続けてほしいわ。落語からの与太郎など新しい企画で若い私達に明かるい夢をもたせてくれてありがとう。これからも頑張つてね。

以上のような話し合いでしたが、何よりも私達の心の奥にいつまでも、ほのぼのとしたものを感じさせてくれて本当によかつたと思います。では次の例会を楽しみにサークル便りを終ります。

## デューク・エイセス 例会を聞いて——

◇ジャズは始めて聴いたが、ドライボンが面白い。やはりジャズは手拍手とり足をふみならして聴くもの——。

◇ベースマン、聖者の行進等聞きなれた曲だが、やはりナマは別の楽しさ、一番の印象は、夜のブルース。定刻開演はいい。これからも中津時間を追放してやつてほしい。又皆んなも時間厳守しよう

◇回を重ねる毎に労音の良さが味わえる。欲を言えば毎月一回、せめて三ケ月に二回は聞きたい。会費は惜しくない。

◇ダークダックスより楽しかつた。デュークの肌ざわり……て悪くないネ。

◇第一部のジャズの歴史が一番良かつたが、もつと黒人霊歌が聞きたかつた。バンド、特にピアノが意外にうまかつたが、未だ会場と舞台が一つにとけ合うまでになってない。拍手も少い。もつと皆んなで雰囲気を作る気分が必要だ。

◇うちのカアちゃんにうまれた。二回公演なら交替で聞けるから、子供をかかえたカアちゃん達のために、会員を増やして二回公演にしてほしい。

## …私たちの労音へ…

▼もう少し早く始めてほしい。五時半頃からがいい。スポーツセンターは遠すぎる。いつも東校でやつてほしい。

▼会場ですが、もうそろ〳〵具体的活動で取組んでは如何？ 又映画、演劇の方もお願いします。それから坂本スミ子を是非一度……。

▼良い音楽を鑑賞するには、安い会費では虫が良過ぎる。追加会費などせず毎月の会費を上げてもよい。又たまにはレコードコンサートもいいと思う。

〈運営委員よりお答え〉

御意見感謝します。会場問題は私たちの最も頭の痛いことです。やはり他の都市のように市民会舘を建設してもらうことです。是非市への請願運動を取組みたいと考えています。又開演時間は職場の終業時間との関係もあるので一度調査して種々検討する予定です。会費については大切な問題ですので、それ〴〵サークルで話合つてみて下さい。たゞ会員が増えればそれだけ各人の負担が少くて済みますので、何よりも会員を一人でも増やしてゆきましょう。

若さをハッスルさせよう
なかまと一しょに楽しもう

**スケート交流会**

とき 2月中旬　ところ 保古湖
〈くわしくは後日通知します〉

**中津川上映をみんなで成功させよう**

総天然色＼ニッポンスコープ
社会主義朝鮮の記録映画

国民文化会議特選
A・A 映画祭 受賞
**チョンリマ** 千里馬

廃虚の中から羽ばたく不死鳥のようなたくましい青春の国の姿をみごとにとらえて感動を呼ぶ……!!

# 中津川労音

1965'2 No.13

中津川勤労者音楽協議会機関誌　編集＼情宣部　事務局＼中津川市東労会議内T⑤2878

## 1・2月例会

黒人の心をリズムに

# 薗田憲一とディキシーキングズ

水島早苗／サイラス・モズレー

# あなたのお友だちを労音に誘いましょう！

### ◆だれでも入会できます

あなたを含め３人以上の仲間を誘ってください。３人以上集まらなくても、将来サークルを作ることを前提にして、1〜2人でも入会できます。

### ◆入会金は 100円 です

すでに、あなたの職場や地域にサークルがあるときは、その代表に申し込んでください。どなたでも、いつからでも入会できます。

### ◆入会すると

労音の例会に参加し、またホークダンス、レコードコンサート、座談会ハイキング、友好祭など楽しいつどいを自分たちで企画し参加します。

また会員には機関誌、ニュース、会員券が配られます。

### ◆会費は

月額 150円 が基本会費で、その中には、例会参加費、機関誌、ニュース会員券、ホーク・ダンス、レコード・コンサートその他の会合の費用、労音の運営費など、一さいの費用を含んでいます。

よい音楽が安く聞けるのは、会員自身が運営しているので利潤など考える必要がないからです。

会員制ですから、会員でなければ例会に参加できません。不特定多数の人に入場券を売る一般興行とは、はっきりちがいます。

### ―これからの例会予定―

▷3・4月例会
坂本スミ子

▷５月例会
五十嵐喜芳

▷6・7月例会
東京キューバンボーイズ

▷8・9月例会
中央合唱団

▷10・11月例会
エドアルド・フアルー

## 中津川市にも文化会館を

### 例会をもっとすばらしくするために

例会のたびにだれもが思うこと――それは「よい会場がほしい」ということです。

中津川市には現在、会場としては、スポーツ・センターがありますが、あくまでもスポーツのための施設で音響の悪るさと広さなど演劇はもちろん、音楽の鑑賞も不可能といえます。また会場としてはあまりにも不便であり、例会場としてはほとんど使えないありさまです。「よい音を」「たのしい例会を」という私たち中津川労音も会場がないばかりに例会が開けないということになりかねないのが現在の状態です。

多治見には立派な文化会館があります。また瑞浪にも近くできるそうです。この中津川市に文化センターがないということは、文化都市中津川市としては、なんともなさけないことだと思います。

他の文化団体や婦人団体などに呼びかけて、、市民の文化センターをつくってもらうよう市へ強力に要望していく運動を早急に行っていきたいと思います。

## 中部地区 他労音二月例会予定

名古屋　A平井丈一郎　B友竹正則と真理ヨシコ　Cザ・ピーナツ
岐阜　A坂本博士と真理ヨシコ　Bディキシーキングス
岡崎　A坂本博士と真理ヨシコ　B鹿内タカシ
四日市　A白樺合唱団　Bディキシーキングス
津　A白樺合唱団　B鹿内タカシ
松阪　鹿内タカシ
伊勢　鹿内タカシ
上野　ディキシーキングス
西尾　ディキシーキングス

これら他労音でも、労音独自の企画に基ずき、充実した例会をどんどん開らいています。百万人労音建設を目ざす全国の各地にちらばる、百六十労音でも、すばらしい内容の例会が開らかれています。わが中津川労音も、今年こそ「一千名会員」によって、「すばらしい例会」を持ち続けるように、前進しようではありませんか。

「サークルの仲間をふやそう！」
「労音の姿を多くの人に知らせよう！」
「千名会員によってすばらしい例会を！」

# 労働と生活のリズム
# ジャズの魅力をいっぱい！
## 〝薗田憲一とディキシーキングス〟

ディキシーランドジャズにすつかりほれこんだメンバーで、昭和三十五年十一月に結成された。まとまりのある、アンサンブルと個性のあるこのバンドは、全員が、独奏でもよし、歌つてもよし、踊つてもよしという芸達者ばかりです。ジャズ界だけでなしに、広くの方面から（勿論、労音もふくめて）注目されているのも、そんなわけからでしよう。

ディキシーキングスの魅力は、個々のプレイヤーの独奏もすばらしいけれどもそれよりもむしろ、ディキシーランドジャズだけが持つ、集団即興演奏のすばらしさにあります。

正確な力強い、ビートをきかせるリズムにのつたメロディーが、楽器にのつて次々と展開される。そのハーモニーはまことに見事なものです。

サイラス・モズレー

ジャズは、曲によつて沙まるものでなくて、演奏者の力量によつて、いかにジャズにされるか、いかに音楽にされるかそこがむつかしいところだ、といわれています。いかに立派な作品でも、演奏者の実力が低くかつたり、メンバーの息が合わなかつたりしたら、なんにもならないのです。この点、ディキシーキングスは、どんな作品をとり上げても、ジャズにする力を持つた楽団だといえます。

このバンドは、日本では唯一のバンジョー、チューバを持つた八人編成バンドで、ニューオルリンズ・スタイル（初期のジャズ）からモダンなディキシーまでたいへんなレパートリーを持つています。

ここで楽団員を紹介しましよう。

**薗田憲一**　トロンボーン
**薗田祐司**　チューバ
**飴　昭雲**　トランペット
**石川順三**　クラリネット
**宮崎忠一**　バンジョー
**城　英輔**　ベース
**山田昭男**　ドラム
**安間昭夫**　ピアノ

薗田祐司氏は薗田憲一氏の実兄です。なを、城英輔氏は本例会の企画、構成を担当されています。ドラムの山田昭男氏は、今年よりの新メンバーであります。

最後に、リーダー薗田憲一氏のことばをのせておきます。

「楽器を通して自分の心を表現するのにも色々スタイルがあるが、でも「これがオレだよ」とつつみかくさず、ザツクバランに暖かく説得できるのは、ディキシーが一番じやないかなと思う。今でもディキシーを演奏している時、一番生甲斐を感じるし、ディキシーランドジャズをやつて本当に良かつたと思つている」

### 十一・十二月例会のおてつだいごくろうさま

デユーク例会の会場作り、舞台作りに参加されたサークルのみなさん、ごくろうさんでした。楽屋の、ときわ、会場の電通、カリンカ、国鉄、西小、東小、二中、舞台の、夜明け、坂本小、東小、中津商高、中津川工高、受付けの、林野、などのみなさん、ありがとうございました。会場が、小学校の講堂を借りて例会をひらく以上、いすならべを労音会員自身が行なわなくてはならないのが現状です。お手すきの方の協力を、今後ともお願いします。

なを、一、二月例会の会場に持ちこまれた石油ストーブは、労音の各サークルから好意的に貸していただきました。これだけのストーブで充分だとは思いませんが、そのあたりの事情を考えてください。

それにつけても、早く、暖冷房完備の文化会館がほしいものです。全市民的な要求を高めて、早急の実現が望まれます。会員の皆さんも、サークル内での話し合いの中から、この実現えの道をきりひらいて下さい。

## 1·2月例会 プログラム

### 〃ジャズと黒人の唄〃

演　奏／薗田憲一とデイキシーキングス
歌　／水島早苗　サイラス・モズレー
ピアノ／永田清嗣
客　演／井川信度　小久保俊明（水戸労音会員）
司　会／城　英輔

### 第一部　ハロー・キングス

(1)ウオーキング ウイズ ザ キング
(2)キングス パレード
(3)ダーク ナイト
(4)シュガー ブルース
(5)叱られて
(6)お猿のかごや
(7)ダーク アイズ
(8)世界は日の出をまつている
(9)私の青空（水島）
(10)タイガー ラグ

### 第二部　ジャズの根つ子

(1)ハラー（モズレー）
(2)ブルース（水島）
(3)ウオーター ボーイ（モズレー）
(4)綿つみの唄（水島）
(5)コーン ブレッド（水島・モズレー）
(6)ハイソサエティ
(7)メリイランド マイ メリイランド
(8)丘の上の十字架
(9)ジャスト アクローサー ウオーク ウイズ ジイ
(10)バイ ヒズ ワード（水島・モズレー）
(11)アイ フライ アウエイ（モズレー）

### 第三部　葦と共に

# 生活と土の唄

城　英輔

**A**　デイキシーランド・ジャズつて楽しいね。派手な演奏をきいていると、パーツとイメージがわいてくる。伊達な縞のチョツキにカンカン帽、それに陽気なチヤールストン——。

**B**　確かにそうかも知れない。それは今日は一部で見ていただいて、二部は一寸違うんだ。

**A**　ヘエー、すると物騒なギャングが密造酒に舌をしびれさせるころ、FBIがサーツと登場という場面はないんだね。

**B**　そうなんだ。二部は「ディキシーの根つ子」といつた古いものだ。

**A**　するとアフリカまでいくの？

**B**　そんなにいかない。奴隷として連れて来られた黒人の孫かその曽孫あたりからだね。

**A**　それではどんな風に進むの？

×　×

**B**　まずハラーだ。日本語に訳がないんだよ。〽ヘイ女！ヘイ娘！俺の呼ぶ声きこえるか——。

**A**　流行歌の歌詞にそんなのあつたよ。

**B**　まぜかえしちやいけない。空間に孤独を訴える叫びなんだ。〽木曽のな—あ——も似たような要素を持つているね。

**A**　それから……。

**B**　ブルースだ。ブルースもハラーから生れた。

**A**　ブルースつて淡谷調が本来のものでないとは分るんだけど。

**B**　そうなんだよ。だけどブルースは、それだけを取り上げても別の例会が必要な程一言では語りつくせない。

**A**　「死にたくなつた。だから鉄道のレールの上に頭をのせて死んじまうんだ。だけど汽車が来たら、ヒョイと頭どけるんだ」つて有名な詩があるけど、これはブルースといえるね。

**B**　正にその通り。今日は水島早苗が日本語でも歌うそうだ。それから、セントルイスブルースだけれど、昔セントルイスにいた女乞食が、私は夕日を見るのがつらいといつたのがセントルイス・ブルースになつたという事だけど、つぶやきとため息が大声で主張されたのがブルースなんだろうな。

**A**　ふーん。

×　×

**B**　続いて「仕事の唄」だ。仕事をリズムにのせるとはかどるものさ。だからウオーターボーイはメロディーに白人の支配者に対する怒りがある。もう一面は綿つみの唄。明るい学校唱歌みたいなメロディーとリズムが面白い。唄の内容は、世間のうわさ話で、たとえば隣のバアサンは夜中に帰つて来た亭主をしめ出したとかいうのが次々に出てくるのだが、最後の節と歌詞はきまつている。

ボス（白人）は昼からのうのう寝てるが、わしらは日の出から日の入りまで働かなけりやならねんだ

とね——。

**A**　そういう主張を音楽的遺産の中に残した黒人は立派だね。

**B**　そのあと、生活の苦しみを唄つたフオークソング、そしてブラスバンド登場だ。シドニイ・ベシエという人が一八六三年の奴隷解放の日を語つている。

〈新しい歌はブルースでもスピリチュアルでもない又、ラグタイムでもない。然しそれらの全てを一度に表現したものだ。街はブラスバンドが行進し笑いの歌があふれた〉とね。

**A**　最後の曲は？

**B**　これは日本の音楽的遺産にジャズのスピリットをつぎこみ、明日の音楽のための何らかの示唆を与えようとする試みの曲だ。水戸労音会員の井川君らの音楽的情熱があつて始めて出来た曲だ。日本の生活の唄に暖かい理解を!!

税金講座4　みなすの巻

# 「あなたをわたしの女房とみなす」税務署

## みなしたからには問答無用いやなら「差押え」に参上

税制経営研究所　森山拓男

「あなたはわたしの女房とみなす。よって速やかに嫁入りされたい。さもなくばお迎えに参上する」

という失礼な手紙が舞いこんできたとしたら、「トンデモないイタズラ……」と憤慨したり、呆れたりで、まともに応じる女性はまずいないでしょう。やがては、笑い話のタネにされるぐらいがオチです。

だいたい、相手の同意もえないで一方的に宣言しただけで、自分の思うとおりになるとしたら、世の中の秩序もなにもあったものではありません。強引に「お迎え」にきたとしたらこれは掠奪であって民主主義とはあい入れない行為です。

ところが、労音などいわゆる「人格なき社団」にたいして、国税当局は「貴団体は営利会社と同じ法人とみなす。よって法人税を納める義務があるから所定の手続きをとれ」というのです。

こういう「お知らせ」を受けただけで労音が儲けることを目的とした「会社」扱いをされてしまうのではたまったものではありません。だいいち、労音は誰かが儲けるためにつくられたのではなく、儲ける者がいないからこそ〃よい音楽を安く楽しむ〃ことができるわけです。それなのに、労音は営利会社とみなすと、一方的に決めつけるだけで税金をとろうとしているのです。

労音では、このような国税当局の態度を不当だとして「納税義務不存在」の訴訟をつづけているのは当然のことです。

国税当局が、税金を〃とらんかなの精神〃で労音のやっていることをみると、「例会」は「多数人を集めて音楽会をひらく」という状態が同じだから「興行業」である。とにかく労音というサークルの目的がどうあろうとも「収益事業として法律に定められたその状態に属する事業をやっていれば」それは儲けるための収益事業になるんだ、ということになります。

同じように、レコードコンサートに電蓄やレコードを貸し出すのは「物品貸付業」〃ひびき〃を発行しているのは「出版業」だという理屈になり、やることなすこと法律（正確にはその委任を受けた政令）にいう収益事業になってしまう。

早い話が、五十人のサークルが二百円会費で音楽会を楽しみ、出演料等九千円を支出して、サークルの手許に千円残ったとすると、第一には、前回のべたように「会費は入場料だからその一割千円の入場料を納める」第二には「残った千円は儲け（所得）だから三百三十円の法人税を払え」第三には「出演料九千円は報酬料金だから、一割天引きして納める義務がある」ということなのです。

音楽会が、お料理や生花の講習会（技芸教授業）だったとしても同じことです。

しかも、国税当局がみなしたからには問答無用、いやなら「差押えに参上する」という強引さです。

そもそも「収益事業」とか「所得」とかいう概念を、法律上ばく然とさせておいて、国税当局の解釈一つで、どうにでもなるというしくみ自体に最大の問題があります。

憲法では、「法律の定める条件」によらなければ課税はできない、と租税法律主義をうたっていますが、その「法律の定める条件」とは、国税当局や支配者の恣意的な判断や解釈を許さないように、「誰が（納税義務者）どういうものに（課税標準）どれだけの税金を（税率）どうやって納めるか（納税手続）」などが、法律を読めば、誰にでも判るように明確にするために「必要な条件」ということです。

それなのに、政府当局は「法律で決めさえすればどんな税金をとってもいい」というように、租税法律主義をネジ曲げて税収の増加や税金による民主団体や自主的活動への弾圧を図るという傾向をつよめています。

税金の面での政策がファッショ化しようとしているときだけに、労音の税金問題は労音だけの問題ではないのです。

**五月例会決定!!**

五十嵐喜芳

○日本のうた
○ナポリ民謡
○カンツオーネ

整理券の半紙に、例会や出演者、それに事務上の意見、注文を書きこんで、帰りぎわに係まで提出して下さい。

皆さんの作る、皆さんの労音のために。

# 労音坂下支部の誕生

一昨年〝逃げだしたジュピター〟から〝ボニージャックスリサイタル〟〝三角帽子〟などの公演に参加する中で、坂下の仲間はあちこちに仲間を作り労芸会員となつていつた。

幾度かの公演に行く度に会場で、坂下の人をあちこちにみるのみで一同に会したことは一度もなかつた。

そうしたことの一方、坂下では青年婦人の会というもののもとに多くの青年婦人がフォークダンスをしたり、コーラスをしたりして仲間となり、平和友好祭やうたごえ等に積極的な活動をするようになつた。会の中で労芸会員をも知るようになり会自身が労芸に積極性を示して来た。会は要求にもとずいたサークルづくりに主眼をおき、民踊サークル、ギターサークルの結成をみた。

丁度その頃労芸では労音と発展し〝わらび座〟公演が計画されていた。

会は民踊サークルを中心に、労音会員はもちろん、会の仲間を多くさそい参加することになつた。

いつも、公演後汽車の時間まで、相当あるのでその無駄をはぶく為、帰りのバスで一緒に帰ることを計画した。

あちこちにみる坂下の労音会員が顔を合わせたのはこの時からであつた。

これを機会に坂下青年婦人の会の正しい発展の為にもいくつかのグループが一つになり活動を進めようと話し合つた。

バス代は相当高かつた。

しかし、私達は寒い夜空に汽車の時間迄待つよりどれほど楽しく、どれ程有意義であつたか新春そうそう一同に会し、形式的にもはつきり労音坂下支部として坂下の町に楽しいうたごえをまき散らす為頑張ります。

## こんなに年賀状をいただきました

鈴木章治　谷桃子バレエ団　小牧バレエ団　ダークダックス　芦野宏　北村維章　梶本音楽事務所　わらび座　日本コンサート協会　松山バレエ団　雪村いづみ　日本音楽マネージャー協会　渡辺プロダクション　真木利一ピアノカルテット　原信夫とシャープスアンドフラッツ　ボニージャックス　舞鶴労音　名古屋労音　太田労音　宇都宮労音　釜石労音　浜松労音　岡崎労音　四日市労音　小田原労音　士別市労音　十和田労音　帯広労音　東京労音　大阪労音

## 楽しかつたら手をたたこう!!

演奏家にとつて聴取者の拍手が一番のホメ言葉です。楽しかつたら態度でしめしましよう。「数多い拍手は、数多い名演をつくります」

## お知らせとお願い

◆これから先の長期にわたる例会企画のアンケート作戦を、近々始めたいと思います。どんな例会傾向を希望するのかどのような例会内容を持ちたいのか、等々について、会員一人一人の要望をたしかめたいと思います。本来ならば、サークルの中から自然にこのようなことが出てくるのが本当でしようが、組織の完全な確立が出来ていない現今では、運営委員会が中心になつて早急に始めたいと思います。サークルの中で、友人との話合いの中で、自分の要求（どんな小さなことでも）まとめておいて下さい。会員が自主的に例会を企画し、構成し、参加するのが、労音の長所であり、特色であるからです。

× ×

◆開演五分前には席につきましよう。他の人がメイワクするのを知りながら、大きな音をたてて会場に入るのは、「ヨクナイト思ウヨ！」必ず開演五分前までに入場、着席しましよう。

× ×

◆冬が逃げて行きつつあります。楽しい（特にこのボクはエヘヘ……）春がすぐそこまで来ています。労音の春ともいえます。「坂本スミ子」「五十嵐喜芳」とすばらしい例会が並んでいます。未だ労音を知らない人、労音に参加していない人を、労音に誘いましよう。

## 会費受付は……

いくら天下の労音といえども、先立つものは皆さんの会費です。事務所も、事務員も、専用のものが無いのはつらいとですが、運営委員や代表者の勤労でその仕事をまかなつています。その点をよくお考えになつて御協力下さい。

受付日　毎週月、火曜日
午後一時より六時まで
場　所　東労会議事務局（消防署二階）

## 事務局日誌

四十年一月分
十一日　運営委員会
十七日　名古屋労音一月例会見学（雪村いづみ）
十八日　運営委員会
二十一日　機関誌編集委員会
二十二日　組織委員会
二十五日　運営委員会
三十一日　中部労音企画会議

## 編集後記

毎月ごとに機関紙を出すことになつてスローモーなテンポで二月号を出すことが出来ました。「もつと充実したものを出したい」「いい記事を多くのせたい」と考えながらも、こんなものしか出来ませんでした。やはり、美人のアシスタントが居ないせいだと思う。だれか、尻をたたいてくれるそんな人はいませんか。

（渡辺記）

# 中津川労音

1965'4 No.14

中津川勤労者音楽協議会機関誌　編集／情宣部　事務局／中津川市東労会議内T⑤2878

三・四月例会
ラテンと日本のうた
# 坂本スミ子
古谷充とザ・フレッシュメン
古谷哲也

# 情熱をうたう 坂本スミ子

彼女は一九三八年十一月二五日、大阪に生まれた。早くから父を失い、この時から母と共に苦難の生活が始まります。負けずぎらいで、強い性格をもつた彼女は、昼は勉強、夜はアルバイトという生活をしながらも無事高校に合格しました。二年の時音楽の先生から芸大受験をすすめられ、先生の家で聴音発声の基礎レッスンを受けました。ところが芸大受験の年、小手調べのつもりで受けた大阪放送合唱団の欠員募集に合格しいろいろな事情もあつて、ここで本格的なうたの勉強を始めました。

アルバイトでナイトクラブで歌つているうちに、初めは何でも歌つていましたが、だんだんラテンのレパートリーがふえてくるのにつれて、あの強烈で魂をゆさぶるラテンリズムにひかれて、ラテン一本道に進もうと決意したそうです。

はじめは東京キューバンボーイズの専属歌手として歌つていましたが、後に、アイ・ジョージと組んで、トリオロス・パンチョスの前座を受けもちながら全国を巡りました。

その結果、「ラテン女流歌手」の折り紙をつけられて、人気も高まりました。

彼女は歌うばかりでなく、映画にも出演したり、テレビドラマに主演したりして、芸の巾を広くすることにつとめています。

六三年の四月十一日に栗原玲児氏と結婚した。NHKTV土曜の「夢で逢いましょう」のレギュラーでもあります。

★夢で逢いましょう（全員で歌おう）

夢で逢いましょう　〳〵
夜が貴方を抱きしめ
夜が貴方にささやく
うれしげに悲しげに
楽しげにさびしげに
夢で　夢で　君も僕も
夢で逢いましょう

## 中津川労音 3.4月例会

会場　東小学校講堂
日時　4月19日(金)PM6.30

うた　坂本スミ子
演奏　古谷充とザ・フレッシュメン
古谷　充　リーダー　アルトサックス
大塚　善章　ピアノ　編曲
稲見カオル　トランペット
奥村　博一　ベース
青山栄次郎　ドラムス
古谷　哲也　コンガ

### プログラム

**第一部**

1.ベサメ・ムーチョ　（坂本）
2.グラナダ　（〃）
3.マラゲニャ　（〃）
4.アンジエリータ　（〃）
5.タンゴ・イタリアーノ　（〃）
6.エル・モスキート　（〃）
　——蚊のマンボ——
7.演奏　——未定——
8.ウナセラディ東京　（坂本）
9.砂に消えた涙　（〃）
10.タブー　（〃）
11.エル・クンバンチエロ　（〃）

**第二部**

12.日本組曲　（演奏）
　—黒田節 松前追分 五ツ木の子守唄—
13.ハロー・ドリー　（古谷充）
14.リパブリック讃歌　（合唱）
15.目を閉じて　（坂本）
16.軽蔑　（〃）
17.串本節　（〃）
18.相馬盆唄　（〃）
19.ラ・マラゲーニャ　（〃）
20.夢で逢いましょう　（全員）

## ホンモノの歌をうたってほしい —可愛いぼくの妻—

おスミはぼくのものです。しかし坂本スミ子の歌はみなさんのものです。ぼくたちが婚約しようとしたとき、彼女の指導者である古川益雄氏はぼくに、彼女のステージを聞くようにすすめました。

静岡労音に出演中のおスミの歌を聞きに行きました。それまでテレビで見たことはあつても、ステージの彼女を聞くのは初めてだつたのです。ぼくは感動しました。おスミは体じゅうでうたい、心で歌つていました。彼女が子守唄をうたつたとき、客席のあちこちからすすり泣きの声が洩れました。ぼくも涙ぐんだのです。そしてこのとき、ぼくは、彼女の歌の領域には立入ることができないのを知つたのです。おスミはぼくの可愛い妻です。でもおスミの歌は、おスミの音楽を愛してくれる人すべてのものです。ぼくは彼女の仕事にはなにもタッチしません。ただ結婚前から、〝本物の歌なら今後も歌つてくれ。にせものならやめろ。ただしぼくはいま、君の歌は本物だと思つている〟といつています。

栗原玲児（木島則夫モーニングショー）

# ユニークなコンボ
# 古谷充とザ・フレッシュメン

昭和三十四年に結成してから、その間にほとんどメンバーの異動がないという気の合つた連中ばかりの、モダンコンボ。もとはモダンジャズのバンドでしたが、最近はレパートリーを巾広くひろげて、ディキシーからラテンまでよくこなしています。そして、それらの演奏も、長い同志的な結びつきから来るアンサンブルの良さから、よく統制のとれた立派なものです。関西を中心に活躍していますが、東京をはじめ各地での人気も高くなつています。坂本スミ子とともに、全国各地の労音に出演し、好評を得ています。オスミ（坂本）とタカシ（古谷充）とフルテツ（古谷哲也）の組み合せで、全国の労音を歩くことすでに一七〇回以上になるそうです。でもこの一七〇回以上の労音出演で、同じものを繰返して演奏するのではなく、回を重ねる毎に、それぞれのレパートリーをたえず新しくしており、一層人気を高めています。

メンバーを紹介しましよう。

**古谷　充**（リーダー　アルトサックス　フルート）

音楽家の家に生れて小さい時から音楽を学び、中学校卒業と同時にジャズをはじめた。全身がジャズの固まりのような人で、楽器のほかに、ハスキーな唄を歌う。アルトサックス・フルート、の外にクラリネットもこなすという芸達者。

**大塚善章**（ピアノ　編曲）

ザ・フレッシュメンの演奏は全部この人の編曲。作曲に秀れた才能をみせ「暗い夜」という作品は有名である。大映映画「黒いシリーズ」等の音楽を手掛けています。リーダーの古谷充とはとくに仲がよく、ニックネームの、「ツカヤン」「タカシ」と呼びあう間がら。

**稲見カオル**（トランペット）

この人のラッパは、普通のラッパとちがつて、四十五度上を向いています。日本には二本しか無いとか。このバンド一番のオトコマエ。

**奥村博一**（ベース）

リズムもソロも地味だが、なかなかのテクニシャン。ベームそのもののような人で、演奏中は絶対に笑顔を見せないといわれていますが……。

**青山栄次郎**（ドラム）

若手ながらもテクニックがあり、将来スケールの大きいドラマーとしてしよく望されている。

**古谷哲也**（コンガ）

ザ、フレッシュメンのメンバーではないが、古谷充や坂本スミ子とは切つても切れない縁。アイジョージと共に、世界の檜舞台カーネギーホールを踏んだ、日本一のコンガプレイヤーです。ラテン音楽には欠くことのできない、コンガ・ボンゴの日本最高の演奏者です。

## 東京キューバンボーイズ例会
### 六月二十六日（土曜日）に決定

アンケート用紙が各サークルに回つていると思います。東京キューバンボーイズの中津労音六、七月例会出演は、六月二十六日（土曜日）に決定しました。

「坂本スミ子例会」と同じようにラテン音楽の魅力がさぞかし一杯の例会になるでしよう。今から期待して待ちましよう。ともだちにも知らせて下さい。

写真右より
奥村博一
大塚善章
青山栄次郎
稲見カオル
古谷　充

# 曲目について

おスミのラテンナンバーが、なんといつても基調になつていることは勿論ですが、スタンダードとしては自他ともにゆるす、それも十八番とか極め付きともいうべき数曲が絶対に欠かせない唄として残るだけになつています。また最近の流行でもあるカンツオーネが沢山盛り込まれています。いづれも最近、おスミがレコードに吹込み、好評なものばかりです。おスミのレコードは、東芝から出されています。

ラテンの曲は、今さらいうまでもなくおスミの得意中の得意のものばかりで、本領を発揮する独壇場です。

「ラ、マラゲーニ」はメキシコ民謡、ウステカ族の女を歌つた唄で、黒い美しい瞳、長いまつ毛の魅惑的な美しいマラゲーニヤの讃歌です。トリオロスパンチョスの歌つた唄で声を永く引つぱつて発声する個所は有名「マラゲニヤ」こちらのほうは「ラ」が付いていないので別の曲。メロディーは異なつていても、やはり美しい瞳をもつた女性に捧げた恋の唄です。キューバの作曲家、エルネストレクオーナの作品。

日本のオリジナルが数曲入つております。「目を閉じて」「軽蔑」などがそれです。この「軽蔑」は、名古屋テレビ毎火曜日午後一時十五分から放映しているドラマ「悪女の倫理」に、坂本スミ子が一人二役で主演して、その主題歌です。このドラマにはザ、フレッシュメンも、古谷哲也も出演しています。

いわゆる流行歌とちがつたこの種の日本の創作曲は、日本の音楽が世界の音楽のものとなるための大きな要素であり、おスミが歌い、労音が育ててこそ、大衆のものとなるでしょう。

「夢であいましょう」は、NHKテレビ毎土曜の夜十時十分からのバラエティコメディのテーマ音楽です。おスミと共に大きな声を出して歌つて下さい。

# ほうぼうで レコ・コン

## ＝好評また好評＝

レコ・コンとは なんぞや。レコードコンサートのことなり。日本語に訳せば録音盤再生方式音楽会なり、何故にかかる会が持たれるのか。楽しむためなり。どこで開かれたのか。坂下支部で、労金サークルで、林野サークルで、六区婦人の集いサークルで、また、「エツソホール」で交流会を兼ねて、というふうに、そこかしこで開かれたり

参加したる人は喜こんだか。勿論。だから見出しに書いてあるではないか、好評また好評と。いつでもその会は開けるのか。場所と日時を指定さえすれば、飯よりすきな野郎が三人ばかり居るので、ス飛んで行く。しからばわがサークルでも一度開くか。やりなされやりなされ。

労音所有録音盤目録

○フランク永井 アット、ローオン
——大阪労音実況録音
○坂本スミ子は歌う
○キューバン・スペクタクルス
その他 多数

時と所と人数と希望曲を、東労会議までお知らせください。代表者や運営委員を通じてもけつこうです。

# 中部労音友好祭に参加しよう!!

八月の七、八、九日の三日間、三重県の朝明（アサケ）渓谷で行なわれる中部十労音の友好祭に、積極的に参加しましょう。昨年の友好祭は中津川労音が中心になつて、根の上高原で開かれました。今年は御在所岳のふもとで開かれます。夏の三日間を友好祭で楽しみましょう。実行委員会もちかぢか結成されることになつています。サークル内での話合いをもとに、多くの人数で参加しましょう。

# 一・二月例会のお手伝いごくろうさま

薗田憲一例会の会場作りステージ作りに参加されたサークルのみなさんごくろうさんでした。

▼総務の 西小、林野、労金、坂本小、中津商高 ▼楽屋の パラチリ、常盤、ふきのとう ▼会場の 北恵那、電通、林野、苗木、中津商高 ▼受付けの 夜明け、パラチリ、みどり ▼暖房の カリシカ、六区婦人の集い、苗木、常盤、二中 ▼放送の 東小、西小、中津商高 ▼照明の 夜明け ▼ステージの 坂本のみなさんごくろうさんでした。

会員のみなさんの中で自主的に椅子片付けをしてくださつた方も多くなつて比較的はやく後片付けが出来ました。

それでも、数多い椅子を片付けてしまうことは大変な事で、「翌日まで腕が痛んだ」といつている会員の方もありました。

中津川市にこうした例会が開催出来る文化会館が実現するまでは、現状をどうすることもできません。一日のつかれの後ですがお手すきの方は今後とも協力をおねがいします。

会場に持ちこまれた石油ストーブは常盤、二中、南小の各サークルのご厚意で貸していただきました。

なお、例会のおてつだいは近くのサークルの方々におねがいしたり、申しこみのあつた労音サークルへおねがいしていますが、あなたのサークルでぜひステージを、楽屋でお茶を、等おてつだいを希望される方は早めに運営委員、または事務局までお申しこみください。

デイキシーキングス

# 大いに語る!!

▼労音の皆さんに不馴れだからとか準備不足とか言われると、親味になつて余計一生県命になる。それにタイコの音がとてもよくて最高だつた。

▼農村の会員が多いことも真剣な雰囲気でわかつた。水戸労音も中津川と同じで会場つくりからやつているので……。

▼ジャズは体で聞くのが大切。妙に抵抗していては楽しめない。ディキシーは特に裸で素朴なものだから割に人をのせやすいけれど……。

▼今日本人に一番大切なのは、感情を体で直截に表現することだと思う。外国では親愛の情を抱き合つたりキッスしたりで現わすけれど、日本では数年ぶりに会つた奥さんにも〝ヤア!〟で済ましてしまう。音楽も同じで体全体で奏じ、体全体で受けとめて聞くことが大切だし、それをディキシーから学ぶ必要がある。

▼「葦と共に」は演奏のたびに良くなる。民謡というものも仂く人がいろんな形で、それぞれの時代に合う形で唄つて来ている。そのことが伝統を受けつぐことだと思う。定着した古い形のままではコットー品になつてしまう。〝綿つみ唄〟をそんな気持で会社の仕事をしながら唄うこともいいのでないか。

▼音楽は大天才が作るものはでない。中津■もここの風物を取り入れ、皆んなで作曲して演奏する運動を進めるといい。そうすれば音楽について自分の意見が出来てくる。そうしてその意見を交流する。それが文化を向上させるということだし、社会や政治に対する目を育てることになると思う。

▼音楽とはクラシックのことで難しい顔をして聞き、ジャズは反動的で退ハイ的だときめつけないで、どの音楽が人間的な感動を与え、そして行動にかりたてるかで「良い音楽かどうか」が決るのでないだろうか。

〈例会後、宿舎の十一屋では、永田、水島、城、薗田、井川等の皆さんが、十数名の会員に熱つぽく語りかける。ジャズとクラシックのこと、民謡のこと、わらび座のこと等々。夜の更けるのも忘れる一刻だつた。　中野記〉

### 一、二月例会

## こぼれ話

▼評判のよかつた、タイコは、用意したものが出演者の意にそまず、例会の開演前三十分に、急いでさがさなくてはならなくなつた。直径一米以上のタイコがおいそれと見つかるはずがない。これはこまつたと思つたとたん目の前に見えたのが「東円寺」ありがたや。さつそく、竹とロープを持つて拝借に参上することにした。重かつたですね。しかし大変みなさんをはじめ出演者にほめられて、よかつたです。

▼会場でお願いしたアンケートは、三十四人の人だけが提出してくれました。約一%の回収率でした。伝達が少なかつたせいか、あまりにも少数で残念でした。今後はもつと多くの会員の人の、いつわらぬ回答の多からんことを希望します。しかし、提出して下さつた人達の回答には、今後の例会管理、労音運営に参考になるものがたくさんありました。

会員券の半券にも意見をかいてもらいました。二、三を列記して、運営委員会からの返答も加えてみました。

○労音とサークルについてまだ何も知らない人、又、どうして労音に入つていいのかわからない人が多いから、労音のPRをもつとしてほしい。（女、十八）

運、ごもつともです。組織部を中心にして出来るかぎりのPRをして行きたいと思つています。会員の回りに、そういう人がいたなら、親切に教えてほしいものです。「楽しさは多くの人に分けあいましよう。」

○開演中の会員のマナーがとても悪い。演奏中に出たり入つたり、おしやべりしたりする。もつと大人になつてほしい。ことに女性会員の方、気を付けてほしい。（男、公務員）

運、ほんと、気を付けてほしいね。（男）

そんなことないよ、むしろ男性会員のほうが気を付けるべきよ。（女）

○会場は東小講堂が良いと思います。（女、二十二）

運、現状では東小しかありません。まだ新らしい建物ですので、会員全員が注意して使用したい。

○例会を毎月一回持ちたい。（男、三十一）

運、たしかに毎月一回の例会は全員の希望です。そうなれば、会員の本当に聞きたい音楽を多く聞くことが出来ます。しかし、残念なことに現在の会員数と会費では無理があります。一つの実験として、五月だけは「五十嵐喜芳例会」を、一ケ月例会として取り上げて、もしこれが成功すれば、段々と二ケ月例会を一ケ月例会にしてゆきたいと考えています。中津川労音の今年の目標「一千名会員拡大」を、スローガンだけに終らせないで、早急に実現したいものです。

「一人がひとりのなかまを労音え」

▼各サークルの話し合いをちよいちよい聞いてみますと、「ディキーキングスの演奏はすばらしかつたが、知つている曲が少なかつたので、一寸面白くなかつた」という声が多いようです。たしかにそういう面があつたかもしれません。ぜひ、近い将来にもう一度アンコール例会を持ちたいものです。

▼ピアノをひいていた、永田清氏は民謡の研究に熱心ですが、中津川労音に出演したのを機会に、「木曽節」をしらべてみたいといつていました。盆踊りのシーズンになつたら、木曽福島まで見学に来たいと話していました。

# 一万人署名を成功させよう
## ―国会に入場税撤廃要求請願―

すでに、代表者会議やニュースでお知らせしたように、二月一日中津川労音に対して五万五千円余の入場税の賦課決定が来ました。これに対して中津川労音としては、「入場税の適用は違法である」との主張に基ずき、直ちに異議申請を提出しました。会員が主催者であり、会費は労音活動の費用であるから、一般の興業とは全然異なつています。労音活動は利益や遊興を目的としているのではありません。純粋な文化団体なのです。

異議申請を行なうと同時に、単に中津川労音だけの問題ではないので、広く市民のみなさんに知らせることが必要でした。労音だけの問題であるからと、労音の組織で不当性を叫んだとしても、その力は弱いものにすぎません。又、税金の問題は、民主団体としての労音に対する入場税課税のみのことでなく、全市民的全国民的な問題なのです。どれだけ多くの人々が税金の不当性に泣かされているでしょうか。会員の中にも、かならず税金について頭を痛めている人がいるでしよう。入場税の不当課税についても、会員ひとりひとりがその不当性を充分に認めてこそ、強い力になります。

市民の賛成を得るために、三月定例市議会に「中津川労音に対する入場税の課税は不当である。関係当局の善処を要求する」という要旨の請願を提出しました。この請願は総務委員会で否決されてしまいました。しかし、議員提案として再提案され、十三対十四の少差で決議されました。たとえ一票の差とはいえ市議会で我々の主張が認められたのです。この請願書提出について、運営委員会のなかから、税金問題対策委員会が選出されました。また議会事務局に提出するための署名も手分けして集めました。署名用紙のとどかなかつたサークルもあつたかもしれませんが、今後全国労音を中心に国会に向けて「入場税撤廃要求」の中津川労音一万名署名が始められています。まだ署名のすませていない会員は勿論のこと、周囲の人々にも呼びかけてぜひ一万人署名をなしとげましょう。

## 五月例会
### 五十嵐喜芳会費受付

**会費**　二〇〇円（五月会費＋追加会費五〇円）

**受付日**　四月二六、二七、二八、二九、三〇、五月一日　PM一、〇〇～六、三〇　事務局　（一週間行います）

**会員券と機関誌**　会費納入の方に渡します。

## 月曜日はローオンデー

毎週月曜日の夜六時三十分、東労会議で労音運営委員会が開かれています。一度見学に来て下さい。連絡や文句や注文や意見があつたら、ローオンデーの月曜日にどうぞ。

## 編集後記

やつぱり発行がおくれた。すまないことです。偉い仕事を引きうけた。丸坊主にでもなる。許して下さい。見事なものを次には期待して下さい。

# 中津川労音

1965'6 No.16

中津川勤労者音楽協議会機関誌　編集／情宣部　事務局／中津川市東労会議内 T⑤2878


中津川労音6・7月例会

みんなで創るラテン・リズム

## ＊東京キューバンボーイズ

見砂直照

きゆーばん・キユバーン・きゆーばん

# わが国最高のラテン・バンド

キユーバン・きゆーばん・キユーバン

一九四八年に見砂直照氏をリーダーに結成されてから今日まで、常にわが国の第一線で活躍を続けている東京キユーバンボーイズ。ラテン音楽の開拓者として又、二十名余のビッグバンドとして、最高峰を占めています。

中部労音の統一企画として取り上げられ、会員のアンケートを中心に曲目を決めるので、今回の例会はしつかりしたプログラムがありません。第一部は決定していますが、第二部はどんな曲目が演奏されるのか、例会当日にならなければわかりません。

○東京キユーバンへの希望曲は
▽アンケートの第一位から第四位までは必らず演奏。第五位から第九位までは会場からのリクエストなどを含めて三、四曲を演奏
○東山曜三とトリオ・ロス・チカノスへの希望曲は
▽アンケートの第一位から第三位までは必らず演奏
ということになつています。

なお、アンケートの回答は、三十四サークル、二百九十三人でありました。

一流のバンドが、希望曲を聞かせてくれるのは、「労音」だからでしよう。

中津川労音 6・7月例会

見砂直照と

## 東京キユーバンボーイズ

唄　東山曜三
コーラス　トリオ・ロス・チカノス
マリンバ　吉川雅夫

### 第一部
ラテンリズムによるキユーバンポツプス

★セビリアの理髪師（チヤチヤチヤ）
（歌劇「セビリアの理髪師」ロツミーニ作曲）
★剣の舞（グアラーチヤ）
（バレエ組曲「ガイーヌ」ハチヤトリアン作曲）
★古風なチヤチヤチヤ
（歌劇「リゴレツト」ヴエルデイ作曲）
★トウ・ラブ・アゲイン（ボレロ）
（「ポロネーズ」シヨパン作曲）
★熊蜂の飛行（シヨロ）
（リムスキイ・コルサコフ作曲）
★アンビル・コーラス（グアラーチヤ）
（「メラバトーレ」ヴエルデイ作曲）
★火祭の踊り

### 第二部
アンケート結果

東京キユーバンの曲目

| | | | |
|---|---|---|---|
| 1位 | 城ケ島の雨 | 8位 | マラゲーニヤ |
| 2〃 | ラ・クンパルシター | 9〃 | 地下室のメロデイー |
| 3〃 | 太陽はひとりぼつち | 10〃 | 北京の55日 |
| 4〃 | ジエラシー | 11〃 | マンボNo 5 |
| 5〃 | 禁じられた恋の島 | 12〃 | 大脱走 |
| 6〃 | シベリア物語より | 13〃 | 史上最大の作戦 |
| 7〃 | 斗牛士のマンボ | 14〃 | カチユーシヤ |

トリオ・ロス・チカノスの曲目

| | | | |
|---|---|---|---|
| 1位 | 禁じられた遊び | 4位 | ラ・マラゲーニヤ |
| 2〃 | 鉄道員 | 5〃 | ともしび |
| 3〃 | ベサメ・ムーチヨ | 6〃 | カリンカ |

東山曜三の曲目

| | | | |
|---|---|---|---|
| 1位 | モスクワの夜は更けて | 4〃 | 刑事 |
| 2〃 | ツーナイト | 5〃 | 斉太郎節 |
| 3〃 | 黒いオルフエ | 6〃 | 仕事のうた |

## 私のききたい曲目で!!

# 情熱的なリズム ダイナミックな演奏

民衆の生活と密接なつながりを持つて発展して来たラテン音楽を、聞いて楽しく、見て面白く、浮き浮きと踊り出したくなるような演奏で聞こう――。これが今度の『東京キューバンボーイズ例会』のミソです。

〃会員の要求で例会を作ろう〃という労音のモットーを生かすために、中部労音に集る九つの労音が共同で、会員一人一人にアンケートを出して「第二部」の曲目を決めたのも、今回の特色の一つです。

あなたの希望した曲はいかがでした? ラテンの名曲が聞きたい。映画音楽がいいナ。民謡をラテンリズムで。――中津川でも約四百名の会員に投票していただいたのです。さて、その演奏は?

何といつても卅名近い大編成のバンドは始めてです。東校の舞台に乗るだろうかと心配もありますが、先づその圧倒的なボリユームに、情熱的な演奏に大いに期待をかけたいものです。

東京キユーバンの力量については、一五四八年（昭和廿三年）結成以来、ラジオ、テレビ、レコードとあらゆる面での活躍で御存知のとおりですし、意慾的なバンドリーダー見砂さんは、ラテン音楽の紹介ばかりでなく、日本人でなければ作れないラテンリズムを――と日本民謡や、今度第一部で演奏されるようなクラシック音楽も巧みな編曲で楽しんでもらおうと、仲々積極的な活躍ぶりを示しています。

それでは一体『ラテン音楽』の魅力はどんなところにあるのでしょう?

ラテンアメリカというのは、アメリカ大陸のうちメキシコから南、それに西インド諸島を加えた国々を指すのです。だからその音楽も多種多様です。でもそれを結ぶ共通の糸があります。

それはラテンアメリカを侵略していたスペインやポルトガルの音楽、原住民インディオの音楽、アフリカから連れて来られた黒人の音楽、この三つが混血して出来たのがラテン音楽なのです。

だから、お互いの持味がからみ合つたニュアンス、世界に共通する楽しさが感じられるのです。そうして、アフリカニグロの強烈なリズムや生命力、哀愁と同時に、苦しみや悲しみをのりこえて来た陽気な楽天性が、その魅力を形ち作つて来たと言えましよう。

私たちは、素晴しい演奏を楽しみながら、こうした民族と音楽との関連なども考えてゆく必要があるのではないでしようか。

## 八・九月例会

### 音楽舞踊団 【カチユーシヤ】

一九四九年ソ連からの帰還者によつて編成された「帰還者楽団」が東京日比谷公会堂で公演を行なつたのが最初の活動です。中津にも過去二回ばかり来演しました。今回は、奄美大島の民謡民舞を中心にした民族音楽舞踊劇「砂糖きび惨酷物語」を制作しました。勿論、この楽団得意なロシア民謡もふんだんに歌い舞ります。なお、中央合唱団の取り組みは、いろいろな点から困難になりました。

# ぼくにはナットクできない　わたしもムチャだと思うわ

## ――労音への入場税課税の問題――

かねて中津川税務署長宛提出中の「入場税決定に対する異議申立て」について、このほど「棄却する」との通知が参りました。その理由は要するに「入場税法に照らせば、労音は経営者等に、労音のいわゆる例会なる音楽等の上演等は「催物」に、いわゆる会費等は入場料金に、会員券等により入場して音楽等を見せられまたは聞かされた多数の者は入場者にあたる」というのです。

× ×

このような理由が、労音という組織活動の上から見ても、入場税法という公法の適用の上から見ても全く不当且つ不法であるということをこの際もう一度確めてみることにしましょう。

まず入場税法のしくみをみると次のようになつています。

(1)経営者または主催者というものがあり
(2)興行場というところで
(3)催物というものをやり
(4)それへの入場者から入場の対価（入場料金）を受け取つた場合に
(5)入場税を課税し、経営者または主催者が納税する。

そこでまず、(1)の経営者、主催者について考えてみましょう。社会的な現象としては例会の主催者は中津川労音ですが中津川労音とはいうまでもなく私たちの会であり、私たち全会員が主催者ということになるでしょう。くどいようですが中津川労音は、私たち会員とは別の何物ではなくて、私たちそれ自体なのです。従つて、中津川労音という特定の主催者が会員とは別のどこかにいて、会員という名の人々をその時その時にどこからかかき集めてきてつまり「不特定多数の観客」に「見せたり、聞かせたり」しているわけではないことは実にはつきりしています。つまり、主催者である私たち中津川労音の会員が、会費持ち寄りで「見たり、聞いたり」しているのです。

さらに、入場税法という法律に書いてある「経営者、主催者」とはどういうものかをつつこんで考えてみることにしましょう。税法というのは公法です。入場税法でいう経営者、主催者とは納税義務者つまり公法上の義務を負う者ということになります。では労音は「公法上の義務」を負うことができるのでしょうか。

法律行為のできるものを法律のことばで「権利能力者」と呼んでおり、それは自然人（個人）と法人に限られているのです。そして、労音というのは、そのどちらでもなく「人格なき社団」つまり、「権利能力なき社団」といわれているものなのです。権利能力のない社団ですから、従つて「義務能力もない社団」です義務能力のないものが、どうして公法上の義務を負うことができるでしょうか。

労音への入場税課税などとは、まるで「梅の小柄に囀るウグイスに税金をかけるようなもの」と言うべきでしょう。

次は(2)の興行場という問題ですが、これはたしかに労音の例会場も仮設興行場だと言われてもその通りです。しかし、労音の場合その使用目的が、他の場合のように営利を追求したり収益を獲得したりするものでないことは言うまでもありません。

さて、次は(3)の催物という問題ですが、これまた法律に書いてあるのと根本的にちがつているのです。入場税法には「映画、演劇、音楽、舞踊等を多数の人に見せたり、聞かせたり」するのが「催物」であると規定してありますが、前にものべたように労音の例会は「多数の人に見せたり、聞かせたり」しているものではなく、労音という組織の中の人間（会員）が「見たり・聞いたり」しているものです。

いつたい「見せたり、聞かせたり」という日本語は、二つの対立物を想定する言葉です。つまり見せたり・聞かせたりする側と、見たり・聞いたりする側との二つです。そして、これはふつうの日本の興行形態です。労音の例会の場合、このように二つの対立物があるのでしょうか。労音という「人格なき社団」と労音の会員という「個人」が二つの対立物と考えることができるでしょうか。労音とはくり返しのべたように、会員それ自体です。もつとも労音が「法人であれば、法律上では労音という法人と会員という個人とが別個の存在と見ることができます。しかし、労音は法人ではありませんから、法律的にも別個のものではありません。

以上のように、労音の例会は、社会現象としては「催物」であつても、入場税法に規定する「催物」でないことが明らかになります。法律上「催し物」がないのですから、従つて社会的行為として「入場」という行為があつても「法律上の入場」という行為はないことになります

法律上「催物」がなく、「入場」という行為がないのですから、(4)の「入場の対価」（入場料金）という法律概念もでてきません。だいたい労音の例会は、それ自体無料なのです。会費というのは、例会という事業もふくめた労音のいろいろの活動を維持発展させるための分担金であり、会員という身分を保全するための保証金という性質のものなのです。ついでですが、例会のとき会員の持参する会員券は、定められた会費を納入した会員の資格を証明するもの以外の何物でもなく、例会が会員の「見たり、聞いたり」するものである以上、これを入口で提示して入場するのは当然のことでしょうこれを一般興行の前売券などのように見るのは言語道断と言わざるを得ません。

さて、もう一度前に戻つて法律上「催物」がないことになりますから、当然「主催者」というものもないことになります。そして、これと同時に労音は「権利能力なき社団」であるから、入場税法上納税義務者である「主催者」になりえないことはすでにのべました。こうして考えてみますと、労音への入場税課税というのは、全く不当不法と言わざるを得ません。わたしたちは、「法を尊ぶ法治国の国民」としてこのことを言つているのです。

入場税という「戦争中に、ゼイタクは敵だ、音楽など聞くのはゼイタクだという妄執から生まれた」悪法は、みんなの力で一日も早く取り払わなければなりませんが、労音の場合は、たとえそれが、姿を消さなくとも、法律の解釈の上からこちらから姿を消していいということになるのです。

## サークルエピソード集

とにかく集つて何かやろまいというかけ声のみにおわり、サークル活動ということばも、空しくひびいていたのはこのあいだのことで、いまや、あつちこつちに活動がはじまりました。

考え方や、このみや、顔つきは、おのおの違つていても、集つて話し合い、レコ・コンやピクニックを計画していく中で、お互を知り、だいじにし合う仲間が生れています。

そこで、サークル活動のゆかいなエピソードをお知らせしましよう。あなたのサークルのことがでてくるかもしれません。

**Tサークル**（ある労組のサークル）

東京キューバンのレココンをひらきました。ずらりと若い人達ばかりが集つて、気持のいいコンサートでした。その中で

「はよう例会が終つてほしい、そうやないと終バスに間に合わんもん」

「どこやな」「落合」

「落合も落合、神坂の方や」

こういつた話しをじつと聞いていたN君、「おれんとこに泊めてやらあ」

**Rサークル**（ある官公労のサークル）

サークル新聞を発行しました。その中でのけつさくは、おスミちやんは〃しびれてねれなんだ〃という、気はやさしくて力もちの男性のお話しです。レココンもひらかれました。

**Rサークル**（ある金庫のサークル）

このサークルの人達の仂きで、あつちこつちにサークルが生れました。ここは、産婆サークルとでもいつたほうがいいかもしれません。喫茶店がすきで、よく会をもちます。

**Sサークル**（というより支部）

東京キューバンのレココンをひらきました。二回めのレココンで、一回めはHという喫茶店でしたが、希望者が多くて会員券が売りきれで困り、二回めは、ある銀行の二階でやりました。雨のふる中をたくさんの人が集まりました。

**Rサークル**（ある婦人サークル）

婦人サークルといつても、男性もおります。といつても女性が多くて、もててもてしかたないということです。レココンを二回やりました。「ポピュラーの夕べ」「イタリアの民謡の夕べ」です。

**Sサークル**（奥さんが代表者のサークル）

ここもレココンを開きました。ダンナサマは大忙し、労音のレコードをとどけに行つたら、風呂へいくようなスタイル（編集部注シャツステテコスタイル）で、ステレオを調整したり、コードをひつぱつておられました。

**Nサークル**（ある労組のサークル）

新しくサークルをつくり発会式をひらきました。毎週会合をひらこうとえらいハッスルで、がんばつて活動しています。

**Sサークル**（四人の女性ばかり）

さくらんぼという名まえの新しいサークルが生れました。黄色じやないそうです

——まだエピソードはつづきますがあとはこのつぎです。——

# サークルの話 あれ！ これ！

## 娘ばかりのサークルよ！

去る五月二十二日に、トキワサークルで第二回の東京キューバンボーイズ、レコードコンサートを行ないました。会社内の目につく所などに、ポスターをはつて宣伝し、ほんとうに音楽の好きな人が自主的に参加した。夕日が西の空にしづむころ音楽を聞いて楽しむ事が自分自身にとつて望ましいと云う事でした。忙しい今日このごろ、みんなこのチャンスを待つていた事と思います。悲しみ、悩みを持つている人は、音楽を聞けば動物的人間をのぞいて、おそらく心のやすらぎを感ずるでしよう。又、楽しくてたまらない人も音楽を聞く事において他の意味で心に感ずることがあるでしよう。第一回目には五、六人しか集まらなかつたが、二回目には二十人近くの人が集まり労音の活動をやつて行く上に大きな自信を持ちました。

割カンの菓子をほおばりながら二時間余りの時を楽しく過ごしました。運営委員の人にラテン音楽と、東京キューバンの歴史をおもしろくわかりやすく話していただきました。話し合いでは、今までの例会にウエスタン、ハワイアンなどが取り上げられなかつた事が淋しく思つた事などです。これからは例会の前後にレコードを聞きながら話し合いたいと思います。どこのサークルでもこういう会合を持てば何かをつかむ事が出来るでしよう。よりよい労音にして行くために是非どうぞ。

## さあ！ 会員拡大を進めよう

会員意識の向上によつて、連鎖的なつながりを持つこと。それには、色々の行事を行ない、労音はよい集いであると自然に人を誘いたくなるようにする事である。

行事の例を上げると、レココン、ハイキング、ソフト大会、野外屋内の交流会フオークダンス等をどしどし行なう。代表者について云えば、現状の様な集金だけのそれでは完全に代表者とはいえないそこで、代表者に労音を充分理解してもらう。そして代表者会議を何回も持つて代表者同志のつながりを深める。サークルの中では充分な話し合いのもとに、色々な仕事を分担しあう。会費の集金についていえば、容易なことではないが、しかし会員加入の為だけのサークルであつてはならない。どしどしサークルの話し合いを持つてもらい、運営委員でも他のサークルからでも、これに参加するようにしたい。サークルがサークルを生み、代表者が新らしい代表者を作る。多数の人の力を貸りて、何種類ものサークルを作り上げたい。年に一度は「大物」を呼ぶ企画があつて、その例会で労音に入つたり、感心を持つた人たちを、のがさないようにすることが必要である。会の内外のサークル同志の交流会を持ち、密接な連絡と友好を持続するようにすることも大事なことである。

## 労音運動の基本任務

労音運動は、日本民族の進歩的音楽運動の伝統をうけつぎ発展させ、海外諸民族の民主的文化遺産に学び芸術家、知識人ならびに進歩的諸勢力と協力して、自分自身の成長と社会の進歩に役立つ音楽文化を創造することを目的としている。

また、そのことによつて勤労者の人間性をたかめ、その連帯性を強化する運動である。

労音運動は、勤労者の立場に立つ民主的な音楽運動である。その組織原則はサークルの活動を基礎にした民主的運営である。

鑑賞を中心にした音楽運動であるから、例会は労音運動のもつとも重要な環であり、例会内容を通じて勤労者の人間的な成長を進める。

そのためには、日本の勤労者の文化運動の一環として労仂運動その他の民主運動との結合を強め、労音運動の発展を妨げる政治的社会的障害とたたかう。

## 総会に向けて
### 討論を深かめよう

第一回の中津川労音の総会が、七月中旬に開らかれる予定になつています。労音の総会とは、これまでの中津川労音の活動をふりかえつてみて、良かつたことまずかつたことなどを検討するとともに今後どのように進めていつたらよいかを決める会議です。サークル各々の意見、会員の考え方を持ちよつて、中津川労音の発展の方向を定める大事なものです。運営委員会の内でも、「総会準備委員会」が作られ、議案書の作成、総会の具体的準備を進めています。くわしい事柄が決定しましたら、そのつどお知らせします。

この号の機関誌は、いつものそれと異なつて、少し「カタイ」感があるかもしれません。「基本任務」（上記）は、第七回全国労音連絡会議で決定された、労音の「憲法」のようなものです。活動、運動の中心になるものです。一語一句の意味をよくお考えになつて読んで下さい

サークルの内でも、これについて話し合いをして下さい。その他、「坂本スミ子例会」のアンケートもありますし、税金問題の記事もあります。来たるべき総会を期に、労音についての学習を深めて下さい。

## 中部労音友好祭に参加しましよう！

昨年の友好祭から今年の友好祭までの間に、中津川労音は大きく発展、変化しました。例会内容、ブロック活動、レコードコンサート、交流会等々、色々な面で労音運動の基本任務に向かつて、一歩一歩前進しています。私達は過去二回の友好祭を行ない、中部九労音の仲間達と交流し、たがいに理解と友情を深めてきました。さらに今年は、友情のきずなを強くし、「百万人労音」を目ざして、「働く者の力で新らしい音楽を！」「働く人で日本の独立を！」というスローガンをうたいあげています。現在全国各地に労音で日本民族の歌を掘り起こし、国民音楽を創ろうという運動が盛んになつてきています。私達の中津川労音にも、そのきざしが少し見えて来ました。「民ぜミ」の勉強会がそれです。中部の他の労音も同じだと思います。そこで今年の中部友好祭では、キャンピングという集団労仂の中で、「民族音労を掘り起し、新らしい国民音労を創ること」が、労音運動とどう結びつくか、ということを勉強しようということになつています。

先日現地の朝明（アサケ）渓谷へ下見に行つて来ました。眺めの雄大な、大変涼しいところでした。友好祭が成功に終り、その意気で全参加者が活動を始めるならば、これは素晴らしいエネルギーだと思います。中津川労音の発展のエネルギーは、友好祭のこのエネルギーからも生れるものだと思います。みんなで参加してみようではありませんか。

代表者を中心に、十数名の「中部労音友好祭中津川実行委員会」（なんと長いこと）も出来ました。サークルで、ブロックで、より多くの会員の参加を目ざして取り組んでいます。友好祭に関する詳しい事は、代表者なり、運営委員なり、実行委員にたずねて下さい。

友好祭を成功させよう！

友好祭に多数参加しよう！

場所　三重県四日市朝明渓谷

期日　八月七日（土）

八月八日（日）

八月九日（月）

（一泊でも二泊でもよい）

会費　千五百円

（旅費・宿泊費・運営費を含む）

宿泊　既設山小屋利用

人数　三十名目標

実行委員長　鎌倉隆明（北恵那）

# 坂本スミ子例会内容について

▼唄は普通、曲目、全部知つていた歌でよかつた。バンド、良かつた。照明、はじめがよかつただけ。（わかもの）

▼唄、曲目、バンドいずれもよし、ただしマイク悪し。照明は中津ではあんなものじやない――。（ふきのとう）

▼照明は今迄で一番よかつた。唄も大変よく歌手もよかつた。プログラムの組み方もよい。バンドはコンガが印象に残る。（蛭川）

▽唄……VEPY、GOOD。曲目……GOOD。バント……80点。照明……VERYGOOD。（中津川工業高生）

▼ラテン音楽はことばがわからないのでその雰囲気はわかるが解説がほしい。曲目については、日本のものを多く、坂本スミ子については、ボリユームのある体と声がステキ。指導して下さる歌は、あまり知らない歌の方がよい（西小）

▼今回が一番楽しく聞けました。曲目も知つているのが多くよかつた。バンドはやや力不足の感じを与えた。照明はまあまあよかつた。（市役所）

▼ジャズの生演奏に接する機会の少ない会場の雰囲気にとけ込もうとして一生懸命唄つてくれた坂本スミ子、一朝一夕にして成した人でない実力を感じた。良かつた。バンドのフルートが美しくマッチしていた。（坂下）

▼今までの例会で最高に楽しめた。ときどき照明が消えてしまつたがどういう訳か？ ドラムに力量感が少々なく残念でした。（国鉄）

▼とても楽しかつた。聞いている方も思わず力が入つた。坂本スミ子の内面的なものが肌を通して伝わつて来るような感じがした。照明をもつと研究するとよいと思う。（坂下上野）

▼ボリユームがあり、とても聞きよかつた。曲目はタブーがあり感激。照明は回ごとに進歩してきている。（縁の下の力もちさんごくろうさま）（パラチリ）

▼客席へおりたときがよかつた。バンドの中でドラムが余りよくなかつた。照明は、デキシーのときよりよい（常盤）

▼思つたよりよかつた。唄、曲目どうあつても大衆の中にとけこんで下さつたということで今までに一番よかつたの声がありました。（中津川包装）

▼演出者と照明係との打合わせを完全にしたら内容の以上に充実すると思う。（社青同）

▼いつものことながら真剣な態度はよい。唄もよかつた。バンドは思つたより悪るかつた。（コンガはよし）照明、良い。（北恵那）

▼バンドも照明も大変よかつたと思います。（M美容院）

▼バンドの方がたはとてもユーモアがあり一段と楽しかつた。もつと長時間の方がよい。照明は少し暗すぎたような気がした。（中津高校生）

▼雰囲気はよかつた。演奏そのものは期待していたほどでなかつた（福岡中）

▼照明がとてもよかつたと思います。おスミすてき（テレビよりステキ！）栗原さんバンザイ！（ぐるーぷシトヤカ）

▼会場へおりてみんなと一緒に唄うああいつたムードは非常に楽しい。今後もあのような形式を多くとり入れるとよいと思うよ。（北エナ）

## 例会管理・その他

▼全員の方がイスの後始末に協力できるようになればよいと思いました。

▼会場はなんといつても残念、音響効果悪く皆で楽しむといつた雰囲気がないむしろステージを見るのに四苦八苦、帰つてから疲労を感ずる。

▼会場は乗物に近いからよい。（バス汽車、電車）

▼一日も早く公会堂形式のようなものがほしい。いす運びは非常に負担に思う会員一人ひとりの声としてもりあげていきたいものだ。

▼このごろ機関誌の発行がおくれますがなるべく会員券と渡すようにねがいたい。例会後に座談会を持つようにできないものか。

▼六時半開演なら六時頃には開場してほしい。

▼座席について、指定席のような形にするのはむつかしいでしようか。交替で前になつたり、後になつたり出来るのでは。

▼私たちは遠いため後かたづけも余りできないが当事者たちに大変感謝している。開始は時間通りでなかなかよいが、もう少しおそく（時間）なればよいと思う。（蛭川）

▼なかなかよい。会場づくりごくろうさま。帰り、自で責任もつて会場整理する会員の顔も明るく、この会であるからこそ……と感じよい。

▼会場の後仕末など責任サークルにまかせきるのではなく、一人ひとりがもう少し参加できないものか。（出口まで歩く間に腰かけを一つずつ持つとか、下足の袋をきちんとするなど）

▼労音もこうした例会がここまできたのなら幕間のアナウンスについても一考を要するのではないでしようか（アナウンサーの表現、サークルの紹介方法等）

▼くつを入れるビニール袋をもつとめだつところへデンとおいてほしい。どこへおくかわからないからちらかるのではないか。

▼この頃、脱会者が多くなつたことにやはり目をつけて原因を追求すべきだと思います。労音が一部の人のうけおいになつたり、日常の生活に結びつかない運動になつていることは大衆からはなれていくものだと思います。（非会員）

▼坂本スミ子例会で帰りに講堂の中から、すでにくつをはいている方がいました。また自分ですわつたいす等、片づけないでいく人が多いように思う。労音の会員として良心的な態度であつてほしい。

▼クラシックのような場合は静かに聞き入ることも必要だが、オスミちやんやデキシーのようなときは、もつともつとその雰囲気によい手拍子も出てきてほしい。

▼機関誌の編集がよかつたと思いますフランク、永井の例会を、ゼヒゼヒお願い！

## 期待の東京キューバン
## 期待しない追加会費

### 泣きどころの追加会費について

事務局の一室で（といつてもチョンの間の借り部屋で）夜十時過ぎに、そろばんをパチパチはじきながら、頭を寄せ合つて、集計表が出来あがつています。勿論六、七月例会の諸経費の集計です。一日の勤務の疲れを忘れて真剣に討論された結果、はじき出された結果は、**会員一千名で一人分の割勘分、三六〇円です。つまり追加会費一ケ月三〇円になりました**。「何とか基本会費の中で」という意見の中で財政担当のM君いわく「どうしても不足するんだよ。ギャラ、会場費、旅費、宿泊費、機関誌代、ポスター、等々どこも切りつめれないギリギリなんだよ。その上、会員を一千名にみての話なんだよ。サークルの会合で詳しい話をして追加会費と会員拡大を、会員一人一人の問題としてつかんでもらおうよ」のまとめの意見で、居並ぶ面々「よし、その線で頑張ろう」と決意しています。みなさん、どうぞよろしく。

## 新中国の躍進を「中国歌舞団」で！

すでに新聞、テレビ等で御存知でしょうが、全国労音会議と日中文化交流協会の共同招聘による「中国民族歌舞団」が日本に来ました。約二ケ月全国十八労音で三十八回の例会と一回の一般公演が開らかれます。中部地区では名古屋労音が七月例会として取り上げます。

日時　七月八日（木）
〃　九日（金）
午後六時三十分開演
場所　名古屋市公会堂（鶴舞公園）
会費　六百円

参加を希望されるかたは、六月二十六日までに事務局まで申込んで下さい。

仲間をさそつて参加しよう。

### 『民ゼミ』にどうぞ！

二週間ごとの水曜日七時から、東労会議で松本新八郎「民謡の歴史」をテキストに学習会を開らいています。

民ゼミとは「民族音楽ゼミナール」ぜひどうぞ参加して下さい。

会費は無料です。

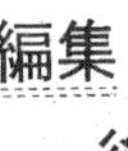

## 編集後記

○今号は、いつものものとちがつて、サークルや会員間の討論資料を提供していると思います。出演者の横顔的な解説や曲目の説明的な記事は全然のせてありません。その代りに、写真は多くのせてあります。記事がかたくるしく感じられたならば、それらの写真でかんべんして下さい。

○中国歌舞団、中部労音友好祭それに、中津川労音総会等、必らず参加しなければならない会合が多く開かれます。天候不順に関係なく、友人知人を誘つて多数参加しましよう。

○他労音の機関誌が、毎月多数送られて来ます。興味のある方無い方、どうぞ事務局まで申し出て下さい。全国労音会議機関誌「月刊労音」も現在五十余部の読者がありますが、労音について知りたい方は、これもまた事務局まで申し込んで下さい。一部四十円です。

○先号の機関誌が、一部の会員の方に渡らなかつたそうです。こちらの手落ちでした。今後、気を付けます。

○機関誌の読後感はどんなものでしょうか。例会の折、アンケート用紙の裏にでもぜひ書いて下さい。「ほめる」ことは勿論、「けなす」こともたつぷり書いて下さい。

# 中津川労音

1965'6 No.17

中津川勤労者音楽協議会機関誌　編集／情宣部　事務局／中津川市東労会議内　T⑤2878

## 8.9月例会　予告

日本の伝統が花ひらく
明るい歌とおどり

# 音楽歌舞団 カチューシャ

**8月27日（金）** 予定

**第1部　日本のうたと踊り**
プロローグ「太鼓のひびき」／花笠おどり／田楽田植祝い／松前追分／櫓ばやし
そーらん節／竹おどり／稲すり節／八月おどり

**第2部　舞踊劇『砂糖きび惨酷物語』（全七景）**
プロローグ　庵美郡島・徳之島／洗骨祭／待ちわびるお蔵米船／疱瘡踊／製糖工場
ひかれゆく為盛／立ち上る島民／妙岩山のとりで

**第3部　アジアのうたと民族舞踊集**
合　　唱　ロシア民謡ー仕事のうた・一週間・カリンカ他／農楽／崔おじいさん
の平壌見物（三重唱）水蓮の舞／紅調舞（ホンチヨーウー）／行商人
（テノール独唱）／カバーク

◇みんなで参加　みんなで創る◇

## これからの例会と行事

◇みんなで歌って　みんなで楽しく◇

八、九月例会　八月二十八日(金)
音楽舞踊団「**カチューシャ**」

十、十一月例会　十月十三日(火)
アルゼンチンからやって来る
国宝的ギタリスト
「**エドアルド・ファルー**」
唄とギターによるアルゼンチン民謡集
全国百八十余の労音統一企画

十二、一月例会　十二月初旬
中津川に初めての本格的オーケストラ
「**ABC交響楽団**」
会員多数の待望久しい、オーケストラによるクラシック例会

### 「山のうた」
レコード・コンサート

場所　東小学校講堂
日場　七月五日(月)午後七時

山の唄を聞いたり、山の写真を見たり、山の話をだべったり、山の歌をうたったり、山の食い物をたべたり……

### 「中部労音友好祭」
中津川前夜祭

場所　付知川　三本松(並松)
日時　七月二十四日(土)
　　　二十五日(日)

キャンプして、歌つて、踊つて、釣つてさわいで、語り合つて……

### 「中部労音友好祭」

場所　三重県四日市朝明渓谷
日時　八月七日(土)八日(日)
　　　九日(月)　三日間

中部のなかまと交流しよう。中津川からは三十名以上参加予定。目下募集中。

### 「第二回中津川労音総会」

日時　七月三十日(金)
場所　東小学校講堂(予定)

全会員の創意と工夫で、第二回の総会を成功させよう。

### 「民族音楽ゼミナール」

日時　毎週第二、第三金曜日
場所　東労会議

民謡を中心に音楽全般の学習会。

### 中津川労音の会員は他労音の例会に参加できます

「名古屋労音の例会に参加できないか」という希望がありました。全国のどの労音の例会にも参加できます。労音の会員は希望がありましたら、例会一ケ月前までにハガキで事務局へ連絡ください。

＜名古屋労音8月例会＞

**東京四重唱団**
八月一六日　6・30　文化講堂　300円
伊藤京子、中村浩子、中村健、茅野靖夫

**五十嵐喜芳・東京交響楽団**
八月一六日　6・30　県体育館　350円

**ダーク・ダックス**
小原重徳とブルーコーツ
八月一七・一八　6・30　県体育館　350円

## 中部労音友好祭

**スローガン**

一、すべての職場、地域に仲間の輪を広げよう。
一、お互に学び、はげまし合つて労音運動に誇りを持とう
一、みんなの力で私たちの音楽を広めよう

▼日　程　八月七日(土)八日(日)九日(月)
▼場　所　三重県朝明渓谷
▼参加費　一、五〇〇円(旅費、宿泊費その他を含む)食費別
▼申込締切　七月十五日(参加者は締切日までに五〇〇円前納)
▼申込先　中津川労音事務局(東労会議内　TEL⑤二八七八)又は各サークル代表者

新らしい発展のために

## 第二回中津川労音総会

**七月三十日に決定!**

第二回中津川労音総会を東小学校講堂(予定)で、七月三十日(金)に開催することになりました。今後の活動方針を決める大事な会です。会員の要望意見を集約するために、アンケートをサークルにお願いします。先号の機関誌にあつた「基本任務」に基づいて、例会内容、財政状態、運営方法、等についての素直で積極的な意見をお聞きかせ下さい。

総会当日には、記念演奏、パーティーなどを計画しています。みんなで成功させましょう。

中部労音友好祭

## 『三本松』で出合おう

中津川労音前夜祭

八月七日、八日、九日と三重県の朝明渓谷で開かれる「中部労音友好祭」には中津川労音からも多数の参加が望まれています。しかし、時間的に考えて参加が不可能な会員もあることと思います。友好祭を大多数の参加で成功させるためにも、「中津川労音」での取りくみが必要になつて来ます。そこで、

**七月二十四日(土)**
**〃二十五日(日)**
**付知川　三本松(並松)**

で「前夜祭」を企画しました。

かたぐるしいことはヌキにして、**キャンピング、魚つり、大合唱、水泳、キャンプファイヤー**など大いに楽しみましょう

## みんなの希望を出しあって すばらしい例会をつくろう

**来年度の例会企画を**
**みんなのアンケートで**

例会は私たち会員一人ひとりのものです。また会員を拡大するためにも私たちの要求を生かした例会でなくてはなりません。会員一人ひとりの希望をアンケートで集め、みんなで来年度の例会を企画することになりました。私たちの労音をよりみんなのものにするようサークルで話し合い希望を出し合いましょう。

## 5月例会『五十嵐喜芳』

### よい音楽にふれるよろこび

#### 親しみを感じたたのしいおしゃべり

▽歌は勿論イタリア旅行の話が楽しかった。曲と曲の間の待ち時間をもっと工夫してピアノ等でうめたら―（坂下林野）

▽いわゆるショー的なところがなく音楽だけを楽しむことができたこと（坂下）

▽歌手が大変まじめであった。曲がよくわかり好きなものばかりだつた（東小）

▽上手だつたからよかつた。ハンサムだつたからよかつた。話もユーモアがあつた。（西小）

▽クラシック、マイクを通さないナマの音楽、演奏曲目――素晴しい。（三菱）

▽体で歌つているという感じを受けた。また、現代は流行歌がほとんどで、こうした調子のものは余り歌われていません。今後もぜひやつてほしい。（上野）

▽よかつたが司会者が一人いてもよかつたと思う。歌と歌の間がなんとなくものたりないものを感じた（恵那服装）

▽今までポピュラー例会が多すぎた感じだつた。五十嵐の例会は会員の要求にピツタリだつたと思う。（坂下）

▽「TV・ラジオ等で聴いていたが矢張り生はよいと思つた」「ある程度のユーモアをとり入れハリツメタ空気を柔らげなかなかおもしろく聞けた」「あの大きな体全体からの美声は多少の忙しさもフツ飛びました」「〃何を食うとあんな声が出るのかな〃我の声にガツカリ」「体ごとぶつつけて歌つた〃カタリ〃に鳥肌の立つくらい感激」「マンマ、カタリが特によかつた」「やはりカンツオーネ」「歌劇のアリア等クラシックを歌つてほしい」（中津林野）

▽クラシック音楽会を聞いたことがなかつたため参考になつた。音響設備の揃つた所だと尚よいと思います（中津川工）

▽今までと感じが全然ちがいすばらしかつた。（坂下保）

▽久しぶりにああいつた種類のものを聞いたこと、訓練された発声音の美しさに感じ入つたこと。日本の歌をもつと聞きたいと思つた。（坂下小）

▽本当の音楽の様な気がした。量より質の高いものがよい。（上野）

▽曲目も親しみ易く、出演者自身の雰囲気作りもうまく楽しかつた。安心しきつて聴き入ることができた。（福岡中）

▽何度かの来演によりますます円熟味を増し、一時間余の間大変楽しくすごせたもう少し曲数を増してもよかつたと思う（TKO）

▽知つている曲があつてなつかしく聞けた。テノールが美しかつた。生にふれることが少なく、どの例会も感動ばかり。（すみつこ）

▽曲目がよかつたし、声にボリユームがあつて大変よかつた。（中津高生）

▽大体学生時代に聞いたり歌つたりなじんできたものにふれ、より心に響くものがあつた。（すみれ）

▽全体にみて盛り上りがなかつた。（市民病院）

▽内容はよかつたが、一通り歌つた後の処置が――幕と照明――が悪かつたようである。（蛭川）

### どんどんやつてほしい

#### クラシック例会

▽なぜクラシックをしないかと常々思つていました。クラシックの中にも仂く人たちの要求と一致するものが必ずあると思うのです。年間最低二回ぐらいはもてませんか？（坂下小）

▽声楽、ピアノ、ヴアイオリン、チエロ等ぜひやつてほしい。来聴者から判断してこのようなクラシックを心から望んでいると読みとれる。（三菱）

▽クラシックでもなんでもやつてほしいが、より多くの人に聞いてもらうためにジャズ、ラテンなどポピュラーなものをはさみ片よらないでバラエテーにとんだ例会にしてください。（すみれ）

### 例会について希望と意見

▽これから夏にかけてハワイアン例会をやつてほしい。月に一回はレコードコンサートを！（坂下）

▽労芸から労音に変わるとき、私たち下部の者には何ら知らせることなく決つてしまい、又労音になつてからは音楽が主で〃芸〃の頃より巾が狭くなり、演劇愛好者にとつてはもの淋しい。岐阜方面の民主的劇団を呼んでほしい。（坂下保）

### たのしい例会にするために

▽会場に入つたとき、先に席がとつてあることに不満を感じる。

▽もつと広く、もつと聞きやすい会場で聞きたい。

▽二〇才の女性が知つている歌だと一しよに歌つたりハミングで口ずさんだりするため、大変聞きにくかつた。

▽三才位の子どもがしやべるため、聞き苦しかつた。

▽子どもらの整理をもつとできないか、特にクラシックはギヤー声が耳にさわる

▽時間通りに始めてほしいと思います。開演中楽屋への出入りはやめてほしいと思います。（少々気になります）

▽労音くらいは定刻に始めたいものだ。もつと会員一人ひとり責任を持つべきです。特にクラシックの場合、演奏中に会場を歩きまわる会員は何とかしていただきたい。

# 百十三人の参加

## 第二回労音レコ・コン報告

さる六月四日、「ESSOホール」で開かれた第二回目のレコ・コンは、第一回よりも多い百十三人の参加で、大成功を収めました。いまだかつて、レコ・コンで、こんなにも大多数の参加をみたのは、中津川では無かつたことです。そして、年令も職業も住所もバラバラな労音だからこそ、「音楽」を通じて集まれたのです。（おまけにカイヒまで取つて）

例会をひかえて、「東京キューバン・ボーイズ」の演奏を、映画音楽とラテンを中心に聞きました。ステレオの装置は「大惣楽器店」の好意により、提供してもらいました。第一回より、「音」が良かつたのはそのせいです。

会場でお願いしたアンケートの集約を報告します。回収率は四十五%でした。

女性が三分の一以上。面白いのは、二十一才から二十三才の参加がたいへん多かつたことです。やつぱり「おとしごろ」でしょうか。

コンサートの評価

全体良かつた(14)良くない(0)普通(32)
会場 〃 (24) 〃 (3) 〃 (19)
曲目 〃 (27) 〃 (0) 〃 (18)
解説進行〃 (11) 〃 (10) 〃 (24)

意見、一部を紹介します。

▽会場をもつと明るくしてほしい。
（ごもつとも、今度は明るくします）

▽今日は飲み物が出たが、今度はお菓子の方が良いと思いました。

▽会場はどこでも良いが、飲み物は不用

会費が高すぎる。僕らの安い月給ではたとえ百円でも多い。もつと多くの人が気軽に入つて楽しめるように、会費も安く出来るようにしたい。せめて、二十円から五十円にしましよう。

▽こうしたコンサートは出来るだけ多くやつてほしい。今日は最高によかつた労音つて本当にすばらしい会ですネ。一人でも多く若い人たちに伝えてあげたい気持です。

▽全体にさわがしかつた。ボリュームが小さすぎるようだつた。

▽コンサートの後に出来るだけ反省会を持つと良い。これからも、良い労音にするために、どしどし催し物を行うことも必要。レコ・コンは大賛成。

▽時間厳守
（これは多かつたですヨ）

▽コンサートを定期化すると良い。ギター演奏のレコ・コンをぜひ。

▽いれかわりたちかわり、違う人が各々しやべり過ぎると思う。もう少しスマートに進行してほしい。

今後の希望
クラシック(17) ポピュラー(27)

ほとんどのアンケートに意見が書いてありました。実行委員会では、これらの意見を十分に反映して今後のコンサートをより安く、より楽しく行ないたいと反省をまとめました。

◇—◇—◇—◇—◇

## 次回＝予告

### 『ヨーデルと山のうた』

日時　七月五日（月）七時
場所　東校講堂

山のシーズンが来ました。労音には登山の好きな会員が多いでしよう「やま」のすきな人は「うた」がすきです。そこで、レコ・コンと「やま」を一緒にして一夜の涼を取り「やま」の話をしましよう。

## 第二回自主上映作品決定

小さな英雄 ベトナム映画 **キム・ドン**

音楽が一杯 ソ連映画 **シベリア物語**

「千里馬」の二千七〇〇人動員の成功に続いて、仂らくものの手で世界の名画を上映。

初公開の北ベトナム映画「キム・ドン」はアジア、アフリカ映画祭最高賞の他多くの受賞に輝く問題作。「シベリア物語」はソ連の音楽映画。

**日時　七月三十日〜八月二日**
**場所　中津劇場**

## おわびと訂正

先号の機関誌に、なんと二十数ケ所の誤字脱字がありました。正誤表が必要です。目ぼしいものだけ訂正します。

| ページ | 段 | 行 | 誤 | 正 |
|---|---|---|---|---|
| 2 | プログラム | | 「メラバトーレ」 | 「トラバトーレ」 |
| 〃 | | | 「ラ・クンパルシター」 | 「ラ・クンパルシータ」 |
| 3 | 3 | 8 | 一五四八年 | 一九四八年 |
| 5 | 3 | 13 | なかつにが | なかつたが |
| 6 | 3 | 21 22 | 音労 | 音楽 |
| 7 | 1 | 11 | VEPY | VERY |
| 7 | 1 | 12 | バント | バンド |
| 7 | 1 | 22 | 照明 | 照明 |
| 7 | 4 | 最後 | フランク・永井 | フランク永井 |

あきらかに誤りだと気がつくだけでもこれだけあります。このほかにも、かなづかいの誤り、濁点撥点などの誤り等あります。おひまな時にさがしてみて下さい。校正をしなかつたせいもあるけれども、編集部の手落ちです。

さぞかし読みづらかつたと思います。実の所三人で記事を書いたり、集めたり組んだりしているので、あんなことになります。「ひとつやつてみよう」という方がありましたら、連絡して下さい。事務局に電話して下されば、こちらから出むきます。「例会と行事」の予告を書いておきましたが、参加してこそ初めてその楽しさがわかるというものです。ぜひ気おくれせずに………

読んでみての感想を知らせて下さい。

# 中津川労音

1965'8 No.17

中津川勤労者音楽協議会機関誌　編集／情宣部　事務局／中津川市東労会議内T⑤2878

中津川労音8・9月例会

## 音楽舞踊団 カチューシャ

とき ／ 8月28日(土) P.M6.20　　ところ ／ 東小学校講堂

# 明るい歌とおどり

## 3. 疱　瘡　踊

厄除の芭蕉の葉をもつた女たちの疱瘡神をおいはらう疱瘡踊。

生きながらの地獄
昨日も死んだ
今日もそして明日も
悲しみのながい行列が
いつはてることなく
つづいていく

## 4. 製糖工場

製糖納屋のかまどから吐き出す焔が赤い、ふき上る蒸気のなかに無言で仂く島民砂糖作りの作業唄がきこえてくる作業場見廻りの役人、子供が噛捨てた、さとうきびを見て子守と母親のわびを聞き入れず、二人をひつ立てていく。怒りにもえる島民。

一このきびはおれたちのものだぞ、おれが作つたキビを食つて何が悪いんだ。

## 5. ひかれゆく為盛

飢えに苦しみながら、自ら作つた砂糖きびの一片さえ口にすることが出来ぬ、生きながらの砂糖地獄に島民の呪いは日につもつていつた。文久四年三月十八日犬田布村の為盛は砂糖隠匿のいいがかりをつけられ、代官仮座にひき立てられていく。

## 6. 立ち上る島民

犬田布村代官仮屋一為盛をとりしらべる代官。

一為盛、四百斤の不足はどうしたのだ！

一土地がやせており、却年の台風で……

一不足の分は隠したか、密売したかに相違ない、拷問にかけろ！

打ちたたかれる為盛……代官所に集まつた村人から「為盛が殺されるぞ」の声高まり、半鐘の音……

蜂起した民衆に気おされてついに逃げ出す役人、激こうした島民は武器をとりあげ、口々に叫ぶ。

一薩摩のチョンマゲは島々から出てうせろ！
妙岩山にとりでを築け！

## 7. 妙岩山のとりで

中央にかがり火がもえている。懸命にとりでを築いている島民。一揆に立ち上つた島民の団結と勇気を鼓舞する松明のおどり、つづいて島民の革命的エネルギーを表わす鎌のおどり。

かがり火の中に次々に松明を投げ入れる群衆、一段と火勢強まり、圧制のくさりをたちきる逞しい唐手の踊り。

爆発したエネルギーは巨大な力となつて妙岩山の森にこだまし、夜空にひろがつていく。　　　— 幕 —

# 第3部　アジアの民族舞踊集

## 1. 農　　楽
朝鮮の農民の間で踊られていたものですが、今では一般の人も踊つており日本の盆踊りのようなものです。

## 2. 剣　の　舞
征服者に対するはげしい憤りを胸にひめ両手の剣を鋭くふりかざして踊る、朝鮮の伝統的な女性舞踊。

## 3. 今日も大漁だ
人民の食膳を豊かにするのだと、掛声も勇ましく、ミヨンアンポの沖に船出していく海の男たちを描いた逞しい朝鮮の群舞。

## 4. 普天堡（ポチョンボ）はわがふるさと
祖国解放のゆかりの地、美しいふるさとを讃える独唱曲。

## 5. 水連の舞
泥沼から咲き出た蓮の花は、長年に亘つて諸外国の侵略で踏みにじられた国土のなかから新中国を花咲かせているかのように振付けられた新しい舞踊です。

## 6. 紅調舞（ホンチョーウー）
中国東北地区のヤンコー踊りは、中国人民が愛している紅い絹を使つて、人民の新しい生活と祖国を讃える熱烈な気持を表現したものです。

## 7, 行　商　人
オイ、見てくれ篭いっぱい綆紗と錦……おなじみのロシヤ民謡。テノールの独唱。

## 8, ガパーク
ウクライナの民族舞踊で、馬の様にとんだりはねたり、すばらしい迫力と躍動美を表現しています

---

労音エチケット……開演5分前に着席しよう

# 日本の伝統が花ひらく

## 第1部　日本のうたと踊り

### 1, プロローグ「太鼓のひびき」

力あふれる激しい太鼓のバチ音！かけ声！昔から日本人の行動的な力性はこの太鼓の音に求められ、そして色どり豊かに民謡を支えてきました。仂くものの苦しみの生活を打破る生命力となつて鳴りひびいてきた太鼓、この太鼓のひびきの中から私たちの民族のほこりが生まれ、この太鼓のリズムの中から私たちの明日への力がほとばしる！

### 2, 花笠おどり

明るくなつた舞台に、華やかな花笠が並び、山形県の民謡「花笠おどり」が踊られます。皆さんご存知のこの歌は山形市附近で歌われている祝い歌で「田植踊」が変形されて発展したものと思われます。

### 3. 田楽田植礼い

▷太鼓の舞　△鍬の踊り　△祝い田　△田植唄　△田楽ばやし

農村の伝統的な行事である田植を舞踊化したものです。花笠をかざり、大太鼓をつけた男たちの力強い「太鼓の舞」に始り、赤だすきの早乙女たちが勢揃いすると、舞台は活気にあふれる田植うたと共に明るくはなやかに踊られます。

### 4, 松前追分

江差追分とも呼ばれるこの歌は、信濃追分が北海道に伝わつたものといわれ馬子唄ののんびりした調子から変化し、北の荒海で仂く漁夫の哀愁感と素朴な迫力にとんでいます。テノール独唱で…………

### 5, 櫓ばやし　そうらん節

北海道の鰊漁というと思い出されるのが「そうらん節」です。沖合いにおろされた網をひきあげると船の上には一杯の鰊の山です。「沖揚音頭」が歌われ、つづいて元気いつぱいに「そうらん節」が踊られます。

### 6, 竹おどり

「はんや節」の伴奏にのつて陽気におどられるこの踊りは、鹿児島県に伝わるもので、封建の昔におかみさんが、火吹き竹と物干竿をうち合わせてウツプンをはらしたのが好まりと伝えられています。

### 7. 稲すり節

台風が過ぎ、南の島にも取入れの秋がやつてきました。明るい囃し歌のリズムにのつて稲をすり餅をつく、奄美大島の楽しい豊年の踊りです。

### 8. 八月おどり

「ほうほりたあて」（囃したてて）の静かな行列おどりから、やがて大きな輪になつて旧暦八月の十五夜を中心にして村中総出で踊りあかす〝八月踊り〟のフィナーレとなります。浜辺の明るい月の光に照らされながら、踊りは激しい〝六調〟のリズムで最高潮に達していきます。

## 第2部　舞踊劇「砂糖きび惨酷物語」（全七景）

### プロローグ

奄美群島・徳之島

九州の南端鹿児島から、沖縄にいたる海上に、七つ星のように浮かぶ大小さまざまの島々、奄美が経てきた長く平和な琉球王朝の善政、この善き時代の眠りをやぶつたのは慶長十四年、島津の手による奄美侵攻であつた。

砂糖きび惨酷物語はここに初まつたのである。

### 1. 洗　骨　祭

一人の老婆がうす暗くシルエツトに浮ぶ。

墓より徳之島三代の島主の遺児、佐武良兼の霊あらわる－

一佐武良兼の舞

一かつて徳之島は天のみぐみし、ゆたかな山の幸野の幸海の幸をよろこび良き世をすごせり……思えば過ぎし日、薩摩の軍勢徳之島におしよせきたり、島人わがふるさと、わが島守れと立ち上る……

……御先祖様、毎年のお祭も今日が最後でございます。田んぼもみなつぶされてしまい、その上お墓までもつぶして砂糖を作れとのひどいお達しでございます。死んでも安住の地もない私らは、一体どうしたらいいのでしよう。砂糖ゆえに死ぬほどの苦しみ……

### 2. 待ちわびるお蔵米船

年に一度、島民の飯米や生活必需品をつんでやつてくる薩摩のお蔵米船は、今年はまだやつてこない。米も油もとつくに切れて蘇鉄の実や木の根まで食べつくした島民は遥か沖合に白帆をみかけ、飢えた体に鞭うつて浜辺に集まつてきた。しかし船は人々の期待を裏切つて遠ざかつていく。飢えと絶望に老婆は死んでいく。

役人衆のお蔵には米が沢山あるというのに、おれたちは生きる権利さえないのか……

役人を諷刺した口説きにのつて、島民の不満は高まつていくのだつた。

---

開演6時20分…………終演は9時の予定です

# 三度目の来演！期待される熱演！

## 音楽舞踊団カチューシャの横顔

力あふれる激しい太鼓のバチ音！昔から日本人の行動的な力性はこの太鼓の音に求められ、そして色どり豊かな民謡を支えてきました。働く者の苦しみの生活を打ち破る生命力となつて鳴りひびいてきた太鼓！この太鼓のひびきの中から私たちの民族の誇りが生れ、この太鼓のリズムの中から私たちの明日への力がほとばしる。

太鼓はひびきわたる。北国のロシヤに、となりの中国、朝鮮にも。そうです「カチユーシャ」は、あなたの、そして、私の心にアジアの力強い友情の輪を広げてくれるのです。さあ、力ある限り声ある限り「カチユーシャ」を迎えましよう。

### カチューシャが生れてから

音楽舞踊団カチユーシャは昭和二十四年厳寒のシベリアから引揚げた文化活動家によつて組織された帰還者楽団が、東京日比谷公会堂で帰国感謝公演をしたのがその始まりです。

その後、悪条件の中を各地で巡業をかさね、敗戦直後の日本人のあれすさんだ心にほのかな温かい灯をともしてくれました。それから十六年、カチユーシャは我が国の民主的音楽舞踊運動の先駆的役割を果たし、地方の音楽サークルや活動家に、音楽舞踊に対する新たな意識や希望を盛り上げてきました。僅か三十数名の団員にもかかわらず、その力は果てしなく大きいものがあります。彼らの紹介したソビエト歌曲集の中〝ともしび〟〝トロイカ〟〝バルカンの星の下に〟〝カリンカ〟〝一週間〟など、今や口ずさまない人はないでしよう。昨年は全国からの資金カンパで東京に立派な研究所も完成して、全団員が新たなファイトに燃えています。民族舞踊の遺産を正しく継承し、発展させ、諸外国のすぐれた音楽舞踊の紹介につとめ、友情と連帯に満ちた明るい健康的な音楽舞踊を創り出して、日本の働く人々の要求に応えること、これがカチユーシャの最大の目的です。

### 舞台にあふれ出る仂くもののたのしさ

カチユーシャの舞台は、仂くものの踊りと歌です。舞台一杯にひろがる若い息吹きは健康で発らつとしその真剣なまなざしは見る人の心をとらえます。躍動感にあふれるソビエトのエネルギツシユな民族舞踊や、深奥の音楽にあわせての中国、朝鮮の古典舞踊、新しい角度からとらえた日本民謡の数々は、働くことの誇りと喜びを与えてくれます。舞台をみた人はこうもらしています。「いきなり響くとてつもなく大きな太鼓の音、前に見て驚かないぞと決心していたのに駄目だつた。何をやり出すかわからない力が渦を巻いているような気がした。底ぬけに明るい笑顔に希望がみなぎつていることが感じられた」　又、あるお母さんは「感激は今も忘れません。高校一年生の娘と一緒に見に行きました。会場で教えられた歌も皆と一緒に大きい声で歌つていると、つい調子のはずれていることも忘れ、娘にたびたびつつかれても、おかまいなしに楽しく合唱しました。歌を心から愛する人の表情はあんなにも生々と輝いているのでしようか」と心から感動したことを訴えています。

最近ラジオ、テレビ、レコードなどを通じて、リズムばかりが強調された内容のない音楽、外国語でしか歌われない歌が私たちのまわりに渦巻いています。ここでもう一度日本の、真の働く者の音楽舞踊をみたいものです。それをカチユーシャは満してくれることでしよう。

## カチユーシャ例会 前夜祭

8月28日のカチユーシャ例会の前夜祭が8月25日 6時30分から南小学校講堂で行なわれます。

この日カチユーシャから3名のオルグがみえ民踊指導、団員との話し合いなど行なわれる予定です。

その他、実行委員会でフオークダンス、歌唱指導等取り組んでいます。

多くの参加で前夜祭をもり上げ、カチユーシャ例会を成功させましよう。

---

◇中津川労音第二回総会が去る八月六日　エツソ・ホールで開催されました。代議員から活潑な意見が出され、新しい活動方針と運営委員が満場一致で承認されました。

詳しくは次号でお知らせします。

---

◇自主上映の第二弾「キムドン」「シベリヤ物語」は、ベトナム映画の初公開、ロシア民謡一杯の音楽映画だけに、巾広い取組みが行われ成功を収めました。

---

◇編集スタイルを変えてみました。いかがですか。原稿を会員のみなさんから募集します。事務局まで送つて下さい

**更に一歩、中津川労音の発展に努力しよう！**

# 中津川労音

1965'8 No.19

中津川勤労者音楽協議会機関誌　編集／情宣部　事務局／中津川市東労会議内　T⑤2878

一、徳之島がじゅまるは
石抱きて育つ
代官役人
島抱きて育つ

二、仇ぬ世の中に
永らえておれば
朝夕の涙
袖ぞ絞る

三、年や寄ていきゆく
光や定まらず
荒波に浮ちゆる
舟のごとに

第3回　中部労音友好祭参加記

# 天晴れ!!中津川労音

暑い、そしてまたこの混雑ぶり、デツキで足を下すところもない名古屋行急行に、えらく勢のよい黒スタイルの鎌倉、西尾、原、岡田の北恵那サークルの面々と、中箴、長瀬の先発隊6名が乗込み、中津川労音1千名分をこの6人がくらいの意気込みでハツスルすること。近鉄線、湯の山線そしてバスと乗り継いだ途中は、車の中央にダンボールを敷いて座りこみ、大声あげての快、清談の連発。その内容は高尚な機関誌を汚す恐れがあるので省略するが、ともかく珍道中の終点は中部労音友好祭の行われる四日市の朝明渓谷へ到着、早速宿舎である鈴鹿岳友荘へ入つて夕食の準備、労音旗を道路中央へ張出し、鎌ちやん指揮の6部合唱やがて8時より中央広場で開会式とキャンプファイヤーが行われる頃には中津川労音は最前列で大張り切り、その頃第二陣の本隊到着、マイクロバスの中からは林野の猛者、伊藤和くんと国くん、園原、柴田、労金サークルの水野、日置、坂下の松井、中板の志水、紫苑の稲川、酒井、トキワの花田が下り立つ、その夜は交流に花が咲き、楽しくて面白くて「オヤ、アノ人が」と思う程愉快な一夜をおくつた。

翌8日午前中、松本新八郎先生を囲んで話し合い。先生「中津川労音は年長者も若い人も一緒になつて、サークル活動に取組んでいることは注目すべき労音である……」といわれ、他労音からも「中津川」「中津川」と一番活動しているように注目され、ますます意気盛ん。午後からのゲームや歌に笑いころげて涙を流す程や、四日市労音との交流、伊勢神楽、ファイヤーと参加労音中、一番の張切りぶりを示し、母親大会から直接かけつけた福中の市川、安部両人を加えての交流会は午前二時迄。

9日は距離1000mの散歩登山をやり、閉会式では、アツピールに中津川労音の「サークル活動に友好祭で得たエネルギーを持ちこみ前進させよう」との総括が織り込まれ、一同この感激を中津川に持ち帰り、そしてひろめ、今後の前進のために頑張ることを誓いつつ、朝明に別れをつげました。　(友好祭3日記者記)

## 大切なサークル活動　労音運動の素晴らしさ

3日間、全体的にふり返つて見れば、スケジユールに多少の問題点もあつたような気がしましたが、とにかく非常に楽しい友好祭でした。労音には、現在多くの学習をしなければならないことがあると思います。税金問題、サークル活動といろいろありますが、これらの問題をテーマにして分科会などを持てば、他労音のこれからの問題がもつとはつきりとしたではないかと思います。また各単位労音の時間が多すぎた気がしました。他労音との交流は四日市と1時間しか持てなかつたのは残念でした。

第2日目に中津川労音主体で、松本新八郎先生との話し合いをしましたが、その中で労音運動の基礎、サークル活動がいかに大切であるか、はつきりわかつたように思います。10労音の中で中津川の参加者が一番少なかつたのですが、19名全員が非常にハツスルして各行事に参加していました。閉会式のアツピールにもありましたが、「例えば中津川労音では、ここで得たエネルギーをサークルに持ちこみ、そこから運動を発展させたいと総括しています」

中津川労音が生れて未だ2年目ですが、中部労音内では非常に注目を集めているような感じがしました。友好祭に参加した中で、労音運動の素晴らしさを僕なりに知ることが出来たと思います。　(林野　伊藤)

—東京キューバン例会　ハガキ批評—

# ラテンの楽しさを満喫

### クラシツクのラテン化に賛否両論

◇ラテンの楽しさを味わわせてもらつた。クラシツクの曲を演奏するような意欲的な面もうかがえた。　(西小)

◇休む間もない大変タフな演奏振りに驚きました。私たちにとつては大歓迎。ポピュラー曲が多くてとても楽しく素晴らしい例会でした。アレンジも各々よかつたと思います。　(坂下)

◇バラエティーに富み高年層にもよかつた。　(坂本小)

◇クラシツク音楽（交響楽）に歌詞をつけたのは余り面白くなかつた。　(坂下)

◇クラシツクのものをラテン化した曲はそのよさが減じ期待はずれだつた。マリンバがとてもよかつた。　(福中)

### 労音をみんなのものにするために もつと協力を!!　—例会管理—

◇子どもの泣声話声が耳についた。

◇子どもづれで入場される方がいますが、ウルサクて音楽鑑賞どころでない。

◇マイクが大きすぎ聞きずらかつた。

◇大人の集まりなのに、椅子も片づけず紙くずは多くて情けないと思います。会員の方の協力を。

◇機関誌よかつた。

◇当日の会費受付は困る。

◇気がかりなところはないが、私たちは会員一人ひとりの心づかい（帰りの椅子の始末が悪い）が必要なだけ。

◇負担が一部にかかつてしまつているが、ようすがわからんと仕事にならない。

◇だいたい定刻に始まり、多人数にもかかわらず静かでよかつた。遅れた人は演奏途中で入らないようにしてもらいたい。

◇アナウンスがよかつた。

◇なるべく土曜日か日曜日にしてほしい。

### 毎月例会があつたら、いや少なくてもよい例会を　—例会についての希望—

◇追加会費を出しても多く聞きたい。

◇回数は少なくてもよい例会を。

◇希望通りには行かないが、アンケート結果になるべく近づくように企画してほしい。

◇演劇等たまには見たい。音楽も一般に知られていない楽団等のものが聞きたい。

◇例会が毎月持てるようになるとよい。ポピュラーなものにかたよらず3度に1回はクラシツクものをしてもらいたい

◇他の労音で西田佐知子例会があるそうだ。中津川へも是非おねがいします。

◇1月に1回は例会がほしいですね。生のものに接する機会が少なすぎる。

# 中津川労音の発展のために

## ――中津川労音第二回總会を終つて――

8月6日夜　エツソ・ホールで中津川労音の第2回総会が開かれました。63年4月350名の仲間が集まつて中津川労芸として発足し、同年10月芦野宏リサイタルを機にまがりなりにも第1回総会を開いて、全国労音連絡会議に加入してから2年目を迎えたいま、1千名の会員に支えられて第2回総会をひらき、これまでの運動を反省し、これからの運動をより発展させていくための5つの方針をうちたてました

### 1. みんなで拡げよう!
### 音楽の喜び　労音の楽しさを

労音運動の中心は言うまでもなく「例会」です。これからの中津川労音が、もつと大きくりつぱに発展していくためには、何よりも、まず、いままでの例会の中で私たちが「実感を持つてつかんだ音楽の喜び、労音の楽しさ」をもつと多くの人々に拡げていこう。そしてそのことに誇りと確信をもつてがんばつていくために「労音の基本任務」(前号参照) をこれからの運動の中で具体化していこうということが、第一に確められ決定されました。

### 2. みんなで起こそう!
### 生き生きしたサークルの活動を

日本に労音運動が生まれてから16年目です。「よい音楽を、より安く、より多くの人々に」との大阪の仲間によつて始められた労音運動は、日本の仂く仲間の心に大きな共感を呼び、今日では全国各地に拡がつて172労音 62万人の会員を結集した大運動となりました。ところでこれまでに発展したカギは一体何だつたのでしよう。それはサークルの活動を基礎にした民主的運営、つまり労音の活動は主催者と入場者というような関係でなく、サークルの仲間の話し合い、サークルの代表者の話し合いを通して決定され実行されていくところにあるわけなのです。これからの中津川労音の発展は、このサークルの活動をもつと生き生きと活溌にしていくことにかかつているのです。

### 3. みんなで作り上げよう!
### すばらしい例会を

例会は労音運動の中心です。この例会づくりをもつとすばらしくしていくために、次のような方針をたてました。

①会員の要求によつて例会を企画しよう。
②例会内容を立派にするために直接出演者に対し、或は中部労音連絡会議を通じて会員の声を反映させよう。
③会員の要求をサークル活動を通じて組織するとともに、次のような活動を進めよう。
　㋑郷土の伝統芸能、仂くもののうたごえを発展させて、新しい国民音楽を創造する。
　㋺大衆音楽を仂く者の立場、民族的な面から再評価し、すぐれた作品を広める。
　㋩海外のすぐれた音楽とその民族性を学ぶため、国際交流をはかる。
④音楽的な知識とともに、私たちの国の音楽情勢を学習していこう。

### 4. みんなで支えよう!
### 安定した財政を

「会費を安く、財政を安定させ、運動を楽しく」していくために、次の方針がたてられました。

①長期の見通しをもつて例会を企画し、それに見合つた財政プランをたてていく。
②基本会費の値上げは極力おさえ、どうしても不足のときは最小限の追加会費でまかなつていく。
③事務処理の不合理や不手際をなくするために「専従事務局員」をおく。
④財政安定のためにも1千名の固定会員を確保する。
⑤中部労音、全国労音の立場からする統一交渉、統一企画のワクを拡げていく。
⑥有名タレントのみに頼らず、無名でも内容のすぐれたものを開拓していく。
⑦例会外の事業活動を活溌にし、その独立会計のワクの中で労音の財産を増やしていく。

### 5. みんなでやめさせよう!
### 不当な課税を

特定の者が利益を得るような興行とはちがつて「不特定多数の人に音楽、演劇などを見せたり、聞かせたりする」というような催物でなく、会員自身が例会を企画し、会の事業や活動を維持発展させていくための会費を出し合つて「よい音楽を、より安く、より多くの人々で聞こう」という労音に「入場税」をかけるなどとは現行の「入場税法」の法文の上から全く不当であるし、また入場税そのものが「戦時特別税」として作られたもので、日本の文化的発展の障害となつている天下の悪税で、一日も早くこれを撤廃するのが当然であるという、従来からの私たちの主張の正しさをもう一度確め、これから第一に「税務署長に対する異議申立」「国税局長に対する審査請求」更には「行政訴訟」と法にのつとつた手続きをふんで、堂々と主張を貫いていく。第二には、この「入場税そのもの」を一日も早くやめさせるように、全国の労音、その他の文化団体、この地域の文化団体や民主団体とともに運動をすすめていくことを決めました。

## サークルだより

### 劇団〝夜明けの会〟

東京キューバンの例会において、稽古場建設資金カンパを致しましたところ、4083円集まりましたので、会員の皆様方には紙面をもちまして厚くお礼申上げます。

待望の稽古場の建設も8月5日には基礎工事を終え本建築は今月末日に予定しています。

劇団では、この度稽古場建設特別公演としまして、スペインの民話劇「三角帽子」を 9月5日PM6.30 旭映画劇場にて公演致します。「三角帽子」はスペインの民間詩をもとに作家アラルコンが創作し、木下順二が脚色したものです。民衆が権力者をひつくり返してしまうという日本民話には見られない、明るく素朴な芝居です。三角帽子の出来た当時の時代は18世紀の始りで、はつきりした時代はわからないが、当時の国王は貴族や特権的な都市ブルジョアと農民や中産層の対立の上に自分の権力をうちたて、カソリツク（旧教）で人心を統一した。17世紀にはイギリスとオランダにおされて疲弊したものの王制はつづいた。ありがたい主教さんや権勢ある市長さんたちに、この世ばかりかあの世まで支配されていた農民は、いろいろの名目で五十種以上の税をおさめていた。

このような時代に村の老人は娘つこをキヤキヤ言わせながら「三角帽子」の話をしていたものだ。水車小屋の女房フラスキータのエロチズムも単なる色つぽい女房のお色気というのでなく、絶体王制的権力に対する一種のレジスタンスである。いづれにしても愉快な芝居として見ていただきたい。

10·11月例会　10月7日（木）

## エドワルド・ファルー

### アルゼンチンのギタリスト

全国160余の労音で 統一して取りくむ、**アルゼンチンの国宝的ギタリスト　エドワルド・フアルーが** 10月7日 中津川労音の例会に登場します。アルゼンチンの民謡を中心にしたプログラムは、ギター愛好者のみならず、会員多数の期待に応えてくれるでしよう。日本の裏側のアルゼンチンには、タンゴという世界的に有名な音楽がありますが、インカの昔から伝わるギターを主にした民謡も有名です。その第一人者がフアルーです。

写真でごらんの様にかなり年配に見えますが、まだ42才以前、来日したときに〝ダルマさん〟の愛称をつけられました。

フアルーの演奏する曲目は、おそらく初めて耳にするものばかりでしよう。しかし、ギターの演奏とひき語りで会場をうならせるテクニツクを持つているので、必らず満足出来ることでしよう。

なお、労音でフアルーのレコードを１枚求めましたので9月に入つたら、各サークルを回つて、その素晴らしい演奏をお聞かせしようと思つています。日時と場所を事務局までお知らせ下さい。

## お知らせ

▼記事の中にもありますが、労音のサークルの一つである**劇団夜明けの会**が**9月5日　午後6時30分**から**旭映画劇場**で喜劇『三角帽子』を上演します。以前、労音の特別例会で取り上げたことがありますが、地元唯一といつていい演劇グループの活動を、労音としても積極的にバツクアツプする必要があると思います。その意味から、ぜひ多数の参加を望みます。

▼「**岐阜のうたごえ祭典**」の65年岐阜県大会が、多治見市民センターで 10月3日正午から開かれます。地域として巾広い呼びかけがあると思いますが、下降線をたどつている感のある、うたごえ活動ですので、これからの取りくみに多くの会員が応じるよう期待します。

▼**総会**に、中部労音連絡会議、名古屋労音からそれぞれ出席をいただいて、はげましの**メツセージ**をいただきました。また全国労音連絡会議、東京労音、四日市労音、岡崎労音、松阪労音、岐阜労音、それに菊地音楽事務所、わらび座から、心のこもつた**祝電**をいただきました。こうした先輩労音や仲間からのはげましと祝福にこたえて、がんばつていきたいと思います。

▼中部労音友好祭の前夜祭として、**中津川労音友好祭**を、さる７月24日、25日　付知川三本松河原で開きました。のべ30余名の参加のもとに、大いに友好を深めあいました。毎年の行事にしていこうという話が出ました。

▼松本新八郎先生の「民謡の歴史」をテキストに「**民族音楽ゼミナール**」をいままで数回もつてきましたが、どうも参加者が少ない状態です。仲間と話し合いたい方、音楽にツヨクなりたい方、民謡をドナツてみたい方の参加をお待ちしています。次回は**8月30日**（月）**午後7時**から、東労会議会議室です。手ぶらでけつこうです。ぜひどうぞ。

▼毎号お願いしていますが、会員からの原稿を募集しています。サークルの状況、労音についての意見、希望、その他なんでも結構です。お待ちしています。

▼見ばえのするものを、と思い先号から横書にしました。ユニークな機関誌を作ろうと心がけてはいるのですが……まずまずの出来上りだと自賛しています。絵や写真の入つたものにしたいと思つています。スタツフの不足が悩みのたねです。破いたり捨たりしないでご愛読下さい。

▼総会で承認された、運営機関の役員名簿は次号で。

# 中津川労音

1965'10 No.20

中津川勤労者音楽協議会機関誌　編集／情宣部　事務局／中津川市本町2丁目1-2 四ツ目川会舘ハウス内

更けゆく夜をギターのしらべに………

## 中津川労音 10・11月例会 エドゥアルド・ファルー

### ファルーこんばんわ

ファルーは、アルゼンチンの北部、サルタで、トルコ人の父と土着民（インディオ）の母との間に生れ、ことし42才です。父は彼を、薬科大学に入れるために、ブエノス、アイレスにやるのですが、父の意と異り、途中から国立音楽学校に入つて、ギターを学び、クラシツクの技術をものにしていきました。

クラシツクの基本を身につけた彼は、もつて生れたすぐれた素質とアルゼンチンの民謡的な空気にはぐくまれ、世界的なギタリストになつていくわけです。

ヨーロツパへも行きました。パリでも大歓迎され、ソビエトへは国ひんとしてまねかれました。日本へも昭和38年全国労音の招待で来日しました。そのときのすばらしいギターの音色が忘れられず、もう一度聞きたい、ぜひ、という声が、全国の労音から出され、皆んなで待つていたファルーが中津川にもやつてくるわけです。

世界的なクラシツクギタリストとして名高いアンドレスセゴビアが、ファルーの演奏を聞き、「神の声、天の声、私は、お前のギターを聞いたら、もう自分がひくのがいやになつた。自分は今日まで努力し精進し、やつといくつかのレパートリーをもつことができた。お前は神の啓示により、わきいずるようにひく」とほめた話は、たいそう有名です。

うつくしい音色と、すばらしく高度のテクニツクをもつ彼のギタラは、その豊かな人間性とあいまつて、心にしみとおる音楽を、アルゼンチン民族の心をつたえる歌を、高らかに奏でてくれることでしよう。

ギターと、一びんのブドウ酒をぶらさげて、どこにでも気楽にでかけていき、草原や木かげや街角で、歌い、さわぎ、おどり、明日の労仂のエネルギーを、みなぎらせて生きるアルゼンヂンの民衆、その代表的な男ファルー、こんばんわ。

### 太陽と草原のうた

アルゼンチンは、すばらしく民謡の多い国だそうです。私たちが知つているのは、タンゴですが、ファルーのアルゼンチン民謡と呼ばれるのは、ブエノスアイレスの港で生れたタンゴではなく、カンシオンとかヴイタラと呼ばれる地方の民謡です。さらにブラジルに生れたサンバや、ファールが、アルゼンチンの古い民謡を採譜し、それに新しい生命をふきこんで、現代に生きる民衆の共感をよぶものに作りかえた、新しい民謡を弾いてくれるわけです。

アルゼンチンは、ラテンアメリカの一つの国で、他の国々と同じ様に、16世紀スペインに征服されます。スペイン人たちは、土着民の絶滅を目的とせずに、混血と、カトリツクの布教により、とけあつていきつつ、支配する形をとりました。このため、音楽も混血の音楽といわれるラテン音楽が生れたわけです。

圧迫の中に生きるインディオの悲しみのうたと、労仂力としてつれてこられたアフリカの黒人の苦しみのうたと、スペインのはげしい明るいうた、これらがまざりあつて、メキシコのボレロ、ブラジルのサンバ、アルゼンチンのタンゴや民謡が生れたわけです。

ファルーのギタラは、こういつたアルゼンチンの民謡サンバをたくさん演奏してくれますが、それらは、ほとんど、聞いたことのない、なじみの少い民謡ばかりです。ところが聞いてみると、どこかで、一度聞いたことがあるような気がしてくるのが不思議です。

ことばの解らないファルーのうたを聞いて、私たちの心にひびくものがあるとしたら、それは、アルゼンチンの民衆のつくりだしたものは、私たち民衆にのみわかるものをもつているからでしようし、ファルーのすぐれた力によるものでしよう。

やきつくような太陽が燃える、大草原（パンパ）木かげもないはるかな草原が地平までつづくところ、そうした大地と空の間にいると、自らのはかなさ、頼りなさがおそつてきて狂いそうになる。そんなとき、彼らはギターをだき自らの存在をたしかめるような思いで、歌うのだろう。歌わずにはいられない、おどらずにはおれないうた。それがアルゼンチンのうたでしよう。

さあみんなでダルマさんの心のうた、魂のギターをみんなでききましよう。

# 新事務所の御案内

中津川市本町２丁目１番２号
四ツ目川会館ハウス内(二階)

## 中津川労音事務局

待ちに待つた中津川労音の事務所が出来ました。狭いながら、みんなで中津川労音の発展に役立てたいと思います各サークルの会合などに利用して下さい。

今後の会費受付、その他一切の事務作業は新事務所で行います。

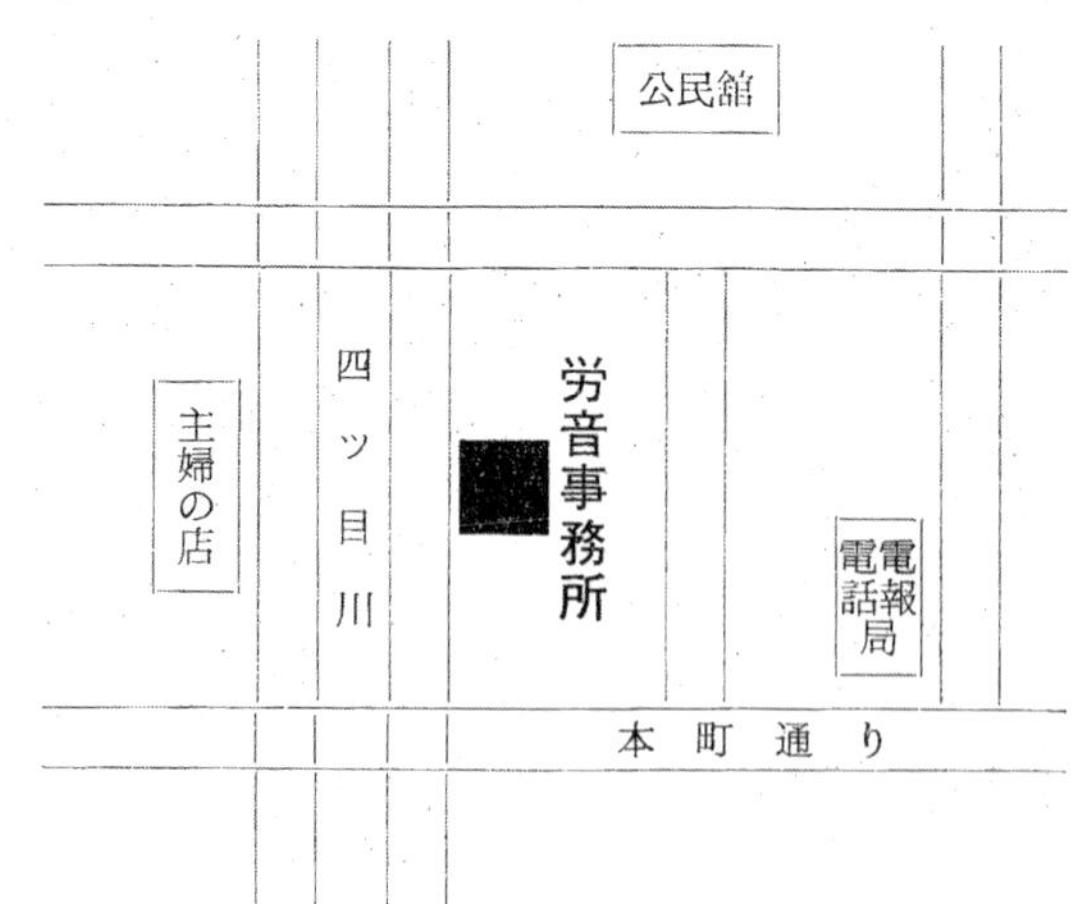

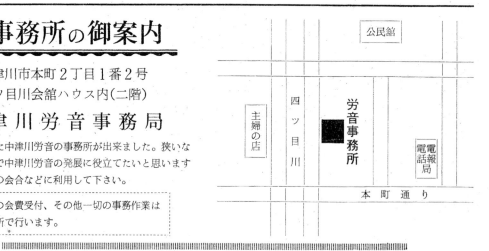

12・1月例会 決定

# ABC交響楽団

50人のフルオーケストラによる、本格的クラツシツク例会です。

目下アンケートによつてプログラムを作製中です。本年の最後を飾るデラツクス例会といえましよう。多くの人を労音に誘つて、みんなで聞きましよう。

## 今年は東京で

# 第11回全国会議

11月22日(月)23日(火)の２日間

全国勤労者音楽協議会連絡会議（全国会議）が、11月22日（月）23日（火）の２日間、東京で開かれます。

昨年は大阪で開かれ、中津川労音からも11名が参加しました。16年間順調に発展して来た労音活動の総括と、これからの方針をうち出す労音の中で最も大切な会議です。全国100万人、中津川1.000名の目標に向つて前進するために多数参加しましよう。

以下の日程と場所で行なわれます。

第1日 11月22日(月)・全体会議 10時～16時 台東体育館
・記念例会・オペラ「山城・国一揆」 18時～21時東京都文化会館
・分散会 18時～23時 宿舎

第2日 11月23日(火)・分散会 10時～16時 宿舎
・記念例会・オペラ「山城国・一揆」 13時～16時東京都文化会館
・記念パーティ 17時～18時30分 台東体育館
・自主交流 19時～22時 宿舎

参加目標人員、カンパ方法など、これから取りくんで行きます。

# あなたも労音の活動に参加しませんか？

## ＝労音は私たちのものです＝

**労音は**「会員を基礎としたサークルの自主的な力によつて良い音楽を安く多くの人たちで楽しむ」活動を行つています。運営は、会員が力を合わせた民主的な運営がされています。

**労音の運営には誰でも参加できます** 労音は総会、サークル代表者会議、運営委員会と規約にもとずいて運営されています。そして運営委員会の活動には誰でも参加できることになつています。

**運営委員会は専門部にわかれています** 運営委員会は、専門部にわかれ活動しています。

**組織部** サークル活動、交流会など活発にし、会員拡大と相互の交流を深め会員意識を高めるための活動

**企画部** 例会の企画や評価など

**情報宣伝部** 機関誌・ニュースなどの編集発行、ポスターなどの宣伝活動、サークル情勢の集約

**財政部** 会の活動を財政的に保証してゆくための活動

**事業部** より広い立場から地域の文化活動を向上させるための活動

**あなたも運営委員になりませんか** 現在33名の人が運営委員として各専門部にわかれて会の運営にあたつています。私たちの労音をより大きく、たのしい会にするためには、直接の運営にもつともつと多くの人の参加が必要です。あなたも運営委員になり、活動に参加してください。労音は私たち自身のものです。

＜各部委員の現在数＞

組織部18人　企画部７人　情報宣伝部４人
財政部２人　事業部３人

# ファルー演奏曲目のご紹介

## 第一部

1. ミロンガの変奏曲（ギター独奏）

2. 夕　　暮（ギター独奏）

ファルーは草原の夕暮が一番好きだと言う。荘厳な大草原の落陽に寄せて、彼自身の作曲したこの曲は、まるで鈴みたいに美しい。クラシツク的技功で奏でるこの曲で、柔かいトレモロを、存分に聞かせてくれる。中津川労音のレコードコンサートでも、一番よろこばれた曲。

3. ポトシの鉱夫（唄とギター）

前回（63年）ファルー来日の時、三池炭鉱の惨事が起り、ファルーが東京労音の例会で他の曲に代えて、犠牲者とその家族に捧げる為に歌い、舞台からカンパを求めた曲。「ポトシ」はボリビアの有名な鉱脈地帯サンバの形式で演奏されるこの曲は、そこを訪れたファルーが、鉱夫たちの生活に人間味豊かな同情をいだいて作つたもの。

4. 筏乗りの歌（唄とギター）

5. わがギタラに寄する夢（唄とギター）

ギタラ（ギター）がその生活の一部に完全にとけこんでおる南米の人々は、ギタラを女性に形どつて感じています。この曲もファルーの作曲。

6. 前奏曲とダンサ（ギター独奏）

前奏曲はヴィダラの形式で書かれ、後半はカルナバリートの形式に変る。ヴィダラとは、Vida（生命、生活）等の意味から来た生活の歌。カルナバリートは祭りの歌。

## 第二部

1. 鷲はすぎ行く（ギター独奏）

インカ帝国を礎いた、ケチュア族の哀しみをうたう調子である、ワイノ形式で作られた曲。ワイノには大自然の描写、美しい人をたたえるもの、人生のモラルをうたつたものが多い。インカの伝説に、人間として偉大な人、惜しまれる人、徳の高い人、そういう人が死ぬと、必らずその墓の上をインカの象徴である鷲が飛び過ぎると云う。人の胸に迫るものをファルーが聞かせてくれる。

2. ガトとマラソボ（ギター独奏）

3. カミニート（ギター独奏）

4. 湖のせせらぎ（ギター独奏）

ファルー作曲のこの曲は、湖の水面をただよわす、波を美しく描写したもの。

## 第三部

1. ショーロ No. 1（ギター独奏）

2. ヴィジャンシーコ（ギター独奏）

アルゼンチン北部のポピュラーなテーマをファルーが採譜し編曲したもので、クリスマスの歌。子供達の歌なので、まことに愛らしい。

3. 過ぎし恋のトナーダ（唄とギター）

トナーダとはアンデス地方のリズムのこと。中南米では曲が先に作られ歌詞は後から作られます。ファルーと多くの作品を共作しているハイメ・ダバロスの美しく格調高い詩に、ファルーが曲をつけた、美しい恋の思い出をうたつたもの。

4. インカの母（唄とギター）

インカの信仰していたパチャママと呼ぶ女神をたたえる歌。インカは音楽に秀で、その流れをくむファルーを初め、数多くの優れた演奏家が、現在もアルゼンチンには多い。ファルーの作品

5. ヴィダリータ（ギター独奏）

## サークルほうもん

# "北恵那サークル"

繭田憲一とデキシーキングスの例会から8名のワンマンサークルで始まりました。今ではだいぶ労音というものを理解し18名とふえました。まだまだ延びると思います。

不規則勤務のため、全員が集まつて会合を持つというわけにはいきませんが、トキワ、中板のサークルと岩村城で交流会を持ちました。そこでは、いくつかの題目を用意し三班に別れて話し合い、フオークダンス、バレー、ゲーム等を盛大に行いました。続いて付知川三本松前夜祭に2名参加し、中部労音友好祭には4名参加し、若い特権を生かし、ハツスルし大いに中津川労音をアピールし、あばれまつて来ました。

例会においては会場係、当日の受付、セリ出しなど行なつてきました。こういうことで自分たち一人一人が、例会を作るという観点にたつて、積極的にやつてくれることは非常にうれしく思います。利益のある仕事は誰でもしますもうけがなくとも楽しい例会であるから、会員一人一人の苦労もふつとぶんじやないかと思います。不平不満もいわずに手伝つてくれます。これからもお手伝いをさせてもらいたいと思います。これからは仕事分担などきめて会費の微収などやつていきたいと思います。一月早く150円ずつ集めているので楽です。サークル交流会など、どしどし参加したいと思つていますし、サークルでの話し合う機会ももうけたいと思います。勤務の都合でダブルアベツク会員もいます。

---

## 欲望と経済は一致せぬ?

# 疑問に応えて

財政部

▶また追加会員が要るの?

そうです。御存知のように私たちの事務所が出来ました事務のお手伝いの人も決りました。だからその経費を見込まなければなりません。それに残念ながら会員数が必ずしも安定したとは申せません。その安全率も勘定に入れておく必要があります。その上、どうです。この物価上昇テンポの早いこと。あれもこれも、値上げ値上げで、そのハネ返りもバカに出来ませんネ

▶でも月給はサツパリ上らないんですから、
フトコロは寂しいばつかり………

ごもつとも。しかし良い例会はとかくお金が要るのです12月には総勢50名の中津川初のオーケストラ例会ですネ。これまた大変——。会員の増加と固定化、これが第一。それから二ケ月分一度に出すより、やつぱり毎月会費を納めればフトコロへの打撃も半分になるでしよう。又会費は前納ですから、前月の月給から翌月の会費を納めるといいでしようネ。それにはやつぱり、サークル活動で、その体制を作ることも肝心ですよ。

▶そうネ。欲望と経済は一致しないものネ。
何とかしなくちや——

ですから、会員皆んなが労音の運営を手伝つたり、口コミを使つて会員を増やしたりすることが、労音の財政を安定させる一番の近道でしようネ。

---

## お知らせ

★「ファルー例会」を目ざしての、レコードコンサートが大平、十六区、恵那、柳町、中村、坂下の各地とESSOホールで開かれました。約250名参加で、各地とも大成功を収めました。レコードを聞き、仲間と話し合い、労音ならではの集りでした。今後もサークルなり、地域なり、職場なりで、自主的に企画してどしどし開いて下さい。

★民ゼミ(民族音楽ゼミナール)の参加者が少なくて困つています。次回は10月9日(土)の午后7時から、新事務所で行います。ダベルだけで楽しくなる集りです。気楽に参加して下さい。

★ファルーのレコード2枚が労音にあります。東京キューバンのが2枚、坂本スミ子が1枚、計5枚あります。どうぞ十分利用して下さい。事務所の貸出し簿に記入して下さい

★「夜明けの会」の公演、(9月5日、三角帽子)は、300名以上の入場がありました。今後の活動に期待し、バックアップを忘れないようにしたいものです。

★「民謡の歴史」の著者であり、各地の交流会の講師もつとめられる。松本新八郎氏が、10月16日(土)中津川労音を訪れます。場所、時間などはまたポスターでお知らせします。話し合いに参加して、労音活動に対する認識を深めましよう。

★「四日市労音との交流会」が10月10日(日)恵那峡で11時から開きます。会費は20円(200円ではありません) 四日市からは120名参加の予定。弁当は持参して下さい。多数参加して下さい。中津発10時08分の汽車に乗つて下さい。恵那峡の「雀のお宿」が会場です。(雨天決行)

★「もみじと新雪」の上高地。労音有志で、10月17日(日)18日(月)、西穂高岳に登り、梓川のホトリで一泊します。貸切バスを使うため、費用が3000円かかります。申し込みは事務所まで申し出て下さい。

★記事にもある新事務所をどしどし活用して下さい。
又、例によつて原稿をお待ちしております。

# 中津川労音

1965' 12 No.21

中津川勤労者音楽協議会機関誌　編集／情宣部　事務局／中津川市本町2丁目1-2（四ツ目川会舘ハウス内）　TEL5-2548

## なぜ 480円になるのか？

### ― ABC例会の追加会費について ―

現在中津川労音の一ケ月あたりの会費は 150円です。この 150円のうちには、例会の出演者に対する旅費、宿泊費食費、出演費などと、会の運営に必要な諸経費を全部含めています。今、読んでおられるこの機関誌も、街角で目にとめられたポスターも、例会場であるスポーツセンターの借料も、みんな会員のみなさんの会費のうちから支払われているのです。

が、実状は、二ケ月に一回の例会しか持てません。ということは300円の会費で一回の例会を持つということです。前納制が建前の労音では、キチン、キチンとその月の会費を納めるのが本当ですが、どなたもご承知のように、ほとんどのサークルが二ケ月分を一緒に、例会の寸前に納めています。この点から考えれば、480円というのは一ケ月150円の基本会費に90円の追加会費というわけなのです。二ケ月を一緒に考えるから 480円という一寸いたい金額になつてしまいます。

それでは、なぜ一ケ月90円、二ケ月で 180円という追加費になるのかを考えてみましよう。

55人の人数を要する「ABC例会」ではどう考えても、58万円のお金が必要です。先ほどものべたように、この金額は例会と会の運営にどうしても必要な経費なのです。きりつめるところは全てきりつめても58万円のお金が必要なのです。前回のフアルー例会には 100円の追加会費を集めましたが、これには今回の「ABC例会」にどうしても、巨額は追加会費が必要だということを、見込んでいたからなのです。そして、10万円を「ABC例会」に次ぎこむことが出来ます。

さて、58万円から10万円を引いてみますと48万円になります。この48万円を、現在の会員数900人で割ると530円見当になります。そこで会員が一層頑張つて一千名拡大をなしとげれば、一人 480円となります。

どうしても、一千名拡大をなしとげなければ、益々一人当りの会費が高くなつてしまいます。

本格的なクラシツク例会は今回が初めてです。どうしてもこの例会は成功に終らなければなりません。何故なら労音の活動を通じなくてはこの中津川にこんなオーケストラを聞くことができないからです。労音でなければ無理でしよう。仂くものの手で、会員一人一人の参加でこそ、音楽を我々のものにすることが出来るのです。

現在の会員数では、一千名拡大をなしとげたとしても、480円の会費でなくては この例会を成功させることは不可能です。

誰でも、なるべく安く、より良い音楽を聞きたいのです1000名、いや、それ以上の会員をふやさなければいつまでも、「高いなあ」のくりかえしになります。今回の 480円決定のいきさつと、どうしても会員の拡大が必要かをよく考えて下さい。みなさん、もつと多くの人を労音に誘おうではありませんか。その人のためにも、そして我々のためにも。

―― 2・3月例会 ――

『C B C 合 唱 団』労組

働くものの唄と郷土の民謡!!

# 曲目の解説

◆フインガルの洞窟　序曲というのは歌劇とか演劇とかあるいは、他の大きな音楽作品の最初に演奏される曲ですが、これはソナタ形式という前後照応した一定の形式でできていて1楽章の曲で作られることになつていますので、独立の管弦楽曲でもこの形式にあてはめて作つてあれば序曲と名づけられる例が沢山あります。この曲も独立の（歌劇やほかの曲のはじめの曲というような意味のない）序曲の一つです。

ようようたる大海にのぞむ岩だらけの孤島、かもめのとぶ淋しい岸、緑の海に巨大な口を開ける洞窟、しぶきをあげて打ちよせる荒浪、それを目で見るように描いた曲です。大作曲家ワグナーはこの曲をきいてメンデルスゾーンを「第一流の風景画家」と絶賞しました。

◆新世界より　ドボウルザークは51才のときから3年間、アメリカに招かれて、ニューヨークで音楽学校の校長をつとめましたが、その間にこの交響曲を作りました。

当時アメリカを新世界と呼んでいた。その名を取つてこの曲の題名を新世界交響曲と名づけられたのです。

この曲の中には彼の郷土ボヘミア音楽の匂いもありますしアメリカ持有の黒人霊歌のフシも巧みに取り入れられています。

◆白鳥の湖　チャイコフスキー作曲のバレエ音楽ですバレエというのは舞踊ですが、劇の形式を持つていて、一定の筋書があります。ただし、ウタもセリフもなく踊りと音楽だけで表現されるものです。チャイコフスキーの「白鳥の湖」はバレエ音楽として最もすぐれたもので、世界でいちばんひろく上演されています。

この物語は、4幕に構成されています。ある国の王子ジーグフリートと魔法使いの囚れの身となり白鳥にされてしまつた、白鳥の王女オデツトとの恋いを描いたもので、魔法使ロートバルドの防害にもかかわらず最後には魔法は破れ、白鳥はみな元の姿にかえり、王子と王女は結ばれるというストーリです。

元の音楽は36曲ありますが実際の上演はその1部を省略しています。ABC交響楽団が演奏するのはその内の、情景、四羽の白鳥、ワルツ、チヤルダツシユの四曲が奏されます。

◆青きドナウ　円舞曲「青きドナウ」これは通称で、正しい題名は「美しく青きドナウ河のほとり」で、ドナウ河はアルプス山脈から流れでて、オーストリアの平原を横ぎりオーストリアの首府ウィーンの北を過ぎ、はるか東の黒海へ注ぐ大河です。シュトラウスはウィーンで生れ、ウィーンに育ち、ウィーンで活躍した軽音楽の大家です。

曲は全体にわたつてドナウ河の悠々たる流れ、その両岸の美しい風景その水の上に楽しみたわむれる人々を思わせます。

◆アンネンポルカ　小品ながら宴楽気分に満ちた楽しい舞曲で、アンネンとは「おばあさんの最初の舞踏会」の意味で、ポルカはボヘミア風の2/4拍子の快活な舞です。さしずめ祖母の喜の字祝というところで、そのめでたさを明るく、元気な舞曲に現したものでしよう。

◆マドンナの宝石　この間奏曲は歌劇「マドンナの宝石」中で最も人気のある曲で、2部からなり、この三幕ものの幕間に演奏されるもので、マスカニーニの「カバレリア・ルスチーカナ」と同様、この間奏曲によつて「マドンナの宝石」の名を高めたほどの優れた曲です。

この曲は全篇にわたつて流されるような施律によつて月明りにくつきりと浮び上がるナポリの情熱的な官能的な夜の雰囲気をかもしだしています。

◆ハンガリア舞曲　ブラームスはドイツの作曲家でウインに長く住み、作風としては古典楽音に卓抜した新技巧をあわせて、新古典派を生みだした。

この人の作品には荘厳な大作が多いのですが、この「ハンガリア舞曲」はブラームスの作品としては数のすくない軽い小品の一つで、すばらしく有名です。

この曲は、ブラームスがハンガリーのジプシーたちの奏する地方的なリズムを実によくいかした楽しい小品です。ハンガリア舞曲は21曲作つてありますが、最も有名な、第1番、第5番、第6番の3曲が奏されます。

中津川労音12・1月例会

## 初のクラシックオーケストラ！

# ABC交響楽団

### ABC交響楽団とは……

1956年5月 近衛管弦楽団のメンバーを中心に結成され、演奏会をはじめ、オペラ、バレエなど巾広い演奏活動を続けてきました。59年秋、わが国交響楽団初の欧洲演奏旅行を行い、西独をはじめとする欧洲の諸都市において、聴衆を感動させ専問家からも高く評価されるなど水準の高さを内外に示してきました。

62年4月、それまでに累積した経済的な無理が重つて、以後楽団員の自主的な運営をすることになり、翌年4月再編成し、新しく出発しました。

交響楽団が、国家、公共団体、あるいは大資本の援助なしでは、自主運営を続けることは、非常に困難であるとされています。

このことはA響自身切実に体験していることです。しかしA響は、全国の労音組織による友好的支援の中で、後退することなく、目標に進んでいます。

常任指揮者は、旧A響時代の近衛秀麿氏退団後は、おかれていないが、63年スロバー、64年フイツシヤー、65年ピンカースといずれも、全国労音招聘のチエコの指揮者で地での演奏例会は、とくに成功を収めています。労音に支えられ民衆の中に生きる、ABC交響楽団の今後にご期待下さい。

### オーケストラとは……

西洋の音楽の一つの形で、管楽器、弦楽器、打楽器、とその他を含む大規模な器楽合奏です。その標準的なものは楽員 50〜115人ぐらいからなり、作曲者が楽譜に記した通りの楽器編成で芸術的な音楽作品を演奏するだけの楽員数と技量を持つものです。

### プログラム

**第1部**

1、フィンガルの洞窟　メンデルスゾーン
2、新世界より　ドボウルザーク

**第2部**

1、白鳥の湖　チャイコフスキー
2、青きドナウ　ヨハン・シュウトラウス
3、アンネンポルカ　ヨハン・シュウトラウス
4、マドンナの宝石　ヴオルフ・フエルラーリ
5、ハンガリア舞曲　ブラームス

### ❖指揮者の紹介❖

**三石精一**

昭和30年　芸大指揮科卒業
同年　芸大専攻科卒業

ピアノを水谷達夫氏に、作曲を下総完一氏に、指揮を金子登、クルトウエス、渡辺暁雄の諸氏に学んだ。

東京フィルハーモニー交響楽団、ABC交響楽団、東京放送合唱団等をしばしば指揮し、また声楽家の大谷列子、ヴアイオリニストの諏訪根子、昌子姉妹、木琴の平岡養一といつた各界の第一人者を始めとする多くの音楽家とリサイタル、放送、テレビ等で共演。

現在は、芸大指揮科講師及び芸大附属高校講師。

## サークルほうもん

### サークルの発表会

**―― 坂下支部 ――**

私達坂下支部では、サークル活動の一端として、過去四回程レコ、コンを開いてきました。その主旨は、例会来演者及び、その曲目を理解する為、又、意外と少ない仂く青少年の集う機会を持つ為です。時には、町内にある同好会例えばギタークラブ、コーラスグループ等にも出演してもらい、レコードだけでなく発表会も兼ねて行つた事もありました。時間が限られていて、部分的には満足感は味わえませんでしたが、企画、進行その他全てを我々が自分の手で行つたと云う喜びはありました。今後の課題として私達は毎月一回開催を計画して居ります。

さて長い間、頭を悩ませていた例会終演後の帰る方法ですが、バスを増発してもらうと云う事で、時間と金の浪費も解消されました。バスを使用する事で会員個人個人の親睦を深める。又連絡等非常に便利になつた事も見逃せない事実です。

11月12日、坂下支部創立一周年記念として、第1回親睦会を開きました。中津川労音最大のサークルとして、今迄手伝つてきた訳ですが、今後は、唯手伝うだけでなく、私達支部の手で、例会を持つと云う大きな希望も抱いて居ります。その為にも、現在会員の確保、又拡大等、親睦会で話し合いました。

さて、これからの坂下支部として、考えている事ですが未ず会員を100名以上にする事。そして、その100名を音楽と云う綱でまとめ、さらに、坂下中を音楽で一杯にする。簡単な様で難しい事と思いますが頑張つていきます。

### 2日間のサークル会議

**―― 国鉄サークル ――**

私たちのサークルは、労芸として発足した当時から入会していますが、最近までサークルとしての活動はまつたくといつてよいほど取り組まれてきていませんでした。最近ようやく少しづつですが動きがでてきましたが、そのやさき、ABCの追加会費とそれを11月中に集めなければならないこと、全国労音連絡会議の代表派遣とカンパなど、一人や二人ではどうにもならない頭の痛い問題をかかえて、これはいけない、とにかく会員全員の問題としてとりくまないと大へんなことになるということで、10月26、27日の二日にわたつてサークル会議を持つことにしました。

どれだけの人が集るのかどうか、どんな話しになつて、どんなことになるのか、見当がつかなかつたが、いざふたを開けてみると、やつぱりやつてみなければわからんもんだということがわかつた次第。ABC交響楽団例会のこと全国労音連絡会議の代表者の派遣のことと、そのための資金カンパの件を中心に話し合いました。

中津川労音も発足以来二ケ年にわたつて発展して来ましたが、その間何回かの例会がもたれて来ましたが、国鉄は特殊勤務で会員中3分の1位の人が参加出来なかつた、そのことが、会員の中に大きな問題となつてのこつていました。いままでの券の処理の方法などが話され、今後どんな方法で消化していくかということで問題がしぼられ意識的に会員拡大の目標をもつた具体的な処理方法がだされました。

金銭問題が第一になるABC例会の会費のこと、全国労音会議の代表派遣に対するカンパについても話し合の結果大きく前進し目標が立てられ活動することに決り、大きな成果を得ることができました。

全国労音連絡会議については代表をサークルとして2名を目標にカンパ方法はちやわん、議案書、月刊労音を会員外の人たちにも買つてもらう、その他カンパ帳を作成してカンパをうつたえる。カンパ袋を全会員にわたしカンパをお願いする、などで最低八千円の目標で取り組んできました。その他サークル内の取り組として、例会一回に最低、1.サークル会議、1.ニュースを発行する。年間を通じてサークルの行事を立てて実行する。その他、サークル内の仕事の分担等。以上あまり具体性がありませんでしたがサークル活動としての一辺をあげました。

### あなたの機関誌に命名を

**新題名募集中**

「中津川労音」という題名も、いささかアキられて来たようです。次号は66年度の第1号になります。それを機会に新しい機関誌の題名を募ります。私たちの労音にふさわしい、親しみのある題名を考えて下さい。それが出来ましたら事務所まで、住所、氏名、サークル名、新題名をハガキでお送り下さい。あなたの題名で、みんなの中津川労音機関誌を、より一層良いものにして下さい。

### お知らせ

▲「入会のしおり」が事務所にあります。今までの例会、中津川労音の説明、サークル活動のあれこれ、事務所の地図、来年度の企画案、それに入会申込み書などがのつています。お友だちを誘つたり、サークルの仲間をふやすのに利用して下さい。

▲全国会議の資金カンパのご協力、ありがとうございました。まだ整理がついていないようですので、代表団の報告書が発行される折に、発表することにします。

▲例によつて、機関誌の発行が遅れてしまいました。このうめあわせは、各代表者のもとに月2回～3回程度お送りする「労音ニュース」でごかんべん下さい。

▲サークル代表者の方にお願いします。「労音ニュース」や「ポスター」などを、あなたのサークルではどれだけ必要なのかを知りたいので、アンケートをとります。ぜひご協力下さるようお願いします。

# 中津川労音

1966'3 No.22

中津川勤労者音楽協議会機関誌　編集／情宣部　事務局／中津川市本町2丁目1-2（四ツ目川会館ハウス内）tel 5-2548


2・3月例会

## CBC 合唱団 管弦楽団（労組）

指揮／熊谷賢一

3月27日（日）午後6時半
東小学校講堂

明しています。つまり合唱は売れないからです。スポンサーがつかないからです。いくら実力があつても、「カネにならない」ならば不必要だと会社は考えているのです。それからもう一つ放送のネット系列化が東京中心に進み、CBCの自主制作は金がかかるので止めてしまうことです。テープに録音した電波が、日本中同じもので流れるのです。このことはマスコミの反動化につながることです。

いまこそうたわなければならないCBC合唱団を向えてすばらしい例会を創ることによつて、斗いをはげまし、我々の心からなる連帯の拍子をおくりましよう。

## 曲目解説

**第一部「山の民のうた」　　熊谷 賢一 作曲**

昨年名古屋労音合唱団の定期演奏会に、発表された構成詩〝山の民のうた〟から三曲を、作曲者がさらに手を加えて今回発表されるものです。

私達日本民族のすばらしい財産である〝民謡〟は、私達の心のふるさとでもあり、国民音楽創造の源でもあります

民謡を単に掘り起し保存することだけにとどまらず、積極的に再創造することが大事です。

題材は、飛騨の高山地方で歌われている民謡です。

**やんさ（高山市の盆踊りうた）**

発祥地は明らかでないが江戸幕府の圧政のため起つた安永二年の大原騒動の折に歌われたと言われるが、それ以前から歩荷（ぼつか）（荷をかついで山越えする人）の歌として残されて来たものであろうと思われる。

**草 刈 唄**

ま夏の太陽の下で、伸びはじめた稲の葉先で手を切られ眼をつつかれしての苦しい作業、それを一度ならず二、三度も繰り返す。日よけに板笠、背ござをきて蚊いぶしに火をつけて腰にさして寄る虫を追い煙にむせびながら、時には、煮える様に熱くなつている田の水に手をさし入れて稲株の間を掻きわけ草をとる。そんな苦しい作業から少しでも逃がれたい。里へお嫁に行けたらどんなに良かろうという乙女心が歌われている。

**高山音頭（高山踊）**

吉左右（きつそう）踊りと呼ばれたもので、領主金森父子が秀吉の征韓軍に従つて肥前の唐津に在陣の際、彼の地から国許へ吉左右のしらせ（良い便り）、州中の士民が祝つて城下に群参歌舞したのに始まると、〝我州志〟（徳川時代将軍吉宗が時の代官に書かせた）に伝えて居る。以来三百年、盆踊りとして、お座敷うたとして受けつがれた。

**第二部　素晴しい明日のために**

全体に軽快なテンポの明るい曲を選びました。平和を愛し、祖国を愛し、働く者、勤労者、農民、市民の幸せを願う歌曲、市民の幸せを破壊するもの、おさえつけるものに対しては断固斗おうという日本、中国、朝鮮、ソビエトの歌曲を取り挙げました。

これらの曲は、まだまだ地域の仲間には知らされていません。現在のラジオ、テレビを通じて流されている頽廃的な音楽や、劣悪番組に反対し、私達は市民の皆さんの平和のため、幸せのための民主的な良い番組、良い音楽を放送させるために斗つていますが、残念ながらますます反動化している現情勢では、これらの音楽さえ放送されません。

私達はこれからも放送の民主他のために、皆さんのためにどんどん、皆さんと共に地域で歌つていきます。さあ！みんなで歌いましよう。素晴しい明日のために………。

## 二・三月例会　CBC合唱団　プログラム

### 第1部 ふるさとの民謡

「山の民のうた」

1.やんさ（おどり唄）

2.草刈唄（仕事唄）

3.高山音頭

「郡上のうた」

1.川崎

2.春駒

3.やつちく

### 第2部 素晴しい明日のために

1.熟れたぶどう（中国）

2.小さな太陽（日本）（ベトナム少年の死）

3.美しきわが故郷（朝鮮）

4.とべよ鳩よ（ロシア）

5.すばらしい明日のために（日本）

### 第3部 たたかうジョー

生きているジョー

立ち上るジョー

出かけるジョー

斗うジョー

### 第4部 みんなで歌おう

1.ソーラン節

2.カチユーシヤ

3.一週間

4.あたらしいあいつ

5.ドレミのうた

6.赤トンボ

7.おお牧場はみどり

8.心はいつも夜明けだ

9.若者よ

10.がんばろう

みんなと うたう！

# ＣＢＣ合唱団（労組）

## すばらしい明日をうたう

ＣＢＣ合唱団は、昭和29年地域へ音楽文化を普及させるという目的で、中部日本放送の専属合唱団として発足しました。この時点での各地の民放は、地域文化の貢献という名目で、やはり専属芸術団を持つていました。また、電波の免許を取るためには専属芸術団が必要だつたのです。

ＣＢＣ合唱団員は、地域から公募され、音楽大学卒とか音楽専門学校卒の人達約30名程で構成されていました。そして、ラジオ、ＴＶを通して主にクラシツクを中心に音楽放送に活躍していました。

昭和35年からは、３年連続して合唱、音楽部門で芸術祭賞を獲得し、文部大臣賞を受けて、名実ともに力をつけて来ました。

クラシツクからジヤズ、日本の民謡から歌曲にいたるまで、巾広い活動をすると同時に、創作曲にも積極的に取り組んでいきました。

しかし三年程前から、合唱団つぶしの噂が流れると共に私達の今までのレギユラー番組は一つずつ減らされて来ました。その中で、合唱団員は、一人、二人減少してメンバーは急速に減つて来ました。とくに三年前は男性七名が将来に不安を感じてやめていきました。今まで毎日のようにやつていた仕事はなくなり、「ターミナルサロン」というレギユラー番組が一本だけになりました。半面、日本の音楽は蔭がうすく外国の退廃的刹那的な音楽が、はんらんするようになり、しかもレコード番組が多くなつて来たのです。

最近マスコミを中心に全国的に合理化、弾圧の嵐が吹きまくる中で民放各地の専属芸能団はつぎつぎにつぶされて来たのです。現在、地方の民放に残つている芸能団はＣＢＣ合唱、楽団、広島にあるラジオ中国芸能員、福岡の九州朝日放送のＫＢＣ劇団の三つがあつただけです。しかしラジオ中国芸能員は、全員解雇され、現在斗つています。ＫＢＣ劇団では、五名解雇されここでも斗つています。

ＣＢＣ合唱団では、女性五名が「テストの結果が悪い」というだけの理由で、昭和39年３月解雇を云い渡されました。これをきつかけに、合唱団楽団つぶしが始まるという意図を見抜き、解雇された五名を含めて、その年の５月、23名で組合を結成しました。これ以後、会社側と話合いを持ちましたが、その都度色々なおどしや不正を持ちだし、要求を受け入れ、解決を進める態度を示しませんでした。そこで、ついに組合は、「不当労仂行為」を愛知県地労委に申立しました。昨年の８月、岐阜労音に出演しましたがこのとき「合唱団」の名称を使うことが許されず、労組として出演しました。又このとき、会社は楽器を使わせず、練習室え入室することも禁じました。こんな状態の中で、岐阜労音のステージは、合唱するよろこび、みんなとうたうたのしさ、をあたえてくれました。

ところが今年になつて、ついに３月30日付で全員解雇の云い渡しがありました。中津川労音の出演は、このような事態の中でされるのです。首切りてつかいのいそがしい斗い、マスコミを国民大衆にとりもどす斗い、をけんめいに続ける中で、練習を重ね意欲的に取りました。

解雇された理由は何でしょうか。彼らが下手だからではありませんか。芸術祭賞を３回も取つたことが、これを証

---

# ＣＢＣ管弦楽団――

## 斗いながらの合同出演

合理化の波を受けているマスコミ労仂者の中で、この「ＣＢＣ管弦楽団」も斗つています。出発は、民間放送の発足と同じ昭和26年。「合唱団」よりも古い歴史を持つています。出発当時からの楽団員が多く、30才の人から60才の人まで居て、平均年令は37才ぐらいです。勿論この楽団にも労仂組合があつて、22名の楽団員中13名が組合員です。ピアノをひく寺西玄之さんを委員長に、合理化、反動化のマスコミの中で斗つています。合唱団はすでに全員クビ切りを云い渡されましたが、次にはこの楽団にくることは明らかです。はじめは専属楽団でしたが（レギユラー番組も多い）、次第に、優先契約フリー契約となり、今では個人個人が会社と一年ごとに契約する形となつてきました。

合唱団にくらべて利用法が多いために、まだクビ切りの宣告は受けておりませんが、近いうちに必らずあるだろうと思います。「レコードは飯を食わないし、文句も云わない」これが、モウケだけを求める会社側の非人間的な考え方です。よい音楽がレコードだけで出来るでしょうか。聞く人と一体となつてこそ可能ではないでしょうか。

現在レギユラー番組はただ一本、毎週土曜日、ＣＢＣラジオで「○時半です　カトレアミユージツクです」を受け持つています。この番組はナマ放送ですが、このほかにはドラマの伴奏、流行歌の伴奏などです。

# さあ!! みんなでうたいましょう

## すばらしい明日のために

作詩作曲・東京都民生局職場合唱団

【このうたは、東京都民生局の職場合唱団の仲間が作つた創作曲です。いきいきと元気よくうたつてください】

二、働く者の息子　働く者の娘
仂く者の力　仂く者の幸せ
ある日二人は　同じ思いで
仕事のうたをうたつていた
愛するもののために
すばらしい明日のために

三、働く者の息子　仂く者の娘
仂く者の力　仂く者の幸せ
希望にみちた　二人の旗が
平和を空でよびかけている
愛するもののために
すばらしい明日のために

四、仂く者の息子　仂く者の娘
働く者の力　仂く者の幸せ
やがて二人が　結ばれる時
仲間がみんな二人を祝う
愛するもののために
すばらしい明日のために

## カチューシャ

一、りんごの花ほころび
川面にかすみたち
君なき里にも
春はしのびよりぬ

二、岸辺にたちてうたう
カチューシャのうた
春風やさしく吹き
夢がわくみそらよ

三、カチューシャのうたごえ
はるかに丘を越え
今なお君をたずねて
やさしいそのうたごえ

四、りんごの花ほころび
川面にかすみたち
君なき里にも
春はしのびよりぬ

## 一週間

一、日曜日に　市場へ出かけ
糸と麻を買つてきた
「テユリヤ テユリヤ テユリヤ テユリヤ
テユリヤ テユリヤ テユリヤ リヤ
テユリヤ テユリヤ テユリヤ テユリヤ
テユリヤ リヤ」
〈以下くり返し〉

二、月曜日に　お風呂をたいて
火曜日は　お風呂に入り

三、水曜日に　あなたと会つて
木曜日は　送つていつた

四、金曜日は　糸巻きもせず
土曜日は　おしやべりばかり

五、恋人よ　これが私の
一週間の　仕事です

## 赤トンボ

一、夕焼小焼の赤とんぼ
追われて見たのはいつの日か

二、山の畑の桑の実を
小籠につんだはまぼろしか

三、十五でねやは嫁にゆき
お里のたよりもたえはてた

四、夕やけ小やけの赤とんぼ
とまつているよ竿の先

**第三部　たたかうジョー**　　　<熊谷賢一>

〝ジョー　おれの中のおまえ

斗うジョー　おまえの中のおれ……〟

この曲の中で私がとても心引かれるのは、実はこの部分なのです。〝ジョー〟と云うのは黒人の名前で「アメリカ帝国主義」などと私達が云つているアメリカの代表的な名前です。丁度日本が中国を侵略していた頃、中国の人達が「日本帝国主義」などと呼んでいる、私達「日本国」の代表的な名前〝太郎〟さんにあたるわけです。

私がこのジョーさんに共感をおぼえるのは、ジョーさんは斗つている。私も斗つている互いに斗つている。だから俺達は同じなんだ、と言う公式的な事ではありません。〝おれは待たないぞ〟とか〝おれは出かけるぜ〟とか〝おれは斗うぜ〟とか、ジョーの口からその言葉が出てくるまでには、それとは反対のじつと何ものかに堪え忍んでいる〝時〟があつたはづです。といつても堪え忍ぶと云うことは自分自身の人間性に価値をみとめている者のみが感ずるのであつて、それすら感じない〝時〟もあつたでしよう。そのジョーが目覚めると云う事は実は大変なことで、自分自身との斗いでもあつたわけです。その様な弱さを持つていたジョーは、又私達でもあつたのです。

〝斗〟うと云う事を対権力、圧制と云うことだけでなく自分自身の中にいる〝敵〟との斗いをも含んだ斗う〝ジョー〟であり、そして私達〝ニツポンのジョー〟と云う事でこの音楽が生れました。

《曲　目　か　ら》

## たたかうジョー

門　倉　訣

おれは待たないぞ
おれは待たないぞ
待てなくなったからじやない
出かける　きよう
しあわせにも　こどもたちにも　さよならだ
ダブダブのどれい船のおむかえだ

あいつは死んだ
黒いから？　だがな
死んだってあいつは　うでをとめない
かいを力こめてにぎり　こぐためじやない
どれい船をとめるため　死んだ

それが　あいつのたたかう姿勢
アメリカのジョー
だがな　死んだあいつが
一九六六年のアメリカに生きている

たおれても　たおれても　しぶとく
たちあがり　うしろはみせぬやつ
ジョーの目は　背中についてはいない
ジョーの目は　真正面にぴたり
前に　ただ前にすすむためについている

ジョー　たたかうジョー
たたかわなかつたら　ジョーじやない
ジョー　おれの中のおまえ
たたかうジョー　おまえのなかのおれ
どれい船のジョー　皿あらいのジョー
つるはしのジョー　ハンマーのジョー

死んだはずのやつが　いまのアメリカにいる　この町にいる
町のむこうを白い歯むき出して歩く
そうさ　死んだと思つていたのは船主だけさ
どっこい

ジョーは胸をはってあるく
出かけるぜ
出かけるぜ　黒いジョー
白いジョー　小麦色のジョー

あいつらは　うそぶいた
黒いのは　死に　白は生きる
とんでもない！
ジョーの魂は色じやない
膚の色の下の血の音だ　おなじ赤だ
まつかな流れ

とどめられぬ力
おれは出かけるぜ
待たされるのは　ごめんだ
だまされるのも　だますのもごめんだ
二ども　三ども　そうさ　四ども
やられたあげく
のたれ死には　ごめんだ

おれはたたかうぜ
ぶっきらぼうにしか　語れないが
とにかく　泣いている　ひまはない
涙のかわりに　出かけるぜ
ふるいおこすに　必要なとき
いつでもふるい　おこせる
力　原始林の　火
たたきつけて　たたかうことだ

そいつを　ぶつけるんだ
だれに？
だれにだつて！
そうさ　それはからだにきけ
ジョーの死にざまに聞け
なぶり　ごろしの　死体に　聞け
1000人のジョー
1000人のジョーの死にざま
あいつに！
あいつ　そうだ
そんな夜の霧がこもらぬうち

泣いているひまはもうない
さあ　出かけるぜ
ジョー
アメリカのジョー
キューバのジョー
アフリカの　とおい奥地のジョー
なかんずく　ニツポンのジョー
10万のジョー
100万のジョー
出かけるよ　よあけは　こちらのものだ

《曲　目　か　ら》

# 66' 長期企画（案）

| | | | |
|---|---|---|---|
| 4・5月例会 | 藤家虹二クインテツト | 5月28日(土) | (決定) |
| 6月例会 | 辻　久子 | 6月 | (決定) |
| 7月例会 | 田楽座 | (地域例会) | (決定) |
| 8月例会 | ジミー時田とマンテンプレーボーイズ | | |
| 9・10月例会 | 中国芸術団 | | |
| 11・12月例会 | 小原重徳 ブルー・コーツ | | |

## 寒さに負けず 250余名で創り上げた！

# 「中津川労音まつり」

次のような企画意図で「中津川労音まつり」に取り組みました。

「現在までのサークル活動を総括し、今後の例会作りの方向を確めあい、そして地元の専問家や伝統芸能を取り上げる」この目的はみごとに果しました。

2月20日寒い雨天にもかかわらず、250余名（41サークル）の参加で、第1回「中津川労音まつり」を成功させました。

遠く坂下や蛭川からも、サークルぐるみでかけつけた会員もありました。文字通り自分達で創り上げる、自分たちの例会でしたので、30余のサークルが、ステージに立ち、バンド演奏（中板、わかもの、柳町、宮崎）コーラス（カトール，シヤポー、工業高校、国鉄、林野、蛭川）楽器合奏（一中、坂下、コロナ、林野）バラエテイー（坂下、北恵那）伝統芸能（神代獅子）など、盛りたくさんのプログラムでした。

「ステージに立つまで、はずかしいなと思つていたが、みんなと一緒になつて演奏して、本当に楽しかつた。今後もこういう会が、どしどし出来ればいい」と語つた会員の声が、参加した全員の感想だつたと思われます。

勿論、初めての会でしたので、進行、会場、呼びかけなど至らぬ点も少なくありませんでした。2回、3回と続けて開くことによつて、このことは解消されるでしよう。

2・3月例会のCBC合唱団、7月例会の田楽座のオルグも参加し、挨拶されました。なお、いろいろなサークルの会員が作つている「ぜんまい座」も旗挙げ公演として出演しました。

今後にのこされた点として、

1.地元の専問家、伝統芸能について、もつと取り組みすること。
1.中津川労音の活動は、発展しつつあるし、もつと多くの人々に参加してもらうこと。
1.我々のサークルの中には、すばらしい活動をしている人が多い。この人たちの活動と力を合わせて、もつとすばらしい労音にすること。
1.ぜんまい座を発展させ、地域サークルなどで取り組めるように、もつと良いものにすること。

## 『月刊労音』を 読みましよう！

全国各地労音の活動を中心に、音楽界の話題や仲間たちの交流を深める、「月刊労音」を読んでみませんか。現在、中津川労音では、会員やサークルなどで70部ほどを毎月読んでいます。あなたもぜひどうぞ。

さて値段ですが、これがわずか40円です。この物価値上りの世状の中で、60頁余の雑誌が、たつた40円。内容は、読んで ソン をするものではありません。なにしろ「ナカミガコイカラネ」

申し込みは、葉書で、

中津川市本町2—1—2　四ツ目川会舘内
中　津　川　労　音
TEL 5—2548

サークルで、なかまで、「月刊労音」を読みましよう。

# あたらしいあいつ

ラジオ中国芸労組
作詞作曲

ようしばらく　どうしてる　あるあさあいつにであったら
パチンコやめたと　わらーつてる　ええかっこするなと　どやしてやると
がんばろう　ぜーと　ぬかしやがっ　た　いき
いきとあすをか　たるー　あたらしいあい　つ

## あたらしいあいつ

作詞　ラジオ中国芸能員労組
作曲　ラジオ中国芸能員労組

一、ようしばらく　どうしてる
ある朝あいつに出会つたら
パチンコやめたと　笑つてる
ええかっこするなとどやしてやると
がんばろうぜと　ぬかしやがった
　生き生きと明日を語る
　あたらしい　あいつ

二、まあしばらく　どうしてる
ある朝あいつに出合ったら
つかれてるねと　笑ってる
お互いさまよと横向いてやると
たたかおうよと　ぬかしやがった
　生き生きと明日を語る
　あたらしい　あいつ

三、オツスしばらく　どうしてる
ある朝あいつに出会ったら
彼女ができたと　笑ってる
共かせぎだなとからかってやると
共斗だよと　ぬかしやがつた
　生き生きと明日をかたる
　あたらしい　あいつ

## おお牧場はみどり

一、おお牧場はみどり
草の海　風が吹く
おお牧場はみどり
よく茂つたものだ（ホイ）
雪がとけて川となつて
山を下り谷を走る
野を横ぎり畑をうるおし
呼びかけるよわたしに（ヘイ）

二、おお聞け歌の声
若人らが歌の力
おお聞け歌の声
晴れた空のもと（ホイ）

三、おお仕事は愉快
山のようにつみあげろ
おお仕事は愉快
みな冬のためだ

## 心はいつも夜明けだ

一、夕日がよごれた工場の屋根に
しずめばおれたちや町に散らばる
若者や娘たちの胸に灯をともしに
心にや夜はない　いつも夜明けだ
心にや夜はない　いつも夜明けだ

二、朝日がよごれた工場の窓を
照らせばおれたちや職場に散らばる
若者や娘たちの胸がくもらぬよう
心にや夜はない　いつも夜明けだ
心にや夜はない　いつも夜明けだ

三、夕日は朝日は仂く仲間
そうだ！きようもガンバロー！
やがてひらける未来を照らす
若者よ娘たちよ胸に誇りをもとう
心にや夜はない　いつも夜明けだ
心にや夜はない　いつも夜明けだ

## 若者よ

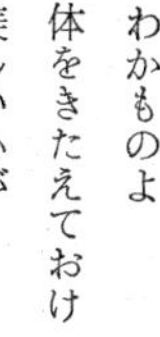

わかものよ
体をきたえておけ
美しい心が
たくましい体にからくも
支えられる日が
いつかはくる
その日のために
体をきたえておけ
わかものよ

## ガンバロウ！

一、がんばろう
突き上げる空に
くろがねの男のこぶしがある
もえ上る女のこぶしがある
　斗はここから
　斗は今から

二、がんばろう
突き上げる空に
輪をつなぐ仲間のこぶしがある
押し寄せる仲間のこぶしがある
　斗はここから
　斗は今から

三、がんばろう
突き上げる空に
国の内外のこぶしがある
勝どきを呼ぶこぶしは一つ
　斗はここから
　斗は今から
オウ！

税金学習会に参加しよう！

# はたして**課税**できるのか？

「労音まつり」は100円の会費でした。講堂の借り賃、呼びかけや連絡の通信費、器具や楽器の借り賃、電気代、ポスターの印刷代、などを考えて決めました。正直な所、赤字になりました。思わぬ経費がいろいろと出てきたからです。

労音の会費と同じように、この会費もワリカン方法です。会員が多くなれば、一人あたりの会費が安くなる仕組です。

「主催者」がいて「催し物」をするのとはまつたく異ります。いつの例会でもそうですが、「労音まつり」も同じです。「主催者」は参加した250余名の会員全員です。「催し物」は30余のサークルが舞台に立つて創り上げたものです。「モウケ」（利益）はまつたく考えに入れてありません。友達が二、三人集まつてレコードを聞き、コーヒーを飲んで楽しんだとして、入場税をかけれるでしょうか。

労音の例会とて、それと変りがないはずです。戦争中に出来た入場税法に基ずいて、義務のない我々労音に、はたして課税が出来るでしょうか。ましてや「労音まつり」に対して、会場作りやステージ、進行まで全部会員の手で創つて、そのお金をみんなで分けあつて、何で入場税がかかるのでしょうか。

実のところ、「労音まつり」に対しては、現在課税はされておりません。でも、当日、税務署の係員の方が二人、降りしきる雨の中に立ち続けて、調査をしてみえました。今までの税務署のやり方を見れば、必らず課税をしてくるにちがいありません。もしそうなれば、ダンコとして抗議しましよう。

いままでの中津川労音に対する入場税不当課税は、異議審査は棄却されました。それより３ケ月以内に岐阜地方裁判所に訴訟を起さなければなりません。４月の26日がその期限です。我々の活動が本当に入場税法に該当しないものであることを、今こそ、話合いによつてはつきりさせましよう。

なお、税金問題の学習会が計画されておりますので、その時にはぜひ参加して下さい。

---

次例会予告　明日を呼ぶ青春のうた！

## 4・5月例会

# 藤家虹二クインテット

## 5月28日（土）決定！

第１部　仂くものの愛情について
第２部　藤家虹二クインテツトヒツトナンバー
第３部　〃いのちの蕾のために〃

うた／藤村マキ
久岡　昇
ナレーター／永沢玲子
おはなし／ぬやま
ひろし

# 他労音例会

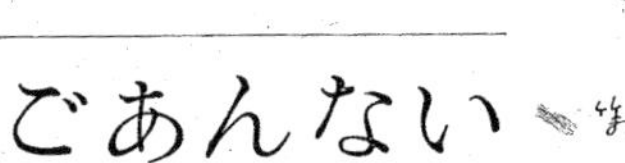

名古屋労音を始め、各地の例会案内や機関誌が、事務所にあります。すばらしい各地の例会に、中津川労音の会員であれば、自由に参加出来ます。

ご希望の方がありましたら、連絡下さい。

＜4月の他労音の例会は次のとおりです＞

| | | | | |
|---|---|---|---|---|
| 名古屋 | A | レギナスメジアンカ | 21日 | 文化会館 |
| | B | ABC響「祖国」他 | 8・9日 | 公会堂 |
| | C | 弘田三枝子 | 13・14・15・22・23日 | 〃 |
| | | 岸　洋子 | | 〃 |
| 岐　阜 | | 弘田三枝子 | 20日 | 市民センター |
| 岡　崎 | | 坂本博士 | | 勤労会館 |
| | | 弘田三枝子 | 12・21日 | 〃 |
| 四日市 | A | 井内澄子 | | 市民ホール |
| | B | ノーチエ・クバーナ | 18・21・22日 | 〃 |

## 仲間からたより

### 中津川労音の仲間のみなさん　こんにちわ！

私たち名古屋労音中10ブロックは、四月中旬か下旬に恵那峡で交流会を持とうという声が出ています。

意義としては、全国会議をひかえての連帯、労芸のころからの機関誌で紹介されたり、第四回全研集会で報告及び問題提起から、いま名古屋労音で一番かけているサークル活動を学びたい。CBC合唱団の取り組みなどをナマでつかみたいのです。

現在中10ブロック（地域）の活動は、「わらび座」「いちよう座」合同公演を取り組んだなかで、やつとサークル活動を援助できるようになつてきたところです。

日にちは日曜日で、その他細部にわたつての取り組みは指定していただけたら検討しまして返事いたします。

人数、日どり、その他の細部を名古屋の案でよろしかつたら、協議して御報告いたします。

三、二〇諸要求貫徹にむけての中地域は、初めてこういつたものに実行委員会がもたれ、うれしい悲鳴を上げている最中です。

御返事をお待ち申しております。

右　取り急ぎお願いまで

中津川労音の仲間たちへ

名古屋労音中10ブロック
中津川労音との交流会
実行委員会準備会

上のような手紙が寄せられました。よびかけをしますので、多数参加して下さい。他労音との交流を深めましょう。

## おねがい

受付でお渡しした企画と情宣（機関誌について）のアンケートによつて、すばらしい企画、機関誌が生れます。すばらし例会を創り上げるために、みなさんのご意見、ご希望をお寄せ下さい。

例会終了後、アンケートの回収を行います。当日会場で記入出来ない方は、サークル代表者又は運営委員にお渡しください。

＼たのしい集いを！

## すばらしい音楽を 地域、職場に広げよう

地域で（坂下、恵那、付知、蛭川、岩村、坂本）、職場で、サークルで例会を持つてみましよう。

「労音まつり」に出演したサークルの中には、今まで知らなかつたすばらしい演奏や劇が多くありました。それらは、そういう小さな例会にピツタリしたものだといえます。はるばるバスや汽車に乗つて中津まで、会場まで出かけて来なくても、会員の住んでいる所、仂らいている場所で例会を開いてみましよう。

7月例会（6月下旬〜7月上旬）で取り組む「田楽座」は300人の会員、150円の会費で充分開催出来ます。「田楽座」を目ざして、今から、地域で、職場で例会を開きましよう。大きな組織、多人数の会員、有名な出演者、そんなものが労音ではありません。小さくとも、少人数でも、「安くて」みんなが参加出来るものこそ本物です。

「田楽座」を紹介しておきます。

**田楽座とは——**

中津川労音におなじみの、「わらび座」から根わけして信濃は伊那にしつかりと根づいた民族歌舞団。伊那と恵那とは隣り同志というわけで、7月例会にやつて来るわけです。

長野県内を中心に数多くの公演を行い、すばらしい熱の入つた舞台をつくり上げています。公民館から婦人会、青年団など地域の団体としつかり手を結び、実行委員会を組織して、どんな小さな町や村にも公演できるんだということを実際にしめしてくれました。

長野県は民謡の宝庫です。木曽谷、伊那谷にはすばらしい民謡があり、それを探し、うけつぎ、現代にピツタリする形に再創造しようとする彼らのファイトは、すばらしいものがあります。心をひきつけずにはおかない例会になることでしよう。

## 労音合唱団 を作りませんか

腹のそこから唱つてみたい。新しい歌を憶えたい。多くの仲間と親しくなりたい。こんな方が多くみえると思います。

そこで、誰でも参加できて、あまりむつかしくない合唱団を作つたらどうでしよう。

参加してみたい方、アイデアのある方、一度集まつて相談しましよう。

日時、場所はニュースで連絡します。

よしやつてやろう！
まあ出てみるか！
どんなことやつとるな！
……という方、がんばつてみましよう。

## お知らせ

（例会のご意見、ご感想、機関誌のご批判、読後感をお寄せ下さい）

○…豊橋労音が再発足することになりました。「坂本博士リサイタル」で4月から。

○…4・5月例会の「藤家虹二クインテツト」の例会録音テープが事務所にあります。今からサークルでぜひお聞き下さい。すばらしいものです。

○…3月28日、東校講堂で名古屋大学医学部合唱団の発表会が開かれます。チケツトは事務所にあります。希望者はどうぞ。

○…先号でもお願いしましたが、この機関誌の題名を考えて下さい。アンケート用紙、又は葉書でぜひお寄せ下さい。

○…「ベトナム歌舞団」が7月に来日します。政府は入国許可を渋つています。新聞やTVで注目して下さい。

○…名古屋労音が十週年記念に創り上げた、ABC交響楽団の交響詩「祖国」のソノシートが事務所にあります。一部50円です。わかり易い作品ですので、お聞き下さい。

○…2月26日・27日に東京で、「第四回研究集会」が開かれました。中津川からも5名が参加しました。報告は後日。

○…例会終了後、CBC合唱団員を囲んで合評会を開きます。東小講堂で行いますから、多数参加して下さい。

# 中津川労音

1966' 5 No.23

中津川勤労者音楽協議会機関誌　編集／情宣部　事務所／岐阜県中津川市本町2丁目1-2（四ッ目川会舘ハウス内）tel5-2548

## 中津川労音　4・5月例会

## いのちのつぼみのために

ぬやま・ひろし

若者たちよ　おとめたちよ
もつとかたく腕をくみかわしたまえ
君たちは、おいぼれではない
毎日、新しいいのちが芽ばえてくる
見えなかつたものが見えはじめる
聞えなかつた声が聞えはじめる
たがいにかたく身をよせあつて
静かに耳をかたむけたまえ
ホラ、聞えるだろう
いのちのツボミのふくらむ音が

労音が創った　全く新しい　歌をうたおう！

# クインテット

## プログラム

第一部　ぬやまひろし
　愛情について

第二部　魅惑のクラリネット
1アバロン
2バラード・メドレー
　A スターダスト　（ヴィブラフォン）
　B マイ・ファニー・ヴァレンタイン　（ヴィブラフォン・ソロ）
　C メモリーズ・オブ・ユー　（ピアノ・ソロ）
3あんたがたどこさ（クラリネット）　（クラリネット・ソロ）
4歌　浜　雅弘
　西城慶子　（4曲）
5 A 夢みるシャンソン人形　又は
　太陽のかけら
　B 恋心
　C ひとりぼっちのスポーツカー
　恋のインターチエンジ
6ザアツ・ア・プレンティー
7恋人よ我に帰れ

第三部　命のつぼみの為に
1いのちの蕾　デユエット
2日曜日　朗読
3秋風の歌　うた（男）
4窓近く咲ける
　桜の花を見てよめる歌　朗読
5年寄りの歌　うた（女）
6せつせと仂け　デユエット
7輪舞　うた（女）

好きなのは只洋琴のみという。
篤学のサムライである。趣味は小唄とツマビキ三味線。

### 福島達男
（ベース・超低音型提琴）

眠狂四郎の末の弟である。ヒツソリとしかし力強くベースを弾く様は「良き」である。タツツアンと云う呼び名はいつも立っている[illegible]である。（楽器の性質上仕方のないことであるが）趣味は日本舞踊、間もなく名取りになると云うのは全部ウソの話。

### 田畑貞一
（ドラムス・おはやし一社中）

藤家インキヨオヤジのクサレ縁で又呼び戻されてしまつた。伊達政宗公の落らしく「伊達」を地でいつている男ぶり。タイコをたたく時に全く無上の幸を感じさせてしまうフシギな男である。
現代風に云えばマイカー一族、つまり大八車を引くのが大好きである。趣味はシブイのどでうなるナニワブシ、近く独演会を開く予定。

■ところ　中津川市　東小学校講堂

明るく　楽しいジャズで　明日への力を！

# 藤家虹二

8 夕張娘　うた（男）
9 美[illegible]い社会を作るために　朗読
10 お[illegible]はありたい　うた（男）
11 哀しみの中から　うた（女）
12 明るい笑い声　うた（女）
13 おれは昨日がきらいだ　うた（男）
14 美しい恋をなさい　朗読
15 まわるく明るくでつかい世の中を　デユエット
16 そうして愉快に暮らそうや　デユエット

浜　雅弘

昭和17年生まれ、小学生の頃より劇団〝こまどり〟に所属して芸能界に入る。昭和34年ジャズ花やかなりし頃ＴＢＳラジオ、ＮＴＶ等のジャズのど自慢番組に出場、全国大会で優勝する。その後、ＴＢＳのジャズ大学に入学卒業する。昭和36年、ＮＨＫオーデションに合格。テイチクレコードに入社、福井耕一の芸名でデビューする。その後、ＮＨＫ、ＮＥＴＴＶなどに出演、又、ホテル、ナイトクラブに出演。昭和41年ダイヤモンドホテルのナイトスポットに出演中、藤家虹二に見い出される。その甘いムードある歌い方はポピュラーシンガーとして、その将来を大いに期待されている。

藤野ユキ

昭和17年12月９日生れ
啓明学園
東宝芸能学校卒業

| | |
|---|---|
| 昭和35年 | 日劇入団 |
| 36年 | 日劇ヨーロツパ公演に参加 |
| 37年 | 日劇退団し、パレスホテル専属となる |
| 39年 | 東京ヒルトンホテル専属となる |
| 40年 | 東京ヒルトンホテルより香港ヒルトンホテルに派遣される |
| 41年1月 | 東京ヒルトンホテルよりラスベガスに派遣される |

永沢玲子
（ナレーター）

昭和12年生まれ、高卒後働きながら早川雪州主幹の映画演劇研究所に学び32年劇団 稲の会 に入団現在に至る。第２次訪中日本新劇団参加。演劇のほかナレーター、司会としての出演も多い。

藤家虹二
（クラリネツト・洋風尺八）

この長屋のインキヨオヤジ、全く年はとりたくないものである。
あんなにみにくくなるなら、いつそ死んでしまつた方がいいつて云つたのはドンファンか、カサノバか？
馬力と目方で吹いているサマはありや困つた道楽と長屋の連中はウルサがつてい[illegible]る。趣味は草野球（やるサマが見たい[illegible]とチャンバラ（極く低俗なる）

飯田国雄
（ヴイブラフオン・電気鉄琴）

〝バイポ〟と云う呼び名がステキである。云うなれば、この長屋の世話役といつた所で、その昔、日本にやつて来たミルト・ジヤクスン教の信者である。天下に轟いた酒豪で小さな体のどこに入るのかと驚く程である。

江草啓介
（ピアノ・洋琴）

長屋の〝インキヨ〟の藤家オヤジは同郷であり、性質のスナオサ、オトナシイ所迄そつくりである。酒と女が大嫌いで

■とき　5月28日（土）　午後6時30分

7月例会

## 近ずく『田楽座』の来演

各地で実行委員会発足

「わらび座」から根わけした伊那の「田楽座」が、わたくしたちの土地に来て熱演をくりひろげる日も間近かになりました。7月の上旬、中津を中心に坂下、付知、恵那、岩村などで地域例会を開くわけです。日ごろ中津の例会に参加出来ないそれら地域のなかま、ナマのおどりやうたに接することが少なくなつているおとしより、労音のたのしさを拡げたい会員、…………これらの人々に、ぴつたりとした例会、それが「田楽座」です。

大人11名、小人6名からなる民族芸能団で、伊那や木曽の民謡を中心に、〝うた〟と〝おどり〟と〝おはやし〟で今までに長野県下各地で深い感動を与えて来ました。

坂下では、労音の会員が中心となつて山口村、南木曽町福岡町、川上村などの青年たちで、すでに実行委員会が結成されました。恵那や付知、岩村でも、同じような動きがみられます。観る者が自分たちの手で舞台を創り上げるため、費用はもちろんワリカンです。中津では2回の上演が予定されています。

なお、はるばる伊那から田楽の座員の方が話合いに5月23日〜27日来られます。特に地域を中心に廻る予定です。

信濃、木曽の民謡に新らしい息吹きをふきこみ、感動と共感をよぶ「田楽座」に、多くの人をあつめようではありませんか。こどもからおばあさんまで楽しめることウケアイです 。

## うたと わかばと なかまたち

5月29日(日)　根の上高原交流会!!

先号の機関誌でお知らせした、名古屋労音のなかまたちとの交流会です。いよいよ実現しました。名古屋の仲間たちは、すでに130位の希望者があるそうです。うたつたりたべたりしながら、サークルや例会のことを話し合いたいそうです。ハガキで各サークルにおたずねしますので、ぜひ多数参加して下さい。

中津川労音に対する入場税取消し要求、岐阜地方裁判所に訴訟。「会費」は「入場料」ではない。入場税課税は違法。訴訟内容、今後の運動については特集号で。

## ー・求演広告・ー

「ぜんまい座」です。上演させて下さい。レパートリーは、オペレツタ「佐度ぎつね」、バラエティー「ウエストバスト物語」、現代狂言「列外三名」民謡「コキリコ」「木曽節」「南部牛追い歌」「大漁節」「ソーラン節」、ヴオーカルグループ「ボーチエ・アンギラス」、その他。上演料は寸志。舞台は屋内、野外を選ばず。上演経験は、中津川労音まつりとメーデー前夜祭。批評は非専門家絶讃! サークルでも地域でも職場でもどこでもけつこうです。ぜひ上演させて下さい。連絡は「ぜんまい座」事務所内中津川労音事務局へ

## 事務所のこと

いままでは、「いつ行つても留守」「サークルの会合に使いたいが鍵が………」などと会員から苦情がありましたが、もうご安心下さい。昼頃から5時半頃まで、事務専門の会員がつめることになりました。もちろん電話にもすぐ出ます。会員の会費で借りている事務所ですので、どなたでも自由に使つて下さい。他労音の機関誌、お茶の用意、電話、ラジオ、例会資料、トウシヤ印刷、などの利用もぜひどうぞ。

運営委員会、代表者会議、その他の 話し合いに多数参加して下さい。 みんなと話しあつて、いろんなことを決めたいと思います。

## 中津川労音　6月例会

バイオリン独奏

## 辻　久子　リサイタル

とき/6月10日(金)　ところ/東小学校講堂

# 中津川労音

1966' 5 No.24

中津川勤労者音楽協議会機関誌　編集／情宣部　事務所／岐阜県中津川市本町2丁目1-2（四ツ目川会館ハウス内）tel5-2548

## 中津川労音6月例会

# 辻 久子
## リサイタル

ピアノ／田中園子

とき 6月10日（金）
午後6時30分
ところ 東小学校講堂

・無伴奏ソナタ
バツハ
・バイオリンコンチエルト
メンデルスゾーン
・からたちの花
山田耕筰
・荒城の月
滝廉太郎
・組曲「淀のみずぐるま」
大栗　裕
・モスクワの想い出
ウイニアウスキー
・ユモレスク
ドボルザーク
・ハバネラ
ラ・ヴエール
・チゴイネルワイゼン
サラサーテ

# 初夏の夕べをバイオリンの調べで

# 辻　久子リサイタル

企画部は、企画意図として次の２点を考えました。

1. だれにでも親しめ、楽しめるクラシツク例会！

2. バイオリンで日本の心のうたを！ だれもが感動する例会！

バイオリン・コンチエルト、チゴイネルワイゼン、などはだれにも親しめる、おなじみの曲です。カタのこらない曲なので、クラツシクといつても、楽しく聞くことができます。からたちの花、荒城の月、淀のみずぐるま、などは日本人の心にいつものこつているメロディーばかりです。とくにバイオリンで聞くこれらの曲は、あらたな感激をまきおこすことでしょう。

### 「淀のみずぐるま」

第一楽章〔わらべ唄〕

「天王子のお猿」「中の中の小坊さん」による

第二楽章〔子守唄〕

「大阪の子守唄」「唄うて歩きの子守唄」による

第三楽章〔はたらき唄〕

「三十石船」「田植唄」による

第四楽章〔祭ばやし〕

「天神祭」より

## 淀のみずぐるま　大栗　裕

これは大阪地方のわらべ唄、子守唄、はたらき唄（実は舟唄）最後にだんじり囃子と獅子舞の囃子の小品を四つ、組曲風にまとめたものである。

最初の**わらべ唄**は「中の中の小坊さん」と歌いながら円形をつくつて歩く子供たちの真中に目かくしされた鬼がいて、歌の一節が終わると、うしろにいる子供の名前をあてるという単純な遊びに使われたものだ。近頃の子供たちはこんな遊戯をさつぱりしないようだが、これだけ車がたくさん街の中を走りまわつては、道を歩くのさえ危険きわまるのに、こんな遊びは道路交通法違反でたちまちおまわりさんにお目玉をくうだろう。しかし私には懐しい思い出がたくさんある。たとえば初恋の少女と手をつなぐことが公然とできたなど。

次の**子守唄**。これはあまりにも有名。然し不思議に、母親が私を抱いて歌つてくれた記憶が全然ない。その時はまだ私の音感が発達してなかつたんだナ。

それから**はたらき唄**だが、これも落語や森の石松の浪花節で有名な三十石舟の船頭歌である。伏見から大阪の八軒家まで淀川を舟で下るなんて、今では想像もつかないが、この歌を聞いていると、一ぺんのんびりと淀の流れに棹さしたいような気になる。

おしまいの**祭囃子**だが、これは私のオーケストラ曲「大阪俗謡による幻想曲」でつかつたモテイーフである。これだけは今でも夏の祭りには聞くことができるので、皆さんもよく御存知だろう。あえて解説の要はない。

（月刊労音より）

## ◆しょうかい

### ――――辻　久子

○1932年　父よりバイオリンの手ほどきを受けはじめる

○1935年６月　大阪松竹座ではじめて演奏　秋、朝日会館ではじめてリサイタルを開催

○1938年　第７回毎日音楽コンクール第一位入賞、初の文化大臣賞受賞

○1942年　ヨーゼフ・ローゼンシユトツク指揮の日響（現N響）とパガニーニの協奏曲全曲を日比谷公会堂で演奏（日本初演）

○1947年　大阪府芸術賞大阪市民文化賞受賞

○1955年　来日したソ連のバイオリニスト　ダヴィツト・オイストラフに接して強い感銘を受けた　ハチヤトウリアンの協奏曲により毎日音楽賞を受賞

○1957年　上田仁指揮　東響とショスタコーヴイツチの協奏曲で演奏（日本初演）

○1959年　全国労音海外派遣音楽家として三ケ月にわたつて各地で好評を博す　大阪日日新聞文化賞　神戸新聞平和賞受賞

○1962年　「バイオリン生活三十年記念特別演奏会協奏曲の夕」を父吉之助指揮　大フイルト開催

○1963年　イギリスのバーミンガム・フイルガドイツ　スイスを演奏旅行した際ソリストとして招聴され十二都市で演奏　成功をおさめて帰国

○1965年　二月より全国労音海外派遣音楽家としてふたたびソビエド、東欧にわたり演奏旅行した

### ――――田中園子

10才のころからピアノを習いはじめ、山田康子、ルーチンウイリフベイデに師事。昭和十三年度音楽コンクール第一位入賞。昭和二十五年初のリサイタル以後、独奏、重奏、アンサンブルに多彩な活躍をしている。

詩でつづる歌の花束！

# 〃命のつぼみの為に〃

詩　ぬやまひろし／作曲　藤家虹二

# 藤家虹二クインテット

うた・浜　雅弘、藤野ユキ　　ナレーター・永沢玲子

曲目より

## ■秋風のうた

食いたいものはお袋の手料理
こんにゃくのしらあえ　ぜんまいの煮しめ
おもかげ身にそう昔の台所の鍋蓋の湯気
七輪のあかり　お袋の横顔
あかぎれのしたその指先
きこえるものは
秋風になるはたはたとなる
やぶれうちわの風の音
食いたいものは
お袋のお袋の手料理

## ■年寄りの歌

年寄りには　昨日がある
若者には　明日がある
年寄りは　火種
若者は　ソダ
燃えうつれ　命火
燃えさかれ　命のほのお
燃えさかれ　燃えさかれ
命のほのお　命のほのお
年寄りには　昨日がある
若者には　明日がある

## ■せつせと働け

せつせ　せつせ　せつせと仂け
せつせ　せつせ　せつせと仂け
ひとには　ひとには　親切にしろ
そこからそこからあらたな力がわいてくる
せつせ　せつせ　せつせと仂け
せつせ　せつせ　せつせと仂け
この力を　このちからをはばむものは
はばむものは　のしちまえ！　のしちまえ！　のしちまえ！
せつせ　せつせ　せつせと仂け
せつせ　せつせ　せつせと仂け
ひとには　ひとには　親切にしろ
そこからそこからあらたな力がわいてくる
せつせ　せつせ　せつせと仂け
せつせ　せつせ　せつせと仂け

## ■夕張娘

（1）

夕張娘はえがおが上手
炭鉱がえりの三人娘
くくりあごして　かたえくぼ
黒いダイヤを掘る若者の
胸にだかれているせいか
夕張娘は笑顔が上手

（2）

夕張娘は笑顔が上手
組合事務所でふりむく娘
含みごえして　かたえくぼ
黒いダイヤを掘る若者の
胸にもたれているせいか
夕張娘はえがおが上手

曲目より

おわび　歌手の西城慶子さん盲腸炎のため出演できなくなり、藤野ユキさんに代りました。

## 政府入国を拒否
## ベトナム中央歌舞団

ベトナム中央歌舞団歓迎実行委員会と全国労音で招く、「ベトナム中央歌舞団」は、すでに新聞、TV等でご承知のように、5月16日 政府は入国を拒否しました。今こそ、戦時下にあるベトナムの歌や踊りに接することこそ、平和と自由を求める我々にとつて大切なことではないでしょうか。

5月17日、全国労音に次のような電報が来ました。

> 5月16日　18時　ハノイ発
>
> ベトナム中央歌舞団
> ドー・ニヤン
>
> 貴労音招聘による6月からの日本友好演奏旅行に対して、われわれは準備を完了しました。しかしNHK及び西側のニュースが伝えるところによると、日本政府はわれわれの入国ビザを拒否したとのことです。それが事実であるならば、ベトナムと日本の人民間の友情にさからい、文化芸術の交流に逆行するものです。
>
> われわれは、日本人民におくるベトナム民族舞踊、歌曲を積極的に準備しつづけます。
>
> 両国人民の友情と、文化芸術交流と、来るわれわれの訪日を妨げるいかなる力もないことを確信しております。あなた方の積極的な支援に感謝します。

ベトナム中央歌舞団は、55名のメンバーで東京労音の、6月13日例会を皮切りに 40回公演を予定しています。民族楽器を中心にした演奏で、フランスからの独立戦争、そして現在のアメリカの侵略とたたかうベトナム民族の歌や踊りが主なレパートリーです。

○

7月17日（日）と 18日（月）に、名古屋労音が中心となつて、名古屋市公会堂で中部労音合同例会を取組むことになりました。中津川労音からはバス一台（50人）分の参加を目標にがんばりたいと思います。参加費はバス代ともに600円内外です。ぜひ多数参加しましよう。

○

とはいうものの、歌舞団の入国が非常に困難になつています。そこで、どうしても入国を政府に許可させなければなりません。

「政治的」というだけの理由で、歌や踊りのような文化そのものを否定する政府の表明はナツトクできません。ましてや、アメリカの侵略に反対する我々の気持は、ベトナム中央歌舞団の入国拒否などいうやり方には反対です。署名用紙がありますので、サークルで、地域で、ぜひとりくんで下さい。

○

ベトナム中央歌舞団のテープ、スライド、舞台写真が事務所にあります。自由に使つて下さい。すばらしいものです。

## がくしゅうとこうりゅうの集い

### 6月 18日(土) 19日(日) 駒の湯

新緑の白樺林、木曽駒のふもと駒の湯で、一泊二日の「学習と交流の集い」を計画しました。日頃感じている労音に対するいろいろな問題を語り合い、仲間との楽しいつどいにしましよう。費用は一切で 2.000円（旅費、宿泊代、テキスト代など）の予定です。※講師の話を聞くとか、ムツカシイ話し合いをするとかは全然なしに、楽しいものにします。ぜひどうぞ。

## 〈田×楽×ま×つ×り〉

### 出演／田楽座

7月例会 田楽座の取組みの一つとして〝うたとおどりとゲームの集い〟がもたれます。田楽座の人達といつしよにうたつたり、踊つたり、また誰れでも気らくに参加できるゲームの集いで、腰がぬけるほどおもしろく、楽しいものです。

中津川では5月31日 7時から公民館（会費50円）で開かれます。5月30日坂下、6月1日付知でも開かれます。

会員拡大に、新サークル誕生に、みんなで参加しましよう。

## お知らせ

○恵那市で労音を作ろうと、有志の間で話合いが進んでいます。身近かな所で協力して下さい。

○今年の中部労音友好祭は、7月30日、31日の両日、三重県尾高高原で開催することに決まりました。

○何度も書くことですが、機関誌に対する意見、記事（サークルのこと、知りたいこと、その他なんでもいいです）を事務所までおよせ下さい。

# 中津川労音

1966'7 No.25

中津川勤労者音楽協議会機関誌　編集／情宣部　事務所／岐阜県中津川市本町2丁目1-2（四ツ目川会舘ハウス内）tel5-4727

中津川労音７月例会

健康で明るく底ぬけに楽しい

## 田楽座

7月5日（火）午後6時30分

東小学校講堂

## プログラムより

◆秋山のよさ節

〽おらうちの衆は　ヨメをとることのよさ
忘れたか
忘れはせぬが　稲の出穂みて　ヨメをとる
ヨメとつてくれりや　一だん刈る草　二だん刈る

ヨメももらえない農村の切実なうた。このうたはきびしい現実がのしかぶさつてくるだけに、底にかなしみが流れています。でも調子は若者らしく明るい底ぬけの楽天性が感じられます。

◆伊那竜松寺山

〽竜松山の姫小松　高くてお手がとどかぬ
どつこいかまやせぬ
おら川んだたで　ヨシ刈れば　ヨシなびく
ひよどり鳴いて　すゞずやか
お前とならばどこまでも　サイカチ山の果てまで

◆諏訪天屋節

寒天の製造は、200年の歴史をもつていますが、冬期三ケ月の間、最も寒冷の地をえらんで（雪の少ない寒いところ）昼夜ぶつとおしで行われるはげしい仕事です。長野県や新潟県からの出かせぎに来て仂く人たちのうた。

恵那にも、岩村、山岡の寒天作りがあります。そこにもきつと唄があると思います。

〽ハー　寒い風だよ　信州の風は
しわり　ごわりと　身にしみる
ハー　つけや若衆エー　元気をだして
唄は　やめまい　夜明けまで

◆影絵芝居「おしになつた娘」（長野、昔話）

昔、粂治、おてい、という夫婦がすんでいました。おていは洪水で流されてしまつた。残つた粂治は、娘のお菊をふびんに思い、どこえでもつれてあるきました。ところがある年の暮、お菊は大病になり、薬をのますことも出来ません。「お父、おいら小豆のままくいてえナー」というお菊のために粂治は地主の小豆を1升ぬすんで来ます。

あとは見てのお楽しみですが、「きじも なかずば うたれまい」という話です。

## 高　い　山　（歌唱指導）

〽高い山から　谷そこ見ればよ
うりやなすびの　花ざかりよ
アレワヨイヨイヨイ
〽赤いたすきで　田の草とればよ
やつれ姿の　水鏡よ
アレワヨイヨイヨイ

## 〃田楽座と語る会〃

**7月6日（水）喜楽旅舘（坂本）**

例会終了後に開かれる合評会形式のものですが、いつもは時間が遅くなり、じつくりと話し合えないという意見がありましたので、日をあらためました。ぜひ出席下さい。

参加される方は**午後5時30分**までに労音事務所へ集合してください。車でお送りします。

＊　腹の底から笑い感動する例会
＊　やつぱり仲間といつしよに例会にいつて　とくしたと思える例会
＊　自分たちでも、なんか作ることをやりたくなる例会

こんな内容が一ぱいの例会です

民族
芸能団

でんがくざ

## ── どうしてとりあげたか ──

★アンケートで わらび座 などの民族芸能団がききたいという声がたくさんあつたこと。
★もつともつと日本の民謡をたくさん知りたい。心のそこから共鳴し感動できるものは、やつぱり日本のうただ、そいつをききたい。
★安い会費で、どんな町や村でも、とり上げられる例会をたくさんつくり上げたい。

7月の例会をむかえるにあたつて、こんなことを思いだします。あれはもう5年ほど前のことでした。中津高校の講堂で「わらび座」の第1回中津川公演が行われました。「あのときほど、感激したことはなかつた」「わらび座をみてはじめて日本の民謡のすばらしさが分つた」そういう声がいまでも聞えて来ます。

日本にはまだまだすばらしい民謡がたくさんあるだろう。そいつをもつともつと聞きたい。カビの生えたものやお座敷や、一ぱいのむときにでる民謡ではなくて、健康で明るく、底ぬけに楽しい民謡、日本民族がつくりだしうたいつづけて来た民謡をたくさん聞きたい。知らないけど、もつといい民謡が日本にたくさんあるのではないか？そいつをぜひ知りたい。

こんなみんなの気持を集めて具体化したのが「田楽座」による7月例会だと言えると思います。

### 田楽座のこと

大人11名と6才を頭に6名の子供からなる民族芸能団です。一昨年の夏、秋田の「わらび座」から根わけして長野県伊那谷の富県（とみがた）に住みつきました。一昨年11月より今日までに、長野県下各地で200回余りの公演を持つて来ました。

公民館や婦人会、青年団を中心に老人クラブ、地区労、踊りや合唱のサークル、PTA、労音などが結集して成功を収めて来ました。

古くから多くの人の心をはげまし、たのしませて来た民謡。素朴なうちにもきびしさとやさしさを秘めた民謡。歴史の中に忘れさられてしまつたそんな民謡を掘りおこし、若さと熱のこもつた舞台に創り上げて来ました。

### プログラム

**第一部 うたは仕事のはずみもの**
花笠音頭（山形）
秋山のよさ節（北信）
諏訪天屋節（諏訪）
田植唄（岐阜）
秋田おばこ（秋田）
伊那竜松寺山（上伊那）
サルカニ合戦
さいとろさし（鳥刺）（南木曽）
茶つみ唄（下伊那）
地つき唄（北信）
みんなでうたいましょう
高い山（木曽）

**第二部 信濃のむかしばなし**
「おしになつた娘」（影絵芝居）

**第三部 日本のうたとおどり**
阿島ばやし（長野）
飾山ばやし（秋田）
木曽節（長野）
新地節・鎌おどり（佐賀）
伊那節（長野）
ソーラン節（北海道）

# さーくるだより

## いつまでも労音の会員でいたい

### ――すみっこサークル――

坂本スミ子例会から「すみつこサークル」が生まれ、ABCオーケストラ例会から会員もふえ「すみつこ山手」と「すみつこ」の2つのサークルになりました。

こんなにすばらしいクラツシツク例会を1人でも多くの会員と聞きたく女性4人のサークルでしたが男性3人の入会で7人ABC例会に参加しました。

年が明け雪が降る1月のある日、サークルの集いを行いました。出席は2回3回目も少なく又、例会に参加出来ない人が半分でした。

5月藤家虹二例会前に勤めの変られた方、結婚等で4人やめられましたが、今迄なんとか続けてこられたのに残念でしたが、残つた3人で話合いをし、友達を誘つて例会に9名参加し、例会5日後サークルで集まり、新しく始まつたサークルとして再出発しました。

地域でも職場でもなくバラバラの人達が集まつたサークルです。ですから代表者に負担のかからぬよう話合つた結果、3人の担当者を決め、その人が連絡又は会費を毎月5日迄に集め代表者が納める事にしました。

労音は会員自身のものだから、少しでも出来る事があつたら協力しようとポスターを1人2枚位貼ります。辻久子例会の時、初めてサークルでお手伝いをしました。会員も9名から6月例会で13名とふえ、まだ延びると皆はりきつています。会員がふえたのは会員自身が友達を誘うからです。これからの会員拡大にこの方法も良いと思う。

又月1回のサークルの集いの度に運営委員の方々に応援していただいたおかげでどうにかサークル活動ができるようになりました。新入会員の「一生労音の会員でいたい」と嬉しい言葉に励まされ拡大にはりきつています。

近々サークル名を変える予定です。

## 有意義なる時間

### ――中津商業高校サークル会員――

5月28日の私の日記には、「今日労音に行く、今日ほど充実感で心の中が一ぱいになつたのは、高校生活に私が入つてからの初めての経験であつた。商業を卒業したら、まず初めに労音に入つて1日1日をエンジョイしよう」

こう書いてあります。私は28の日を思い出せることに深い喜びを感じています。

第一部は「ぬやまひろしさんの愛情について」というお話から始まりました。私にとつて「ぬやま」という名を初めて聞きました。でも、その人のいつた事は全部と言つていいくらいおぼえています。中でも人間にとつて一番必要な物は、お金でもなく人間であると言いました。これだけでは漠然としすぎていますが、ぬやまさんは、自分の体験をまじえてユーモアたつぷりに話してくれました。私もこの人の意見はとてもたいせつな事だと思います。

私達は人口がふえ、人と人とが接する機会が多くなればなるほど利害関係が生じて、人間の必要性が失なわれてくるような事になつてしまうのではないかと思います。

――中略――

そして第二部の「藤家虹二とクインテツト」のステキな演奏を聞きました。第一部での心の満足が音楽によつて、いつそう強まつた様な気が今します。

1つ1つに耳をかたむけているうちに、第三部の、「命のつばみの為に」に入りました。この時、ぬやまさんが自分の詩を朗読してくれました、一語一語に全力がこもつているようで、なんだかこの詩の朗読によつて会全体がひきしまつたような気がしました。

そして最後にもう一度、藤家虹二とクインラツトの最後の演奏が始まりました。一つ一つの楽器が消えていき、ドラムだけになつてしまつて、ドラマーがもうやめようとするとアンコールの拍手で講堂の中が一ぱいになり、約20分ぐらいドラムを打ちつづけていました。その時のドラマーの顔がイキイキとしていて、真からたのしんでいるという感で、聞いていても心がうきうきしてしまいました。

この様に私にとつて楽しいと言うとへんですが、とても有意義な約3時間でした。

私は労音に行つた事は、むだなことではなかつたと思つています。

今も、この日の経験をたいせつにしようと思つています。

**あなたのサークルのことも知らせてください**

このページはみんなのものです。労音のこと、サークルのこと、友だちのこと、詩、短歌、そのほかどんなものでも結構です。どしどしお寄せください

## 蛭川・坂下大成功に終る!!

# 田楽座東濃路で公演

### 老人会から小・中学生まで

田楽座を中津川労音で例会として取り組むのを機会に、各地で上演されます。スケジユールは

7月1日昼　坂下中学校生徒
2日昼　坂下小学校生徒
2日夜　坂下公演
3日夜　蛭川公演
5日夜　中津川例会
6日昼　坂本小、中学校
8日には岐阜労音の例会です。

蛭川では蛭川村労仂者協議会が中心となつて実行委員会を作り、公民館、文化財保護委員会などの協力で上演し、小中学生400人、一般800人という会員で大成功に終りました。。田楽座の宣伝班の街頭演技を見てたくさんの人が参加できるのを楽しみにまつていたもので、特色として蛭川村に古くから伝わる「きねふりおどり」のおはやしを、田楽座の人たちと一緒に上演しました。

坂下では、小中学生1200人、一般 600人とこれまた大成功でした。コーラスグループ、婦人会民謡サークル、地区労、ギターサークル、田立や三留野の青年団、労音、などで田楽座公演実行委員会を作り、巾広い呼びかけを行いました。宣伝チラシには、公民館長さんの推薦の言葉、

「芸の上手なことは勿論であるが、みんな楽しさ溢れる様な表情で、真面目に、しかも何のてらいもなく、体中でうたつたり、踊つたりする姿をまのあたりにして、何かしらほのぼのとした感じに胸を打たれた」

をのせました。坂下には現在120人以上の労音の会員がいますが、今後やがては坂下労音として独立する方向でがんばつています。9月には東京キユーバンボーイズのマリンバ奏者吉川雅夫氏を招いて、例会をくむことになつています。田立、山口、三留野、妻篭の人たちにも参加を求めていることは、県境を越えて一つの組織を作り上げるということで、全国でもめずらしい、そして独創的な活動の仕方です。中津川労音としても、このことに協力を惜みません。坂下のみなさんがんばつて下さい。

ただ先日の水害には、少がらぬ会員の家が山が、田畑が被害を受けました。田楽座例会の参加も少なからず無理でした。坂下の会員としては他人ごととは思えません。できるだけの支援の手をさしのべましよう。

このほか、8月に入つてから、恵那、付知、岩村などで田楽座を上演する動きがあります。たとえそれが、労音のなかまたちがすることでなくても、同じ音楽を愛好するともだちとして、ぜひ成功させたいものです。いずれ近い将来には、東濃路のすべての町や村に労音ができて、一つの輪に結ばれることでしよう。その前ぶれとして、田楽座のもつ意義があります。

すべての土地、職場、サークルで、一人でも多くの会員を労音に誘いましよう。会員が増えれば、労音が多くなれば、もつとすばらしい例会を持てます。そして、もつと安く良い音楽が聞けます。

---

## 木曽福島〝駒の湯〟

# 学習交流会に参加して

### 《恵那報話サークル会員》

労音にたいし、つぶし攻撃がたかまつている中で、学習交流会がもたれたのは大きな意義があつたと思います。

私は学習会で次のようなことをいつた。「労音へ仲間をよびかけて会員をふやすとき、自分と同級生や友だちを誘うとき、どうしても口に出していえないが、どうしたことか」と、それについて話し合われたが、次の三つにまとめてみた。

第一に、例会の楽しさ良さを話してよびかけたらどうか。
第二に、自分でよびかける相手をきめる。
第三に、同級生や友だちばかりでなく、すべての人たちによびかけたらどうか。

などであつた。私はこれから、この三つで仲間をふやそうと思つています。

私は今、となりの恵那市で田楽座の公演を成功させ、労音を作ろうと取り組んでいます。当然私一人で出来ることではありませんので、活動家をふやすとき前に話したようなことがありましたが、今は学習会を生かし実行委員会が何回か行はれています。恵那市ではまだ困難な問題が残されているが、田楽座公演成功のためにがんばるつもりです。

話しは変りますが、労音にたいしての攻撃の中に、労音はアカだから例会にはいくな、といわれているが、言つている人達に私はこういいたい。「一回でもいいから例会に来て、ここがアカだ、ここがいけないといえばいいのである」他人の悪口をいえば「地球がまるい」ように最後には自分に対しての悪口となつて帰つてくる現在、労音への攻撃者はきのどくなものである。

学習会でのもう一つの大きな問題は、入場税の問題である。不当な入場税は、たかが1円でも払う必要はないのである。誰一人として労音でもうける人はいない。例会の感激一つ一つを、私たち一人一人が自分のものにしているのではないか。

私は労音に入つて一年たつていないが、労音に入つて本当によかつたと思つている。

学習会で一人一人の意見がみんなで話し合われたり、福島スキー場までのハイキングなどもあり、たいへん有意義で楽しい2日間であつた。

こんどは中部労好友好祭であいましよう。

## 辻久子例会アンケート結果

# クラシックをもっと多く

◎チゴイネルワイゼンがとてもよかつた

曲目でよかつたものとしては

| | |
|---|---|
| チゴネルワイゼン | 47 |
| コンチエルト | 35 |
| ドリゴのセレナーデ | 12 |

◎とてもよかつた例会

例会全体の感想

| | |
|---|---|
| 非常によかつた | 113 |
| よかつた | 36 |
| まあまあ | 3 |

◎クラシツク例会を多く持ちたい

クラシツク例会の回数について

| | |
|---|---|
| もつと多く | 114 |
| いまぐらい | 34 |
| 少なく | 1 |

◎ピアノ独奏が聞きたい

クラシツク例会でとり上げるものは

| | |
|---|---|
| ピアノ独奏 | 11 |
| オーケストラ | 7 |
| シンホニー | 3 |
| 立川澄人 | 3 |
| 声楽 | 2 |
| ハープ | 2 |
| フルート | 2 |
| 伊藤京子 | 2 |

◎子供の入場に一考を

労音に対してズバリ一言

時間厳守。イスの並べ方に一工夫してほしい。聞くだけの労音でなく、みんなの労音にするために、後片付けだけでも全員で。途中退場する人は休憩時間に出てほしい。演奏中に席を立たないように。クラシツクの灯をもやし続けてくれることに敬意を表す。もつと味のある労音にしてほしい。例会会場にスリツパを用意せよ。会費を上げてもよいから良い音楽を。農家のいそがしい時期は例会日をはずしてほしい。プロを正確に。

# はりきる〝ぜんまい座〟一同

## 中部労音友好祭に出演決定!!

「月刊労音」に写真入りで取り上げられ、各地労音の機関紙に紹介された、中津川労音文工隊「ぜんまい座」7月30日、31日に開催される中部労音友好祭の記念例会に出演が決定しました。専問家と肩を並べて、30分の舞台を中部各地の仲間に披露することになりました。

これは友好祭にはかつてなかつた、前夜祭形式の交流会で、30日の夜四日市で開かれるものです。その名を全国に知られながらも、実際の公演はわずか2回だけでした。中津川労音まつりと、メーデー前夜祭に出演したのがそれです。勿論これからが本格的な活動です。会員のみなさんの中で、ぜひ一緒にやつてみたい方がありましたら、「ぜんまい座」に参加して下さい。

さて、中部労音友好祭記念例会出演に向つて、中津周辺の民謡の調査が行なわれました。

▲6月17日よる7時から、坂下の弓谷洋品店のおばさんから、坂下民謡「音頭与三郎」「石場つき唄」の歌とおどりを習いました。

▲6月21日は、苗木の有名な民謡の歌い手である安保薫石さんのお宅を訪ねました。「地つき唄「「田植唄」「田の草取唄」「苗とり唄」などの発声法、節付け、表現の仕方などをこまかい説明入りで教えていただきました。

▲6月25日には、田瀬まで出かけ、「おはやし」を、30人ほどの青年団のみなさんと一緒に練習しました。「おはやし」は、たいこ、つづみ、ふえの合奏で、「ししまい」をししとおかめのかけあいで、夜おそくまで楽しくさわぎました。

▲その他に、今度の例会の前宣伝として乗り込んできた、「田楽座」小班の連中から、南木曽町妻籠に古くから伝わる「さいとろさし」(鳥刺)を習いました。これは、見る方も愉快だが、それ以上に踊る方が面白く吹き出してしまうというシロモノです。

このように、あまり知られていない中津周辺の民謡を、「ぜんまい座」が唄い、踊り、演奏することが出来るよう座員一同はりきつています。

## 中部労音友好祭 7月30日(土)・31日(日)

# 今年は 四日市 尾高々原で

毎年中部労音で開かれている友好祭が今年は四日市尾高高原で開かれます。

全国大会を11月(名古屋会場)に控え「すべての町や村に労音を」というスローガンのように各地で新しい労音がつぎつぎと出来ています。新しい仲間と労音のこと、全国大会のこと、全国各地の民謡のことなど、中部の仲間と楽しく気らくに話し合える絶好の機会です。中津川労音では「ぜんまい座」が地元の民謡をレパートリーに30分の出演をします。友達を誘い一人でも多く参加しましよう。

日程　7月30日(土)午後5時～7時30分<br>
　　　例会鑑賞(ぜんまい座出演)<br>
　　　8時～11時　全体交流ファイヤー<br>
　　7月31日(日)朝の会　体操<br>
　　　8時～11時　分散会　他

▷参加希望者は事務所へ御連絡ください。

ぜいきん？・・・・・・・・・・・・・・・・

# 経過と問題点

## 税金問題は会員一人一人の問題です

・・・・・・・・・・・・・・・・？ぜいきん

(今)まで労音で、税金問題、税金問題といつていますが労音の税金問題とは何でしようか？

労音の税金問題とは一口に云つて、例会をやるたびに入場税を納めよということです。中津川労音も労芸といつた時代から労音に発展するなかで、中津川税務署から入場税を納めるように通知を受けていました。

今から2年前、私達労音の会員は、入場税について理解するために、中津川税務署の係の人に来てもらつて、公民館で入場税の説明会をやりました。

(そ)の時わかつた事は、入場税のもとになつている入場税法のしくみで、

1.経営者または主催者というものがいる。
2.興行場というものがある。
3.催物というものがあり、入場という行為がある。
4.入場の対価の支払いという行為があるが、それがない場合は入場の対価と考えられる部分を入場料金とみなす。
5.興行場で催物をやり、入場者から入場の対価をとつた場合に入場税を課税し、経営者または主催者が納税する。

といつた事でした。

(こ)れに対して会員からは、「割勘制でやつている労音に、どうして上記の入場税法が適用されるのか」とか「小人数の会費持ちよりのレコ・コンよりも人数が多いだけなのに、どうか」とか「主催者は労音の場合、誰をさすのか」などの疑問が出され、それに対して明確な答はなく、疑問があれば文書で出せということを云われました。これが説明会だつたのです。

それからも例会をやるたびに、会場入口付近に税務署員が3～4人立つて会員数の調査をし、後日運営委員長宛に入場税確定通知書を郵送してまいりました。

(こ)こで労音の組織を考えてみたいのですが、①労音は個人ではありませんから団体ですが、労音は法人として登記されていませんので、いわゆる「権利能力なき（人格なき）社団」です。また、②例会を、社会的行為として主催しているのは労音ですが、この労音は私達会員とは別のなにかではなくて、私達自身です。従つて労音という特定の主催者がいて、会員という不特定多数の観客に「見せたり、聞かせたり」しているわけではありません。

(さ)て、①については権利能力なき社団が、租税法律主義の原則からいつて公法上の義務、即ち納税義務者にはなりえないことは明かです。②については労音の例会は、労音の組織の中の会員が自分達で企画して、見たり聞いたりしているものですから、入場税法に規定する「催し物」でなく、従つて入場税法が適用されないことはたしかです。

(私)達は以上の様な理由（詳しくはいろいろありますが大略）で、労音として、入場税を納める理由が納得できませんし、納めない事の方が正しいという考え方で、どこまでも合法的に国民の権利を行使しながら、中津川税務署長に異議申請書を理由をつけて提出し、それが却下されるや、更に名古屋国税局長に審査請求書を提出してきましたが、それも私達が納得できない理由で却下されていますので、岐阜地方裁判所へ入場税決定処分取消しの裁判をおこしました。労音という人格なき社団が訴訟をおこす権利能力があるかということが問題になりますが、民事訴訟法で規定がありますのでやれるわけです。第二回目の裁判が7月18日に岐阜地方裁判所でひらかれます。引続いて何度も裁判が行われますので、それに要する費用は、弁護士の着手金二人で五万円、裁判一回について弁護士の日当一人4千円がいりますので、着手金についてはカンパで、弁護士の日当や毎月の裁判費用については、毎月の会費に10円程度プラスするということが代表者会議で決定されています。

(最)後に、つい先日の6月29日に労音まつりと、CBC例会の入場税を納めよという手紙を受取りました。

労音まつりは、会員が企画し、会員が準備し運営し、会員が出演し鑑賞した例会で、文字通り労音は会員それ自体であり、逆に会員それ自体は労音であるという例会でしたが、税務署は労音という主催者に、主催者とは別個に存在する会員から税金分だけとつて入場税を納めよといつてきています。ここまでくると、入場税というものがよくおわかりになるとおもいます。

税金問題は会員1人1人の問題です。会員の皆さん頑張りましよう。

7月1日から電話番号が変りました

## 労音専用 電話中津川(市外局番 05736)5－4727番

## り災者に温かい支援を

═南木曽町三留野水害═

長野県下で24日夜から降りつづいた集中豪雨で多くの罹災者が出ました。謹しんでお見舞申し上げます。

南木曽町三留野には中津川労音の会員の方がおりますが「大田沢川」がはんらんし、会員6名の方のうち2戸が全壊4戸が50㎝という泥水が入り大きな被害をうけられました

昨年につづき2回目の災害であり、早速中津川労音の会員5名が行つてお見舞の言葉をかけて来ましたが、罹災者に励ましのことば、温い支援をお願いします。

中津川労音としてお見舞をおくりたいと思います。本会場でカンパ袋を廻しますので、ご協力ください。

## いつ どこで だれと

友好祭のアイデアをどうぞ！

昨年は、付知川三本松河原で、30人の参加で、中津川労音友好祭を開きました。参加者全員が、今年こそは多くの仲間を誘おう、と話し合つています。

どうしたら、いつだつたら、どうやつたら、楽しいキャンプでの友好祭ができるでしようか。よい知恵を教えて下さい。電話でも手紙でもけつこうです。運営委員の鎌ちやん(22)サーちやん(20)まで教えて下さい。

❖7月30日(土)31日(日)根之上高原で第8回東濃地区平和友好祭が開かれます。参加希望者は労音内東濃地区平和友好祭実行委員までご連絡下さい。❖

《中津川労音7月行事予定》

4日(月)部長連絡会議(事務所)
〃 情宣部会(事務所)
5日(火)田楽座例会
6日(水)田楽座と語る会(坂本、喜楽旅館)
7日(木)中部労音友好祭実行委員会
8日(金)企画部会(事務所)
10日(日)中部労音友好祭実行委(名古屋)
11日(月)運営委員会(公民館)
12日(火)ぜんまい座練習
12日(火)田楽座公演委員会連絡会議
18日(月)税金第2回裁判(岐阜)
19日(火)企画部会(事務所)
21日(木)ぜんまい座練習
25日(月)運営委員会(公民館)
27日(水)情宣部会(事務所)
30日(土)・31日(日) 中部労音友好祭(四日市)

(ザ・シヤデラツクスのメンバー)

## ―例 会 予 定―

◆8月例会
アメリカと日本のフオークソング
**ザ・シャデラックス**
うた小林マリ 8月13日(土)予定

◆9・10月例会―10月―
世界のうたをうたおう
**友竹正則と真理ヨシコ**

◆11・12月例会―12月―
ジヤズビツグバンドのくさわけ
**小原重徳とブルーコーツ**

# 中津川労音

1966'8 No.27

中津川勤労者音楽協議会機関誌　編集／情宣部　事務所／中津川市本町2丁目1-2（四ツ目川会館ハウス内）TEL 5-4727


愛と平和と故郷をうたう

8・9月例会

## ザ・シャデラックス
## 小林万里

8月13日（土）午後6時30分

東小学校講堂

### フォーク・ソング

フオーク・ソングの良さ、魅力はどこにあるのだろう。

何か話しかけるような、何か心に訴えかけてくるような、そんな感じがする歌……わたしたちの生活の中から生まれた感情を、どちらかといえば平穏な、だけど美しいメロディーにのせて口ずさむように歌う……しずかにギターをかなでながら……歌われている内容がどんなに激しく、悲しく、切ないものであつても、それらの感情がむきだしにならず、素直に又、素朴さを失わず淡々と流れ出すメロディー。

フオーク・ソングにもいろいろな種類があります。生まれた土地によつても違います。歌の内容によつても分けられます。今、私たちが聞こうとしているのは社会的なフオーク・ソングとでもいうのでしようか、さかんに「乱れちやつている」とか「世の中は間違つとる」とかいう言葉を聞きますが、こういうことを歌つていく。つまりピート・シーガー、ジヨンバエス、ピーター・ポール・マリーのような歌手たちによつて歌われる歌、「平和の誓い」「雨に何をしたの」「風に吹かれて」などです。又、悲しいまでに切ない別れの恋歌「五百マイル」。その他「ドナ・ドナ」「コツトン・フィールズ」などたくさんあります。私たちの感情を豊かにすることは幸せなことです。自分の「想い」を歌いましよう。

FOIKSONG

# ザ・シャデラックスと歌おう

■アメリカン フォーク・ソング
わが祖国
コットン・フィールズ
五〇〇マイル
天使のハンマー
マリアンヌ
雨に何をしたの
空駈ける騎士
ゆれよ幌馬車

■小林万里さんのうた
風に吹かれて
ランブリンボーイ
この道を歩きたい
花はどこへ行つたの

■日本民謡
北海盆唄
小諸馬子唄
さのさ
奴さん
大漁唄い込み

■女の子っておかしいな
（オリジナル・コメディー）
ジョニーの凱旋（バンド演奏）

■日本のうた
燃える旅人
君について行こう
恋する娘達

■歌つて歌つてくたびれよう
一人の手
勝利を我等に
小学唱歌メドレー
日本民謡メドレー
夜明けの唄

## ザ・シャデラックスです どうぞよろし

「ザ・シヤデラツクス？　余んまり聞いたことないなー」とあなたは思うでしよう。又、「そういえば、最近テレビでチヨイチヨイ見るなー」と思う方も多分いらつしやることと思います。

とにかく彼らはフオーク・ソングを実に楽しく歌つてくれますし、わたしたちに歌わせてくれます。

昭和三十九年六月（つまり二年前）、関西学院グリークラブ出身の四人によつて結成された。このグループの持味は、フレツシユなハーモニーとシヤープでスインギーなリズム感です。まだ生れたばかりのヒヨつ子（失礼！）ですが、昨年9月の越路吹雪の例会で初登場。最近メキメキ売り出してきています。

最も得意とするのはフオーク・ソングだが、スタンダード・ジヤズ、黒人霊歌から日本民謡、ホームソングまで歌いこなし、その上、本命は創作曲というのだから、大いに将来を期待しよう。

以上、シヤデラツクスとは大体こういうグループです。今日の例会では彼らの歌を聞くのと同時に、わたしたちもフオーク・ソングを歌いましよう。彼らの歌唱指導は、とつてもうまいそうです。

◇　◇　◇

## 小林万里です

昭和十九年、東京で生まれました。六人兄弟の末つ子です。

小学校の頃からギターを弾きながら歌つていましたが、体が小さいのでギターのかげにかくれてしまい、近所でも大変な人気者でした。

中学校時代に、歌の才能を認められ、キングレコードの専属になり、翌年（三五年）、東映映画「ズベ公天使」に準主役で出演し、その主題歌を歌つてデビューしました。

その後フオークソングに興味を持ち、四十年一月、単身アメリカへ。アメリカでは身をもつてフオーク・ソングを味わい、身につけてきた。また、日本人ではなかなか困難とされているユニオンに加入することが出来、フアンの数も多くなり、一時帰国という形で今年の初め帰国。フオーク・ソングのレパートリーは約五十曲です。

感動をよびおこし

# 田楽座第2次公演終る

## 恵那　付知　田立　明智

田楽座の第２次公演が、1日 田立、2日 明智、3日 恵那 6日 付知の各地で開かれました。それぞれ実行委員会が組まれ、小中学校の生徒も含めて 約2.500名の人達が一緒に楽しみました。

民謡を歌い踊り演奏する民族芸能団として、小人数ではありましたが、老人から若い人まで巾広い人達に感動をよびおこしました。どこの会場でも、「全員が生々と活動している事に感激した」「民謡を少しも古くさくなく新らしい形で演奏して、親しみやすかつた」「ぜひ年に一度ぐらいは又来てほしい」などと感想がよせられました。田楽座の感想ノートにも、いろいろと舞台に対する讃め言葉や批判が一杯書かれていました。

これを機会に、各地ですばらしい活動が始まることでしよう。又、中津川労音も地域の中に会員を拡大し、ますますすばらしい例会を多くの人達と共に楽しむことができることでしよう。

ぜいきん

## 巾広く取り組もう 署名とカンパ

### 公正裁判をみんなで要請しよう

中津川労音に対して不当にも課税された入場税決定処分取消しの裁判が、すでに岐阜地方裁判所民事部で２回行なわれました。労音が原告で、被告は中津川税務署長です。といつても被告が悪いことをしたというわけではありません。ただ誤つているだけです。

入場税法そのものは無くなつたほうがよろこばれる法律ですが、そんな法律にすらあてはまらないのが、わが中津川労音の活動です。名古屋まで高い運賃を払つて出かけ、目から火が出るほどの入場料を取られて、帰りが遅くなつてしまうという、音楽会を毎月とは云えないまでも、この中津川で開いて来た労音。みんなの「ワリカン」でやる例会、（経費が高くなればその分だけ追加するか、それとも２ケ月分の会費をあてるかどつちか）、受付けや椅子並べなどを会員が行ない、出演する専門家をみんなで決める、そんな労音に、「主催者」も「観客」もありません。

もし労音に課税することが正当だとするならば、仲間のだれかが代表してみんなのワリカンを集め、みんなでバンドを演奏して楽しむ会や、グループの集りも課税の対象になります。これはエライことじやありませんか。自分で会費を出し、自分たちで企画、運営して、自分たちで楽しんで、何故税金を納めなければならないのでしようか。感情としても、道理としても、労音に対する入場税の課税はナツトク出来ません。

そのために、裁判所で労音の主張が認められるよう裁判にもちこみました。公正に裁判が行なわれるように、「公正裁判要請署名」を多くの人にお願いしています。すでにサークルで取り組んでいるところもありますが、まだ少数です。すべてのサークルで、すべての会員が協力して下さい。用紙は事務所にあります。あわせて裁判経費のカンパもお願いします。

### 7月例会 田楽座　アンケート結果集約

(1)プログラムの中でよかつたもの
（一部）花笠音頭12　秋山のよさ節 4　諏訪天屋節 3　田植唄 7　秋田おばこ 4　伊那龍松寺山 3　サルカニ合戦17　さいとろさし18　茶つみ唄2　地つき唄 7
（二部）影絵芝居「おしになつた娘」16
（三部）阿島ばやし 3　飾山ばやし 2　木曽節 1　新地節 1　伊那節 2　ソーラン節 4

(2)田楽座の例会を一口で言うと
非常によかつた23　よかつた29　まあまあ 3

(3)田楽座について
よく知つていた 7　少し知つていた33　ぜんぜん知らなかつた17

(4)田楽座例会の総評
腹の底から笑い感動した例会だつた　24
仲間といつしよに例会に来てとくしたと思う例会だつた　14
自分たちもなんか作ることをやりたくなつた例会だつた　11
その他の感想として
・何か身近な親しみ易い例会でした
・自分も一緒にやりたくなるような例会
・若いエネルギーな唄と踊りを明日へのエネルギーにしたい
・チームワークのすばらしさに感激した

(5)あなたのサークル（活動）について一言
・一ケ月に一度必ず集つて話合いをし、会員一人一人がやる気でいるので楽しい
・話合いの場をもちたい（苗木）

(6)中津川労音について卒直なご意見を
・労音会員を無駄な目で見ないでお互いの尊重を保ちたい
・日本のうた、おどりのよさをしみじみと感じました　今後もこのような企画を
・安くて良いものをどんどん企画にのせて下さい

## マリンバ　吉川雅夫リサイタル

### 第2回坂下公演実現!!　《9月9日》

田楽座公演を成功に終えた坂下実行委員会が、吉川雅夫リサイタルを企画し取り組んでいます。

吉川さんは、小学校5年、6年を坂下小学校で学び、現在坂下におられる親族の人たちの協力でリサイタルが実現しました。中津川労音で取り上げた東京キューバン例会に出演され、実力、名声ともに有名なマリンバ奏者として大好評でした。

どんな小さな町や村でも公演がもてるよう、中津川労音としても第２回坂下公演が成功するよう応援しなくてはならないと思います。

みんなで地域公演に参加しましょう。

## 水辺のキャンプで みんな楽しく

### 8月27日(土)28日(日)　苗木高峰湖
### 第2回　中津川労音友好祭

又今年も友好祭の季節がやつて来ました。昨年は30名の参加で全員楽しい二日間を過しました。労音らしい、キャンプずれした人から初めて参加する人まで、だれでも愉快になるよう計画をねつています。参加される方がなるべく多くあるように、友人や仲間を誘い合いましょう。サークルに連絡文を配りますので、みんなで参加してお面白い友好祭にしましょう。

## (サークルだより)

## なんでも話し合える仲間に

### ＝柳町Aサークル＝

こちら柳町Aサークルです。Aといえば、B、C、D、Eと無数にサークルがあるように聞こえますが、実は他にB、Cと二つの分家があります。サークル歴はかなり古く中津川労音発足以来何とかしがみついてボソボソやつて来ましたが、例会にさきがけたレコードコンサートはB、Cともどもいち早く開いて気勢をあげております。

### お見舞いありがとうございました

６月24日の南木曽町水害で、中津川労音三留野サークルの人たちが昨年に続いて被害をうけられました。労音が中心になり、お見舞いカンパを呼びかけたところ、中津川労音田楽座例会場で 7.400円、坂下支部で2.000円、中部労音連絡会議より1万円、のお金が集りました。田楽座公演坂下実行委員会でも災害本部へお見舞いを送つています。たくさんの人たちの温い支援をいただきありがとうございました。

以上の19.400円を７月９日被災者の方々にお届けしたところ、後日、労音宛に丁寧なお礼状が来ました。労音事務所に掲示してあります。ご覧ください。

何しろ四十近い中年婦人が多く、そうキヤーキヤーワーワーというわけにはいきませんが、中津川労音は案外こんな層にささえられているのではないだろうか………とふと考える時があります。（実は私もその中の一人）

レコ・コン以外の会も、もつともつと多く持つて会員の人間関係を深め、何でも話し合える仲間になりたいと思つてはいますが、ハイキング、ホークダンスなどいいなあーと話しあうだけで、まだそこまで進んでいない状態です。

しかし、それ以前の問題として今私たちが当面やりたいことは、

・毎月のサークル会議がきちんと持て、自分たちで運営出来ること。
・例会づくりにもサークルとして参加し、例会を自分たち会員のものにすること。

ではないかと思います。

長い年月の間には出て行く人もあるけれど、こんどのシャデラツクスでまた新しい若い会員が幾人かふえ、またまたハツスル出来そうです。

## 中津川労音総会

### ９月下旬に開催予定

一年間の活動を総括し、今後一年の方針を決める総会がま近かに迫りました。どんな音楽が聞きたいか、どんなサークル活動をしたらよいか、運営に対してどんな文句があるかなど会員のみなさんの意見を出しあつて、ますますすばらしい労音にしましょう。

総会にはなるべく多くの人達が参加して、どしどし意見を出し合いましよう。そのうちにいろいろと調査をしますのでその節は協力をお願いします。

## お知らせ

◆　東京労音では、「サークルで企画を立てよう」というスローガンで活動しています。銀座のあるフルーツパーラーのサークルが、ぜひ坂本九の例会を創り上げたいと名のりを上げました。出演料やスケジュールの関係でたいへん困難でしたが、とうとう２万人の会員が参加して、成功させました。会場は ビートルズが 演奏した 日本武道館 でした。中津川労音としても、決して夢ではありません。ぜひ運営に参加して下さい。

◆　今年の全国労音連絡会議は11月名古屋で開かれます。6.000人の 参加予定だそうです。

◆　大垣に労音が出来ます。９月に、「ザ・シヤデラツクス」で発足です。岐阜県では３番目。

◆　10月の10日前後にマイクロバスで、上高地へ行こうという計画があります。

◆　中部労音友好祭が７月30、31両日、三重県尾高高原で開かれました。記念例会に「ぜんまい座」が出演し好評をあびました。分散会でも、中津川の活動が話題の中心でした。

# 中津川労音

1966' 10 No.27

中津川勤労者音楽協議会機関誌 編集／組織情宣部 事務所／中津川市本町2丁目1-2（四ツ目川ハウス内）tel〔05736〕⑤4727

10・11月 例会

心のうた
生活のうた

築地利三郎
滝沢三重子
リサイタル

ピアノ 大場俊一

楽しく親しみやすかつたサークル例会〝フルートとピアノの夕べ〟（5面記事参照）

# 中津川労音の発展のために

## ……中津川労音第3回総会を終って……

第3回総会は、9月28日夜中津公民館で開かれました。昨年8月の第2回總会からいままで一年間の運動を反省し、これからの運動をよりいつそう発展させていくための方針をうちたてることをはじめとして、会計監査報告、新しい役員の承認、規約の改正などをおこないました。限られた時間のワクの中でしたが、出席した約60名の代議員たちの熱意に支えられて、中津川労音の運動がより着実にいつそうりつぱになるための「発展の芽」をいくつかつかむことができました。

### 1 中津川労音の発展の芽

**進んだ会員の固定化――**

この一年間に会員の固定化が大きく進みました。しかもこの会員の固定化が、㋑物価は上るし、仕事は辛くなるしという不景気風の吹きまくる中で、㋺たとえ実力はあつても、余り名の知られていないようなタレントによる例会のつづく中で、㋩その上労音はアカイとか、反税斗争をする危険な団体であるとかのデマや中傷がさかんに出されてくる中で、㊁さらに一方では、労音などというやつはナマヌルクてフヤケテいるなどの悪口もとばされていくという中で実現されているということは、私たちに大きな自信を与えてくれました。これからもまわりの情勢はますますきびしくなるでしようが、このいまの会員の土台に支えられ、これからの中津川労音は、きつと着実に発展していくにちがいありません。

**すばらしかつたいままでの例会――**

つぎに、労音運動の中心となつている例会についてふりかえつてみましよう。この一年間に私たちは9つの例会と1つの特別例会を持ちました。そして、それらは会員個人個人の好みや受取り方によつて多少のちがいはあつたにしろどれひとつの例外もなく「全くすばらしかつた」との一言で言えるほど好評であつたことは、例会アンケートがはつきりと表わしているところです。こういう例会を中心にした活動の中で、私たちは「音楽の喜び、労音のすばらしさ」をまさに実感として受けとめることができました。こういう実感こそが、労音運動というまつたく人間的な文化運動を、このような山間の街で実践していく私たちにとつて、何よりの誇りと喜びの支えとなるものであり、これは必ずもつともつと大きな仲間の輪となつて拡がつていくことでしよう。

### 2 すばらしい例会をこれからも

**例会を豊かにするための3つの型――**

◎中央例会（東小やスポーツセンターなどの大会場で開く例会）は、㋑あまり有名でなくても、ほんとうに実力があつてしかも「良い音楽を聞きたい」という私たちの要求にぴつたりしたものを、㋺しかも、まつたく大衆的で誰もが楽しめるような内容の、たくさんの仲間をさそい入れられるようなものを、㋩そして一年に一、二回は、日本や世界の一流中の一流といわれるような音楽家を招いてこの例会が持てるようがんばりたい。

◎サークル例会（ひとつのサークルで、或いはいくつかのサークルが合同して、個人の家やクラブなどの小会場で開く例会）は、㋑労音まつりに出てくれたようなサークルの演奏家や地元の専門家たちに出演してもらい、㋺サークルの仲間の一人一人が一役ずつ分担して「例会づくり」をまつたく自分たちの手でやりとげ、㋩しかも、こういうことを通して地域や職場の中にますます大きく仲間の輪を拡げるようにつとめていきたい。

◎地域例会（坂下、付知、恵那などの支部や、サークルの仲間たちのいる町で開く例会）は、㋑田楽座の地域公演は7000人もの仲間を集めて大成功を収めました。この実績の上に立つて、地域の運動をさらに一歩進めていこう、㋺そのための研究会や試演会なども開きたいし、㋩また、地域の伝統芸能を掘り起こし発展させるようなことにも取り組みたい。

**音楽内容をみんなで話し合おう――**

すばらしい例会をみんなの手でつくり上げる土台として音楽内容についての話し合いをうんとひろげていきたい。そのために、㋑レコード・コンサートを定期的に、特にクラシックなどを重点に実行していこう。野外コンサートなども考えて、新しいコンサートのやり方も工夫してみよう㋺例会の内容についての話し合いをうんと進めよう。㋩専門家の話を聞いたり、民謡の調査などの機会をつくつていこう。㊁また一方では、詩をつくつたり、職場のエピソードをお話しにしたり、作曲もできたらしてみたりなどの活動をも大胆に展げていこう。㋭話し合いとアンケートによる意見集約をもとにして、ほんとうに一人一人の会員の要求を基礎にした、来年の「長期の例会企画」をつくり上げていこう。

（次号に続く）

# ■ 労音と演奏家でつくり上げた例会！

## 日本の声楽界に新風を吹きこんだ　バス・バリトン、ソプラノ

## みんなのうたいたい歌 生活の中から生れた歌 をうたう

プログラムごらんになりましたか。なかなか充実した内容です。ざつとまとめてみると①ロシア民謡　②日本民謡　③日本の新しい歌の三つになると思います。

①ロシア民謡をききましよう。　トロイカなつかしのヴオルガなど、これがロシア民謡だと言えるものです。ロシア民謡といえば数年前にブームがありましたが、いまもみんなに愛されています。日本人にピツタリくるメロディーは、力のある歌手のうたで、一層あなたの胸にしみこんでくるでしよう。

②クラシツクできたえられた発声の、日本民謡はどうでしよう？　田楽座のうたとはちがつた意味で、力強い民謡となることと思います。日本の民謡にも、こんなうたい方があるのか、あんな表現があるのか、といつたことを考えさせてくれることでしよう。日本民謡をみんなのものにしていき、働くものの国民音楽をつくりだすために、たくさんのこころみと討論のつみ重ねが必要だと思いますがこのことから言つて、この二人のうたを注意深くききましよう。

③つづいて、日本の新しい歌です。〝星よお前は〟〝仲間のうた〟は荒木栄さんの作曲のうたです。故荒木栄さんは三池炭抗の労働者で、仂きながらたくさんのうたを作りました。〝心はいつも夜明けだ〟〝ガンバロー〟など、あなたが一度は口ずさんだ歌を作つた人です。

レコード会社のつくつた流行歌とはちがつたたのしいうたが、たくさん生れています。また長谷治さんの作曲の〝どこまでも幸せを求めて〟はきつとみんながうたう歌の一つになると思います。

あとミユージカルからと、労音がつくつたオペラ〝山城国一揆〟のマリアもきゝどころみどころになるでしよう。

労音がつくりだした、新しい形式の、内容の充実した新鮮でいきいきした例会になることでしよう。

### 二人のコンビは六年前から

築地利三郎さんと滝沢三重子さんのコンビは1960年10月、信越労音の例会に出演したのが最初です。

築地さんは「ぼくらは文工隊ですね」と各地の例会に出演するたびに話されています。２人は昨年はじめ頃から全国各地労音の要望を快く受入れ、全面的に労音運動に協力する演奏活動をつづけられてきました。

いま、10万、10数万という出演料でなければ出演できない人が多い中で、二人は「文工隊ですね」のように、条件よりも仂く人たちと結びあつて、日本の音楽をすばらしいものにしようと活動されています。

### 出演者のことば

私たちは例会が終つたあとの座談会や合評会をいつも持ちます。私たちの演奏会でどれだけのものがみなさんの胸にのこつているか知りたいのです。その意見を、これからの演奏会の参考にし、いかしていきたいと思います。

また、その土地につたわる民謡があつたらぜひ楽譜にして送つていただきたいです。各地の労音例会に、その土地の民謡をうたつていきたいと思います。

私たちも、もつと生活のなかから生れてきたうたをうたい、みなさんと一緒に例会をつくつていきたいと思います。

第12回

# 全国労音連絡会議に行こう

仲間達が、5千人も集つてくる全国会議が、11月19日(土)20日(日)にせまつて来ました。名古屋で開かれます、中津川労音からは50名の代表団を送ろうという話し合いがはじまつています。

昨年は東京で開かれ、中津川からは18名参加しました。2日間の大会は、ものすごい熱つぽさで、みんな感激にフルエました。仲間がこんなにたくさんいるんだ、みんながんばつているんだ、私らもやらにやいかんわ、そう思いました。

労音に入つたら、この全国会議には、ぜひ行つてほしい他のことはさておいても参加してほしい、そう思います。労音に入つてほんとによかつた、そういう実感があなたをつつんでくれるでしよう。

× × ×

全国会議を目の前にして、ことしの労音運動を大づかみにまとめるとこんなことが言えます。

1つは、全国の労音運動にかつてない、停滞があることです。いままでの経験にのみよりかかつて運動をしていたことから、ほんとうに仂くものの要求にピツタリした内容をもつ、常に新鮮な運動をつづけなかつたことと、民主的な運動への攻撃とがあいまつて、困難な時期にさしかかつていると言えます。

もう1つは、停滞をつき破る、すばらしい新しい運動が大きくひろがりはじめたことです。無名であつても実力のあるタレントによる安いよい例会をつくつていこう。すべての町や村に労音をつくつていこう。これは必ずできるんだという見通しをもつたこと。サークルで例会をつくつていくこと。などから言えるようにワクをやぶつて、更に大きく広く深くのびていく方向が出ています。

× × ×

中津川労音もこのバスに、いの一番に乗りこんでいこう。私たちの活動が、どんなものか、全国会議に参加し、話し合う中で、はつきりしてくると思います。また今迄の活動とこれからの運動に、大きなはげましと確信をきつと与えてくれることでしよう。

# たのしかったサークル例会

**かりんとを食べてフルートを聞こう**というよびかけで、**フルートとピアノを聞く夕べ**を、会員仲間の演奏を、会員が計画し、準備し、つくり上げた「サークル例会」として開きました。去る9月14日、柳町Aサークル、柳町Bサークル、柳町Cサークル、上宿サークル、高山小サークル、文昌堂サークルの仲間たちが、隣り近所や同じ職場の仲間たちにも呼びかけて、会員の家を会場に開いたのです。集まつたのは、オネエちやん、オニイちやんオバちやん、オジちやんから小学生のカワイコちやんまでザット50人。ピアノの置てある6畳の間がステージで、つづく8畳2間と廊下が客席。ヒザやオケツをつき合わせ、ぶつつけ合つての大入満員、ステージと客席どころか、例会場全体がピタリ一つにとけ合つたムードの高まりの中で、演奏のフルートとピアノがこれまた最高、かたや芸大出身のベテランフルート奏者、かたや国立大在学中の新進気鋭の美人ピアニスト、(こういうのが、この中津川に、われわれの仲間の中にいるんだからコタエラレンネー)

曲目は第1部「なつかしい西洋のうた」をピアノ伴奏によるフルートで、「モーツアルトのアンダンテ」「アルルの女(メヌエツト)」など6曲。第2部「ピアノ独奏」はご存じ「乙女の祈り」に「ショパン小品集」つづく第3部は「たべて……うたつて……」で、キヤツチフレーズにあるように、かりんとを食い、すこしダベリ、そして皆で歌つたのです。歌は、先月例会でおなじみの「君について行こう」「恋する娘たち」それに「どこまでも幸を求めて」これがまたよかつた。とにかく、良い音楽を聞き、たとえかりんとでも仲間と一しよにアハハ、オホホの笑い声とともに食い、大声出して歌うといのは、まつたくココロモチのいいもんですネ。ところで第4部は「心うつ故里のうた」と題して、「荒城の月変奏曲」だの「小諸馬子唄」などを5曲、アンコールには「浜べの歌」など出たりして、とことんシビレてしまいました。

「よかつた」「よかつた」のよいとこずくめみたいになつてしまいましたが、ほんとうに「ホントウニヨカツタ」です。(無記名の例会アンケートをちやんと一人前に出してもらいましたヨ!)

### 『ザ・シヤデラツクス』アンケート結果

◎プログラムの中でよかつたもの

(1)わが祖国12　コツトンフイールズ4　500マイル25　天使のハンマー1　マリアンヌ7　雨に何をしたの24　空駈ける騎士12　ゆれろ幌馬車5

(2)風にふかれて6　ランブリーボーイ5　この道を歩きたい25　花はどへ行つたの10

(3)北海盆唄16　小諸馬子唄20　さのさ15　奴さん20　大漁うたいこみ20

(4)ジョニーの凱旋(バンド演奏)2

(5)燃える旅人2 君について行こう28恋する娘たち17

(6)一人の手9　勝利をわれらに5　小学唱歌メドレー3　日本民謡メドレー4　夜明けの唄9

◎とてもよかつた29　よかつた18　まあまあ2

# 出演者の紹介

## 築地利三郎さん（バス・バリトン）

東京芸術大学卒業、畑中良輔、中山悌一両氏に師事、豊かな深みのある美しい声と、温い音楽の持主。

ＮＨＫ交響楽団定期演奏会でベルリオーズ「キリストの幼時」のヘロデをローゼンシュトツク氏の指揮でデビュー、その後数多くのオペラ、コンサートに出演、二期会々員。

## 滝沢三重子さん（ソプラノ）

東京音楽学校卒業、昭和三〇年度音楽コンクール第二位入賞、一九五七年世界青年平和友好祭（モスクワ）声楽部間コンクールにおいて金賞を受賞。

大熊文子、福沢アクリウイの諸氏に師事、張のある美声と広い音域を縦横に使いこなすすぐれたテクニツクの持主。

1963年にはレニングラードキエフ、リガ、ブカレスト、その他、ソ連、ルーマニアのオペラ劇場に日本人として初めて招かれ外国人歌手に伍して蝶々夫人を演じて絶讃を博したほか「リゴレツト」のデルタ「セヴイラの理髪師」のロレーナを好演し、国際的オペラ歌手としての地位を確固たるものにした。

オペラ以外にも日本歌曲のすぐれた紹介者として、またフランス歌曲に堪能な演奏家として有名です。

## 大場俊一さん（ピアニスト）

昭和16年東京生れ、40年東京芸術大学楽理科卒、二期会合唱団専属ピアニスト。

## プログラム

**■一部**

トロイカ

ステンカラージン

なつかしのヴオルガ

つばめ

ミユージカル「ポギーとベス」より

　ベス　おれの女房

　ここにいて　いつまでも

**■二部**

むかしむかし

杓子売りの唄

五木の子守唄

ひでこ節

「天狗さんと小僧さん」

**■三部**

星よお前は

仲間のうた

どこまでも幸せを求めて

子守唄

竹のように美しい

椿の花

僕はパルフアン河のうた声をきく

歌劇「山城国一揆」より

　さつきと弥次郎の二重唱

（サークルだより）

## 愛すべきはコロナの仲間たち

世はまさに変んてこなものである。師が師弟になり、師弟が師になり、その師弟の師がコロナサークルの仲間作りの張本人である。一声彼がさけんだらあッと云う間に６名の見知らぬ仲間が集まつたのである。男性３名、女性３名これ又うまく云つたものである。所がだ、皆さん!!その女性たるやまさに美人ぞろいでおまけに明るくほがらかな事と云つたら、その上運転免許は全部もつている。男性側も負けてはいられずと云う所でおくらせながら一人が取得、これで免許所有者は全部と云う所。

さてサークルの名前をつけることゝあいなつた。車にちなんでということで、ギヤーサークルとかひどいのはカムシヤフトサークルなんてことで、このサークルの名をつけるひともんちやくも又実に楽しいふんいきの中で結局コロナサークルとなりました。全く職業の異つた者同志です。お互にそれぞれの職業を理解しながら人間成長の上からいつても誠に幸せなサークルです。何故ならバイオリンの先生、自動車の先生、クリーニング屋のおやじと、ピンからキリまでの仲間なんですから話題も実に豊かなもので、落語は好きだが音楽はきらい、自称まんがの先生という全くもつて風変りな銀行員まで雑居する次第。その仲間がサークルレコ・コンでベンチャーズのエレキコンサートをやるかと思えば、ベートベン第九交響曲やシューベルトの弦楽四重奏曲コンサートと、およそ労音に反する様なのや、グツとしぶいものまでやるんです。又ドライブでどしやぶりの汐干狩で、女性群の勇かんさをこれまた双眼鏡を持ち出した男性群、あまり近くではと遠慮して遠くから眼鏡ごしにのぞくしまつ。かと思えば寿司のたべくらべ等々、労音まつりの時は仲間で話し合い、紅一点の女性アンサンブと自称まんがの先生が出演満場をわかせたものでした。

こうして私達のサークル活動一年間をふり返つてみると誠にきみようなことやおかしなことばかりやつて来ましたが、ともあれ前述のように労音にはきつても切れないしびれた連中ばかりです。そして色々な人生もようの人達が集まつて音楽を愛するという土台のもとに、サークルの仲間一人一人がそれぞれに労音の輪の中で自己を発展させて行くことは、個人の成長もさりながら、仂く多くの者の喜びも苦しみも分ち合いながら、明るい明日が築かれていく源となることでしょう。最近は６名の仲間が倍以上になり分家する事にしました。思えば一ケ年の間に仲間が仲間を呼び本家から分家、その又分家と私達のサークルも発展して来ました。こうした新しい仲間がどんどんふえて多くの人達とまじわりがもてるのも、労音があつたればこそとサークルの仲間が心のどこかで深くかみしめている事だと思います。

12・1月例会決定　**12月13日（火）**

ビッグ ジャズ バンドのくさわけ

# 小原重徳とブルー・コーツ

## 新サークル〝ともだち〟

8・9月例会〝ザ・シヤデラツクス〟まで、歌う会、梨木サークルとして参加して来ましたが、今夜の例会を機会に、この二つのサークルが一つのサークルとして参加する事になり、その名も〝ともだち〟として出発する事になりました。よろしくお願いします。

職人、工員、先生、その他いろんな人のあつまりです。今のところ会員12～３人のサークルですが、心機一転、各サークルの仲間とともに、一人でも多くの会員が出来る様に、頑張つて行きたいと思つています。中津川の若者を、みんな労音の〝ともだち〟にしたいものである。

新サークルとして初の例会、楽しい夜になることはまちがいないと思つている。

**入場税取消訴訟裁判カンパ内訳**
（10月10日現在）

| サークル名 | 金額 | サークル名 | 金額 |
|---|---|---|---|
| 林野 | 610 | からたち | 400 |
| カンナ（労金） | 150 | 北恵那 | 1000 |
| 労音友好祭 | 2130 | 蛭川 | 530 |
| 坂下６サークル | 2136 | 東小 | 40 |
| すみつこ | 700 | 柳町他6サークル（サークル例会場） | 880 |
| コロナ | 320 | | |
| 西小 | 480 | 中央レコ・コン | 420 |

## お知らせ

▶11月に開かれる全国会議に「ぜんまい座」が出演することになりました。ダシモノは明智につたわる秋祭りの太鼓に決定。太鼓に強いひと、たたいてみたいなと思うひと、練習に来て下さい。

▶スポーツの秋です。11月13日東濃地区スポーツ祭典が開かれます。昨年は労音有志でソフトボールに出場、たいへん楽しい一日でした。今年も大応援団をくんで参加したいと思います。あなたもぜひどーぞ。

▶仲間とうたい、新しいうたを覚えよう！　10月30日「東海のうたごえ」が名古屋（金山体育館）で開かれます。労音からも大勢参加しよう。詳しくは、東労会議又は労音事務所へ連絡して下さい。

▶11月12日岐阜地方裁判所で第４回の入場税取消訴訟の裁判が行なわれます。こんどは中津川労音の会員が初めて証人に立つて、みんなの活動を証言します。一人でも多く傍聴に行こう。

▶昨年も大好評。全国会議カンパの方法として、今年もチヤリテイショーを計画中。とき、ところ決り次第お知らせします。みんなで応援しよう。

全国会議記念バツチができました。１個50円。労音事務所か運営委員まで申し込んでください。

▶紅葉となかまのあつまり「もみじ狩り」を計画しています。10月23日（日）付知峡を予定していますが、他にいいところがあつたら教えてください。今からサークルの人たちと話し合つて、予定に入れておいてネ。

▶日本・中国の友好をたずさえて、「中国北京民族歌舞団」が来日しました。10月29・30日の両日名古屋で公演します。中津川からも参加します。費用は格安の予定です。希望される方は、事務所まで電話で知らせて下さい。

# 中津川労音

1966' 11 No.28

中津川勤労者音楽協議会機関誌 編集／組織情宣部 事務所／中津川市本町2丁目1-2（四ツ目川ハウス内）tel〔05736〕⑤4727

## 仲間たち

中津川営林署
〝りんやサークル〟

現在会員21名。定期的に話し合いはしますが、恵那山の山奥で仕事をしている会員もあり、全員集まることは仲々容易ではありません。
労音のいろいろな行事に参加し、例会が終るとその足でまた恵那山へ………でも、みんないつも楽しそうです。

## お金に弱い皆さんへ

どうしたら強くなれるか

**★200円×1.000名＝20万円に驚くなかれ**

「ザ・ピーナツッの出演料つてネ、30万もするんだつて──」「九ちやんは 100万も取るつて言うぜ」………。こんな噂がよく出ます。本当かどうかは知りませんが、私たちの一年分の給料を一回のステージで稼ぐタレントも少くありません。

それ程でなくても、少し名の通つたタレントなら10万や15万はかかるでしよう。それ以外に旅費、宿泊費を見込めば、例会の直接経費は、どうしても20万位はかかりそうです。

**★例会だけじやつまらネエーや**

「機関誌をもつと充実してほしいナ」「学習会や交流会コンサートもやりたい」と、労音は例会ばかりでなくいろんな活動をやつて、音楽の勉強、お互いの成長をはかつています。だからお金もかかります。事務所の家賃や通信費もいります。やつぱり１カ月６万円位が見込まれるでしよう。

**★ヤッパーたばになるしか………**

「ウーン、すると200円の会費では最低800名の会員が必要というわけか」「物価も政府のおかげでどんどん上るしネ」「やつぱり、何としても1000名の固定会員を作らないと、安くて良い例会つてわけにはゆかなくなるナ」………ということです。

〝金と力のない〟私たちが、自分たちで何かやろうとすれば、１人でも多くの人が集る以外にないようです。「金に弱いや」「うちでテレビでも見てた方が………」などといわずに、あの感動、喜び、楽しさ、いつまでも心に残る例会の数々── それらをもつともつと豊かにするためにも………いかがですか!!

# 急がばまわれ

## ── 第12回全国会議に参加して ──

▶会員が10万人へつた。例会内容に期待できない。運営委員会はつめたい。官僚的だ。税金問題。アカ攻撃。あげてみれば、いづれも暗いムードの労音運動。赤字におびえて、思いきつた活動もできん、マンネリと形式化の運動 ▶冬がせまつているのに、タキギの用意もないキリギリスの心もちの仲間たち。今までの経験にたよつていたんでは、手も足も出ないことがつぎつぎ起つてくる。とまどつている仲間たち ▶でも、全国会議には悲想感はなかつた。苦しいけれど、何をやればいいのか、これからの見通しをもつことができたような気がする ▶その第1は、ますます、広く、多くの仲間をつくつていく方向として、各地の地域に労音をつくる仕事がすすみはじめたこと ▶もう1つは、例会内容を自分たちの生活感情にピッタリしたものにしようという方向が出てきたことだ ▶いまや、全国のすべての町や村に労音をつくり、すべての職場と地域にサークルをつくろうという大運動がはじまつたと見てよいだろう ▶さらに受身で楽しんでいたシセイから脱皮して、自分たちの心と生活にピッタリした音楽をつくりだし、そいつを例会にのせる国民音楽を自らつくりだす大創造活動が進みだしたのだ ▶全国の仲間たちは、中津川がさかだちしても出来んすばらしい活動をしている ▶私たちの力はまだ小さいけど、この二つの大きな方向だけはつかんで、できることでやろう ▶冬を目の前にして、不安ではあつても、なにか明るい春への見通しが出て来たようだ ▶いまこそ、急がばまわれの時なのではないか。

## 労音に対する不当な入場税課税に反対し私達の正しい主張をつらぬくために

私たちの労音運動の発展を阻害するいくつかの問題のうち、税金問題も大きいものの一つです。

具体的にいえば、労音の例会に税務署側は入場税を課税してきます。しかし私達は割勘制で労音の運営、維持をはかるすべての費用を会費として毎月受付けています。従つて事務局の家賃、電話代、機関誌代などと一緒に例会費も毎月の会費に含まれているわけです。それが会費の金額が例会費とされて入場税が課税されていますし、また入場税を課税するもとになる入場税法に照らし合わせても、入場税を納める理由はまつたくありません。

そうした点を明らかにしながら、今までも異議申請や審査請求をしてきましたが、私たちの納得できない理由で却下されていますので、更に法律で守られている救済方法の一つである裁判所へ、入場税課税取消訴訟をおこし、現在、岐阜地方裁判所で裁判が行なわれていますが、「なぜ中津川労音に入場税を課税したのか明らかにしなさい」と、加藤裁判長が被告である税務署側に要請される一幕もあり、裁判もこれからという段階です。裁判費用の問題、弁護士に対する着手金や日当の問題もありますが、さいわいにして労音の弁護士は非常に張切つて取組んでいていただけますので、私たちは労音の基本運動にもあるとおり、サークル活動を基礎にして、私たちの要求で私たちの手で、私たちの例会を作りあげていくことを中心にしながら、ある時には裁判の傍聴に出掛け、ある時には入場税問題の学習をし、一日も早く不当な入場税法をなくすよう、自分たちのサークル活動を裁判で証言しましよう。

## らっぱ

びつくり市でニツカの空箱を40円で買つた男。だまされたのに笑つてカンパしてくれた。ニクイやつ。

<>

帽子をはじめやたらと雑貨を買つた晋ちやん、H専門の寛ちやん、言うだけのアーちやん。個性まるだし。

<>

練習三日目で太鼓が破れた。犯人は？ バカ力で下手なヤツだと言つたら鎌ちやんが俺やないぞと言つた。

<>

責任感じたのか彼。分散会にも出ずカンパ集めに大活躍。公会堂へ集めに行つて、ロビーで寝ておつた。

<>

ねながら国和くんはシミジミ思つたそうだ。人前で舞台の上で太鼓をたたくなんて考えてもみなんだと。

<>

また破れたらいつでも言つてくれ、カンパするからと東京労音のYさんありがたいことです。涙が出ます。

<>

分散会で私がほれちまうほどの女性がいたと谷口さん。誰か？お知りになりたい男性は、電話かけてネ。

<>

のんべの金さんが労音へ入つたら、ほとけの金さんになつたそうな。分散会「労音と私の成長」での収獲。

<>

廃品集めでとび回つた鉦ちやん。カツコウもよく似合つた。病コウジテ汽車の中でも集めておつた。

<>

国鉄の労仂者にめいわくをかけてはいかんと言いつつ、座席の下をのぞいていたが、めつきが………？

## この見出しは　あなたがきめて下さい

**――組織部――**

最近の値上りムードにより、少人数では割かんの意味がうすらいできて、どうしても会員1000名の固定化が実感として必要になつてきました。現実に会費50円の値上げとなつて現われてきました。みなさんの要求するマスコミによつてさわがれているタレントを呼べば、600人位の会員では赤字がふえる一方でえらいことです。そこでどうしても会員をふやさなければならないわけです。

1人で高い金を払つて楽しまずに、安いお金で大勢の人が楽しめるところ、学生さんから、おじいちやんおばあちやんにいたるまで、どんな人でも音楽が楽しめる、こんな会は他にありません。会員が少けないというのは会員1人1人の責任です。サークルで もつともつと仲間をふやして下さい。みんなで作つていく例会です。友達に何かおもしろいことないか？　と聞かれたら、労音へどうだとさそつて下さい。自分の要求が何んでもとり上げられる、2カ月に一ぺんはいいナマの音楽が聞ける。会員になつてもらえる要素はたくさんあります。欲求不満を音楽にぶちまけて下さい。音楽はいいものです、我々の生活からきりはなすことはできません。

さてみなさん、今地域で仲間をふやす運動が行なわれています。柳町では会員の家をかりて、近所のおばさんや若い衆が集まつて、フルート、ピアノ、琴、バイオリンなどの演奏会、菓子をたべながらダベリながらレコードを聞いたり、大変楽しい会が行なわれています。大平においては、おばちやんたちがレコードを聞き、ダベリ、ぞうきんを縫いながら楽しい話し合いが行なわれています。民謡なども一生懸命やつています。

他の地域でもぜひ行ないたいと思います。歌や踊り、レコードコンサート、演奏会、なんでも結構です。近所の人達が集まつて楽しい会にしたいものです。大勢の人が集まれば、みんなの智恵を出し合つてどんなことでもできるものです。柳町、大平にまけないように「よし、おれんとこで一つやつたろか」と名乗りをあげて下さい。自分たちだけでは………というサークルは、教えていただければ、その人と協力して、きつと楽しい会ができるように応援します。一番聞きたい、やつてみたいということがありましたら、ドンドン組織部員か事務所まで連絡して下さい。サークルでジャンジャン話し合いをして少しでもよい労音にして下さい。いろいろな行事に、できることなら無理をしてでも参加して下さい、大変楽しいですよ。

いそがしい時期になつてきました。いそがしい中にも楽しいこともたくさんあります。年末にはクリスマスパーティーなどどうですか。フオークダンスをやりゲーム、歌、かくし芸などおもしろいことをたくさんやりましよう。年が明けたら新年パーテイー、カルタ会、ゲームなど。又外に出て野外スポーツ、寒いときに走りまくりましよう。スキー、スケートなどみんなで一緒に行こう。そのときはイイ人もぜひさそつて下さい。楽しいことがたくさんあります。音楽を通じていろいろな面で参加して見ましよう。

**募集！**　投書に、文句に、広告。
詩に、俳句に、物語り。
サークルのこと、例会のこと、なお結構。
その他機関誌の原稿になるものでしたら、三行記事でもかまいません。ドンドン労音事務所内　情宣部まで送つてクダサイ！

―― 12・1月例会 ――

ジャズビッグ バンドのくさわけ

### 小原重徳と ブルー・コーツ

うた 上条恒彦　司会 岩倉忠雄

12月13日（火）6時30分
東小学校講堂
12・1月分会費　400円

■曲目■　ムーンライトセレナーデ　キヤラバン　ロシアより愛をこめて　若者のうた　母の愛　オールマンリバー　ほか

## ◆わたしたちのサークル◆

### 中津川労音の皆様コンニチワ！

### "みどのサークル"

私達は、去る6月の集中豪雨のため大被害を受けました三留野に住む者達です。その際には、中津川労音の皆様より沢山のお見舞と温い激励をいただき、本当にありがとうございました。

みどのサークルが発足して数カ月、辻久子例会でまとまりかけたところ、あの水害で思うような活動が出来ずに過して来ましたが、ようやく生活も落ちつき、今回の例会より、事務局の方々や坂下サークルの皆様からの応援により心機一転して出直すことになりました。

色々な職業をもつた者達の集まりですが、皆それぞれに頑張る覚悟です。今後共よろしく御指導下さいます様お願い致します。

### チャンス待ち！

### "中板サークル"

私たち「中板サークル」は、三交代者と日勤者とお互いに勤務の違う人の集まりてすので、例会に会員全部が参加することは仲々できず、ほとんどがすれちがいです。他のサークルと交流会はもちましたが、自分たちだけのサークル会議らしいこともできません。又集まれるチャンスがあつても、そういう時にかぎつて用事があつて集まれません

会社内でもまだまだ発展できそうな気がしますが、労音のことにつきつきりで世話をしてくれる人が出てこないために、会員数も足ぶみをしている現状です。これからいろいろな集まりにできるだけ参加し、会員拡大にがんばりたいと思います。

## ◆新サークル◆

### "カンナ サークル"

「カンナつて何んですか？」　さあーなんでしよう。
「花の名ですか」　いいえ、ちがうわ。ウフフフ……
「わからん、クイズと違うぞ、教えてくれや」
カンナ月です。10月にできたからカンナよ。

女性ばかりのサークルです。会員はバラバラだけど気の合つた仲間ばかりよ。商店、銀行、工場、洋裁など各つとめ先から出て来ているんです。ほかの職場にも労音の会員になる人、音楽の好きな人がいるような気がするんですが………。いろいろな方法ですすめているんですが、仲々入つてくれない。

残業があつて参加できない。夜が遅くなるから……など職場の攻撃もあるのよ。どうしてかわからないけど、音楽が好きなものは好きでいいと思うんですが。

労音つていいね。みんなでレコードを聞いたり、食べたり、ダベつたり、うたつたり……。

こんどのサークル会議には、たくさんの人をさそつて、みんながいい音楽を聞けるようにガンバローネ。

### 財政のお知らせ

9月の総会で12・1月例会「ブルー・コーツ」から、会費、入会金が次のように変りましたので、お間違いのないように――。

会費　1カ月 200円　　入会金　50円

### 後　記

◆　忙がしかつた、そんな気のした全国会議も、35名の代表をおくり終つた。なにはともあれ、みんなの応援ありがとう。ぜんまい座の出演ご苦労さまでした。

◆　ホツト息つく間もない。今年最後の例会、12月13日は目の前。サー、もうひとがんばりしよう。

◆　その忙がしさと併行して作つた、鉄人ならぬ、機関誌28号。発行日よりおくれましたが、楽しみに待たれ、読んでもらえる機関誌にと一生懸命作りました。これからも部員一同がんばりますから、よろしく。

◆　みんなの批判、意見が楽しみです。ジャンジャン文句をつけてください。

# 中津川労音

1966' 12 No.29

中津川勤労者音楽協議会機関誌 編集／組織情宣部 事務所／中津川市本町2丁目1-2（四ツ目川ハウス内）tel(05736)⑤4727

## ●第12回全国会議

■サークルでの創作・演奏活動をさかんにして、サークル例会、地域例会をゆたかにしよう！

■サークル紙・地域機関紙・単位機関誌・全国機関誌を充実・拡大し、サークル活動に生かそう

■すべての町や村に労音を、すべての職場にサークルを！

写真上
各地労音代表報告で「田楽座」地域公演のまとめを報告する中津川労音事務局長

写真左
大交流会のトップを切つて出演した「ぜんまい座」だしものは明知に伝わる秋まつりの太鼓

◆わたしたちのサークル◆

## ナカミの濃いサークルに

〃紫苑サークル〃

〃紫苑〃これが私達のサークル名。昨年の東京キューバンボーイズの例会で生まれました。

誕生当時の会員の内容は女性ばかりで、サークル名そのままの様な典形的な日本女性ばかりでした。

中学時代からのメンバーで、例会以外でもよく喫茶店などに集まつていろいろ話し合いました。話しの内容はもちろん食べる話しと遊ぶ事の相談ばかりです。

そして、昨年の夏、四日市で行なわれた中部労音友好祭にも参加しました。中部労音（愛知、岐阜、三重）の会員が集まつての祭典です。あの夜のファイアストーム、今でも忘れられません、すばらしかつたなあー。

あれから一年、今ではあの当時の会員は一人残つただけです。皆、年頃の人達ばかりだつたので、いろいろと都合がありましてー、一人減り二人減り、そして最後に一人残りました。

現在の会員は三名。男性一名、女性二名、少人数ではあるが内容の充実したサークルにしたいと思つています。

中津川労音2・3月例会　—3月28予定—

新進シャンソン歌手！
パリ中の若い心を奪った

『オディール』

枯葉、ラ・セーヌ、バラ色の人生 から
くるみの唄、黒ん坊ちゃんの子守唄、ラ・ガムまで
なつかしいシャンソン
新しいシャンソンをうたう！

## らっぱ

労音まつり　林野の和夫君、口のデキモノが痛むのに、トランペットを最後まで吹いた。何度も失敗して。

<>

曲は「心はいつも夜明けだ」うまかなかつたけどがんばつた。まさに夜明けのすがすがしさだつた。

<>

オナカに二世のいたＣＢＣ合唱団のソプラノのおばさん。生れた赤ちやんオシツコは上手だろうな、ジョー

<>

ドラマーがアンコールで20分も一人でたたき、終つたら10時前。その意気に感じた藤家虹二例会だつた。

<>

クラシツクをだいじにせなあかんわ！　しつかりしてや労音は。と、ハツパをかけた辻久子のおばはん。

<>

田楽座のマー坊、ほうぼうへ行つたけどこんな労音はない。Ｈでかなわんわ！　何を言うかテメエこそ！

<>

中部労音友好祭ぜんまい座大好評まではよかつたが、宿でカにばかにもてて眠れなんだ。メスのカだろう。

<>

俺について来いよ　すばらしいことを教えてやつた生きる喜びを教えてやつた俺について来いよ、鉦三作。

<>

築地利三郎さん、日本語はハツキリと美しく正確に発言せいと言つた。ボカアンシアワセダナーはダメだ。

<>

全国会議ぜんまい座、明智の秋まつり太鼓。鎌のパンツが今にやぶれるかと心配していた女の子がいた？

<>

いろいろ、あれこれありました。いつも仲間の輪をひろげながら、やつて来ました。来年もよろしく。

# 良い例会を創るために あなたの意見が頼りです

## ―企画制作部より―

「ブルー・コーツ例会」で66年の例会は幕をとじます。いろいろな例会がありました。それはそれとして来年は、3月28日の女性（美人ですぞ）シャンソン歌手「オデイール」で例会始めです。シャンソン例会は今までに芦野宏などありましたが、「オディール」は本格派の歌い手でもあります。充分楽しませてくれることでしよう。

さて、**その後の例会企画**は、一応予定はありますが、決定にまで至つていません。運営委員が、それも企画部だけがヤキモキしても仕方がありません。労音の本当のあり方からも、又、三人よれば何んとかやらで会員一人ひとりの意見で企画を決めてゆかなくてはなりません。そのためには、**みなさんの意見**を、声を高くして聞かせてください。二、三、特徴的なことを書きますので、参考にして、お考えを企画制作部までお寄せ下さい。**あなたの意見が良い例会を創り、すばらしい労音を作ります。**

### 第一に「労音まつり」

前回は今年の2月に開きました。参加した人たちは、坂下や蛭川のような遠いところをはじめ30サークル以上にのぼりました。それまでのサークル活動の成果を、舞台の上から発表し、大成功を収めました。歌あり、おどりあり、演奏あり、又、郷土芸能の獅子舞いまでがとびだしました。音楽を通じて結びあつている労音らしい「まつり」でした。反省会での話し合いで「**ぜひ今後も続けていこう**」と確認されています。そこで、さつそく次回の「労音まつり」の計画と準備に取りかからなくてはなりません。次回は、もつとすばらしい発表がなされることでしよう。ただ問題は、**どんな形式**で行なうか、ということです。このことをいろいろ考えてみて下さい。写真や絵画などの展覧、舞台での発表、文集などの発行、等々、又、どうすれば**多くの会員が参加**できるか、これも考えてみて下さい。それに時期と場所も問題です。前回の反省から、もつと暖かい時期にと要求されています。

### 第二に「地域例会」

今年の「田楽座」地域例会は、その参加数で、地域の広さで、今までにない画期的なものでした。ナマの舞台にほとんど接することのできないこの東濃地方では、労音を中心とした公演活動は、多くの人たちから期待されています。生活に結びついた、**働らくものの音楽**を創るためにこの地域例会の持つ意義は大きいものがあります。「**すべての町や村に労音を**」というスローガンを実現するためには、又、新らしい日本の音楽を創造するために、今後どしどし取つくんで行かなくてはなりません。

中津川の周辺地域の文化向上のためには、どんな例会を取り上げたらよいだろうか。このことを考えて下さると共に、サークルで話し合いを深めて下さい。

### 第三に「長期企画」

今までは、企画部の立てた案を三回にわたつて会員の意見を求め、それに従つて決定しました。これからもこういう方法で決めていくのは勿論です。ただ、800名から1000名の会員数で、少なくとも2ケ月分**400円の会費**で取りくめる専門家は、限られていることです。「坂本九」でも「ザ・ピーナツ」でも（前号の機関誌第一面のとおり）とても**中津川労音**では手が出ません。高い専門家が本当によい例会を創るとは限りません。会員のみなさんに顔なじみが少ないことは残念です。物価上昇の折会員をふやして、ワリカンの率を下げるのが大事です。それはさておき現在の状態で可能な、みなさんの希望を出して下さい。**アンケート**を取つて、第一次の案を作ります。ぜひ聞きたい、一度みたい、そういう専門家を知らせて下さい。

以上、いろいろと書きましたが、労音に対する意見、例会企画についての意見を、どしどしお寄せ下さい。

# ■仲間たち

"電通サークル"

電話局の仲間です。電々公社では皆さんも知つてみえる様に、非常に急速なテンポで合理化がすすんでおり、その中で仂らく私達は、忙がしい仕事においまくられて、毎日が局へ来るために生きているといつた状態です。

そんな中で、何か楽しい事はないか、生活にうるおいがほしいという要求をもつた人達が、労音によりどころを求めて入つてきました。会員数は一時、30名を越す程になりましたが、ただ、例会に出席するだけでサークルとしてのつながりをもつ機会が少なかつたため、だんだん興味を失なつて例会に出る人も少なくなつてしまいました。こんなことではいけないという事で、サークルとしてもつとつながりをもち、音楽を通して仲間意識を作つていこうという事で、

①例会の後、必らずサークル会議を開き話しあおう

②テープやレコードを皆んなで聞こう

③月刊労音を皆んなで読もう　と話し合い、労音が、何んでも話せる皆んなの憩いの場となる様、楽しいサークルにして行こうとがんばりつつあります。

# 労音のみなさんへ

"市役所サークル一同"

お元気ですか。「築地、滝沢リサイタル」でお会いしてから一寸ごぶさたですね。今度の例会は「ブルー・コーツ」だそうですね。わたしたち一同、楽しみにして待つています。

わたしたち市役所サークルは、今18名の会員がいます。少し女性の方が多いようです。毎回、例会の前後にサークルの集まりを開いています。必らずといつていいほど、お菓子が出ます。それをたべながら、例会の批評をしたり、レコードを聞いたりして、楽しい集まりです。ただ、なかなか時間のやりくりがつかないので、日時を決めるのに代表者の方が苦心してみえるようです。

今年の夏には、付知川の栗本河原へ水泳に行きました。とても楽しく、ぜひ来こう、もつとほうぼうに行こうと話し合いました。

運営委員の方から、もつと人数をふやしてほしいと、たびたびいわれますので、一人でも二人でもサークルに誘おうということになりました。

それでは「ブルー・コーツ例会」でお会いしましよう。　かしこ

# サークル会議

"北恵那サークル"

労音の影がうすれた。減少ムードにあるということで、会員の家を借りてサークル会議をもちました。

最近は、地味な例会が多い、例会がかたよつていないか、という話しが出ました。アンケートをもとにして、アンケート通りのタレントは呼べないかもしれないが、それに似合つた人を呼ぶということでリヨウカイを得ました。安くてよい例会ということで取りくんできました。これからは、みんなの知つている、親しみのある例会をとり入れてほしいと思います。仕事の分担をきめて、サークルニュースなどを出して、みんなに知らせ、よいサークルにしようと話し合いました。

会員拡大については、職場を見わたしても若い人がまだまだたくさんいるので、これからみんなで誘つて充実したサークルにしたい。例会にはみんなさそつて、サークルの会員がかたまつて、みんなで楽しめる例会にして、みんなでもりあげていきたいと思います。色々な行事にも参加したいと思つています。労音の会員のみなさんもガンバツて、よい労音にしましよう。

## ありがとうございました！

全国会議参加資金内訳
（12月10日現在）

| | | |
|---|---|---|
| 収入 | カンパ | 16.987円 |
| | バッチ | 5.450円 |
| | テキスト | 650円 |
| | 廃品回収 | 5.636円 |
| | びつくり市 | 9.060円 |
| | 計 | 37.783円 |
| 支出 | 全国会議当日 | 31.680円 |

（参加費、旅舘代、弁当代）
残金 6.103円は個人負担になつている交通費に当てます。

**後記** 今年最後の機関誌。何かものたりない気持ちです。来年こそは！　ありきたりだが………。よい年をお迎えください（投稿をわすれるなよ、な！）

# 中津川労音

1967'3 No.30

中津川勤労者音楽協議会機関誌　編集／組織情宣部　事務所／中津川市本町2丁目1-2（四ツ目川ハウス内）tel（05736）⑤4727


### 〝おでんを食べてギターとうたおう〟

## 初めてやったサークル合同例会

若葉サークルの集いで、よくこんな話でます。〔みんなと大きな声でうたいたい、ギターが聞きたい〕こうした声を結集して、会員が創りあげるサークル例会をやつてみようと2月のサークル会議で決めました。

TKOサークル、からたちサークルに呼びかけサークル合同例会を、3月5日（日）東七区クラブを借りて〝おでんを食べてギターとうたおう〟のキヤチフレーズで開きました。昼間の風雨はどこへやら、31人の若い仲間が集まりました。

**1部**　ギターのしらべ　曲目は、二つのメヌエット二短調組曲、月光、禁じられた遊び、鉄道員と、クラシツクからポピユラーへと、力強く静まりかえつた部屋いつぱいに響きわたり、最高にゴキゲでした。ギター独奏は静岡大学在学中の好青年ギタリスト、春休みに中津川に帰られたのを機会にお願いしたのです。

休憩時間には若葉特製のボリユームあるおいしいおでん（自称）を食べながら雑談（ここで自己紹介をすべきでした）お腹いつぱいになつた所で……。

**2部**　みんなとうたおう　です。君についてゆこう、恋する娘達、若者達、勇気あるもの、リンゴ娘、赤い風船、ル・ガレリアン、とギターの伴奏に合わせて大きな声で何度もうたいました。わずか2・3日間で6曲の伴奏をマスターし、皆んなと一緒にうたいながらのギター伴奏でとても熱の入つたものでした。

**3部**　シヤンソンを聞こう　これはオデイール例会までに少しでもシヤンソンに親しもうと、枯葉、ル・ガレリアンをレコードで聞き、最後はギター独奏のアンコール、そして 恋する娘達 をうたい2時間のたのしいサータル例会でした。

第1回実行委員会から13日目が例会というあわただしい取組みでしたが、アンケートの結果、たのしかつたがほとんどでした。

今日のような例会をもつと多くもつてしい、ギターの伴奏でうたえて楽しかつた　等、初めてのサークル例会で弱点もあつたけれど、例会に向つて会員がやる気になり、私達で計画すれば例会がもてる。これは大きな収穫でした。

一つのサークルで無理なら、サークルが合同してやればなんとかなるものです。アンケートでわかるように、会員がサークル例会を要求しています。あなたのサークルもぜひ計画してください。

尚 会費が245円残つたので入場税取消訴訟裁判カンパにしました。

〝ほんとうに楽しかつたナ〟〝また来年も一緒に行こう〟

2月25日、川上スケート場で行なつた〝労音スケート講習会？〟シロウト大歓迎とあつて、大の大人がヨチヨチ、フラフラ、ステンコロン。本人にとつては命がけ。でも本当に楽しいひとときででしたヨ。春です。スポーツ、ピクニツク、フオークダンス等いろいろ計画しますから、あなたもぜひ参加しよう。

# ハツラツたるブルーコーツの夕べに思う

梶　田　敏　郎

百のイミテーションより、一つのホンモノ、と云うことが云われています。現在我が国の音楽界にあつて、その実力を高く評価されている楽団或いは声楽家、演奏家その他芸能界のトップにランクされている人々に、なまでこの木曽路の境で、ぢかに接することの出来ることは何んと、しあわせのことか。そのいみにおいて、中津川労音のこの地域につくす、文化を広め且深めつゝある功績は大きいものがあると思います。

然しながらそのかげに労音の係りの人達の並々ならぬ苦労のあることを私達は忘れてはならないと思います。一つの例会を持つにしても忙しい勤めの中で何回会を持ち、愈々その日となれば会場の■備、各所との交渉、出演者との連絡、みていても気の毒な位のせわしさです。労音の係りの人達のこうした苦労のおかげで私達はたのしい音楽の夕をすごすことが出来ると思います。

「今日はよかつた」「今日は案外だつた」とあつさり片づけて、会が終つてさつと帰る人をみると、ちよつと義憤を感ずるのです、労音の係の人々の苦労も知らずして、何云つてるといゝ度い位いです。

当市にはこうした会の会場に適当なところがなく、いつも学校の体育館が使われます。

そのことについて、巷間とやかく云われることもありますが、秋は前に述べましたように、中津川の文化的行事としての大きな価値をみとめていますので、授業に支障のない限りにおいて、使つて貰うことはいいのではないかと思つていま時々その使用について、ずい分やかましく云つたり、むりな注文もするわけですが、これは決して他意のあるわけではなく、使うものも、使つて貰うものも、共にすつきりとならなければならないと思うからです。

この屋体の床に昨年の夏フロアーユートンと云う塗料を塗りました、予算がないので塗料だけ買つて、床の洗条と磨きは子供にもてつだつて貰い、塗るのは夏休みに職員がパンツ一つになつて十日あまりかゝつて（三回塗）塗つたのです。

又、毎日子供達はこの広い床をていねいにふいています。乏しい市の予算の中で、又はＰＴＡ方々の協力で建てられたこの屋体は大切にそして有効に使用しなければらないと思つています。

「労音の使い方はひどい」と云うようなことが一言でもあつてはならないと私はそれなりにやかましく云うわけです。「労音なら大丈夫」と云うようになればしめたものです。

この意味で、集まられた皆さん方も、労音の係の方々の苦労を充分に知つていただき、協力していただき度いと思います。

とにかく今まで労音の使用された回数は相当数だと思つていますが、その使用についてはいわゆる良心的であると私の学校の先生方は云つています。

労音がこの地区の文化の向上に貢献しているだけでなく、この地区により民主的で明るい社会を築き、一人一人が幸せで平和な生活が出来るように努力していることもみのがしてはならないと思います。

とにかくお互いに協力して、この労音がよりよい発展をするようにいたそうではありませんか。

〃　〃　〃　〃　〃　〃　〃　〃　〃　〃

## サークルで話し合いを

### ――不当課税訴訟裁判――

今まで機関誌に掲載してきた通り、昨年より裁判に入り今年２月20日で第６回になりました。

今までは裁判といつても、労音側の主張、税務署側の主張を弁護士まかせで進めて来ましたが、これからの裁判は１回ごとに会員から１～２名の証人が立つて中津川労音の活動などの証言をすることになりました。

不当な税金問題と斗うためには、労音運動の基礎、サークル活動を今以上に活発にして会員１人１人がいつ証人に立つても自信を持てる労音運動にしてゆこうではありませんか。

いままでの労音側、税務署側の主張したことの資料がありますから、この双方の主張を参考にして、サークルで税金問題の話し合いを持つと共に、今まではあまりピーンと、こなかつたかもしれませんが、これを機会に全サークルで、話し合いを持つて下さい。

## らっぱ

〝静かに雨が降つていた。雨の中に立つている少年、みどりの牧草。その雨が少年と草の生命を奪つた〟

※

ジョン、バエズの〝雨をよごしたのは誰〟ＴＶで放送しました。うたう前にバエズは言いました。

※

これは原爆をうたつた歌だということ。広島、長崎のこと。ところが通訳は〝テレビ中継しています〟

※

〝あまりのとんちんかんな通訳ぶりに、あつけにとられた〟と２月21日の朝日新聞は書いています。

※

〝司会者に誤訳強制〟〝私はＣＩＡに強迫された〟〝バエズ日本公演にミステリー〟などとマスコミ。

※

このミステリー、ひとつ話しあつてナゾ解きしてみませんか。こんなことは、ほんの氷山の一角かも？

※

静かに、しみじみとうたい、聞いているものが、知らず知らずに、興奮させられてしまうような歌い手。

※

うたつていゝもんだ。あゝいうのがうたなんだ。そう思いました。フォークソングの力も感じました。

※

それらの歌に感動しただけに、しのびよる黒い霧に腹のそこから怒りを感じます。やりばのなさに……。

※

でも私たちは、こういつた事実があつたことを、忘れないだろう。そのうち、歌にしてうたうだろう。

※

バエズのレコード１枚労音にあります。連載で好評のラツパ、ドラよりアーチャンヘタツチします、アバ。

# これからの例会

## 労音まつり、寄席、ハワイアン さてその次は…………？

### 春は祭だ　労音まつり

去年２月の「労音まつり」は寒かつた時期がよくなかつたね。そこで今年は春の盛りの４月23日が予定日。（統一地方選挙の関係上、会場の都合で）少しでも暖たかくなれば、みんな浮かれだすだろう、というわけ。年に一度のおまつりだもの、こぞつて参加しましようや。

それにつけても、税務署はおかしなお役所ですな。去年の「労音まつり」に参加した、250名を　こす会員の会費に、入場税をかけて来た。自分たちで会場費を出して、自分達で出演して、自分たちで見て、それがなんで入場税法にひつかかるんだろう。「催物」は会費を出した参加者全員、「主催者」は会員全員。不思議と云えば不思議、不合理と云えば不合理。今年こそはやめてほしいものです。

さて、それも大事だが、まつりの「出し物」も大事ですぞ。にぎやかな、パッとした、スカツとするものを、サークルで、地域で、仲間で考えて下さい。日ごろのサークル活動を一堂に集めて、素晴らしい「労音まつり」にしましよう。

「3月末日までに考えておいて下さい。チラシをくばりますので参考にして下さい。ぜひたくさんの仲間に参加してほしい」と実行委員会ではいつています。

### 仲間をヨセて　労音寄席

ＴＶでは目下「寄席ブーム」だ相で。会員の中にもたくさんのフアンがおられることでしよう。でも、なんとなくピンとこない、思い出しても笑える、そんなのは少ない感じですね。そこで5月22日に「労音寄席」。何故労音が寄席をやるのか、というカタグルシイ問題は、寄席例会がすんでからにしましよう。

それよりも、腹の底から笑える、二時間がアツと過ぎる、うれしい例会にたくさんのともだちを誘つて下さい。落語なんて、浪曲なんて、といわずにね。

プログラム　予定

| | |
|---|---|
| 前　座 | 若手落語家 |
| 奇　術 | 松旭斉幾代 |
| 浪　曲 | 木村　忠衛 |
| のんき節 | 滝の家鯉香 |
| 落　語 | 柳家さん助 |

（幾代さんは、人形さんのようにきれいな顔をして、観客を煙に巻く。浪曲といつても、現代的な感覚の内容。鯉香さんは、ワサビのたつぷりきいた、ご存知「のんき節」。さん助さんは「湯屋番」を話す予定。これは10秒に1回笑えるもの）

この例会に協力して下さる、民族芸能を守る会では、「労音の若いみなさんにぜひ見ていただきたい。伝統芸能の良さを充分に味つて下さい」と話していました。

5月22日は「労音寄席」お忘れなく。

### 夏はやつぱり　ハワイアン

長く暑い夏の夜は、さわやかなハワイアン例会で。会員のみなさんの希望も多かつたのですし、初めてお目にかかるフラダンスもめずらしいものです。出演者は決定しておりません。希望の出演者があつたら、知らせて下さい。今のところ「山口銀次とルアナハワイアンズ」（タヒチ音楽が中心）と「バッキー白片とアロハハワイアンズ」（ハワイアンだけでなく巾広い活動で有名）の二つが予定されています。どんな出演者で、どんな曲目を、どういう内容にするかは、これからの会員の希望で決まることです。

とにかく、夏の夜の例会を、ハワイアンで涼しく楽しみましよう。

### さて、それからは

「労音まつり」「寄席」「ハワィアン」までの例会は計画されていますが、そこから先は未定です。そこまでの例会をみると、クラシツクがまつたくありません。この点が不満の方もいるのでしよう。又、ポピュラーなバンド演奏例会を聞きたい方もみえるでしよう。

そこで、「こんな例会に参加したい」「あの音楽が聞きたい」という希望を、どしどしおよせ下さい。実現可能なものから手を付けていきます。

### ◆会員の意見が よい例会を作ります

この言葉は労音の最も大事な、そして単なる愛好団体と異なる点です。例会場のアンケートでも、葉書でも、電話でもぜひ知らせて下さい。　　　（ナキワ）

---

あなたが　作詩家
作曲家

## みんなのうた 労音のうた を創つてみませんか！

私たちは今まで、例会のたびに新しいうたを覚え、うたつて来ました。専門家の創つたうたの中には、生活のうた、仕事のうたなどもたくさんあります。でも、専門家の創つたものばかりでなしに、私たち自身が創つてうたつたら、どんなにか楽しく素晴らしいことだろう。

各地労音で例会として取り上げた〝山城国一揆〟は東京労音の会員の手で創り上げたものです。私たちも私たちなりに創れるものがたくさんあると思います。

私たちの生活にぴつたりしたうた、まわりに起つた物語、自由詩、俳句、その他、思いつきで書いたものでもいいと思います。

みんなのものをよせあつてまとめれば立派なものが出来あがり、専門家と協力すれば作曲もできると思います。

すでに創りはじめている会員もいます。あなたのサークルで、あなた自身で創つてみてください。情宣部宛に届けていただければ、機関誌でみんなに紹介して行きたいと思います。

---

## 「労音まつり」　4月23日

出演サークルの第一次〆切は3月31日です。まだとり組んでいないサークルは、さつそくみんなで相談して申し込んでください。

# 娘っ子に 野郎さんたちヨ

## ドンドン開こうサークルの集い

会員のみなさん、お元気ですか。俺たち運営委員の連中も春の芽と共にボチボチ活動が始まつた。

いくつかのサークルでコタツを囲み、ダベリ、レコードを聞き、2、3月例会のシャンソン例会にむけて今はやりの〝赤い風船〟を歌う。

若者はクラブを借りて何をはじめるかと思えば、「おでんをたべてうたおう」とちやんとプログラムを作つてサークル例会。一部ではギター独奏、若いエネルギーをじつとひめて、しんみり聞きほれていた。二部ではでつかい声をはりあげてさも楽しそうに歌つていた。次回もまた変つたアイデアでサークル例会がもたれることでしよう。（若葉、からたち、TKO合同サークル例会より）

林野サークル、中央板紙サークルは、それぞれ独身寮の男くさい部屋で、レコードを聞き、歌いまくり語り合つた。最後に出た言葉「また今度もやろまいか」中央サークルは「娘つ子もきてくれんかなアー」と。会員のみなさん、中板独身寮へ遊びに行つてやつて下さい。

労音は音楽を通じて集い、友達になり話し合い、みんなの向上をはかります。日ごろは仕事にぼわれて人とゆつくり語り合うことがないので、よけいに仲間が集まるとうれしいものです。もつとも多くのサークルが話し合えると労音も大きく成長して行くと思います。

他のサークルへ出かけて行きたい。もつと多くの人と友達になりたい。その他サークルの集い、サークル例会など計画されていたら事務所まで連絡して下さい

地域でも坂下サークルが中心となつて田立、山口、三留野、川上村とレコードコンサートを盛大に行い、夜中の2時頃までゲームをやつたりして楽しんだそうです。

サークル会議、サークル例会の楽しさはやつてみないとわからないものです。4月の労音まつりに向けてジャンジャン行なつて下さい。

カンナサークルは、夕食をしながら、コタツを囲み、新しい歌を覚えようと集り、中津商業サークル、坂本中サークルはオディールのテープを放課後に聞き、北恵那サークルはサークル例会と会員拡大のための話し合いを行い、毎月行つている柳町ABCを中心に常盤、国鉄、文昌堂、コロナ、恵那報話、上宿の各サークルと合同でサークル例会を聞き、会場せましと、年よりから若い人まで集まりレコードを聞き、ギターを聞き、ゲームを楽しんだ。

現在20位のサークルが、サークル例会サークル会議を計画し行なつています。例会より素晴らしいことがアチコチで始まつています。あなたのサークルでも、是非計画してみて下さい。

## 〔澄ちゃんから便り〕

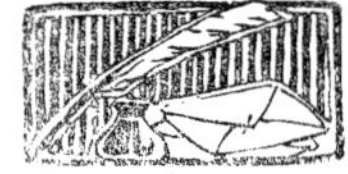

## 中津川労音の皆様へ

▷中津川労音坂下支部の会員であり、運営委員として活動しておられた吉村澄◁
▷子さん（斧田秀保さんと結婚して現在の住は東京）から便りが来ました。◁

寒さ厳しい今日この頃ですが、中津川地方は如何でしようか。

ただ音楽が好きであるという以外に何のお役にも立たず、運営委員という大役を引受けながら、数回の委員会出席？ という悪い成績で中津川労音を去りました事、今更ながら恥かしく、申訳けなく思つて居ります。

私自身、田舎で育ち、音楽というものに縁遠く、淋しく思つている矢先の労音誕生で毎回毎回楽しみにして参加させて頂きました。まだこちらに来て労音という字を見ることもなく、話しも聞かない状態ですが、少し落ち着きましたら、こちらの労音に是非入会したいと思つて居ります。

中津川での労音活動は一生思い出深いものとなるでしよう。みなさんに親切にして教えて頂きました数々の事柄が、今は懐しい思い出となつて居ります。その思出の一ツ一ツを私の心にとどめておきたいと思います。

運営委員の皆様には大変お世話になりありがとうございました。

末筆になりましたが、中津川労音の発展を心からお祈り致します。又上京の折には是非お立寄り下さい。

乱筆、乱文にて失礼致します。

東京都大田区西六郷1丁目47—4
斧田秀保
澄子

## 「ぜんまい座」座員募集!!

4月に予定されている「労音まつり」に〝ぜんまい座〟も出演しますが、座員が少なくて困つています。労音まつりばかりでなしに、定期的に練習し、サークル会議やサークル例会に、少しでも役立ちたいというのが、ぜんまい座のめあてです。

うたやおどり、寸劇、おはやしなど、好きな人はもちろん、多少嫌いな人でもキット仲間になれると思います。みんなおもしろい愉快な連中ばかりですから。ぜひ練習風景を見ながら一度来てください。

## 後記

◆厳しかつた寒さも去り、草木の芽ぶく春。4月23日に予定されている「労音まつり」にみんなの創意、工夫をこらし参加しよう。

◆3面の「みんなのひろば」の原稿は、例会会場である東小学校の先生から投稿していただいたものです。こういつた意見がよりよい労音に育てて行くと思います。

◆会の運営、例会作りなど、例会の回を重ねるごとに、マンネリ化してきたような気がする。ここらでいつちよ奮起しよう。

◆おめでとう。北恵那サークルの古田勝己君と川上かつさん（3月19日）、坂下支部山口村の林司農夫君と原ふみ子さん（3月26日）の両カツプルがご結婚されました。いつまでもお幸せに。

◆67年第1号の機関誌。12月例会より3ケ月の空白で少しさぼつちやつた。毎度のことですが、投稿をおねがいします。

# 中津川労音

1967' 5 No.31

中津川勤労者音楽協議会機関誌　編集／組織情宣部　事務所／中津川市本町2丁目1-2（四ツ目川ハウス内）tel（05736）⑤4727


主張

◇……第二回労音まつりに思う……◇

## 今日の弱点を明日への力に

——一運営委員——

昨年の第1回労音まつりは2月という寒い時期と、当日の雨降りもあつて、ほんとうに寒くてみんなを、ふるえあがらせたことはまだ記憶に残つていると思います。

今年は、寒さをさけて4月23日に行なわれました。4月は統一地方選挙で取り組みにも困難なことがわかつていましたが、本例会の日程の関係やらで4月実施を決定しました。昨年は各サークルからの出演申し込みが多くて困つたくらいでしたが、今年は選挙やら、行楽シーズンがわざわいしたのか、昨年のようにはいかずちよつと不安でした。でもプログラムを作つてみると各サークルの出し物は少なくても中味の充実したプログラムが出来ました。

専門家を呼ばなくても、会員一人一人が力を合わせれば、一年に一回くらいはこんな楽しい例会も作ることが出来るんだ、ということを昨年の労音まつりでみんなが感じていたと思います。

今年は昨年以上の会員の参加で労音まつりを成功させるように呼びかけてきましたが、残念ながら第2回は昨年を下まわる会員数でした。（当日はゼツコウの行楽日よりでありましたので気が変つた人達もいると思いますが）でも参加者全員が、心の底から笑い、歌い、踊り、心を一つにして終りまで楽しみました。

終つてから、あるサークルからの意見ですが、「今の中津川市、又周辺の町村には、自分たちでなんでも創作してそれを仲間達に発表する機会がない。労音まつりのようなすばらしいことは年に二〜三回くらいはやつてもよいと思う」などの意見が出ました。参加した人たちからこのような意見が出てくるのはやはり、みんなが出演し又、見たり歌つたりすること、つまり労音まつりのようなものを求めているといつてもいいすぎではないと思います。

ではなぜ、昨年の労音まつりの時より参加者が大きく下廻つたのか？

この問題には、いろいろな見方があると思いますが、

第一に、運営委員会の問題（運営委員会の弱点）、第二に、アカ攻撃（会員一人一人の労音に対する考え方）と大きく別けることが出来ると思います。

第一の問題については、運営委員の減少、これにともない各専門部の活動も思うようにいかなくなつたこと、特に労音まつり前は選挙のため、そちらに感心がうつつた面も多くありました。各サークル全体が選挙ムードによつて労音まつりまで手が廻らなかつたのではないかと思います。このような状態の中で、いつもの例会前には各サークルを廻つていた組織部がいつものような活動が出来なかつたこと。これも選挙ムードにおされてズルズルとすぎてしまつたように思われます。まだまだたくさんの問題がありますが、第一の問題はこれくらいにして。

第二の問題は、第一の問題にも関連してきますが、昨年から今年になつて、ますますアカ攻撃は強くなつています。私たち会員一人一人がなにも悪いことをしているわけでもなく、自分達の好きな音楽を会費を出し合つて聞いているだけなのになぜ、いろいろな方法で攻撃してくるのか、なぜ税金を掛けてくるのか、このような問題を、みんなで話し合わねばならないと思います。

特に税金問題については、このままほおつておくと、労音の例会だけでなく、職場、あるいは友達と何人かの人達が集まつて三十円以上の会

次頁へ続く ※

第二回労音まつり
上は　大好評〃ぜんまい座〃の名コンビショーちやん・サーちやんによる万才
下は　林野サークルの合唱

## ぜんまい座とオレ!!

世はまさに寄席ブーム。見て、聞いて笑つて平和ムード。

そのムードに乗つて、オレ達も一つやろうではないか………と話がすすんだ。労音まつりを目標に練習する事になつた。モダン落語というのか、なんというのかしらないが、〝ムードのある詩〟というヤツをレパにすることになつた。

なんといつても初めてのこと、うまくいくハズがない。仕事の行き帰り、オートバイのアクセルをふかしながら、風呂WCなどで、ヒマさえあれば一人でブツブツと練習。何となくモノになつて来た感じ。

ぜんまい座々員の前で披露。悪いところ、ジエスチヤー、その他注意をしてもらう。名前をつけんとイカさないと、みんなであまりない知恵をしぼる。いろんなのが出たが、結局、自分の職業をPRする名前がついた。

左官亭ねり助、立派なものである。スターにでもなつた気がしたヨ。

いよいよ　労音まつり、自分の番が来た。もう夢中でやりました。何とか最後まで無事に…………だが一カ所、いいところをぬいてしまつた。あがつていたのだろう。（無理ないと思うヨ、ホント）

モトモトこういつたことの好きなオレだが、いざやつてみるとナカナカむつかしいものであることを知つた。人を笑わせるということが………。

デモ、なんでもヤレバ出来るネ。

その気になつてしまえば、その気になるまでが大変。

今思うと、楽しかつた練習の毎日。そんなこともうヨセといわれても、ヤメラレそうもない、オレである。

（ともだちサークル　田中鉦三）

## 自分たちの時間

### サークルの集いはだいじだ

どうもこのごろつかれる。だるい。なんていう声を聞きます。何があるというわけでもないのに、セカセカしている自分を発見したり、あとで考えればずいぶんつまらんことに腹を立てたりして、自分でおどろいたりします。

コセコセ、セカセカ、ダルイ、エライいつたことは自分だけかと思つてたらどうもそうでないらしい。

とすると、この原因は家の食いものがまずいとか、アパートが狭いといつた単純なことではなさそうだと，気がついたわけです。

よく考えてみんことには分らんけど、どうもいまの社会のしくみからくるもののようです。

前にはこんなことはなかつたということがけつこうある。家へ帰つて、ゆつくりめしをくい、ユカタにくつろいでブラブラしたり、明るいうちは畑をかまつたり、時には家中がひつくりかえるほどのジョーダンをいつたり、ねそべつて本を読んでいたり、バタピーをかじりながら地図をひろげ来年の夏山の計画を夢みたり、そんなことがけつこう毎日の生活にあつた。

こういつたことが今はない。なくなつてみると、ひときわあゝいつた時間が大切だつたことを思う。

職場でつかれてふらふらになつて帰つてくる、めしをくい、TVをみてねる。このくりかえしの生活で、自分が生きているとほんとに実感できることが何かあるだろうか。

会社や職場のためにハグルマの一個として生きていることの空しさを思うわけです。

自分の時間というものをもつとつくらにやいかんと思うわけです。

そして何よりも仲間と話すこと、遊ぶことがなくなつたこと、これが4～5年前よりまるつきりかわつちまつた点じやないだろうか。

自分たち仲間、自分たちの時間がのうなつちまつたことを、つくづく考えてしまうわけです。　（T・K）

この欄はあなたのページです
労音に関係のあること、ないこと、なんでもケツコウドンドン書くネ!!

## らっぱ

立派なスポーツセンターは国体以後ガランとしている。大きな建物だからといつて相撲だけとはさびしい。

※

公民館のホールも、交通法規の講習会か宗教団体の会合だけ。図書館だつて広くて静かとはいえない。

※

今年のメーデー集会には、アコーデオンの一つもなかつた。前夜祭の出し物だつて数少なかつた。

※

街でレコードコンサートが開かれるのもあまり聞かない。映画館だつてパチンコ店とは比べようもない。

※

中津だつて文化人、ジャーナリスト政治家がいないわけではあるまい。自称する人はけつこう多いが。

※

この地方の文化をどう考えているのだろうか。まさか交通事情が良いから名古屋まで行けというのか。

※

市民憲章の一章には「文化を育て、豊かな郷土を作りましよう」とある「憲」の字のつくものは………。

※

市議候補者あての質問状の回答にはけつこうな答が多かつた。他の公約と同じにぜひ実現してほしい。

※

「公民館、スポーツセンターの無料開放」「市民文化会館の建設」「文化団体の育成」

※

労音だつて目をみはるほどの活動をしているわけではない。人口に比べて会員数はわずかなもの。

※

「だからこそ」労音を立派なものに育てあげなければ。みんなでがんばろうぜ。

# 痛快な風刺　あふれるユーモア　労音寄席　—— 4・5月例会 ——

## しょうかい

### 金原亭駒次

金原亭馬生師匠の門下の前座さん。今年のお正月には東北労音で活躍しました将来が期待されます。

《落語》あわびのし

ある長屋に、落語にはおきまり、稼ぐことはよく稼ぐが、まことに気のいい少し足りないのではないかと思われるような亭主と、これは又、対称的なしつかり者で学のある、やりくり上手な女房が住んでおります。

今日も、今炊く米もないような貧乏世帯、腹をへらして帰つてきた亭主、女房に知恵をつけられて何がしかの金を借りてお頭付きの魚を求め、それをもつて家主の家の入婿の祝にゆくことになります。蝦(エビ)で鯛をつろうという寸法。はたしてうまくゆきますかどうか、お楽しみに——。

笑いの中に、江戸の庶民の暮しむきと心意気のようなものがうかがわれるお話しです。

### 松旭斉いく代　《奇術》

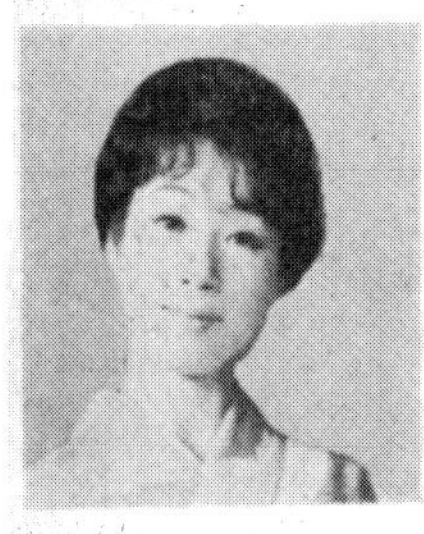

小さい時から歌舞伎の子役をつとめた根つからの芸人。山本光洋の娘分となり奇術を学び11年の芸歴をもつています。大変謙虚で誠実な人柄、美しい和服で純日本風な楽しい奇術です。さてなにが飛びだすかは見てのおたのしみ。

### 木村忠衛　《浪曲》

木村重松さんが亡くなつて、勤労者の立場に立つて新しい感覚で浪曲をかたる人が少なくなりましたが、木村忠衛さんは、故重松さんが、人間的にも一番信頼していた人です。重松さんのあとをつぎ、労音の人達に浪曲のよさを味わつてもらうために勉強している人です。重松さんの洒脱さとはちがつて、浪曲特有の重厚な節まわしで充分に楽しませてくれます。

曲師をやつて下さるのは、奥さんの、のり子さんです。

### 滝の家鯉香《のんき節》

6才から踊り長唄をはじめ13才で名取になつた程の芸達者。

のんき節にうたいこんだ小気味のよい諷刺は鯉香さんの独壇場で政府は次から次へと鯉香姐さんに材料を提供してくれるので、こなすのに大わらわ、商売繁昌です。

仂く人達の前でやる時、しみじみと芸人になつた喜こびを感じるということです。

### 柳家さん助

昭和26年8月柳家小さんの門に入る。29年9月 二ツ目となり小三太を名のり、36年真打昇進、さん助となる

落語について、「代々語りつがれ教えつがれてきた噺だけに、骨格のしつかりしたものが古典落語です。だからそれを教えられたままやつたのではつまらない。やはりそれを自分なりに勉強して手数をかけ苦労して自分の噺にしてしまわなければいけない」と抱負を語つています。さん助さんというと、ただおもしろい噺をする人という定評に似合わず、真面目なお話しです。

《落語》　湯屋番

これもよくやられる噺ですが、勘当された放蕩息子がなんとしても仂いて食べていかなければならなくなり、風呂屋の番台につとめて、妄想をたくましくします。健康なお色気も、さん助さんがやると滅法こつけいなものになります。柳家派得意なだしものの一つです。お色気というと、私たちの身のまわりではゆがめられたものがほとんどですが、私たちは卒直にそれこそ妄想をすてて考える必要があると思います。このだしものではきつとそういう意味ですつきりしたものを出すでしょう。

---

※　前頁から

費（友達二〜三人でコーヒーをのんでも職場でクリスマスパーテイーをしても）を出し合えば税金が掛ります。このようなことになつてもよいものでしようか。

今、労音は税金を払わないからおかしいのではないか、などと思われている面も多くありますが、これから労音が税金を払つていくならば、私たちは職場などで積立をして旅行に行くことやら、前にもいつたようにすべてのことに税金がかかつてきます。こんなばかなことをゆるしてもよいでしようか。労音はアカだなどといわれてそれをほんとうにしていたら、労音だけでなく、いろいろなことが出来なくなつてくるのではないでしようか。例会に参加された会員の人達が一番よく知つていると思います。例会がどんなわるいことをしているでしようか。

ほんとうに良い音楽を安く聞くためには、会員をふやしてワリカンの額を少なくして、みんなで労音を守つていかなければなりません。

しかし、以上二つの問題もけつして沈退ムードにはならないと思います。こういつた私たち会員の弱点を早くみつけだし、これからの活動の足がかりとして取りくめば、多勢が参加できて、楽しい、内容の充実した労音まつりや、例会が出来ると思います。

〜次 回 例 会〜

涼しさをよぶ　ハワイアン　— 6・7月例会 7月17日 —

# 山口銀次とルアナ・タヒチアンズ

**ギター大谷庄司　ギター尾崎高史　スチール岩田秀夫　ベース手塚又義　ウクレレ山口銀次**
**フラダンス「プア・ローゼス」　ウタ　江藤かおり**

日本の数多いハワイアンバンドの中で、最も異色豊かなバンドとして定評があります。〝ルアナ〟という名は南大平洋タヒチの〝友〟という意味。タヒチアン、つまりポリネシア音楽を演奏させてはナンバーワンです。リーダーの山口銀次は、かつて「バツキー白片とアロハハワイアンズ」にいて、ソロシンガーとして、ウクレレプレイヤーとして活躍していました。後に「マヒナスターズ」を結成し、リーダーをおりました。ルアナ・タヒチアンズから は、水原弘や日野とも子らが生まれました。

中津川では初めての、ハワイアン例会であり、歌もバンドも、そしてフラダンスも今から期待できる例会です。

〜次 回 例 会〜

---

誰れもが知つておきたい

## 税金問答

**？　新聞に、東京地方裁判所で労音は入場税を払えという判決が出されたとありましたが、これはどういうことですか。**

◎　正しくは、東京労音をはじめ全国42労音が、昔、入場税法をよく知らずに納めていた入場税を、返してもらいたいという裁判をやつていて、その判決が、税務所側は返さなくてもよいと出たわけです。つまり労音側の主張が認められなかつたわけです。

**？　なぜ、労音側の主張が認められなかつたのですか。**

◎　判決文を読んでみますと、労音は人格なき社団ではあるが、よく考えると会員一人一人の総有であるから、人場税を納める義務があるといつています。つまり労音は会員と同じであるといつております。つぎに入場税法上、見せまたは聞かせる側の主催者は労音であり、見せられ聞かされる会員は入場者にあたるといつています。つまり労音と会員とは別個の存在であり対立関係にあるといつております。この二つの事は、明らかに矛盾していて、同一の判決文で、同じ裁判長が書いたものでないと思うほど勝手のよい解釈をしています。42の労音をしらべるのに、4労音の証人から話を聞いただけで、労音運動をよく理解してもらえなかつたこともあります。ですから労音側は不満で東京高裁へ控訴しました。

**？　では、中津川労音の今やつている裁判と、どんな関係があるんですか。**

◎　関係はありません。まず、今度の東京地裁の判決は入場税を返してもらいたいという裁判ですし、中津川労音は入場税を課税することを取消してもらいたいという裁判ですから、内容がまず違います。今迄何度も機関誌にのせましたが、私たちみんなで創り、みんなで分担して運営している例会には、主催者と入場者という区別はないので、入場税を税務署から決定されてくる通知書の但し書きにより、異議があるとして異議申請書を出し、その答えは納得できない理由で棄却されますので、再度、国税局へ審査請求書を出します。これも納得できない理由で棄却されます。その上、裁判で取消し訴訟ができますので、中津川労音は法律に守られている救済方法を一歩一歩着実に歩みながら裁判をおこしたわけです。また労音運動は同じでも、その方法や具体的な問題になると、中津川労音と他の労音との違いが出て来ます。一例をあげると、私たち会員が企画し、運営し、出演し、成功させた労音まつりにも入場税がかけられています。誰が主催者で、誰が入場者だつたでしようか。このように中津川労音の運動は、文字通り会員みんなの運動ですので、これからの裁判の■で、そうした点をはつきりさせていこうではありませんか。

**？　しかし一部では、労音は反税団体だといつていますが。**

◎　はい、そういいふらしている人は誰かわかつています。労音は前にもあげましたように、法律で守られている方法で異議申請→審査請求→取消訴訟とすすめ私たちの納得できるはつきりした理由を出してもらうためであつて、堂々と胸をはつて主張していける事です。そうした正当な運動を中傷する人は、私達会員にとつて迷惑であり、名誉毀損ですので、しかるべき方法をとりたいと思つています。

**？　わかりました。岐阜地裁の裁判の進みぐわいは。**

◎　私たち原告の主張したい点と、被告である税務署側の主張する点がほぼ明らかになりましたので、いよいよ本論に入るわけです。次回7月3日 午後1時半よ■岐阜地方裁判所で委員長が証言台に立ちます。会員一人一人の問題としてみんなで傍聴に出かけ、税金問題を正しく理解しあうようにしましよう。

!!　みんなでがんばりましよう。

---

## 市議会議員候補者に公開質問状出す

4月に行なわれた市議会議員選挙の候補者に、公開質問状を出そうと運営委員会で決定し、告示と同時に各候補者に出しました。質問状の内容は、

○市民会館建設について
○労音についての意見
○労音にかけられている税金について

の三項目でしたが、各候補者の意見はいづれも協力的で、中でも市民会館建設については具体的な意見もあり、今後の活動が期待されます。

私たちも、市当局への陳情、署名運動その他いろいろなかたちで運動を起し、早期実現めざしてがんばりましよう。

**編集後記**　いそがしかつたとはいえ、〝機関誌当日発行とは編集部たるんどるぞ〟とハツパをかけたいだろうが、原稿がなかなか集まらなくてひと苦労、以後キオツケマス。

**中津川うたう会へはいろう!!**

とき　毎週火曜日 PM7.00〜
ところ　東労会議会議室
かいひ　1カ月 50円

友達をさそつてあつまろう

# 中津川労音

1967' 7 No.32

中津川勤労者音楽協議会機関誌　編集／組織情宣部　事務所／中津川市本町2丁目1-2（四ツ目川ハウス内）tel (05736) ⑤4727


楽しいハワイアン　6・7月例会

## 山口銀次とルアナ・タヒチアンズ

うた／江藤かをり　フラダンス／プア・ローゼス

サークルレコ・コン便り

## 楽しいサークルの集い

| とき | サークル名　ところ | 参加者 |
| --- | --- | --- |
| 6月 28日（水） | 電　通サークル（電通三階） | 15名 |
| 29日（木） | 大平地区　（山手町クラブ） | 11名 |
| 7月　1日（土） | 若　娘サークル（佐藤宅） | 7名 |
| 3日（金） | 市役所サークル（二階会議室） | 11名 |
| 5日（水） | 林　野サークル（営林署内）<br>（税金問題の話し合い、歌声中心） | 8名 |
| 7日（金） | 若　葉サークル（川口宅） | 8名 |
| 8日（土） | 坂下支部（日通二階） | 10名 |
| 9日（日） | 歌声喫茶（田中喫茶店） | 28名 |
| 14日（金） | 柳町サークル（近藤宅）<br>（山の声レコード・スライド中心） | 9名 |

以上のサークルで、ほとんど毎日のようにサークル集会、例会が出来ました。内容はハワイアンのレコードを中心に、新しい歌をおぼえたりしやべつたりして楽しいサークルレコ・コンでした。

とくに9日の歌声喫茶では雨の中を、28人の仲間が集まり、ひさしぶりに大きな声で唄いまくつた楽しいムードでした。（月に一度ヤリタイね）

前回のサークル寄席は二つのサークルしか出来なかつたのを今回は、10サークルほどのサークル例会が出来たことは今後の見とうしを明るくしてくれました。

一ケ月に一度は、サークルの集まりが出来るよう頑張りましよう。

サークル レコ・コンで中心になつてくれた人、また参加した人、各サークルの仲間　ホントウニ御苦労さんでした。

### プ　ロ　グ　ラ　ム

**■第1部**

(1) ハノハノ・ハナレイ　プア・ローゼス　江藤かをり
(2) コナカイ・オプア　江藤かをり
(3) マウナ・ロア　タヒチアンズ
(4) エブタイド　タヒチアンズ
(5) ラブリーフラハンズ　プア・ローゼス
(6) テマヌ・プカルア　タヒチアンズ
(7) パリーシエルス　江藤かをり
(8) カイマナ・ヒラ　江藤かをり
　タフワフ・ワイ　プア・ローゼス

**■第2部**

オープニング
ホラ貝より「トエレ」　タヒチ・アンズ
(1) ツウ・パイパイ・タウ・マファツ　ソロ
(2) チュル・チュル・ル　コーラス
(3) ワラブキ小屋　ウクレレ・ソロ
(4) パーマイ　コーラス
(5) エート・ピテイ　演奏

**■第3部**

(1) リリウエ　プア・ローゼス
(2) タイニー・バブルス　江藤かをり
(3) オニ・オニ　プア・ローゼス
(4) ホレワイメア　江藤かをり
(5) セントルイスブルース　スチール・ソロ
(6) マオリ・ダンス　江藤かをり　プア・ローゼス
(7) ワヒネ・アナミテ　タヒチアンズ
(8) パオア　プア・ローゼス
(9) フィナーレ　アロハ・オエ　全員

# 例会で考えること

素晴らしい音楽を、できるだけ安く、しかもみんなと一緒に、時には自分達でも歌つてみたい。こんな要求は誰しも持つているだろう。ことさら若い人達の中にあつては私もそうであるようにこの要求は強いであろうと思う。

私はこの願いを充たしてくれる場は「労音例会」以外に他にないと考える。しかしどうでしようか。それにもかかわらず労音ファンは多くなるどころか一時的に入会した会員も一人減り二人減りしてむしろ例会の度に少なくなつて行くというのが実状です。こんな矛盾したことがあるだろうか。一体この不思議な現象はどうしてできただろう。一度じつくりと考えてみようや。

仂く者の生活から音楽が離れていつたとは考えられない。事実はその逆である。見ろ近頃のテレビ、ラジオを、あれほど音楽番組への関心は強くなつているではないか。今日では音楽（いい音楽、悪い音楽含めて）なくしては一日だつて過ごされないといつても過言でないほど、私達の生活に密着したものとなつています。むしろ生活していく上で必要欠くべからざるものなのです。

ことに中津川市のように仂く者が大部分を占めるようなところにあつては、一ケ月に一度くらいは仕事からも解放され、苦しいことも悲しいことも一切忘れて楽しい一夜を音楽で過ごしたいと考える人達は少なくないだろう。

私は通勤途中、毎日、三菱で仂く若い娘さんの群に出合うのだが、労音例会が近づいてくると決まつてあの娘さん達だつてきつと「時には素晴らしい音楽でも聞きたいと思うだろうなあ——聞きたかつたら仲間をさそつて見に行けばいいのに」などと一人歩きながらよく考えるものです。

残念に思うことは、このように若い人達が「見たい、聞きたい、したい」といつた自分の日頃の要求さえも殺して、じつとこらえている人達が非常にたくさんいるということです。確かに今の社会は私達の目をかくし何も見えないようにさせようと攻撃を加えて来ていることは見のがせません。労音への攻撃にしても最近では「会員」への攻撃から「労音」そのものをつぶす為の攻撃に変わつて来たようです。「入場税を払へ」という圧力をしてきたのもそのねらいがあるのではないか。

しかし若い人達がもつと素直に考えるなら中津川労音はもつと大きくなるだろうと思う。「いい音楽を安く聞きたい」という誰も共通の願いを充たすためのものであるなら、心配なんか少しもありやしない。労音とはこういう場ではないのか。私は例会の度にいつもこんなことを考えるのです。

会員が減つていく原因の中には、このように職場などでの攻撃が強まつて来たということもあるだろう。また有名タレントが来ないということもあるでしよう。職場の勤務の関係で例会に出られないからという人達もあるだろう。原因は沢山あると思う。

いずれにしても私達会員が「より素晴らしい例会を、もつと安く、しかも回数を多く聞きたい」と思えば一人でも多くの仲間を迎え入れる為に一人一人の会員が努力する、という方法しかありません。会員を増やさない限り「いい例会を安く」ということとは不可能なことです。

そして中津川労音をもつともつと発展させていくためには、そのことが一番大切なことではないでしようか。

「言うはやすく　行なうはむずかし」で、なかなか困難なことですがみんなで力を合わせて一歩一歩前へ進んで行きたいものです。

（林野サークル　柴田弘明）

## らっぱ

労音をつぶす気でいる人達が、動き回つている。今に始まつたことではないが、ムダなことだと思う。

※

彼等は、田楽座公演を成功させた各地域の民主団体に「入場税の申告をせよ」と訪ねて回つている。

※

商店街では、店員、家族が労音の例会に参加しないようにと回つているいうとおりにしないと困るよと。

※

中小企業の会社では、職制とともに労音活動を止めよと圧力をかけている。特に女子社員に対して。

※

労音の活動家役員の自宅に猫なで声で電話をかけて回つている。「最近の労音はどうですか」

※

パンフレットまで作つて、方々へくばつている。「労音の入場税反対裁判は無意味であり、不当である」と

※

それを小学校や中学校にまで送つている。10年15年後の会員を心配してのことではなかろうが。

※

彼等のやり方を見ると、労音の宣伝方法そのまま。しかしその目的が正しくないし、どうも気にくわない。

※

文句があるなら、正当な裁判の場で言えばいい。裏でコソコソするのこそ「無意味」で「不当」だと思う。

※

「君たちよ、堂々と争おうではないか。労音はサークルと会員の拡大そして安く良い例会で抵抗するから」

※

前回の「らつぱ」全然反響がなく、サビシかつたね。文句や意見、いい話があつたら知らせてちようだい。

わしら"ぜんまい座"です

# まあー 聞いてオクンサイ！ 読んでオクンサイ！

**えー** こんにちわ。ぜんまい座です。久しぶり。毎日よう降りますことで、これも政治がわるいのではないかと思うほどです。

**その一** 世の中、どつかまちがつておるとこう言いたいわけでして、まことに暮しにくいことです。ゆつくり本を読むとか、レコードを聞くといつた、生活のゆとりは、もうめずらしくなりましたな。

**またー** 労仂条件はますますきびしく、毎日つかれが、たまつておりますれば家へ帰つて来て、めしくつて、何か一つ自分のことをやりとうても、その気力がわいてこんのであります。

**しかしー** そこを承知で、一つお願いを聞いてもらえますまいか。えーと、そのー はつきり申し上げましよう。ぜんまい座の座員になつておくれんか、なあ。

**そんなー** ムチャなことを言つては困ります。このいそがしく、せわしない生活に、もう一つ、いそがしいことを加えるなんてことは、ハナシにならんではないか。バカモン。アカン。

**いやー** ムチャやバカは分つておりますが、そこを、無理にでもまげてもらえんかとたのんどるのであります。じつと目をつぶつて考えてほしいのであります。

**そもそもー** 大きく出ますれば、日本民族の文化をどうするかということであります。大和テンション民族が、長い歴史の中からつくりだし、うたいあげて来た、日本の民族芸能。民謡は、いま亡びようとしておるのであります。エヘン。次代を背負う若ものが、このまゝだまつていていいものでありましようか！

**これはー** チト、オーバーでした。まあ一口に言えば、うたやおどりや太鼓をみんなでやろまい、ということであります。

**ときはー** 夏、地域例会をはじめ、友好祭、交流会、と東と思えば西へ走り、北から南へズズーとかけめぐることになるのは、必定、太陽のように明らかであります。

**なんせー** 10数人の世帯ではとても負えんのであります。ハイ。たんと人がほしいのであります。もつと多くの仲間に支えてもらわんとえらいのであります。

**それはー** 分りますが、私こと歌はハナウタ、フクものはホラ、ヒクものは大八車かリヤカー、おどりにいたつてはまるつきりのオドリオンチ、でして、役に立たんので……ハイ。

**よろしいー** 我等ぜんまい座は、貴方のような、オタマジヤクシはダメ、うた楽器もダメ、口は食うためにあるような人こそ、求めておるのであります。心から求め、求めて、死ぬほどであります。

**そこでー** 実例をばおめにかけましよう。Kちやん、太鼓なんてものはサワつたこともない男。歌を歌えば一人で目をつぶつて、自分の声にうつとりしバカデカイ声。何回公演をやつても、太鼓はまちがえ、セリフはトチリ、おまけに半音オンチ。といつたシロモンが、ぜんまい座第一線のスターなんであります。

**ほかにー**"ムードのある詩"の$S_1$ちやん、笛の$S_2$ちやん。列外三名のIちやんはAちやん、Dちやん。太鼓のYちやんAちやん、Tちやん。佐渡ギツネのSちやん、Kちやん、Bちやん。いずれも、楽譜はまるつきりダメ、セリフの覚えは、わるく、楽器なんてものは人がやつてくれると思つておる連中ばかりであります。

**さあー** 友好祭の野外オープンステージで下手くそでもたたけば音の出る大鼓を打たまいか。前の人について手足を動かせば踊れる、音頭与三郎をやろまいか。

**のおー** 一緒にやろまいか。一つのものをつくり上げる面白さを、一緒に味わをまいか。これで、ぜんまい座PR、オシマイ。

## 変った年貢取り立は？

――一会員――

世の中には、あまた数えることの出来ない星があるように、不思議なことも、又星のごとくあるものです。近頃の音楽会にも、いやもつと昔にさかのぼり、ともかく、音に楽がつき多くの人達が一つ所に心を、一つにして聞きましよう、見ましようと、集まれば会となる。

その会は人々の生活を豊かに楽しくしてくれることは今も昔もかわらないはず。ところがところが……です。この楽しかりしわずかな、ほんのわずかな一ツ時にも、私達の知らない間にちやんとお役人さまは、年貢ならぬ税金を召し上げていたのです。

こんな不思議な事を、私共仂らいているものは何も知らなかつたんです。それがあたり前だと思つていたからです。ところが私共日常の生活に追いまくられて、ケンポーのダイナンジヨウには、何が書いてあるのかそんな事を調べているひまもないし、第一そんなものにはきよう味がないんです。それより明日はどの手でかせごうかと、ない頭をしぼるのにせい一杯です。

では不思議なるものとは何んである、そこである。私達が一生けんめい働らきわずかなお給金の一ぶを出し明日への活力ともなり、今日一日のいこいともなるこの楽しき例会に、なんで年貢をおさめねばならぬものかと小首かしげて私は不思議に思う。なんででしよう、誰か教えて下さいネ。一体お役人さまの頭の中と、私共の頭の中味が……やはり中味のこーい!!人の方があやまつてはいないでしよう……かね。

# 最近のサークル活動について

この季節には、やつぱり「ハワイアン例会」がぴつたりだ。フラダンスが期待の中心らしく、とてもムードが高まつている。この分ならば会員がかなりふえるだろう。しかし、会員制である労音ではムードだけではなんともならない。やつぱりどこのサークルでも「一人が一人を誘つて」すべてのサークルで「一人」でも多く会員を増してゆかなければならないと思う。労音の楽しさは、今の会員だけのものではない。もつと多くの人に知つてほしいし、どしどし労音に入つてきてほしいものだ。

※ …… ※

あつちこつちのサークル会議に出席して考えたことがある。テレビなどを通じてジャンジャン歌われている歌は、みんなよく知つているし、よく歌われる。そうでない歌のなかには、とてもよい歌がたくさんある。そうした歌をサークルで紹介すると、一回だけでみんな好きになり、大きい声をはり上げる。こつちもついドラ声をはり上げてしまう。夜がふけるのを忘れたことが何回もあつた。

※ …… ※

サークルの集いがボケているような気がする。この原因は、なんであるかと、考えて見ると、とりくみの時に「集中力」がなさすぎるのではないかと思う。若者は若さをぶつけ、年のこうでいく人は頭をしぼつてもらい、楽しい音楽を、みんなの力で作つていかなければならない。みんな音楽を楽しみたいとゆう人達が集まつて大きな労音にしようじやありませんか。
——組織部——

## 岐阜・大垣の仲間と交流しよう!!

8月に岐阜県内労音の岐阜・大垣労音の仲間と楽しい集い 交流会キャンプ を計画しました。希望者は労音事務所又は運営委員までどうぞ。

いつ　8月12日(土)・13日(日)
どこで　恵那山の頂上
ないよう　歌つて おどつて 花火大会
かいひ　小屋代・バス代・薪代など 約600円
しめ切　7月31日まで

## お知らせ

▶7月22日、23日に根之上高原で東濃地区平和友好祭が開かれます。労音からも実行委員に加わつて参加をよびかけています。うたあり、フオークダンスあり、ゲームあり、また、話し合いの楽しい友好祭です。年に一度の青年、学生、婦人の集いにタクサンあつまろう。

▶恒例の“中津川労音友好祭〟を計画しています。とき、ところは未定ですが決まり次第しらせます。昨年は苗木高峰湖で行い、“こんなに楽しい、愉快なものなら来年もチャントさそつてくれ〟こんな話しも出ました。いまから楽しみにマツテ、チヨーダイ!

▶6・7月のハワイアン例会を目標に、いくつかのサークルでレコードコンサート、サークル会議が開かれました。最近、下火になつていたサークルの集まりが、活発になりはじめています。アンタのサークルでもピクニツクやキャンプなども計画し、他のサークルにもよびかけて下さい。レコ.コンなり、うたを覚えるなり、話し合いの場ももつてみて下さい。準備がめんどくさいとか、何をやつたらいいかわからんというなら、相談してみて下さい。

▶ところで、そんな集まりの大きいもの〝中央レコードコンサート〟を計画しています。8・9月例会 大野亮子ピアノリサイタルに向けてクラシツクを中心に行う予定です。オタノシミに……。

▶第5回総会が9月11日に決まりました。ことしは、税金問題が具体的になり、いよいよ本腰を入れて取りくまねばなりません。会員拡大も真剣に考え、長期企画についても、みんなの希望をもちよる大仕事もあります。各サークル1名以上は必ず出席し、第5回総会を成功させましよう。

▶今月に入り〝ぜんまい座〟の出演をたのまれ二回出演しましたが、大好評。時期的にも地域例会のはなしがでて、今年は“ぜんまい座〟の例会はどうだろうか、と話し合つています。いくつかのサークルが合同してもよし、坂下三留野、北恵那沿線、岩村、上矢作、明知など各地で準備を進めていただければいつでも、よろこんで出演するとのことです。さつそくとりくんでみて下さい。

▶税金裁判も回を重ねるごとに、お金もかかります。その資金作りと、裁判を有利に進めるための署名運動も近々に全会員と市民に向けて行ないます。資金作りについては廃品回収とカンパを行ないますので、ご協力下さい。

8・9月例会決定!　9月20日(水)

待望のピアノリサイタル実現!

# 大野亮子リサイタル

＜プログラムから＞ ▶モーツアルト／デユポールのメヌエツトによる変奏曲ニ長調K573 ▶ベートーベン／ソナタ8番ハ短調作品13〔悲鎗〕 ▶小高尚忠／ソナチネ ▶シユーベルト／即興曲作品142の3と4 ▶ショパン／華麗なる大円舞曲変イ長調作品34の1 ▶ショパン／スケルツオ第3番嬰ハ短調作品39

ピアノの実力では日本のトツプクラス
めきめきうりだした 期待されているピアニスト
各地労音例会で大好評!

## 編集後記

2ケ月に1度の例会におわれ、ハツと気がつくと、67年の前半もすぎ、後半期に入つている。長期企画のアンケート活動、裁判の資金作りと署名・カンパ、総会のとりくみなど、暑さはきびしくなる一方、バテ気味になりがちですが、活気づいてきたサークル活動により、会員拡大にがんばりましよう。

# 中津川労音

1967'9 No.33

中津川勤労者音楽協議会機関紙　編集／組織情宣部　事務所／中津川市本町2丁目1-2（四ツ目川ハウス内）tel（05736）⑤4727

これまでの反省と
これからの方針　の場

## 第4回
## 中津川労音総会

◆と　き　9月27日（水）
6.30〜9.15

◆ところ　中津公民館
二階会議室

昨年の総会から丁度一年、今年も総会を迎えることになりました。

この一年間の歩みをふり返り、新らしく始まる年の方針を決める――これが総会です。

特に今年は「税金訴訟」を盛上げるべき重要な時期ですし、会員をどうしても増やさなければならないという大きな仕事がありますし、例会の内容をもつともつと充実させると共に、みんなの希望にピツタリする例会を作らなければならない――といういくつかの、大切な方針が決められます。

又、今年の総会には、それぞれの特徴をもつ七つのサークルの報告があります。

〝みんなで運営するみんなの労音〟にするために、一人でも多くの参加を望みます。

○　代議員に必ず出席を、傍聴歓迎!!

## 10月例会あんない

（11月初旬予定）

高石友也といつしよにうたう例会！
誰れでもうたえる
新らしいうたの例会！
みんなが一つにとけあえる例会！

## 高石友也 リサイタル

＜高石友也のレパートリー＞

篭の鳥ブルース・恋のノンキ節・想い出の赤いヤツケ・白い傘・生き残り・一人の手・小さな箱・学校で何を習つたの・明日は知れない・おいらの空は鉄板だ・冷たい雨・死んだ女の子・他50数曲

## 中部労音合同学習会へ行こう！

中部（名古屋、愛知、三重、岐阜）の各労音から希望者が集まつて、久しぶりに大学習会が開かれます。講師は、音楽評論家、解説で有名な田村一郎氏、中村とうよう氏の二人。日本の音楽文化情勢マスコミの現状、クラシツク音楽界の動向、ラテン音楽の歴史、今日のポピユラー音楽とその方向、といつたテーマでの講演を、カタクルシイ形でなく、テープレコードをつかい、よくわかり楽しんで学習できる、今までにない学習会になることうけあいです。

中津川労音からも多くの参加をしたいので考えてみて下さい。**とき**は９月30日（土）PM7.00より10月１日（日）の昼すぎまで、**ところ**は岐阜市西別院。参加希望は、ともだちサークルの田中ショーちやんがとりまとめています。

## サークルの集いに使つてください

◆10月例会「高石友也」のテープがあります。９月３日たなか喫茶店で行なわれたレコードコンサートと、市役所サークル会議で使われましたが、仲々の好評でした。サークル会議の話し合いの材料につかつてください。早速計画して運営委員まで連絡して下さい。

◆毎度オジヤマします。ぜんまい座ですワシラぜんまい座では、あんたのサークルで呼んでくれるのを首をなごうして待つています。10月は例会もないことですし。…………どうですか、ぜんまい座のサークル例会を計画してみませんか。

一つのサークルでなくても、二つ、三つの合同でもいいと思います。

◆話し合いを中心にサークル会議を……というとき、自分たちで計画してもいいし、自分たちだけではというときは、運営委員か、他のサークルの人を指名してください。指名された人もよろこんであなたのサークルへ来てくれると思います

## 第９回税金訴訟裁判について

7月・9月と２回にわたり証人の都合で延びていた裁判は、10月２日に行なわれることになりました。

いよいよ裁判も具体化して、中津川労音の会員が証言する段階に入つていますので、労音側は多くの傍聴者を動員して裁判をもり上げると共に、裁判所側にも労音側のこの裁判における意気ごみと正しさを示すためにも多くの人達が傍聴しなければなりません。

現在第９回の裁判には少なくても30名は傍聴者を動員したいと思いますので、参加できる人は運営委員まで知らせて下さい。

日時などくわしくはお知らせします。

### 久しぶりの中央レコ・コン

９月３日たなか喫茶店で、久しぶりの中央レコードコンサートが開かれました会場いつぱいの参加者で、フオークソング・グループのうたと演奏、ピアノのレコードを聞き、新らしいうたを覚えうたいまくつた。コーラを飲みながらの楽しいレコ・コンは大好評でした。

昨年たびたび開かれていた頃の盛りあがりがあつて、「これからも月に一度位は」という希望も出ていますので、計画をして呼びかけますので、サークルの人友だちをさそつて来てください。

### あなたも運営委員になつてください

労音も４年目を迎えようとしていますが、ますます仕事がたくさんになつています。運営委員が少なく、どうしても、ウケオイ的になりがちです。

文字通り、みんなの労音、みんなでつくり上げる労音にするために、あなたも運営委員になつて労音の活動をしてみませんか。誰れでも大歓迎です。

## らっぱ

秋来ぬと、目にはさやかに、みえねども、風のおとに、おどろかれねる。

※

ひとまわりして、また秋が来ましたね　天高く澄みわたる候となりました。歌声をひびかせましよう。

※

文化の秋ともいわれますが、みなさんの回りではどうでしようか。それらしいふんいきがありますか。

※

やつぱり労音に、なかまを集めて私たちの文化を、自分たちの力で、手で、作りだしてゆかなくては。

※

またたち帰る、水無月の、想を誰に、語るべき、沙羅の水枝に、花咲けば、悲しき人の、眼ぞ見ゆる。

※

この一年、みんなのなかには、悲しいこと、楽しかつたこと、いろいろとあつたことでしよう。

※

一人になりたい時こそ、なかまの力やはげましが要ると思います。そんなときこそサークルで………。

※

静かに静かに、街の灯も消えた。遠い空をみてごらん、明日の夢がある。小さな小さな、幸せはここに。

※

秋の夜長を、レコドを聞いたりダべつたり、歌つたり、そんなサークルの集いが、多く開かれるやろ。

※

見よ白き雲ゆく、忘れいしよき歌の、かすかなるふしに似て、あおぞらをゆく。

※

あまり反響のなかつた〝らつぱ〟筆者交替です。アーチヤンからエイジさんへ。お後がよろしいようで。

# 8・9月例会
# 大野亮子ピアノリサイタル

## 大野亮子楽歴

1942年　永井進氏に師事
1950年　第4回学生音楽コンクール第1位受賞
1953年　第22回音楽コンクール第1位受賞
1956年　ウィーン国立音楽大学に留学ヒンターホーフアー教授に師事
1959年　ウィーン国立音楽大学を首席で卒業
1959年6月　ガスタイン賞を受け、バートガスタインでオーケストラと協演
1960年11月　ウィーン・ムジークフエライン・ブラームスザールにおいて第1回デヴューリサイタルを開催
1961年10月　ジユネーブ国際音楽コンクールピアノ部門首位入賞
1962年4月　帰国
1962年6月　帰国第1回リサイタルを開催（日比谷公会堂）
1963年3月　第2回リサイタルを開催（日比谷公会堂）
1964年　再度渡欧
ウィーン・ブラームスザールをはじめ、フランス、スイス、イタリー、ハンガリーその他ヨーロツパ各地で、独奏、オーケストラと協演、室内楽などと、多方面にわたつて活躍
1966年4月　ウィーン・ブラームスザールにおいてリサイタルを開催好評を博す
1966年8月　ヒンターホーフアー教授来日に際し、数多くの演奏契約を延期して帰国
1966年12月　第3回リサイタル開催（日比谷公会堂）各交響楽とは度々協演し、室内楽方面でもラジオテレビ放送、全国各地で多面にわたり活躍がめざましい

## オオノリヨウコノコト

毎日音楽コンクール、NHK音楽コンクールピアノ部門で一位をとつたり、もつと小さい時はジユニアの方で文部大臣賞をもらつたりした。

大野亮子が二度目の外遊から帰つて来た時は、第一回目のもつぱら修業時代とは幾分違う生活を送つて来たようであるもはや彼地では、若手の外国人ピアニストの一人として第一級にランクされ、すでに各国各地に於て多くのリサイタルや室内楽の会、一流オーケストラの定期公演にも度々ソリストとして出演していて評論家の批評も好意に満ちたものが多く卒直に賛辞を送つている。

彼女の進歩が堅実かつ順調にもたられさることは、彼女の恵まれた才能と円満な人柄からそれは確かだからである。

### ヨーロツパ演奏活動によせられた新聞評の一つ

ローベルト・ヘーガーの指導力と堂々たる響きへの喜こびを持つて指揮された音楽家管弦楽団の第3夜は、モーツアルトのピアノ協奏曲第20番ニ短調によつてはじめられた。

独奏ピアノを受け持つたのは、高い芸術的な感受性をもつた野心的な日本の女流ピアニスト大野亮子である。

聴衆はよろこんで演奏を聞いた。

### 6・7月例会山口銀次とルアナタヒチアンズアンケート結果

（回収分28枚より）

(1) 今夜の例会どうでしたか。
良かつた 18　まあまあ 8　つまらなかつた 0
(2) プログラムの中で何部が良かつたですか
1部 4　2部 7　3部 13
(3) 良かつた曲目をどうぞ
パリーシエルス 10　チエル・チエル・ル 9　エート・ピテー 5　カイマナヒラ 5　パーマイ 3　ワラブキ小屋 3　アロハオエ 3　ひき潮 2　ワヒネ・マナミネ 1　パオア 1　タイニ・バブルス 1　マオリ・ダンス 1
(4) フラダンスどうでしたか
とても良かつた　大いに悩ましかつた　家へ帰つて練習してみようかナ
(5) 唄はどうでしたか
男性の声がハツキリ聞こえなかつた江藤さん、ガンちやんの唄がよかつた
(6) あなたはハワイアンを好きですか
大好き 3　好き 17　まあまあ 6　キライ 2
(7) 今後どのような例会をもちたいと思つていますか
みんなでうたえる例会　フオークソング　ポピユラー　クラシツク　その他
(8) 最近の労音活動について一言
良くやつている、今後も頑張つて　税金の問題で困つているそうだが　ダンコガンバロウ　少しおとなしくなつた感じ、もうちよつとガンバロウ　400円出してもぜひ見たいというような魅力ある例会をやつたら会員がふえると思います

楽しくて、おもしろくて、ムードもあつたネ

# 雨とカミナリの中の 岐阜・大垣・中津川労音交流会

8月12・13日恵那山頂

中津川12時のバスで先発隊として、ドラさん、山ちやん、鉦ちやんの3人出発野熊の池のチヨツト上で、ものすごい雨とカミナリにあう。

びしよぬれである、もうこの世の別れとあきらめる。（チト、オーバかな）

8時30分、ヨイシヨイ、ワツシヨイとスゴイ声が小屋の中に聞こえてくる。

雨の中を岐阜、大垣、中津川の仲間がヤツテ来たのである。

「御苦労さん」「御苦労さん」と全員元気に山小屋へ。

午後9時すぎ、キャンプファイヤー開始各労音のあいさつにつづいて、各地の出し物、岐阜労音ではおもしろい自己紹介とおどり。大垣労音，少ない人員だつたが元気にコーラス。我が中津川労音は、ゼンマイ座のレパートリーを始め、音頭与三郎のシドウと、楽しく交流はつづく小雨がパラパラしている。（でも気にしない）

労音花火大会の後、全員合唱でキセイを上げる。12時におわる（オヤスミ。でもHな話をする人がいたので、ねれなんダ）

13日、朝食の後、プレゼント（50円の品物）交換。つけもの、レモン、カンズメ、ラーメンと、いろんな物がとびだしてビツクリ。ムズムズするラブレターもあつた。（オレ、ほしかつたネ）12時まで自由行動（デート、カメラ、トランプその他）おにぎりで昼食をすませ下山。大きな声で歌をうたいながら歩いて行くと、知らんうちに黒井沢。貸切バスはもう待つていた。バスの中でも楽しくうたの連続でした。4時中津川着、来年も絶対にヤロウと約束してカイサン。岐阜23名、大垣6名、中津川25名、計54名での恵那山交流会、雨とカミナリの中、ホントウに御苦労さんでした。 S・T

## 地域例会 「田楽座」の経験をいかし 「高石友也」を成功させよう！

昨年の地域例会は、坂下、田立、付知恵那市、明知、蛭川の各所で開かれ、今までにない1万数千人という参加者で成功させました。地域の文化を発展せさるために、地域の人びとの生活をうるおすためにも、大きな大変な仕事だと思います。今年もすでにとりくみを始めている地域もありみんなで力を合わせて、「高石友也」地域例会を成功させましよう。

## お知らせ

◆第13回全国会議が11月4・5日東京で開かれます。昨年は名古屋で開かれ、中津川からは20余名もの多くの人が参加しました。遠く九州、北海道からたくさんの仲間もやつて来ます。中津川も今から予定をして一人でも多く参加しましよう。くわしくわ、サークルを通じてお知らせします。

◆10月8日、東海のうたごえが行なわれます。昨年は労音として4名しか参加出来ませんでしたが、今年はもつと多くの人達と参加したいと思つています。今までに参加した人はもちろん、一度も参加したことのない人はぜひ参加しましよう絶対いいですよ。

当日は中津川よりバスで行きます。

運営委員まで申し込んでください。

期　日　10　月　8　日

場　所　名古屋市　金山体育舘

## 編集後記

この一年間機関紙の発行を担当してきましたが、総会直後に出した方針「会費受付までには機関紙を会員に渡す」が実行できずに過ぎてしまいました。

一年を振り返り、機関紙のもつ役割がどれだけ果せたかと心配です。

来る総会で新らしく選ばれる人達に期待して…………チヨーン、チヨン！

# 中津川労音

'1967. 11. No.34

中津川勤労者音楽協議会機関紙　編集／組織情宣部　事務所／中津川市本町2丁目1-2（四ツ目川ハウス内）TEL ⑤ 4727

—— 12・1月例会 ——

## グループ・サウンズの王者
# 寺内タケシとバニーズ

## 12月11日（月）に決定!!

寺内タケシといえば、エレキバンドがテレビに出はじめたころ大活躍していたことは、音楽フアンでなくても多くの人々に知られています。

今〝レッツゴー・運命〟で知られているように、バニーズをひきいてグループサウンズの中の実力派として意欲的な演奏をつづけています。

〝エレキ音楽は、見せかけのカツコよさにしびれさせ、真実を見る目をうばつてしまう〟という批判はありますが、反面、最近のめまぐるしく変る生活の中で、レジャーからも取り残された沢山の人たちの心をとらえ、明日への活力を与えていることも否定できません。寺内タケシ　いわく——「いま流行のグループサウンズのカラーを打ちやぶり、バニーズ独自のペースで外国のマネでない、日本人にわかる新しいものを求めていきたい」と——こういつたことからも、内容もあり画期的な労音例会といえます。

<プログラムの一部>

| | |
|---|---|
| ラ・ラ・ラ | ビートルズメドレー |
| 愛のメリンバー | 元禄花見踊り |
| 佐渡おけさ | ソーラン節 |
| 運　命 | ペルシヤの市場にて |
| バニーズヒツトメドレー | ほか |

<メンバーの紹介>

寺内タケシ（リードギター）
黒沢　博（セカンドギター）
荻野　達也（エレクトーン）
小野　肇（ベース）
鈴木　義之（リズムギター）
井上　正（ドラム）

異色の新進歌手

# 高石友也

=フォーク・キャンパーズ=

## フォーク・ソングをうたう

人生のうた 生活のうた

### 10・11月例会 11月9日(木)

「ベトナム侵略戦争に何の関心も持たない人たちに、わたしは歌で語りかけたいのです また焼けつく野天で仂らいている土工の人が、ホッと一息いれるとき、お義理でなしに聞いてもらえる歌をうたいつづけます」——

高石友也はこう語りながら「ヨイトマケの唄」や「ベトナムの空」をうたい「かごの鳥ブルース」「俺らの空は鉄板だ」で、下積みになつて仂らく人たちの心に呼びかけています。

こうして高石友也は、〃心の叫びがこめられた唄〃を釜ガ崎のドヤ街でうたつていたのです。そして彼は、アメリカの反戦フォーク歌手ピート・シガーを尊敬しています。

だから彼の唄は、流行歌のようにどんな人の中へもシミとおり、しかもシンがあるのです。

彼は名前こそ知られていませんが、ハリのある美しい声、素直なうたいぶりで、必ず聞く人に感動を与えることでしよう。

× × ×

## プログラム

■第一部

浜の若者
想い出の赤いヤツケ
小さな箱
学校で何を教つたの
冷たい雨
帰つて来たジョニー
炭鉱町のブルース
一人の手
君のまわりを見つめてごらん
坊やおやすみ
まま子
竹田の子守唄
のんき節
かあちゃんごらんよ
ベトナムの空
ヨイトマケの唄

■第二部

ひよつこりひようたん島
心はいつも夜明けだ
バスの後
カツコよくはないけれど
受験生のブルース
ランブリンボーイ
プレイボーイプレイガール
勝利の日まで
神の加護で
お捨てよメリンダ
チューインガム一つ
おいらの空は鉄板だ
時代は変る
死んだ女の子
しやぼん玉とんだ
死んだ男の残したものは

**全員合唱**

勝利の日まで　一人の手

中央レコ・コン

## 友也の歌を聞こう

稲刈りもボツボツ終りかけた十月十五日(日)、新町たなか喫茶店で〃続・労音仲間の集い、高石友也の歌を聞こう〃のタイトルで行なう。会費一〇〇えん(コーヒー、歌集付)人の集まりがわるく約一時間遅れる。ジョン・バエズピート・シガーのレコードを聞いた後、コーヒーをのみながら高石友也のレコードをマジメに聞く。(ホントダヨ)仲間も一人、二人とふえて来た。レコードにあわせて友也のうたをおぼえる。一時間ほどの間に十曲近くの曲をおぼえるのだから、それは大変でした。

でも何とかうたえるようになつた。

いいうたが一パイなのでついつい時間をオーバ。

参加者は二一名。

前回のピアノの時と思うと約半分、チョットさびしかつたネ。

参加してみて、つまらなかつた人、ガツカリした人、自分たちで創る、自分たちの集いなのだからえんりよせずになんでもケツコウ、良きアドバイスたのみます。

そうすれば、モット、モット楽しい集いになると思う。

(S)

# サークルが例会づくりを！

## —第4回中津川労音総会開かれる—

**◆さる九月二十七日、夜六時三十分より公民館にて◆各サークルの代表が集つて、第四回中津川労音総会が開かれ、昨年の運動の総括を話し合い、今年の方針をきめました。◆**

はじめに、坂下、林野、柳町、わかば、すみつ子などのサークルから、この一年の活動の報告がありました。

坂下の昨年の地域例会のとりくみから、——地域に期待されるようになつて来た。〝今年は何をやつてくれるか〟という声が町の人から聞えてくる——といつた報告

柳町の、サークルの人が自分たちで計画し運営する、ピアノやフルートのサークル例会のたのしい集いの報告など、聞いているものに「うん俺達もやるぜ」といつた気持を抱せたものだつた。

みんなの討論から、ことしは次のようなことをめあてにがんばろうということになりました。

① 中津川市民といつしよになつて、町ぐるみでとり上げることが出来る楽しい大衆的な例会をつくろう。また、ほんとうに内容のよい内容本位の例会をつくろう。

② 地域例会、サークル例会を発展させ、さらに音楽内容を考えたり研究する研究例会、労音だけでなしに他の文化サークル、団体といつしよになつて、特別例会をつくろう。

③ サークルが計画し話し合つて例会の宣伝、プロなどをつくり例会をすべて行なう、サークルが責任をもつて行なう例会づくりをやろう。

④ 仲間をふやすためがんばろう今年の目標は八〇〇名だ。サークルをつくり会員をつくるために、もつと多くの仂き手を集めてがんばろう。

⑤ こういつた、自分たちで自主的に行なう運動は、いつもあらぬことを言われ圧力や攻撃が加えられる。不当な税金もその一つだ。そこんとこをサークルで話し合い、中津川から音楽文化の運動の灯が消えぬようがんばろう。

昨年にひきつづき

# 坂下と岩村で地域例会

## —— 高石友也とぜんまい座 ——

すべての町や村に労音をつくるため、昨年よりはじまつた地域例会づくりが今年も開かれます。仲間たちががんばつて町ぐるみのすばらしい活動をくりひろげ、中津川労音の高石友也例会に引きつづき十日坂下、十一日岩村と行なわれます。

▽　△

坂下町では若い人たちが中心になつて実行委員会をつくり、文化サークルによびかけ、うたごえ、民謡サークルも力を合わせて活動しています。山口、田立、川上、三留野などで友也のレコードコンサートを開き、歌集を作つてたのしい集いをつくつています。昨年、田楽座、吉川雅夫とたてつづけに二つの地域例会を成功させただけに、いずれもベテランの仂き手ばかりで中津川労音の例会づくりもおされるほど。岩村町では、うたごえ、勤労協などがとりくみをはじめました。かつてカチユーシヤや前進座などの公演を成功させて来た、文化音楽運動の伝統をもつているだけに、あつという間に運動がひろがり、いまではたくさんの仲間を組織しています。これからも中津川労音といつしよに運動を展開していけるすばらしい地域の一つです。地域例会のすばらしさを知るために、あなたももしひまと気があつたら出かけてみませんか。町や村の人たちが一つになつてつくりあげた公演の会場には、ムンムンした熱気と楽しいフンイキがあることでしょう。それから、ご存んじ「ぜんまい座」も出演します期待にそうよう大熱演をしたいとはりきつています。

## らっぱ

「吉田国葬の日」。テレビ、ラジオは180度転回、ふだんとガラリ変つたオシトヤカ番組オンパレード。

※

〝自主規制〟の名の報道管制ぶりは、戦時中を想い出させたが、はからずもクラシツク音楽をたんのう—

※

だがベートーベンの「英雄」が生まれたいきさつからすれば、この日に奏するには、いささか不似合い。

※

第二楽章に葬送行進曲があるからだろうが、ベートーベンの革命的な考え方と「臣茂」のセンス。

※

ベートーベンといえば、12月のバニーズ。エレキで「運命」をレッツ・ゴーという。これも革命的。

※

〝中津も、ヘー、エレキやるの〟と中部各地の労音がおドロキ。会員の中にも、そんな声がチラホラ。

※

しかし、おどろくには当らない。何でもやつてやろう!!聞いてやろう!!は、中津川労音のお国柄。

※

若い衆の絶大な人気のマト、グループサウンズ。どつかにエエトコがあるからこその流行——。

※

ただし、引き写しじやつまらない寺内タケシくんの意欲のほど、お手並のほどに〝乞御期待〟

※

そのうち歌謡曲もやつたらいい。皆んなの要求に沿い、その中のすぐれたものをのばす。それが労音。

※

マスコミやプロダクシヨンや特権階級から、音楽をとり戻す運動。これこそ「労音運動」!!如何？（N）

サークルの集い

# 二〜三人の集いから計画しよう

◇今月のサークルの集いは、高石友也の歌をおぼえるのが中心のようでした。

◇林野サークルは、十月二十五日友也のうたをタツプリ楽しみ、税金のことも話し合いました。（いつも感心ですね）Hはななし、雑談の時間もありました。

◇柳町サークルは十一月一日。おなじみ五つのサークルの合同の集い。ジョン・バエズ、ピート・シガーのレコードを聞いた後、友也のうたを聞いておぼえる。今どきめずらしい五円の万頭をおいしくたべながら……。いつもながら、楽しいムードでした。

◇T・K・O、ともだち、国鉄サークルが中心になつて、十一月四日七時から会員の家の二階をかりて、友也の歌をおぼえる。（他のフオーク・ソングも聞く）お茶をのんで、あられ、センベイをポリポリやりながら聞く友也のうたは、また格別ヨカツタヨ。

◇高石友也一色だつた今月のサークル会議、みんな例会で楽しく大きな声でうたえることでしよう。

二〜三人のサークルのみなさんどんな小さな話、なんでもケツコウ、えんりよなくいつて下さい。そして楽しいサークル会議を作ろうではありませんか。いつでも出かけて行きます。

◇そのほか電通サークルの集い、また運営委員が友也のテープを代表者の家へもつていつて聞いてもらつた。会議とか、集いというとむつかしそうですが、案外かんたんで、評ばんも大へんいいですよ。

ぜんまい座便り

# 練習場がほしい

コンチワ、ぜんまい座です。十一月十日（坂下）、十一日（岩村）の地域例会に向けて、猛練習の連日、全員がんばつている。しかし一つ悩みがあります。まあ聞いて下さい。

うた、おどりなどの練習は、まあーどこでやつてもあまり近所の迷惑にならんのですが、我ぜんまい座の例の太鼓、この練習に頭をかかえている。太鼓というやつはものすごく遠くまでひびくので、どこで練習してもいつも苦情の連続。例をあげると、夜明けの会のケイコ場でやつた処、落合から苦情が来たのをはじめ、いつもしかられてばかり。（たまにはじかつてみたい）

みなさん、力になつて下さい。

中津川にも絶対に一つ、近所の迷惑にならないような会場が必要だと思う。練習するたびにいつも思う、会員をはじめ、中津川市民一人一人が、考えなイカンと思うのがすが……、どんなモンでしよう。

## ろーおん あれこれ

◆今年も全国会議が十一月四日、五日と東京で開かれました。昨年は二十数名の人が参加しましたが、今年は、本例会と地域例会のとりくみ、ぜんまい座の練習、それに遠方というせいもあつて、五名（中津三名、坂下支部二名）の人たちが、三日の夜行でたち、全国の仲間の体験、中津川の現状を話し合つて来ました。

◆十一月十四日南小学校講堂で、統一劇場の「雑草のうた」が公演されます。中津川の若者たちが実行委員会を作りとりくんでいます。みんなで協力して公演を成功させよう。希望者は東労会議又は労音事務所まで申し込んで下さい。

◆労音に入場税をかけるのは憲法に照らし合わせても不当だ——と行なつている裁判は、十月で会員の証言する段階でしたが、延期になり、来春の裁判で証言することになりました。私たちの行なつているサークル活動、例会づくりなど、一人でも多くの人に証言してもらうこと、そして一人でも多くの人の傍聴が必要です。あなたのサークルでこのことについて話し合いを行なつて、その結果を運営委員会へ知らせて下さい。

それと、〃一人一人の署名が労音を守り発展させる〃ことで進めている署名用紙が廻つていると思いますが、まだ裁判所へ出すところまで集まつていませんので、全会員の署名活動をお願いします。

◆一年間の企画の方針をたてる「企画アンケート」がサークルを通じて会員の手にわたつていると思いますが、今、集まつているだけでは〃会員の希望する例会〃をきめるのに資料となりません。大切なアンケートですので、さつそく代表者または運営委員まで出してください。

◆今までの例会、今日の例会づくり——会場の椅子ならべと後かたづけ、受付、照明、放送関係楽屋、その他消防署への申請など——をやつている人は、同じ会費を払つている会員の人たちです。あなた個人、またはサークルで一つの仕事を受け持つて下さい。〃こんな仕事なら手伝える〃〃こういうことなら俺は得意だ〃という人は、開演一時間前から準備にかかりますので手伝つてください。

◆サークルの集い、運営機関の会議、その他の集まりの時間を守ろう。いそがしいときこそ少しの時間も大切だ。きめた時間に集り、終るようにして、息の長い運動にしよう。

## 編集後記

今号からタテ書きにかえましたアンケートに〃横書きの方が…〃という意見もありましたが、編集に変化がつけにくいなどの点から今年はタテ書きでいく方針です。

× ×

十二・一月例会は「寺内タケシとバニーズ」十二月十一日に決定前評ばん、名前にたよつて楽観は禁物。こういうときこそ、たくさんのサークルの集いを計画、実行して、固定会員一〇〇〇名を目標にがんばろう。

× ×

機関紙の内容を豊富にするために、投稿大歓迎です。サークルのようす、うた、おもしろい話などドンドン送つて下さい。

# 中津川労音

'1967. 12. No.35

中津川勤労者音楽協議会機関紙　編集／組織情宣部　事務所／中津川市本町２丁目1-2（四ツ目川ハウス内）TEL 5-4772

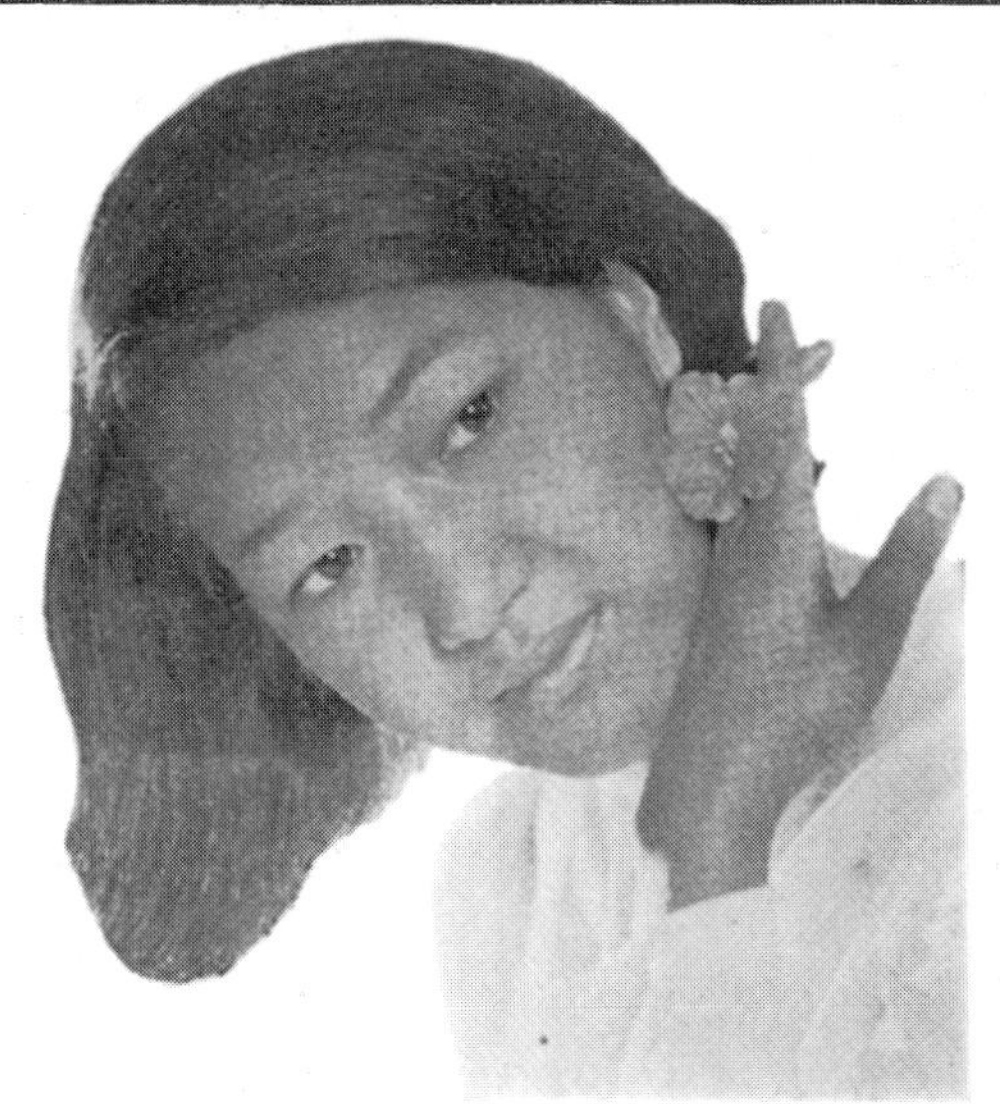

## 2・3月例会……3月16日（予定）

# 森山良子とうたおう！

演奏　原としはるとBアンドBセブン

〝この広い野原いっぱい〟のヒットと、ジョーンバエズ日本公演に出演してから、森山良子の歌手としての評価は高まりました。ハリのある、美しい声質、切々と訴えかけるような唄いかた、皆んなといつしよになつて唄う親しみ——。各地労音例会では圧倒的な賛辞を得ています。

原としはるとBアンドBセブンは、迫力のある演奏で「日本のものを自分たちなりに歌つていきたい——」と言つているように、独得なフォーク・ポツプスのグループの道を歩んで若い層の人気を集めています。

この例会に私たちは〝若さと歌が一杯〟〝会員とステージが一体〟の素晴しさを期待出来ると思います。

森山良子が語つています。——「ただ私がうたい、皆様が聞くというのでなく、皆んなといつしよに、ステージを楽しく盛り上げたいと思います。

ぜひ、皆さんも私と歌つて下さいネ」

### 《プログラムの一部》

星に祈りを ／ グリーン・グリーン ／ 鉄道員のテーマ ／ イパネマの娘
朝日のあたる家 ／ この広い野原いっぱい ／ 愛する人には歌わせないで
二つの世代 ／ 若者たち

### 《メンバーの紹介》

森山良子（歌、東京生れ、19才）
原　としはる（歌、リーダー）
松岡カオル（Tサツクス、フルート）
ジョージ浜野（歌、ヴアイヴ、ギター）
サミー三宅（ドラム）
佐々木洋一（ベース、ギター、チエロ）
日原ツトム（歌、ギター）
森田公一（歌、ギター、ペツト、フルート）

## 胸をドキつかせた「ぜんまい座」初出演の記

る——人間的つながりの大切さを——。

母にしかられながらも、毎晩のようにノコノコ出かける私である。（I・E）

# 寺内タケシとバニーズ

## グループサウンズの王者 日本的な味・豊かな表現力

**プログラム**

■第一部

(1) ラ・ラ・ラ
(2) ビートルズ ヒットメドレー（3曲）
(3) ブラツク・イズ・ブラツク
(4) この胸のときめき
(5) テルミー
(6) 男が女を愛する時
(7) タイム・イズ・オンマイサイド
(8) バニーズ ヒットメドレー（5曲）
(9) ワールド・ボーイ
(10) 愛のメリンバー

■第二部

(1) ソーラン節
(2) 元禄花見踊り
(3) 荒城の月
(4) 通りやんせ
(5) 佐渡おけさ
(6) ノーエ節
(7) 土佐節
(8) 黒田節
(9) 筑波山
(10) 津軽じよんがら節
(11) ある晴れた日に
(12) ペルシヤの市場にて
(13) 運命

## 高石友也地域例会 ぜひ近いうちにもう一度 中津・坂下・岩村ですごい反響

十一月の九日から十一日までの三日間、中津川、坂下、岩村の三地区で、高石友也リサイタルが開かれました。

去年の田楽座公演に続いての地域例会で、参加した多くの人たちに深い感動をのこして成功に終りました。

中津川では、十・十一月例会として「高石友也とフオークキヤンパーズ」リサイタル、坂下では、実行委員会を作つて、又岩村では二つのサークルが中心になつて活動を進めました。

第一部ぜんまい座、第二部地元サークルの発表、第三部高石友也という組合せでした。ぜんまい座は、二ケ所ともなかなかの評判でした。

地元サークルは、コーラス、おどり、エレキ、ギターなどが登場して会場の声援を集めました。

高石友也の歌は、とても親しみやすく、そして一本スジが通つていて、聞く人すべてに感銘をあたえました。

「こんなに楽しかつたのは久しぶりだ」「労音に入つていてよかつた」「ぜひ近いうちにもう一度聞きたい」などの声が、どこの公演の後にも多く聞かれます。テープやレコードも、公演前よりも多く聞かれていますこんなに、後になつて評判の高い公演は最近ではめずらしいことです。

やつぱり、彼、友也が持つている人柄のよさが、歌やおしやべりのすみずみに出ていたからでしよう。スマートなフオークソングでは決してないし、ハイカラな歌い方でもないのに、あんなに好評だつたのは、仕事を進めて来た人たちには何よりもうれしいことでしよう。

岩村、坂下では、経験のあまりない人たちが中心となつて仕事を進めたので、何かと苦労が多かつたようです。でも、なんとかして多くの人たちに来てほしいという情熱が、それぞれの地域で四百人以上の参加者を集めたのです。

新らしい活動に取りくんだこのことが、これからの地域例会に、自信が持てることでしよう。

来年も、もちろん今後は毎年、地域例会を開くように計画されています。

民族音楽の「ふきの会」「ほうねん座」や、ギターの「鈴木巌」などが予定に上つています。

今回残念だつたのは、田楽座公演を成功させた蛭川、付知、明知などで高石に取り組めなかつたことです。いろいろな条件で、呼びかけはしたものの、各地域の事情がととのいませんでした。次の機会にはこれらの地域でも、ぜひ成功させたいものです。

そして、今度の公演で感じられたのは、税務署の動きです。民主的に活動を進めているのに、とかくの評をほうぼうでばらまいて、運動を進めるのに壁になりましたこれからも、ますます強くなるでしよう。入場税などについて、坂下や岩村でのように皆んなで話し合うことが、とても大切だと思います。（A・Y）

坂下、岩村「ぜんまい座」公演を無事終了した。かけ出しのペイペイの私のこととて、出番こそ少なかつたけれど、最高に楽しかつた。ドサ廻りの旅芸人（芸人？）よろしく、出番前の楽屋裏、着付をああでもないこうでもないと終えた後、お化粧にかかる。

ドーランが用意されているからチヨツトした気分を味わう……。

各人持参の手鏡をのぞきながら男も女も初めてぬるドーラン、どれ位ぬつてよいかわからず、最初の坂下では、皆んなずい分ヒドイ顔をしていた。それでも堂々と舞台にまかり出たのだからたいした心臓だ。

岩村では少し慣れたせいもあつて、昨日の坂下にくらべればスムースにいつたが、まだ薄い〳〵といわれベタベタぬつているうちに人の顔の様になり、笑うとヒビが入る程（チトオーバーかも）、出番前には適当に胸をドキつかせ、されど足はフルえる事なく、観客の顔をカボチヤにたとえなくても前の方の人が笑つているか、怒つているかの判別は出来た。

× × ×

私が「ぜんまい座」に入つた動機は……動機[illegible]んてあつたものでない。女の人が少ないから入つてくれヨ、ヨーシ決つた。

次の運営委員会の時は、もう「ぜんまい座」の原稿に私の名前が連らねてあつた。ウンもスンもいえたものでない。

初めのうちは練習に行くのが嫌で、所定の場所と時間に車が来ていないと逃げだした私だつたが、回を重ねる毎にそれもなくなり、楽しみに変つていつた。私自身こういう事は嫌いな方ではなかつたけれど、最大の因は、コチヤコチヤしとらん、底抜けにおもしろい奴らが集まつて、かもし出すムードが私を居心地よくさせ、自分をつくらなくてもよい、カケヒキのない、そくばくのない、普段の自分を全部さらけ出しても倒れる事のない仲間たち……。

私もいろんな機会に、いろんな場所で数多くの人間と接して来たけれど、組合、組織にかけていたものがこの味であろうと、おぼろげながらつかめかけた様な気がす

# 〝すべての町や村に労音を〟

## …◇第13回 全国会議◇…

さる十一月四日五日、東京の台東体育館で開かれた全国会議に、中津川労音からは五名（中津川三名、坂下二名）参加しました。

第一日目は、全体会議、各地労音の報告、午後五時より記念例会でした。

記念例会のプログラムは、

(1) 東京交響楽団管弦楽のための組曲〝閏〟外山雄三作曲。

(2) グランド・カンタータ〝人間をかえせ〟大木正夫作曲。

いづれも、感動的な作品で、労音がつくりだした価値あ[illegible]ものの一つでした。

第二日は分散会、テーマは〝私の生活と労音〟でした。

全体としてみると、会議のやり方がややマンネリで、何か物たりなさを感じました。

でも、この二〜三年、労音に対する集中的な攻撃で、一時は六〇万人もいた会員も四〇万人に減少し停帯ムードをつづけていたのをふきとばし、サークル活動に中心をおいた労音運動の正しさが、ますます広がりつつあり、新しい前進をはじめています。

今年は、全国で七つの労音が発足しています。全国の労音数は二二一、労音のない県は奈良県と沖縄だけになつた。奈良県は現在、労音準備会が発足しています。

一日も早く沖縄の日本返還と労音をつくる運動を結びつけてがんばろう。

また、全国の大きな都市には労音があるけど、これからの運動の方向は〝すべての町や村に〟労音をつくることだと確信して帰つて来ました。

（林野サークル・I）

（写真は第13回全国会議全体会議の一コマ）

# らっぱ

大野亮子300名、高石友也250名足らず、と、このところ中津川の音楽愛好者は〝死に死に〟の態。

※

が中味は双方とも近来のヒット例会と好評サクサクとは皮肉なもの。今になつて良かつたの声しきり。

※

とかくマスコミに弱い——は当世のならい。特に音楽ファンはその最たるもの。

※

案外、民主的を自称する輩もその弱い一員で、高石クンの大衆性、反戦精神に見習えの声もあり——。

※

もつとも民主的タレントや集団は限りがある。しよせん、大衆の要求でタレントを民主的にさせること。

※

労音のネライの一つもそれ——？島倉千代子やペギー・葉山の労音での好評もその辺りではないか。

※

マリちやんでも、労音例会に出ているが、仲々一生懸命でそれなりに好評だつたとか。

※

それにしても、一月のスポーツセンター。マリちやん、風邪をひかにやいいが。中津の名誉にかけて。

※

市民会館のないのが身にしみよう市の、そして、市有力者の文化への熱のなさのあらわれか。

※

ということは、市民の心の反映かナ？どうじアナ、ここらで〝東濃の文化都市宣言〟でも。皆さん如何？

# 67年 思い出の中津川労音

二月二十五日川上スケート場にて、労音スケート講習会開く。大人も子供も、十二分楽しんだ。来年はぜひスキーでもやろう▲三月二十八日、フランスのシャンソン歌手、オディール例会。美人だと聞いていたが、たいしたことなかつたネ▲四月二十三日みんなで出演、みんなで楽しんだ「労音まつり」、もつと多くのサークルに出演してほしかつた▲五月二十二日、ブームにのつて労音寄席。中津川で寄席を楽しめたのも、労音でなくてはネ▲七月十七日ハワイアン。山口銀次とルアナタヒチアンズ、うたもよかつたが、フラダンスがまつたくよかつた。今でも目にうかぶ、ホント▲九月二十日、大野亮子ピアノリサイタル。今年一つだけのクラシツク例会。チヨツトさびしかつた感じ、来年は二〜三企画したいですね▲八月十二三日恵那山頂上にて、岐阜・大垣・中津川労音大交流会。雨とカミナリの中だつたが、うたあり、おどりあり、プレゼントあり。ホントウに楽しかつた▲十月九日中津川十日坂下、十一日岩村での、高石友也地域例会。仂く者の歌を心から力一パイうたつてくれた。もつと多くの人に聞いてほしかつた。中味の良い例会でした▲十二月十一日寺内タケシとバニーズ。グループサウンズの王者が、寒さをふつとばしてくれる▲あなたの労音です。こんな例会を、と思つている人、来年はモツトモツト楽しい中津川労音にするために、一緒にがんばりましよう!!　(S)

# 『ぜんまい座』一年のアレコレ

中津川労音ぜんまい座は、男十三人女五人の計十八人の座員でアチコチのサークルから集まつています。ことしの公演記録をひろつてみると、四月二十三日の労音まつりから十二月九日の坂下上野小学校の公演まで十三ケ所で行いました。◆労音まつりは五十名の少ない会員だつたが、名コンビ、ショーちやんサーちやんによる万才でもりあげた?。◆メーデー前夜祭は東小学校講堂で開かれ、ムードのある詩が好評。◆五月坂下、柳町の二つのサークル例会に出演、公民館のとなりの室で習字の練習をしているおばちやんまで笑わせた。◆七月の雨の日、釜戸中学校で日教組東濃支部の定期大会で、先生にハツパをかけ、いい気持で帰つて来た。◆名鉄ホテルで酒のさかなになつて大好評。◆八月東濃地区平和友好祭で根ノ上高原に明智の秋まつり太鼓ヒビく。◆八月恵那山の頂上で県下三労音の交流会。「ぜんまい座」ファンをなかせた。◆ショーちやん、サーちやんが十月大垣労音の総会に出演ますますファンをふやした。◆九月十五日敬老の日、神坂公民館でおじいちやんおばあちやんを若がえらせた。佐渡ぎつね大熱演。◆十一月十日坂下、十一日岩村で地域例会に出演し高石友也と共演。「飛田の田植歌」の四部合唱、「豊年太鼓」の新レパを加える。◆今年最後の「ぜんまい座」は坂下上野小学校で十二月九日、ゲームと歌で子供達と楽しい一刻をすごした。来年も地域のうたを調査したりして、ますますがんばるつもりです。

(S・N)

## あなたはどう思いましたか

# 高石友也例会 アンケート結果

**①全体の感想は?**
素晴らしかつた(18)、良かつた(12)、普通(3)、良くなかつた(0)

**②友也のどこが気にいつたか?**
うたがうまい(6)、声がいい(10)親しめる(11)、フオークソングがすき(4)、仂く者の気持にピツタリ(16)、抵抗のうたがいい(5)—その他—日本語でうたうのが断然いい、日本の民謡も大切にうたつて下さい、全部気にいりました、自分の気持を大衆に力一ぱい歌つて訴える

**③どこが気にいらないか?**
抵抗のうたは好きでない

**④好きなうたは?**
勝利の日まで(9)、想い出の赤いヤツケ(7)、ヨイトマケのうた(7)、ベトナムの空(5)、橋をつくつたのはこの俺だ(4)、シヤボン玉(4)、その他

**⑤その他の感想は?**
友也のうたを聞いて自分も力強く生きようと思つた、こんな素晴しいうたは初めて有意義な時間でした、もう一度来てほしい、みんなでうたう時が楽しかつた、友也と会場のフンイキが一つになつた

**⑥これからの例会希望は?**
友也のように知られなくても仂く者の立場でうたいたい生活の中に入るもの、伝統音楽、クラシツク、ペギー葉山、中村八大、オーケストラ、ダークほうねん座、その他

例会終了後の合評会でも〝今までの例会の中で一番印象に残つた〟という声もあつたほど、友也のうた、内容も、〝ほんとうによかつた〟の一語につきました。

例会が終つて一カ月、今でも友也のうたが口ずさまれています。

◇◇◇◇◇◇

# ローオン あれこれ

◇◇◇◇◇◇

◆今年も残り少なくなりました。代表者、運営委員、会員の一人一人、この一年ご苦労さんでした。来年もバツチリたのみます。◆高石友也例会素晴しかつた。今でもレコード、テープをひつぱりだこ。こんなに後からワーワーさわぐ例会もめずらしい。名のうれていない人でも力のある人も多くいると思う。第二の高石友也、中津川労音は待つている。◆バニーズの人気にはおどろいた。マスコミの力おそろしいね。ぜんまい座もスターになりたいヨ。◆正月には、みんなでスキー、スケートに行きましよう。トランプもまた楽しいよ、コタツをかこんでサークル会議もいいと思います。◆一月十六日、ローオン新年えん会を開くヨ。場所、時はいづれ知らせるから、一人でも多く参加しましよう。労音会員なら、だれでも参加できます。お楽しみに。◆〝もういくつねるとお正月〟。会員のみなさんよい年を迎えてチヨーダイ。来年は君達の年、サル年だね。ケツコウデスネ。

(S)

## 編集後記

◆もつとみんなの生のオシヤベリや意見をスパツとのせるために、来年もがんばります。◆まあ、いろいろありました。来年もよろしく。いい正月を。

(K)

# 中津川労音

No. 36
1968.3.15

中津川勤労者音楽協議会機関紙　編集／組織情宣部　事務所／中津川市本町2丁目1-2（四ツ目川ハウス内）TEL ⑤ 4727


## 4・5月例会
## 5月22日(水)に決定

# ハカセとうたおう

## ……坂本博士と真理ヨシコ……

ピアノ 西崎純子・エレクトーン 斉藤英美

坂本博士（さかもと・ひろし）——、彼は声楽家である。それでも人は「はかせ」と呼ぶ。身長一八二センチ、体重七二キロ。彼の声は男性的なバリトンである。一九三一年十一月三日、東京生れ。日本のミュージカル「津軽山唄やまがなし」で昨年の芸術祭奨励賞。

真理ヨシコ——美子。まあるいくるくると愛くるしい瞳、子供達に明るく呼びかけ、楽しい歌をきかせるおネエさん「うたのえほん」から「らつぽんぽん」へと彼女のソプラノは日本中の家庭に広がる。

◇

「涙に海の味がする」というこのうたは、プログラムの中でも、もっとも感動的な、評価の高いうたです。沖縄が祖国からひきはなされた悲しみ、苦しみをうたったこの曲を、ぜひみんなでじっくり聞いてみたい。

### ぷろぐらむ

■第一部
真理ヨシコ『母』をうたう
(1)お母さん
(2)お母さん覚えていますか
(3)うちのお母ちゃん
ほか二曲

■第二部
坂本博士『ふるさと』をうたう
(1)ふるさとのうた
(2)村で一番大きな銀杏の木
(3)涙に海の味がする

■第三部
友情を調べにのせて
(1)友情を調べにのせて
(2)剣の舞
(3)トウナイト
(4)みんなでうたおう
・どこまでも幸せをもとめて
・世界は二人のために
ほか数曲
(5)一晩中おどりあかそう
ほか数曲

## 中津川労音特別例会

君はきつと見つけるだろう
この孤立させられ
おぼれてしまいそうな
現実に
ガツキと立つて
ぶつかつていく
君の仲間がいることを

君はきつと知るだろう
大切なものを
この国を
その手と足で
確実に変えていくのに
いま　何が
必要かを

君が　その人生で
ぶつかつた問題と
君の　そのまだ
柔い心と身体でうけとめ
味つた
喜びと怒りと涙が
このフィルムにある

君は
君の　個性が
イヤになつたことはないか
その悩みと　答えが
このフィルムにある

ここに描かれた　青春は
君だ
君の青春の何かだ

アボニイが見て泣いた
めつたにうたわない彼が
若者たちの
ポスターを　壁にはり
見つめながら　うたつた
令子が　横で　ほめた
うまいに
アボニイが答えた
心をこめて
うたつているんだ　と

タカアキも泣いた
ショーもサーもクニカズも
泣いた
大つぶの　熱い涙を
ボロボロとこぼして
泣いた
彼らの心に　いま
大兄やジロ兄　オリエ
サブ　ボンが
しつかりと生きている

その共感と涙は
君の明日に
力をあたえてくれるだろう
君は　君だけは
このフイルムを見てほしい

高石友也につづく四月の特別例会は、映画〝若者たち〟です。

名古屋では記録的なロングランですごい評判でした。

ぜひ中津川でもという声から、具体化しました。いい映画を見る運動の第一弾です。四千人の会員をつくり、なんとしても成功させよう。

〈解　説〉

―※―いうまでもなく、これはフジTVの連続ドラマを同じスタッフ、キャストで映画化したものです。―※―この映画の制作にたずさわつた人たちが運動し、その呼びかけに応えた人たちの手で、ようやく上映にこぎつけたものです―※―なによりも、この映画に描かれた青春には生活実感がみなぎつています。若者たちの飾りけのないナマの姿がそこにあります。―※―これまでの、いわゆる青春映画とちがい若者たちの生活と思想と感情が、きわめて動的に、しかもたくましく描かれています。―※―なかでも、学歴なく腕一本の太郎が恋人にふられ、ボンに大学へ行けと泣いて怒る場面、人間はこんなものより強いんだとバイトでかせいだ一万円札をサブがストーブに燃やす場面などはすごい感動をもり上げます―※―映画の五人の兄弟といつしよに、笑つたり怒つたり泣いたりするなかで、あなたと共に、きびしい現実にまともにぶつかつている仲間がいることを見出すでしよう。

〈推せん団体〉

文部省選定　優秀映画鑑賞会　青少年映画審査会　東京都推奨　全国PTA協議会　都教組特選　全日本教育父母会議　全国文化運動協会　東京勤労者映画協議会

若者たち
毎日映画コンクールで受賞！
田中邦衛　男優主演賞
山本　圭　男優助演賞
山内　久　脚本賞

また東京勤労者映画協議会（労映）のミリオンパール賞を、森川時久、田中邦衛が受賞。

〈スタッフ・キャスト紹介〉

製作　劇団俳優座　新星映画社
監督　森川時久（第一回映画監督作品）
脚本　山内　久（作品「幕末太陽伝」他）
撮影　宮島義勇（作品「人間の条件」他）
音楽　佐藤　勝
（〝空にまた陽がのぼるとき〟）
佐藤太郎（オオニイ）田中邦衛
次郎（ジロニイ）橋本　功
三郎（サブ）山本　圭
オリエ　佐藤オリエ
末吉（ボン）松山省三
ほかに、小川真由美、栗原小巻、矢野宣、石立鉄男、永田靖など。

中津川労音特別例会
映画〝若者たち〟
とき　四月二十六日～五月一日
ところ　グリーン劇場
料金　前売券　当日
一般　二五〇円（三〇〇円）
高校生　二〇〇円（二五〇円）
小中学生一〇〇円（一五〇円）
併映　文芸名作映画「レベッカ」

## 歌とはこうでなくちゃ

# ふたたび 高石友也とうたう

## ベトナムに平和を

寒さにもまけず、二月二四日午後六時半より、二時間五十分にわたり、高石友也をふたたび迎え、〝ベトナムに平和を〟の集いを開きました。集つた会員は三百余名会場一ぱいで、まつたくゆかいで熱つぽいフンイキの新しい例会でした。

### みんなの声で実現した集い

林野サークルのある会員は、こんなことを書いています。「ベトナム反戦を何らかの形で行動してみたかつた。自分一人でもがいてもどうにもならなかつた」と。

また、昨年十一月高石友也例会後、友也のうたが広まり、幼稚園の子ども達もうたうほどになりました。サークルの集いでもよく歌われ、もう一度友也のうたを聞きたいという声がたくさん出ました

友也の歌を聞きたい、もう一度一緒にうたいたい、ベトナム反戦の気持を行動に表したい、といつたみんなの要求を集め、結びつけて、この集いが生れたのです。

### 友也のうたつた歌

集いは、映画「火の国ベトナム」、詩、私も一言、などを友也のうたの間にはさみ充実した内容でした。友也のうたつた歌をあげてみます。（プログラム順）

俺らの空は鉄板だ／想い出の赤いヤツケ／女の子は強い／あるおつさん／こげよマイケル／一人の手／旅立つ人／ベトナムの空／神の加護で／受験生のブルース／腰まで泥まみれ／童謡　かえ歌／イムジン河／とび職ぐらし／山賊のうた／拝啓大統領どの／橋をつくつたのはこの俺だ／新しい日／カツコよくはないけれど／勝利の日まで

どの歌も共鳴した歌でした。俺たちの歌だと思いました。友也と一緒にうたつた、みんなの大合唱もよかつた。ピタリと呼吸が合つて、とにかく、エエ、キブンでした。実況録音のテープあります。

### みんなの感想―落書帳より―（原文のまま）

●高石友也の歌は何度聞いても感激、私たちの歌、誇りをもつてうたえる歌。

●友也君は我々に何かを教えてくれた。がんばるぞ！

●ヒドィ顔、うまい歌、そして誰れでも引きつける声、うちのサークルのカー君そつくり。よかつた

●友也さん、ガンバツテ、ガンバツテ。

●歩きながらいつも口づさんでいた歌でした。今日はみんなと歌えてとても嬉しい。

●坂下の保育園で十一月に高石友也さんに会つた高校生です。今日はクラスの友達を二十人近くひきつれて来ました。私たちの学校も大学受験だけのための学校になつて来つつあります。今、横で顔を真赤にして歌つている私達の仲間はほんとにみんな兄弟のようです

●歌とはこうでなくちや。

●友也とうたう、すばらしかつたね。人間的なあたたかさが伝つてくる感じ。ベトナムも沖縄ももつと強く真剣に考えあいたい。

●本当に心が通い合い、皆んなでいつしよになつて歌うことがどんなにすばらしいか、わかつたような気がしました。

●百聞一見に如かず。労音運動の正しさと、それ以上に中津川の勤労者の音楽要求が実によく判りました。若い多くの人たちが沢山〝友也〟に集つたことは、我々のやつている裁判の正当性を何よりも有力に物語つていると感じました（大矢弁護士）

●みんなの中の大勢の中の俺だつてことがやたらとうれしい。（高石友也）

●自分の言いたいことをズバリ表現した歌をもつともつと歌つてほしい。

●もう一度、もう一度、必ずお会いできるように……。

●ネエーチャン、ヤロードモ、みんなハツスルしようぜ。

### これからもやろう ますます広がる仲間の輪

今年は、中津川労音〝この方向で行け〟と落書帳に書いてありました。こんな集いや例会をこれからどんどんつくろう。みんなの要求をスパッと具体化し例会につくり上げよう。ワクにとらわれず、頭から出来んとキメツケず、何か思いついたら、となりの人にまず話してみよう。そんなことを思いました。

つづいては、特別例会〝若者たち〟です。高石友也も「あれはええぞ、ウン」と言つていました。がんばろう！（K）

友也のこと　集いのこと　この記事のことに関して　あなたのご意見が聞きたいのです　お手紙下さい（編集部）

幅広いレパートリーと

フレッシュな演奏!!

# 森山良子とB&B

司会　岩倉忠雄

**プログラム**

■第一部
(1) thisland is yourland
(2) サマータイム
(3) 星に祈りを
(4) 二人で踊ろう
(5) ふたりはひとり
(6) weshsll over come
(7) グリーン・グリーン
(8) ふるさと
(9) 鉄道員
(10) メンバー紹介

■第二部
(1) 朝日の当る家
(2) 今日の日はサヨウナラ
(3) イツトイズントナイト
(4) この広い野原いつぱい
(5) 歌唱指導 ＜青春の歯車＞
(6) 愛する人には歌わせないで
(7) 恋はみずいろ
(8) 二つの手の想い出
(9) 中国地方の子守唄
(10) かいがら節
(11) 大漁節
(12) グループサウンドメドレー
(13) 世界中の娘達は僕の恋人
(14) ドンナ・ドンナ
(15) 天使のハンマー
(16) こげよマイケル
(17) this land is your land

〃この広い野原いつぱい〃のレコードのヒットと、ジョーン・バエズの日本公演に前唄として出演してから森山良子の歌手としての評価は高まりました。

みんながうたう歌、自分が心こめてうたえる歌ならなんでもうたっていく、という大衆的歌手としてのこれからの活躍が期待されます。

昭和二十三年東京生まれ昨年成城学園高校を卒業したばかり中学三年の時から声楽をまなび、その後、叔父のティーブ釜萢氏にジャズを学んだ。フォークソング、ジャズ、ウエスタンとレパートリーもひろい

## 皆んなで決めたい例会企画

### ―オーケストラやラテンリズムも―

**こんな方針で……**

運動を進める上でも、演奏者を確保する上でも「例会企画」は、なるべく早く、つまり長期のものを決めなければなりません。

そんなことで、今年はできるだけ、先へ先へとドン〳〵意見を出し、希望を寄せ合って決めたいと思います。

次に、経費の問題もありますが

①会員の希望を実現すること。

②より巾の広い市民層の協力の得られるもの。

③労組や民主団体とも手をとり合つてやつていけるもの。

④よりすぐれた演奏家、あるいは伝統芸能例会をやること。

こういつたことを盛り込んで行きたいと考えています。

又、〃地域例会〃も出来れば年に二回位、研究例会のようなものもぜひやりたいものです。

**今年の予定は……**

そんなわけで、もう七月までの例会をきめました。

〈四・五月例会〉五月二二日(水)
**坂本博士と真理ヨシコ**

〈六・七月例会〉七月一二日(金)
**関西学院交響楽団演奏会**

それから予定として――

〈八・九月例会〉九月予定
**岸洋子リサイタル**

〈十・十一月例会〉十一月予定
**東京キューバンボーイズ**

**会員拡大で良い例会……**

何といってもゼニがかかりますだから何よりも〃固定会員を千名〃は作らないと、良い企画が立てられません。経済的な保証がなければ危険だからです。

そのために、例会とサークル会議だけでは、拡大をはかりながら運動を継続してゆくのは仲々むつかしいので、「ふたたび友也とうたう」や「映画若者たち」上映といつた特別例会を、中央例会のない月に計画して、労音がみんなの心を結びつけ新しい会員を引きつけ、活動家をつくり出すということも考えていく必要があるでしょう。

皆さんの積極的な協力をぜひおねがいします。

# 機関紙を「サークルの話題に」

◇◇◇◇◇◇

労音にとつて、サークル活動が基本なのはいうまでもありません。しかし、サークルの集いが定期的に開かれているところは限られています。そこで、今迄に開かれたサークルの集いのようすを紹介します。少しでもあなたのサークルの参考になればと思います。

◇◇◇◇◇◇

まず、職場でサークルのできているところは、昼休み、退社時間を三十分位のばしてでもできると思います。あらかじめ代表者や運営委員に知らせていただければ、話し合いの材料になるようなものレコード、例会テープなど用意します。なにもサークル会議だからといつてオカタイことを話し合わなくても、レコードやテープを会員又は職場の人たちと聞くだけでもいいと思います。そのうちに仲間のことや音楽についての話題も出て来ます。

◇　◇

次に、サークルが職場になく、近所の人や同級生、友だちで作つているところは、二〜三人の都合を聞き、会員の家やクラブなどを借りて、プログラムや会員券などを作つて呼びかけると意外と集まつてくれます。会員一人一人にも職場のこと家庭のことなど都合もありますから一度や二度であきらめないで、二〜三人でも続けることが一番だと思います。

二〜三〇円の会費をあつめ、食べものを用意するとか、レクリエーションなどもたくさんとり入れると愉快な集いができます。自分たちだけのサークルの集いも楽しいが、他のサークルと合同でやるのも格別です。

◇　◇

なんといつてもサークル代表者が中心になつて、がんばつてもらうことがよいと思います。準備がむつかしいとか、プログラムや会員券が自分たちではできないというようなことでしたら、いつでもお手伝いします、連絡してください。

◇　◇

機関紙編集会議で「サークルの話し合いの材料になるような機関紙をつくろう」と申し合わせました。

今年の企画は！　サークルの様子は！　税金裁判は！　この記事はこんなふうに書いたら——編集したら！　などもサークルの話題にしてみて下さい。（組織部Y）

二月〜三月に開かれたサークル会議（予定も含む）

坂下支部のサークル、市役所サークル、北恵那サークル、柳町サークル（四〜五つのサークル合同）りんやサークル。

# 市民会舘をつくれ!!

## ＝市長選の機会に

春、花のたよりとともに、中津川は選挙〳〵とかまびすしい。どなたが市長はんになつても——という向きもあろうけれど、地方税を安くして、無罪判決!!大方の拍手カツサイを浴びた町長どのの例もある。

おるかおらかわからんようなダンナや、お上の御威光をかさにきたり、上意下達を専にする市長はんではドモナラン……て。

この好機、何ぞ逃すべき。市民会舘もない街は、当節、村にも劣る。ジャンジャンと民草どもの声を集めて、何がどうあろうと、市民の文化センター『市民会舘』を候補者どのに要求しましょうゾ。

（N）

## らっぱ

フンワリしたじゆうたん、豪華なロビー、一日の仕事を終つた老若さまざまな会員が、ぞくぞくと集まる

※

ぎつしりつまつた1200の客席、やがて開幕ベル、ドツシリとしたどんちようが上ると、静かに音楽!!

※

中津川労音十周年を記念した創作ミュージカル「木曽の与三郎」が、中津川市民会舘で今、開幕——。

※

——あなた、これをユメと思う？世の中はそんな甘いもんやオマヘンエ………つてか。いやいや。

※

我が労音も今年が5年目。2年も持てばエエ方や、といわれながら、とにかく5年つづいた。

※

アカ、不法団体、物好き、おつちよこちよい。なんのかんのいわれても数百名の会員と歩んだ歴史がある

※

文化運動、文化団体は、おおむね始めは良くて終りは煙の如く消えるというのが常識だつたのだが。

※

とにかくこの国では、お上かどこかエライ所のおスミつきがないと認められないというケチな風習がある

※

18年前、大阪で初めて労音が出来た時、金もネエー奴が、そんな興行みたいな事出来るものかと笑われた

※

ところが今じや全国いたるところ会員も60万。一体誰がこんな素晴しいことを予想できたか。

※

中津川に音楽文化の灯をかかげ、これからも、市民の、仂く者の自主的な文化団体としてヤロマイカ(N)

## 12・1月例会
# エレキの良さを再認識
## ―寺内タケシとバニーズ―

前例会「寺内タケシとバニーズ」は、中津川で初のエレキ→流行ということもあつて、会員層は若い人が圧倒的に多く、アンケートには熱狂的な意見、批判的な意見もありましたが、その中から代表的なものをあげてみます。

### ◆例会アンケート◆

(1)非常に良かつた66、良かつた15、普通7良くない3

(2)第一部の方がよい2、第二部の方がよい21、両方ともよい52

(1)の非常によかつたという声の中には「今までの例会で一番。素晴らしい、もう一度聞きたい。カツコよくバツグンなテクニツクでした。感激した。迫力が満ちあふれていた。寺内の成長した人間性に感動した。二カ月前から楽しみにして待つていたが、エレキギターグループサウンズの良さを再認識した。エレキによつてみんなの心と心の親睦がはかれたと思う」など。

**普通、良くない**という意見の中には「現代の若者がこのような感覚しかないと思うといささかガッカリした。労音が何の目的で進めていくか今一度考えなければならない」など。

**そのほかに**「大勢の会員が集まつてほんとうによかつた、でも私たちのように前からの会員、労音らしい例会を楽しみにして参加して来た人たちが小さくなつて、かじかんで聞かなければならないような例会はご免です」「今までやつて来た例会のとりくみが、今をときめくグループサウンズの中のバニーズといえば、こんなにも会員がふえるのかと、嬉しいやら悲しいやら、労音の発展と将来はここに問題がある」など。

以上の意見のように、ただグループサウンズ、エレキの名だけで参加した人、また、ほんとうに労音らしい例会を楽しみにして参加した人などありますが、「労音がエレキ音楽を例会として取り上げるのはおかしい」と一概にはいえないと思います

流行する音楽の中には退廃的なものもあると思いますが、多くの人に口ずさまれるうたの中には、その時代に生きる人たちの心に何かつながるものがあると思います

エレキのリズムで現代を現わし日本の民謡をとりあげた第二部などは、まさに労音らしい内容、意義があつたと思う。これからも会員の希望にそい新らしい音楽、日本のうた、外国のうた、伝統音楽とよくばつて聞こう。（Y）

## ろーおん日誌

| | |
|---|---|
| 1月16日 | 労音新年会 |
| 21日 | 四日市労音桑名地域の仲間と話合い |
| 29日 | 運営委員会 |
| 2月5日 | 運営委員会 |
| 9日 | 友也とうたおう実行委員会 |
| 12日 | 運営委員会 |
| 19日 | 運営委員会 |
| 21日 | 友也とうたおう実行委員会 |
| 23日 | 機関紙編集会議 |
| 24日 | 友也とうたおう特別例会 |
| 25日 | スキー交流会 弁護士と話合い |
| 26日 | 運営委員会 |
| 27日 | 映画 若者たち 上映委員会 |
| 3月1日 | 機関紙編集会議 |
| 4日 | 運営委員会 |
| 5日 | 上映委員会 |
| 11日 | 代表者会議 |
| 15日 | 森山良子例会 |

## ローオン あれこれ

◆「高石友也とうたう」で冬眠からさめた感じの労音活動。みんなでうたう楽しさ一ぱいでした。これからもやろう。◆その晩十一屋でゆかいな話二つ。一つは、高石友也が、出演者側の証人として、裁判へ出ることを快諾。マスコミ批判を含めて、法廷で一つ歌おう裁判官に聞いてもらえ。◆もう一つは、弁護士の大矢、郷、原山三先生のどえらいハツパ。中津川労音に税金かけるなんて、絶対おかしい。何年かかつてもがんばるぞこんなところは全国にない。◆次の日（二十五日）黒井沢でスキー交流会。生れてはじめての郷、原山先生の心臓ですべる縦々無尽の直滑降スキーにはまいつた。強気でいかなあかんですな、この調子で裁判やれば勝てますよ。労音側の参加者が少なくて残念だけどゆかいな一日。◆その晩また十一屋で弁護士をかこんで打合せ、東京地裁の判決以後、結果は同じだから早く決審して判決を出そうという動きが強いこと。◆中津川の運動の内容を知つてもらうため裁判の傍聴、例会づくりの内容を証拠として出すことに決定。◆映画ドレイ工場が三月二十四、五日上映されます。ぜひ見よう。◆わらび座公演四月七日に決定。地方文化の発展に一役かつてほしい。（K）

## 編集後記

○…編集会議を開き、今後の方針を話し合う。〝サークルの話しあいの材料になる様な機関紙を〟〝音楽的な内容をたくさん載せたい〟等々――。みなさんの批判なり意見がほしい。（Y）

○…原稿の投稿を　なんぞと言うまい。あなたが言わずにおれん、書かずにおれん運動を、おつぱじめよう　なあ。これはあなたの新聞だ　なんぞと言うまい。あなたが　イヤデモ　気にせんならん記事をのせるぞ。（K）

○…とはいうものの、中津川労音がパリツ!!とならんことにはアカン。エエ機関紙にはならんゾー労音に入らにゃ音楽の話はデケン中津川の　ウンニヤ日本国の、文化を語るにゃ　中津川労音知らずして――ぐらいにナ。（N）

# 中津川労音

No. 37
1968.5.22

中津川勤労者音楽協議会機関紙　編集／組織情宣部　事務所／中津川市本町２丁目1-2（四ツ目川ハウス内）TEL 5-4727

## 学生オーケストラ ナンバー・ワン　関西学院交響楽団

………ポピュラー名曲の夕べ………

**6・7月例会は 7月12日(金)に決定!!**

久しぶりの〝オーケストラ例会〟しかもアマチュア音楽界の雄「関学」の誇るフレッシュな、70人もの大オーケストラ――。創立五十余年、学園のクラブ活動として、又、労音を始め各地の演奏会で、そのキビキビした学生らしい演奏は、すでに定評があります。

「クラシックは難しい」「クラシックはタイクツだ」という声を聞きます。でもオーケストラの魅力はまた格別です。はじめての人でも、そのダイナミックな迫力に圧倒され、たちまち、そのとりこになるでしょう。

プログラムの打合せなどで、学生さんがもう三度も中津川へやつて来ました。仲々意欲的です。〝学生としてのクラブ活動と同時に、プロの水準を目ざし、技術的にも内容的にもしつかりした演奏をして、何かを得てゆきたい〟と話していました。では期待しましょう――。

### プ・ロ・グ・ラ・ム

- 「エグモント」序曲（ベートーベン）
- ハンガリア舞曲 5番・6番（ブラームス）
- 未完成交響曲（シューベルト）

――休――

- 楽器の紹介　―あいさつにかえて―
- ルロイ・アンダーソンの作品から ブルータンゴ　ほか２曲
- スラブ舞曲 2番・4番（ドボルザーク）
- オーゼの死（グリーク）
- 交響詩「フインランデイア」（シベリウス）

## 4・5月例会

# ハカセとうたおう

## 『坂本博士と真理ヨシコ』

ピアノ西崎純子・エレクトーン斉藤英美

「なにしろ楽しい例会だつた。行つた人が皆んな暖かい気持で帰つたんじゃないかナ。例会のあとまでほのぼのしたものを感じた」これは東京労音の会員の声です。

この例会もきつと最高に楽しい例会になるでしょう。ふんい気も盛り上つて、会員と出演者が一体になつた例会―― 素晴しいですネ。

**坂本博士**（さかもとひろし）ハカセ、あしながおじさん――は11年前、藤原オペラ「ラ・ボエーム」でデビューし、その容姿と美声を称讃されたクラシツクの歌い手です。でも、その暖かい人柄、ミユージカルやポピュラーも唄う巾の広さで、多くのファンを得て来ました。去年は「津軽山唄やまがなし」で芸術祭奨励賞を受賞。

そして **真理ヨシコ** 彼女は言うまでもなくNHK「うたのえほん」のお姉さん。「らつぽんぽん」では、お話のテクニツクも加えてすつかり子供たちのアイドルとなり、レコード大賞童謡賞のオモチヤのチヤチヤチヤは、大人たちの間にまで広がつたものです。

× ×

プログラムの中で最も感動的な歌は、沖縄が祖国から引き離された悲しみ、苦しみをうたつた、『涙に海の味がする』ではないでしょうか。じつくりと味わいたいものです。

### 涙に海の味がする

寺島尚彦作詞・作曲

ふるさとの島から遠く離れて小さな島がありました。

その島の人たちは青空を見ない日はあつても、海を見ない日はありませんでした。

海は自分たちの庭のようでしたので、海の明け暮れは、島の明け暮れでもあつたのです。

一、汐風はひねもす　汐騒は夜もすがら　ふるさとのたよりもとどけてくれる　喜びも悲しみも　ともどもに　日の光満ちあふれて　さしめぐるなぎさにこぼれ落ちる

こんなに平和だつた島に、大きな不幸がやつてきました。それは嵐よりも、惨酷にこの島をおそつた。海のむこうからやつてきたものは、はげしいいくさでした。

### ■ プログラム ■

**第一部　真理ヨシコ『母』をうたう**

(1) お母さん
(2) お母さんおぼえていますか
(3) うちのお母さん
(4) きつねこんこん
(5) かあさん

**第二部　坂本博士『ふるさと』をうたう**

(1) ふるさとのうた　吉永淳一詩　寺島尚彦曲
(2) 村で一番大きな銀杏の木　寺島尚彦詩曲
(3) 涙に海の味がする　〃

**第三部　友情を調べにのせて**

(1) 友情を調べにのせて
(2) エレクトーン独奏
(3) 剣の舞
(4) アメリカ　〝ウエストサイドストーリー〟より
(5) トウナイト　〃
(6) みんなでうたおう
・どこまでも幸せを求めて
・世界は二人のために
・娘さん
・エーデルワイス
(7) 教会へ行こう　〝マイフエアレディ〟より
(8) 一晩中踊りあかそう　〃

〝よい映画をみんなで見る運動〟の第一回作品として取り上げた〝若者たち〟〝レベッカ〟は、大きな反響をよび、好評のうちに終りました。この小さな運動に参加して下さつた二千五百余名の働く市民、学生の皆さん、ほんとにありがとうございました。いいものは必ずみんなが参加してくれるということ中津川市民の文化についての底力を感じました。

「若者たち」、特別なストーリーも事件もないのに、笑つたり、泣いたりいそがしいこと。五人の兄弟が、自分に身近かだつたからでしようか。労音のサークルの人間関係によく似ていたからでしようか。見終つて、なんか短かつたもつと長いほうが、という感じもしました。これからもこういつた映画が出来ることを期待します。

坂下、三留野の上映運動も大成功、ますます、町の人達から、期待されています。自分たちの力で自分たちの見たい、聞きたいものを行うこういつた運動を、つづけていくためにがんばりましよう。

次は何かという声が集つています。月に一回ぐらいは映画を見たいものだという意見もあります。

次は、まだ決つていません（みなさんの意見を集中するまでは）が、案として「怒りのキューバ」「アルジェの戦い」のナイトショーなんかどうや、秋には、大作をとり上げたらといつたことが話し合われています。

乞ご意見、乞ご期待といつたどころです。

---

28日、小学校の頃の友と「若者たち」を見にいつた二中一年生の一人です。見て、ぼくはまだ小さいけど、ほんとに今の世の中を考えていこうと思いました。それから、えい画に出て来た大にいや、ボンや、オリエや、次郎や、三郎が本とにどつかにいて、その生活をえがいたようでした。そして新しい出発をしたぼくに、なにか口にはあらわせん、とにかくがんばつてやろう！ということが、えい画を見てはげましてくれました。

そしてぼくは、新しい友、スポーツなど、学問をしつかりやろうと思います。そんなことをぼくに考えさせたつてことは、それだけ「若者たち」がいいえい画だと思います。これからもいいうた、えいがなど、やつてください。なおこんど見たいえい画は「黒部の太陽」「いかりのキューバ」、「若者たち」のぞくへんがあれば、ぞくへんなどです。

ではぼくらもがんばります。みなさんもがんばつて下さい。ファイトー。（字がきたなくてごめんなさい）

手賀野　H

---

## すごく充実した日々
### ―運営委員になつて―

私が運営委員として正式に労音に入つたのは、ついこの間、四月八日だつた。しかしこの決意をするのに私は困つた。労音に興味を持つたのは10・11月例会の時だつた。もし、それが高石友也の例会でなかつたら……。アア運命のいたずらよ!!

こんなに生々した集りが中津にもあつたのかと世の中が明るくなつた。しかし労音について以前誰だつたかこんな事をいつていた人がある。「労音ちゆうのはね〝赤〝なんやつて」私はフーンと思つて聞いていた。その人は本当は労音について何も知らなかつたのだろう。しかし知らない人の間でその様にいわれているという事は、私は以前から思つている事だが、ある勇気のある集りが何かを計画する、又、ある勇気のある人が何らかの発言をする、すると世の大半の人達はそれを敬遠する。どうしてだろう。とてもいい事をしようとしているのに、沢山の人達の為にやつているのに、どうして肩をすぼめて活動しなければならないのか。

私が運営委員に入る迄の決心をするのに五ケ月という時間が必要だつた訳はそこにある。実際今でも感じない訳ではない。しかし、私はいずれにしても早い機会に、大げさではあるかも知れないが、これからの私のあゆみ方を決めねばならないと思つていたのだ。高校の時はそれを頭で考え、社会人一年間は実行に移す為の準備期間そして今、私は幸福だ。

こうなつてみて第一にぶつかるのはやはり会社、そして同僚とのつながり合いだ。私は何も悪い事はしていない、少なくとも運営委員として活動している時はすごく充実した時間を送つている。

この様な時間を今日より明日、今年より来年と少しづつ多くしてゆき、そして一日二十四時間通して悔いのない日々を送りたい。これはあくまでも夢、でも夢は大きい程いい。

私は少し大げさで軽卒かもしれない。でも文字に表わす事によつて自分自身にもいいきかせたい。気持が崩れない様に、敗けない様に……。

＜西田瑞穂＞

※いかがですか、君も、貴女も。運営委員になつてみませんか。月曜日の夜、事務所をのぞいて下さい。きつと、歓迎!!

## 時論

# 新市長にのぞむ

五月の話題は何といつても新市長西尾彦朗氏の就任――。西尾氏は中津川労音の前身、労芸の初代会長でもある。それだけに労音もその誕生には、側面的な援助を惜しまなかつたわけだが、問題はやはりこれからだろう。

中津川には文化的にも高い水準にある……と戦挙選の中で話されて来た。が過去はともかく、現状は少なくとも他の都市に比べて高いとは言えそうにない。

文化は決して〝受身な〟〝消費的な〟〝趣味的な〟ものでない。むしろ積極的、創造的、生産的なものだが、その点では文化運動の盛衰で占なう事が出来る。

残念ながら中津川の文化運動は文学も演劇も絵画も、それ以外でも、グループとして一般市民にも影響を及ぼすような動きを見せていない。

啓蒙的な講座や講演会さえ皆無に近い。これは市各界の指導的立場の人々の怠慢だとも言えるのではなかろうか。労組民主団体革新政党の幹部も全く同様だ。

労音の状態も必ずしも満足出来ない。がその脱皮は大きく他の文化運動の興隆にかかつているといつては間違いだろうか。

新市長にのぞむことも、市民会館建設のプログラムと共に、文化運動の育ちやすい環境づくりにも、大いに力を注いでいただきたいと願うゆえんである。〈ナ〉

―― 高石友也・若者たち　につづく ――

# 〝ラジオ中国芸能団〟

―― 6月23日(日)　〝交流例会〟 ――

**これは絶対ゆかいな連中です。聞いておどろくな、見ておどろくな。高石友也しかり、若者たちしかり、はじめチョロチョロなかパッパ、全然見たことも聞いたこともないタレントの例会なんぞへ行けるかとお言いでしょうけど、だまされたと思つて行つとくれ。また行きたくなることうけあいだ。会費はたつた百五十円だ。腹のそこから笑えなかつたら会費はいらぬ。保証付のきわめつき、みんなで集ろう六月の働く市民の交流例会。**

ラジオ中国芸能団とは、いかなるシロモノか、ご紹介しよう。広島にある民放〝ラジオ中国〟に仂いていた芸能団のことだ。いまは、放送合理化（東京のキーステイションがすべて番組を地方局へ流すことにした）のために首になり、いまは地域、職場で、公演活動をつづけています。

この〝ラジ中〟のレパを二つほどお知らせしましょう。ごぞんじ、

**〝ムードのある詩〟**
**あれはいつじやつたか**
**何年前の　月夜の晩じやつたか**
**わしとわしのかあちゃんが**
**はじめてキッスいうもんを**
**体験した晩でありました**

にはじまるこのゆかいな詩は、実にケツサク、大笑いまちがいなしのものです。

**そのころ　うちのかあちゃんは**
**わしが言うのも**
**なんでありますが**
**ふかふかの湯気の立つ食パンを**
**二やま**
**ブラウスの中へ**
**どしこんだような　おつぱいで**
……

あとはお楽しみにしておいて、つぎに〝あたらしいあいつ〟という歌を作詩、作曲したのもラジ中なんです。

**ようしばらくどうしてる**
**ある朝あいつに出会つたら**
**パチンコやめたと笑つてる**
**ええかつこするなと**
**どやしてやると**
**がんばろうぜとぬかしやがつた**
**生き生きと明日を語る**
**あたらしいあいつ**

このほか、〝列外三名〟〝大根足の娘〟〝兄貴の嫁さん〟など実に豊富でゆかいなレパをもつています。

# おばあちゃんもファンに!!

## …友也を讃える…

「日本のことばで、日本の心をうたう」、自分の一番いいたいことをうたう、というより訴える。うたは、うつたえるから来たことばとか、まさに高石友也は、そのものズバリの人、うたい手だ。はじめて聞いた時から好きになり、レコードを買い、そのレコードを鳴らしたいばつかりに、ムリしてステレオを買つた。自分のムスコやムスメやおばあちゃんまで、とうとうファンにしてしまつた。ペケコやその他つまらないうたにまけじと、レコードとテープで子どもたちにきかせています。学校でもテープを使つて〝イムジン河〟を教えました。一年生の子たちは〝腰まで泥まみれ〟が大好き。

これからも高石は、本当の訴えをうたいつづけてほしい。どんなに有名になつても今の気持をどうぞ忘れずに!!

高石を私に教えてくれた労音に感謝します。これからも、まともな歌をうたう人をよんで下さい。

○　○

（編集部より）これは森山例会アンケートに書いてあつたものです。こうした労音運動の中でまかれた種子のみのりを、思わずにはいられませんネ。私たちの暮らしに結びついた「音楽」にするために、お互いにがんばりましょう。

# 労音短信

## 働く者のミュージカル 『青春の歯車』 全国75労音で上演

これは映画ドレイ工場の労音版で、原作者早乙女勝元さんが日本ロールの斗いの中から取材したもの。演出山本薩夫、作曲すぎやまこういち、出演 藤ユキ、大木正司、上条恒彦ら60名。4月10日から8月1日まで 全国の労音で上演。岐阜は6月28日、名古屋は6月26日、27日。参加申込みは事務所へ。

## 大垣に市民会館完成

一六〇〇名収容、音響、照明、暖冷房設備が完備。5月24日の「金井克子例会」が大垣労音のこけらおとし。（ウラヤマシイーツなんてボヤかず、中津にもつくろう）

## 《6月の例会紹介》

■岐阜労音■
A 中村紘子ピアノリサイタル
B 青春の歯車
C ザ・ワイルドワンズ

■名古屋労音■
A タリアビーニリサイタル
B 青春の歯車
C1 アイ・ジョージ
C2 荒木一郎

## 音楽舞踊団 カチューシャ被災

3月13日に研究所とマイクロバスが焼け、今全国の民主団体でカンパをとりくんでいる。私たちにも馴染みのグループ。激励と見舞を。（連絡先、東京都新宿区市ケ谷田町 市ケ谷ビル）

## 入場税撤廃近し？

昨年12月に国会で「撤廃請願」が全会一致採択された。これはこの10数年間、99万余署名を中心とした私たちの活動の成果。この次は国会で〃入場税撤廃の法律〃をつくること。正にあと一息。

中津川の訴訟も次回は7月1日いよいよ証人申請の段階。両々相まつて、私たちの正しさが証明されよう――。

## 『全国労音研究集会』に参加しよう

**7月13日・14日　東京・神田・共立講堂**

▼13日 10・30〜12・30 問題提起
21・00〜23・00 宿舎交流
▼14日 9・00〜12・30 分散会
▼参加費（資料費共） 七〇〇円
▼泊 料 一一五〇円（一泊二食）
▼参加希望者は事務所又は委員まで

**第1部　7月13日(土)后13.30〜17.30**
○映画「ボリス・ゴドノフ」 ○高橋竹山による津軽三味線新作 ○加藤登紀子、鈴木敏男とデイジーフインガーズ「ささと娘」ほか ○森山良子による金沢労音創作曲 ○わらび座第三班 ○沖縄舞踊 ○倍賞美津子「どういうわけか、俺らは」

**第2部　7月13日(土)后18.30〜21.00**
○ふきの会「さんしよう太夫」 ○ザ・シヤデラツクス「リムジン河」ほか ○サミー高田によるオリジナル ○成田絵智子「あの人は帰つてこなかつた」 ○高石友也とフオーク・クルセイダーズ ○島倉千代子「日本の郷愁」 ○狂言「二人大名」 ○森サカエ「ちつちやな指」

**第3部　7月14日(日)后14.00〜17.00**
○ボニージヤツクス「マリちやんの歩いた道」 ○辻久子「バツハ無伴奏ソナタ」 ○辻久子、平井澄子による小山清茂作曲「鶴の巣ごもり」 ○ふきの会「三番叟」 ○丸山明宏「この輝ける日」ほか ○田代美代子、寺島尚彦とリズム・シヤンソネツトによる「さとうきび畑」 ○三遊亭円生「妾馬」 ○東京キユーバンボーイズ「サブー」

## らっぱ

映画 若者たち 大好評。大人も子供もみんな見た。ある子供が言いました。「とうちやん、又ケンカやに」

※

ある会員のネーちやん、イヤイヤ会社へ前売券売りに。それでも5分で10枚。イヤー、マイツチタナ！

※

良い映画を見る運動スタート。そのうち、オレ達で映画を作り、全国で上映する運動を始めよう。

※

さわやかな五月・歌声は流れる。それと同時に、オレ達の、君達の、若者たちの、質札は流れる。

※

市長選西尾氏に勝利、おめでとう。歌声と同じ、さわやかな市政を、みんなでつくりましよう。

※

国鉄中津川線起工式、大都市中津川を目ざして。飯田、下呂の仲間たちが例会に参加する日も、近いゾ!!

※

中央線複線、電化もまじかというのに、文化都市中津川に市民会館一つない。早く作ろうヨ。

※

立夏、海に山に、スポーツにデイトに。いい季節になりました。労音運動も、わすれてはイカンゾ!!

※

世はまさに、カラーテレビ、カーステレオ。オレ達なんにもないけど、せめて、カラーツト行こうヨ。

※

外へ出れば、クルマ、クルマ、あぶないね。例会の帰りも、交通ルールを守つて、早く帰りましよう。

※

黒部の太陽も いい映画だそうナ。若い君たち、労音の太陽となつて、頑張つてチヨーダイ。 (S)

## ろーおん日誌

3月16日 組織部会
18日 運営委員会
19日 若者たち上映委員会
20日 ぜんまい座練習
23日 県内三労音打合せ
24日 ぜんまい座三留野公演
26日 運営委員会
28日 若者たち上映委員会
30日 運営委員会
4月 4日 若者たち上映委員会
8日 運営委員会
10日 若者たち上映委員会
11日 ぜんまい座練習
12日 機関紙編集会議
13日 桑名ブロックオルグ
15日 運営委員会
18日 若者たち上映委員会
20日 ぜんまい座練習
21日 〃
22日 運営委員会
25日 ぜんまい座練習
26日 〃
27日〜5月1日 若者たち上映
28日 四日市労音桑名ブロックぜんまい座公演
5月 2日 運営委員会
6日 入場税取消裁判
9日 機関紙編集会議
11日 若者たち上映委員会
12日 坂下支部学習会
13日 代表者会議
14日 事務局会議
20日 運営委員会
22日 坂本、真理 例会

■2・3月例会森山良子とBアンドB■

# 良かったけど物足らぬ

アンケート・サークルのこえ

◆回収数 63

◆ズバリ感想 (イ)良かった54 (ロ)普通7 (ハ)良くない1

◆森山良子は (イ)素晴しい37 (ロ)良かった17 (ハ)普通5 (ニ)良くなかった0

◆BアンドBは (イ)うまい40 (ロ)普通19 (ハ)うまくない1

◆気に入った曲は 愛する人にはうたわせないで14 鉄道員11 恋はみずいろ5

◆感想・意見――○マイクの調子悪い ○もっと一緒に歌いたい ○BアンドBの演奏は不安 ○感動した、彼女もバエズのような反戦歌手に発展を ○二つの手の想い出が聞きたい ○もう少し会員と一体に ○時間を守れ ○日本語でうたってほしい ○森山はすばらしい、更に人間的成長で豊かな歌を ○高石をもう一度呼べ

仲々好評な例会だつたようです。が、あるサークルでは、こんな評価も出ています。

○余り面白くなかつた。アチャラ語では意味、主張がわからん。

○期待外れ。バンドにふりまわされた。あれでフォークの女王はおかしい。

○もつと森山と結びついた例会にしたかつた。

○森山一人でいい。金を出して、ふんいき悪くなるBアンドBを呼ぶのはつまらん。

○長い間にはいろんな例会があるが今回は残念だつた。一般興業と違つた部分が欲しかつた。会員をひきつけ盛り上げる努力はない。原トシハルがよくない。

さて皆さん、いかがでしよう?

## ローオン あれこれ

ロクロク映画も見ずに、キップもぎりにかり出されたカマちやん。結局最終日までに見られなんだと、こぼしておつた。映画「若者たち」何はともあれ成功に終つてよかつたね。

一一日(五月)運営委員の稲川康恵さんが結婚され、ダンナ様の勤先の大阪に新居をもたれた。おめでとうございました。Hくん「大阪では遠すぎてデイトに困つたろうナ」 ヤーちやんいわく「ヘ中津川から大阪まで恋人に遠い道はない」

オメデトウをもう一ツ。運営委員であり、ぜんまい座の人気者、田中鉦三君と井沢かつ代さんが、五月二六日結婚されます。みんなで祝福してあげたいと思います。農協三階ホール、一時から。

ンーとガンバレ 中津川の男性諸兄よ。中津川労音の会員をみても、女性の会員が多い。だけど運営委員は圧倒的に少ない。こりやまたどういうことだ!!どつちにしても男性の責任?だと思うんだがなも、ホイ。

あめの降る四月二八日、四日市労音桑名ブロックの地域例会に、ぜんまい座出演。エピソードを紹介すると、――帰り道、中板の手つちやんの運転する車が、釜戸の入口でエンスト。午後十一時、雨の中を同乗の、エイジさん、西田さん、カズオくんの四人で恵那駅までおして来たそうな。なんともムゴイお話――。

れんらく、道順を確認して出発した筈のぜんまい座の桑名行。K車とT車、行きも帰りも名四国道へ入る道を迷い、人にたずねた。「名四はどこですか」「この上です」と空を指さした。見ると立体交叉で真上に名四国道があつた。どうかしてるネ、ホント。

この前の例会、森山良子・原トシハルとBアンドB。例によつて例会終了後合評会を申し込んだところ、都合により出席できないと断わられた。会員出席者三十数名で話し合つたが、出演者が会員のナマの声を積極的に聞くような前向きの姿勢がほしいと思つた。

れが二度も出てきちやつちやー困るよナ。あのー、そのーですね早い話しがー、紙面の都合もあるので、これでおしまい。(Y)

## あ・と・が・き

◆目先のことにおわれ、そのことだけで手一ぱい。次のことを考え準備することが大切だと思いながら……。でも、先は永い。あせらず行こうヨ。(Y)

◆いい音楽を、いい芝居を、いい映画をしつかり聞きたい、見たいそして、しつかりダベリたいと思う。人間、一回しか生きられない一五〇%位味わいたいナ。(N)

◆若者たち、坂本博士と、まつたくいそがしかつた毎日。自分の時間が、チト少ない感じ。でも楽しくてやつている。労音つておもしろい所ですナ。君もどうだね(S)

◆のぼり調子、展望が開けタ(K)

# 中津川労音

No. 38
1968. 7. 12

中津川勤労者音楽協議会機関紙　編集／組織情宣部　事務所／中津川市本町2丁目1-2（四ツ目川ハウス内）TEL 5-4727

# 岸洋子

8・9月例会
9月10日(火)

演奏 横内章次カルテット

■ 世界のうた

ゴンドリ・ゴンドラ
アルデイラ
煙が目にしみる
ほか

■ ふるさとの歌

十三の砂山
最上川舟唄
庄内おばこ
ほか

■ シヤンソン

パリ祭
私の回転木馬
愛の讃歌
ほか

若者から、主婦、働く人々の間にしっかり根をおろした人気を持つ岸洋子が、中津川にやって来る。彼女は山形県酒田の産。病のためオペラ歌手を断念して、シャンソンの道を歩む。豊かな声量と個性的なアルトで、たちまち注目を集め、39年には〝夜明けのうた〟でレコード大賞歌唱賞を受け、広く人々に知られた。〝恋心〟〝想い出のソレンツァラ〟のヒットを出し、今年二月にはサンレモ音楽祭に参加して入賞。名実共に国際的ポピュラー歌手として活躍している。

## 6・7月例会

# 関西学院交響楽団 演奏会

**指揮**
**舛田政弥**

| 曲目 | | |
|---|---|---|
| | ベートーベン | 「エグモント」序曲 |
| | ブラームス | ハンガリア舞曲5番 |
| | シューベルト | 交響曲第8番「未完成」 |
| | ルロイ・アンダーソンの作品から | |
| | | ブルータンゴ　ワルツイングキャット |
| | | シンコペイテイツドクロツク |
| | ドボルザーク | スラブ舞曲1番・2番 |
| | グリーク | 組曲「ペールギュント」より「オーゼの死」 |
| | シベリウス | 交響詩「フインランデイア」 |

ABC交響楽団以来のオーケストラ例会です。クラシックは、いや音楽の良さは、やはりオーケストラの魅力に勝るものはないでしょう。むつかしい理屈や、こまごました解説など、余り気にしないで、とにかく、その響きと迫力とハーモニーに陶酔しましよう。

**エグモント　序曲**

ベートーベンの尊敬するゲーテの悲劇につけた音楽。悲劇的な導入部から、愛国的な情熱と明るい喜びをもつて堂々と終るところまで、いかにも天才作曲家らしいすぐれた作品。（一八一〇年作）

**ハンガリア舞曲　第五番**

ハンガリーのジプシー舞曲を題材とした民謡舞曲集21曲のうちの一つで有名な曲。純情と悲哀、激しい野性的な情熱、ジプシー特有の旋律は魅力がある。

**交響曲第8番「未完成」**

シューベルトの不朽名作。なぜ未完成に終つたのか？失恋のためといわれるが、二つの音楽があまりに美しすぎるので、さすがのその先がつゞかなかつたとみるべきだろう。四楽章あるべき形が二楽章しかなくとも、芸術的にはむしろ立派に完成した作品といつても過言ではない。この作品は、シューベルトの死后三七年たつた一八六五年に発見され、ウィーンで初演された。（一八二二年作）

**ブルータンゴ（一九五二年作）**

ヨーロツパ風のタンゴのリズムにブルース風の主施律。メランコリツクなムードのポピュラー曲

**ワルツイソグ・キャット**　（一九五一年作）

バイオリンが猫の鳴き声をまねする部分をはさんだ風変りなワルツ。ユーモラスな曲

**シンコペイテツド・クロツク**　（一九四六年作）

時計のチクタクという音を素材に、ジャズ風に作曲した曲。

〈ルロイアンダーソン――一九〇八年アメリカで生れ、機智に富んだセミクラシック作曲家〉

**スラブ舞曲　一番　二番**

スラブの民族音楽を芸術的に編曲した作品で、美しい。

**オーゼの死**

イプセンの創ペールギユントの伴奏音楽の中の一曲、他にアニトラの踊り、ソルベーグの歌など。グリークはノルウエーの作曲家。

**交響詩　フインランデイア**

ロシアの侵略に対して不屈の斗いをしたフインランドの魂をたゝえた曲。当時侵略者は敵がい心の起るのをおそれ、演奏を禁止したといわれるフインランドの国民的頌歌。感動的な作品です。

### ◆オーケストラあれこれ◆

＜オーケストラ＞

木管、金管、弦、打楽器など各種楽器を組合せた合奏団体。

＜木管楽器＞

フルート、オーボエ、クラリネツト、フアゴツトを中心にピツコロ、イングリツシユホルンなどが加わる木管といつても金属製もある。金管との相異は、吹口や発言原理のちがいによる。

＜金管楽器＞

ホルン、トランペツト、トロンボーン、テユーバなど。

＜弦楽器＞

ブアイオリン、ビオラ、チエロ、コントラバス。

＜打楽器＞

テインパニー、大太鼓、小太鼓、シンバルなど。

＜三管編成＞

最も普通のオケの標準編成。主に木管楽器の数を基準とし、それに伴い他の楽器の数も増減される。

# 秋にやってくる！

## ——田楽座紹介——

◇◇◇◇

おぼえていますか。三年前、中津川へやって来た〝田楽座〟。きびしい条件にまけず健康で底ぬけに明るい舞台をつくりあげている仲間です。以下、今秋再度お目にかかるための、ご案内です

◇◇◇◇

### 田楽座の衣食住

住んでいるところは、長野県は伊那市、富県桜組の里。伊那市から天竜川を渡り、一段台地へのぼつた田と畑の中。正面に木曽駒。うしろに南ア。農家の一軒を借りて、そこが本部。八畳三つに、台所、風呂、便所付。一室は食堂、一室は大道具等の物置。一室は会議室、作業室、保音室、客室と多角利用。ローカは下塗り工場。

いやその狭いこと
ゴタゴタしとること
モノスゴイところだ

食事は、共同炊事

朝七時一五分に集つて、大人と子供も一緒に食べる。炊事、掃除などは、一人づつ、全員当番制。男の方がうまいとのこと。経済観念がないのでらしい。病気するよりはと、食い物だけは腹一ぱいとのことだが、一日分の食事が一人百三十円とか。

着ているものは、ほとんどカンパ。とくに作業着、子供服に困つているとのこと。尚、夜ねむるところだけは、あつちこつちに下宿を借りて分れて住んでいる。

### 田楽座の人物紹介

★ジュンペイさん——京都労音出身わらび座から田楽へ。カアチャンセンバのイトハン。そのヤリクリは国宝級。女の子三人。演出、音楽担当。顔は神士。話はH。四十才近いがすごい戦斗性。一口で言うと、シュウチョウ。

★タモツちゃん——わらび座演技派の第一人者。鬼剣舞もおれたちの山もこの人が主役。しやくしうりの男。演出担当。ブタカン。男の子一人。カアチヤンポテレン。九月の予定。東北出身。

★ドンちゃん——新婚ムードでボディがフックラ。ボインボインで目に毒。北海道出身。普及部の担当責任者。ダンナは、青年団の活動家で経営担当。

★モギちゃん——めがねの独身女性。北海道出身。笑うと白い歯。狂言でお役人をやるが、そのめつきものすごさ。小道具担当。

★マツちゃん——長野県出身。もと電気屋。さいとろさしで名演技を見せる独身男性。舞台ではよくしやべるが、生活では無口。まず笑うだけ。女性に興味があるのかないのか?。トラック運転担当。

イサちゃん——テノールの美声の独身男性。これがアレルギーでやたらとフキデモノが出る。長野県出身。写真担当。わりと女性に興味があるほう。

★タエちゃん——東京都出身。おどりの先生。めがねの母親。おでこはひろく美しく、よく反射して光る。男の子二人。ダンナはナシ健康なお色気で貴重な存在。演技担当。

★フミちゃん——長野県出身、よく笑う独身女性。庶民の女の子をやらせたら素顔でOK。Hな話をする人を　ジーツとみつめる目の細さ。司会者にウツテつけ、普及部担当。

以上演技、公演に八名、本部、経営に四人と子どもが六人。いづれも一人五役ぐらいのかけもち連中。まじめで、明るいヤツばかりです。（K）

### 田楽座の新しい演目

◆第一部　海のうた・里のうた
構成　砂原　道代
演出　茂木三枝子
幕あけ・寄せばやし（千葉）
もみ太鼓（千葉）
大漁うたいこみ（宮城）
船出し音頭　ろこぎ音頭
斉太郎節　遠島甚句
佐渡おけさ（新潟）
正調おけさ　おけさぞめき
選鉱場おけさ
伊那さいしよ節（上伊那）
地固め唄（北安曇）
のよさ節（下水内）
豊年こいこい（宮城）
とりさし舞（西筑摩）
八木節（群馬）

◆第二部　田 楽 獅 子 舞
構成・演出　木村　保

◆第三部　道あけの太鼓
構成・演出　木村　保
道あけさま（下伊那）
花の舞（下伊那）
霧ガ峰雷神（諏訪）

### 中津川労音総会

—五周年記念—

中津川労音が生れてもう五年になります。芦野宏から開西学院交響楽団にいたる数多くの、すばらしい例会をつくつて来ました。

例会が生みだしたヒット曲も〝おさななじみ〟から〝イムジン河〟まで沢山あります。これまでの運動をまとめ、これからの発展を進めるため、また五周年を祝つて、九月にすごい総会をやろうという計画が出来つつあります。高石友也にも来てもらい、またまた一緒に歌い、記念の文集をつくつたり歌集をつくつたりしようという希望も出ています。みんなが参加出来るように、乞ご意見。

寸劇と合唱による、笑いと勇気のバラエティー
世の中ァ間違っとる！


# ケッサク！ラジ中芸労

## ―大好評　働く市民の交流例会―

▼▼▼▼

六月二三日午後六時半より、南小学校講堂で、働く市民の交流会の第三弾、『ラジオ中国芸能員』とともにの集いを開きました。その痛烈な諷刺とバツグンの笑い。首切合理化反対！分つて来た、来た。

▲▲▲▲

**おしよせる合理化の嵐！**

濃飛バスのMI子がよく通る声で言う。名鉄の系列化に入り、しかも独立採算ということ。そのため、不採算路線の廃止、間引きダイヤ、保安基準の無視、合理化から来る人出不足で事故の危険が増加しえらいことになつて来た。

仂くものと、地域住民のことは考えない大資本中心のこのやり方にみんなと一緒に反対しよう。

中津川一中のM先生はサビのある声で長々としやべる。軍国主義教育のこと、教科書のこと、管理体制の強化など、民主教育がきりくずされていく現状を訴えた。

金属共斗のEさん、中小企業に仂く労仂者のきびしさ、組合がどんなに大切か、団結がいかに重要か、友人の悲しい事件をもとに、作つた詩を朗読。

労音のSチャン二人、労音をはじめ、民主的な集いにかけられてくる税金という形での攻撃の姿をアングラマンダンでやらかした。

みんなの訴えや話を聞いていると、いま労働者と民主的な運動へかけられて来ている攻撃の姿がまざまざとうかび上つてくる。ラジ中の仲間が放送合理化でクビになつたこと、中津川の働くものの悩みや苦しみとは、まつたく同じなんだ。これはいかんぞ、がんばらんと、そう思いました。

**ラジ中の　レパ　より**

集いは、一部、うた、二部仲間のアツピール、三部ラジ中で、充実した内容でした。ラジ中の演目をあげてみます。

あたらしいあいつ／ムードのある詩／統一列車は走る／おかしな歌／のみの話／替え歌とコントでつづるバラエティー／列外三名／コエタゴ・タゴヤン／

なかでも、タゴヤン、替え歌、おかしな歌は、ゆかいでケツサクでした。スピードのある動き、たくみな話術、変つた顔の連中でした。あれほどズバリと言いたいことを言いその上徹低的に笑わす演技力には脱帽です。

十一屋の合評会では、みんなおもしろかつた。また来てくれとの発言ばかりでした。楽天的で、わがままで、大まかで、デタラメであまり反省もせず、その上、ちよつぴりHで、言いたいことをズバリと言うラジ中の連中には、似たもの同志の〝呼び合う魂〟を感じました。高石、若者たちにつづいてまたまたヒツトしたこの集会をこれからも大きく伸していこう。

この次は何をやろうか、話し合つて下さい。（K）

## もっとみんなに

### ―例会のすばらしさ―

今日は、本当に楽しい例会をありがとうございました。あんなにも楽しいものとは、最初思いませんでした。ところが、第一部、第二部、第三部と進むにつれて、どんどんと会場の雰囲気が楽しいものになつて行きましたし、坂本博士さんや、真理ヨシコさんが、汗をぬぐつての大熱演で、本当に一生懸命やつて下さいましたでの、聞いている方も、一生懸命になりました。「涙に海の味がする」の歌のときには、その悲しい調べに、本当に涙がこぼれそうになりました。あんなにも心をこめて歌つてくれる人は、少ないですね。

とにかく残念に思つたことは、こんなにも楽しい会に、何故もつと多勢の人が参加しないのか、ということでした。今日の会場一杯になる程の人が、集まつてもいいと思いました。労音の人たちは、もつと自身をもつて、入会を進めていつてもいいと思います。一人が一人を労音へ案内したら二倍の会員が作られます。若者たちでなく、親父や、おふくろをひつぱり出してもいいと思うのです。そうしたら、もつと安く、もつとたくさん人が労音について理解を深めるでしよう音楽のめを開かれるでしよう。

労音のみなさん、今日は、本当にありがとうございました。又、いい例会を企画して下さい。そのときには、きつと参加します。

（中津川一労働者）

## らっぱ

話題の多かつた、参議院選挙も、無事オワル。いろんな人が、立候補しました。本当にいろんな人が。

※

作家もいました。○×ダーアと言う人も、万才界からも、オレ達が、参議員に出るのも、近い気がする！

※

今回も、公約がたくさん、あがりました。タバコ、ビールが、あがるようように、自由だとバカリに………。

※

記録と、公約は破られるためにある記録は、メキシコで破つてもいいが公約は、なんとか守つてもらいたい

※

ボクらの政府は強くつて、議員はリツパな人達だから、選挙のたびに同じ人選ぶ……悲しい事ですゾ。

※

アメリカではジヨン・ケネデイにつづいて、ロバート・ケネデイも暗殺暗いニユースが、伝わる。

※

ケネデイ兄弟の本が、相つぐ悲劇でブームだそうダ。兄弟何も、知らずねむつているだろうが………。

※

アメリカと言う国は、もうダメだと思つた。ある写真家が、言つているまつたく同感である。

※

そんな、キケンな国と、安保条約を結んでいる国がある。日本のみなさん、1970年でサヨウナラ、ネ。

※

ある電気メーカーが、子供の事故防止のために、50億円。気の遠くなる日本の、オハナシ、デシタ。

※

オレ達ヤー、10エン20エンのカンパにヒーヒ言つているのに、ある所にはあるんですナ!!　（S）

## 労音短信

### 青春の歯車を見て

6月28日、岐阜労音6月例会、全国統一企画ミュージカル、青春の歯車を、中津川から、6名参加会場は、素晴しい、市民会館。最近、日本でも、ミュージカルの上演が、多くなつて来た。働く者のミュージカル、笑いあり、涙あり大変楽しかつた。こんなに、笑えた例会も、めずらしい。岐阜まで行つたかいが、あつた。

中津川でも上演したい、でも会場が、問題である。

今後、こういつた例会が多くなることと思う。

その意味でも市民会館の建設をいそぎたいものである。（S）

### 《7月の例会紹介》

▼岐阜労音▲

A　中村紘子ピアノリサイタル

B　ペギー葉山

C　ザ・リンド　アンド　リンダース

▼名古屋労音▲

A　東京交響楽団

B　シャソン・フエステバル

C　有馬徹とノーチエ・クバーナ

## 県内労音友好祭に参加しよう!!

とき　7月27・28日

ところ　美濃太田　大矢田キャンプ地　もみじ谷

かいひ　300円（旅費別）

県内三つの労音が、歌い、話し合いキャンプファイヤーで楽しく交流　ゼヒ参加しよう!!

7月16日までに、運営委員 田 中まで、お願いします。　TEL (5) 5553

12月上旬にアンコール例会

## 東京キューバンボーイズ

ラテンリズムに　創作曲に　ますます意欲的なトツプバンド

## ローオン あれこれ

◆…第五回全国労音研究集会が、七月十三日、十四日の二日間、東京神田、共立講堂で開かれます。研究集会というのは、いろいろな演奏団や演奏家を聞いたり見たりして、例会企画の参考にする集会です。中津川では二十名位の参加を予定に取り組みました。今晩ここで、参加者を激励し、拍手で送りましょう。

◆…六月十五日の日曜日に西小学校で、中部労音事務局の交告氏と名古屋労音事務局員二人を招き、全国労音のこと、幹事労音への注文など話し合いました。中部各地の労音が、意見、主張を気軽に話し合えるような場所がほしい。流一企画を充実し、小労音でも取り組める企画を探しだせ。全国会議は今までの形ではオモシロウない、分散会形式ではなく、各問題別の分科会でやってほしいなどスキャンダルめいた話しも二～三あつたゾ。

◆…六月に県内労音連絡会議が開かれました。これは県内の岐阜、大垣、中津川の三労音が企画、例会、その他労音に関することなど話し合い、県内労音が手を結んでがんばろまいかと誓いあつた。ザツクバランな会議です。あなたも一度参加してみませんか。

◆…六月十六日、日教組東濃地区定期大会に、ぜんまい座出演。時間は約三十分。豊年太鼓、ベトナムの空、イムジン河、アングラ万談、さいとろさしに、勝利の日までを先生たちと一緒に歌うというレパで、中でも鉦チャン、サーチヤンによるアングラ万談、八十キロの巨体をひつさげて演じたドラさんの〝さいとろさし〟が好評でした。

スマートな若者がぜんまい座にほしいと、つくづく思つたヨ。(Y)

## あ・と・が・き

◇労音ぜんまい座、アフリカ公演するそうだ。オオキイコトハイイコトダ。ドカン……。ちいさいことも、だいじだ(N)

◇オレハ、ショウリノ、ヒマデ、ガンバルゾ、カアチヤント・(S)

◇ユルフン、ハチマキ、キリリとしめて、わしにも言いたいことがある。何か。入場税ヤメロ(K)

◇こう世の中がセチガライと今までの形をやぶり、オリヤツというようなことをしてみたくならんかいのう。アンタ!。(Y)

## ろーおん日誌

5月27日　運営委員会
　30日　ラジオ中国実行委員会
6月 4日　〃
　8日　中部労音企画会議
　10日　運営委員会
　11日　ラジオ中国実行委員会
　13日　ぜんまい座練習
　14日　機関紙編集会議
　15日　名古屋労音との話し合い
　16日　ぜんまい座日教組定期大会へ出演
　17日　運営委員会
　19日　裁判打合せ(名古屋)
　20日　ラジオ中国実行委員会
　23日　ラジオ中国芸能団交流会
　24日　運営委員会
　27日　運営委員会
　28日　県内労音打合せ
　29日～30日　田楽座訪問（打合せその他）
7月1日　裁判
　3日　編集会議
　8日　運営委員会
　12日　関西学院例会

## 4・5月例会アンケート

### 坂本博士と真理ヨシコ

ハカセと真理ヨシコの歌

# 心にしみこんだ

これでこそ労音!

◆**何部がよかつたか**
第一部(2)　第二部(8)　第三部(8)　全部(21)　良くない(1)

◆**ズバリ総評**
とても良かつた(24)　良かつた(10)　普通(1)　良くない(0)

◆**気にいつた曲は**
涙に海の味がする(11)　友情を調べにのせて(8)　一晩中踊りあかそう(3)　教会へ行こう(3)　剣の舞(2)

◆**意見・感想**

○ハカセと会場が一体となり楽しめ歌えたこと。

○二人ともとても真面目にうたつて好感がもてた。

○あまりよくしらなかつたので、それ程のり気じやあなかつたが来て見て全くすばらしかつたので、とてもうれしかつたのです。もつともつと沢山の人に聞いてもらいたかつた。

○非常に良かつた。

○全く良かつた。もう一度会いたい。ヨシコちやんもすごく大衆的だつたのでうれしかつた。

○少し、しんみりした曲が多すぎたような気がしました

○歌を大切にうたつて好感がもてた、こんな例会ならなるべく多く持つてほしい。

○皆なとうたうが良い。

○第2部はとくに感動しました合唱の楽しさがわかりました

○久しぶりに楽しかつた。エレクトーンをはじめて知つた。

○坂本博士と恋がしたくなつちやつた。とてもきどりなく暖かい人柄。うたは人がつくることがわかりました。

○ハカセの力強い声が心の中へしみ、胸がキユーツとしめつけられるような気がした。エレクトーンも素適

○一口にいつてしまえない程よかつたハカセの人間性がよく出ていてすばらしい。

○この例会に参加したのは始めてだつたのであまりよくわからなかつたがとてもすばらしかつた。一般の歌謡曲とは違がつて私の心の中に共鳴するものがあり、私自身いつしよになつて楽しめた。

○さわやかな五月のように、すがすがしい、スッキリとした例会でしたソンをしても、こうゆうものをやらニヤーあかん、じつくり聞かせた例会。

○楽しいひとときであつた〝友情を調べにのせて〟を口ずさみながら博士の才能はたいしたものだ。又会員減少は何故か考えながら帰路についた。

# 中津川労音

No.39
1968・9・10

中津川勤労者音楽協議会機関紙　編集／組織情宣部　事務所／中津川市本町２丁目1-2（四ツ目川ハウス内）TEL 5-4727

## 10・11月例会は11月14日（木）…13日には坂下で交流会

## われらの歌手と心の唄を!!

# 高石友也と岡林信康

「受験生ブルース」で一躍スターになつた友也——。だけどやりぱり前とかわらない私たちの仲間？といつた感じ。その高石友也が、三度目の中津川へやつてくる。一人でも多くの会員をさそつて、彼の言う〝歌い手と聞き手が真剣にぶつかり合う〟素晴しい例会にしたい。

今年の四月、彼は沖縄に出かけた。そして、祖国復帰を悲願とする沖縄の苦しみを知つた。「燃えろディゴ」は、その中で生れた歌だ。「ベトナムの空」「俺らの空は鉄板だ」「リムジンガン」「想い出の赤いヤツケ」「よいとまけの唄」………

今度もまた、期待は大きい。

——カツコいいから歌うのでなく、心から歌わずにいられないという本当のフォーク歌手だ。——

（中村とうよう）

友よ　君の涙　君の汗が
友よ　報われるその日がくる
夜明けは近い　夜明けは近い
友よ　この闇の向こうには
友よ　輝く明日がある

（岡林信康作「友よ」より）

岡林は自ら〝関西フォーク界のゲテモノ〟と称する。牧師の息子、同志社神学部に学ぶ。山谷に仂き、部落解放運動に加わる中で高石にさそわれて歌を唄う変り種——。

週間朝日8月2日号は〝また関西からアングラ歌手〟と、彼の庶民性、矛盾した現実への痛烈な批判、自由な曲想を紹介している。「くそくらえ節」「山谷ブルース」「チューリツプのアツプリケ」など。

## ■8・9月例会■

# 岸洋子

演奏　横内章次カルテツト
アコーデイオン　佐藤圭男
うた　仲代圭吾

### ||プログラム||

**■第一部**

サンレモメドレー（岸）
急流／ボラーレ／アルデイラ／チヤオチヤオバンビーナ／タンゴイタリアーノ／夢見る想い／ノンサペーボ／アモール・モナムール・アイラブ／クワンドクワンド／今宵あなたか聞く歌は
風船売り（仲代）
死んだあいつ（〃）
黒いオルフエ（バンド演奏）
ブルーシヤトー（〃）
イザベル（仲代）
メケメケ（〃）
さらばカプリ（〃）

**■第二部**

わかつているの
笑わないで
私の回転木馬
ワルソーのピアニスト
ベコーの子守唄
庄内おばこ
ラストダンスを私と
愛の讃歌
想い出のソレンツアラ
バロツクからジヤズまで
母（藤田敏雄詞・石丸寛曲）
希望
恋心

## ワルソーのピアニスト

いつまでも　このメロデーが胸に残る
それはショパン　なつかしいショパン
そして　ワルソー
あたしの大好きな　あのショパン
なぜかしら　いつでも思い出すあの頃
広場に鳩は舞い　庭には花咲く
平和なあの家で　あなたが弾いてた

静かにやさしく奏でる　その指は
あたしに告げてた　二人の幸せ
高鳴るコンツェルトに　ときめく心は
喜びにあふれて　流れ出ずる恋が
二人を結んだ

聞えてくる足音は　戦いの足音か
そしてあの人も　この恋も
泣きながら　死んでゆく
やがて　遠い空に消えた
今はただ空しい想い出　ワルソー
広場に鳩は舞い　庭には花咲く
平和なあの家で　あなたが弾いていた

---

○……久しぶりのシャンソン!!しかも第一人者の岸さんで、たのしみだワ

▽……芦野宏、それにオデイール以来だからネ、クラシツク出らしい豊かな声量、美しいアルトを十分たんのうしたいナア

○……彼女、とても愛の唄がうまいわネエ、何か落着いた大人のムードがあつて——

▽……〝人生の年輪〟みたいなものが感じられる、だから案外中年の人たちの中に根強いファンがあるのだろうネ

○……サンレモ音楽祭で入賞したり、エンリコマシアスと共演したりで、国際的にも活躍してて、ますます油ののりきつた感じネ

▽……今夜も、シャンソンだけでなくカンツオーネや民謡、創作曲まであつて、彼女の力の見せどころ、私たちの聞きどころサ

○……一緒にうたう仲代さんは？

▽……うん、五月に来た坂本博士さんに師事したりしてネ、俳優座の仲代達矢は兄貴だそうだ

○……横内章次カルテットは？

▽……リーダーの横内さんは日本有数のギタリスト、テクニツクもすぐれ、シヤレた演奏で定評がある。それにアコーデイオンの佐藤さんが加わるのだから……

○……シャンソンは地味だけど、歌そのものに味がある——というわけネ

▽……そしてもつと、シャンソンファンがふえてほしいナア

# 第五回　中津川労音総会

## みんなで話そう
## これからの労音!!

十月三日(木)予定

田楽座も協力

これからの労音の方向を決める第五回総会が近ずいて来ました。楽しく参加できるように、今回は**田楽座**の協力を得て、歌とおどりを主とした内容を考えています

現状を考えながら、大きな二つのことについて、総会をむかえるにあたつて考えてみましょう。

今、全国的に労音運動が下降線をたどつているといわれています「百万人労音建設」の目標どころでなく、会員数は**四十万人**を割つたと伝えられます。とくに、大都市での減少が大きく響いているようです。〃すべての町や村に労音を!!〃という大きなスローガンに、むしろ逆行するような状態は実に残念でなりません。その**原因**はどこにあるのか、会員の減少をくい止めるにはどうすればよいのか、その分析や対策を立てることは、全国労音でもはつきりされていないようです。

私たち中津川労音でも、同じように会員の**拡大**、**固定化**はあまり進められていません。以前のある時期のような、サークルでの活動がたくさん、活発に開かれたと発表することが残念ながらできません。〃私は中津川労音の会員なんだ〃という意識をもつて**運営**（委員になつて活動するという意味だけでなく）に参加してくれる会員はあまり多くはありません。

しかし、中津川労音を含め全国各地の労音が、会員減少の主な原因を、〃労音に対する反動的な思想攻撃〃〃職場での合理化によるしめつけ〃〃税金問題に見られる中傷〃などに限定はできません。それよりも、それらに対する労音側の**運動の方法**、**組織の仕方**、**企画の内容**がだと思われます。

その点で、中津川労音は昨年の総会で次のような**例会づくり**を決めて、一年間活動して来ました。①**本例会**（森山良子、坂本博士、関西学院交響楽団などの例会）②**サークル例会**（柳町サークル、林野サークルなど）③**市民交流例会**（映画「若者たち」、高石友也、ラジオ中国芸能員など）、④**地域例会**（坂下、岩村での高石例会）⑤**特別例会**（具体的にはこれから）

例会形式や内容は、決つたスタイルがあるのではなく、時、所、人数などによつていろいろと考えられると思われます。これから以後もこの形式に合せて楽しいよい例会を作つていきます。もう一つ労音の原則である**サークル活動**については、一番重要なことですので、会員一人ひとりが考えてみる必要があります。単なる会員券の交付の場になつていないか、名前だけ残つていて会員が一、二人だけしかいないという事はないか、会費の前納制は守られているか、などいろいろの面について、みんなで話し合つたり、考えたりしましよう。サークル活動が増えることと労音運動が発展することは、まつたく一緒のことです。

**例会づくり**と**サークル活動**の二つの柱を中心として、これからの運動を進めて行きます。いろいろな問題について、**十月三日**の総会で話し合いましよう。

ぜひ参加して下さい。（W）

---

労音歌集 ①

### 友よ

作詞作曲　岡林信康

ともよ　よあけまえのやみのなかで　ともよ　たたかい－のほのおをもやせ　よ
あけはちかい　よ　あけはちかい　ともよ　このやみのむこお－には　ともよ　かが－やくあし－たがある

二、友よ
君のなみだ　君の汗が
友よ　むくわれる
その日がくる
（以下くり返し）

三、友よ
のぼりくる　明日のなかで
友よ　よろこびを
わかちあおう
（以下くり返し）

# どし〳〵来年の例会企画に希望を!!

## この一年こんな例会が

去年七月のハワイアンのあとに、九月は美人ピアニストの大野亮子、十月はドギモをぬかれた高石友也とフォークキャンパーズ、そして十二月は、ムンムンと若さと熱のこもつたバニーズ。そして三月、美声のカワイコちゃん森山良子が登場、さわやかな五月と共にハカセと真理ヨシコ、七月には学生らしい魅力の関学オーケストラ――。

## 研究集会で得たものは

七月、東京で開かれた全国労音研究集会に出かけた会員は、「倍賞美津子が黒人の苦しみを歌つた〝どういうわけか俺らは〟というの、とても良かつた、やりたいナア」「いや田代美代子を見直したぜ、とつても感じいい、それにうまいし……」「ボニージャックスの〝やさしいライオン〟がよかつた。カラースライドと歌と組合せて子どもでも楽しめるヨ」ほかに、狂言、シャデラックス、円生の落語なども好評。みんな中津川でも、やりたいものばかり。

## 来年の例会に期待を

〝歌謡曲もいいナ。島倉千代子や西田佐知子、フランク永井若手なら布施明や美樹克彦は？やつぱりフルバンド、シャープアンドフラッツぐらいを。タンゴバンドがいい。ふきの会のような邦楽は？クラシックそれもわかりやすい形でぜひやつてほしい〟等々――

何とか皆んなの希望を実現したい。それには会員も千名位いなくては会費が高くなつてやれそうにもない。先づ会員拡大。

友也のような知られざるタレントの例会もネ……。もつと皆んなでドンドン意見を出し合おう。 （N）

## 千名会員で大型例会を!! 会員交流の出来る例会も!!

―ラジオ中国芸能団よりの手紙―

## ご支援ありがとうございました

私たちは、四年間にわたつて解雇撤回の斗いを続けて来ましたがこのたび高裁の和解斡旋にしたがい、バツクペイ、プラス退職金として二五五〇万円の条件を容れて斗いを終結することにしました。所期の目的の解雇撤回には至りませんでしたが、斗いをここまでやつてこれましたのは、ひとえに皆さま方のご支援のたまものと心から感謝しております。

今後、私たちは、早急に生活の建て直しを計ると同時に、この退職金を基金に、文化センター建設を計画しています。このセンターを新しい拠点に、文工隊を一層発展させていきたいと考えています この計画の実行はいままでの斗い以上に因難だと思いますが、是非ともなしとげようという私たちの決意を披瀝して、これまでのご支援に対する感謝のことばとします

六月の仂く市民の交流例会に出演し、すばらしいケツサクな芸を見せてくれたラジ中の仲間たちよりこんな手紙がきました。ホントによかつたネ。またきてくれる日をたのしみにしています。

## 労音歌集 ②

### イムジン河

原詞 朴世永
訳詞 松山猛
作曲 高宗漢
編曲 加藤和彦

二、北の大地から南の空へ
飛び行く鳥よ 自由の使者よ
誰が祖国を二つに
分けてしまつたの
誰が祖国を分けてしまつたの

三、イムジン河空遠く
にじよかかつておくれ
河よ思いを伝えておくれ
ふるさとをいつまでも
忘れはしない
イムジン河水清く
とうとうと流れる

## ろーおん インタビュー №1

### 《安江静二先生》

六・七月例会、関学オーケストラに、郷土の画家、安江静二先生が参加されていたので、お話しをうかがいました。

**記者** 労音の例会に参加したのは初めてですか。

**安江** 前から話しは聞いていたがカラダが調子悪く、今まで参加できなかつた。

**記者** クラシツクは好きですか。

**安江** 好きです。今夜テレビでもあるので楽しみにしている。

**記者** 今夜の例会、どこで知りましたか。

**安江** 生徒（会員）にすすめられそれに今夜は車に乗せてもらつて来たので、来ることが出来た

**記者** 労音について何か……。

**安江** 良くやつていると思う。なかなかエライ仕事を、みんなホントに良くやつている。

**記者** 会費について……。

**安江** 名古屋まで出て行かなくては、こういつたものを聞くことが出来ない。今までいいんじやないかな、大変だと思う。

**記者** 八・九月例会岸洋子は…。

**安江** 岸洋子〳〵と若い人はいつているが、ボクはあまり好きじやないナ。

**記者** 最後までごゆつくり。

**安江** ありがとう、頑張つて下さい。

こういつたインタビューを、毎例会行ないたいと思います。あなたのところへも行きます。どうか協力をお願いします。

（文責 S）

## 〃ねむたかったナァー〃

### —全国労音研究集会に参加して—

七月一三日午前二時出発、十時半東京共立講堂着。出発がおかしな時間だつたため、少しは興奮していたせいもあつて、中津川労音例会の後仕末が終つた十時頃から出発までの間、一時間程うつらうつらしただけで、ほとんど寝ていなかつた。それが最後まで影響した。ねむたかつたなァー本当に真から心に残つたこと……。それは会場でよく寝た、よく寝た、あんなにねむたかつた事なかつたワ。一体何をしに来たのだろうとさえ思つたぐらい。

でもそんな状態の中でも意識がはつきりしてきて、一生懸命、涙まで流して聞けた歌、それは勿論、高石友也とフォークキヤンパーズ、それに岡林信康の面々であつた。二日間の内でも一番人気のあつた人達でもある。私は思つた、いい歌というのは何んだろう?どういうものを示すのか、声がいいことか、名前が売れている事か、声がいいからといつて商売が忙しいどいう事にはならない世の中の様だ。友也達は他に勝る人はいないという程の声でもなさそうだ、でもこの会場においての人気は一番だ。世間で一応名の知られている人達を選んだ東京労音出演者のいくらかは、その出題に頭を悩ませたことであろう。新人岡林が歌つた〃くそくらえ節〃〃山谷ブルース〃〃友よ〃等の曲を覚えてほしい。

これからどんどん歌われることと思われますから。

東京、こんなに早く夢が実現されるとは思つてもみなかつた。あこがれていた。でも、どんより雲つた空、めまぐるしいばかり。第一日目、十時〜七時半まで鑑賞、旅舘に着いて十一時にやつと消灯、七時起床、午前中は分散会、午後四時半に全部終了、すぐ駅へ直行、初めて乗る新幹線。

話題が前後する、出演者は前に述べた人達の他、倍賞美津子、わらび座、加藤登紀子、島倉千代子、ザ・シャデラックス、沖縄のうたとおどり、狂言、辻久子、東京キューバンボーイズ、ボニージャックス、田代美代子、三遊亭円生、その他いくらか。中には、不断ブラウン管では見られない一面を出す人達もいた。

私は高橋竹山という盲人の三味線が聞きたかつた。その人の三味線には心の奥までしみ通るものがあるそうな、ジーンとくるものがあるそうな。（西田瑞穂）

## らっぱ

観光バス転落事故、世界でもめずらしい事故とか。これも雨、水に弱い日本の悲しい現実か。

※

中津川でも、悲しい炭酸ガス事故。遺族の方におくやみ申し上げます。セキニンはどこにあつたのか。

※

事故の翌日、水道マンホールにカギをかけるんだと、あわててカギを買いに来たそうナ。

※

５年も前から使つていないものを、今までになんとかならなかつたものか。今日までの市政と同時に……。

※

事故があつてからでは、おそすぎる何事も早目早目に手をうたないと。安保でも同じことだと思う。

※

悪いニュースばかりでないヨ。札幌では、心臓移植手術に成功。日本の医学も、すすんだものである。

※

信夫くん、君は世界の注目をあびている。今まで以上に、元気なカラダになるよう、ガンバツテくれ。

※

プラスチツク製の心臓も出来るとのこと。オレ達の頭の中味を、チエンジする日も、近いのではないか。

※

高校野球では、沖縄代表興南高校の大活躍、立派なものである。来年も君達の逞しい姿を待つている。

※

野球もケツコウ、でも文化運動も大事。沖縄にも、労音を作る運動を始めようではないか。

※

沖縄の次は、アフリカに労音を…、こんなファイトを持つているヤツが中津川にいる。うれしいね。（S）

六・七月例会 関西学院交響楽団アンケート結果

# やっぱりナマの良さ

## 楽器紹介も仲々の好評

◇ズバリ関学の感想――

㋑良かった37㋺まあまあ16㋩良くなかった4

○出だしバイオリンが下手だった

○余りに素人くさい、四〇〇円はひどい

○演奏者の息が合っていた

○思ったより良かった

○弦楽器は非常にきれいだが管楽器に少しバラつきがあった

○楽しいオーケストラだね

○指揮と木管が合わない

○やはり学生、ミスが多い

○クラシックは初めてだけど良かった

○初めてナマを聞いたがすばらしかった

○バイオリンの音が非常に強すぎクラリネットをもう少し力を入れた方がよい

○学生らしくて、聞く方も気らくに聞けた

○中津川にも交響楽団がほしいと思った

○昔の恋人に逢った様な気がした

○とても良かった

○静かな感じの曲がよかった、金管にもっと迫力を

○レコードでは味えないナマの良さがあった

○アマらしく一生懸命

○とても迫力があった

◇気にいった曲は――

エグモント序曲7 ハンガリア舞曲18 未完成24 ブルータンゴ5 ワルツイングキャット6 シンコペイテッドクロック5 スラブ舞曲7 オーゼの死12 フィンランディア26

◇今後クラシック例会には――

オーケストラ7 バイオリン18 ピアノ24 室内楽5 声楽9 合唱14

◇その他の意見、感想――

○クラシックを敬遠する人も多いようだが、もっと多くの人に知ってもらうためレコ・コンなど多く開いたら

○参加者も楽しめることもやってほしい

○何らかの形で関学との交流があってもいい

○管弦楽のナマははじめてだが人数のわりに迫力がない

○年に二回位はクラシックを

○楽器紹介がよかった、笑いが入り、オケが身近な感じ

○どんなものでも出来る文化会館を創る運動を積極的に

○ステージが狭くて関学の人たちが固苦しいようだった。

（まだたくさんの感想がありましたが紙面の都合で省略します）

## ろーおん日誌

| | |
|---|---|
| 7月12日 | 関西学院オーケストラ例会 |
| 13日<br>14日 | 全国労音研究集会 10名 |
| 18日 | 運営委員会 |
| 22日 | 〃 |
| 25日 | 研究集会総括 |
| 28日 | 中部労音企画会議 |
| 29日 | 運営委員会 |
| 8月 5日 | 〃 |
| 12日 | 〃 |
| 18日 | 中部労音実務会議 |
| 19日 | 運営委員会 |
| 23日 | 事務局 |
| 26日 | 運営委員会 |
| 9月 1日 | 田楽座とぜんまい座交流会 |
| 2日 | 運営委員会 |
| 4日 | 編集会議、PR作業 |
| 9日 | 運営委員会 |

## ローオン あれこれ

◆…柳町サークルで八月二八日会員、近所の人たち十五人が集って岸洋子、高石友也のうたを聞いたり歌ったり。それに会員提供の山の8ミリ映画を見て楽しくサークルの集りを開いた。あなたのサークルでも新しいアイデアで工夫してみては。

◆…八月から十月にかけて、地域例会として田楽座がとりくまれていますが、蛭川村では八月二十九日、雨と強風の悪条件の中、三〇〇人の動員で成功に終りました。あなたの町や村でもとりくんでは

◆…九月一日東円寺で、田楽座とぜんまい座の交流会が行なわれたこんどの公演のレパに入っている諏訪の雷神太鼓を習いましたが、ぜんまいの連中は目を白黒、手さばきはシドロモドロ。全国労音の問題点、中津川労音の総括と方針民族芸能について、その他オカタイ、マジメな問題をマジメに話し合い、一層意気統合した感じ。

◆…季節も絶好とあって、岸洋子例会のとりくみに全力投球。宣伝活動の不足が話し合われ、あの手この手がうたれたが、なんといっても一人一人の会員意識が大切。魅力ある後半の企画にむけて、ヒトガンバリしよまいか。（Y）

**10月25日市民交流例会**

好評にこたえて

健康で明るく底ぬけにおもしろい

伊那の **田楽座**

あなたの町や村でのとりくみを話し合ってみてください

## あ・と・が・き

◆信夫くんも頑張っている。興南高校も頑張った。そしてオレ達も頑張っている。（S）

◆米価上がる。せめて会費はさげたらどうか。カッコイイ！（N）

◆九月、いい季節。メシもうまい彼女？……いないね。これからみつけよう。サビシイー。（I）

◆秋と音楽、めしにタクアン、ピッタリくるねエ。ところでこれからの例会も若者にピッタリヨ。（K）

◆労音歌集、今後毎号載せたい、大切に保存してくれ。モリモリくってバリバリ、ゴソつけ。（Y）

# 中津川労音

No. 40
1968.11.14

中津川勤労者音楽協議会機関紙　編集／組織情宣部　事務所／中津川市本町2丁目1-2（四ツ目川会館内）TEL5-4727

# 見砂直照と東京キューバン・ボーイズ

12・1月例会
12月5日（木）　東小

## 日本を代表するラテン・バンド

東京キューバン・ボーイズは1949年9月結成以来、指揮者見砂直照をバンドリーダーに無類のチームワークをもつて活躍しています。キューバン・ボーイズの魅力はなんといつてもアレンジとアンサンブルからなるブラスセクシヨン、サツクス、ラテンリズム、といえましよう。またタブーなどのアフロキューバン・ジヤズ（現代キューバの音楽）も新たにとり入れ、日本を代表するラテン・バンドであります。芸術祭奨励賞受賞作品「祭りの四季」は、日本の祭り囃子を主題として作曲し、ポピユラーバンドとしては初の受賞で話題となり、その後も地方の民謡を採集した「津軽お国ぶり」等日本人の心を引きだした作品として大変好評をえております。

■第一部　闘牛士のマンボ　ほか　　■第二部　タブー　ほか

# 高石友也・岡林信康のこと

——そのおいたち プライベート レポート——

あれからもう一年たちました。私たちがはじめて高石友也を知ってから。今年二月にもやって来て中津川へはこれで三度目。「受験生ブルース」のヒットで一躍マスコミに……、でもやっぱり前とおんなじの、私たちの仲間、私たちの歌手、こんどは何をのこしてくれるだろうか。

## 高石友也

### ■その1

本名は尻石友也。北海道は雨竜郡雨竜町の生まれ。旭川から汽車で二時間の瀬川からまた十四キロ奥の町。家は小さな魚屋。滝川高校で吹奏楽部におった。トロンボーンを吹く。ハワイアンバンドをつくる。高校は卒業。家がカタムク。北海道を脱出、立教大学に入学。学生生活はバイト生活。エレベーターボーイから夜警、そばやまでありとあらゆる仕事をやる。メシもロクに食えず、時々ブッ倒れた。だからあだ名はオバケ。それでも六年目に卒論がパス。題して「落語と落語家、その流れ」。全文毛筆で書く。三五年に入学して、ことしで九年目のウルトラハイステユーデント。要するに休学という制度で救われた。四十年赤倉スキー場でコーチ業。ついで大阪へ、何も知らずワラジをぬいだところが釜ケ崎。チャルメラソバ屋、鉄筋人夫をやる。相棒がうたのめっぽううまいやつで、すぐ影響感化されてうたをうたいだすギターをやっと買う。この生活で「歌とはこういうもんだ」と知る四一年十月プロとして立つことを決意した。それからイロイロありまして、ジョーン・バエズ、ピート・シーガーなどと共演。うたごえ、反戦集会、労音などに出演。中津川労音へは四二年十月出演、十月と私たちには縁もユカリもある男。

### ■その2

高石友也は昨年十二月、結婚した。相談もなしに。(アタリマエダ)ヤマノカミちゃんの名はてるみ。平凡パンチ11月11日号によれば「彼女は銀行員で、彼が飯場生活をしていたころ知りあった。昨年暮れに勤務中反戦バッジをつけていたためクビになって、それを機会に結婚した。」とのこと。来年二月に赤ん坊が生れるハズ。友也のプライベートな話をもっと知りたかったらあなた自身で手紙を出したまえ。

連絡先は、大阪市北区兎我野町一山安ビル六〇三号だ。

### ■その3

★友也の顔は実に不思議な顔だ。左と右のマユ毛の位置のアンバランス。外人ばなれした輪郭。いやその毛深いスネ。(ミタコトモナイノニウソコクナ)でも、友也のうたっているのを見ているうちに、あの顔がだんだんまともに、それどころかとてもいい顔に見えてくるのはなぜか。(ウタノチカラハオソロシイ)

★友也のうたを聞いていると、涙と笑いでいそがしいとある女性が言った。そこで思い出したのが落語のことだ。友也が落語の研究で何をつかんだか直接聞いたわけではないけど、落語には、庶民の自由で健康な楽天性、人情、助け合い精神、権力者お殿様をからかい笑いとばす反骨精神がある。それが友也のうたにもあるような気がする。(マアソンナコマカイコトハキニシナイ、キニシナイ、キラクニキイテヤリマショウ)

★友也のやっていることを横から縦からジーッと見つめてみよう。彼はものすごい貪欲な男だ。ただし歌についてだがね。ボブ・ディランのプロテストソング、ピート・シーガーのうたと人生、オールマナック・シンガーズ、ガスリーの仕事、マルビナ・レイノルズ、トムパクストンの創作、黒人達のブルースの心、ベラフオンテの力などからの喜び、共鳴し、そこから、いま自分がこの日本でできることは何かを考え、なんでもやろうとしている。(ヤリタマエ、ソノミチヲイキタマエ、トモニ、アルクモノハ、コノマチニモ、オルノダカラ。)

★友也とそのまわりのよかならぬヤロウとネエチヤンどもは、いつもゴソゴソとなにかやっておるらしい。フオーク・スクール、フオークギター教室、フオークキャンプなどやたらうたっておるらしいそこから歌が生れ、日本のフオークソングが生れひろがっていく、これはどえらいことです。(オレタチモ、オツパジメヨウゼ、イイタイコトオ、ウタニシテ、ドナツテヤロウ)

★友也は言った。「町や村でみんなとうたいたい。その運動をこれからもつづけていきたい。」「マスコミを逆制用してやるんだ。」「まアボチボチとやるんだ。」(ワカトルネエコノミチハゼニコニ、エンノナイミチ、ガンバッテオクレ、オレタチノナカマ)

# 岡林信康

## ■そのA

昭和二一年七月二二日、滋賀県近江八幡に生れる。父はプロテスタントの牧師。昭和四一年同志社大学神学部入学。東京山谷に入り込んで人夫をして仂く。一ケ月後山谷から帰る。ノイローゼになる同年十一月末解放部落の解放運動に参加。翌年春、再び山谷を訪れその足で釜ケ崎にも行つた。三月末、末解放部落の友人宅にいそろう。本格的に部落解放運動に入る昭和四二年六月近江八幡で催された反戦のフォークソングの夕べで高石友也の歌を初めてきき感動する。ギターと歌を始める。高石友也を招いておこなわれた、草津の反戦フォークソングの集いに飛び入り出演し自作の歌を二曲うたう四三年に入つてからは学校へは行かず、琵琶湖の干拓工事現場で仂く。いまは、現場労仂者をやめ本格的に歌うことになつた。

## ■そのB

★四一年夏おこつたひとつの小さな事件が彼の人生を変えた。父の教会によく顔をみせていた札つきの不良少女が、何かの事件で警察にあげられた。この事件をめぐつて「あんな娘を教会は受けいれるべきではない」という論議が信者の間に起り、少女は教会から遠ざかつてしまつた。（週刊朝日）

キリスト教信仰に対する疑問、教会に対する反発が爆発した。

★労音や反戦集会、学校などでうたつている。こんどレコードをだした。いろんな反戦歌、プロテストソングをうたう。自分が作詞作曲をし、いままでにもう二十曲くらいつくつた。矛盾した現実への痛烈な批判、やゆ、庶民の生活感情、そして形にとらわれない自由な曲想。——週間朝日より

★またまた本物のフォーク歌手が私たちの心をうたう、われらの歌手が生れたことを喜ぶ。この運動のひろがりを望むこと切なものがあるのです。

★セツタをはいてステージに出てくる男岡林信康。私たちは君にはじめてお目にかかる。大きな期待をもつて。ひとつお互にスツクと立つて、目と目をみつめてうたおうではないか。

これで高石友也、岡林信康のレイアウトはおしまい。

最後に二人にお願い一つ。大衆の中から生れ育つた歌手、プロテストするお二人が、私たち大衆の手のとどかぬところへいつてしまわぬようにたのみます。内容もゼニコのことでも。（シンデレラハゴメンダ）

（K）

## ——サークルさんぽ——

▼労音、はサークルが基礎になつています。サークルとは、会員三人以上のグループで、会員交流の集りを開くことを原則としています▼サークル会議という言葉を耳にしたことがあると思いますが、労音のサークルですから、中心内容を音楽におき、音楽について話し合い、自分たちの要求をみたすために仲間をひろげる、そして音楽を通じていろんな集いを開き、自分の成長をたかめることだと思います▼とはいうものの、具体的に〝サークル会議を開いて何やるや〟という声をききます。そこで実際に行なつているサークルの集りを紹介して、あなたのサークルの参考にしてください▼**柳町サークル**（A・B・Cと三つのグループに分れているが、サークルの集りを開くときは合同でやる）　いつも新しいアイデアで集いを開いているサークルで、今度も、スキー友の会と労音会員合同で十一月八日にもちました。内容は、レコードと8ミリ映画とダベリを中心に楽しく過しました▼**電通サークル**　ここは交代勤務で、全員が集まることは仲々できませんが、十一月八日に職場で、友也のテープを聞

←←←←←←←←←←←←←←←←←←←←←←

## 労音歌集 ③

### 山谷ブルース

作詞作曲　岡林信康

きようのしごとはつらかつたー　あとはしようちゆうをあおるだけー　どうせどうせさんやのドヤずまいー　ほかにやることーとありやしないー

二、一人酒場で飲む酒に
かえらぬ昔がなつかしい
泣いて泣いてみたつて
なんになる
今じゃ山谷がふるさとよ

三、工事終ればそれつきり
お払い箱のおれ達さ
いいさ　いいさ
山谷の立ちん坊
世間うらんで何になる

四、人は山谷を悪く言う
だけどおれ達いなくなりゃ
ビルも　ビルも
道路も出来やしねえ
誰も分つちゃくれねえか

五、だけどおれ達や泣かないで
はたらくおれ達の世の中が
きつと　きつと
来るさそのうちに
その日は泣こうぜうれし泣き

# 五分間音楽入門

## その一 〈フォークソングの巻〉

フォークソングを知るためのヒントを書いてみましょう。

× × ×

フォークソングとは、プロテスソング（抵抗と抗議の歌）だということ。腐敗した政治、戦争政策、人種差別への怒りと叫び、抗議をうたいます。その国民運動のはげましの歌でもあります。〈戦争の親玉〉〈時代は変る〉〈勝利の日まで〉など思いうかべてみてください。

× × ×

フォークソングは、トロピカルソングだということ。トロピカルとは事件、時事のこと。だからできごとを伝える歌だ。できごとはマスコミが伝えてくれるじゃないかと言うだろうが、報道されない真実を伝える歌だ。日本にもこの歌の伝統はある。添田亜蟬坊のうた、三木鶏郎のうたなどだ。〈小さな箱〉〈学校で何を習つたの〉など一度うたつてみてください。

× × ×

フォークソングは替え歌だということ。昔からあるメロディーに、新しい歌詞をつけてうたいだしたものが多い。古い歌が新しいひびきと意味をもつて生れ変つてくるわけだ。よい古い旋律はしつかりした建物のようなもので、いろんな目的に応じて何回でも使える。とピート・シーガーが言つています。そうなら、これは、私たちも試みてもいいことではなかろうか。ただ、日本の民謡は、封建期と現代にブツリ断層があるので、日本の民謡を替え歌にしてうたうといつたことだけでは問題は解決しないようだ。

× × ×

フォークソングについてもつと知りたい方に手頃な、本とレコードをここにあげておきます。一度読んで、聞いてみてください。

**〈書籍〉**「フォークソング」三橋一夫著、新日本出版社、二八〇円。「ポピュラー専科」中村とうよう著、実業之日本社、二八〇円。

**〈レコード〉**「戦争はいやだ！」ボブ・ディラン、ピート・シーガー、コロンビアYS608C。「危険な歌」ピート・シーガー コロンビアYS727C。「ベラフォンテ、カーネギーホールコンサート」②ビクターSRA5091。「ジョーン・バエズのすべて」ヴァンガードSH130。「カーネギーホールのウイーヴァーズ」ヴァンガードMH118。「高石友也フォークアルバム」②ビクターSJV354。（K）

←←←←←←←←←←←←←←←←←←←←←←

き、新しいうたを覚える会をもちました▼**市職サークル**　例会前と例会後の集まりを定期的に開いています。例会前は、レコードやテープを聞くことを中心に行い、例会後は、例会の批評を中心に話し合う集りを職場で開きます。今月は十三日に開く予定▼**ともだちサークル**　このサークルは会員が点々としてちらばつているため、仲々集りをもつことができませんが今回は、自分たちのサークルだけでなしに、あつちこつちのサークルに呼びかけ、大サークル会議を十一月十二日に開くとはりきつている▼**或る運営委員**　サークルといつて固定した形ができていないので、友也のテープをもつて会員の家を廻り、聞いてもらうという方法で、がんばつている▼**坂下支部**　坂下サークルとも呼んでいますが、会員が百名余の大世帯であることと、地域的な面から通称坂下支部といつています。今までに坂下独自で、吉川雅夫のマリンバ田楽座、高石友也、映画若者たちなどを公演してきましたが、今回も中津川と同じ「高石友也と岡林信康」（十一月十三日）のとりくみではりきつています。坂下中心部と、周辺の山口、川上、三留野などでレコード・コンサートを開いて会員交流に役だてている。将来は坂下労音と名のる日も近いような気がする。（Y）

## 労音歌集④

### 女の子は強い

作詞　北山　修<br>
　　　小野　徹雄<br>
作曲　高石　友也

おんながよわいと いったのは それはむかしのおはなしで
このごろおんなのつよいこと きみもおぼえがあるだろう そうさ
そうなんだ おれたちにゃ おんながとっても つよいんだ そうさ
このごろの おんなの つ よ い ー

二、小学校の校庭で<br>
タンテイゴツコにオニゴツコ<br>
もちろんボスは女の子<br>
男はそこらをにげまわる

三、ボクは高校三年生<br>
あの子はおさげの一年生<br>
フォークダンスで手をにぎり<br>
ふるえていたのはボクだつた

四、町できれいな女の子<br>
お茶にさそつてみたけれど<br>
でもトイレに立つたそのすきに<br>
となりの男と逃げちやつた

五、満員電車の客席で<br>
ちよつぴりすき間ができた時<br>
グラマンなおばちやん<br>
わりこんで<br>
かよわい男は立たされた

六、結婚前はおしとやか<br>
一年たつたら小ネコちやん<br>
三年たつたらゴリラちやん<br>
五年たつたらママゴンだ

七、平均寿命は男より<br>
女が五年も長いとさ<br>
長持ちするからきらわれる<br>
実つき　カーつき<br>
ウシツシー

# 第五回 総会盛会に終る

## サークル活動と例会内容の充実

### 田楽座も協力出演

去る十月三日夜、市内新町の農協三階ホールで中津川労音第五回総会が開かれました。各サークルや地域の仲間たち約五十名が参加しました。

今年は、中津川労音が誕生してから五周年目にあたるので、総会の討議内容も、『五年間の活動経験を土台にして、今後も益々労音運動を発展させよう』と、参加者全員が熱心に意見を出し合いました。

何といつても、第一に問題になつたのは、サークルについてのことです。サークルの集いを定例化しているところは少なく、サークル数そのものも増えているとはいえません。又、会費の納入が不安定でしかも遅いようです。

この現状から、①、すべてのサークルが月一度の集いをもとう。②、新らしいサークルを作ろう。③、サークルが主体となつて例会づくりを進めよう。④、新らしい会員やはたらきてをつくろう。⑤、会費の前納制を守ろう。の方針が話合いの中から出され、全員で確認されました。

第二に、例会については、この一年間の例会は圧倒的に好評だつたと評価されました。会員の要求を満たし、仂く者の心に共通の感動を与えた七回の本例会、巾広く市民とともに、創り上げた、地域例会、交流集会の四回、すべて会員や市民に共感を持つて受入られました。

これからも、例会を決まりきつた形で考えずに、各サークル、全会員の要求にもとずいて、企画をたてるように進めることが話合われました。

このほかにも、税金について、現在の情勢について、なども出されました。質疑応答のなかには、『労音に対するアカ攻撃は、どんな形で行なわれているのか』『放送が不備で、例会場のムードをこわす』『もつとたくさんの会員が増えるように考えたら』等々、熱心な意見が発表されました。

会員の固定数を八百名に、サークル数を八十に、という今年の目票が全員一致で決められました。又、新らしい運営委員も承認されて、協賛出演してくれた田楽座のうた、ゲーム、おやはし、おどりを間にはさんで、楽しいながらも真剣な討論ののち、第五回総会の幕をとじました。

すべての会員、サークル、地域のみなさん、『よい音楽を安く聞く』『楽しい仲間をたくさん作る』労音を守り育てるために、是非みなさんの協力と話し合いをお願いします。

会員の要求で良い例会を!!
会員の手ですばらしい労音を!!

（W）

# 田楽座 騒動記

田中鉦三

十月二五日、市民交流例会として取組んできた「田楽座」 あと二、三日もう一息、ガンバロウとハリキッテいたところへ、田楽座から電話。サイトロさしでおなじみ、マッちゃんが、舞台から転落二カ月あまりの大ケガ。（ビックリした）

マッちゃんをぬいて二、三日で新しいプロを組むのも大変。（ナンセ彼スターだからね） どうしても中津川公演、今回は出来そうもないとのこと。これは大変ダとすぐに実行委員会。いつもニヤニヤしている者も、マジメな顔して集合。

会員証は出ている、ポスター、ステッカーも貼つてある。こまつたことになつたと、みんなシブィ顔。しかし、こまつていてもなんともなりません。結局今回は中止来春に延期とする。（残念である）当日は田楽座員と参加できる人達で、交流会をもつことも決まる。会費は、全額払いもどしとする。

サアー、それからが大変、大騒動。実行委員、各サークル、職場への連絡、そりやもう大変でありました。でも、みんなよく動いてもらい、おかげで、どうにか連絡とれる。（ホッと一息）

実行委員、各サークル、職場のみなさん、ホントウニ、御苦労さんでした。これでおわつた訳ではありません。来春の公演に向つて今まで以上の協力をお願いしなくてはなりません。

マッちゃんの、元気な顔を早く見たいものです。

楽しい公演のその日まで、ともに頑張ろうではありませんか!!

（なお、松田満夫君のお見舞先は伊那市旭町　田中病院　一七号室です）

## 月曜の夜は労音に！ 運営委員になつて下さい

運営委員会は、各サークルから出ている、**三十二名の運営委員**で構成されています。運営委員長が責任者で、副委員長二名、事務局長、同次長、同局員、と、組織宣伝部企画制作部の二部から成つています。

**組織宣伝部**は、各サークルや地域の活動を手伝つたり、ポスター、チラシ、機関紙などを作つています。**企画制作部**は、例会内容について調べたり研究したりして、例会を創り上げます。

運営委員といつても、一人の会員には変りありませんので、何の特典もありません。むしろ、自分からの持出しが多いくらいです。

中津川労音の特徴で、**女性と若い人**が少なく、これからますます活動の輪を広げる上に、新らしい運営委員が増えなければなりません。**音楽**の好きな人、**仲間**を作りたい人、何かを**活動**をしてみたい人、ぜひ運営委員になつて下さい。毎週**月曜日**は『ローオンデー』として、**事務所**に集つて騒いでいます。一度来て見て下さい。

（W）

# 労音学校を開くにあたって

知ることのよろこびと
学ぶことの楽しさを
私たち自信でつかみたい
仲間のあたたかさと
仲間のきびしさを
私たちの間にみつけたい
学校を出てからすでに久しいきみ
学校とはとつくに縁の切れたぼく
けれど　そのきみとぼくとが
いま新しい学校を　ここにつくる

**※学習テーマ**

(1)人間とは何か、人生如何に生くべきか。
(2)よい音楽とは何か、よい音楽は如何にして創造されるか。
(3)労音とは何か、労音運動を如何にして発展させるか。

**※学習の内容と方法**

第一のテーマは「哲学、文学、演劇、映画」の分野から追求される。
そのための方法は
イ「読書」をもとにした討論。
ロ「生活詩の創作」を中心にした話し合い。
ハ「演劇、映画」の鑑賞と話し合い。

第二のテーマは「美学、音楽史、音楽理論、音楽鑑賞」を通じて究明される。
そのための方法は
イ「講義」をもとにした討論。
ロ「テキスト」による話し合い
ハ「演奏、歌唱」についての話し合い。
ニ「いろいろな音楽家」についての「人と作品」の研究。

第三のテーマは、「労音運動の歴史と労音運動の現状」とをつかむことによつて解明される。
そのための方法として
イ「労音運動の基本任務」についての討論。
ロ「労音運動の歴史」についての話し合い。
ハ「例会内容」についての話し合い。
ニ「サークル活動」の経験交流
ホ「月刊労音」をもとにした討論。

**※学習の進め方**

イ、月例学習会　毎月一回。ときには会員外の講師を招いて行なう。
ロ、合宿研究会　毎年一回。土曜の夜から日曜にかけて行なう
ハ、サークル交流会　隔月一回「例会批評」を中心に行なう。
ニ、会員懇親会　毎年一回「労音まつり」として行なう。(B)

(ここにあげたのは、あくまでも試案です。中津川労音は「自由自在」をモットーとして進みます。アイデアをどうぞおよせください。)

## 音楽雑感

—N・T—

「口びるに歌を、心に太陽を」小さな時からオンチだつた私が今でもオンチであるにもかかわらず、どうしてこんなに音楽が好きになつたか、自分でも不思議に思うことがある。

四千円も五千円も出して音楽会へ行つて、あと一カ月飲まず食わず(ちよつとオーバーだが)で暮しても、何となく心が豊かになつたり……。あたりかまわず大声でうたつて一人心ウキウキしたり……。道を歩きながらでも、仕事をしながらでも、友だちと一緒でも、二十四時間いつでもどこでも、メロディーやリズムが一緒でないと淋しくなつてしまう。「ヘタな横好き」とはこういうことなのであろう。

▽　△

音楽と人間の結びつき＝音楽が人間にどんなに必要なものであるか、それがわかりかけてきたのはついこの頃の事である。

ただ好きで、何となくクラシツクが上品そうで、教養ありげに思えて、それを趣味的に求めていた頃の私には、やつぱり本当の音楽がわかつていなかつたように今では考えられる。

音楽はただ上品なカザリではないであろうし、単なる趣味でもないであろう。もつと人間にとつて必需なものであり、心の叫びでなかつたら何なのであろうか。人間の本当の人間らしさを、人間のイノチを表わすものが音楽なのだ。

音楽が人間性に関係あるとしたら、人間を最も人間らしく幸せにしていける、人間に誇りと勇気と希望と喜びをもたらすものこそが真の音楽だといえよう。

仕事の中からうまれてきた仂く喜びをうたいあげる歌。仲間の友情からうまれたやさしいうた。父や母や、祖父、祖母からうけついだ古里をうたつたうた。平和を求めるうた。燃えるような愛の歌。

私たちに「人間の何であるか」をわからせ、心の中でうずもれている豊かな愛情や、正義感や、不屈の勇気を掘りおこしてくれるうたこそ、本当の、今の私の求めている音楽なのだ。

この私の小さな力が、労音という組織を支える何ものかになつて、音楽に希望を求めている人たちに、音楽でない音楽がマスコミにのつてながれ出しあふれ出している時、本当の音楽をさがしている人たちに少しでも役だてばいいなあと考えている。

自分の要求をみたしながら、何かどこかで、だれかの役にたつ仕事をするというのは、本当にたのしいものである。

「口びるにうたを、本当にいいうたを！　そうすれば心の中にはいつも太陽が！」

みんなが求めている真の音楽を創り、ひろめていく仕事にあずかれることはすばらしい。

「どんな事をおもしろがるかで、その人の人間性がわかる」といわれるように、「どんな歌をうたうかで、その人の人柄はわかる」ものだと思う。日本人すべてが、明かるく健康で、未来に希望をつなげるような歌を口ずさめるようになつたら、きつと日本ももつと変つていくだろう。

## ろーおん　インタビュー　NO・2

八、九月例会、岸洋子リサイタル会場にて、いろんな声を聞いてみました。

**記者**　今夜の例会どうですか。
**会員A**　第一部あんまり良くなかつたネ、二部に期待している。一部はもり上りがなかつた。
**記者**　最近の労音について。
**会員B**　固定会員が少ないというところに、問題があると思う。労音というものをもつとPRして、知つてもらうということやないかな、マア頑張つて下さい
**記者**　会費について。
**高校生**　高校生には高いと思う。高校生には高校生の会費を作つてほしい。そうしたらどうですか。
**記者**　岸洋子どうですか。
**会員C**　ヤツパリ、生で目の前で聞くのはいいですね。でもマイクが、チョツト気になります。
**記者**　十・十一月例会は、高石友也と岡林信康ですが。
**高校生**　フォークソングは好きだから、行こうと思つている。東京キューバンもいいですね。

今夜も、インタビューに記者が行きますので、よろしくね。

(文責　S)

# 労音短信

## 第14回 全国会議スローガン

☆すべての町や村に労音を、すべての職場にサークルを。

☆音楽の退廃化、軍国主義化に反対し、サークルを基礎に、専門家と協力し、勤労者をはげます音楽を創りひろめよう。

☆すべてのサークルで例会内容を深め、いきいきとした仲間づくりと音楽活動をみんなですすめよう。

☆労音運動を拡大強化する機関紙の充実と大量宣伝をつよめよう

☆労音運動をみんなで支える財政活動を強化しよう。

☆文化を破壊する不当課税に反対し、入場税を撤廃させよう。

☆ベトナム中央歌舞団の公演を成功させ、ベトナム人民との連帯をつよめよう。

☆勤労者の立場にたつて音楽の国際交流をすすめよう。

☆勤労者の立場をつよめ、民主勢力と協力して労音運動を発展させよう。

☆全国労音の統一と団結をつよめよう。

## 中部労音企画会議

十月十日に名古屋で中部労音企画会議が開かれ、中部労音のこの一年間の活動などについて話しあわれました。

その中で中津川労音は市民交流例会、田楽座による地域例会等、新しいとりくみが地域の条件に合わせて始められており、成果をあげていると報告されています。

そのほか、会員数について二カ年計画で会員数を伸ばそうとしているが、サークル数を問題にしていないのが気になるところです。

企画については、フェックス・シンガースが全国統一企画であるが、一つでもよべない労音があつてはいけないと思う。小さな労音でもとりくめる企画をたててほしいと思う。

## 大垣労音 企画員との話し合い

十月二十九日、大垣労音企画部担当の高木さんが来て企画について話し合いましたが、小さな労音は企画が自由にたてられないなど話し合いがはずみ、県内労音（岐阜、大垣、中津川）の企画部の学習会を計画しようということになつた。

（N）

## あなたの希望は？ あなたのサークルの意見は？

**ズバリと言おう！**
**仲間に言つてみよう！**
**ケンケンガクガク討論しよう！**
**来年の例会企画を！**

いま出ている演奏家、演奏団体の名前をあげてみます。これについてあなたとあなたのサークルの態度を表明してほしいのです。

上条恒彦
岡林信康、高石友也
田代美代子、倍賞美津子
ペギー葉山、葵ひろ子
春日八郎
シャープアンドフラッツ
薗田憲一とデキシーキングス
早川真平とオルケスタティピカ東京

井上宗孝とシャープファイブ
遠藤祐子とポップスシンガーズ
ドンキー・カルテット
ザ・シャデラックス
ボニー・ジャックス
デューク・エイセス
立川澄人
中村紘子
黒沼ユリ子、潮田益子
井上頼豊
ハープ・トリオ
田楽座、ふきの会

×　×

以上紙面の都合で内容は書けませんが、後日、内容解説のプリントをみなさんにおくばりします。（企画部）

―― ソノホカ キカクニツイテ ゴイケンヲオヨセクダサイ ――

## らっぱ

メキシコオリンピツク、無事終る。我が、日本の活躍も立派でした。金11、銀7、銅7、銅々と……？

※

平和なオリンピツク、ソビエトとチエコの選手が手を取り合つて。世界はどう見たか……。

※

黒人問題も忘れては、いけないヨ。プールに入ると、水がにごるとか。そんなにごつた心、すてたいね。

※

日本人は、イエロー人種。黒と黄と白と、あまり、ちがわないと思うのだが、どうですか。

※

メキシコでも、ジャポンでも学生デモ、ここでもオリンピツク。文化運動オリンピツク、ヤロウヨ。

※

宮崎信夫くん、ついに死亡。秋の悲しいニュースの一つ。移植して83日の命、でもよく頑張つた。

※

中津川にも、電車が来た、特急も来た、うれしいことだ。もうすぐに市民会舘も来てくれるかナアー。

※

議員さんの○が上つたそうナ。そういつたこと、早いのにオドロイタ。知らない人も多くいたヨ。

※

何かをして下さいとたのめば、予算がないの連続、いつまでもダメ。それだけに、おかしいよナアー。

※

オレ達、○を上げてもらうにはストライキをして、モメテモメテ、その上チビツト、差がありすぎら!!

※

らつぱ、今度で四回書きました。楽しかつたデス。次回からは、SからNへバトンタツチ、タノミマス。

## RO あれこれ ON

◆…十月二十一日の運営委員会に労音事務所に集つた連中がアツと驚いた。いつもは、あつちこつちにちらばつて整頓されていない事務所が、そのかげなく、書類は整頓され、机にはぞうきんがかけられ、かつてなかつた花までがさしてあつた。誰か見るにみかねてやつてくれたことと思うが、ほんとうにありがたいことです。ナゾの掃除ヌシに感謝します。

◆…全国会議の月がやつてきました。十一月二十二日から二十四日まで東京で開かれます。中津川労音でも代表をおくり、小労音の意見・主張を発表することになつています。あなたも参加しませんか。希望者は、運営委員まで申し出てください。

◆…おなじみ、ぜんまい座から。十一月十七日（日）に開かれる、民主教育を守る中津川集会（スポーツセンター）に参加、出演することになつた。民主教育を守り育てるため、教育によせるねがいをもちよつて、あなたも参加しましよう。

◆…毎年総会で問題にされていた市民会舘建設については、市内各団体、サークルの声が高まりつつある中で、市当局の見通しも進んでいるとの情報も入り、ここらで何らかの形で運動を具体的に進めていこうと話し合つています。みんなの協力で早期建設をめざして大運動を展開しよう。

◆…コマーシャルを一つ。アングラ・レコード・クラブなるものの入会パンフがまいこんだ。趣旨は、「会費を毎月払込むと、商業ペースにのらない歌や歌い手の、すぐれていても売れないうたをレコードにして配付する」という、高石友也らが中心になつているアングラ・クラブ。どんな歌や歌手が入つているか、チョットのぞいてみたいような気がするネ。（Y）

## あ・と・が・き

★ベトナム戦争終りか……、本当に終ればいいネ。どんな戦争でもイヤダよ。ニクソンかハンフリーか、どちらが勝つても、日本は金魚のフン……ダヨ。言つちやつた。（N）

★いよいよ歌をつくる気になつてモダエテおります。一緒にやつてオクレルひとはおりませんか。性別、年令、思想、信条、は全然問いません。ハイ。（K）

★機関紙のページ数も、ナカミもアツクなつてきた、きた。これからがたのしみダ。それだけに、よく読んでほしいし、保存しておいてほしい。（Y）

## ろーおん日誌

9月16日　運営委員会
20日　田楽座公演準備会
24日　運営委員会
26日　田楽座実行委員会
30日　代表者会議
10月 3日　第５回総会
11日　田楽座実行委員会
14日　運営委員会
16日　事務局会議
18日　田楽座実行委員会
20日　中部労音企画会議
21日　運営委員会
25日　田楽座公演中止→田楽座を囲む交流会
28日　運営委員会
28日〜31日　会費受付
11月 4日　運営委員会
4日〜9日　会費受付
6日　ぜんまい座打合せ会
9日　ぜんまい座練習
10日　中部労音代表者会議
11日　運営委員会
13日　高石・岡林坂下公演
14日　高石・岡林例会

## 8・9月例会 岸洋子・仲代圭吾 アンケート結果

# 女の私もシビレちゃった

**▼岸例会の感想をズバリ一言**

スバラシク良かつた(17)、良かつた(4)、普通(2)、良くなかつた(0)白紙(6)

▽あんまり女性が多いので、外で待つている時男の僕は恥かしかつた

▽歌もマイクで半減

▽客席まで来てくれてうれしい

▽大変良かつた、大人のうたであり、日本にこれだけの歌手はまずない、日本一であり今や世界的だ

▽大好な岸さんの歌が聞くことができて本当に感謝感激であつた

▽数年来の希望が実つて満足

▽始めのマイクの調整係員の体制を十分に

▽シャンソンの夕べらしくとても季節的にもこの例会は成功だと思います

▽シビレた完全に、女ながら彼女のうたにシビレた、目の前に立たれた時はグツときて頭がクラクラツとした、ウーン最高！

▽語りかけるメロディー、すばらしいの一言、すばらしい声量で歌いあげるシャンソン、涙がでるほどすばらしかつた

▽すべて良かつた、また呼んでー

**▼特に良かつた曲**

恋心(8)、母(5)、今宵あなたが聞く歌は(3)、思い出のソレンツァーラ(3)、イザベル(3)、夜明けのうた(2)、ワルソーのピアニスト(2)、サンレモメドレー(1)、水虫のうた、わかつているの、幸福を売る男、メケメケ、庄内おばこ、愛の讃歌、ベコーの子守唄さらばカプリ、希望

**▼仲代、バンド、アコーデオンについて**

▽バンドは良くなかつた、歌のバツクは五〜六人がいい、それ以上は唄が消される

▽仲代のポーズがいいアコはテクニシャンですネ

▽仲代のうたすごく感情がこもつており人間に聞かせる歌ですね

▽コミカルな歌で大変良かつた、そしてイザベル、涙に咲く花など哀愁にみちた歌をこなす仲代は将来有望、シャンソンでアコは重要なポイントだと思います

**▼そのほかお気づきのことは**

▽早くベトナム戦争をやめさせ世界に平和を

▽休憩時間を利用して歌唱指導などしてほしいと思います、毎回のことマイクの調子悪いのが残念に思われます、もうちよつとなんとかならないかしら、ごくろうさまとは思いますが

▽演奏が始まつてからの入場は絶対禁じてほしい、聞く人のエチケツトだと思う

（文責　N）

# 中津川労音

No.41

1968.12.5

中津川勤労者音楽協議会機関紙　編集／組織情宣部　事務所／中津川市本町2丁目1-2（四ツ目川会館内）TEL 5－4727

## 栄光のデューク・エイセス

どこにあるんだろう
にほんのうた
どこにあるんだろう
ぼくたちのうた
さがしだしたい
つくりだしたい
そのしごとをいつまでも
つづけたい

### 2・3月例会

3月11日（火）予定

■第1部

デューク・ヒツトパレード
ドライボーンボーンズほか

■第2部

長屋の花見
作詩　前田武彦
作編曲　和田昭治

■第3部

にほんのうた
銀杏並木　ほか

# 見砂直照と東京キューバン・ボーイズ

## 12・1 月例会

東京キューバン・ボーイズが中津川にやつてくるのは今回で二回目。第一回の演奏は一九六五年十二月であつた。一段と実力をあげている東京キューバン・ボーイズのバンドリーダーである見砂直照（みさご・ただあき）氏にスポットをあてでみたいと思います。

◆見砂直照氏はこういつています。

「労音あつての東京キューバン・ボーイズだ、どんな山奥でも、どんな演奏会場でも、我々に声がかかれば出て行つて力いつぱい演奏します」と。だから現在の見砂直照と東京キューバン・ボイズがあり、これからもますます伸びていくでしょう。見砂さんに二、三聞いてみましょう。

**一、見砂さんのレパートリーのうちいま一番労音会員に聞いてほしい曲はなんですか？**

アフロ・キューバンジャズ「サブー」で現在のキューバを端的に表現していると思うし、今年の上半期の労音のための作品としてとりあげたものです。

**二、いまの音楽界の状態についてどう考えてみえますか？**

あまりにも舶来音楽があふれている。外国のものだけを追求しすぎる。これが日本のものだというものが少ない。

**三、その中であなた自身では、これからどんなことをやつてみたいと思つておられますか？**

明治以来、外国のものもある程度消化されてきた。その中で、日本的なもの、日本人しか出せないものをつくつていきたいと思つています。「祭りの四季」もその一つのこころみだつたが……。

**四、そのお仕事に労音はどうしたらご協力できるでしょうか。労音にどんなことを期待しておられますか？**

自分の考えを、労音の中で発表する場をもてたことはしあわせだつた。（発表の場をもてない人が多い）いつでもやりたいというものを毎年、労音例会のためにつくつてきた。お互いに励まし合い啓もうしあつていきたい。

**五、日本の音楽を発展させるために国（政府）が正しい文化政策をもつことが必要だと思いますが、あなたはどんなことを国に要求したいですか？**

政治は民間におりてきて、民間の音楽をもつときくべきである。文化局をつくるというが、われわれは「どんなふうにやる」かを知らされていない。

日本文化をもつと積極的に海外へPRすべきだし、入場税なども早急に撤廃すべきである。国立劇場なども国民の税金で建てておきながら、特定の人たちにしか使わせないというのは全くおかしい話です。

× ×

会員のみなさん、「見砂直照と東京キューバン・ボーイズ」の演奏を心おきなく——。

## プログラム

### 第1部

**キューバン アンコール**

マンボNO5
闘牛士のマンボ
セレソローサ
ジャングルドラムズ
マシユケナダ
夜明けのトランペット
ピーナツツベンダー

### 第2部

**リバーメヒコ**

グラナダ
グアダハラ・メドレー
　グアダハラ
　マリアエレナ
　アイハリスコ
ラ・バンバ
メキシカン・メドレー
　ラ・クカラチヤ
　エルランチヨ・グランデ
　メキシカン・ハツトダンス
テインテインデオ
グアンタナメラ
イパネマの娘
タブー

## 曲目の解説

**●エル・マニヤロ**（ピーナッツ・ベンダー）

ピーナッツ・ベンダーの名前で世界的に有名なこの曲は、一九二八年にレクオーナ・キューバン・ボーイズのピアニスト兼アレンジャーであつた故モイセス・シモンの作品です。この三分たらずの作品がアメリカに入るやたちまちにして大ヒット！、ルンバの国キューバを一躍有名にさせたものです。四〇年間ラテンのスタンダード・ナンバーとして世界のいたるところで演奏され愛されているものです。

**●カント・カラバリー**（ジャングル・ドラム）

キューバの大作曲家エルネスト・レクオーナが一九二九年に発表したものです。アフリカから奴隷としてキューバに連れてこられた黒人が、ナイジエリア東部のカラバリーという港から積み出されたため、このルートで送られる奴隷たちをカラバリー族と呼ぶようになつたのです。カント・カラバリー（カラバリーの唄）は黒人奴隷のなげきや神への祈りを、レクオーナがソン・アフロの形式で書いた曲です。

**●テイン・テイン・デオ**

デオとは神さまの言葉。テイン・テインとはガラス管で作つた鈴で、この鈴の音が神の声として信仰者に伝わつてくるのでしょう。

黒人たちの信仰するブードウー教に使われる言葉がそのまま曲名につけられたもので故チャノ・ポソの作品です。

**●タブー**

キューバの女流作曲家マルガリータ・レクオーナの作品、ババルーと共にたいへん有名なものですソロ・アフロのリズムで書かれたこの曲は一九三四年に作られました。タブーとはある物にふれたり近づいたりすることを禁ずる宗教的な約束ごとの意味で、ポリネシア土人の間から初まつた習慣だそうです。

（企画部N）

第一四回　全国会議特集！

# 拝啓　全国労音殿

笠木　透

●議案、報告、発言はいいことずくめで拍手また拍手、まことにケツコウなムード。

●ムードでいまの問題が解決するなら楽なこつちや。そんなに各地が前進しておるなら、会員が三〇万に減つたのはなぜだ。

●労音はすばらしいことをやつている。誇りをもて。との発言。そのとおりだけど、誇りをもてば問題が解決するといわんばかりの報告もおかしい。

●軽音楽はすべて退廃的だと読みとれる議案書。それじや〃青春の歯車〃はロツクンロールとナニワブシだが、あれも退廃的か。ボサノバが民族色をこくしているのはなぜか。

●音楽の形式的なつかまえかた、ジャンルで差別する考え方など、わかつちやおらんねエ、音楽そのものが。

●いま労音のかかえている問題の中心はなにか、議案のいちばんだいじな点はどこか質問したら、えらく怒られた。質問も出来んのかわしらの会議は。

●わしらならこう答える。ズバリ一言、一分で。いま問題は〃例会内容〃にあると。

●報告では、名古屋労音の「勤労者の幅広い音楽要求を実現しよう」がピカ一。軽音楽（演歌、グループサウンズなど）のみかたについて、深く分析、追求してあり、一読してみてほしい。（月刊労音十二月号）

●問題別分科会（軽音楽、税金、音楽の歴史など）を開いてほしいと四年も前から主張しておるのにとりあげてくれんのはなぜか。

●はじめて全国会議に参加した会員の発言する場としての分散会もあつていいが、とくにこの困難な時期に、だいじな問題をほりさげずにおいて、いいのか。

●一九年もやつて来て、全国民にヒツトした〃うた〃ひとつつくれなんだことをどう思います。

●スローガンに小選挙区制、ベトナム、沖縄を入れよとの発言あり労音が音楽で勝負せずにいつたいなにをやれというのか。

●ほめ言葉あふれるメッセージばかりの中で、中村とうよう氏「全国会議おめでとう、などと調子のいいことをいう気になれません。困難な情勢の中での会議ですから真剣な討論が展開されることを心から期待していますが、客観情勢の分析よりも、主体的欠陥の反省が充分深められることを特に切望します。それをやるかどうかが今後の労音の運命を決定すると思うからです」のメッセージに心から共鳴した。だけに、わしら失望した、頭に来た。

●以上思いきつて発言した。破壊的言動にうけとられるとしたら、ひとえに表現のまずさ、小生不徳のいたすところです。批判、お叱りをこう。

（第一四回　全国会議　風景）

初めて参加して

# 意外だった全国会議

西田瑞穂

11月22・23・24日の三日間、東京で第14回労音全国会議が開かれた大会をふりかえつてみて、短期間に数多くのことが分つてきた。

八月の研究集会は観賞が主でわりと気楽だつた。だから掘り下げることもせず、全体の雰囲気をとらえてきたにすぎなかつた。

1日目の代表者会議は初めての試みであつた為か、2日目の連絡会議とほぼ同じ内容になつていた多くの労音が〃厳しい情勢の中で斗つております〃とか〃二カ年計画の第一期目標を出発三〇分前に達成することができました〃など感動的なシーンをかもしだし、代表者の熱烈な拍手を浴びる労音が多くでた。大変結構な事実であります。

22・23の両日、旅館で自由分散会みたいになつてしまい、男性群は消灯が三時近くになり気の毒であつた。三日目は出席する必要がなくなつた。

大会全体で感じた事は、殆んどの労音が会員数だけを追いかけている。先月は何人、今月は何人、その数字を着々とおつている。数字の大小が例会内容のよしあしまでも表わすかのような錯覚をしているようにも思える。ひとつにはそれもあるだろう。だが良い歌を安く聞く為にだけ労音があり、例会があるならば、民音にだつて、音協にだつて、うたごえにしたつて同じ事がいえる、それならば、労音はなくてもことは済むような結論がでてしまう。

日本には色々なうたごえの運動がある。やつていることは同じ様でも本質が違い、動機も違うとすれば出そうとする結論も違う訳だ

全国の仲間が労音の本質を浅いとらまえ方をしていると、今以上の停滞となりかねない。今、中津川労音は全国で重要な位置にある

私は四月に運営委員として労音の仲間入りをした、中津川労音に入つていることの誇りを改めて感じる。

第一四回　全国会議特集！

## 高石友也・岡林信康例会の

# 落書帳より

### みんなのナマの声

これはすべてナマの声です。他の意見と重復するところは、カットしましたが、あとは、一字一句、書いてあつたことをそのまま記事にしました。

## A

▼高石友也、岡林信康はおれたちの仲間だ、友だちだ。（島チャン男）

▼歌い語る、これこそ心と心が通い合う場。高石さんと岡林さん、この妙な組合せのようにみえるコンビが最高にいい！（中津川女）

▼おえらい連中に負けるな。がんばつて歌いつづけて！（高校生女）

▼また聞きたい。結婚して、子供が出来て、友也の歌も厚みが出来ていい。いい。全くいい。（男）

▼高石友也、岡林信康、こんな男性がもつとふえることを祈る。彼らにあこがれちやつた女性の祈り（蛭川 F・T）

▼高石友也に続く第二男岡林ちやーんバンザーイ。（イムジンの自由の使者より）

▼労仂者や学生たちの多くの人々からはなれないで。（高校生16才）

## B

▼歌の歌詩が、現実の体験の中からにじみ出ているようで感動もいつそう大きい。ユーモアあり、しんみりした所あり、とても楽しくすごせました。どうもありがとう

▼少女の作文を歌つたように、これからも小さな女の子の作文などをどしどし歌つて下さい。とてもすなおで、しかもハツとするような歌がたくさんあると思います。また公演などに出掛けて、語り合つた時の話からつくつてもいいと思います。

▼現実とは、こうだと教えられる自分の甘えた気持が恥かしくなる

▼楽しい！イヤうれしい。たのしい二人の歌を聞いていて、本当に私自信勇気が出てきました。ユーモア！生活の歌！生活の中から生まれたユーモア！来てよかつた!!（G）

## C

▼友也さんの会にいつも来て思います。日本中の歌手がこんな気持で歌つてくれたらと……。きいて、教えられることでいつぱいです。そして私もいろいろ勉強したいと思います。（坂下 J・H女）

▼こんなに心の底から歌える人がいたなんて……本当に感激!!言葉をあまり知らない私にはどうやつて今のこの気持を表現してよいのかわからないが理屈抜きで感激した。心、心を歌える人。もつともつとこれからも長く歌つていつてほしい。歌つてこんなに素適なのだなあ!!人間って——生きるつて本当にすばらしいことだなあ、真けんに生きている人つて素晴しいですね、美しいなあ。（玲子）

▼トモヤ、ノブヤスサマ、やつぱり来て良かつた。貴方達に会えてよかつた。貴方達の歌を聞いているといつしよに歌つていると、何か楽しくなつて来ます。生きている意味を再認識させられます。がんばつて下さい、いつまでも私達のために。（女20才）

## D

▼がんばろうおたがいに。ぼくは今高校生、ぼくには放浪性がある そしていつも近くや遠くにいつていろいろな人に接して来た。労仂者とも語つた。彼らと一ばん中、

## 労音歌集 ⑤

あきらめ節
ゆっくり おさえて ♩=60
唖蝉坊詞・曲
じ ぬ し　か ね も ち は　わ が ま ま　も ー の で
や く に ん　な ん ぞ は　い ば る も の
こ ん な　う き よ へ　う ま れ て き た　が
わ が み の　ふ う ん と　あ き ら め る

〽お前この世へ何しに来たか
税や利息を払うため
こんな浮世へ生れてきたが
わが身の不運と　あきらめる

〽苦しかろうがまた辛かろが
義務は尽さにやならぬもの
権利なんぞをほしがることは
できぬものだと　あきらめる

〽たとえ姑が鬼でも蛇でも
嫁はすなおにせにやならぬ
どうせ懲役するよなものと
何もいわずに　あきらめる

〽借りたお金は催促されて
貸したお金は取れぬもの
どうせ浮世はこうしたものと
わたしや何時でも　あきらめる

〽長いものには巻かれてしまえ
泣く子と地頭にや勝たれない
貧乏は不運で病気は不幸
時よ時節と　あきらめる

〽あきらめなされよあきらめなされ
あきらめなさるが無事であろ
わたしや自由の動物だから
あきらめられぬと　あきらめる

うつぷんをはきあつたこともあつた。ぼくの家は兼業農家だ、ぼくは家をつがなくなるかもしれないぼくは教師になるつもりだ。多くの生徒といつしよに考え合つていろいろなことを知つているかぎりおしえてやりたいと思う。おさえられたぼくたちにもできることがあるはずだ。（福岡町N）

▼どんな人にも誰にでも聞いてほしいと思う歌、せいいつぱい声を張りあげて歌うことのできる歌、普段心の中につもつていたモヤモヤをたたきつける歌、生活の中から生まれた本当の歌を続けていこう、ともやや岡林と一緒に私達も広めていこう、故郷をうた声でいつぱいにしたい。（ガチャ17才）

E

▼今まで毎日をただむだにすごして、人生なんてつまらないなんて思つてたけど、一寸考えさせられちやつた。やつぱり人生はいいものかな。どうすればよくなるかは自分しだいか。（高校生男）

▼ズバリ言つてすばらしかつた。歌というものがこんなに人の心をゆり動かすのかと思つたらうれしくて、自分でも歌つてみたい気になつた。もつともつといろんな人に聞いてもらいたい。涙の出るようなジーンときたところもあつた。もつともつと世の中を深く見つめていかなければならないと思つた。前向きの姿勢で生きようと思う。（高一女）

F

▼私は初めてこの会に来ました。そして今感激でいつぱいです。いつもいつもこんな会があつたらと思つています。（千旦林K）

▼ずばり一言、歌というものを理解しなおすことが出来た。今日のこの会に来てこれからの人生にきつと役に立つことがあると信ずる私もこれからは労音というものの一協力者となり、仂くものの友情を深めていくことができればしあわせだ。（17才男）

▼はじめて歌が　力であることを感じるひとときであつた。

▼舞台の構成（下に移したこと）good！もうすこし高くすれば後ろからでもよくわかる。

▼今の世の中に必悪（？？要かしら）なものが労音と思う。広く手をつなごうよ！（高小男）

G

▼形とかしなを気にせず、いつも心で歌をうたつて欲しい。真実の心をみんなに伝えるためには、リズムなどの表現方法をべんきようした方がいいにちがいありませんでも一番大切なのは、心のかなしみ、いかり、いきどおり、よろこびを心と体でうたうことだと思います。（高二女）

▼一流の歌手より高石さんのように我々に本当に接してうたつてくれる人のほうがどれほどいいかしれません。

▼うたうことが専問になると、だんだん生活に根ざしたうたでなくなつちやうんじやないのですか。うた専問から今度は又前の生活にもどつてまたうたをうたつていつたら。それより高石友也さんの様な人が次から次へ出てこなけりやならないのですね。（文責　K）

## 五分間音楽入門

その二　〈アフロ・キューバンジャズの巻〉

〝アフロ・キューバンジャズ〟とは、あまり聞きなれぬ言葉ですな。かく云う筆者も、サッパリわからない。そこで、東京キューバンボーイズの見砂直照氏が書かれたものを孫引きしながら、みなさんと一緒に調べてみましようぞ。

× × ×

『アフロ・キューバンジャズはリズミツクなビートを打ち出す普通のドラムの代りに、ボンゴエス、コンガ、テインバレス、グイロ、マラカスなどといつたもので独自なリズム、パターンを創り出すことで、ジャズのそれと異なつております』

× × ×

どうもここらが一番の特徴らしい。ジャズとアフロ・キューバンリズムという、二つのまつたく異なつた型のものを、一つに融合させて、新らしい高度な音楽に発展させたものといえましよう。

× × ×

『アフロ・キューバンジャズの歴史は古く、一九四〇年代にまでさかのぼるものです。一九四九年にデジィー・ガレスピーが彼のバンドに、キューバからコンガの名手チャノ・ポソを入れて演奏しました。それ以後というものは、ジャズとラテンリズムは切つても切れない仲となつてしまつた。その時代時代において、形こそ変化してはきましたが、つかず離れず、今日に及んでいます』

× × ×

これで、今日や昨日に出来た音楽でないことが解りますな。ボサノバとかアメリアッチとかいう、流行にのつたものと違つて、伝統のあることも解ります。この〝古い伝統と現代感覚〟の結合は、次の文で、単なる音楽形式の問題ではないのではないかと考えさせられます。

× × ×

『私はこの春、キューバ政府から招かれて、ハバナ文化会議に出席してまいりました。〝新らしき革命の国キューバ〟は伝統ある古きものもあり、また新しき世代の音楽も親しく見聞してまいりましたが、現代のキューバを一口で言い現わすならば、古き良きものを何ら破壊することなく、それらを土台として新しきものを築き上げたところにキューバ革命の成功があつたのだと思いました。現代のキューバを端的に表現する音楽こそ、〝アフロ・キューバンジャズ〟だろうと思います』（W）

# 労音と私

鈴木欽三

**私は、労音こそ現代人間が求**めてやまないすばらしい団体であると思つています。又、今後益々社会的にも必要なものと確信している。そこで何故にすばらしく、あるいは必要なのかを自分なりに発言したいと思います。又、これに一人でも多くの人が賛成していただけるならば非常にうれしく思います。始めに私自身労音運動の幹部でないことと個人としてあるいは市民として労音に参加している一人にすぎないことを知つていただいて話しを進めます。

**さて労音のすばらしさは第一**にやはり例会活動にあると思う特に地理的条件も悪い中津川に於いて、日本でも優秀かつ有名な楽人、タレントを招くことのできる団体は労音でなくてあり得ず、それは一人ではできないことを、民主的な手法によつてみんなで運営していることに大きな魅力を感じるのです。ここで我々の生活をみると日常、音楽ほど深く浸透し、自然に求め合う何かを持ち、親しみ易いものはないと思う。まさにこの世に生きる以上いやおうなしに聞されるのが音楽であり、これが非常に心打つものもあり、たのしくゆかいにしてくれるものもあり、時には天下をとつたようなものもあつて、そしてそれらがさまざまな思い出を残していくところに、どうしても捨てがたいものとなり、かくて音楽性豊かな社会的人間が誕生するのである。ところがである、現代ほど科学的にも物質的にも成長、豊かになると、あるいは豊かにするためにも社会は我々労仂の強化と徹底した合理化を追求してくれば、ここに人間の特に精神的生活のバランスがくずれ、人間疎外とか云つた問題が生じ、この結果、悪い個人主義が生れ、野狐禅型人間が続々と生れてくるのである。又これが現在の素顔であることを認めざるを得ないところまで来ているのである。

**そうした中で、これ等の問題意**識の上に立つて我々の人間性と連帯性を成長させてくれる一つの救いとも言えるのが労音であり、労音運動であると私は思うのです。この意味において、もしも労音を知らない人、あるいは興味の持てない人達がいるならば、それは社会的責任を感じ特に会員の一人一人がそのアピールに心がけていかねばならないと思う。さらに私自身、労音を通じ非常に多くの人と友達になれたことをうれしく思うと同時に例会は全体的なものである以上やむを得ないかもしれないが、得してその場かぎりの集りで、そのつながりは見られないのが残念であると思い、注意すべきことは労音こそ例会のための労音になつては実につまらないものと強く思うのである。そしてこれからこそ、それぞれのサークルがサークル単位に真剣に考え活動し音楽の中で対話し、自分自身の人間性を深めて行くところに労音の大きな将来性があると思うそしてさらに例会においても中津川のこのよき地域性とムードとかを充分取り入れたものも今後どん〳〵行い、会員間の交流も数多く持てるようきめ細い組織作りをお願いしたいと思います。

**以上のように、ようは**「労音」と言う名前にこだわることなく、みんなが楽しく集るつどいの中で、少しでも豊かな音楽性を身につけ、それが社会に役立つことができれば幸いと思うし子供も、大人も参加し、楽しきかな町づくりができるようになれば本当にうれしいことではないかと思う。

# 裁判傍聴

走り書き

「証人の氏名は？」
「住所は？」
「生年月日は？」

山ちやんこと山本正博君が証言台に立つて裁判長から聞かれ、続いて全員起立の中で山ちやんが宣誓をした後、原告中津川労音の代理人である郷弁護士が立つて山ちやんに質問を始めた。

法廷外は十一月二十五日とは思えないほど温かい日射しの中で、岐阜地裁第二号法廷の傍聴席には休みをとつて中津川から出掛けた数名の他に、岐阜労音、岐阜労演の仲間が数十人でほぼ満員の状態になつていた。郷弁護士の質問に答えて山ちやんは緊張の中にも落着いて一つ一つゆつくりと答えていく。

「あなたが労音の運営委員になつたのは？」
「第四回総会は、いつ、どこで」
「その総会での、あなたの役目は？」
「その総会で新委員長は誰に決まりましたか」……等々。

続いて被告税務署側の松崎代理人から反対質問に入る。

「あなたは今労音で何をやつていますか？」
「役員承認は総会以外でもやりますか？」
「何故、前委員長はやめたのですか」
「審査請求書の代表者名と総会で承認された代表者との違いはどうしてですか」……等々。

そうした質問に山ちやんはじつくりとよく考えては答えていく。

こうしたやりとりを聞いていた裁判長は、税務署や国税局から労音宛の手紙を受け取る時の様子などを証人に尋ぬた後、次回裁判を来年一月二十七日（月）午後三時から行う事に決定して終つた。

私はこれまで数回の裁判を傍聴してきたが、今迄は書面のやりとりで、よくのみこめないような裁判であつたのに比べて、今回の裁判は証人が初めて出延し、目の前でやりとりを見たり聞いたりしていると、愈々労音の裁判も本筋に入つてきたと感じたし、裁判の事を会員一人一人が知つていることも必要と思えたし、また時間をとつて裁判傍聴に出掛けてもらうのが裁判を理解する上でよくわかるので、ぜひお願いしたいと思つた

それにもましてサークル活動を活発にしつつ、労音運動を発展させることが一番大切であると痛感した。

みんなで裁判の傍聴に行きましよう。

（事務局サークルN）

# 労音短信

## ベトナム中央歌舞団を見に行こう
―名古屋労音例会―

全国労音が招いた〝ベトナム歌舞団〟が、政府の反対など、多くの困難や障害をのりこえて、やつと来日。まつていたすばらしい公演が実現します。

南ベトナムの民謡と踊りもあれば北ベトナムの民謡と踊りもあります。そのすばらしい演目は、きつとみんなを感激させるでしょう

とき　十二月十七日（火）
ところ　金山体育館
かいひ　六五〇円
申込　中津川労音企画部

## 第十四回全国会議
### 中津川＝四名参加

十一月二十二日から二十四まで東京で開かれた全国会議に、中津川からは、笠木、田中、長瀬（貞）西田の各諸兄が参加しました。三日間という貴重な時間をついやして参加されごくろうさまでした。（全国会議のようすは―三面全国会議特集―参照）

なお、今月十六日、報告を中心とした学習会を行ないますので、多数参加して下さい。

## 中部労音
### 税金問題対策会議

十二月一日、中部労音税対会議が名古屋で開かれました。これは労音にかけられている入場税について、今後の方針、対策を話し合うものです。中津川は承知のように現在裁判を行なつていますのでそういつたことを中心に話し合う予定。

## 〝土の会〟演奏会
### 私達の手で、私達の現代の民謡をつくろう!!

十一月十日、愛知文化講堂で、標記の演奏会が開かれました。これは「詩人と作曲家と演奏家が協力して新しい日本のうたをつくろう、そして、生活の中から心と魂をうたつた歌を創り広めよう」と開かれた第一回演奏会です。私たちの求めているうたがどんどんできてくるようで、期待も大きい。

中津川からは中野、笠木両副委員長が参加し、演奏会終了後、作曲家の熊谷賢一さんを囲み、現在の音楽情勢を語り合う中で、大変意気統合したと報告があつた。（I）

## 〃〃〃〃〃〃〃〃〃〃〃〃〃〃〃
## ろーおん インタビュー NO・3
## 〃〃〃〃〃〃〃〃〃〃〃〃〃〃〃

十・十一月例会　高石友也と岡林信康の会場にて、会員の声を聞いてみました。

**記者**　いつもと会場がちがうが、感じどうでしたか。

**会員H**　フォークソングを聞くのにピッタリな感じ、これからも良いアイデアを。

**記者**　例会どうですか。

**会員Y**　きのう坂下へも行つたのですが、坂下の方が良かつたような気がした。

**記者**　友也のうたを聞いて、何を感じたか。

**会員S**　今まで、ちいさなことにこだわつていたことがはずかしかつた。明日から、自分が変るような気がする。

**記者**　友也に注文を。

**会員W**　反戦歌をもつとうたつてほしいデス。

**会員E**　みんなでうたうのを、モツトたくさんやつてほしかつた残念でした。

（文責　S）



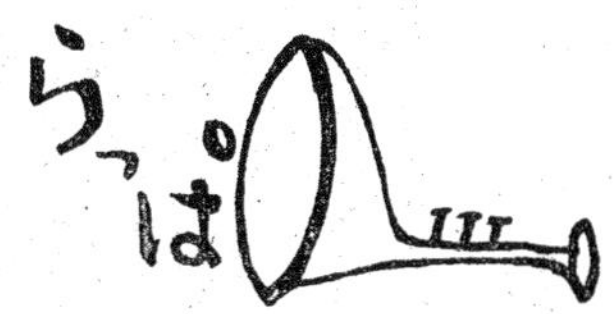


SからNへバトンタツチされた。これから何回かつづくラツパを、Sとかわつたかたちでかいてみるヨ。

※

佐藤三選なる。この総裁選挙で、朝から晩まで一番よく仂いた人はだれか？。それは聖徳太子ナノヨ。

※

選挙といえばアメリカ大統領選挙の方がおもしろかつたネー。日本の選挙より力が入つたよ。

※

先日東京へ行つて来たが、へんな外人がいつぱい。日本にいるのかどこにいるのかわからない。オーバかな

※

へんな外人ではないが、へんな店がいつぱいあつたよ。なかでも古本屋いい本がいつぱい……。

※

いよいよボーナスだ。ボーナスあてにいろいろ買つたが、あとは借金がとならないよう。ヘンなナス。

※

一年で一番たのしいはずのときが、ヘンなナスでうれしさも半減か。だれがこんな世にしたのか。

※

あきらめようと思つてもあきらめられないのが給料の少なさ、こんなことではいかんと思つてあきらめた。

※

あきらめついでにもう一つあきらめようではないか、この頃男か女かわからないのがいつぱい。どうかネー

※

エーィ!、ついでにもう一つあきらめちやエー。栄チヤンがまた総理になつたよ、我々の世の中はいつか。

※

今回のラツパどうだつた、ツマランそうかネー。あきらめずに希望持つてでくださいミナサアーン。（N）

## RO あれこれ ON

◆…十・十一月例会の 会場で行つた全国会議カンパは、総額五六〇〇円集まりました。これとサークルでカンパいただいた分を合せて参加費の一部に充てました。あたたかいご支援、本当にありがとうございました。

◆…鎌ちやん真澄さん、おめでとう。運営委員の一人、鎌倉隆明くんが十一月二十七日に結婚されました。将来を誓い合つた 真澄さん（旧姓古田さん）と共に、ますます充実した生活をおくつてください。お幸せに――。

◆…十二月十四日（土）に恒例の忘年会を計画しております。今年は、鎌ちやんと真澄さんの祝賀会をかねて行ないます。一層楽しい会になることうけあいです。ぜひ参加して下さい。十一屋旅館、六時から。

◆…これまた恒例行事のお知らせを一つ。労音が毎度お世話になつている十一屋旅館のオヤジさんも泣いてよろこんだ、名物チャリテイショー付新年会。かくし芸、うたなどもりだくさんの中味。ときは新春一月中旬ころ。場所は去年と同じ十一屋旅館の予定。

◆…十一月十七日、スポーツセンターで行なわれた民主教育を守る中津川集会にぜんまい座が出演。教育をテーマにしたコント、うたなど三〇分間。そろいのタートルネックを新調して、仲々カッコよかつたと好評。

◆…柳町サークルが十二月一日、電通サークルが十一月二十八日にそれぞれサークルの集いを開いた。電通は例によつてレコードを聞き最近少なくなつているサークル新聞も発行した。今後続けて発行することを期待します。柳町は、友也、岡林の例会テープ、そしてキューバンのレコードを聞き、十五名余の人たちが、楽しく語り合つた。（Y）

## あ・と・が・き

★全国会議帰りの列車で、原稿書こうなんゾ思つても見んヨ。それだけに、後のエライこと。（S）

★音楽内容を充実した紙面づくりいろんなサークル活動の記事ののつている機関紙にしようと一年がんばつて来て、まだまだ力不足です。でも、どうやつたらいいのかすこし分りかけて来たようです。よいお年を！（K）

★批判をお願いします。苦情を頼みます。文句を言つて下さい。どんなことでも。はがきにでも書いて送つて下さい。ぜひね。（W）

★会員拡大二カ年計画。相手は人だよ金の力では出来ないネ。（N）

★来年はケッコーな年だそうで。ミリキある例会で、固定会員八〇〇人（トリ）よ!!（Y）

## ろーおん日誌

11月15日 ぜんまい座練習
16日 〃
17日 民主教育を守る会にぜんまい座出演
18日 組織・企画合同会議
19日 運営委員会
22日〜24日 全国会議（東京）
25日 裁判（岐阜）
運営委員会
26日 機関紙編集会議
〜12月4日 会費受付
1日 中部税対会議（名古屋）
2日 運営委員会
5日 東京キューバン例会

8日 中部労音企画会議（名古屋）
9日 運営委員会
14日 労音忘年会（十一屋）
16日 全国会議の報告を中心とした学習会
17日 ベトナム歌舞団（名古屋）

---

# 69' 前半例会企画

## みんなの要求・希望を――
## ――はばひろく実現する

来年は、中津川労音の発展の年です。充実の年です。

無名ではあつても、すばらしい内容の例会。

有名な人の、テレビなどでは絶対聞けないすぐれた作品の例会。

生でこそわかるクラシックの親しみやすい例会。

会員と演奏者が、うたつてうたいまくる例会。

説明なしでピンとくる、日本の民謡、民族芸能の例会。

生活のこと職場のこと、日本のことなど言いたいことを言う例会。

などなど、みんなが聞きたいものやりたいものなど必ず実現するためにがんばりましょう。

ところで、来年の前半期の企画を立ててみました。この案について、ぜひ、サークルで話し合つてみてください。その意見にもとづいて、決定したいと思います。

**69年度 前半期例会企画案**

二月 **田楽座**（仂く市民の交流例会）
三月 **デューク・エイセス**（決定、二・三月例会）
四月 **上条恒彦**（仂く市民の交流例会、地域例会）
五月 **バーブ佐竹**（中部労音統一創作例会、四・五月例会）
六月 **バイオリンのタべ**（研究例会）
七月 **ペギー葉山**（労音創作例会、六・七月例会）

尚後半期の例会企画の予定として、いま次のものがあがつています。

シャープ＆フラッツ
寺島尚彦と田代美代子
井上宗孝とシャープ・ファイブ
高石友也、岡林信康、高田渡
黒沼ユリ子
倍賞美津子
鈴木巌
ふきの会
芸労（仮称、もとラジオ中国芸能員労組）
井上頼豊
立川澄人
原孝太郎と東京六重奏団

（企画部）

# 中津川労音

No. 42

1969・3・11

中津川勤労者音楽協議会機関紙　編集／組織情宣部　事務所／中津川市本町２丁目1-2（四ツ目川会館内）TEL 5－4727

4・5月例会

5月18日（日）予定

演歌から怨歌、そして艶歌へ!!

## バーブ佐竹は唄う

艶歌は怨歌につながり、下積みの庶民の哀歓をつづる。自由民権を求めた演歌がたどる「流行歌の百年」――

戦友／城ヶ島の雨／篭の鳥／船頭小唄／ダニー・ボーイ／ラ・ノビア／夜霧のブルース／……女心の唄

谷口安正（トツプテナー）　吉田一彦（セカンド・テナー）　谷道夫（バリトン）　真木野義孝（バス）

# 栄光の デューク・エイセス 2・3月例会

デュークエイセス例会を取りあげたのは今回で二回目です。「どこにあるんだろうにほんのうた」は、『私たちの身近かにある問題をうたつており、親近感がもててよかつた』（津労音会員の声）のように、私たちがいつでも口づさめる歌です。これこそ日本の新しい民謡ではないでしょうか。

## にほんのうた

僕と永六輔とデューク・エイセスはこの仕事（日本のうた）にとりかかるとき、一つの課題をもつた。

「何年かかつても作りあげよう。自分達の姿勢をくずさずに自分達の国をみつめよう」毎月一曲ずつとして、五十曲〜六十曲を完成させるためには約五年かかる。大変な仕事である。日本の僕達の祖先からの遺産「民謡」をそのまま継承することでなく、その精神を僕達の若い感覚で受とめたいのである。全国各地の観光旅行の歌ではない。その土地でそれぞれの生活を営む人々の生活感情に受けとめられて、しかも全国の人にも受け入れられる歌にしたい。

全国のうたが出来た時に仕事の一区切りはつくと思うが、あくまでもそれは一区切りであつて、僕も、永六輔も、デューク・エイセスも皆、一生の仕事として考えている。そして、僕の願いは、僕達の願いが消えさつても、歌だけはいつまでも歌いつがれていつて欲しいということである。作者もわからない祖先達の偉大な民謡のように。

いずみ・たく

ソーラン節はニシン漁で歌われる時こそ生きているのであり、馬子唄は馬がいないてこそ本当の歌の姿なのである。

今日の僕達の感覚で日本の故郷を歌つてみよう。「日本のうた」の企画は決して大上段にふりかぶつたものではない。

「新らしい日本の歌を」といつた意図はあくまで結果がそうなればいいので、進行中の現在ではもつと気軽なものである。

永六輔

## 「長屋の花見」

これはおなじみの古典落語「長屋の花見」のポケツトミュージカル版といつたところです。デュークのメンバーが羽織、袴に扇子を持つて登場します。四人連座して大家さん、長屋の衆を演じます。

〽桜の花も見頃のある日

あとは……聞いて、見てのおたのしみ。

■横内章次カルテツトメンバー

横内章次　片野恭彦

松本耕一　桜井泰雄

（企画部）

## ✽プログラム✽

■第一部

ジエリコの戦い

トライ・トウー・リメンバー

トルコ行進曲

ダニーボーイ

ある恋の物語

A列車で行こう

〈新らしい日本の歌シリーズより〉

君の故郷は（東京）

女ひとり（京都）

いい湯だな（群馬）

風が消していく（鳥取）

フエニクス・ハネムーン（宮崎）

■第二部

一　長屋の花見

二　バンド演奏

三デュークヒツトソングメドレー

ザ・ノーティ・レディ

オブ・シヤディ・レイン

慕情

オンリー　ユー

バナナボートソング

トム　ドウリー

アイ・ウイルビーホーム

リトル・ダーリン

オーケー牧場

ライオンスリープストウナイト

ムーンリバー

マツクザナイフ

ミスター・ベイスマン

想い出のサンフランシスコ

蜜の味

花はどこへ行つた

イパネマの娘

ダンス天国

うたごえよ　ふたたび

# 上条恒彦とうたおう

4月12日〜15日　交流集会

以前、「小原重徳とブルーコーツ」例会で、中津川労音のステージに登場した上条恒彦（「リンゴ娘」という歌を覚えておいですか）が再びやって来ます。

彼は、うたごえ喫茶で歌っていたのを、音楽評論家の関谷邦夫氏のすすめで、歌手として一人立ちしました。それ以来、各地労音の例会や交流会に数多く出演しています。昨年は、全国労音統一企画のミュージカル「青春の歯車」に主人公の兄さん役で出演していました。

こんどの来演（四月一二日〜一五日）はギターの伴奏だけですが定評のある歌唱指導で会場全体を一つにしてくれることと思います。

そのレパートリーは（下記参照）、うたごえ運動の中でしばしば歌われたもの「どこまでも幸せを求めて」「心はいつも夜明けだ」フオークソング「勝利を我らに」「漕げよマイケル」、高石友也も歌ったもの「お父帰れや」「橋を作ったのはこの俺だ」など、広い巾のものを歌います。その他にもシャンソン、ラジオ歌謡、民謡などもあり、健康的な歌ばかりといえます。ただ歌ばかりの中で「小さなあなた」は、詩の朗読です。ベトナムの小さな少女にむかって日本の一女性が呼びかけた反戦の詩です。

この上条恒彦の交流集会は、中津川と坂下で開くほか、恵那、岩村、蛭川、付知、明智などでも開きたいと計画もされています。どんな条件でも出かけてくれますし必要とあらば自分でガリバン印刷もするほどの活動家です。ぜひ、各地で高石友也に続いての成功を収めたいものです。

最後に、「うたごえ運動」が淋しく感じられる今日このごろですが、上条恒彦の交流集会をチャンスに、再びみんなでうたう運動が盛んになってほしいものです。上条恒彦なら、きっと、うたごえの楽しさ、明るさ、たたかいの心を充分に、知らせてくれるでしょう。

実行委員になっていただける方を望んでいます。三月一二日（水）夜七時、労音事務所におこし下さい。お待ちしています。（W）

「月刊労音」表紙より　（66年 5月号）

## プログラム（予定）

### 第１部

星よお前は（上条）
青春の歯車（上条と会員）
山賊のうた（上条と会員）
リンゴ娘（上条と会員）
白い想い出（上条）
おいらの空は鉄板だ（上条と会員）
お父帰れや（上条）
さとうきび畑（上条）
君についていこう（上条と会員）
どこまでも幸せを求めて（上条と会員）
心はいつも夜明けだ（上条と会員）

### 第２部

さらばジャマイカ（上条）
罪つくり（上条）
牧師と奴隷（上条）
橋をつくつたのはこの俺だ（上条と会員）
小さなあなた（上条　詩の朗読）
自由ベトナム行進曲（上条）
愛の讃歌（ギター独奏）
あつたかいよぼくのそばは（上条）
漕げよマイケル（上条と会員）
勝利はわれらに（上条と会員）
若者たち（全員）

出演　上条恒彦（う　た）
斉藤　洋（ギター）

# 続・拝啓 全国労音殿

田中鉦三

●全国会議の記事を、機関紙にのせるためオレは、カメラをパチリパチリやっていた。

●すると写真を写してはイカンと注意された。（こっちの理由も聞かずに、何ごとダ。チョット頭に来た）前日の代表者会議でも注意があったとのこと。

●代表者会議にも始めから参加していたが、一言も聞いていなかった。その時、ナゼ写してはいかんのですか、と聞くと、こうである。

●会社、職場には、全国会議に参加することを内緒で来ている人もいる。だから写真などに写るとこまると言うのである。

●オレは、しがねエ左官屋だ。会社、上役といったことになると良くわからない。でも左官屋にも言いたいことはある。写真に顔が写ってはまずいという人が、もしいたとしたら、それまでにしても、全国会議に参加することないと思う。全国会議に参加しなくても、労音運動は出来るのだから……。

●ナゼ全国会議に参加している顔が、写真に写っていたらイカンのか。労音は何か悪いことでもしているのか。会社で、赤だ黒だと言われるのか。音楽を聞くのに、赤も黒も白もあるか。そんなコソコソした運動なら、やめた方がいいネ。

●最近（今迄もかも）の全国会議といったって一言発言すればすぐ拍手、何かと言えばすぐ拍手、拍手拍手の連続、拍手をする会だ。拍手で労音運動が出来るのか。

●会社に内緒で参加するまでもないと思う。記念例会を見てもそうだ。岡林信康がいっただろう、拍手よりも一緒に、大きな声でうたおうと——。

●労音も今に、出演者にナメラレルゾ。（もうナメラレテルカモ）聞くところによると、去年の全国会議は大成功に終ったそうナ。今後も同じケースでいくとか、全国の仲間のみなさん、ホントにこれでいいのかナ!!





労音歌集 ⑥

## 坊や大きくならないで

詞曲：トリン・コーン・ソン
訳詞：浅川しげる
高石友也

― くさも き も みどりも まちも むらも も えて い る

# 田楽座を見た声

二月十八日東小にて、田楽座を見る会が開かれた。昨年の十一月開く予定だつたが、出演者の事故のため今日になつた。それだけに参加者の期待も大きかつた。公演のすんだ数日後、いろんな声を開いた。

▽一部なんかゼンゼンおもしろくなかつた。二部の最後がチョット良かつただけ。

▽田楽座良かつたね？（笑い）あれでも練習しておるのかね。

▽鳥のおどり、おもしろかつた。ボク、アレ、すき。

▽前の方が良かつた。

▽佐渡おけさが良かつた。ヤッパリ手つきがちがう、うまいもんやね。

▽座員が少ない、見ていてもかわいそう。

▽あんまり元気がないけど、つかれておるのやない。

▽人が少ないので、自分も出ていつて手伝つてやりたかつた。

▽オレは、もともとこういつたものが好きやし、良かつた、おもしろかつたナ。

▽ああいつたものは、舞台でやるよりも、下におりて、みんなにかこまれてやつた方がエエゾ。

▽花笠音頭にしても、前の時にくらべて動きが悪かつた。何だかおかしな感じやつた。

▽途中でタルィといつて帰る人もおつたに。

▽見に行くように、私がすすめた人が、すんでから、おもしろくなかつたといつていた。たるかつたに……。

▽レパートリーをもつと変えんとあかんな。良いものは残しておいてもいいから。

これは、一部分の声です。まだ色々な声があると思います。

（文責S）

# サークル活動に思う

最近思うことは、固定会員があまりいないということです。

これはどういうわけかについて、自分のサークルを対象に考えてみます。

今の若者は、何か無気力な点が感じられる。音楽なんか聞くより、パチンコをやつたほうがより楽しく、有意義だと考えるのではないか、と思つてみたり、好きでない歌手や楽団だから行かない。一回ぬけると、規約により、次回の時は入会金が必要、そこでめんどうだからやめてしまう。

年もとつて（そんな年でもないのに）しまうと、何んとなく出にくい。なんやかんやで、固定した会員がへる。ならば新入会員を作ればよいのだが、おいそれとはいかない。そこで、例会ごとの単独会員ばかりが増える。代表者も券を売り歩くだけになつてしまう。

だからこういう状態をぬけ出す為に、宣伝を多くし、ある限度において強い態度に出て、固定させる努力をしてもいいのではないかと思います。

（某サークル生）

## あなたに おすすめしたい3冊の本

**あなたの音楽手帖** 井上頼豊著

よい音楽とは何か………

あなたを感動させ、はげまし、明日のかてとなる音楽とは何か？……

それにこたえる演奏とは？

Ⅰ音楽の流れについて
ベートーベンはなぜえらいか／モーツアルトの魅力は／国民音楽とは何か／など

Ⅱ演奏について
演奏の3つの側面／非合理から合理へ／きき手こそ演奏を育てる／など

Ⅲ音楽の現代について
あなたは甘やかされている／日本のうたごえ／労音とは／よい音楽とは／など

＜新日本新書 ￥280＞

**音楽はあなたのもの** 柴田仁著

「音楽がわかる」ということは特別なことなのか………

「音楽がわかる人間」というのは特別な人間なのか？

「教養としての音楽」でなく………毎日の生活や仕事の中に「生きている音楽」とは何か？

○恋に上下がないように ——音楽の分類——
○ミソもクソも一緒 ——音楽の価値——
○どこからスタートするのか ——音楽の普及と向上——
○ピアノは家具ではない ——音楽と教養主義——
○ぬるま湯のなかで ——音楽の聞き手——
○タキシードかステテコか ——音楽とエチケット——
○アラ、マツチャンデベソノチユウガエリ ——日本の伝統音楽——
など

＜三一新書 ￥250＞

**音楽の歴史** 山根銀二著

音楽は、そもそもの人類の始まりから、われわれの生活とともにあつた。

この本の中で著者は、「音楽の起源」を残された楽器と文献の中に求め、「音楽の発達」を社会的経済的発展のうちにたどりながら、「世界の音楽の歴史」をながめさせてくれる。

従来のヨーロツパ近代音楽中心の型をうち破つて、東洋及び日本の音楽の再認識したこの本は、「音楽と生活」の問題を考えるために大きなみちびきを与えてくれる。

＜岩波新書 ￥150＞

労音学習部

# 労音は興行師ではない

電通サークル

福田雅広

私は、労音に入つてまだ一年しかたつていない。だから、労音というものを深くは知らないが、私なりに考えた労音についての卒直な気持ちを、述べたいと思う。

**◆のさばる見せかけの音楽**

全く世の中、便利になつたものだと思う。

スイッチ一つで、いつでもどこでも音楽を聞くことができる。画面の中に見ることさえできる。その内容も多種多様で、しかも、つぎからつぎへと異常なほどの速度で移り変つていく。

そんな中で、忙がしい現代人の関心を集めるために、非常な宣伝が行なわれたり、あるいは外観をめだたせたり、飾つたりして、我々の意志とは、かけ離れたところで、音楽が動いている。それに我々が引きまわされその中で泳がされているような気がする。

我々の心の中の悩みや怒り、あるいは喜びなどは、少なからず無視されていると思う。そんなものが大手をふつて、大道をまかり通つている。

はたして、このまま放つておいて良いものだろうか。

**◆真理を見抜けない我々**

しかし、良い音楽といわれるものもたくさんある。そういうものは、真実、我々を感動させるあるいは共鳴させる。

だが現代ほど、色々な音楽が、複雑に入りまじり、はんらんしていると、良いものも見失つてしまう。

何が良いのかわからなくなつてしまう。

そしてついには、良いか悪いか考えなくなつてさえしまう。

だからそこに、見せかけの、偽りの音楽がはやり、しかもそれを見抜けない。

**◆労音の必要性**

ここにおのずと、労音の必要性が生まれてくると思う。いろんな人が集まつて、見たり聞いたり、考えたりする中で、お互いに話し合い、討論し合つて、偽りを見抜き、良いものを見出し、悪いものであればどこが悪いかを指摘し、良くすることができるものであれば、良くする方向で運動を進める。

それが、労音運動だと思う。我々の手によつて、我々のための音楽を育てる運動だと思う。

**◆サークルが労音を培う**

そういう運動を進める上で、最も重要な基礎をなすものは、サークルだと思う。

友達どうしなり、同じ職場の者どうしなり、あるいは、同じような境遇にある者どうしなりが、集まつてサークルをつくりその中で、人間的なつながりを深めながら、音楽についての考えや、要求を生みだし、音楽を自分達の生活と密着したものにさせて行く。

そういう意味で、サークルの充実こそが、労音の成長につながるものだと確信する。

労音は、興行のためにあるのではない。

ともすれば、興行師的に思われがちな中から、早く脱却したいものだ。

## 会費の前納を〃〃〃〃〃お願いします

最近、会費の前納がいささかみだれている。なぜ会費の前納をやかましくいうのか。

一つは、労音は会員制、そのために会費受付日がある、それと当日に受付をする代表者が多くなつた。代表者もたいへんで、受付日のうちに会費を集めるのはご苦労様と思いますが、それと当日の受付は地域のサークルを対象として受付をしているのです。

二つめは一番の問題ですが、当日出演料、旅費などを支払わなければならないわけですが、最近では会費の前納が少ないため、出演者側に支払う金がないわけです。そのために当日に係ではいろいろと知恵をしぼらなくてはなりません。

代表者の方も大へんなことはよくわかりますが……、それ以上に当日の会費受付係は、例会もあまり見ないで計算ばかり……、ぐちはこのくらいで。

各サークルで出来るかぎり、受付日に事務所まで足をはこんでくださるようにお願いします。

（財政部）

## ろーおん インタビュー NO・4

十二・一月例会、東京キューバンボーイズの会場にて。

**記者** アフロキューバンジャズどう思いますか。

**会員B** ちつともわかりません、期待して来たのに……。

**記者** キューバンは、中津川へこれで二回目ですが。

**会員R** 前の時の方が良かつた感じがする。もつと知つている曲をやつてほしい。

**記者** 今後、どういつた例会をもつたらいいか一言。

**会員U** ピンキーちやんを。

**記者** 機関紙について。

**会員I** 今迄四ページやつたけど今は八ページやね。もつとページ数を増して、良い機関紙にして下さい、頑張つてね。

**記者** 二・三月例会は、デュークエイセスが決定してますが。

**会員D** にほんのうたに期待している。LPの三集はいつ出るのですか。楽しみにしている。

**記者** 労音運動について。

**会員T** ポスター、ステッカーの件ですが、例会がすんでも、いつまでも貼つてあるのをよく見かけます。そういつたところをしつかりやつてほしい。私も見かけたら取つてますが。

（会員のみなさん、貼るのも取るのも、協力を待つてます）

（文責 S）

# 労音短信

## 県内労音連絡会議

去る一月十九日、岐阜労音事務所に於て、県内労音連絡会議が開かれた。岐阜、大垣、中津川の三労音から、参加者二十余名中、中津川は四名。この日は、バーブ佐竹のプログラム内容について、参加者からそれぞれの意見を出し合つた。今後も企画を中心とした会議になるだろう。二カ月に一回位開こうと確認して終つた。

## ぱいいち大放談会

中部労音の仲間たちと連絡をとりあおう、ということで、その具体的な話し合いの場が、ぱいいち大放談会となつた。二月二二〜二三日、山口村岩根山荘で泊りこみ呼びかけは、二十名位行なつたが例会とダブつたり、その他の都合により、他労音からは、三重県津労音から三名、地元中津川は六名久しぶりにゆつくりした気分で風呂に入り、なごやかな話し合いは延々と続き午前三時まで。午後は津労音の仲間と藤村堂まいり。次回はもちまわりで、津市で開こうということになつた。

## 労音学校

これは名古屋労音が中心になり音楽内容、知識を深めることを目的として、日本一流の講師を招いて開くもの。大へん意義のあるものと思いますので、参加をおすすめします。詳しくは事務所へご連絡下さい。

（Y）

## 中津川に文化の花を！ 文化サークル連絡会が発足

### 市民会館の建設めざして

さきごろ、劇団「夜明けの会」の呼びかけで、中津川市内の文化サークルが集まつて、自主的に連絡会を結成しました。これには、「夜明けの会」を初めとして、「あつまり息吹きの会」「人形劇団恵那つ子」「ぜんまい座」などが参加しています。となりの恵那市では、昨年すでにこのような連絡会が出来ていますが、中津川市では初めてのことです。他のサークルのことをあまり知らなかつたそれぞれのサークルでは、この機会に横の連絡をとりあつて、活動面で協力し合つて行くことが出来ると思います。

さしあたつては月に一回の定期的な会合を開いて、各サークルの内情や悩みを話し合い、いずれは合同で何か創り出すことも計画されています。何といつても、中津川市には、映画、演劇、音楽などを上演（映）場所が、まつたくといつていいほど無いことが悩みの第一です。一日も早く、「市民会館」を建設し、設備のととのつた大ホールが完成されるのが望まれます。そのためにも、この文化サークル連絡会が中心となつて、運動を進めなくてはなりません。文化に対する市民の要望や支持を広げ、民主的な活動を展開する、大きな足がかりができたといえます。会員の皆さんの協力も忘れずにお願いしたいものです。

（W）



## らっぱ

おめでとうございます、今年もよろしく………なーんていつてたらもう3月。月日のたつのは早いナー。

※

暖冬異変、寒い寒いといつてたと思えば、春のようなポカポカするイイ日。どこかくるつとるネー。

※

ポカポカといえば、自動車事故があい変らず多い。どこの国か知らないが死亡事故だと運転者は死刑。

※

地上ばかりではないよ。空では自衛隊の飛行機が民家へ。ポカポカと上へ上がればいいが、下へ下へ。

※

安田講堂落城す。男東大どこへ行くカツコエーではすまない。我々の税金から校舎も機動隊の朝めしまでも

※

3億円どうなつた。だれかいつてた1月中には、2月中にはと。日本のどこかで犯人は笑つているよ。

※

わらう話しではないが、夜のヒットスタジオが今や話題である。悲しい気持もわからんでもないが。

※

歌手はなみだが売りものでないよ。歌が仕事なのである。イヤーン……ヤメエー。ナマ放送のよさ。

※

テレビのCMであるが、物価は上がるが、ネツは………。物価をすべて5円さげたら。ごえんがない話し。

※

春が来た。ミナサアーン恋の季節が来ましたよ。夜明けのコーシーを2人で。ナーンて話しないかナー。

※

冬はもう終つた。桜の花のたよりももうすぐ。サー若もの達、活動しよう。サー前へ進メー。（N）

# RO あれこれ ON

◆…一月二十八日、労音新春パーティーが開らかれた。内容は、うたとゲームとチャリティショー。参加は四十名位で楽しい集いだつた。欲をいうと、少なくとも一〇〇名位の人が集まると同じ楽しさも倍増。今後もこういつた行事を計画しますので、大勢の参加を期待します。

◆…『田楽座をみんなで見る会』の公演も終りました。公演にあたり協力下さつた大勢の市民のみなさんに感謝します。公演終了後、あとかたづけをすませ、十時半頃から労音事務所で反省会が行なわれた。プログラムについての意見がほとんどで、十二時頃まで田楽座を囲み話し合つた。

## ろーおん日誌

| | |
|---|---|
| 1月11日 | 鎌ちやん結婚祝賀会 |
| 19日 | 県内労音連絡会議（岐阜） |
| 20日 | 運営委員会 |
| 27日 | 裁判（岐阜） |
| 28日 | 労音新春パーティー |
| 2月4日 | 田楽座公演実行委員会 |
| 7日 | 文化サークル連絡会 |
| 10日 | 運営委員会 |
| 11日 | 編集会議 |
| 13日 | 田楽座公演実行委員会 |
| 17日 | 運営委員会 |
| 18日 | 田楽座公演 |
| 21日 | 文化サークル連絡会 |
| 22日 | ぱいいち放談会 |
| 24日 | 運営委員会 |
| 27日 | 編集会議 |
| 3月2日 | 中部労音企画会議（名古屋） |
| 3日 | 運営委員会 |
| 6日 | サークル廻り |
| 10日 | 運営委員会 |
| 11日 | デユーク・エイセス例会 |

## 会員のみなさんへ

◆…例会間近かになると、労音のポスターを見かけると思いますが図案から製作まで組織情宣部が担当しています。そこで今後、会員のみなさんの中から図案を応募してもらつて作つていきたいと思います。次回は四・五月例会「バーブ佐竹」の予定です。ぜひお寄せ下さい。

◆…ポスターについてもう一つ。例会が終つて一カ月余りたつてもまだ前回のポスターを見かけることがあります。お互いに気をつけて、古いポスターをみかけたらはがしてください。それに、何百枚というポスターを貼ることは大変な労力を費いやします。あなたかあなたのサークルでぜひ手伝つて下さい。事務所までご連絡下されぱお届けします。（Y）

## 東京キューバンとわがサークル

わがサークルも、このところチト振わない。会員の多くが、やれ労仂運動、青婦活動……とおいそがしいせいもある。また、ご多分にもれぬ〝合理化〟で、トンと若い人たちを採用しない。したがつて、ロートルばかりになつて、若い会員が入つて来ないから、いきおいマンネリになる。

それやこれやで、サークル会議はサボつているけど、例会後の感想は必ず書いてもらうことにしている。さて十二・一月例会東京キューバンの感想は――？

▼とにかくスゴイ。ステレオで聞くだけで、はじめて生を聞いたがカンゲキした。

▼久しぶりにスカツとした。やつぱりダイナミツクなフルバンドはエエな。

▼この前の時の方がバラエティーがあつた。最後が尻きれでタルイ。

▼サラツとした感じ。アンコールないのは物足らん。

▼メキシカンメドレー、いかにも軽快で浮かれる。ティンティンデオ、グアンタナメラがいい。

▼アフロキユーバンジヤズ、とつつき悪いけど、仲々聞かせた。もつとじつくり聞きたい。見砂さんの説明も加えながら。

ほんとうは、こいつをネタにして音楽的雑談会をやるとエエがナアーと思つている。そのうちにまたそんな集りを開くつもり。

（りんやサークル）

## あ・と・が・き

★今年始めての機関紙とあつて頑張つたつもり。モツト会員のみんなに愛されるものを……。（S）

★いつものことながら、労音に対する意見、要望ドシドシ電話、手紙下さい。待つている。（T）

★結婚シーズン来る。いつになつたらオレにカーチヤンが……早いとこ……ヤーメタと！（N）

★マンネリはいかん。ことしはじつに漸新な内容の例会、行事をやらにやアカンとわしや思う。（K）

## ＊＊ うごき ＊＊

サークルの集い、活動が寒さとともに停滞した感がある。停滞したというより、サークル数そのものも減少気味。

これは運営機関の体制、その他にも責任があるような気がする。陽気が良くなつたからといつて、サークルの動きが活発になるわけではないが、今年一年は、サークルに重点をおいた組織活動が必要な時期だと思う。

その具体的なうごきを一日も早く進めなければと思う。

こんな中で、二月二十六日電通サークルのレコ・コン

三月一日坂下支部山口村のレコ・コン

三月六日坂下の上条恒彦、デユークについての話し合いとレコ・コンなどが開かれている

柳町サークルをはじめ、二～三のサークルでも例会がすんでから反省会を中心としたレコ・コンをやろうと話し合つている。

あなたのサークル、職場でぜひ集まりを開いて下さい。

そのための資料、資材についての協力はおしみません。

事務所又は運営委員までご一報下さい。（Y）

# 中津川労音

No. 43
1969. 5. 18

中津川勤労者音楽協議会機関紙　編集／組織情宣部　事務所／中津川市本町２丁目1-2（四ツ目川会館内）TEL 5－4727

モスクワ国際ギターコンクール（80人中）第一位入賞！
日本より世界で有名なスケールの大きいギタリスト！
各地労音で好評連続出演！

# 鈴木巌　リサイタル

6月20日（金）
南小講堂（予定）
会費400円　追加会費100円

プログラムより

■第一部　ギター講座　■第二部　三つのスペイン舞曲／前奏曲ガボツトフーガ／モーツアルトの主題による変奏曲／前奏曲マリーアアルアンブラの思い出／伝説曲　■第三部　愛のロマンス／前奏曲とショーロ／ベネズエラ舞曲 メキシコのスケルツオとワルツ／組曲　田園風物詩（農夫の唄／遠い山脈／小川にて／種播き唄／童べ唄／秋祭り）

中部労音統一企画

# 歌でつづる裸の人生記

## バーブ・佐竹リサイタル

| | | | |
|---|---|---|---|
| 構成・演出 | 中野修太郎 | 出演 | バーブ佐竹 |
| 音楽監督 | 大沢保郎 | 演奏 | 大沢保郎トリオ |
| 照明 | 松原重光 | | 名古屋ファンタジックストリングス |
| 舞台監督 | 居作中一 | 製作 | 中部労音　バーブ・プロ |

〔プログラム〕

■第一部

浜辺の歌
出船
しかられて
この道
ビヨン・ザ・リーフ
かあさんの歌
篭の鳥
船漕ぎ歌
戦友
花嫁人形
ハワイアン・ウエデイング・ソング
城ケ島の雨
私の青空
女心の唄

■第二部

ネオン川
夜
女の運命
泣くんじやないルミ
カクテル小唄
おんな
青いゴムゾウリ
銀座は恋の十字路
恋の夜
ラ・ノビア
ダニー・ボーイ
別れのブルース
夜霧のブルース
上海帰りのリル
かりそめの恋
恋やつれ
白い太陽
真赤なバラ
渋谷ブルース
少年の悲しい歌
星がいつたよ

『〝歌手〟というカベをとりのぞいたものにしたい。その意味でも、飾らないハダカの自分を出したいし、レコード会社でつくつた〝女心〟や〝夜〟のイメージにこだわらず、本当にうたいたい歌をうたいます』

（朝日新聞　44・4・9より）

# 続々・拝啓 全国労音殿

渡辺梓

○第十四回全国会議の議案書を見て、とても驚きました。小さくなつているではありませんか。以前の議案書には、大きく掲げてあつたはずなのに。

●たしかにここ数年は、私たちもそして全国各地の労音も、そのスローガンを大切に考えていたはずです。

○会員数が三十万を割つたと伝えられる現在、ますますそのスローガンは重要だと思います。

●どうして今回から、こんな取扱いを受けなくてはならないのでしようか。

○そのスローガンとは「すべての町や村に労音を」です。

●会員が減少しつつあるからこそ又、活動が苦しくなりつつあるからこそ、新しい労音を、新しい町や村に作らなくてはならないと思います。

○その会員減も、小労音（千名以下）で起きているのではなく、大中都市労音（一部に例外有）で甚しいのではないだろうか。

●サークル活動は有名無実、事務所はプレイガイドまがい、赤字は累積、マスコミ受売りの例会、音楽を忘れた活動家、シヤンシヤン総会、ETC、ETC、ETC。

○そんなことは決して無いとは思うが、もしあるとすればそれはみんな、単位としての労音がマンモス化したがためではなかろうか。

●千名の会員が半減しても五百名五万名の半分は二万五千名、同じ半減でもこんなに差がある。こんなことは三才の子どもでも解る話ではある。

○東京労音はあつて、何故、世田谷労音、文京労音、品川労音が無いのだろうか。

●日本の中には、まだまだ労音のない町や村がある。そこの勤労者にとつて、「安く良い音楽」を誰が保証するのだろうか。

○だらだらと述べてきたが、だからこそもつと新しい労音を作らなくてはならないのではなかろうか

●それも千名以下といわず、七百名、五百名、三百名と、どんなに小さくてもよい。

○三ケ月に一回、半年に一回の例会　月に五十円か百円の会費。

●こんな労音なら、しつかりしたサークル活動が出来るし、活動家の請負いも過重にならない。機関紙だつてページ数の多いものは必要が無く、宣伝だつて充分に出来るはずである。

○決して不可能ではないはずである。

●聞くところによれば、新しい労音を作れば、今でさえ各地の労音の尻ぬぐいに忙しいのに、これ以上の面倒はご免だという意見がある相である。

○ならば、このまま座して消滅を待つのであろうか。

●今こそ「すべての町や村に労音を」、たくさんたくさん、作る時ではなかろうか。

○全国各地の状態をしつかりと把握している全国労音ならば、このスローガンの重要性は身にしみて理解されていることと思います。

## 労音歌集 ⑦

(1) 野に咲く花の名前は知らない
だけども野に咲く花が好き
ぼうしにいつぱいつみゆけば
なぜか涙が　涙が出るの

(2) 戦争の日を何も知らない
だけど私に父はいない
父を想えば　あゝ荒野に
赤い夕陽が夕陽が沈む

(3) いくさで死んだ悲しい父さん
私はあなたの娘です
二十年後のこの故郷で
明日お嫁にお嫁に行くの

(4) 見ていて下さいはるかな父さん
いわし雲とぶ空の下
いくさ知らずに二十才になつて
嫁いで母に母になるの

# 全日本フォーク

## ジャンボリー

## 8月9日10日に決定!!

すごいことがおっぱじまりました。これぞ本邦初演、日本国立ちはじまって以来の大ハプニング。モヤモヤ、グニャグニャをふきとばし、どなりまくって歌う会。既成のワクなんぞぶちやぶり、気に入らんものへ、やたらやつあたりする集り。

**出演者は、これまたすごい。高石友也、岡林信康、高田渡、ジャックス、上条恒彦、田楽座、ほかいま日本でいちばん大衆的な活動をつづけており、実力もすごい人たちばかり。これらのプロにつづいて、参加者の出演も自由。ひとつデタラメでけっこう、歌をデッチあげて歌っておくれ。高石友也が来るのに、「受験生ブルース」をそのまんま歌ってもおもしろくないぞ。**

私たちは、この五年間。中津川坂下、福岡、付知、蛭川、恵那、岩村、上矢作、明智、山口三留野などで、地域の文化を守り育てるために多角的な活動をつづけて来ました

その一番手が田楽座でした。長野県しか出んというのを無理にひっぱりこんで、今では、すでに二回、三回の公演が各地域で開かれています。

**三年前、はじめて高石友也の例会を開きドギモをぬかれました。当時まだ全く無名の彼をとりあげすごい反響をまきおこしました。**

**これこそ私たちの歌だと思いました。それから、毎年一回は顔を合せています。高石につづく、岡林信康は昨年はじめてお目にかかり、これまたファン激増。彼らにつづく高田渡は今回はじめてですが「自衛隊に入ろう」ですでにおなじみの男です。**

上条恒彦は今年はじめて聞いた男。すごい声でうたう彼の力にビックリ。歌ごえとフォークをうたう歌手。ブルースに新境地をひらくと思える男。

**ところで、これからがカンジンだ。読んどくれ。いったいフォークソングとは何んぞや、という質問をあなたにしたら、何んと答えますか。アメリカの民謡。プロテストソング。アングラソング、時事解説の歌。替え歌。などと言ってはみてもどうも一つピンとこん。そこで高石友也たちは「フォークソングをぶっつぶせ」という合い言葉で、既成の歌、ブームにとしてのフォーク、商業ベースにのったプロテストソングに対してチャレンジしています。**

ここです。私たちが、全日本と名づけて、フォークジャンボリーを開くのは。フォークソングの高石友也、ブルースの岡林信康、演歌フォークの高田渡、ハラーの上条恒彦に、日本の民謡の田楽座をぶっつけて、今ではぜったい他では聞くことも見ることも出来ん内容のものをやらかそうというわけです。

### 全日本フォーク ジャンボリー案内

八月九日、十日。受付午后三時から。開演午后七時。プログラムは、日没から夜明けまでの十二時間ぶっとおしの大ロングラン会費は五百円。夜中やるのでねむる必要はないけど必要ならテント、寝具一式、めしなどは各自持参のこと。ところは坂下町上野の椛ノ湖畔。自然の原野。既成のキャンプ場ではないので環境良好、眺望絶佳、恵那山、中アの展望台。

### キャッチフレーズ特集

○日本地図を真二つに折って下さい、その中心が椛ノ湖です。
○蒸気機関車が走る木曽路の入口
○日本中央高地の一大ハプニング
○ジャンボリーに参加せずしてフォークを語るなかれ。
○フォークファンなら参加しないはずがない?!
○エキスポNO、アンポNO、インポOH、ジャンボリーYES
○天下奇祭、奇想天外、眺望絶佳
○シリメツレツ、コウトウムケイ
○全国の非インテリゲンちゃん集まれ。
○難病奇病おもちの方、一晩うたえばピタリとなおる。
○藤村もビックリ、フォークジャンボリー。
○血につながるうた、言葉につながるうた、心につながるうた。
○歌の文句じゃないけれど、山の淋しい湖で……。
○ロッコンショウジョウお山はフォーク。
○京へ60里、江戸へ80里余。
○美濃国坂下郷大字上野字樺ノ木椛ノ湖。

さあ今から八月九、十日をあなたのスケジュールに記入して、必ずとっておいて下さい。山の上でお会いしましょう。（K）

全日本フォークジャンボリー出演者追加決定!!

**『五つの赤い風船』**
西岡たかし他四名
○血まみれの鳩

**さらに充実、すごい内容!**

## 感動と涙をのこし

# 『橋のない川』上映終る

——中津川 3.000人　坂下 1.5000人——

よい映画をみんなで見る運動の第二回上映作品としてとりあげた「橋のない川」と「ちから太郎」の中津川、坂下での上映運動が、成功のうちに終りました。

ヤクザ、エロ路線の五社映画のなかで、映画芸術の将来は、ますます斜陽になると考えられており、テレビの普及でわざわざ映画舘へ出かけていく人が減つていると思われているなかで、この良心的な映画作りと上映運動が成功をおさめたことは、すばらしいことだと言つていいでしよう。

これも、市民の皆さんの文化要求の高さを示すものですし、力強い応援のおかげです。また、小中学校の先生方の、いい映画を子どもたちに見せたいという熱意の成果でもあります。

さて、つづいて第三回上映作品として、続若者たち「若者はゆく」が決定しました。東京五月、名古屋六月、中津川、坂下へは七月に予定としていま交渉を開始しています。

昨年五月「若者たち」の上映ではじまつた、この市民運動としての「よい映画をみんなで見る運動」も、三回目をむかえるわけです。どうか、これまで以上の応援と助言をいただき、さらにこの運動の発展を期しています。よろしくお願い致します。（K）

■全国２千万青年の期待に応えて——

再び贈る若者たちへの賛歌!!

**『若者はゆく』**

続若者たち

よい映画をみんなで見る運動第３回上映作品に決定!!

監督　森川時久

キャスト　田中邦衛　橋本功　山本圭　佐藤オリエ　松山省二

## 活発なサークル活動がよりよい例会を保証する

最近の例会をみて、一定の会員がどの例会にも来るという人が少ないと思つた。ある時はフォークソング、ポピラー、クラシツク、歌舞団、落語、どれも見たり聞いたりすると楽しい。だけど例会に参加するまでに、タレントによつて自分でおもしろいかをきめて、自分に合う例会は行くという人が多いと思う。これはもう一つ労音のサークルとしての活動にかけていると思う。労音は、第三者の興業師がタレントを呼ぶ形とちがい皆んなの力で、会員の人たちが、見たい聞きたい気持が例会を成功させるものだと思う。そして例会の後には、楽しかつた、明日への皆んなの明るい世の中をつくるという、感動があつてもよいと思う。

中津川では文化的なものは少ない。だから、パチンコ、マージャンなどがさかんだと思うが、もつと、スポーツや芸術がさかんになつてもよいと思う。労音はその一つで、毎月二百円の会費で開ける一人が二人を呼び、また四人になる。そして大勢の力でより良い音楽を聞きたい。

（TKOサークル　K・Y）

## 県内労音だより

●岐阜労音が、A例会（クラシツク例会）を中止したこと、突然、朝日、中日新聞にデカデカと報道されビツクリしました●県内労音（岐阜、大垣、中津川）のリーダーでもあり、会員数も多く、歴史も長い岐阜労音のことであり、労音運動も先行き暗いのではないかと思わせました●例会内容とサークル活動の結びつきの弱さが指摘されており（小林ひろし氏の意見）、中津川労音も同様の弱さをもつているだけに向岸の火事ではなさそうです●音楽の例会を毎月開くという運動は、一見ハデで実は毎月サークルの会員が集つて話し合いを行い、その意見にもとづいて運動するというジミな活動がなくては成立ちません●世の中、ますます多忙でマイホーム主義で、外へ出にくいシクミになつていますが、そいつに対するたたかいでもあるわけです●中津川労音の運動にいま一番必要なことは、何んでもいいけど、とにかく集つて話しをし、仲間と一緒に活動するサークル運動をおこすことです●十サークルぐらいは定期的に活動していますが、これを更に三十サークルにふやし、新しいサークルをつくることです●岐阜労音の問題は、そんなことを私たちに教えてくれました●その後岐阜労音は上条恒彦などの例会をつくるため元気に動きだしています。きつと見事に立直るでしよう。（K）

**働く市民の交流例会！　地域例会！**

# 上条恒彦公演に参加して!!

四月十二日坂下、十三日岩村、十四日蛭川、十五日中津川で開かれた。公演後、中津川を中心にナマの声を聞いてみた。

▽人数の少ないのが残念。

▽高石、岡林のムード、力も持つている、ケツコウ良かつた。

▽会場によつて、一回一回ちがう感じ、人数を見ては気分がちがうのでわ？

▽何も残らん。

▽声にパンチがある、しかしまだそれが生きてない。

▽まだ自分の歌がない、これが上条の歌というものを。

▽ブルース、ジャズを、もつと日本語で、ピーンとくるものを。

▽歌ごえのえんちようの感じ。

▽高石友也には個性が強く出ている、上条にはまだない。

▽歌の統一がない。

▽みんなでうたうこと一級品。

▽黒人霊歌一番合つている。

▽詩の朗読、バラエティーにとんでよい、聞かせた。

▽みんなとうたう歌知つているのが多い、歌手がもつとしつかりしなくてわ。

▽これからの生きかたがむつかしいと思う。

▽思いきりうたえなかつたけど楽しかつた、うたわせるのが上手あの笑わせかたはキライ。

▽一人でうたつたのが良かつた、「モズが枯木で」じつくり聞けた。

（文責S）

# なぜ？〃〃〃〃追加会費が

バーブ佐竹の会費五五〇円、高いなアー。そうです、今までの会費より一五〇円高くなつています。でも現在では映画でも三〇〇円、他の労音でも四〇〇円の会費で運営しているどころはありません。

バーブ佐竹の場合は中部労音統一企画で中部十余りの労音が行ないます。バーブ佐竹と聞けばテレビのあのバーブ佐竹しかわかりませんが、労音例会では、マスコミではうたえない歌、人間性その他いろんな面を中部労音で製作したわけです。

出演料、製作費、旅費などで三十余万かかります。その他ポスター機関紙、通常経費など含めると四十余万は最底かかります。現在の中津川労音の会員数からみて、この五五〇円が最底の会費のわけです。

この様なわけで、今回は一五〇円の追加会費がありますが、この理由を理解して下さり、よい音楽を安く聞くため、みんなの労音をます〳〵発展させるために会員拡大をお願い致します。

（財政部）

## 〈その三〉雑誌案内の巻

知られてはいませんが、いい音楽専門雑誌がたくさん出版されています。とくに今年に入つて、二つの特色ある雑誌が創刊されました。もつと音楽内容を知りたい、国内や海外の音楽情勢をつかみたい、いいレコードを知りたい、そんな声に応える内容のものばかりです。

商業ベースにはのらないため宣伝されず、知られていないものばかり皆さんに紹介します。

×　×　×

**「フオーク・レポート」**

アート音楽出版（高石事務所）二月創刊。編集、秦政明。執筆、高石友也、竹中労、片桐ユズル、広瀬勝、など多彩。フオークソングについての意見、運動報告、新譜など。年間購読料二八〇〇円（送料共）

**「ニューミュージックマガジン」**

ニューミュージックマガジン社。四月創刊。編集、中村とうよう。執筆、関根弘、相倉久人福田一郎、加藤和彦、寺山修司朝妻一郎など多数。ブルースロックなどをとおして世界をみる若者の雑誌。しやれたセンスの中味のこいリトルマガジン。年間購読料一八八〇円（送料共）

**「音楽の世界」**

音楽の世界社。編集、音楽舞踊会議、小宮多美江。執筆、山住正己、矢沢保、佐藤克明、中村とうよう、秋山竜英など。日本の民族音楽の発展のための論争。意欲的作品への意見発表。

教育と音楽、海外ニュースなどページ数は少ないが、高い内容の雑誌。年間購読料一二〇〇円（送料共）

×　×　×

以上三誌の読者をつのります見本が見たいかたはご一報下さい。尚三誌とも、予約購読で、誌代前納ですのでよろしく。本屋では扱つていませんので、ご希望のかたは、中津川労音企画部笠木透までお申込み下さい。

# 労音短信

## 中部労音代表者会議

三月三〇日（名古屋）、四月二〇日（四日市）で中部労音代表者会議が開かれ、中津川からもそれぞれ参加した。名古屋会場では、中部労音統一企画バーブ佐竹例会のとりくみが中心に話し合われ、四日市会場では中部労音一年間の総括が中心で、各地労音の成果、欠陥が出され、今後の大きな課題もたくさんあつた。

## "労山" 中津川に誕生

中津川勤労者山岳会（通称"労山"）の発会式が、四月十九日に行なわれた。これは、山の好きな人たちの集りで、登山を通じ、山を中心とした行事を通じて、仂らく仲間の輪をひろげようというもの。只今会員募集中。

申し込み、問い合せは、労山事務局又は労音まで。

## メーデー前夜祭

四月三〇日、東小講堂でメーデー前夜祭が行なわれた。

今年は今までより参加者、出し物も比較的多く、充実した感じ。内容も、うた、職場のアッピール、民踊等々たくさん、労音は替歌大会でマァマァの出来。

来年はこれを基礎に一層中味の濃いものにするよう望まれる声があつた。

## 中部労音 交告氏との話し合い

八月九日、十日に開かれる「全日本フォークジャンボリー」を中心に、中部労音事務局長交告さんを囲んで話し合いが行なわれた。この中で、中部及び県内労音の参加を依頼し、十二時近くまで語りあつた。（Y）

## だより ぜんまい座 だより

**その一**　三・一六岐阜県集会に開幕太鼓をぶつたたいた。前日に練習、代表三人がでかけた。

**その二**　四月二十五日坂本で、太鼓と替歌を練習、同二十七日多治見で開かれた可知一太をはげます会に出演。

**その三**　メーデー前夜祭の開幕に大鼓、ラストに替歌大会。出し物が変更になつたので、練習は当日ステージの裏側で約一時間。度胸もここまでくると……アキレルネ？

**その四**　わがぜんまい座、うたも太鼓も、おどりも、たいしてうまくない。ただ、「好き」がとりえで、そんな連中が集まつているからもつているようなもの。こんな俺たちでよかつたら、ひと声かけてくれれば、どこでも飛んで行く"使つてやつてください"（Y）

## 諏訪労音を訪ねて

### "湖"のある町

塩尻峠を登りきると、諏訪湖が眼下に悠然と静かに小波うつていた。はじめて見る諏訪湖は、湖というより海の大きな入江のようであつた。

そんな町に信越諏訪労音がある。

先日、諏訪労音の会員から、フォークジャンボリーの話しを聞きたいから、ぜひ来てほしいと連絡があり、五月十一日、中津川労音から三名が出かけた。ちようど折も折、上諏訪、下諏訪、岡谷、茅野の四つの地域で田楽座の公演をとりくんでいる時であり、その日は、公演を成功させるための四つの地域の交流会の日であつた。

諏訪湖のほとりにある公園の一角、花時計なるものの前の、屋外の交流会。各地域の出し物の他に統一劇場の文工隊、田楽座の出演もあり、二時から五時まで、太陽の下で健康的な交流会であつた。

終了後、田楽座、統一劇場のオルグを囲んでの話し合いが行なわれその席で、フォークジャンボリーの概要を述べて来た。その席には二十代の活動者が五十余人も集り中津川もせめてこれくらいの活動者がいれば、じつくりした運動が出来るんでは、などと思いながら帰路についた。（Y）

## らっぱ

こんにちわ赤ちやんではないが、ドラ蔵、ヌリ助両宅に二世誕生。サルの様な元気な男子。末は………

※

親は子供につきっきり。こうも交通事故がふえてはムリもない。明日は明日の…ナーンていつてられないよ

※

今年の五月連休11年ぶりだそうな。天気はよかつたが事故の多いこと。道が悪いかドライバーが悪いか？

※

大学のストいつ終る。今年の東大入学生０人、どこかのクイズにあつたが、教育ママゴンどこえゆく。

※

教育ママゴンどこえゆくではないが高級官僚次々と退職金をかせいでいるそうだ、セコハン官僚どこえゆく

※

またまた上がるは国鉄運賃。いつたい天井はどこにあるのか、ミナサーン天井をおろしましようヨ。

※

春斗もほとんど終つたがあいもかわらず少ない給料。アー今年もだめかアキラメてはいけない労仂者よ。

※

サー夏がくるよ。背広なんかぬいじやオー。女の子はいいよ、だつて着ているかいないのか……ウツシー。

※

いよいよプロ野球のシーズン。今年はどこのチームが優勝するのかナ。朝の職場の話題が一つ増えたネー。

※

話題といえば、こうもいやな話題が多いと泣けるネー、気にするよりあきらめたほうがいいのかネー。

※

今回のラツパでNからYへバトンタツチ。最後まであきらめどうし、こんな私じやなかつたに。　（N）

# RO あれこれ ON

◆…四月六日、中津川労音有志と大垣労音の仲間、合せて十三名で残雪の富士見台へ登つた。頂上に放つてあつたソリで、キャーキャー、ワーワーと楽しい一日だつた。この次はあなたも一緒に行きましよう。

◆…五月十二日、中津川労音代表者会議が開かれ、バーブ佐竹の例会管理、税金問題、その他の議題で、中でも、税金問題についてはいろんな意見が多く出され、サークルへ持ち帰つて、話し合われることになりました。

◆…四月六日、文化サークル連絡会に加わつている生吹きの会の公演「松山節考」があつた。今後も地元の文化団体を育てるために、積極的にこういつた公演に参加しましよう。

◆…二月二十二日有志が集まつて行なわれた「パイいち放談会」の二回目として、前回参加した津労音の仲間が計画しています。ときは六月十四日十五日の二日間、泊りこみのケツサクな会です。音楽エッチ、ゴシップ、カアチャン、スキャンダル、哲学、その他、無責任大放談。あなたもドウデスカ参加して教養?を高めヨーョ。(Y)

◆…八月の全日本フオークジャンボリー。耳新しいのもその筈、中津川から全国に呼びかけて、破天荒な音楽会をやろうというもの。

◆…四月の上条とうたおう！も参加者全員とうたいまくつた集りで坂下、蛭川、岩村でも好評だつたとか。

◆…とにかくマスコミ文化で受身になりがちな昨今、ささやかでもうまくなくとも、こうした自分たちで創り出す喜びは五月の風のように、さわやか。

◆…日頃、エログロと敬遠されがちな映画館。「橋のない川」では親子づれのほほえましい姿が目立つて、これもさわやかな話題の一つ。

◆…さらにもう一つ。ふるさとの山「恵那山」一筋に数十年、その百態を描きつづける吉村唯七さんの個展も、そのひたむきな姿と共に心さわやか。

◆…演劇の幾つかのサークルも、今、新しい創造に向つて懸命の様子。中津川の夜明けはこうした創造的なエネルギーによつて開かれようと――。(A)

## アナタ　アナタ　アナタ　アナタ

目を皿にしてよく読んで下さい。この機関紙は運営委員が苦心サンタンして原稿を書き、校正をしました。読んでみて下さつて、面白ければ、それはあなたが労音運動にご理解があるのであり、面白くなければ、それは書いた運営委員の筆力が及ばないためです。ぜひこの機関紙づくりにあなたのお力を貸して下さい。葉書でも手紙でもけつこうです。よろしくご協力下さい。オネガーイ、オネガーイ

## あ・と・が・き

★機関紙づくり。あゝ今回も、また泣いてしまう。(S)

★泣き笑い。うれし悲し。諦めと怒り。激と静。直と曲。わたしやことしやヒネっていきます。(K)

★又も泣かされた機関紙、又も泣かされた会費受付、又も泣きたくなるあの話、何の話?(I)

★泣いて笑つて人さまよせて、わたしや労音がうらめしい。(W)

★泣くんじやないルミ。アッちがつた、諸兄よ。ユメとチボウをもつてやろまいか。(Y)

## ろーおん日誌

| | |
|---|---|
| 3月12日 | 上条恒彦公演打合せ |
| 13日 | 文化サークル連絡会 |
| 14日 | 上条恒彦公演坂下、蛭川実行委員会 |
| 16日 | ぜんまい座岐阜行 |
| 17日 | 運営委員会 |
| 19日 | 映画「橋のない川」実務会議 |
| 20日 | 長谷川正安講演 |
| 24日 | 運営委員会、裁判（岐阜）、上条公演坂下実行委員会 |
| 30日 | 中部労音代表者会議 |
| 31日 | 運営委員会 |
| 4月3日 | 映画「橋のない川」作業日 |
| 6日 | 生吹の会公演<br>有志富士見台行 |
| 7日 | 運営委員会 |
| 8日 | 上条公演地域連絡会 |
| 12日 | 上条坂下公演日 |
| 13日 | 〃　岩村　〃 |
| 14日 | 〃　蛭川　〃<br>運営委員会 |
| 15日 | 上条中津川公演日 |
| 16日 | 文化サークル連絡会 |
| 18日 | 財政税対会議 |
| 19日 | 労山発会式<br>編集会議 |
| 20日 | 中部労音代表者会議 |
| 21日 | 運営委員会 |
| 22日 | 上条坂下公演反省会<br>メーデー前夜祭打合 |
| 24日～29日 | 映画「橋のない川」上映 |
| 25日 | ぜんまい座練習 |
| 27日 | 〃　多治見行 |
| 28日 | 運営委員会 |
| 30日 | メーデー前夜祭 |
| 5月6日 | 運営委員会 |
| 9日 | 編集会議 |
| 10日 | 全日本フオークジャンボリー打合せ会 |
| 12日 | 代表者会議 |
| 18日 | バーブ佐竹例会 |

# 中津川労音

No. 44

1969・6・20

中津川勤労者音楽協議会機関紙　編集／組織情宣部　事務所／中津川市本町2丁目1－2（四ツ目川会館内）TEL 5-4727


8月特別例会

## '69全日本フォークジャンボリー

高石友也／岡林信康／高田渡／五つの赤い風船／ジャックス／上条恒彦／田楽座／参加者

8月9日↓10日　坂下町上野椛の湖畔

8・9月例会　9月上旬

## 黒沼ユリ子

バイオリン　リサイタル

### ■現代日本バイオリニストの第一人者

現代日本の作曲家によるバイオリン音楽の優れた紹介者として海外でも盛んな演奏活動を続けている。昨年は、ソヴィエト、ルーマニア、メキシコ各地で演奏を行い、今年に入つてキューバ、チエコスロバキア、ポーランド、ブルガリア、イスラエル諸都市で数多くの演奏会を行つている。これらの中には、三善晃、間宮芳生両氏の協奏曲も含まれ各地で高い評価を得た。桐朋学園を経て、1962年プラハ音楽アカデミーを首席で卒業している。

中津川労音　六・七月例会

# 鈴木巌ギターリサイタル

## ■プログラム■

□第一部
ギター講座（歴史・構造・演奏法）

□第二部
三つのスペイン舞曲
前奏曲　ガボット　フーガ
モツアルトの主題による変奏曲
前奏曲　マリーア　アルアンブラの思い出
伝説曲（アストリアス）

□第三部
愛のロマンス
前奏曲とショーロ
メキシコのスケルツオとワルツ
マドロニヨス
ベネズエラ舞曲
組曲田園風物詩
　農夫の唄　遠い山脈　小川にて
　種播き唄　わらべ唄　秋祭り

## 【曲目解説】

**■三つのスペイン舞曲**　ガスパル・サンス

フオリア、マタチン、カナリオスの三曲。フオリアは古くアラビアからスペインに伝わった静かなもので変奏されながら次第にクライマックスに到ります。マタチンは静かなシシリアーナ風の踊りです。カナリオスはフランスからおこったテンポの速い六拍子の曲です。

**■前奏曲　ガボット　フーガ**　ヨハン・セバスチャン・バッハ

この三曲は、ギターと同族楽器リュートのために作曲されたもので、ガボットとフーガは同じ曲がヴァイオリンにもあります。

**■モツアルトの主題による変奏曲**　フエルナンド・ソル

ギター古典の代表的作曲家といえば、まずこのソルをあげねばなりません。モツアルトの歌劇〝魔笛〟のアリアを主題として五つの変奏で構成してあります。

**■三つの作品**　フランシスコ・タレルガ

作曲者タレルガは近代ギターの父と言われる天才です。一九世紀に於けるギターを滅亡寸前から現在に至るギター隆盛えの基礎を築きあげました。ギターを語るにこのタレルガを知る事は最も大切であるといわれます。

**■伝説曲（アストリアス）**　イサーク・アルベニス

ギターとスペインとは切っても切れないものですがアルベニスはその最もスペイン的な作曲家で、この曲はピアノのために書かれたものですが、ギターでよく弾かれるスペインをよく表した佳曲です。

**■愛のロマンス**　（作者不明）

映画〝禁じられた遊び〟の主題曲として有名なこの曲は、日本でギターブームを呼ぶ遠因をなしているものです。愛のロマンスといわれるものはこの曲のアルペジオの部分だけをいって、中間部の曲は全く別のものです。

**■前奏曲とショーロ**　エクトル・ビリヤロボス

ブラジルの精力的な作曲家ロボスのギター曲で二曲共実に良くギターを生かした民族色の強い曲です。前奏曲は一番のもの、ショーロはやはり一番でサンバのリズムを持っています。

**■メキシコのスケルツオとワルツ**　マヌエル・ポンセ

メキシコの民謡のエストレリータはこのポンセの作によるものですが、ポンセは数多くの優れたギター曲を書きのこしました。この二曲は大変美しい旋律を持っていて南国メキシコの風土をよく表しています。

**■マドロニヨス**　モレノ・トロバ

スペインの現代作曲家トロバのギター曲で、山桃畠を歌った印象的な曲です。世界の巨匠セゴビアの為に作曲したといわれています。

**■ベネズエラ舞曲**　アントニオ・ラウロ

南米アルゼンチンの作曲家ラウロのギター曲で、変則三拍子のリズムと民謡風の旋律が、南米の熱っぽさをよく表しています。

**■組曲田園風物詩**　鈴木　巌

農夫の唄、遠い山脈、小川にて種播き唄、わらべ唄、秋祭り、以上で構成されたこの組曲は音楽で画いた絵画的な詩です。ギターの特性を充分考え作曲し、日本人の心の音楽をという事から作られたものです。

アルゼンチンの世界的女流ギタリスト、アリア・ルイサ・アニド女史に捧げられ、女史の手で東洋のギター曲として欧米に紹介され絶賛を受けました。

（企画部）

# 映画

よい映画をみんなで見る運動
第3回上映作品

## 『祇園祭』

**7月20日～24日　上映決定！**

中村錦之助 三船敏郎 岩下志麻他

**▼中津川の子どもたちに現代も生きている「ぎおんば」！**
**▼現代の祇園祭「フォークジャンボリー」前夜祭！**
**▼濃飛バス労組支援カンパのための上映！**

「若者たち」「橋のない川」につづく〝よい映画をみんなで見る運動〟の第三回上映作品として、「祇園祭」をとりあげることになりました。中村錦之助をはじめ、現在の映画界に不満をもち、五社映画のワクの中では作れない、民衆の良心的な映画製作運動として何回も〳〵つぶれかけながら遂につくりあげた、日本映画界に放つ画期的作品。京都市のバックアップをはじめ、多くの良心的文化人、芸術家の援助でこの映画が陽のめを見ました。

□　□　□

いま私たちは、全日本フォークジャンボリーを計画し、とりくみに入ろうとしています。このおまつりも、だれのためでもなく、私たちが、私たちのためにつくりだす、すばらしいお祭です。まさにかつて、京都の民衆がつくりだした祇園祭の現代版とも言えるものです。私たちの祖先が、たたかいかちとつたお祭の精神を、現代に生かすこと、それが、全日本フォークジャンボリーだと言つていいと思います。ぜひみんなで見ようではありませんか。

□　□　□

中津川の夏まつりで、子どもたちの一番楽しい行事は「ぎおんば」です。この夏まつりの源は「祇園祭」だと言えます。いまの子どもたちに、かつて私たちの祖先がつくりだした民衆のお祭の、本来の姿をぜひ知つてもらいたいのです。そこに、自分の親を含めて、日本の民衆の、祖先のあゆんで来た道をみつけ、これからの社会をきりひらく自信を身につけてゆくでしょう。

□　□　□

いま、私たちの仲間であり、労音の中心を背負つて来た濃飛バスサークルも、合理化くび切りの会社側に対し、ストライキで斗つています。彼らを応援してやりたいと思います。この映画を上映し、得た手数料の一部をカンパしてやりたいと思います。どうかみんなで見てください。

（K）

よい映画をみんなで見る運動
次回上映作品!!

## 『若者はゆく』

君のゆく道は………

九月上映予定

# 主張 この頃思うこと

●ここ一年位の間に、サークル、固定会員が減つてきています。この現象は、全国的な傾向ですが、中津川のような文化都市といわれる町においては、さびしい限りです●この原因として、内部的には(1)基礎であるサークル活動が衰退していること、(2)組織活動の不足等があいまつて起きている現象と思われます●(1)については、運営機関とサークルの結びつきの不足サークル代表者の問題、サークル会議が開かれない、などがあげられます。(2)については、圧倒的な活動者不足と、マンネリが遠因のように思われます●現在あるサークルの活発な活動と、運動のマンネリ化をなくするため常に新しい方針をうち出し、活動者をふやすことを中心にし、サークル→会員を着実に拡大することが、当面必要ではないだろうか。（一運営委員）

# らっぱ

Nからバトンタツチ。以後数回、大きくは宇宙、小さくはハナクソのようなことまで。おつきあいの程を。

※

そもそもラツパという楽器は、吹くことによつて大小の音も出る。吹かなければ何も出ない、おわかりカナ

※

アポロ10号、大任を果して回収に成功。月旅行も夢ではなくなつた。では、ここらで月に労音を作る計画を

※

宇宙開発も平和利用なら両手をあげて賛成。でも国の権威や軍事政策に使われてはありがた迷惑のカーンジ

※

バーブ例会大赤字。だが今までにない具体的な総括がなされたから、鼻血も出ん状態も救われたような。

※

この総括をもとに、いつの日にか大型例会を！〝歌謡例会なんてもうコリゴリ〟なんていわんでおくれ。

※

どこが悪いのか知らんが、百姓の人手のないこと。おれんとこまでトバツチリが来る時代。考えておくれ。

※

でも太陽の下で汗を流すことは〝ホントに健康的　だワネ〟どうです、みなさんも。太陽にあたろーよ。

※

各自動車メーカーの欠陥車が続出。世の中ア考えさせられるネー。〝知らぬは　ほっとけ〟バカこけ！

※

おれの娘2才。歯がはえきらんのでオヤジを呼ぶのに〝オトー　オトー〟の連発。その発音のおもろいこと。

※

実感として、子どものよさがわかつてきたような気がする。いいもんだ。私ごとにて、おそまつ！（Y）

# 労音短信

## 新しい労音ミュージカル誕生

〝劉三姐〟〝青春の歯車〟につづく労音ミュージカルが、いよいよ七月から全国を巡演。平井信作の「生柿吾三郎の税金斗争」（文芸春秋社刊）を山形雄策が脚色。演出・広瀬常敏、青楽・山本直純、振付・関矢幸雄の『リンゴの花咲く町』——。

木村晃、入江洋佑、上条恒彦等が出演し、リンゴ産地津軽を舞台に矛盾うずまく現代農村をえぐつた諷刺豊かな作品で期待される。

## 話題の〝野麦峠〟

昨年、名古屋労音で始めて発表した吉永小百合の「野麦峠」。各労音の例会で好評とか。けわしい峠をこえて信州に仂きに出かけた飛騨の娘たちの話題だが、これが発展して、小百合ちゃん映画化も考えているという。又、中津川にお馴染みの田楽座もまた、この題材をとり上げ舞台にのつけるとのこと。私たちのふるさとの話も、こんな形でどんどん次代に残してゆきたいもの——。

## 意欲的な音楽家

坂本ハカセが「ミュージックスクール」を開校。日本のミュージカルタレント養成を目指すと。

寺島尚彦の作品を発表する第六回コンサート開く。「沖縄をうたう」「ギターによせる愛のバラード」などで、出演・森山良子、上条恒彦、ミュージカルアカデミー等。

## 名古屋労音の例会

◆ボリショイ・バイオリン・アンサンブル（七月四日　七〇〇円）

◆サウンズ・オブ・ヤングハワイ（七月一四日　四〇〇円）

◆パリ祭69（七月一二日　六五〇円）芦野宏、加藤登紀子ほか

◆ザ・スパイダース（七月六日　五五〇円）

（N）

## 毎週月曜日は《労音デー》

中津川労音には専従がいませんので、労音についての問い合せその他は、毎週月曜日、七時半すぎに事務所へご連絡ください

## ろーおん日誌

- 5月 19日　運営委員会
- 　　　　　裁判（岐阜）
- 21日　文化サークル連絡協議会
- 23日　編集会議
- 26日　運営委員会
- 6月 2日　運営委員会
- 3日　ぜんまい座濃飛バス集会に出演
- 7日　サーちゃん送別会
- 8日　中部労音企画会議
- 9日　運営委員会
- 11日　文化サークル連絡協議会
- 14日～15日　三重県津労音行（はれんち放談会出席、フオークジヤンボリーオルグ）
- 15日　ぜんまい座付知で出演
- 16日　運営委員会
- 19日　田楽座放問（フオークジヤンボリーのオルグ）
- 20日　鈴木巖例会

## ROあれこれON

◆…長年労音の運営委員として、又ぜんまい座の人気スターとして活躍していたサーちゃんこと長瀬貞次君が、このほど転勤になりました。中津川を離れても、これからもいろんな面で頑張つてくれることと思います。長い間ご苦労さまでした。

◆…サーちゃんの転勤に際して、ささやかな送別の会を六月七日山口村岩根山荘で開きました。坂下の仲間五名を含め十六名の出席で夕食を共にしながら楽しくサーちゃんを送つた。（サーちゃんのフアンのために、転勤先をソツト教えます）

愛知県西春日井郡西春町大字九之坪外東ノ川七ノ四
電々公社西春加島合宿舍
二一四号

◆…六月一四日の土曜日、柳町サークルでサークル例会が開かれ二十名余の人たちが集つた。坂下町のギタークラブの人たち五名にギター合奏をしてもらい、そのあとコーラをのみながらダベリ合い、鈴木巖のテープを聞いた。定期的なサークルの集いをもつことの楽しさがあふれていた。今後も続けてください。

## ■ぜんまい座たより■

◆…五月三日、濃飛バス労組のスト中に開かれた集会に、ぜんまい座が出演。濃飛バスには労音のサークルもあり、長期にわたつているストを励ますため、寸劇に替歌それにみんなと歌おうと題して、一時間を過した。組合員みんなによろこばれ、有意義なひとときだつた。みなさんも何らかの形で、、ぜひ激励してあげてください。

◆…五月十六日福岡町、六月十五日付知で開かれた可知一太と語る会に出演。内容はコント、替歌など約三〇分。おじさんやおばさんそれに若い衆の見入る中で、トチつたり、アドリブ入りのコントにゲラゲラと大笑い。（Y）

## あ・と・が・き

★栄枯盛衰世のならい、シヨボクれないでますます音楽を!!（N）

★腹のそこからヤル気がでて来たようだ。ウッシー。（K）

★入梅の季節。空は、ジメジメ、いやな感じ。オレ達いつも、カラカラしている。ケツコウ。（S）

★今号四頁になつた機関紙。残念無念。なぜ四頁になつたか？　そこを推理しておくれ。（Y）

# 中津川労音

No. 45

1969・9・20

中津川勤労者音楽協議会機関紙　編集／組織情宣部　事務所／中津川市本町２丁目１－２（四ツ目川会館内）TEL 5-4727

来るか！C&Wブーム

ウエスタンナツメロから最新のブルーグラスまで

日本バンジョーひきの第一人者

## 大野義夫とカントリーメイツ

10月27日（月）　10・11月例会

よい映画をみんなで見る運動第４回上映作品

同時上映〈若者たち〉若者たち大会

10月８日 ⇨ 14日　グリーン劇場

この市民運動が始つて1周年、さらにみんなで発展させよう

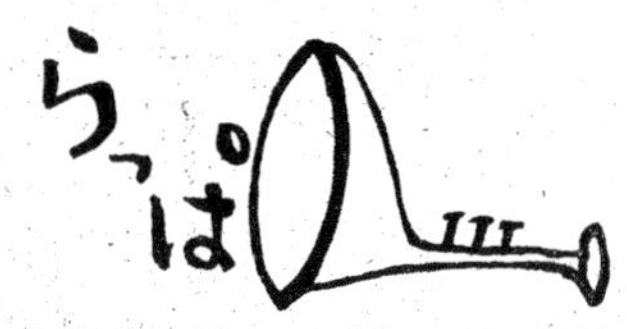


7月に畑田重夫、山本堯両先生の講演会。こういつた講演会の盛んなことはイイことだ。どんどんいこう。

※

第4回よい映画を見る運動として、続・若者たち「若者はゆく」。若者も、老いもみんな見よう。

※

やつた！第1回全日本フォークジャンボリー。文字通り日没から夜明けまで、フォークの祭だつた。

※

準備期間4カ月、延べ500余名の作業奉仕、参加者2.500人。ほんに、すごいことやつたもんや。

※

アマ、プロを問わず、出演者はみんながんばつた。とくにアマチュアは新しいうたを発表して好評だつた。

※

高石事務所の連中、燃えていたネー15時間のプログラム、今までの最高とか。モノスゴかつた。

※

話も聞かず、見にもこず、チラシ一枚とりあげて退廃的だときめつけるこういつた姿勢オソマツ。

※

退廃的かどうか、あえて弁解はしない。全国30余県から集つた参加者がいちばんよく知つている。

※

今、いろいろと話題を呼んでいるフォーク。つつこんだ話合いが必要。その場は全国会議だと思うよ。

※

今年の全国会議こそ分科会を！の要求もたたれた。オレ達のうたは誰がうたい、誰がつくるんや。

※

子どもが二人になつた。いろいろ考えさせられるネー。前号に引続き、またまた、おそまつ！　（Y）

# 黒沼ユリ子 バイオリン独奏会

## ピアノ　辛島輝治

たくましい表現意欲と、個性的な演奏で高く評価されている黒沼さんにかける期待は大きい。中津川労音としては、辻久子例会以来2年ぶりのバイオリンリサイタル。初秋の宵、十分楽しみたいものです。

### プログラム

ソナタ第五番〝春〟　ベートーベン

ソナタ第一番〝雨のうた〟　ブラームス

── 休けい ──

| | |
|---|---|
| ソナタ | 間宮芳生 |
| 悲歌 | 武満徹 |
| スーベニール | ドルドラ |
| エストレリータ | ポンセ |
| チゴイネルワイゼン | サラサーテ |

## 労音短信

### フォークで反省会

九月七日中部労音企画会議のあと、今年特に各労音でとり上げられたフォークソングについて話合われた。その中で、フォークの中には、仂く者の要求をうたつたもの、マスコミでよく売れるようなフォークスタイルのうた、それに退廃的な仲間の連帯をこわすようなものがある。………

そうしたフォークを、これからどう発展させてゆくか──、別に結論は出なかつたが、これからも皆んなでうたつていきながら、話合い考え合つてゆく必要があろう

### ミュージカルばやり

東海、中部、大阪労音の共同企画で島倉千代子の、沖縄をテーマにした創作ミュージカル「恋のなびがなし」。名古屋労音は十月二八、二九日、会費五五〇円。

男性コーラスグループのミュージカルアカデミーは、男だけのミュージカル「明日への終着駅」奥羽労音などで好評──。

北海道労音では、坂本博士の男性歌手のためのモノミュージカル「山から出たモグラ」。これは炭鉱をテーマにしたもの──。

それに、全国労音二十周年記念の「リンゴの花咲く町」と、創作ミュージカルは花ざかりといつたところです。

### イ・ムジチ名古屋へ

バロック音楽は、クラシックファンだけでなくモダンジャズのファンにも人気があるといいます。

そのバロックアンサンブルの最高をゆくイタリアのイ・ムジチ合奏団が、名古屋労音一一月A例会に出演することになつた。ときは一一月五日、会費一六〇〇円、曲目はヴィヴアルディの「四季」、コレルリの「合奏協奏曲」ほか。

# '69全日本フォークジャンボリー・・・

## 日没から夜明けまで 歌い明したい フォークの祭典

〃新しいフォークソングを生み出そう〃と、八月九・十日の両日坂下町上野梳の湖畔で、第一回全日本フォークジャンボリーが開かれた。ハッキリしない天候にもかかわらず、全国約三十県二千五百人の若者がかけつけた。

会場は、ほうずきチョウチン、のぼり、ヤグラ、アーチ等でかざられ、グランドのスミを出店がズラリとならび屋外ならではのムード。しいていえば開演前まで雨のため、グランドがクチャクチャだつたのが残念。でもそんなもの気にせず、あるようなないようなプログラムは進んで行つた。

田楽座の力強い太鼓の音が、ヤグラの上からひびいてくる。

アマチユアグループの出演、それぞれ自分の歌をもつてステージに上る。北海道、九州からわざわざかけつけたグループもあり、数多くの新しい歌の発表の場となつた。予想以上の出演申し込みがあり、楽屋はごつたがえしていた。

時間の都合で、出演できなかつたグループも数多かつた。

心配した雨もたいしたことなく全員ホツトしたことだろう。

花火が上る。いよいよ本番の感じ。出店ではコーヒー、五平もちコーラ等を用意して待つている。

田楽座の民踊、太鼓、ジャックスの熱のこもつた演奏（ジャンボリーを最後に解散）、岩井宏に遠藤賢司、歌ごえ出身上条恒彦のバカデカイ声が梳の湖せましとひびく。

五つの赤い風船、西岡たかしが以外におもしろーい。中川五郎の主婦のブルースと次々と歌いつづける。午前三時、自衛隊に入ろうの高田渡、自分のもち時間もわすれ歌いくるう。夜明けとともに岡林信康が、友よで登場。ムード最高潮。口の悪いのは歌でカバー人一倍わらわせる。そして御大高石友也の出番でますますムードは上る。彼は司会者としても活躍。

ギターの当るラッキーナンバーの発表、そしてせり市と、余興も入り楽しい会場内……。

最後はアマグループもギターをもつてステージへ、大合唱が始まる。もう午前八時をすぎている。

終ることを知らず、いつまでも歌いつづける。なごりを残して会場を後にした。遠望楽観のマークを胸にかけ、来年もまたあいましよう。

（S）

## こんなクラシツク例会を

クラシツク音楽はどうしても例会参加者が少くなる食わずぎらいということもあろう。何となく固苦しいということもあろう。

けど、無理して聞いていると、あと〳〵まで印象が残り、いろいろ考えさせてくれるのもクラシツク例会なりやこそだ。

だから、やつぱり、クビになわをつけても（？）参加させて、少人数でもやつてほしいと思う。

また、これまでのクラシツク例会の、いや日本の音楽会の、あのシカメ面らしい、よそゆきのスタイルはぶちやぶつてほしい。

これは演奏家にも考えてほしいことだけど、一日の労仂を終えて、本当に心をいやし、明日への力をたくわえられるような、気楽なしかも中味のある例会が考えられて来てもいいと思う

（H生）

# RO あれこれ ON

◆…六月二一、二二日の両日、中部労音学習会が豊橋市見晴荘で柴田仁先生をかこんで開かれた。中津川からも笠木、西田、鎌倉、田中の四人が参加。最近の音楽等について話し合つた。

◆…フォークジャンボリーの文集が近いうちに出来るわけですが、フォトコンテストの写真が少なくケツ作もなく、こまつています。参加して写真をとつた人、一枚でもケツコウです。労音事務所へ送つて下さい。
高石友也賞が待つておるゾ。

◆…先日、ぜんまい座付知町の母親集会に出演。ナンセ女性一色の会場、日頃デカイことを言つている座員も、この日ばかりはタジタジの感じ。（ホントカヤ）でも歌にコントに出来は上々。
女性ファンが、又々ふえました。

◆…九月二五日岐阜で行なわれる入場税取消裁判に、高石友也が証人として立つ事になつた。そのため九月十一日名古屋市丸の内法律事務所で、打合せがあり、中部労音交告氏をはじめ中津川からも八名の参加で、高石証人の証言内容を夜おそくまで話し合つた。

◆…坂下支部の活動家、野村俊男君と青山幸子さんが十一月九日坂下町公民館でゴールイン。おめでとう。坂下支部ではこの秋、二〜三のカップルがゴールインします仲間の中で祝福され、今後の活躍が期待される、楽しみですナ。

◆…椛の湖でソフトボール大会を予定しています。天高くスポーツの秋、坂下と中津川の対抗試合、だれでも参加出来るので楽しみ、待つててね。

◆…八月二七日　中津公民舘に於て、フォークジャンボリの総括会議が開かれた。内容について、全体的にみては、全国に例のない内容でよかつた。ただプログラムについてもう少し工夫するともつと良かつた、など、たくさんの意見が出された。今年の反省をもとに次回もぜひやろうと、気の早い連中は、次の企画を考えている者もあつたほど　（S）

**9月25日岐阜で開かれる裁判の傍聴に参加される人は例会場受付または運営委員まで連絡してください**

## あ・と・が・き

★海の向うじゃ二千万、中津川では二千人。このちがい。生活がちがうからか。でもやることにそうかわりなし。実にゆかい。（K）

★ぜんまい座に異色の新人登場。ただ今人気上昇中。こう御期待。（カツコイイ）（T）

★ひさかたぶりの編集。四頁じゃカツコがつかん。そんな感じ。（N）

★フォークジャンボリーも無事終る。足もとも、見とうしも明るいね。気をゆるめるナ。（S）

★しのぎやすい季節。もの想いにふける季節。動きやすい季節。秋ですナー……。（Y）

## ろーおん日誌

6月 21日・22日　中部労音学習会
23日　運営委員会
25日　フォークジャンボリー（F・J）事務局会議
27日　映画「祇園祭」事務局会議
30日　運営委員会
7月 1日　山本堯先生講演会
2日　映画事務局会議
4日　F・J事務局会議
6日　中部労音企画会議
7日　裁判
　　畑田重夫先生講演会
12日　県内労音連絡会 議
14日　運営委員会
17日　F・J実行委員会
20日　F・J会場作り
〜24日　映画「祇園祭」上映
21日　運営委員会
23日　F・Jのぼり作り
28日　運営委員会
8月 4日　運営委員会
9日・10日　全日本フォークジャンボリー
17日　F・J会場後片つけ及び反省会
18日　運営委員会
25日　〃
27日　F・J総括会議
30日　ぜんまい座栃後援会出演
9月 1日　運営委員会
3日　税金問題打合せ会
8日　運営委員会
11日　郷弁護士との打合せ
13日　ぜんまい座付知母親集会出演
15日　編集会議
16日　運営委員会
17日　恵那地区フイルムセンター設立総会
20日　黒沼ユリ子例会

## おらふぉーく会発足

全日本フォークジャンボリーも終り、今までの高石、岡林などの例会からもフォークファンもふえまたアマチュアグループも数多くなつてきました。そこで中津川以外の地域、坂下、岩村、上矢作、付知、名古屋などとも連絡をとりあたつて、月一回フォークの集いみたいなものをもち、主に新しい歌を作りみんなに広めてゆくとともに、新しい歌をおぼえたりレコード、テープなどを聞きながらフォークを研究していく。また幅広くC&W、R&Wなども研究していきたいと思います。

またこれからギターを憶えたい人にもびしびしと教えたり、教えられたりしていきたいと思います

また週一回専門的にアマのグループを中心として研究会を持ちたいと思います。

なお近々にフォークの集いらしきものをやりますので、ぜひオリジナル、替歌、その他なんでもいいですので、持ち合わせてください。

連絡先　中津川市本町二の一の二（四ッ目川会舘内）
田口正和　TEL五—四七二七　五—三〇九〇

# 中津川労音

No. 46

1969・10・27

中津川勤労者音楽協議会機関紙　編集／組織情宣部　事務所／中津川市本町２丁目１－２（四ツ目川会館内）TEL ５－4727

すぐれた歌唱力！　たしかな実力と人気！

## ペギー葉山リサイタル

12・1月例会

12月13日（土）　東小講堂

## プログラム

■第一部
(1) ミュージカルメドレー
(2) つめ
(3) 愛のおくりもの
(4) マンチエスター
(5) チキチキバンバン
(6) 愛の子守歌
(7) 東京労音提案、太田プロダクション制作
宇野書店発行　竹内淑郎編
「ぼく生きたかつた」より
組曲　ぼく生きたかつた
作詞　名越操、謙蔵
作詞構成　保富康子
作曲　小野崎孝輔

■第二部
(1) 悲しき天使
(2) 学生時代
(3) マンマ
(4) トウナイト
(5) ピツコラピツコラ
(6) 月のメドレー
(7) 雨傘
(8) サニー
(9) 皆んなで歌いましよう「愛のおくりもの」
(10) リクエストコーナー
(11) 雨

■リクエスト候補曲
(1) ラ・ノビア
(2) 大人と子供
(3) モア
(4) ドナドナ
(5) チヤオチヤオバンビーナ
(6) 南国土佐を後にして
(7) 母さんのうた
(8) おゝマイパパ
(9) ドミノ
(10) 飛騨の子守歌

## らっぱ

久しぶりの代表者会議。以前より集りはよくなかつたが、みんな真剣に討論した。定期的に開催をの声大。

※

総会にむけての総括と方針を話合つたが、方針については喧々諤々。討論を重ねて納得の行く方針を。

※

10・21国際反戦デー、中津川でも最近にない多数の参加。これでなくてはと身体がぞくぞくした。

※

映画「ベトナム」をひと足先に見た会員、ベタぼれ。よるとさわるとベトナム……。ケツコーダネー。

※

食欲の秋、文化の秋。もりもりくつて、腹の底から、文化について考えよう。考えてほしーい。

※

月をめざして宇宙開発競争。〽もしもしアポロ、ソユーズさん………どちらが先に住みつくか……。

※

全国的な組織のある団体の全国は、とかく世間体や過去にとらわれやすい。将来や現実に促した運動を。

※

最近、市内の交通混雑がものすごい。大事に至る前に、ここらで本腰を入れた対策が望まれる。

※

二児の親になり、子をみつめる。不自由な子のたくさんいることを知り、更に人の大切さを痛感する。

※

今号で責任の3回。おもしろそうなのでタッチを受けたが、いざとなると無い知恵をしぼつて悪戦苦斗。

※

それでいて、書きたいことも書けずなんともはや――。ではここらでKへバトンタッチ。ポン。　（Y）

■10・11月例会　カントリー&ウエスタン

# 大野義夫とカントリーメイツ

■メンバー紹介

ピアノ　田中庸子
バンジョーと唄　大野義夫
ベース　最上桃世
ドラム　太田　収
リードギター　石黒　怜

### レパートリーの一部

**■カントリー・アンド・ウエスタン**　知りたくないの／ダニーボーイ／ルンバビートで旅をしよう／ロンゴンロンサムブルース／ジャニーギター／ラストダンス／オーマイダーリンクレメンタイン／カントリーボーイ／砂漠の子守唄／彼女は山を廻つて来る／ビアダルポルガ／ほか

**■フオークソング**　この国はみんなの国／レモンの木／ドンナドンナ／悲しき戦場／花は何処へ行つたの／500マイル／風に吹かれて／七ツの水仙／おいらは見ちやつたよ／さすらいの旅人／勝利を我らに／天使のハンマー／平和の誓い／朝日のあたる家／線路の仕事／漕げよマイケル／ほか

## 映画

よい映画をみんなで見る運動一周年記念作品としてとりあげた「若者はゆく」も、好評のうちに終りました。

約千名の人たちが見たようです内容さえよければ、必ずみんなで見ることが出来るという確信をこの一年で得たような気がします。

ご協力ありがとうございましたつづいて「ベトナム」の上映を計画し、まず試写会にとりくみたいと思います。

いまそのための製作協力券を二五〇円で発行していますので、ぜひお求めください。

よい映画をみんなで見る運動も二年目に入り、より巾の広い、内容のすぐれた運動を展開していくつもりでがんばりましょう。

## 入場税訴訟裁判傍聴報告

この傍聴報告は、りんやサークル新聞（十月一日付発行）から抜粋したもので、傍聴に参加した会員が、裁判のありのままの内容と、感じたことを書いたものです。

中津川労音・入場税訴訟

フォーク歌手

# 高石友也法廷でうたう

## "心と心が通じてこそほんものの歌が生れる"

——素晴しかつた証言——

文化裁判として注目されていた中津川労音の「入場税課税処分の取消訴訟」の第廿回公判は、九月二五日午后二時から岐阜地裁で開かれた。この日は労音側の初の証人としてフォーク歌手・高石友也が証言台に立つたこともあつて、岐阜地裁で一番大きい一号法廷には、マスコミ関係者、岐阜、大垣、岡崎労音の代表、同じように今訴訟をつづけている岐阜労演の仲間、それに中津川からバスでかけつけた中津川の会員、合計70名で満員の傍聴がつめかけていた。

この日は先づ12時から、教育会舘ホールで「訴訟を支援する会」が開かれた。昼休みを利用して参加した岐阜労音の会員、下校途中の高校生が約百名、高石といつしよに歌つたり、中津川の田口、青木両君のフォークソングを聞いたり、郷弁護士や長瀬委員長の挨拶を受けたりして、午后一時半過ぎまでつづいた。

当初この集りは、屋外の美江寺公園で行われる予定だつたが、パラつく小雨と公安条例の関係で、会場が変更されたもの——。

× × ×

高石の証言は、約二時間半、ほとんど休みなくつづけられたが、ジャンバーにジーパン、時には「ベトナムの空」「シャボン玉」など、フォークソングの説明の中で歌い、これを押えようとする税務署側とハゲシい応酬をするなど、かつてない異色のある法廷風景を現出させた。

「生活の中からにじみ出る歌を真剣にうたい合う労音の集りは、入場税法のいう催しではない」

「わたしはいつも歌で対話しているつもり。中津川労音に何回か招かれたが、聴衆とは心が通い合い、公演のような感じは持つていない」

——とマスコミでも報じられたが労音として、特に高石に証言してほしかつた——次の点。

①地方の仂く青年たちのギリギリな文化要求に根ざした活動であり本質は「朝日訴訟」と同じで、憲法二五条の問題だ。

②裁判官に代表される一般的な「歌」の概念をぶち破り、単なる生活のアクセサリーでないことを明らかにすること。

③そのような歌の本質から、今これ迄にない歌や歌い手が新しく生れており、これ迄のような一方的な、歌い手と聞き手と区別された音楽会とは異つた例会が出来ていること。これらは法廷の中で十分証言されていた。

次回公判 12月4日に 安保・田中・中野の三君証人に

この公判の最後に、次回は12月4日にきまつたが、同時に労音側の証人として、安保洋勝、田中鉦三、中野英次の三君が出廷することもきめられた。

濃飛バスの安保ニィは、坂下地区での組織・労音の意義、左官亭ネリ助の鉦ちやんは、労音に入つてから人間的にどう変つて来たか中野君は、林野という職場の中での労音サークルのことなどを証言する。

いよいよ公判も大詰め、乞御声援!!というわけだが、裁判に勝つことも勿論だが、中津川の地域で文化運動がますます活発になることこそ、最大の勝利と云えるのではないか。

「裁判をはじめて聞いたが、まどろつこいものだ」

「証言を聞いて労音とは何かがわかつたようだ」

「心が結び合うという仂く者の連帯を強く感じた」

「権力は強大だ、もつともつと広げなければ……」

参加者は帰りのバスの中で、得るところの大きかつたこの日の感想を、心をこめて話合つていた。

## ローオン短信 あれこれ

◆…九月二五日の「入場税訴訟」は〝高石友也法廷でうたう〟と、各新聞や女性週刊誌にまで報じられたが、「聞く人と心が通じ合つてこそ、ほんものの歌が生れる」など、内容豊かな二時間半の証言だつた。なお高石は、年末から半年にわたり渡米の予定――。

◆…九月の黒沼ユリ子バイオリン例会。会員が少く残念だつたが、〝素晴しかつた〟とすこぶる好評合評会では、黒沼さんから「会場全体がひきしまり、聴衆の密度が高く感じてとても気持よく演奏出来た」とほめられたり……。二年程シカゴに在住されるとか。

◆……以前から東労会議や市議にも御協力いただいていた「市民会館建設」。青年会議所が50万円寄附されたりして、いよいよその時期が熟して来た感が強い。それにしても講演会なども含め文化的行事や活動が少い。宝の持ちぐされにならぬよう、今から中味がつまるような土壌をつくりたいもの。

◆…黒沼例会でピアノ伴奏された辛島さん、東小のピアノに驚いておられた。古い割にはよく響いたことも驚いたことの一つだつたようだが、何とかならぬかの声しきり。スポーツセンターのピアノも使わないとよくないので活用を――という声もある。

◆…〝よい映画を見る運動〟も一週年。「若者はゆく」も好評のうちに終つたが、発足したばかりの「恵那地区フィルムセンター」をどしどし利用して、職場や地域で映画会を、申込みは労音事務所又は、坂本小学校気付同センターへどうぞ。

◆…今年は労音が誕生してから二十週年になり、これを記念して全国会議も労音発祥の地、大阪厚生年金会館で、十一月一・二・三日に開かれます。中津川労音からも四〜五名の代表が参加することになつています。あなたもどうぞ。

◆…中部労音代表者会議が十月十一、十二日の両日名古屋ニューホステルで開かれた。中部の各労音から約三十人が参加、全国会議議案書の討議を中心に、熱つぽく話合われた。

◆…労音坂下支部の斉藤茂君と吉村三枝子さんが、十一月に結婚されます。おめでとう。坂下では、この秋、数組のカップルが誕生。仲間のよろこびもひとしお。祝賀会も計画しています。大ぜいで祝福してあげましょう。

### 「ベトナム」上映について

よい映画をみんなで見る運動第五回作品としてとりあげた「ベトナム」は、十一月初旬試写会、下旬本上映ということで取りくんで来ましたが、突然フィルムの都合が悪くなり、試写会本上映とも来春二月頃に延期になりました。

期待されていただけに残念です。紙上でおわびします。

### ろーおん日誌

| | |
|---|---|
| 9月22日 | 運営委員会 |
| 25日 | 裁判（高石友也証人として出廷） |
| 29日 | 運営委員会 |
| 10月 1日 | 映画事務局会議 |
| 3日 | 事務局会議 |
| 6日 | 運営委員会 |
| 8日 | 総会準備委員会<br>映画「若者はゆく」上映（13日まで） |
| 13日 | 運営委員会 |
| 16日 | 代表者会議 |
| 20日 | 運営委員会 |
| 22日 | 映画「若者はゆく」地域上映打合せ |
| 23日 | 映画「若者はゆく」集約日 |
| 26日 | ソフトボール大会（坂下椛の湖） |
| 27日 | 大野義夫とカントリーメイツ例会 |

（中部労音代表者会議風景）

### ア・ト・ガ・キ

★今年も残り少なくなつた。ペギー葉山例会に向つて、ガンバロウではありませんか。（S）

★あとがきぐらいでオレの言いたいことが書けるか。ナア。（K）

★C&Wってなあに？なんてやつがいるよ、どうする？（T）

★そうだ、ほんとだ。ペギー葉山だ。書けん、書けん。ところでC&Wってなあに、WCなら知つとるぞ。（Y）

★シャデラックスといい森山良子高石友也、藤家虹二といい、どうも中津川、ワンテンポ早い。今度も又。流行の先端だゾ。（N）

## 黒沼ユリ子さんからの便り

中津川労音のみな〳〵様

先日の例会は、本当に心の暖まるもので、みなさま方のことは、いつまでも忘れないでしよう。

こんど帰国してまたきつとお伺いできるような感じがします。

どうぞみなさんがんばつて下さい。

音楽の友と音楽芸術の十月号での私の発言にご興味がありましたら読んで下さいませ。

なお今月より主人がシカゴのイリノイエ工科大学の人類学教授に就任いたし、すでに出発いたしましたが、私と子供は秋のスケジユールを終え次第、十一月中頃に渡米するつもりでおります。

シカゴには二〜三年滞在の予定でおりますので、これからはアメリカやカナダにも演奏の場を広げてゆきたいと希つております。

しばらく日本を離れるのは残念ですが、いつまでも変らぬご指導をお願い申し上げます。

シカゴへおいでの折にはどうぞお立寄り下さいませ

取りあえず近況をお知らせまで。

ごきげんよう。

一九六九年九月

黒沼ユリ子

# 中津川労音

**No 47**

1969.12.13

中津川勤労者音楽協議会機関紙 / 編集 組織情宣部 / 事務所 中津川市本町スの1の2 四つ目川会館内 TEL 5-4727

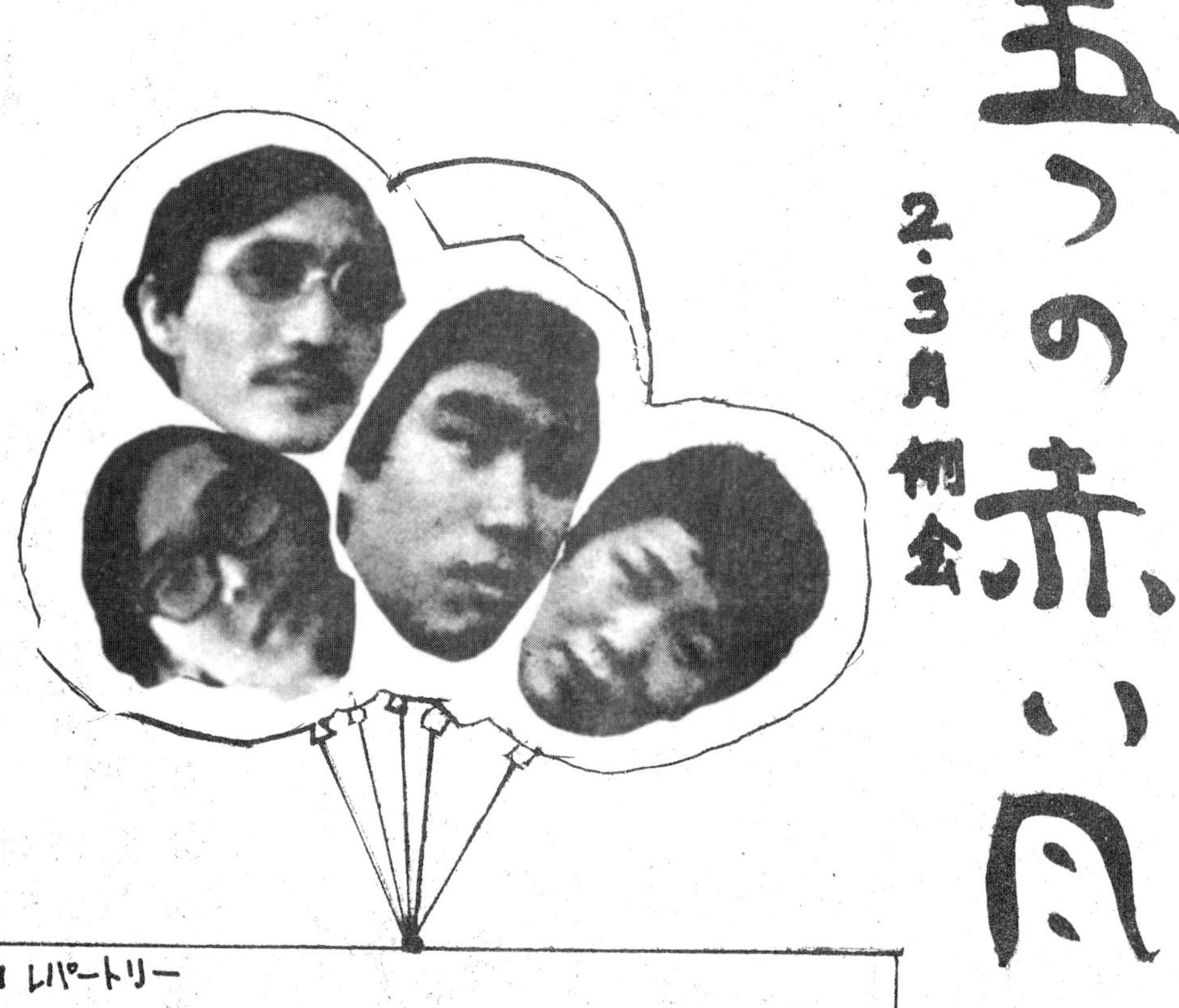


■ レパートリー

恋は風に乗って／遠い空の彼方から／血まみれの鳩／もしも僕の背中に羽根が生えていたら／ひとつの言葉／遠い世界に／まぼろしのつばさと共に／時計／母の生まれた街／雨よいつまでも／一滴の水／この道／あくまのお話し
私の大好きな街

五つの赤い風船.

12月13日(土) 東小12・1月例会

# ペギー葉山リサイタル

うた ペギー葉山
由紀真

●母と子の感動の話題作……

**ペギー葉山のニュー・ヒット！**

## 愛の贈りもの

小平なほみ・詩／萱原 進・曲
若松正司・編

この世にある美しいもの　すべてをあなたにあげたい
あなたが生れたこの日に　すべてをあなたにあげたい
朝つゆのくちなしの花　さくら貝の海のおと
白い鳩のわた毛　私の愛でつつんで
あなたが目ざめるとき　その夢のまくらに
この世にある美しいもの　すべてをあげたい

この世にある美しいもの　すべてをあなたにあげたい
あなたが生れたこの日に　すべてをあなたにあげたい
風にゆれる柳の葉　小犬の話すことば
日かげに咲いたすみれ　私の愛でつつんで
あなたがめざめるとき　その夢のまくらに
この世にある美しいもの　すべてをあげたい
あげたい　あげたい

## プログラム

第一部

① ミュージカルメドレー
② つめ
③ 愛のおくりもの
④ マンチェスター
⑤ チキチキバンバン
⑥ 愛の子守唄
⑦ 組曲 ぼく生きたかった
作詩 名越操 謙蔵
作詩構成 保富康午
作曲 小野崎孝輔

第二部

① 悲しき天使
② 学生時代
③ マンマ
④ トゥナイト
⑤ ピッコラ ピッコラ
⑥ 月のメドレー
⑦ 雨今
⑧ サニー
⑨ みんなでうたいましょう 愛のおくりもの
⑩ リクエストコーナー
⑪ 雨

## リクエストコーナー

ラ・ノビア　大人と子供　モア　ドナドナ　母さんのうた　ドミノ
チャオチャオバンビーナ　南国土佐を後にして
オー・マイ・パパ　飛騨の子守唄

## 秋満義孝クインテット

秋満義孝（ピアノ）　鳴海信（ギター）　原田イサム（ドラム）
北村英人（テナーサックス・フルート）　渡辺雄二（ベース）

「ぼく生きたかった」　竹内淑郎編　中野書店刊

病気になったのボクのせいじゃ
ないだろう　もとのからだに
してよ。……退院したら
ハゼ釣りに　ナイターに　サッカーに
いつなおるの……
ボク生きたかった

名越史樹ちゃんは
昭和三五年八月二日に
謙蔵、操の二男坊として
広島に生れた。
母親の操さんは十五才の
とき爆心地より一・二Km
の地点で被爆。
史樹ちゃんは四才のとき
白血病になり四三年二月
二十二日に死んだ。

# 第15回全国会議に参加して A.

これでいいのか?

去る十二月一日から三日間、大阪において第15回全国労音連絡会議が開かれました。中津川労音からは笠木、田口、青木、西田（三日）長瀬（三日）田中太田（一日）の七人が参加しました。今年は労音二十周年というわけか他え大阪のフンイキは相当なものでした。

第一日代表者会議（大阪商工会館）では主に全国会議議案についての意見が交わされました。中でも岡崎労音から出された「労音以外の音楽団体（音協、民音）についての議案書（敵対団体と規定）はおかしいのではないか」との意見は印象的でした。どの様な音楽団体にしろ、会員は勤労者であることに変りはありません。労音が内容で勝負することなしにレッテルをはってコト足れりとする方針はどうかと思います。

第二日全体会議（厚生年金会館）三日間のうちでご一番「お祭り」的な会議。会議ではなく「一式」という感じ・異様な熱気のうちに整然と進められ外山雄三の記念演奏でおわりました。

第三日分散会（各旅館）さほどの収穫はありません。毎年のごとく。

三日間を通して、これからの運動を進めていく上での政治的、思想的な問題、自由な討論のできない会議など多くの疑問を残しました。「よい音楽とは、音楽運動の初めとは」という素朴な問題を残して終りました。

弁護士大矢・卿先生との打合せ会

12月4日岐阜地裁2号法廷

高石友也につづき

## 安保・田中証言に立つ

「中津川労音入場税取消裁判」

先般の高石友也の証言「音楽と生活」にひきつづき、こんどは中津川労音の会員の中から二人が証人に立ち「労音運動と生活」の切っても切れない関係についてそれぞれ証言しました。

### 安保洋勝くんの証言

人口六千人の坂下の町で労音坂下支部を中心にして、実行委員会が生れ、四楽座、吉川相夫、高石友也などの※地域例会のとりくみについてこと細く証言しました。ほかに何も文化のない町で、自分たちがやらなければ生の音楽や映画など絶対見られないこと、現在では町の人達から信頼され期待されている、この運動に税金をかける不当性を証言しました。

### 田中鉦三くんの証言

おやじと二人で床屋をやっているだけでは生れない多くの仲間とのつながり、交流が労音に入って沢山生れたこと。やりたかった落語や民謡芸能をせんまい座に入って出来るようになり、浪花人のスターの組合大会に出て感動したこと。現在の芸名は「床音亭ねり助」でもうすぐ「ぬり助」になることなど労音と生活についての具体的な実状の証言をしました。

「安保くんの感想」
「言い足りないことがあって残念。次の日ねれなんだ。」

田中くんの感想
いろんな面で、勉強。ホーホ、ハンセイ。

尚、予定されていた中野菜次くんの証言は裁判所の都合で次回二月二十日にのびました。

## おらフォーク会はじまる

『おらフォーの唄』一部五〇YEN

11月23日 公民館会議室

さる11/25日にNO1のおらフォーク会が開かれました。約30人くらいの人達で歌あり話しありで大変たのしい会になりました。NO2として、レコ・コンとロレーまーれの発表などを中心にやって行きたいと思います。

（みんな来るべし）

## ローオン短信あれこれ

◆…12月6日(土)午後6時から山口岩根山荘にて、坂下の仲間、斉藤茂、三枝子、鈴木省吾、スズ代新夫婦をひやかす会が開かれた。中津川、坂下の仲間約30人が参加。ナベをかこみ、歌た、おどりに、楽しり一夜を、すごした。今度は、君の番ダ!!

◆…恒例のぜんまい座の忘年会を開催します。十二月十八日、名鉄中津川ホテルで会費五〇〇円(実費一〇〇〇円、半額はぜんまい座負担)ぜんまい座のファン、その他興味のある方の参加をお待ちします。申しこみは十五日までに、鎌倉までどーぞ!!

◆…69年の中津川労音総会は、9月の予定でしたが、行事におわれのび〳〵になっていましたが、十二月二十日頃に予定しております。びっくりネ、パーティー、その他内容も豊富です。来年の方針今年の反省をもちよって、ぜひ参加してください。

## 楽しかった、カントリー&ウエスタン(10.11月例会)

大野義夫とカントリーメイツは、10月27日東小で楽しい一夜をすごした。若干会員の少なかったのが残念。ウエスタン、ヨーデル、フォークとレパートリは広く、一曲〃十二分に、聞くことが出来た。予定の時間を、はるかにオーバーする熱のいれよう。大野義夫の職人カタギが、良くうかがわれた。モット多くの人に聞いてほしかった…いつも会員の少ない時きかれる言葉である。

## あとがき

●らいねんもまたつきまくり、ヤリまくることにしようか。(K)

●今年一年ホントにゴクロウサン良い年をむかえてネ (S)

●今年は大変おもしろかった。来年はもっとおもしろいだろう (T)

●師走の月に総選挙。そのしわよせがここにも……。●この機関紙について意見、感想をどうぞ。来年もよろーく。(と)

## ろーおん誌

11.1~3 全国会議(大阪)(中津川より7名参加)
4. 運営委員会
5. 裁判打合せ会
6. 斉藤君結婚式(坂下)
9. 野村君祝賀会( 〃 )
10. 運営委員会
20. 「若者はゆく」下呂上映
21. 〃 坂下
22. 〃 付知
23. 鈴木君結婚式(坂下)
24. 運営委員会
25. おらフォーク会
30. 県内労音連絡会議
12.1. 運営委員会
2. 裁判打合せ会
4. 裁判(岐阜地裁)(安保、田中、中野の3君、証人として出廷)
6. 斉藤、鈴木両君結婚祝賀会
8. 運営委員会
9. 機関紙づくり
13. ペギー例会

# 中津川労音

No. 47

1970・3・13

中津川勤労者音楽協議会機関紙　編集／組織情宣部　事務所／中津川市本町２丁目 1-2（四ツ目川会館内）TEL 5-4727

## 民衆の心がうたえるひと
# 加藤登紀子リサイタル

中津川労音４・５月例会　４月23日(木)

「赤い風船」でデビューし、レコード大賞新人賞をとり、昨年度のレコード大賞歌唱賞を受賞し、一歩一歩本格的な歌手として歩む加藤登紀子が初登場します。

シャンソンコンクール優勝の実績をもつ彼女はシャンソンが軸になつていますが、それではあきたりない彼女は、フオークソング、ジャズまで領域をひろげ、自分で詩を書き、メロディーをつけ「ひとり寝の子守唄」を作りました。すばらしい歌唱に期待しましよう。

**■曲目予定**

ひとり寝の子守唄／帰りたい帰れない／牢獄の炎／竹田の子守唄／松浦の子守唄／港の彼岸花／戦争は知らない／希望／枯葉／インシヤラー／愛の讃歌／恋心／朝日のあたる家

## 帰りたい帰れない

加藤登紀子　作詞作曲

淋しかつたら　帰つておいでと
手紙をくれた　母さん元気
　帰りたい　帰れない
　　帰りたい　帰れない
もしも　手紙を書きたくなつても
僕は書かない　母さん
呼んでも答えぬ　人波にもまれて
まいごの子犬は　ひとりでないた
　帰りたい　帰れない
　　帰りたい　帰れない

破れたコートの　ポケツトにいつも
リンゴの花の　想い出をいれて
　帰りたい　帰れない
　　帰りたい　帰れない
一人ぼつちが　つらくなつても
僕はなかない　母さん
春に菜の花　夏には祭り
秋の七草　木枯らしの冬に
　帰りたい　帰れない
帰りたい帰れない帰りたい帰れない
　　帰りたい　帰らない

# 五つの赤い風船

&

# やまたのおろち

当地えは二度目の来日で、なじみの人も多いかと思います。彼らの歌にはわりと暗いムードのものや、静かなものが多くて、聞いても大変しらけちゃうけど、最近は「雨よいつまでも」なんて言う、楽しい歌も歌い出しているし、また民ようなんかにも手をつけていて、これからが大変たのしみなグループです。

このグループのリーダーは西岡たかしで、楽器はなんでもこなすし、司会も非常におもしろくて、大変多さいな人物です。また最近リードギターの中川イサトがやめ新メンバーを加え、ますますおもしろくなつて来ました。（T）

プログラム

**★一部**

遠い空の彼方に
これがボク等の道なのか
遠い世界に
時代は変わる
竹田の子守唄
動物園に行こう
流れる小石のように
観光電車
明日なき世界

**★二部**

恋は風にのつて
一つの言葉
まぼろしのツバサと共に
もしもボクの背中に羽がはえていたら
雨よいつまでも
おとぎ話
まるで洪水のように
血まみれのハト
sing out

# ベトナム

総監督 山本薩夫　監督 増田健太郎 小泉 堯
音楽 大木正夫　解説 鈴木瑞穂　奈良岡朋子

〝ひたむきな民衆の明るさ。近ごろすぐれたドキュメンタリーである〟（毎日新聞）〝なんと朗らかで気負いのないことか、そこにすでに一般化したベトナム戦争の本質をよみとるだろう〟（中日新聞）

カラー長編記録映画ベトナムはそんな映画である。年令や階層や思想をこえて人間的な感動を呼びおこしてくれるこの作品を、一人でも多くの人に見てほしい。それがベトナム戦争反対に通ずることなのだ。

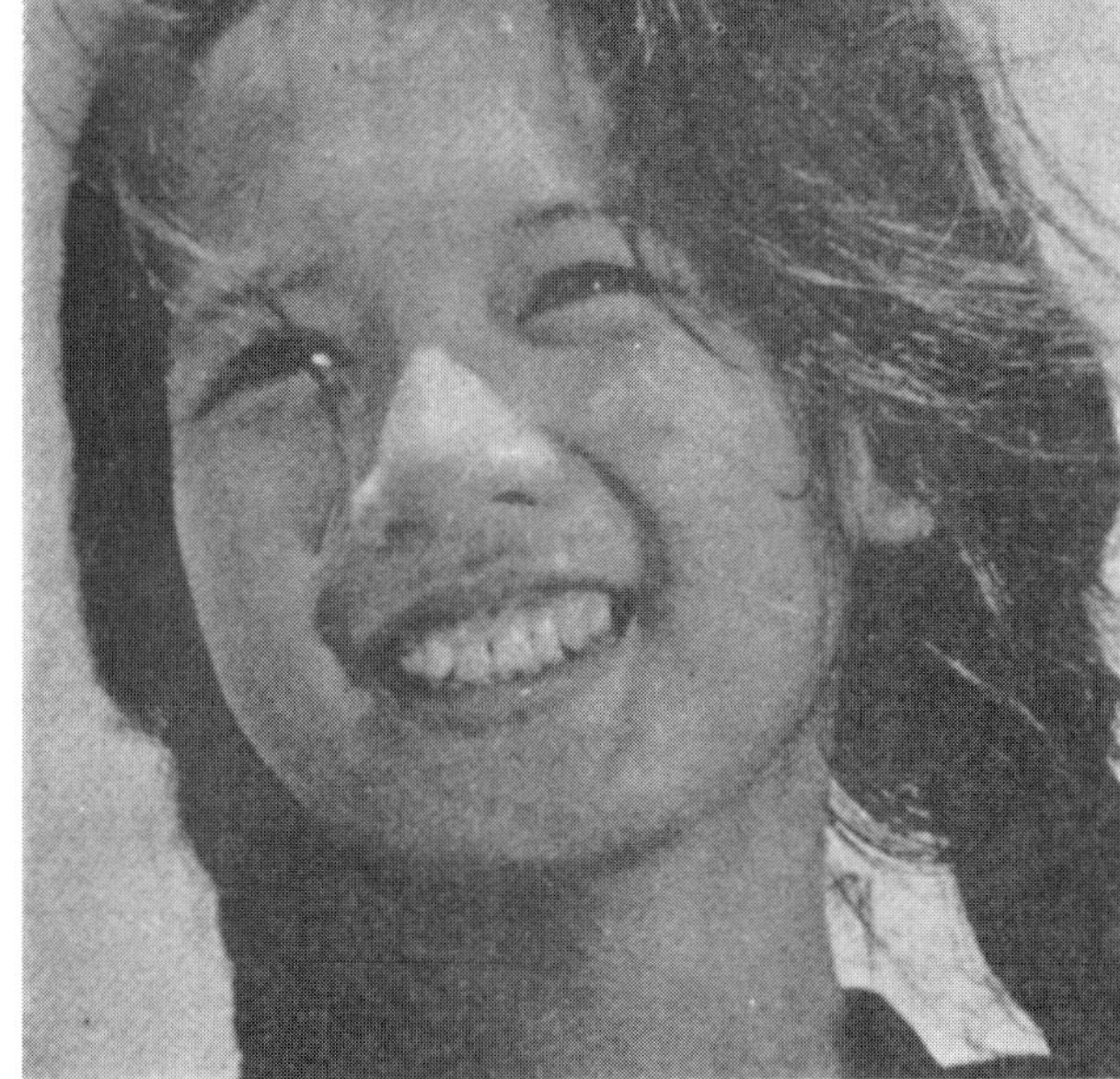

3月22日（日）〜26日（木）
中津川グリーン劇場

〈上映協力券〉

| | | |
|---|---|---|
| 一般 | 300円 | （当日350円） |
| 高校 | 250円 | （〃 300円） |
| 小中生 | 150円 | （〃 200円） |

（各労組、民主団体、市内商店で取扱つています）

| | |
|---|---|
| 3月26日〜29日 | 恵那市 |
| 4月1日 | 岩村町・明智町 |
| 2日 | 山口村 |
| 3日 | 坂下町 |
| 4日 | 付知町 |
| 5日 | 福岡町 |
| 6日 | 南木曽町 |

# ひとりっ子

監督 家城己代治　音楽 いずみたく
出演　山本亘、藤田弓子、荒木道子

七年前、芸術祭参加作品として完成されたテレビドラマが、突然放映を禁止された。放映されぬままテレビ記者会賞を受賞した。この〝まぼろしの名作ドラマ〟の映画化が、この作品である。

高校三年生の目を通して、親と子、戦争と平和の問題を追求し、ゆれ動く現代の若者たちの群像を見事に描いている。

今、高校紛争が続発し、親と子の断絶が言われているが、それらを考えさせてくれるタイムリーな映画といえよう。

監督は「雲ながるる果てに」の家城己代治、主演はNHKの「あしたこそ」の藤田弓子と、山本三兄弟の末つ子 山本亘――。

## 入場税裁判 労音運動を証言!!

22回目の『入場税裁判』は、2月23日午后三時から岐阜地裁で開かれた。

この日は、前回の安保（地下町での文化運動など）、田中（労音と私の生き方など）両証人による証言にひきつゞき、林野サークルの中野英次君の証言から始まった。

証言は約一時間にわたり、職場の合理化や青年婦人のおかれている状況から、いかに労音運動が必要か、働く者の音楽とはどんなものか、などが話された。

次回、5月21日にも引きつゞいて中野証人の証言が行われる。一層の御声援を乞う。

## 市民会館の建設促進を!!

市民会館建設もいよ〳〵具体的になつて来ました。早期建設のためには、ぜひ全市民的な支持が必要です。さらに、その会館をどう活用するか、を皆んなで出し合うのが大事です。東濃地方の文化センターにするために、署名など早速積極的な活動からはじめましょう。

# RO あれこれ ON

◆…二月二二日グリーン劇場にて朝八時三〇分より、ベトナム、ひとりつ子の試写会が開かれた。地元を始め地域の人をふくめ、約百三十名の人が参加、朝早いのにもかかわらず最後まで熱心に鑑賞していた。この試写会は、同日恵那でも開かれた。一般公開をめざしてガンバロウではありませんか。

◆…二月二七日、柳町Bサークルの欽ちゃん、坂下サークルのともちゃんの結婚祝賀パーティーを名鉄ホテルにて楽しい一夜をすごした。労音を始め職場、山岳会、スキー友の会の仲間が二人を祝福、歌におどりにムード最高潮。欽ちゃん　ともちゃんおしあわせに。

（欽ちゃん　ともちゃん結婚祝賀会スナップ）

◆…二月二八日・三月一日の両日名古屋ニューホステルにて中部労音企画会議が開かれた。夜七時から夜中の二時まで例会内容、今後の企画等について話し合つた。中部各地から約三十人の参加、中津川からは三名の出席でした。

◆…太田町ゆう喫茶店にて労音レコードコンサートが開かれた。内容は、五つの赤い風船と、加藤登紀子のレコード鑑賞、約二十名の参加。こういつたレココン月に一度は開きたいものです。今後も「ゆう」で開く予定ですので仕事の帰りにでも気楽にドーゾ。

◆…三月一日東小講堂にて劇団夜明けの会の「キューポラのある街」が公演された。ひさしぶりの公演にもかかわらず約六百人の人が鑑賞、大成功におわつた。今後の公演に期待しましょう。（S）

（中部労音企画会議スナップ）

## あ・と・が・き

★ブラック、パワー、ジャズ、ロック、ブルースに注目せよ！（K）

★「岡林信康」冬眠からさめてロック・バンドを編成して再出発、ご期待あれ。（T）

★ヤット春が来ましたね。今年始めての例会、そして機関紙二ケ月もあそんでいたのでサエナイコト、まあ今年もボチボチ行こう。（S）

★地球がまわる、自転車のワもまわる、オレの目もまわる。遊びたいネー。（Y）

## ろーおん日誌

12・22　中津川労音総会
29　事務所掃除
1・3　有志による新年ギャンブル大会
26　運営委員会
2・9　運営委員会
12　映画ベトナム上映準備会
16　運営委員会
17　フォーク研究会
18　映画ベトナム上映打合せ会
22　映画ベトナム試写会
23　裁判（岐阜）
27　欽ちゃん　ともちゃん結婚祝賀会
28　中部労音企画会議（名古屋）
3・2　運営委員会
3　おらフォーク会
6　編集会議
9　運営委員会
9～12　会費受付日
13　五つの赤い風船例会

## ◆中部労音 3月の例会◆

| | | |
|---|---|---|
| リンゴの花咲く町 | 名古屋 | 28日 |
| 辻久子 | 〃 | 10日 |
| 鈴木章治とリズム・エース | 津 | 27日 |
| 原信夫とシャープス&フラッツ | 豊橋 | 10日 |
| 〃 | 岐阜 | 11日 |
| 〃 | 大垣 | 12日 |
| 〃 | 四日市 | 13日 |
| 〃 | 岡崎 | 14日 |
| 〃 | 名古屋 | 15.16日 |
| ダークダックス | 津 | 13日 |
| 奥村チヨ | 名古屋 | 11日 |
| 〃 | 岡崎 | 12日 |
| 上条恒彦 | 西尾 | 2日 |
| 千葉道代 | 名古屋 | 1.2.3日 |
| サラ・レサーナとスペイン舞踊団 | 名古屋 | 14日 |

# 中津川労音

No49
1969. 4.23

中津川勤労者音楽協議会機関紙　編集／組織宣伝部　事務所／中津川市本町2丁目1-2（四ツ目川会館内）TEL5-4727

美しいハイソプラノ・高い芸術性

ギタリスト
## 小原聖子
## リサイタル

中津川労音6・7月例会
6月12日(金)東小PM6・30

■小原安正の子として六才よりギターをはじめ、イエペスにみとめられスペインへ留学。帰国後のリサイタルはすばらしい評判でした。

■レパートリー

道化師の踊り
5つの小品
3つのソナタ
アルハンブラの想い出
前奏曲1番　　ペナペニータ
小麦畑にて　　ナナ
母の涙　　エル・ビート
唄と舞曲　　etc

今年もスゴイ・スケールで計画中!!全国に待望の声!!

8月8日(土)9日(日)予定

# '70フオーク・ジャンボリー

高石友也 アメリカより便り 必ず行くから待っていてくれ……

全日本フオークジャンボリー事ム局(労音内)

全市民必見の長編劇映画

# 「沖縄」 6月予定

映画"ベトナム"によせられたみなさんのご支援ホントウにありがとうございました。おかげさまでこういった映画の上映製作運動の見通しも出来たようです。つづいて各地で大きな評判をよんでいる"沖縄"のとりくみが、東労会議よい映画をみんなで見る会などではじまろうとしています------------

16ミリ映画をアナタの職場や地域で上映しませんか!!

日本どろぼう物語・武器なき斗い・ここに泉あり・親の花子 ナド たくさんそろっています、ご利用下さい。1日の料金3000エン～10000エン位デス

東那地区フイルムセンター(坂本・吉村和彦 TEL(8)2020 ナハ労音宛

# 加藤登紀子 リサイタル

中津川労音 4.5月例会
4/23(木) 東小 PM6:30

（フォークをうたう
オリジナルをうたう）

…高石友也からもらったギターをかかえてやってくる加藤登紀子…
…中津川でははじめてのステージです。ひとり寝の子守唄は大ヒッ
…トでしたが、これは民衆の心をうたうことをめあてに努力して…
…来た彼女のたどりついた一つの成果ともいえる歌でした。…
…今回のステージでは、彼女の自作の歌、なかでもテレビや…
…ラジオには絶対のってこない内容のある歌のかずかずが
…大きな魅力でしょう。……

■ プログラム ■

■ 1部

オープニング
ゲバラアーメン
別れの数え唄
レニングラードの不良少年
ララ行こうじゃないの
真夜中の電話
牢獄の炎
バンド演奏
ひとり寝の子守唄
西将野
知床旅情
竹田の子守唄
帰りたい帰れない

■ 2部

パリの空の下
ルナロッサ
枯葉
我が心のジョージア
朝日の当る家
セント？になって
朝の食事
バンド演奏
戦争の子供達
インシャラー
モスクワ郊外の夕
満州の丘に立ちて
戦争は知らない
エーメン

出演　加藤登紀子
演奏　小川隆クインテット

## 2・3月例会をふりかえって

2・3月例会の「五つの赤い風船」は、とても評判がよく、レコードで聞くよりは、はるかに迫力を増してきました。歌も楽しいうたが多くなってきてるし、私たちの生活の中にとけこんでいくような※うたも創りあされてきています。

今年のフォークジャンボリーには、もっとすばらしいものをもって中津川に来てくれるものと思います。……（T）

# ローオン日誌

3月16日　運営委員会

22日～26日　映画「ベトナム」中津川上映

30日　りんやサークル 中野英次さん送別会

4月6日　運営委員会

8日　のぼり作り

9日　ポスター貼り

10日　安保破棄中津川集会

11日～12日　中部地方映画研究集会

13日　運営委員会

16日　映画会議

19日　レコード・コンサート

20日　運営委員会

20日～22日　会費受付

23日　加藤登紀子例会

（予定）

26日　ソフトボール大会（坂下 桜の湖に於て）

28日～29日　中部労音代表者会議

# ローオン あれこれ

◆…映画「ベトナム」は三月二十日から四月六日まで中津川、恵那、岩村、明智、坂下、山口、付知、福岡、南木曽で上映。約五千人の人たちが感動した。次回は、「沖縄」の予定。乞期待——。

◆…中津川労音の入場税取消訴訟裁判は、会員の証言の段階。次回は五月二十一日(水)、午后一時三十分より、岐阜地裁で開かれる。傍聴にぜひ参加して下さい。

◆…りんやサークルの中野英次さんが名古屋へ転勤になりました。例によって、ある三月三〇日名鉄中津川ホテルに於て送別会を開いた。送別会とはいってても歌って、笑っての大騒会。中野さんは中津川労音にとって貴重な存在であっただけに…………。世の中アー ママならんネー。

◆…四月二十六日(日) 坂下桜の湖で、ソフトボール大会が計画されています。ご手プレーボールで夕方までの大長試合。夜は花見とシャレこみ、フォークでもりあげる予定？多数の参加をお待ちしています。

◆…四月十九日の日曜日、たなか喫茶店でレコードコンサートとおらフォーク会合同の会が開かれた。参加は二〇名位だったが、おらフォーク会の若い連中の熱のある歌で、楽しい会になった。今後も定期的に開く。ぜひおあつまりを！。

## あ・と・が・き

⊗クロジャンボリー近づく 成功をいのる……（S）

⊗またも、個性あふれるキカン紙。皮肉のサク。ご批判をまってます。……（Y）

⊗6月に高石友也帰国。中津へいっぱい飲みにくるそうです…（T）

⊗パインに、スルメのたまりやき、オセンにモロキュー。編集会議もいつも、こういったものがあると……イイネ。……（Kon）

# 中津川労音

No.50
1970・6・12

中津川勤労者音楽協議会機関紙・事務所／中津川市本町2丁目1-2 TEL 5-4727

# '70 All Japan Folk Jamboree
# フォーク ジャンボリー

70年版決定！

楽 遠
観 望

自然と音楽の2日間

フォークソングはもちろん、日本の民謡、演歌、流行歌
ニューロックからブルース・ジャズまで 聞き 演じ 歌う
ひもつきではない ほんとうの〈民衆の音楽〉まつり！

〈参加出演者〉（予定）

- 五つの赤い風船、高田渡、岩井宏、中川五郎、遠藤ケンジ、斉藤哲夫、
- 山平和彦、アテンションプリーズ、ザ シャーマン、
- 赤い鳥、六文銭、藤原豊、浅川マキ、長谷川きよし、村岡実とそのグループ
- 特別出演、チェコスロバキア国立 スルク大舞踊合唱団（80人）

8月8日P.M1.00→8月9日P.M1.00 坂下 椛の湖畔
会費 800円 アマチュアフォークコンテスト同時開催！

---

劇映画
〈沖縄〉 7月4日(土)5日(日) 東小
主催、 東労会議、中津川よい映画をみる会

見よ！この現実を！

# ギタリスト 小原聖子 リサイタル

1970 6/12

## りゃくれき

小原安正の子として六才よりギターをはじめ、17才の時来日中のナルシソ・イエペスに認められ、その門下生としてスペイン留学
帰国後初のリサイタルは大好評をもって迎えられた。
なお、スペイン留学中の歌の勉強を活かし、スペイン民謡やオリジナルな歌のひき語り等を発表、その澄みきった美しいハイ・ソプラノは得がたい個性として注目されている。

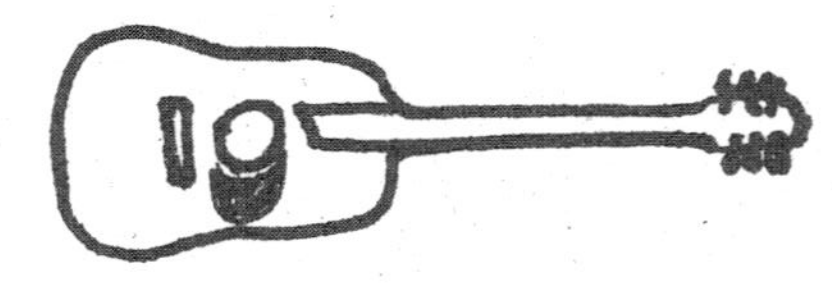

## プログラム

道化師の踊り
5つの小品
3つのソナタ
アルハンブラの想い出
前奏曲1番
小麦畑にて
母の涙

唄と舞曲
ペナペニータ
ナナ
エル・ビート
etc

・7月14日〜5日・東小講堂・・

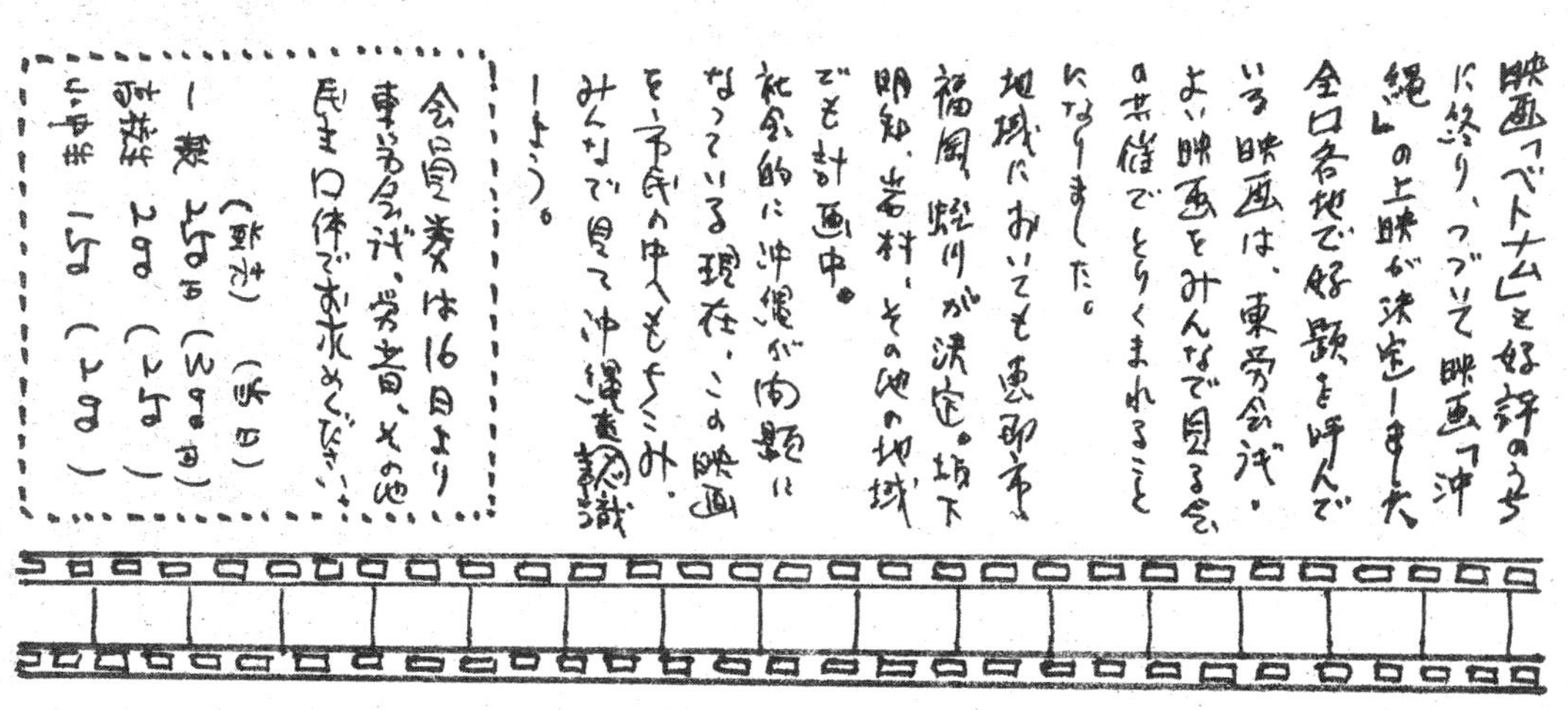


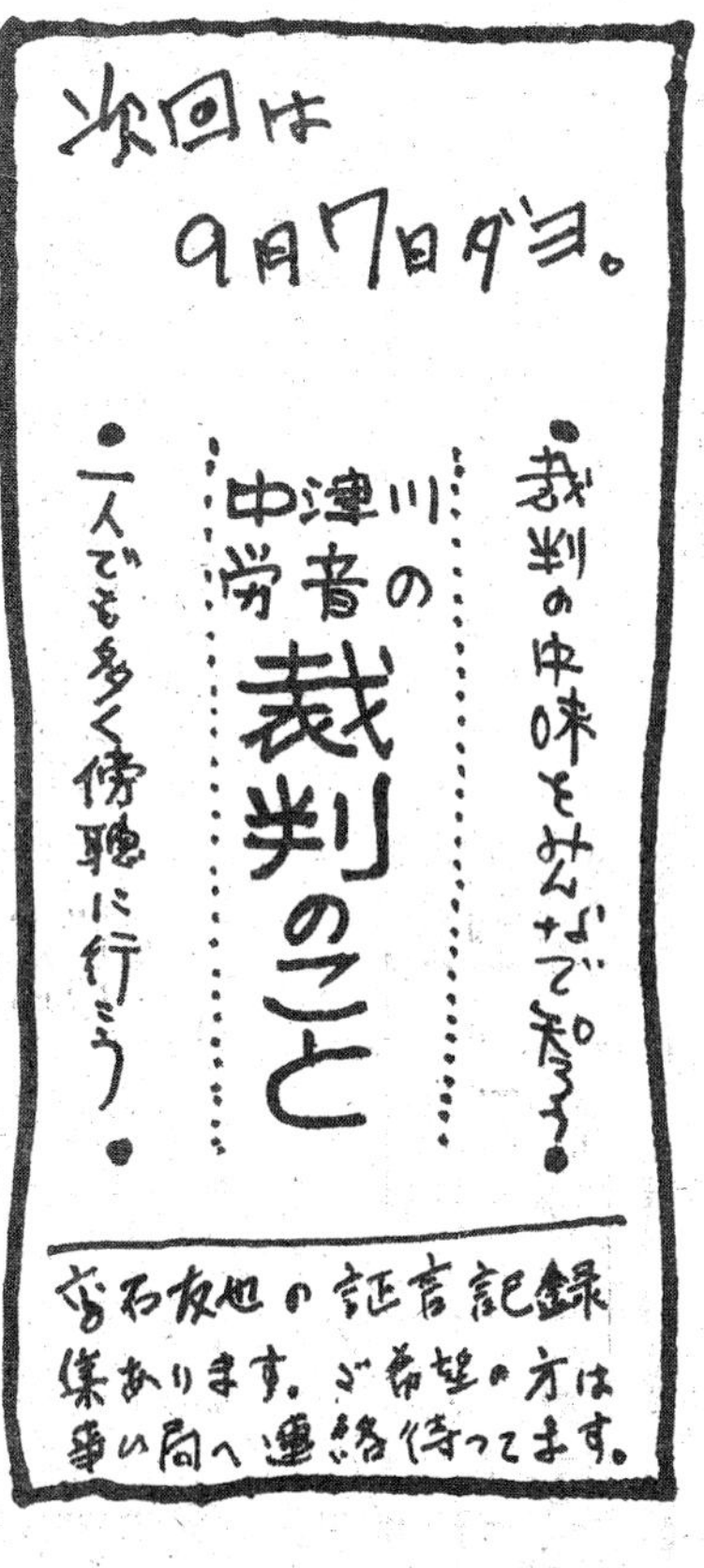

制作・監督　山本薩夫
映画「ベトナム」を好評のうちに終り、つづいて映画「沖縄」の上映が決定しました。

地域においても恵那市、福岡、蛭川が決定。坂下、明知、岩村、その他の地域でも計画中。

会員券は16日より東労会議、労音、その他民主団体でお求めください。

次回は
9月7日ダヨ。
中津川労音の
裁判のこと
・裁判の中味をみんなで知ろう・
・一人でも多く傍聴に行こう・
安石友也の証言記録集あります。ご希望の方は事務局へ連絡待ってます。


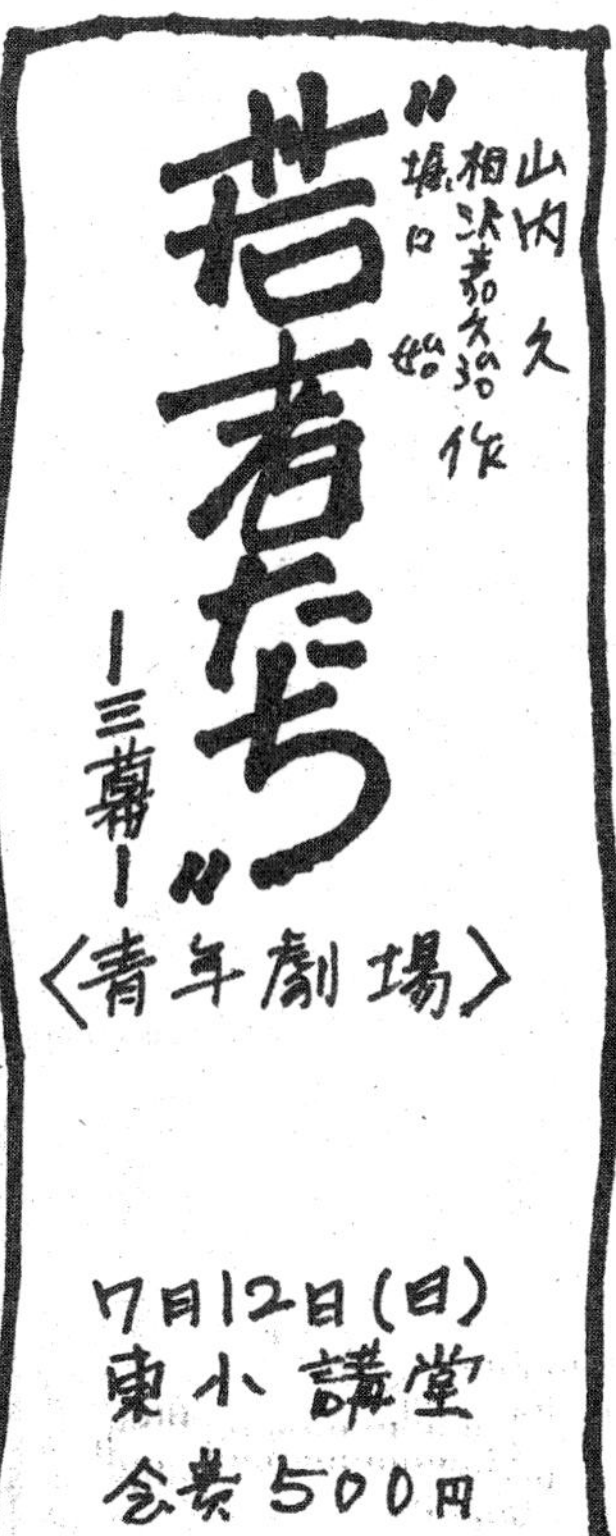


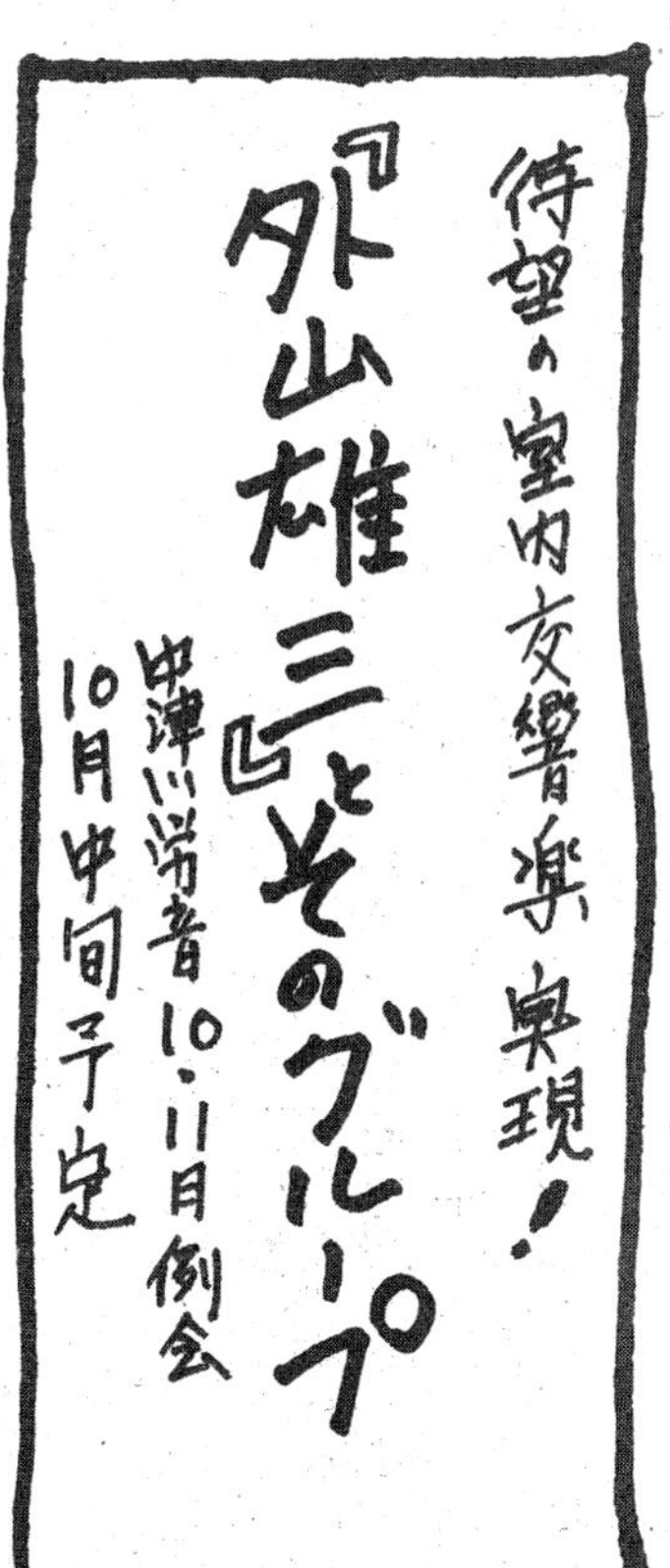

会費500円

待望の室内交響楽実現!
『外山雄三』とそのグループ
中津川労音10・11月例会
10月中旬予定

# ろーおん日誌

4/26 ソフトボール大会(椛の湖)
28
29 ) 中部労音 代表者会議(名古ヤ)
5/6 '70ジャンボリー準備会(山口)
9 ぜんまい座練習 (西小)
10 ぜんまい座県民集会に出演
11 運営委員会 (事ム所)
14 第1回ジャンボリー実行委員会
19 裁判打合せ(名古ヤ)
21 裁判 (岐阜)
22 ジャンボリー、マスタープラン
25 運営委員会
27 外山雄三との話し合い (根の上山荘)
6/1 運営委員会
3 ジャンボリー実行委員会
8 運営委員会
8
9
10
11 ) 会員受付
9 編集会議
12 小原聖子リサイタル

—o—

14 '70全日本フォーク ジャンボリー 起工式 坂下 椛の湖にて 午後 1.00〜

# ローオン あれこれ

◆…四月二六日坂下椛の湖グランドにて坂下・中津川によるソフトボール大会を行こなった。兄ちゃんもネエちゃんも、元気一パイ・ボールをおっていた。坂下の勝利。

◆…五月十日岐阜市民会館で行こなわれた県民集会にぜんまい座出演歌にコントに大ハッスル・スゴイ人気でした。

◆…'70フォークジャンボリの実行委員会も出来、着々と準備がすすんでいます。今年はどんな物になるか…楽しみですナ!!

◆…五月二七日根の上山荘にて、作曲家外山雄三氏をかこんで話し合いが開かれた。約二十名の参加。クラッシックを中心に最近の音楽について夜おそくまで話はつづいた。尚、外山雄三作曲、中心の例会を秋に予定しています。期待を…

## ア・ト・ガ・キ

⊙…世間では、八百長コウガイ、いいことないね…オレもアマジメにボツボツヤッテルヨ(S)

⊙…世の中悪くなるばかり 俺もだらくするばかり 旅に出たいなあー(T)

⊙…FJが近ずく。益々仕事がふえる。誰かみんなと一緒にやってくれる人いませんか。(N)

⊙…ことしも夏がきたよ ハメとワクとボタンをはずして go! (K)

# 中津川 ROON　10.26 NO.50

'70 12.1月例会

発行 中津川労音

# 赤い鳥

# ソルティー・シュガー

とき　12月6日　PM 6.30

ところ　東小講堂

かいひ　500円　入会金50円

# 10・11月例会 カルメン・マキ ―小室等と六文銭

S.44.2.「時には母のない子のように」でデビュー。彼女自身のもつ独特なフィーリングと作品にめぐまれ、主婦をはじめ若者に圧倒的な支持を受けている。

デビュー以来フォークシンガーとしてみられてきたが、彼女にとって歌にはジャンルはないといっていいだろう。

特にハートを歌う歌手として右にも左にも出るものなしと高く評価されている。

今晩のこの例会はポピュラーファンからフォークファンまで大いに楽しめることうけあいである。

「断固として、日本語の歌しか歌わない」というこのユニークなフォークグループは四十三年十二月の〝五つの赤い風船〟とのジョイントコンサートを初めとして各種コンサート、テレビ、ラジオ等に出演するかたわら、演劇公演の音楽を、また虫プロ(手塚治虫)の音楽担当と幅広く、各方面で活躍し、リーダーの小室等はもっとも注目すべき若手作曲家として活動しています。

## カルメン・マキのレパ

時には母のない子のように
家なき子
二人のことば
戦争は知らない
かもめ
マキの子守唄
山羊にひかれて
だいせんじがけだらなよさ?
さよならだけが人生ならば
ロバと小父さん
想い出たサヨナラ
手紙
朝まで待てない
あなたがほしい
そしてもう一つの朝
誰か教えて
坊や大きくならないで
風に吹かれて
アダムとイブ
欲望
ペルリーナ
女と男
子供
指
本能
誤ち

## ●六文銭のレパ

母が死んだら●狭い歩幅で
原子爆弾の歌●かっぱらいの歌
雨が空から降れば●ゲリラの歌
私は月には行かないだろう●賞状
今夜君●あげます●私はスパイ●三途川ロック――

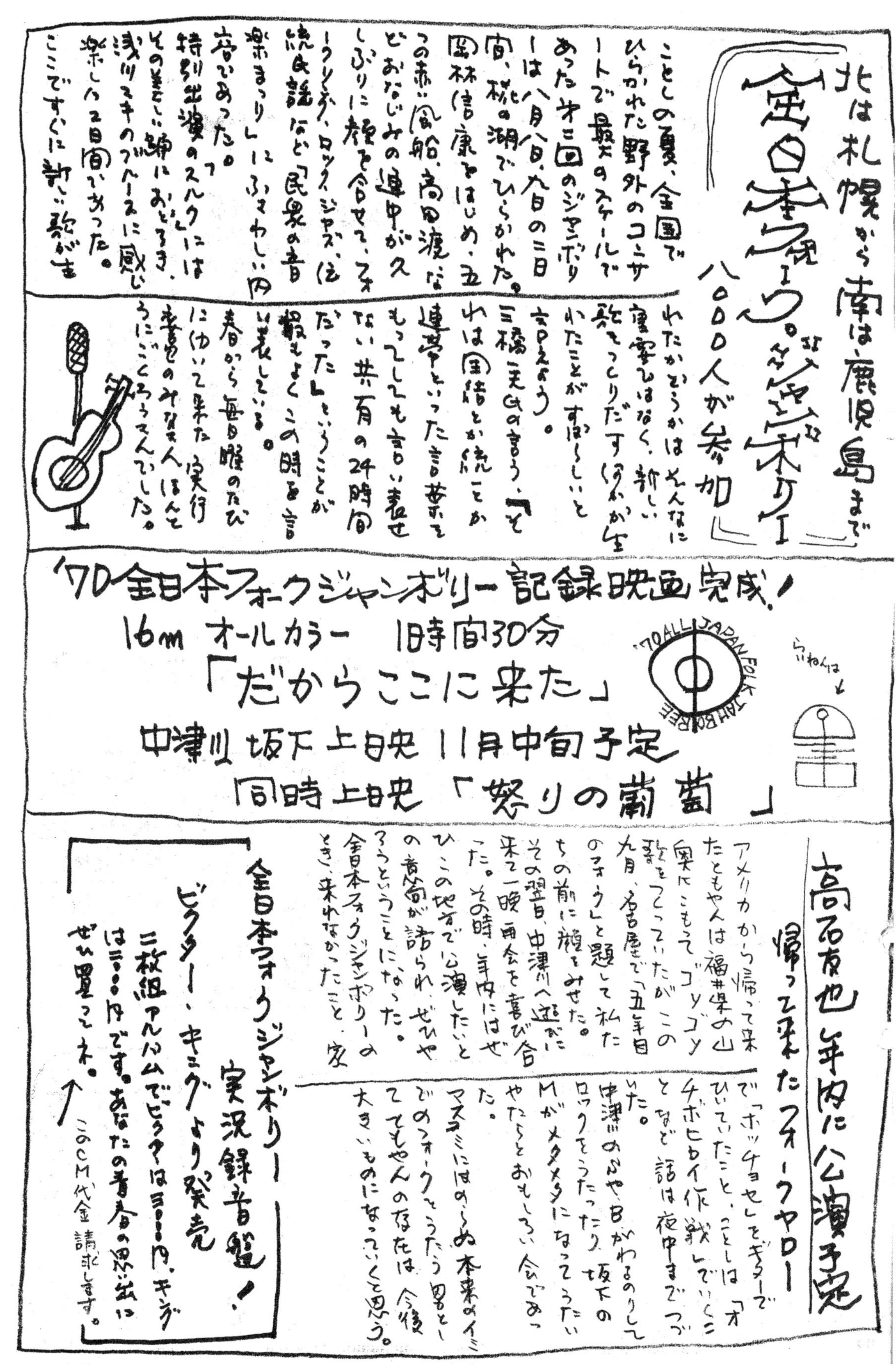

# 北は札幌から南は鹿児島まで 「全日本フォークジャンボリー」 八〇〇〇人が参加

ことしの夏、全国でひらかれた野外のコンサートで最大のスケールであった第二回のジャンボリーは八月八日、九日の二日間、椛の湖でひらかれた。岡林信康をはじめ、五つの赤い風船、高田渡などおなじみの連中が久しぶりに顔を合せて、フォークソング、ロック、ジャズ、伝統民謡など「民衆の音楽まつり」にふさわしい内容であった。

特別出演の「スノク」にはその美しい踊りにおどろき、浅川マキのブルースに感じ楽しい二日間であった。

ここですぐに新しい歌が生まれたかどうかはそんなに重要ではなく、新しい歌をつくりだすきっかけが生まれたことがすばらしいと云えよう。

三橋一夫氏の言う、「それは団結とか統一とか連帯といった言葉をもってしても言い表せない共有の24時間だった」ということが最もよくこの時を言い表している。

春から毎日曜のたびに何いて来た実行委員のみなさんほんとうにごくろうさんでした。

## '70全日本フォークジャンボリー記録映画完成！

16mm オールカラー 1時間30分

「だからここに来た」

中津川 坂下上映 11月中旬予定

同時上映「怒りの葡萄」

'70 ALL JAPAN FOLK JAMBOREE

らいねんは ↓

## 高石友也 年内に公演予定

### 帰って来たフォークヤロー

アメリカから帰って来たともやんは福井県の山奥にこもってゴソゴソ歌をつくっていたがこの九月、名古屋で「五年目のフォーク」と題して私たちの前に顔をみせた。

その翌日、中津川へ遊びに来て一晩再会を喜び合った。その時、年内にはぜひこの地方で公演したいとの意向が語られ、ぜひやろうということになった。

全日本フォークジャンボリーのとき、来れなかったこと、家で「ホッチョセ」をギターでひいていたこと、ことしは「オチボヒロイ作戦」でいくことなど話は夜中までつづいた。

中津川のぶや、Bがわるのりしてロックをうたったり、坂下のMがメタメタになってうたいやたらとおもしろい会であった。

マスコミにはのらぬ本来のイミでのフォークをうたう男としてともやんの存在は今後大きいものになっていくと思う。

## 「全日本フォークジャンボリー」実況録音盤！

ビクター、キングより発売

二枚組アルバムでビクターは三〇〇〇円、キングは三〇〇〇円です。あなたの青春の思い出にはぜひ買ってネ。

↑このCM代金請求します。

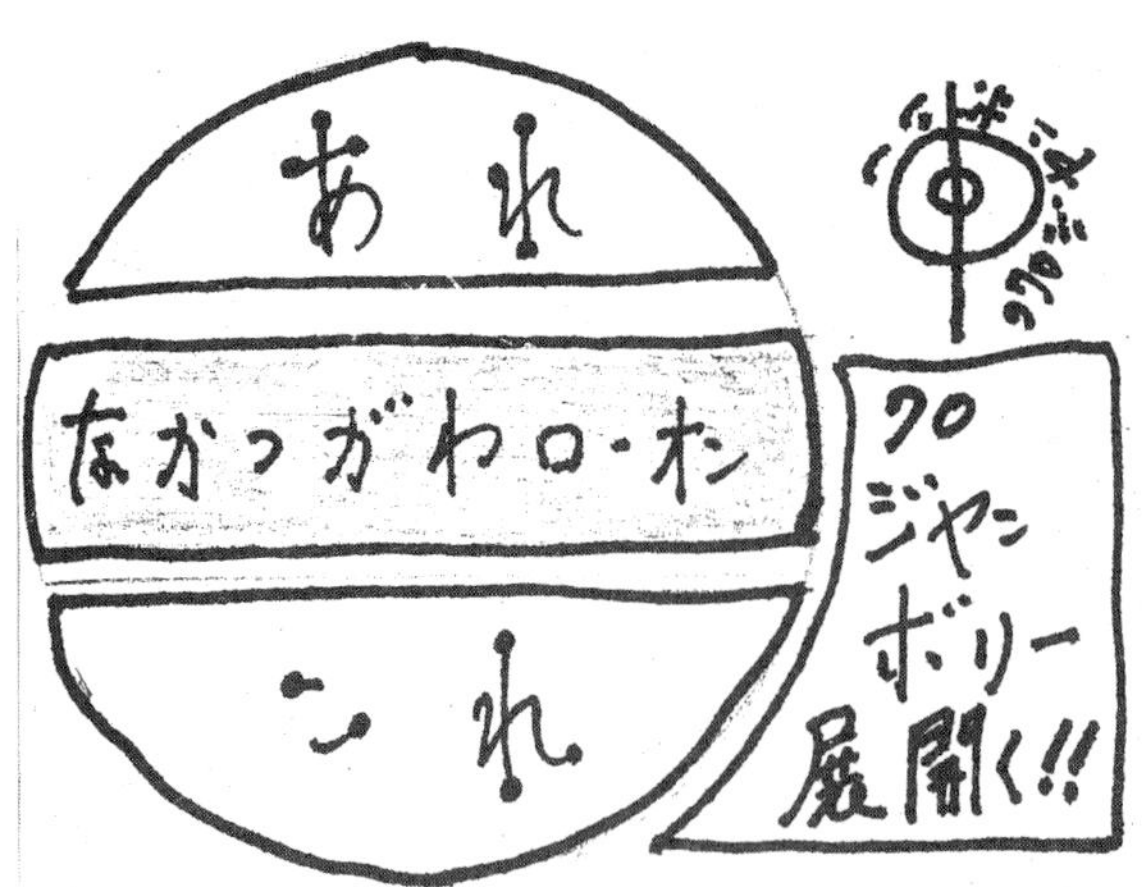


10月15日(木)キッサ゛ゆう!!にて、'70ジャンボリーの8ミリ映画、録音テープを楽しみ、オう、ろ、おーくの会の出演あり、約40名の参加でにぎあった。尚11日より写真展が開かれている。31日まで実ピでおわけしますので、キボウの人は、ローオン事ム所運営委員へドーゾ

(ジャンボリー写真展・作品ヨリ)

## 労音・日誌　8・8 ―― 10・26

| 月日 | | 月日 | |
|---|---|---|---|
| 8 8 | '70全日本 | 10 5 | 運営委員会(事ム所) |
| 9 | フォークジャンボリー | 11~31 | ジャンボリー写真展開く(ゆう) |
| 9 7 | 運営委員会(事ム所) | 15 | フォークレコード・コンサート(ゆう) |
| 14 | ジャンボリー反省会(坂下) | 19 | 運営委員会(事ム所) |
| 21 | 運営委員会(事ム所) | 20 | 編集会議 |
| 28 | ジャンボリー映画試写会 | 26 | カルメン・マキ・6文銭例会 |

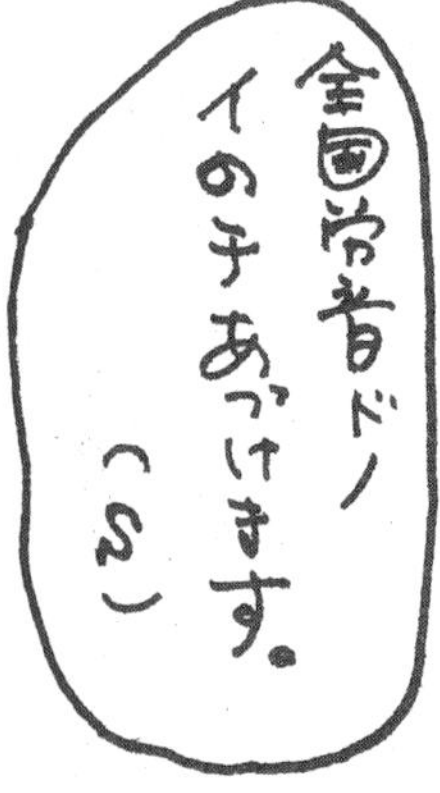


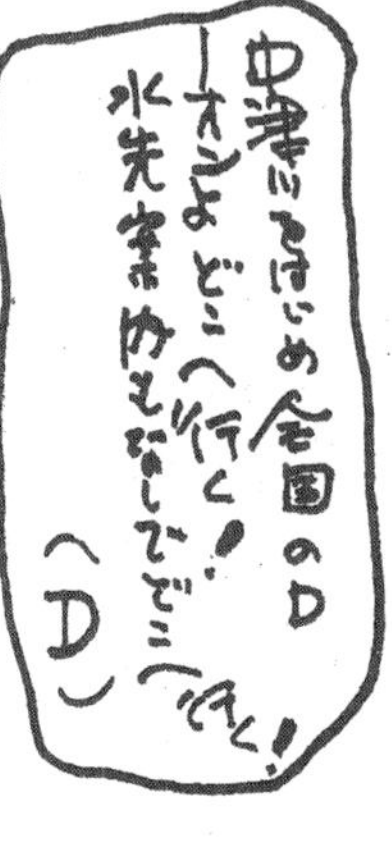

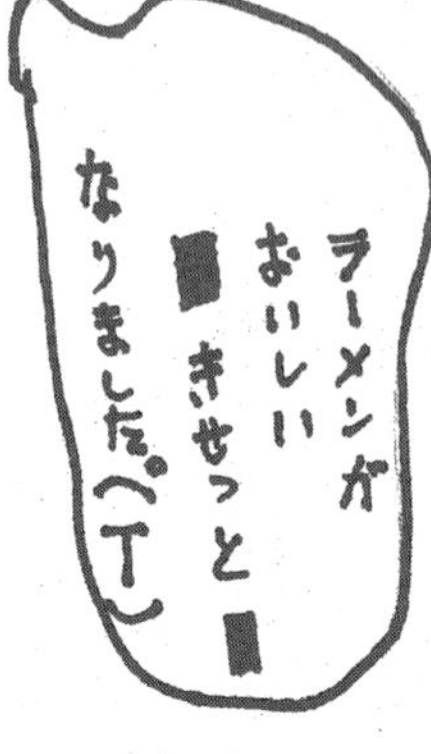


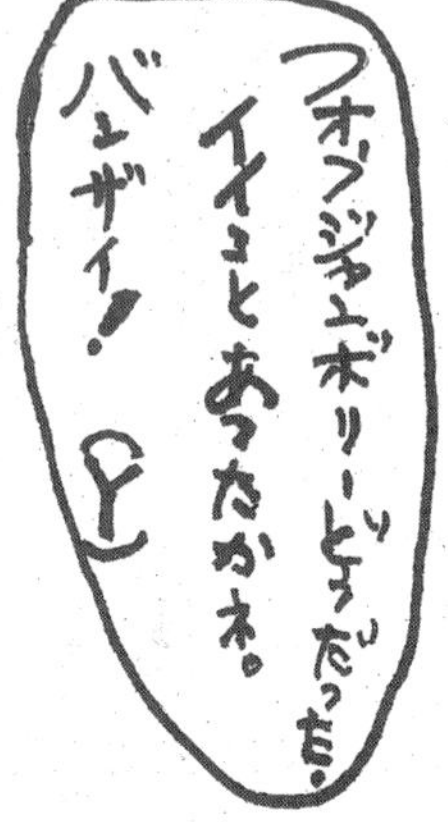

# Ⅱ．解説

Ⅱでは、機関誌「中津川労音」を読み解くための一助として、勤労者音楽協議会（以後、労音）について簡単に紹介した上で、中津川労音の設立、機関誌「中津川労音」の紙面構成をはじめとした複数のトピックを、関連文献や中津川労音に関わった方々への筆者によるインタビューなどを適宜、引用参照しながら解説する。なお、各項目に関連する記事が、機関誌「中津川労音」（「中津川労芸」も含む）に掲載されている場合は、本文以外に、主たる参照箇所の号数とページ数を各項目の見出しの後ろに、№４―ｐ20のように明示する。

## 1．労音とは何か[1] ▼No.7―p65

労音とは、音楽鑑賞団体であり、勤労者音楽協議会の略称である。一九四九年一一月に、関西勤労者音楽協議会（以後、関西労音）が大阪で設立された。設立以前に大阪で活動していた、労働運動団体、関西自立楽団協議会、朝日会館の活動が設立基盤となり、設立時の会員数は約五〇〇人だった。翌一九五〇年八月に京都労音と神戸労音が設立されたため、関西労音は大阪労音と改称された。大阪労音の会員数はほぼ五年後の一九五四年七月には約四八、〇〇〇人に増えた。この数字に京都労音と神戸労音の会員数を足すと約六七、〇〇〇人であった。[2] さらに、西宮、和歌山でも設立された。[3] こうした関西での動きに呼応して、一九五三年一〇月に東京労音が、同年一二月に横浜労音が設立された。いずれの労音も、設立基盤となる団体があり、それらの団体は関西労音の活動に影響を受けた。こうした動きが全国へ拡がるにつれ、一九五五年には全国で会員数は一三万人に達した。各地の労音を連携させるために、一九五五年九月に第一回全国労音連絡会議が滋賀県大津で開催され、以下のスローガンが決定された。[4]

良い音楽を安く多くの人に
企画運営は会員の手で
国民音楽の創造・育成
全国の労音が力を合わせよう

労音を理解する際に、正式名称にある「勤労者」と、スローガンにある「安く」というキーワードが補助線になってくる。東京労音のホームページには「労音の特徴は、会員（聴き手）が中心となって企画・運営を行う」ことだとし、戦後日本の音楽文化史のなかに果たした功績として「戦後間もない発足の頃、それまでは高嶺の花であった音楽会を、勤労者を中心とした一般市民のものにしてきた」と発表している。[5] ここでいう「高嶺の花」とは西洋の芸術音楽、いわゆるクラシックのことであるが、こうした音楽会やコンサートといったイベントを楽しむための興行を自分たちで行ったのである。経済的な問題については、イベントごとにチケット代を売って興行収入を得るのではなく、会員からあらかじめ会費を徴収することで予算を安定化し、イベントごとの会員の支出負担をなくすことと、興行による赤字を防ぐことが出来た。見方を変えると、会員数が多ければ多いほど予算が安定することになる。主たる会員を勤労者に定めたこともあって、職場のサークル活動の一環として労音への会員加入を勧誘した面もあった。[6]

同じく重要なキーワードとして「良い音楽」があるが、スローガンだけではどのような価値基準によるものかがわからない。ここでは、それを探る手がかりとして、東京労音創立五〇周年を記念して刊行した『東京労音運動史 1953～2000年』に記載された文章を見てみたい。

> 「良い音楽」の要求や好みは多様であって、主観的に決めつけることはできません。大切なことは、会員相互の批評活動の積み重ねなど、鑑賞力を高め、多面的・組織的に追求していくことと考えます。そこで労音は、運動の当初から、会員アンケート、合評会、音楽家との座談会、企画部会、運営機関等での検討によって、「良い音楽」を不断に追求し、推進してきました。[7]

合評会というのは、労音が主催した例会終了後に例会に参加した会員が自由に感想や意見を述べることで、次回の例会企画に役立てようとするものである。なお、例会とは名称が違うだけで、実質的には音楽会やコンサートなどのイベントのことである。当初、クラシック音楽を中心に例会を企画運営していたが、会員数の増加、労音設立が全国へ拡大するとともに、扱う音楽ジャンルも多岐にわたるようになった。

## 2. 中津川労音の設立と全国労音の状況 ▼No.1―p16・No.10―p88

中津川労音は、中津川市立西小学校教諭（結成当時）の近藤武典（一九二三―一九七六）を中心に一九六三年四月の準備会を経て同年同月に結成された中津川勤労者芸術協議会（以後、中津川労芸）を基盤として一九六三年一〇月に全国労音としては一四一番目に結成された。[8]なお、近藤は中津川労芸結成時には事務局長、中津川労音設立時には運営委員長を務めた。

岐阜県は、県庁所在地がある岐阜市周辺を岐阜地区、その西側を西濃地区、東側を中濃地区、山間部を飛騨地区、県内で最も東側を東濃地区と大きく五つの地区にわけられている（図1）。

岐阜県は地理的には愛知県と隣り合わせであるため、愛知県の県庁所在地である名古屋の通勤圏となっている市町村もあるが、これは一九七〇年以降にみられた現象であって、それ以前は必ずしも名古屋の通勤圏ではなかった。岐阜県中津川市は、岐阜県では東濃と呼ばれる地域である。東濃とは、岐阜県南東部に対する呼称であり、そこには中津川市、恵那市、瑞浪市、土岐市、多治見市が入っている。東濃地区は、西部と東部に分けられ、西部には多治見市、土岐市、瑞浪市が含まれており、東部は恵那市、中津川市が含まれている。東濃とは、東濃東部のことであり、この地区は東美濃とも呼ばれる（図2）。

東濃地区は名古屋を始発とする中央本線沿いに各市が存在することもあって、一九六八年の中央線電化による通勤時間の短縮など交通条件が良好になると、名古屋から四〇キロ圏内の多治見市は名古屋の通勤圏に包摂された。中津川は歴史的には、中山道六十九次の宿場町の一つであった。[9]

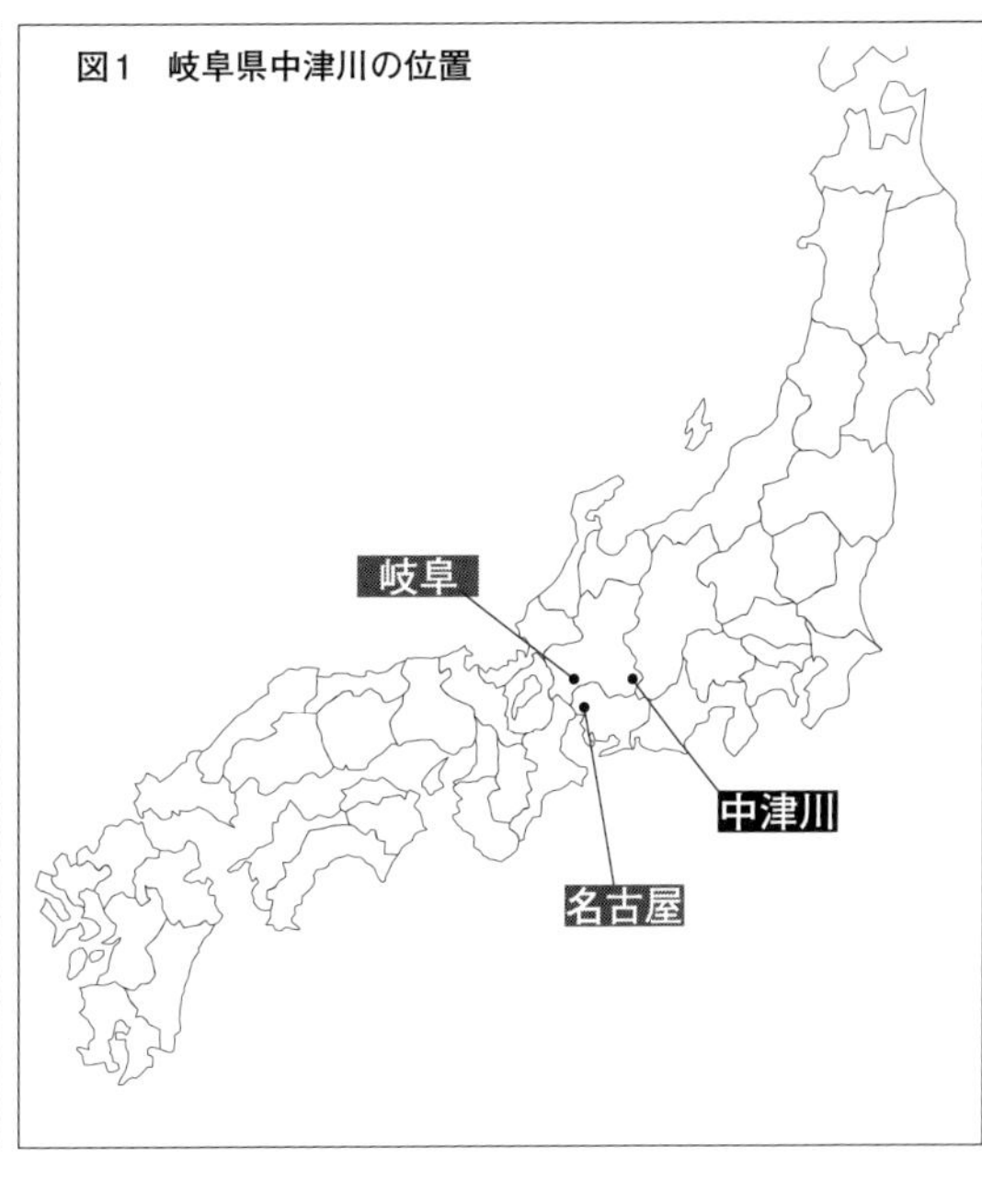

図1　岐阜県中津川の位置

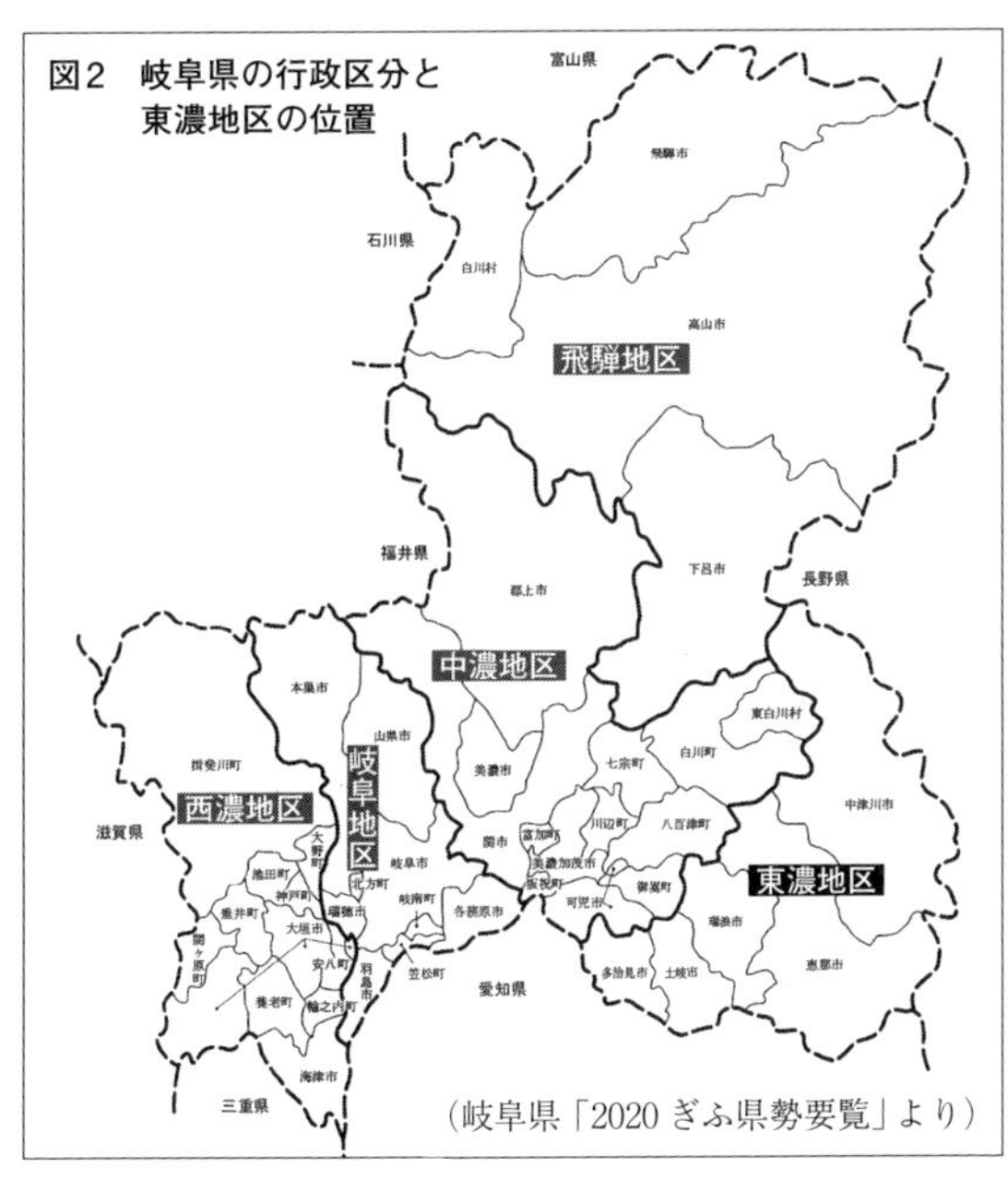

図2　岐阜県の行政区分と東濃地区の位置

（岐阜県「2020ぎふ県勢要覧」より）

中津川労音が結成された一九六三年は、全国労音の会員数は五九万人だった。前々年の一九六一年四五万人、前年の一九六二年五〇万人と労音の会員数が顕著に増加している時であり、そのピークとなる会員数六四万人となる一九六五年の直前だった。その後をみると、一九六六年五二万人、一九六七年四一万人、一九六八年三四万人と会員数は激減していく[10]（図3・次頁）。

労音の活動を支える会員数の変動は全国労音にとって大きな問題であり、会員数増加のための戦略や会員数激減の問題への対応などに、結成まもない中津川労音も呑み込まれていくが、その詳細は後述したい。

同時期の中津川労音の会員数は、先述した中津川労芸が発足した一九六三年四月で三五〇人だった。さらに同年一〇月の芦野宏リサイタルを機に会員数を増やし、一九六五年七月三〇日に開催された第二回中津川労音総会時には目標にしていた会員数一、〇〇〇人を越えた（⇩No.19—p137）。だが、翌年の一九六六年九月二八日に開催された第三回中津川労音総会時には会員数は七〇〇人に減少した[11]。例会という名だが、実質的な興行を企画運営する上で安定した財源確保の面から一定の会員数は必要であった。その一定数を中津川労音は一、〇〇〇人としていたようである。それは「一千名会員によってすばらしい例会を」という小見出しからわかる（⇩No.12—p103）。

Ⅰ部では中津川労音の機関誌を復刻したが、労音という文字が表題に登場するのはNo.10からである。No.9までは「中津川ろうげい」（No.3以降は「中津川労芸」）という機関誌名であった。中津川労音は、当初、中津川勤労者芸術協議会（以降、中津川労芸）として一九六三年四月の準備会を経て同年同月に結成された。中津川労芸の規約には、「すぐれた舞台芸術を、より安く、より多く、定期的に鑑賞して」（第二条）や「舞台芸術に関する研究会、座談会、批評会などの随時開催」（第三条四）とあるように、労音が目指した方向性と一緒である。実際、労芸の規約には「全国各地の労演、労音、労映などとの提携によるすぐれた舞台芸術の紹介と普及」（第三条四）とある（⇩No.1—p8）ように、労音と目的や方向が近かった。

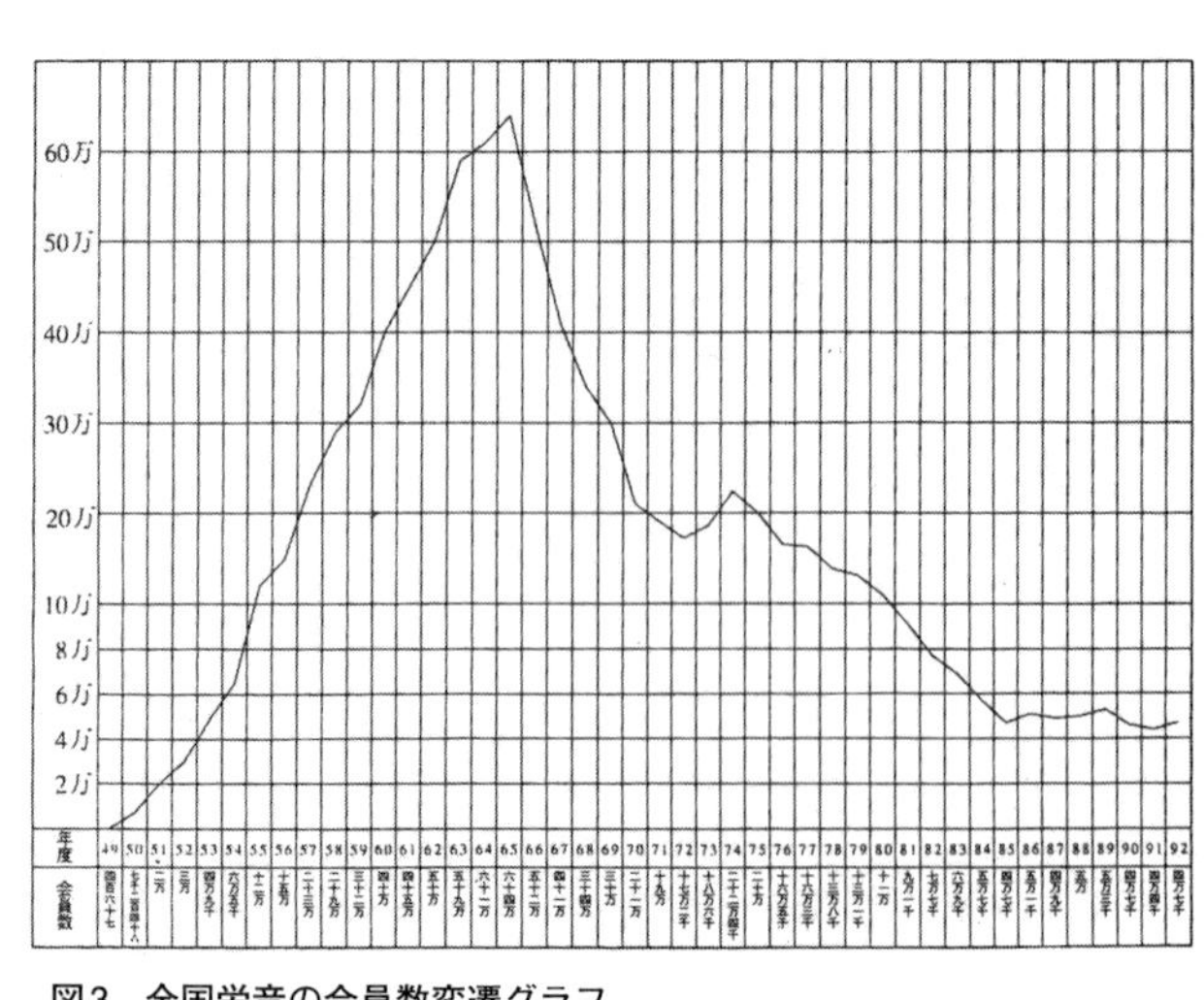

図3　全国労音の会員数変遷グラフ
（出所：『東京労音運動史年表　1953～1992』66頁）

中津川労芸の約一年の活動によってみえてきたことは、演劇、音楽、映画の例会開催をするなかで、回数と参加者数は音楽が多かったことである。そこで、音楽一本に絞った労音に力をいれることにし、一九六四年一〇月に中津川労芸は中津川労音へ発展解消をした。このような背景で、機関誌「中津川労芸」は機関誌「中津川労音」の通し番号として№10（一九六四年一〇月）から始まる（⇩№10―ｐ87）。

なお、中津川労音が解散した正確な日付は残っていないが、機関誌「中津川労音」の最終発行は本書Ⅰの№50（一〇・二六）（⇩№50―ｐ２９９）で、それが発行された一九七〇年一二月までは例会を開催するなど労音の活動はなされていた。だが、中津川労音の事務局長だった笠木透（一九三七―二〇一四）によれば、翌一九七一年には中津川労音は休会状態であり、中津川労音の主要メンバーを中心に第三回全日本フォークジャンボリー実行委員会を組織し、フォークジャンボリー開催に力を注いだという。[12] したがって、中津川労音は一九七〇年で実質的には解散したことになる。

### 3．機関誌「中津川労音」の紙面構成

機関誌「中津川労音」「中津川労芸」（以降、「中津川労音」で表記統一）は、Ｂ５判で作成されており、創刊号と№7を除くと、総ページ数は四～八ページに収まっているため、「会報」や「機関紙」と呼ぶ方がふさわしいものであるが、表紙に題字とともに機関誌という文言が付された号もあることを踏まえ、本書では機関誌と表記する。機関誌の紙面は、例会告知、例会報告、会員の声（動静含む）、全国労音・他地区の労音動静、特集から構成されている。なお、Ⅰ部で復刻した機関誌は号数の間違いを修正せずに当時のままである。これらの修正箇所、注目したい特集記事を一覧表にまとめた（図4・巻末）。中津川労音が解散する一九七〇年に発行された機関誌は四つのうち三つが手書きであったが、全五〇号分のうち四五号分が印刷屋に外注している。手書きになってしまったのは、会員数減少によって予算が少なくなったからであった。[13] なお、№15については現物がみつからなかったため復刻できなかった。[14]

### 4．「中津川労音」主催の例会

中津川労音が企画した例会を一覧としてまとめた表（図5・巻末）にあるように、ほぼ二ヶ月に一回、年六回程度開催された。内容はクラシック、ポピュラー音楽、民俗芸能、映画上映とジャンル的に偏りはなかった。ちなみに、一九六五年に全国の労音で開催された四、六二五の例会のジャンル内訳について、歴史学者の高岡裕之がまとめたものによれば、クラシック一、三一八（全体の二八％、以後％のみ明示）、軽音楽二、八

図6　名古屋労音のSLUK例会チラシ（実物はカラー）

（見積第　号）　御見積書　No.

石井音楽事務所　御中　45年 6月27日

合計金額 ¥486,450.—

下記日程巡業　運賃合計　408,900

助手さん2名　宿泊費 〃　60,000

四トンドーム車　有料道路料・　17,550

8月7日 大阪市内

〃 名古屋市公会堂

8 岐阜中津川野外ステージ

9 大阪厚生年金会館

10 静岡駿府会館

11 浜松市民会館

12 沼津公会堂

13 桐生産業文化会館、前橋群馬会館（同時公演）

14 横浜青少年文化センター

15 休み

16 東京厚生年金会館

17 羽田空港

合計 ¥486,450.—

図7　SLUK招聘関連の見積書

九三（六三％）、伝統芸能三五五（八％）、歌舞団（海外）六三（一％）である。さらに東海地方に限定すると、五一一の例会のうち、クラシック一四九（二九％）、軽音楽三二八（六四％）、伝統芸能三一（六％）、歌舞団（海外）三（一％）であった。[15]

一九六五年当時の会員数が一五万人だった東京労音と違って、中津川労音は先述したように会員数の目標が一〇〇〇人であって、実際には七〇〇人前後の会員数で推移したことに鑑みると、予算規模を遥かに上回る例会を開催することは現実問題として無理であった。実際、中津川労音の企画制作部は「八〇〇名から一〇〇〇名の会員数で、少なくとも二ヶ月分四〇〇円の会費で取りくめる専門家は、限られていることです。「坂本九」でも「ザ・ピーナッツ」でも（前号の機関誌第一面のとおり）とても中津川労音では手が出ません。」と会員に向けて現状を訴えている（⇩No.29―p189）。

こうした予算的事情ゆえに、中津川労音の事務所が確定するまでは中津川労音結成の中心人物であった近藤武典の自宅が事務所代わりになっていたと、一九六五年頃から中津川労音の事務局長を務めた笠木透（一九三七―二〇一四）が当時の状況を筆者に語った。[16]

だが、単一組織の労音にとって予算的に無理があっても、他地区の労音と協同して企画すれば出演者を招聘することが出来るケースもある。中津川労音が他地域の労音と経費を分担して出演者を招聘したものに、一九七〇年八月に各地で公演したチェコスロバキアの民族芸術歌舞団ＳＬＵＫ（以後、スルク）があった[17]（図6）。

スルクの招聘にかかる予算の分担に中津川労音も関わった。

当時のスルク招聘の移動費、宿泊費の見積書（図7、前頁）をみると、中津川労音を含む九の労音が分担したようである。この他に、出演費や日本への往復航空運賃も分担した。さらに中津川では公演会場の最寄り駅の坂下駅前の旅館に宿泊したため、その宿泊代の負担も必要となった。なお、中津川労音がスルクを出演させた例会は、第二回全日本フォークジャンボリーだった。

スルクが公演を行った全日本フォークジャンボリーの会場となった椛（はな）の湖畔は恵那郡坂下町にあった。坂下町は一九七〇年当時、人口六、〇〇〇人強の小さな町であったが、前年に第一回が開催された全日本フォークジャンボリーで約三、〇〇〇人の観客を動員した実績もあって、町としてもスルク公演を歓迎した旨が、坂下町広報紙の月刊「さかした」八月号に「八日の午後駅前に於いてチェコスロバキヤの舞踏合唱団一行の歓迎会を開催し、町長が歓迎のことばをのべた。[18]」と記載されていることからもわかる。スルクの第二回全日本フォークジャンボリーでの公演はライブ録音としてレコードに収録されている。[19]なお、坂下町は平成の市町村合併で二〇〇五年に中津川市に合併した。

## 5.「中津川労音」主催の地域例会

中津川労音の独自性は地域例会の活性化からはじまったと言えるだろう。中津川労音主催の地域例会は一九六六年から開始された（図8・巻末）。地域例会が企画された背景には、全国労音の会員数減少を打破すべく、会員数増加のための問題への対応があった。[20]『東京労音運動史１９５３～２０００年の歴史』では、一九六六年から一九七九年までを「意欲的例会で成果をあげながら労音攻撃と社会情勢の変化に対応しきれずに会員減少対策模索の時代」と位置付けている。[21]

こうした全国労音の事情を受け、中津川労音では改善策を練って地域例会という形で対応した。地域例会とは、通常の例会が中津川駅界隈を会場としたのに対して、通常例会と同じ内容を会員のいる近隣の町や村で行ったのである（⇩№24―ｐ１６９、№27―ｐ１７８）。

なお、地域例会の出演者は、開始当初の一九六六年は長野県伊那市に活動拠点をおく田楽座[22]だけだった。この試みについては一九六六年一一月一九、二〇日に開催された第一二回全国労音連絡会議の各地労音代表報告にて事務局長の笠木透が報告した。また、交流会では中津川労音会員が自ら結成した「ぜんまい座」が出演した（⇩№29―ｐ１８７）。

このように、中津川労音は全国労音の目指した労音運動に積極的に加担したが、二年後には全国労音の在り方や運営の仕方への不満が爆発する。機関誌「中津川労音」紙面に「拝啓　全国労音殿」と題して、三回にわたって署名記事を掲載している。機関誌「中津川労音」の記事は筆名、イニシャルなどが多く、署名記事は限られていることに鑑みると、全国労音への強い批判であったことが読み取れる。また署名記事を執筆した笠木透、田中鉦三、渡辺梓は中津川労音の主要な運営メンバーだったことも、その後の全国労音の流れとは別に、中津川労音の独自色を強めていく契機だったと言えよう（⇩№41―ｐ２４９、№42―ｐ２５８、№43―ｐ２６５）。独自色を強めていく最たるものが地域例会でフォークシンガーの高石友也を招聘したことである。なお、一九六八年に三回開催したチルドレンコンサートは平日の学校行事であり、当該の保育園長や小学校長の理解を得られての開催だった。[23]高石友也を中心に積極的にフォークシンガーを招聘することによって、中津川労音が独自色を高めた詳細については後述したい。

## 6．機関誌「中津川労音」から文化実践を読み解くために

中津川労音の活動の興味深いことは独自の文化実践がみられる点にある。当初の例会は、先述したように全国労音の例会企画を予算に見合った形で真似していた。それは全国労音が目指す理想や会員数の拡大にも協力的であったことからもわかる。しかしながら、全国労音の理想と現実の乖離に疑問を抱き、地域例会の企画、開催を手がかりとして中津川独自の動きを見出すに至った。

中津川労音が、全国労音とは別の独自路線を歩む起点となったのは既述したように、フォークシンガーの高石友也の招聘だった（一九六七年一月九日）（⇩№33―ｐ２０３、№34―ｐ２０８）。フォークソングのよさを伝えようと高石を招聘した四ヶ月後の例会（一九六八年三月一六日）に《この広い野原いっぱい》（一九六七年一月二日発売）で人気が出始めていたカレッジフォークの森山良子を招聘する（⇩№35―ｐ２１１）が、笠木によると、高石のインパクトが強かったため、印象が薄かったという。[24] こうしたこともあって、中津川労音は高石友也を中心とした関西フォークとの関係が強まる。とりわけ、高石友也も岡林信康もデビューして比較的間もない頃に招聘している（⇩№39―ｐ２３３、№40―ｐ２４０―２４１）。

さらに、彼らを招聘するだけでは飽き足らず、野外コンサートを企画し、一九六九年には全日本フォークジャンボリーというオールナイトの野外コンサートを開催した（⇩№43―ｐ２６６、№44―ｐ２７１、№45―ｐ２２７）。全日本フォークジャンボリーについては、Ⅲ部で論考を提示するので、そちらを参照されたい。

全日本フォークジャンボリーは、地名を冠した中津川フォークジャンボリーと呼ばれることも多く、日本のポピュラー音楽史や野外フェスティバルの黎明期のものとして重要なイベントに位置付けられている。しかしながら、『東京労音運動史年表　１９５３～１９９２』と『東京労音運動史　１９５３～２０００年』の他地域の労音の動きが記述されている箇所に、中津川労音が主催した全日本フォークジャンボリーの記述は見当たらない。さらには二〇一二年に中津川市が刊行した『中津川市史　現代編ⅠⅡ』においては、労音が一九六三年に招聘した芦野宏については記述があるにもかかわらず、全日本フォークジャンボリーについての言及はない。

本解説では、機関誌「中津川労音」を読み解く一助として、フォークソングに焦点をあて地域例会から全日本フォークジャンボリーへの流れを明示した。しかしながら、機関誌「中津川労音」はフォークソング関連にとどまらず、一九六〇年代の過疎化の進む一地方における文化実践の記録として読み解くことも出来る。たとえば、山田晴通は、№7の「祝 創立一周年 中津川労芸」に寄せられた人物名や書籍広告（⇩№7―ｐ60）から「当時の中津川労芸が社共両党を糾合した組織として成立しており、共産党系の人々が一定の存在感をもって関与していたことがうかがえる」と言及している。[25] 他にも労働組合の色合いが強い例会も開催されているなど機関誌「中津川労音」が語りかけてくるものは興味深い。こうした読解の一助として、招聘希望のあった演奏家と演奏団体名が№40に掲載されている（⇩№40―ｐ２４５）ので、それを基にまとめた一覧表（図９・巻末）と機関誌上で告知されながら実現しなかった企画や例会をまとめた一覧表（図10・巻末）を巻末に提示しておきたい。いずれ

にせよ、機関誌「中津川労音」には、たんなる、一地域の労音運動の記録におさまらない一九六〇年代における地域の文化実践を読み解く手がかりが随所に鏤められている。

**注**

1 高度成長期における労音運動の特徴について戦後の文化運動を視野に入れながら論じたものに以下がある。高岡裕之「高度成長と文化運動―労音運動の発展と衰退」大門正克・大槻奈巳・岡田知弘・他（編）『成長と冷戦への問い（高度成長の時代3）』（大月書店、二〇一一年）三一九―三六四頁。労音の歴史について二次文献を中心に整理し、同時代の文化理論の援用を適宜、試みたものに以下がある。長崎励朗『「つながり」の戦後文化誌―労音、そして宝塚、万博』（河出書房新社、二〇一三年）。

2 高岡裕之、前掲書、三二一―三二四頁。東京労音運動史編さん委員会（編）『東京労音運動史年表　1953～1992』（東京労音、一九九四年）四八頁。東京労音運動史編さん委員会（編）『東京労音運動史　1953～2000年の歴史』（東京労音、二〇〇四年）一六―一八頁。

3 東京労音運動史編さん委員会（編）、前掲書二〇〇四年、三四一頁。

4 同右、三一―三二頁。

5 東京労音「労音とは」、東京労音ホームページ（http://www.ro-on.jp/about/）［最終アクセス日：二〇二一年一月三日］

6 労音の負の側面については以下を参照されたい：思想運動研究所（編）『恐るべき労音　五〇万仮装集団の内幕』（全貌社、一九六七年）。

7 東京労音運動史編さん委員会（編）、前掲書二〇〇四年、一頁。

8 同右、三四二頁。近藤武典『近藤武典集』（近藤愛子発行［私家版］、一九七七年）三〇七―三一四頁。機関誌「中津川労芸」№5（№5―p48）の「全国労音ニュース」では全国一三九番目とある。

9 岐阜県『岐阜県史：通史編　続・現代』（岐阜県、二〇〇三年）五三二―五四〇頁。東濃の地域特性については以下を参照されたい。大西宏治「地理学からみた岐阜県東濃地区の地域特性」東谷護（編）『地域共同体の文化実践とポピュラー文化との関係性―岐阜県東濃地区の文化実践を事例に―』（成城大学民俗学研究所グローカル研究センター、二〇一一年）三―一二頁。

10 東京労音運動史編さん委員会（編）、前掲書一九九四年、六六頁。

11 近藤武典「中津川労音発展のために」近藤、前掲書、三九四―三九九頁。

12 筆者による、一九六〇年代半ばより解散まで、中津川労音事務局長をしていた笠木透氏へのインタビューによる。インタビュー日時は、二〇〇九年四月一七日（於：岐阜県中津川市笠木氏自宅）。なお、録音データは筆者所蔵。

13 同右。

14 五十嵐喜芳の五月例会案内は№14でされているが（⇒№14―p113）、通常はこれから開催される例会の案内のうち、直前のものについては紙面冒頭で宣材写真を掲載するなどして、大きく取り扱われているにもかかわらず、これを紙面冒頭で取り上げたものはなかった。そのため№15については、本書復刻の時点では資料散逸と判断した。

15 高岡裕之、前掲書、三五〇頁。

16 筆者の笠木透氏へのインタビューによる。インタビュー日時は、二〇〇九年一二月二一日（於：岐阜県中津川市笠木氏自宅）。なお、録音データは筆者所蔵。

17 名古屋労音のチラシではスルク例会の会費は九〇〇円だが、『東京労音演奏会記録集1953～1994年の例会プログラム』（東京労音、二〇〇三年）によれば八月一六日に東京労音が東京厚生年金会館大ホールにて開催したスルク例会の会費は一、〇〇〇円だった。

18 「さかした」第二六八号二面（一九七〇年八月二五日刊行）。

19 「自然と音楽の48時間　1970年全日本フォーク・ジャンボリー実況盤」（二枚組、KR-7018～9）（キングレコード、一九七〇年一〇月一〇日発売）の二枚目のA面一曲目に〈ジプシーの音楽〉というタイトルで収録されている。なお、一九九七年九月二六日CD（二枚組、KICS-8133～4）として再発された。

20 高岡裕之は、一九五〇年代から六〇年代にかけての、労音の会員数の変化と文化運動的な側面とを見取り図的に指摘している。高岡裕之、前掲書、三五三—三五八頁、を参照されたい。

21 東京労音運動史編さん委員会（編）、前掲書二〇〇四年、八七頁。

22 田楽座は一九六四年に旗揚げし、現在に至っている。伝統芸能を現代風にアレンジする自称「まつり芸能集団」である。https://www.dengakuza.com を参照されたい。[最終アクセス日：二〇二一年一月一八日]

23 筆者の笠木透氏へのインタビューによる。インタビュー日時は、二〇〇九年一一月一七日（於：岐阜県中津川市笠木氏自宅）。なお、録音データは筆者所蔵。

24 同右。

25 山田晴通「一九六〇年代の中津川労音における公演者：地方小規模労音の夢と現実」『パラゴーネ』第八号、（青山学院大学比較芸術学会、二〇二一年）一二九—一四六頁。

1978年に新築された中津川駅
出所：『中津川市史 下巻　現代編Ⅰ』

1953年に改修された中津川駅
出所：『中津川市史 下巻　現代編Ⅰ』

中津川駅駅前（1978年）
出所：『中津川市史 下巻　現代編Ⅰ』

中津川市制10周年を祝う（1962年）
出所：『中津川市史 下巻　現代編Ⅰ』

Ⅲ．論考

# 全日本フォークジャンボリーにみる「プロ主導」と「アマチュア主導」の差異

本稿の初出は、「ポピュラー音楽にみる「プロ主体」と「アマチュア主体」の差異――全日本フォークジャンボリーを事例として」東谷護編著『ポピュラー音楽から問う―日本文化再考―』（せりか書房、二〇一四年）二四五―二七五頁である。なお、新たな事実、解釈を含む加筆修正をおこなった。

## はじめに

音楽はその美的価値という「芸術性」を表象する側面とは別に、「商業性」という側面も見逃すことは出来ない。とりわけポピュラー音楽においては、音楽が市場化し「商品」として、生産販売し生計を営むという側面に焦点があてられやすい。それゆえにポピュラー音楽は「プロ」のものという認識が一般に強いように思われる。プロに求められるのは、卓越した技能であることもあれば、他を圧倒するほどの存在感のこともある。場合によっては、音楽性よりも話題性が優位にたつこともある。いずれにせよ、消費の対象として何かしらの魅力を生み出すことが、ポピュラー音楽に関わる「プロ」には求められている。そのなかでも、ヒット曲なり、スター某なりといった存在は、ポピュラー音楽文化にとって、社会的に広く注目を浴び、ポピュラー音楽の代名詞と成り得る。

さらにポピュラー音楽に付与された「商業性」「ヒット(流行)」というイメージが、ポピュラー音楽にみる「プロ主導」と「アマチュア主導」の差異を生じさせると言えよう。ここでいうプロ主導とは、一般にイメージされているポピュラー音楽像である。具体的には、欧米、特にアメリカ発のポピュラー音楽(ヒット曲や主要ジャンルとみなされているもの)が世界的に広まることである。また日本国内においても、東京といった「中心」で音楽産業が作り出すポピュラー音楽を、ラジオやテレビといったマスメディアによって地方へ広めることも同じ類いのものとみなしてよいだろう。つまり、ポピュラー音楽とは「プロ」によって作り出される音楽ということである。ここには世界的に広がっていくポピュラー音楽を国や地域独自の文脈で消化するのはもちろんのこと、いわゆる「売れていない」プロが地域を中心に音楽活動することも含まれる。要は、売れる/売れないではなく、プロ指向があれば、たとえ売れていなくてもここに含まれるのである。一方、アマチュア主導とは、プロ主導とは方向性が正反対であり、売ることよりも、自分たちの趣向、そしてそこに媒介されるネットワークを重視する。このネットワークでは対人関係が重視されるため、地域的な要因に左右されることが多い。したがって、地域独自の音楽実践が当該地域に根付く。アマチュア主導にはローカル・アイデンティティ(地元愛)の強いものが見出される可能性が高いと言えよう。

二〇世紀以降を見わたしてみると、アメリカ発のポピュラー音楽、とりわけヒット曲や主要ジャンルが、ポピュラー音楽のグローバルスタンダードになりやすいようである。この背景には、大量複製技術の発展と普及のなかで、アメリカが英語文化の流通にのって特権的な位置を切り拓いてきた事情がある。[1] このような、ポピュラー音楽のグローバル化というある種の「画一化」が進んでゆく、すなわちプロ主導の進む背景として、ポピュラー音楽文化にアマチュア主導が存在するには、どのような要素(条件)が必要なのだろうか。あるいは、どのような要素(条件）に着目すれば、アマチュア主導が見出せるのであろうか。

本論考では、プロ主導とアマチュア主導という視点で捉えた時に生じる「ズレ」に着目し、その事例として、中津川労音の有志が中心となって一九六九、七〇、七一年に開催した全日本フォークジャンボリーという野外フェスティバルを検討する。全日本フォークジャンボリーには、アマチュア主導の音楽文化が次第にプロ主導の音楽文化と乖離してゆく様相が確認できるのだが、その乖離にはアマチュア主導のあり方が大きく関与している。

筆者は、日本のフォークソングを考察対象とした論考を発表しているが[2]、この研究を進めるなかで、全日本フォークジャンボリーを企画・制作したフォークシンガーの笠木透氏には一九九二年に、後援者だった坂下町の小池明町長（フォークジャンボリー開催当時は助役）には一九九四年に、それぞれインタビューを行った。その後、自身の関心の変化などから中断していた研究を二〇〇八年秋に再開し、二〇〇八年一一月から三年間、ほぼ毎月一回岐阜県中津川に出向き、先述の笠木氏を中心に関係者へのインタビューを行い[3]、その後も断続的ではあるがインタビューをしている。なお、本文中で引用・参照する、筆者が行ったインタビューについてはその都度、出典を明示しない。インタビューに関するデータは、巻末に一覧としてあげておく。

## 1．日本のメディア言説におけるフォークソングの描かれ方

日本におけるフォークソングは、一九五〇年代後半にアメリカから受容したものである。本来の民謡という意からフォークリバイバルを経てフォークソングが生まれ、学生運動や反体制と結びついて、大きく発展した。日本では、そうしたイデオロギー的な側面に目を向けた者たちもおり、一部の愛好家たちの間で好まれたサブカルチャー的な広がりから、関心のない者でも存在を知っており多くの人気を博したポピュラーカルチャー的な広がりをみせてゆくにともなって、イデオロギー的な側面は消え、音楽的なスタイル面が特化され、シンガーソングライターというポジションを確立し、商業的な成功を収めた[4]。

注目すべき点として、日本のフォークソングは一九六〇年代前半にはアマチュア主導であったにもかかわらず、一九七〇年代前半にはレコードの売り上げをはじめとして日本のポピュラー音楽史上で避けて通ることが出来ないほどのジャンルとして、広く認知されプロ主導のものになったことである。フォークソングという新しい概念に対する一般的な認知度を知る手がかりとして、山田晴通はフォークソングについて書かれた新聞記事における定着過程に着目した[5]。

山田の調査によれば、フォークソングという単語が広く目につくようになったのは、一九六三年九月二七日『読売新聞』夕刊に掲載された記事である[6]。この記事のリード文には「最近のアメリカ軽音楽界　完全に民謡ブーム　大学生たちが熱烈な推進」という文字が並び、「民謡」と「フォークソング」を等号で結んでいることがわかる。具体的には、ジョーン・バエズ（Joan Chandos Baez, 一九四一―）、オデッタ（Odetta Holmes, 一九三〇―二〇〇八）、キングストン・トリオ（The Kingston Trio, 一九五七―一九六七に活動したグループ）、ブラザース・フォー、（The Brothers Four, 一

九五七年に結成されたグループ）、ウィーバーズ（The Weavers, 一九五〇年に結成され五〇年代に活躍したグループ）、ピーター・ポール・アンド・マリー（Peter, Paul and Mary, 一九六一―一九七〇に活動したグループ）といったフォークソングにおいて著名な歌手やグループ名が記事に並び、アメリカのフォークリバイバルとフォークソングを語るときには避けて通ることの出来ないピート・シーガー（Pete Seeger, 一九一九―二〇一四）の来日情報まで記されているものの、この記事の書かれた前年の一九六二年にレコードデビューしていたボブ・ディラン（Bob Dylan, 一九四一―、二〇一六年にノーベル文学賞受賞）についてはこの記事では一言も触れていない。

　興味深いことに、この記事では、日本の民謡歌手の代表として三橋美智也にコメントを求めるなど、フォークソングの概念を伝統的なフォーク・ソング[7]と混同しており、少なくとも日本ではアメリカのフォークリバイバル後のいわゆるモダンフォークについては広まっていなかったことが読み取れる。このように新聞記事レベルにおいては日本の民謡と同一視されるなど、一般に認知されていたとは思われなかったフォークソングも先の記事の翌年、一九六四年以降は民謡ではなく、フォーク（ソング）という表記が一般化し、六五年以降は新聞記事においては完全に表記は定着した[8]。

　新しい外来音楽として受容されたフォークソングは、たんなる音楽ジャンルの一つとして語るには事足りないほど影響力の大きな存在となった。それは、日本のポピュラー音楽史のみならず、戦後文化史のなかにも刻まれていることからもわかるだろう。一九六〇年代後半から一九七〇年代前半の世相が語られるときに、フォークソングは反体制の若者の音楽として、その後のメディア言説に見出される。一方、音楽ジャンルに特化して語られるときには、七〇年代以降に活躍した吉田拓郎（一九四六―）、井上陽水（一九四八―）、かぐや姫、などの名前があげられることが、メディア言説では多い。それ以前に人気のあった高石友也（一九四一―）、五つの赤い風船、フォーク・クルセダーズやフォークの神様という異名を持っていた岡林信康（一九四六―）の名前がメディア言説において登場することは、七〇年代以降に活躍した者たちよりも比率として少ないようである。

　こうした傾向はメディア言説に関わる発信者側だけの認識ではない。たとえば、一九九四年にシリーズで放映された「BSフォークソング大全集」[9]では、視聴者からのリクエストによる上位ランキングを番組内で紹介したが、先述した吉田拓郎、井上陽水、かぐや姫によって上位三位が占められていた[10]。さらにこの番組から一五年弱を経た二〇〇八年にフォークソングの現在の状況を特集した週刊誌の記事を見てみよう。

> 　日本では、マイク真木、森山良子らの品の良いフォークに飽き足らない若者が、60年代後半から高石ともや、岡林信康、小室等、高田渡、ザ・フォーク・クルセダーズらのアングラフォークに流れ、安保と学園紛争の高揚とともに、反戦フォーク、メッセージフォークの大きなうねりとなって70年代になだれこんでいった。
>
> 　全盛期は70年代前半。吉田拓郎、井上陽水、南こうせつとかぐや姫、山本コウタローとウィークエンド、グレープ（さだまさし）といった、ありのままの自分を楽曲に託すアーティストが次第に人気を集めた。（略）

その流れは、アリス、猫、ガロ、NSPに引き継がれ、フォークソング自体がニューミュージックへと変わっていく下地にもなった。そんな時代から約30年。巷ではフォーク酒場が40代から50代、さらには団塊世代の人気を集め、おやじバンドコンテストも毎月のように全国各地で行われ、フォークソングが改めて脚光を浴びている。[11]

ここで引用した記述が一般的な受け止められ方と言ってもよいだろう。こうした日本のフォークソングの展開は社会史的にみれば「仲間の時代」「模索の時代」「スターの時代」と大別できる。[12] 引用に適応させてみれば、「仲間の時代」は品の良いフォークの頃であり、「模索の時代」はアングラフォーク、反戦フォーク、メッセージフォークの頃であり、「スターの時代」は全盛期に該当する。より踏み込んで言えば、引用の記述は丁寧な方であろう。反体制、反戦ソングのフォークソングは七〇年安保、学生運動終焉の後、シンガーソングライターが中心となったニューミュージックになった、という見取り図、いや極論すれば、フォークソング＝反戦、フォークソング＝弾き語り、という図式の方が今日では一般的と言えるかもしれない。引用の最終段落からもわかるように、フォークソングはブームが去った、過去のもの、フォークソング＝むかしの歌（ナツメロ）、という認識も一般的なものであろう。

いわゆるブームが去り、フォークソングに関わることを日本のメディア言説が描くときは、正統性という側面からの記述と日本のポピュラー音楽史上での意義からの記述に大別できる。正統性という側面から描かれるときには、アメリカの音楽、若者（学生）の音楽といった記述や、反体制、反戦、商業主義批判というイデオロギーと結びついた記述である。一方、日本のポピュラー音楽史に影響を与えたという側面から描かれるときには、シンガーソングライターというスタイルの確立、ラジオ（特に深夜放送）との結びつき、フォークソングを専門に扱った音楽雑誌の創刊、インディーズの先駆けであるURC、エレックといったレコード会社、全日本フォークジャンボリー、吉田拓郎とかぐや姫による野外コンサート（つま恋）、レコード会社の設立（フォーライフ・レコード）などの記述である。いずれにせよ、日本のポピュラー音楽文化にとどまらず、戦後日本文化史においても多角的な検討に値する興味深い出来事や事象である。

## 2．全日本フォークジャンボリーにみるプロとアマチュアとの「ズレ」

全日本フォークジャンボリーは、フォークソングが「模索の時代」から「スターの時代」への移行過程にある。[13] 本稿の考察対象の事例である全日本フォークジャンボリーについて、本節では、先ずフォークジャンボリーの基礎的なデータを中心に概観し（2―1）、日本のメディア言説ではジャンボリーが開催当時とその後にどのように紹介されたかを検討する（2―2）。最後に、主催者にとって全日本フォークジャンボリーとはいかなるものであったかを考察する。

図1　開催日時と観客動員の推移

| | 開　催　日 | 観客動員数 |
|---|---|---|
| 第１回 | 1969年8月9日（土）～ 10日（日） | 約3,000人 |
| 第２回 | 1970年8月7日（土）～ 8日（日） | 約8,000人 |
| 第３回 | 1971年8月7日（土）～ 9日（月） | 約25,000人 |

図2　会場に向かう観客（第3回：1971年）

図3　主な出演者：（　）内の数字は出演した開催回

高石友也（1）、岡林信康（1,2,3）、高田渡（1,2,3）、五つの赤い風船（1,2）、ジャックス（1）、上條恒彦（1）、田楽座（1,2）、遠藤賢司（1,2,3）、岩井宏（1,2,3）、中川五郎（1,3）、斉藤哲夫（2,3）、六文銭（2）、赤い鳥（2）、浅川マキ（2,3）、加川良（2,3）、チェコスロバキア　スルク大舞踏合唱団（2）、はしだのりひこ（2,3）、シバ（2,3）、杉田二郎（2）、はっぴいえんど（2,3）、山本コータロー（2,3）、なぎらけんいち（2,3）、ガロ（3）、カルメン・マキ（3）、五輪真弓（3）、吉田拓郎（3）、かまやつひろし（3）、友部正人（3）、長谷川きよし（3）、ミッキー・カーチス（3）、安田南（3）、日野皓正（3）、あがた森魚（3）、三上寛（3）

## 2—1　全日本フォークジャンボリーとは何か

全日本フォークジャンボリーは、一九六九、七〇、七一年に、岐阜県中津川市に近い恵那郡坂下町[14]（開催当時）の椛の湖畔を会場として三回開催された。中津川は名古屋から約八〇kmの位置にあり、JR中央本線の快速電車で一時間半弱である。坂下は、中津川から長野県境に向かって二駅目であり、普通電車で約一〇分、距離にして約一〇kmである。なお、中津川は岐阜県では東濃と呼ばれる地域である。

以下に全日本フォークジャンボリーに関する基礎的なデータを提示し、それぞれ着目すべき点について指摘したい。

先ず、開催日時と観客動員数の推移（図1）を見てみよう。

第一回と第二回は二日間、第三回は三日間となっている。第一回は夕方七時開演、第二回、第三回は午後一時開演で、三回すべてオールナイト形式のコンサートであった。なお、第三回目は二日目の深夜から正午過ぎまでを自由時間として、ステージ演奏はしないスケジュールになっていた。野外コンサートで、しかもオールナイトという形式は、それ以前にはほとんど見当らない。また、その後のイベント等に影響を与えたと言えよう。

注目すべき点は、回を重ねるたびに増えていった観客動員数である。会場となった椛の湖は、山間にあり、最寄り駅の坂下からはバスで一〇分ほど、徒歩だと坂道をかなり上るため一時間弱はかかる。首都圏と違って、一九七〇年前後の中津川は交通の便の悪い地方だったといっても過言ではない。さらに坂下町の人口は当時、約六〇〇〇人であったので、第二回ですでに町の人口を超え、第三回には人口の約四倍もの観客が訪れたことになる。なお、観客動員数は入場料をとったとはいえ、入口以外から簡単に会場に入ることが出来たため、主催者側が正確な数までは把握できなかったということである。

次に、出演者である。多彩な出演者に加え、アマチュアも参加できた。主な出演者は図3の通りである。

これらの出演者をみてわかるように、フォークソング以外のジャンルの歌手も出演するなど、出演者の多様なキャリアに注目できる。また、アマチュアの出演者のなかには、加川良、なぎら健壱、などのようにフォークジャンボリーのステージに立つことによって注目を浴び、その後プロとして活動する者がいた。プロへの登竜門としての面があったことも注目できよう。フォークジャンボリー事務局が作成した、アマチュア向けの「出演要領」（第一回、一九六九年用）の第五条には「演奏曲数　時間は3曲10分を制限とします。」と記してあり、当日は、高石友也の司会で、アマチュアが何組かステージで自作曲を披露している。[15]

最後に指摘したいのは、全日本フォークジャンボリーが地元のボランティアによる手作りイベントだった、ということである。全日本フォークジャンボリーの主催者は、地元の若者による実行委員会であった。この実行委員会の基盤となったのは中津川労音である。中津川労音は、労音という大きな組織の支部ではあったが、中津川労音のメンバーを中心とした自主的な活動であったことに鑑みれば、詳細は後述するが、実質的には地元有志を中心としたボランティアによる手作りイベントだった。

手作りとは、会場探しから始まり、会場の土地ならし、設営、出演交渉、広報などの準備、当日の運営など、ありとあらゆることまで、地元の青年たちのボランティアの手によるものだった。手作り感がよく出ている例として、第一回には当日会場に「らくがきちょう」[16]を回すなどの工夫をしたことがあげられよう。

フォークジャンボリー開催より以前に高石友也のコンサートを中津川労音が何回か主催してきた関係で、高石の所属する高石事務所（一九七〇年に音楽舎に改名）がジャンボリー開催の協力をした。当時のチラシなどの一次資料では、音楽舎が前面に出ているものもあるが、主催のリードをしたのはフォークジャンボリー実行委員会であった。

また、会場の土地を坂下町が提供するなど、坂下町も後援者として名を連ねている。しかも、第三回開催三ヶ月前には、坂下駅に急行列車を臨時停車させてほしい、という陳情書（昭和四六年五月六日付け）を「岐阜県恵那郡坂下町長　吉村新六」名義にて、国鉄に宛てている。この陳情書に記されている要旨の一部を以下に示す。

> 初年度は約3、000人、2年目には約8、000人と全国的に爆発的人気をよび本年は更に13、000人の参加者を見込んでおり、まさにフォークのメッカとしてその名声をあげております。[17]

町長名義の陳情書という公的側面の強い文書において、「フォークのメッカとしてその名声をあげて」いると記述することは、町として、会場である椛の湖をフォークのメッカとして売り出したいという観光資源化への狙いも読み取れなくはない。[18]いずれにせよ、坂下町は全日本フォークジャンボリーに対して名前貸し程度の後援者ではなかった、ということは明らかである。

図4　坂下駅前（第3回：1971年）

## 2―2　日本のメディア言説による全日本フォークジャンボリーの描かれ方

前述した国鉄宛の陳情書にある通り、全日本フォークジャンボリーは回を重ねるごとに注目を浴びた。それはメディアによる報道からもわかる。

第一回開催前には報道はなされず、主催者側が積極的に告知宣伝を行った。第一回の「フォークジャンボリー計画表」の組織宣伝の項目に記されているのは、中日新聞、CBCラジオ、東海地区を中心とした労音、フォーク愛好会などへのダイレクトメール、である。この計画表には、観客動員数の予想を一七〇〇人としているので、実際には予想数を遙かに上回る数を動員したことになる。第一回開催後の報道は、『中日スポーツ』（六九年八月一四日）でなされた。紙面のほぼ一面が使われており、内容は当日の会場風景の写真が五枚掲載され、「初の全日本フォークジャンボリー」「徹夜で歌いまくる」というリード文が紙面を踊っている。この他には、『ポップス』（六九年一〇月号）、『うたうた　フォークリポート』（六九年一一月号）といった音楽専門雑誌で紹介された。これらは、その後の全日本フォークジャンボリーのメディア言説からみれば、報道や紹介された媒体の数は少ない。

第二回開催に向けて、注目を集め始めた要因の一つとして、アメリカニューヨーク州で開催された、ウッドストック・フェスティバル（Woodstock Music and Art Festival）の存在がある。ウッドストックは約四〇万人を集めた、オールナイトで行われた野外コンサートで知られる。ロックミュージック、ポピュラー音楽史にとどまることなく、一九六〇年代を象徴するイベントとして、アメリカ現代史に刻まれている。この野外フェスティバルの開催よりも一週間ほど早く、全日本フォークジャンボリーが開催されていたこと、オールナイトの野外コンサートであったことなどから、比較や参照されるようになる。第二回では、開催二週間前に全国に向けて、『朝日新聞』（七〇年七月二三日、東京版・夕刊6面）で紹介文は三六〇字ほどだが、これとは別に「来月8日に椛の湖畔で　全日本フォークジャンボリー」というリード文が記されている。第二回開催当日には、レコード会社のライブ録音がされ、その後、レコードとして発売された。さらに、当日の模様がドキュメンタリー映画「だからここに来た」（75分、カラー16㎜作品）として、全国数カ所で上映会が行われた。[19]

第三回の開催が全日本フォークジャンボリーのイメージや描かれ方を決定的なものとした。この要因の一つとして、二日目の深夜に、一部の観客がメインステージを占拠し、演奏が中断され朝まで討論会となってしまった、という出来事があげられる。当時のフォーク系コンサートで出演者に向かって「帰れ」などの野次が飛んだのは珍しくなかったようだが、ステージ占拠までは想定を超えていたと思われる。興味深いのは、『朝日新聞』は八月九日（岐阜版・朝刊3面、東京版は七一年八月一一日夕刊7面）に写真入りで開催を好意的に紹介しており、ステージ占拠についての記述は一切ない。これと対照的なのは、地元の『岐阜日日新聞』（七一年八月一〇日）で「若者去って苦情残る」というリード文で、マイナス面を前面に押し出した記事を掲載している。

新聞が全日本フォークジャンボリー開催の紹介を主とした記事だったのに対して、『週刊明星』（七一年八月二二日号）、『週刊現代』（七一年八月二六日号）、『セブンティーン』（七一年八月三一日号）などの週刊誌は、若者の風俗面を前面に押し出した紹介記事で構成されており、会場の雰囲気を再現しようとしている。カラー写真を含めた写真を中心に構成したものは『毎日グラフ』（七一年九月五日号）で、表紙に「フォーク・ジャンボリー」という文字が大きく記されている。音楽専門誌をみると、『季刊フォークリポート』（七一年秋号）は特集を組み、主催者、音楽評論家、フォークジャンボリーに参加した読者の投稿を掲載するだけにとどまらず、三日間のステージ進行表、ステージ占拠によって討論会となった模様を録音テープから活字おこしをして「討論再現」と題して一部を再現している。『新譜ジャーナル』（七一年一〇月号）では、出演者、音楽評論家、主催者、レコード会社ディレクターなどに寄稿してもらっている。どちらの雑誌も、音楽イベントのあり方などを視野に入れた議論を行っている。これらと方向性が同じものとして、『朝日ジャーナル』（七一年八月二〇―二七日号）があげられる。音楽専門誌の中で、これらと趣向が違う記事を掲載したのは『週刊ビルボード・ジャパン／ミュージック・ラボ』（七一年一一月二二日号）である。この雑誌では「音楽イベントの裏側」という特集を組み、野外イベントの代表例として主催者へのインタビューをもとに記事を構成している。

ここまで取り上げてきたメディア言説の共通点は、すべて第三回が開催された一九七一年までのものである、という点である。これ以降に全日本フォークジャンボリーが言及されることがなければ、たんなる流行現象の一つで終わったのだが、実際にはそうではなかった。たとえば第一回開催から四〇年を経た二〇〇九年に、同じ会場で「椛の湖フォークジャンボリー」と名付けたコンサートの開催を紹介する記事が『朝日新聞』（二〇〇九年五月二四日）に掲載された。

伝説の中津川フォーク、38年ぶりに復活へ
69年から71年まで岐阜県坂下町（現・中津川市）で開かれた通称「中津川フォークジャンボリー」がこの夏、38年ぶりに復活する。[20]

引用記事にも記されているように、全日本フォークジャンボリーは開催地名にちなんで、中津川フォークジャンボリーと呼ばれることが多い。また、「伝説の」という冠がつけられることも比較的よく目にとまる。復活イベントという位置づけで紹介された椛の湖フォークジャンボリーの開催当日の夕方七時のＮＨＫニュースではヘッドラインで紹介された。開催後の翌日の『朝日新聞』（二〇〇九年八月二日）でも紹介された。

これら以外で、フォークジャンボリーについて語られるときに比較的多いのは、「スターが、岡林信康から吉田拓郎に変わった」ということと、「政治の季節の終焉の象徴」ということである。前者については、第三回のサブステージで吉田拓郎が《人間なんて》を二時間歌ったというエピソードが強調されることが多かったからと思われる。実際、フォークソングに関心のない人にとっては、前述した「スターの時代」の代表格である吉田拓郎、井上陽水、かぐや姫など、彼らのヒット曲、レコード売り上げ、所得番付が上位になったなど話題性のあることが多かったことに鑑みれば、こうしたエピソードが一人歩きするのは当然のことであろう。後者については、七〇年安保、学生運動の終焉と時期が近いことと、先述したステージ占拠や、反戦フォークなどの「模索の時代」から、「スターの時代」へ移行したことと重なるからだと思われる。いずれにせよ、全日本フォークジャンボリーが一過性の流行現象ではなく、戦後日本の文化史の文脈にも位置づけられていることがわかる。

## 2―3　主催者にとっての全日本フォークジャンボリー

全日本フォークジャンボリーの主催者は、地元の若者による実行委員会方式であったことを今一度、確認しておきたい。地元の若者による手作りのコンサートとは、端的に言えば、全日本フォークジャンボリーは、アマチュアが主催したコンサートだった、ということである。

企画制作のリーダーはフォークシンガーの笠木透（一九三七―二〇一四、岐阜県生まれ）だが、フォークジャンボリーの準備や三回目が終わる頃までは教育系出版の訪問販売を仕事としていた。笠木以外の実行委員も、バス会社勤務、左官、電電公社社員、印刷所勤務、信用金庫勤務、小学校教諭、などのように仕事を持っていた者たちばかりだった。したがって、彼らの活動できる日は、仕事を終えた夕方や土日などの休日だけである。そうした限られた時間のなかで、当時としては手本となるオールナイトの野外イベントもなく、右往左往しながら、準備を積み重ねていった。だが、全く何もないところからのスタートだったわけではなかった。前述した中津川労音での実績を踏まえているため、出演交渉、広報などの面では、経験に応じた伝手などが大いに役立ったと思われる。

大会実行委員のメンバーの年齢は、当時、四〇代前半から一八歳前後までと、作業の手伝いに高校生も加わっているなど、非常に幅が広かった。[21]これだけ実行委員の年齢層に開きがあれば、フォークジャンボリーの開催という同じ目標に向かっていたとはいえ、全日本フォークジャンボリーに対する思いが個人でさえ差があるのだから、世代に開きがあればあるほど、ジャンボリーへの向き合い方が違ってくるのは当然のことである。その一例として、七一年開催の第三回の時に交通整理の担当で実行委員に加わった熊谷和郎（一九五〇―、岐阜県生まれ）は一回りほど年上の笠木透とのフォークソング観の違いを語った。

> 笠木さんはやっぱり、フォークソングを通じて、やっぱり、世の中を良くしよう……時代をこう変えて行くっていうか、何かそういう狙いっていうのは、ものすごく、普通の人よりかは数倍多いもんでねえ。（略）まあ、僕らはそこまで深く考えずに……（笑）。
>
> 俺らから言うと、そこまでな、そこまではほかっとけばええ……ほかっとけばええっていうか、やっぱりみんな、それぞれ、その中で楽しみでやってる人もおるし、まあ色んなフォークソングを楽しんでる方が、多種多様おるもんで……[22]

フォークソング観の違いを世代間の違いだけに回収することは無理があるとはいえ、個々人の考えの違いと同様、世代間の相違も無視はできないだろう。したがって、ここでは、主催した実行委員個人の思いや世代間の差異ではなく、全日本フォークジャンボリーが開催されるまでの経緯や準備状況から開催した三年間、そして三年で幕を閉じたことを主軸に概観する。

全日本フォークジャンボリーを推進したキーマンは、先述した笠木透と、小学校教諭の近藤武典（一九二三―一九七六、岐阜県生まれ）、そして地元の濃飛バスに勤めていた安保洋勝（一九三八年、岐阜県生まれ）である。笠木は、自身の故郷である恵那郡岩村の小学校で教諭を務めた後、上京し学習研究社に勤務するものの数年で退職して、中津川で家族とともに暮らし始めた。近藤武典の妻、近藤愛子によれば、笠木は仕事が終わると近藤宅に頻繁に遊びに来ては、夫の武典とあれやこれやと話し込んでいたという。笠木に確認したところ、お煎餅がよく出てきたなどと当時を懐かしんでいた。近藤武典は五三歳で短い生涯を閉じたが、東濃地域の小学校の教育実践には大きな影響を与えた。中津川労音の設立にも関与しており、笠木を中津川労音に誘ったのも武典だった。その中津川労音の坂下支部長が安保洋勝だった。

中津川労音に参加した笠木は、日本のフォークソングに興味を持ち、中津川労音が主催者として、高石友也[23]のコンサートを一九六七年一一月九日に中津川市立東小学校で開く。その後も高石のコンサートを中津川や坂下で開催し、翌年には高石友也と岡林信康の二人を招聘し、コンサートを行った。こうしたコンサートの積み重ねが地元でフォークソングを受け入れる土壌を作り、フォークジャンボリー開催へと繋がっていく。当時を笠木は次のように述懐した。

コンサートに来てくれる人たちが、みんな異口同音に感動をね。「ああ、これは専門家の音楽じゃないんだ」「こういう歌があるのか」「じゃあ僕らも作りたいねぇ」「僕らもギターを弾いてやりたいねぇ」とかいう意見が出てくるわけでしょ。それに僕は大変、なんていうか、励まされてね。これはたくさんの人に知ってほしいと。フォークソングというものをね。たくさんの人に知ってほしいから、たくさんの人に知ってもらうためには大きなイベントが必要であるだろうということで、フォークジャンボリーを発想するわけですね。[24]

こうした純粋な発想をするまではよかったが、会場探しには難航がともなった。中津川市南部に位置する根の上高原を始めいくつか会場候補にするも、「ヒッピーが押し寄せる」などの理由で中津川市に理解を得られなかった。開催地となった、椛の湖畔を会場に貸してもらうことが出来たのは坂下町長をはじめとした理解者のおかげだったという。それでも、坂下町議会で反対意見が出て、町長が理解を求めたとのことだ。笠木はこれに関して、一回目が成功に終わったあとは、むしろ、二回目もやってくれと評価が逆になった、というエピソードを披露した。

会場設営をリードしたのは安保だった。それのみならず、安保は勤務先での組合活動と自身の地元サークルでの活動で得た様々なコネクションを利用して、地元との折衝に当たった。[25]

こうした笠木や安保の熱意に賛同した地元の有志が実行委員会として、全日本フォークジャンボリーの開催に漕ぎ着けたのである。これまでみてきたメディア言説では、第二回以降、とりわけ観客動員数が当時としては破格に多かった第三回にクローズアップされてしまうため、地元志向のアマチュア主導は見落とされてきた。手作りコンサートという特色を既述したが、その雰囲気がよくわかるのは第一回目の会場である。

会場に売店を設置したのだが、図5の売店には「婦人部」という文字が見える。まるで地元の盆踊り大会の会場のような雰囲気である。また、図6は会場後方からステージを撮影したものであるが、ステージにあてるライトにスタッフがいる。このスタッフがいるのは木の櫓の上だ。ステージの作りがよりわかりやすいのは図7である。図7は、抽選会を行っている様子である。景品は地元在所のギター会社から寄付されたギター

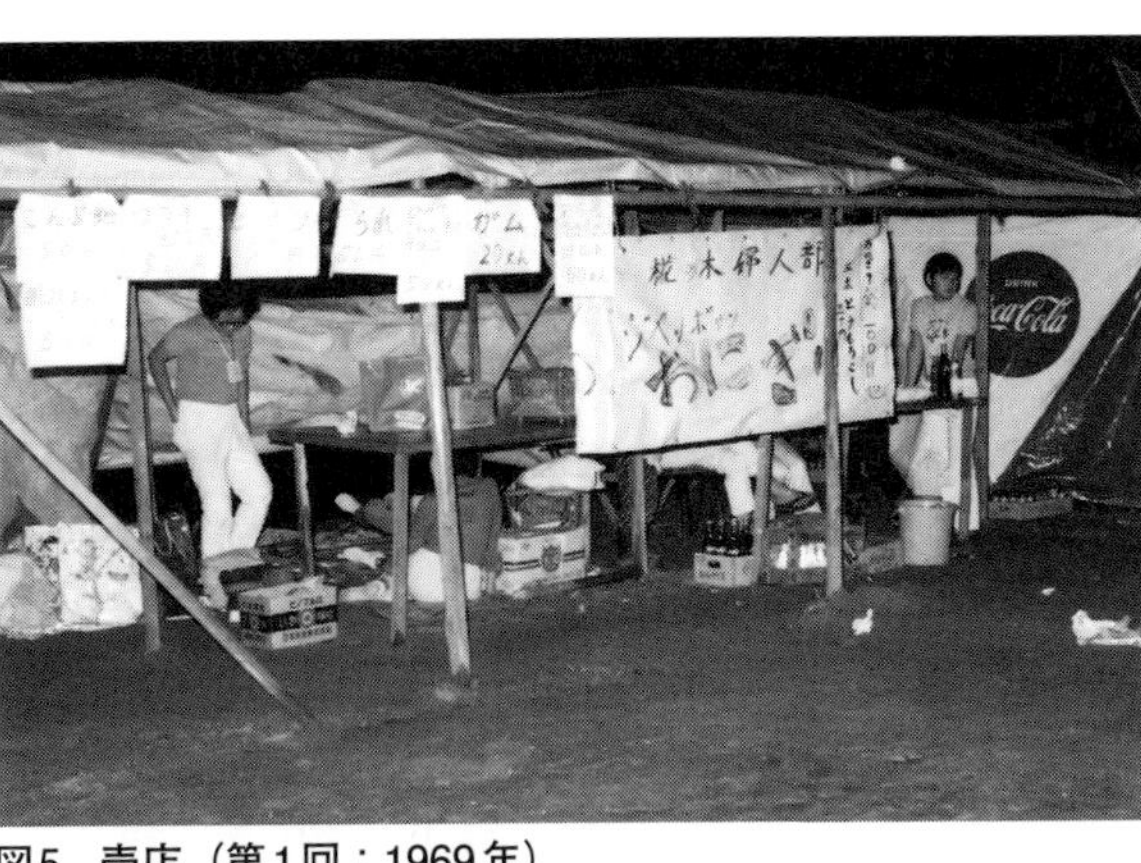


図5　売店（第1回：1969年）

図6　会場後方からステージをのぞむ（第1回：1969年）

図7　ステージ（第1回：1969年、撮影：小木曽智子）

を含めたものであり、写真からもアットホームな感じが伝わってくる。また石を重ねてステージを作ったこともわかる。ライトの櫓もステージも、どちらも実行委員の手作りである。

このような会場探し、会場設営、出演交渉、当日の運営、などありとあらゆるものを自分たちの手によって作り得た喜びは、当事者でなくても容易にわかる。そして何よりも自信をつけたであろう。この力や前述したように開催に批判的だった声が第一回目の成功によって評価が変わったことも、第二回開催への活力となった。

観客動員数の増加と出演者の層の厚さからみても、表面的には第二回も成功裏に終わったようにみえるが、実行委員会の認識は違った。安保は当時を振り返る。

> 規模がふくらんで音楽プロダクションが入り、自分たちのイベントという意識が2回目にして希薄になっていた。[26]

さらにこの取材の三年後に安保はテレビカメラの前で言葉を選びながら話すのだが、本音がついて出る。

汗を流しても自分たちは報われることはないということが、すでにわかっていたんだよね。[27]

たとえアマチュアだとしても、「プロ主導」の発想が根底にあるイベント主催者ならば、このような言葉はついて出てこないだろう。というのは、主催者は裏方に徹することで、イベントの成功を第一目標にするからである。もちろん、この成功は観客動員数による収入であっても、招聘したスター某と交流を持てることであっても、理由は問われない。

だが、安保の発言は「アマチュア主導」をよく現している。おそらく安保たちフォークジャンボリー主催者は、自分たちが主人公であり、地域としてのメリットを第一に掲げていたのであろう。つまり、ここに全日本フォークジャンボリーにみる「プロ主導」と「アマチュア主導」の「ズレ」が見てとれるのである。

出演者にプロを呼ぶためには音楽系事務所と無関係ではいられない。ましてや、労音での運営スキルがあるとはいえ、本職は別にあるアマチュアたちにとって、規模が大きくなりすぎたと言えよう。しかも第二回終了後に思わぬ赤字を出してしまうことになる。実行委員会で出納担当だった、恵那信用金庫（現在の岐阜信金）職員だった松井隆康によれば、「1、000万以上という見込みが狂い、収入は600万弱。恵那信金から200万円を借り受け、資材費、印刷代などは地元業者の好意で翌年に繰り越した」[28]という。先の安保の思いとは矛盾してしまうが、借金を返すためにも第三回を開催し、黒字にしなくてはならなかった。すでにみてきたように、第三回は観客動員数のみならず、記録に残るものとなった。もちろん、主催者側にとってみれば、ステージ占拠をはじめとして、胸中複雑だったことであろう。実行委員の年齢層が広いだけに、「統一的な」見解をまとめることは出来ないが、第三回終了後しばらくは開催されることはなかったが、その後、四〇年を経て二〇〇九年に開催された。このときには「全日本フォークジャンボリー」と名付けるのではなく、会場となった「椛の湖」を冠して「'09椛の湖フォークジャンボリー」としたことに鑑みれば、全日本フォークジャンボリーは第三回を以て幕を閉じるものであるべきだと主催者側は結論づけたと言えよう。

とはいえ、二〇〇九年に開催した「'09椛の湖フォークジャンボリー」のチラシの前面（図8）には「1969中津川フォークジャンボリーあれから40年」と記されており、第4回と銘打つことはしていないものの、同窓会的な雰囲気を醸し出している。この同窓会的な雰囲気を少しでも打ち消そうとチラシ裏面（図9）には主催者側の意図が以下のように綴られている。

1969年「遠望楽観」のノボリ旗を掲げ始まった全日本フォークジャンボリー
あれから40年、時代は希望を失い、歌は力を無くしました。
もう一度若い人たちが希望を持って歌える、そんな時代が来ることを願って
フォークジャンボリーを企画しました。「さあ、この夏は椛の湖へ」[29]

図8 「'09椛の湖フォークジャンボリー」のチラシの表面（2009年）

図9 「'09椛の湖フォークジャンボリー」のチラシの裏面（2009年）

「もう一度若い人たちが希望を持って歌える」と記されているため、四〇年前との差異化をはかっているように思えるのだが、出演者をみると、メインステージでは懐かしいという言葉が相応しいかつて人気を博したフォークシンガーの名前が並んでいる。サブステージを設けた点も四〇年前の全日本フォークジャンボリーのときと一緒だ。このサブステージの出演者をみると、四〇年前やフォークソングの人気が華やかなりし頃とは無縁の名前が連なっている（図10・次頁）点が、同窓会よりも一歩でも前進させようという意気込みを感じ取ることが出来る。

この二〇〇九年開催のときには、全日本フォークジャンボリーの主催者たちは七〇代前半～六〇代半ばになっていた。身体的な問題ゆえに、開演時間は一二時～二一時と半日で終わるように企画されており、当日、会場で配布されたプログラムにも「終演は多少伸（ママ）びる可能性がありますが、21：30分（ママ）までには終了します[30]」と明示されている。

この主催者たちはさらに一〇年後の二〇一九年には「'19椛の湖フォークジャンボリー　50年目のメッセージ」と題して、開演時間は一二時～一八時として開催した。この時点では主催者たちは八〇代前半～七〇代半ばになっており、主催者たちの身体的な問題を考慮して前売り券の枚数を制限した。先述した全日本フォークジャンボリー主催者のキーマンの一人である安保洋勝が「ジャンボリーの話」をステージですることが記されているなど懐かしさを前面に出すプログラムが組まれた。それでも、アマチュアにサブステージを開放するなどして、少しでも同窓会的雰囲気だけに終わらすまいとしている（図11・次頁）。

興味深い点として、二〇〇九年開催時も二〇一九年開催時も、音楽事務所やイベント会社の手を借りずに、すべてを自分たち主催者で企画制作したことがあげられる。第三回全日本フォークジャンボリーで味わった苦い経験を

## 会場案内図



## お願い&ご案内

・会場案内をご覧ください。イス使用不可の地べたゾーンをつくってあります。
・入場ペンダントは見えるところにつけてください（再入場のときに必要です）。
・トイレは5ヶ所あります。案内図をご利用ください。
・飲食物やグッズ等の売店をご利用ください。簡単な食事、記念の買い物などが出来ます。
・フォークジャンボリー資料館（入場無料）を是非ご覧ください。
・場内は喫煙所以外は禁煙です。
・椛の湖は遊泳禁止です。
・コンサートの録音、ビデオ撮影、フラッシュ撮影は遠慮願います。
・食中毒、熱中症にじゅうぶんの留意をお願いします。
・救護テントを設け開催中救護担当者が常駐しています。個人で直接救急車を手配することは避け
　まずは救護テントへおこしください。
・飲酒運転は絶対におやめください。
・その他、お問い合せは本部へお願いします。
・帰りのシャトルバス運行のご案内（名古屋方面）
　基本的にはコンサート終了後に出発ですが、中津川駅最終列車の時刻に合わせ
　遅くても、21時30分には出発します。

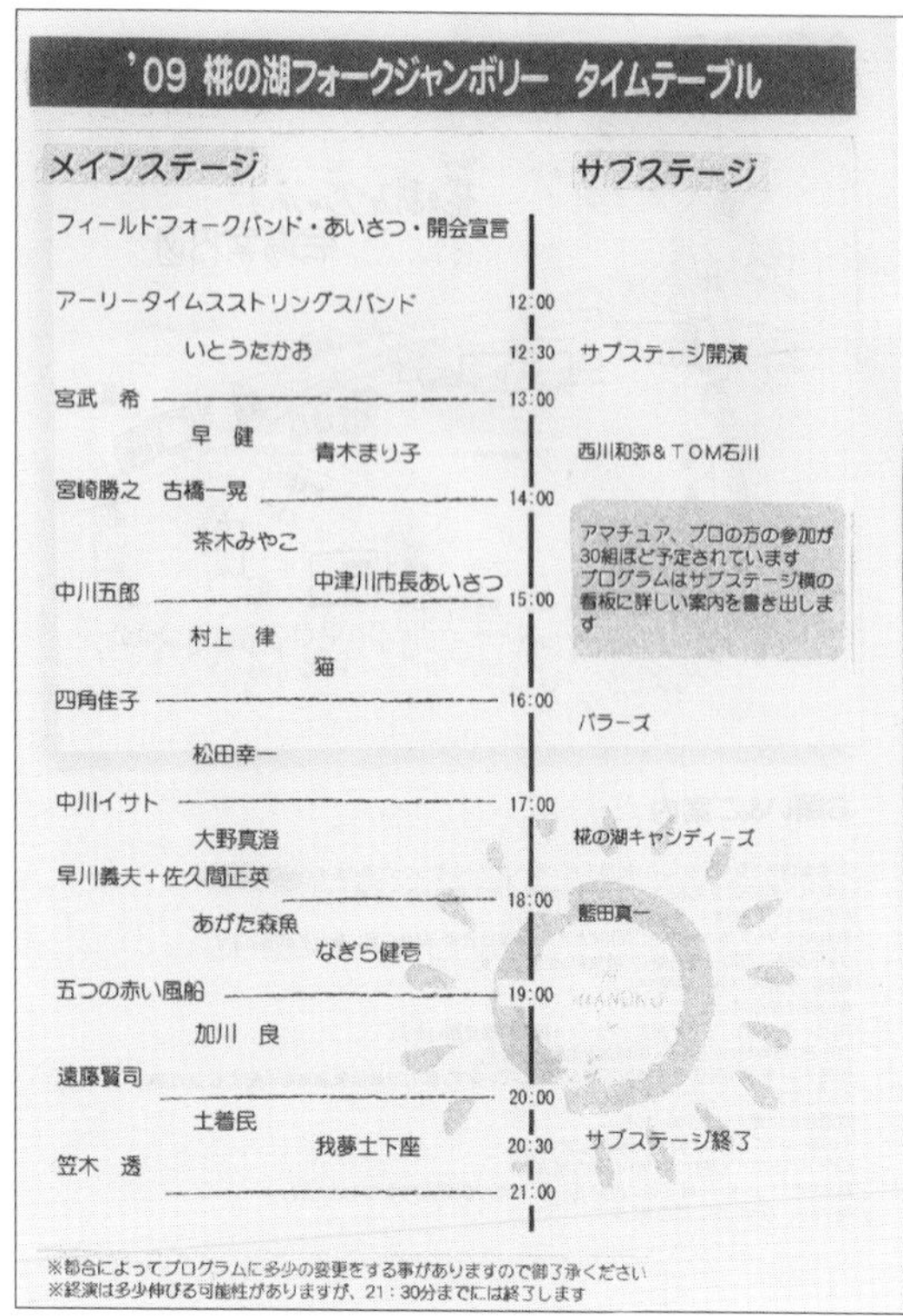

## '09 椛の湖フォークジャンボリー　タイムテーブル

| メインステージ | | サブステージ |
|---|---|---|
| フィールドフォークバンド・あいさつ・開会宣言 | | |
| アーリータイムスストリングスバンド | 12:00 | |
| いとうたかお | 12:30 | サブステージ開演 |
| 宮武　希 | 13:00 | |
| 早　健／青木まり子 | | 西川和弥＆TOM石川 |
| 宮崎勝之　古橋一晃 | 14:00 | |
| 茶木みやこ | | アマチュア、プロの方の参加が30組ほど予定されています プログラムはサブステージ横の看板に詳しい案内を書き出します |
| 中川五郎／中津川市長あいさつ | 15:00 | |
| 村上　律／猫 | | |
| 四角佳子 | 16:00 | パラーズ |
| 松田幸一 | | |
| 中川イサト | 17:00 | |
| 大野真澄 | | 椛の湖キャンディーズ |
| 早川義夫＋佐久間正英 | 18:00 | 藍田真一 |
| あがた森魚／なぎら健壱 | | |
| 五つの赤い風船 | 19:00 | |
| 加川　良 | | |
| 遠藤賢司 | 20:00 | |
| 土着民 | | |
| 我夢土下座 | 20:30 | サブステージ終了 |
| 笠木　透 | 21:00 | |

※都合によってプログラムに多少の変更をする事がありますので御了承ください
※終演は多少伸びる可能性がありますが、21：30分までには終了します

図10　「'09椛の湖フォークジャンボリー」の当日配布プログラム（2009年）

図11　「'19椛の湖フォークジャンボリーのチラシの表面（2019年）

二度としないようにかの如くである。

## 3. ローカル・アイデンティティの強み

一九九五年に小池坂下町長に筆者がインタビューをしたときに、思わぬエピソードが口をついて出た。「ある在京テレビ局からフォークジャンボリーを復活させてくれないか、復活したらコンサートの模様をＢＳで放映するからとよく言ってくるのだけれども、そんなこと勝手に決められないですよ。当時の実行委員の方たちを無視してね。」という内容だった。

坂下町としての公的刊行物である町史を小学校高学年以上に気楽に読んでもらうことを目的に編集された『坂下小史』には全日本フォークジャンボリーに関する記述がある。

「椛の湖」を全国に売り出したのは、昭和四四年から四六年までにおこなわれた全日本フォークジャンボリーからである。その頃は、野外コンサートなどおこなわれていない頃であったから大変話題となり、全国から集まってくるたくさんの若者に、町の人たちはびっくり仰天した。[31]

「びっくり仰天した」という記述から、坂下町の歴史として、子どもたちにも知っておいてほしいと願って書かれていることが読み取れる。また、町の人口の約四倍もの数の人間が短期間に町に訪れたのだから、当時の町民にとっても文字通りの驚きだったのだろう。

先の町長が実行委員の意見を尊重しているのは、どういうことなのだろうか。たんに町長の人柄というレベルの話ではないように思われる。というのは、在京テレビ局がコンサートの中継をするということは放映にともなう多額の放映料、観客動員数を少なく見積もっても五千人～一万人前後は期待できることに鑑みれば、町にとって、これほど経済利益をもたらすものはないであろう。この時点で開催時よりも二〇年を経ているのだから、イベント会社に運営を委託することも十分、可能である。それにもかかわらず、全日本フォークジャンボリーを復活させなかったのは、なぜだろうか。

全日本フォークジャンボリーを組織した実行委員会のメンバーが、第三回を終えた後にそれぞれが行った地域での文化実践にこの問いを解く鍵が隠されている。たとえば、近藤武典は一九七六年に他界したが、妻の愛子は「私の非核宣言集」の刊行、「恵那山みどりの会」やネパールに出向き学校設立にむけたボランティア活動などに励んだ。安保洋勝は椛の湖農業小学校という農業体験の出来る場を提供し、活動を続けている。笠木透はフォークソングの原点をみつめるために、「フィールドフォーク」と名付けた文化実践を中津川地区中心に行った。[32] フィールドフォークの精神は、地元で音楽活動をするアマチュアたちに受け継がれている。笠木は一九八〇年代から活動を全国に広げ、プロのフォークシンガーとして、二〇一四年に逝去する直前まで草の根的な活動を続けた。[33] もちろん、彼ら以外の実行委員のメンバーも、山本正博は映画祭を立ち上げ、山内總太郎・真由美夫妻は自宅の酒蔵を会場にコンサートを企画し、熊谷和郎は土着民という地域密着型の音楽グループで活動したりなど各々が地に足のついた人生を歩んでいる。

このように、あくまで地域で、地元で生活を営んでいる、しかも文化実践を継続している者たちに対して、短期的な臨時収入に目を向けることに価値を見出さなかったのであろう。いや価値を見出させないほど、元実行委員たちとのある種の信頼関係を築いてきたのだろう。その信頼関係の根底にあるのは、元実行委員たちの頑なと言えるほどの地域に根ざした生き方だと言えよう。そこには地域におけるネットワークを強固にするゆえに、善し悪しは別として、人間関係の複雑さも入り交じっていると思われる。

## おわりに

ここまで、ポピュラー音楽にみる「プロ主導」と「アマチュア主導」の差異について、全日本フォークジャンボリーを事例に考察してきた。全日本フォークジャンボリーを主催した実行委員会のメンバーと中津川の地域社会との関わり方において、フォークソングのよさを多くの人に知って欲しい、という思いと、全日本フォークジャンボリー実行委員会に集った仲間たちとの協働作業による充実感が、フォークジャンボリー開催への準備と運営を支えた。

本質的に商業性、プロ指向が強く、流行を指向するポピュラー音楽文化にローカル・アイデンティティ（地元愛）が存在するには、音楽そのものではなく、それを支える人間の動き、あるいは文化実践の在り方が重要になってくることが、フォークジャンボリーの事例からも明らかになった。全日本フォークジャンボリーに則してみれば、出演者にはプロ、しかもフォークソングの世界では人気のある者たちの名前が連なっており、観客にとっては主催者の名前など関係ない。自分たちが楽しめればいいのだ。だが、当時は、商業批判を叫ぶ者がいるなど、ある意味、観客もイベントの出演者のように思っていたのは興味深い[34]。

こうしたアマチュア主導であることが出来たのは何によって支えられていたのであろうか。それは、強い情熱をもった「情熱家」とそれを支える人々の存在だ。全日本フォークジャンボリーならば笠木透や安保洋勝であり、フォークジャンボリー実行委員会の仲間たちである。さらに言えば、彼らを支えたのは、中津川への愛情という強固なローカル・アイデンティティではないだろうか。大山昌彦が、ポピュラー音楽の特徴は根無し草であるが、ポピュラー音楽の消費の体験は逆に時間と場所に根深く埋め込まれていると言及しているが[35]、根無し草が「プロ主導」であり、時間と場所に根深く埋め込まれているのが「アマチュア主導」に対応すると言えよう。こうしたローカルな場での音楽実践を注視していくことが、ポピュラー音楽研究にとどまらず、戦後日本のポピュラー文化の語り口を再検証する上でも、重要になってくるであろう。

最後に、本稿ではプロ／アマという二項対立的な議論で全日本フォークジャンボリーの事例だけに絞って検討してきたが、今後の課題を示しておきたい。本稿の事例研究の対象として岐阜県中津川、東濃地域を取り上げたが、この地域には様々な文化実践がある。冒頭で記したように全日本フォークジャンボリー関係者へのインタビューと地元でしか入手できない資料収集とそれらを読み解くうちに、別個のものとして考えられてきた「恵那の教育」「映画・『青い山脈』ロケ誘致」「労音運動」「全日本フォークジャンボリー」「フィールドフォーク」「恵那山みどりの会」を含む東濃地域の文化実践が一本の線として繋がるという仮説を持つに至った。この仮説検証を実証的に進め、マスメディアを中心とする戦後日本のポピュラー文化とは一線を画す、草の根的な文化実践の在り方について考究したい。

**謝辞**

インタビュー調査にご協力くださった、笠木透、近藤愛子、小木曽智子、増田康記の皆様に記して感謝申し上げます。また、本文で参照した全日本フォークジャンボリーに関わる貴重な一次資料（掲載した写真、本文で言及した文書類、など）は、すべて笠木透氏の所蔵である。なお、写真の一部（図8）は小木曽氏の所蔵である。快く開示してくださったことをここに記し、御礼申し上げます。

インタビューに協力してくださった皆様（敬称略、日時、場所）
小木曽智子（二〇一〇年八月一八日、中津川市・中津川映画祭実行委員会事務所）
笠木透（一九九二年五月二六日、中津川市・笠木透宅。なお、二〇〇八年以降については注3参照）
熊谷和郎（二〇〇九年九月四日、中津川市・熊谷和郎宅）
小池明（一九九四年七月一六日、中津川市（現在）・坂下町役場）
近藤愛子（二〇〇九年一二月一二日、中津川市・近藤愛子宅）
山内總太郎・真由美夫妻（二〇〇九年九月二日、中津川市・山内總太郎宅）
山本正博（二〇一〇年六月八日、中津川市・中津川映画祭実行委員会事務所）

**注**

1 山田晴通「ポピュラー音楽の複雑性」東谷護編著『ポピュラー音楽へのまなざし―売る・読む・楽しむ―』（勁草書房、二〇〇三年）三―二六頁。
2 東谷護『日本におけるフォークソングの展開―社会史的側面より―』（JASPM ワーキング・ペーパー・シリーズ）№3、（日本ポピュラー音楽学会（JASPM）、一九九五年）。
3 笠木透氏へのインタビューの総計時間は二〇〇時間を優に越えている。インタビューは、笠木氏のライフヒストリーをまとめるために行われたものであるが、全日本フォークジャンボリーとの関わりで、フォークジャンボリー実行委員会のメンバーの方にも個別にインタビューをした。これらすべてのインタビューはトランスクリプト化されており、録音CD-Rは筆者所蔵。なお、これらのインタビューを基にした書物を世に問う準備をしているところである。
4 東谷、前掲書、三〇頁。
5 山田晴通「新聞記事データベースにみる音楽ジャンル名としての「フォーク」概念の定着過程」『コミュニケーション科学』32（東京経済大学、二〇一〇年）一五七―一九〇頁。
6 同右、一六〇―一六四頁。
7 フォークソングの表記は、フォーク・ソングと記していたものが散見される。本稿では、」伝統的なフォーク・ソング（民謡）を「folk song」と二語で記し、ポピュラー音楽のジャンルの一つとしてみなされているフォークソングを「folksong」と一語で記す。
8 山田、前掲、一八一頁。
9 NHK-BSにて一九九四年三月七日〜三月一一日に放映。
10 リクエスト総数は、一万五千を超えていた。
11 二重線強調は筆者。『週刊朝日』二〇〇八年一〇月三一日号。
12 東谷、前掲書、四九―五一頁。
13 同右、二七頁。
14 坂下町は二〇〇五年二月に中津川市に合併された。
15 全日本フォークジャンボリーの録音録画は、第二回、第三回については実況版や映画などで、これまでに多数、発売されている。第一回については一部が実況版として発売されているが、筆者は主催者側が録音した私家版を聴かせていただいたため、アマチュアの演奏についても聴くことが出来た。なお、アマチュア向けの「出演要領」（第一回、一九六九年用）のコピーをｐｄｆ化したものは筆者所蔵。
16 第一回目の当日、会場でまわされた「らくがきちょう」は、フォークジャンボリー終了後に、実行委員会で編集され、一九七〇年八月八日に刊行された。この実物は筆者所蔵。
17 坂下町長名義による国鉄宛「陳情書」のコピーをｐｄｆ化したものは筆者所蔵。
18 ポピュラー音楽と観光資源化については本稿の議論の範囲を超えるが、重要な問題であることはここで指摘しておきたい。別稿での議論に譲ることとする。
19 手元にある当時の上映会宣伝ちらしによれば、会場は東京・日仏会館（二回上映）、大阪・中小企業文化会館（二回上映）、京都・教育文化センター（一回上映）である。この映画作品は、ＤＶＤとして二〇一〇年に発売（ポニーキャニオン）された。
20 『朝日新聞』二〇〇九年五月二四日、東京版・朝刊33面。

21 鈴木勝生『風に吹かれた神々』（シンコーミュージック、一九八七年）五七頁。伊東武彦・川村恭子「真説1971年　中津川フォークジャンボリー」『AERA in FOLK』[AERA 臨時増刊二〇〇六年四月五日号]（朝日新聞出版、二〇〇六年）八―一六頁。

22 筆者の熊谷和郎氏へのインタビューによる。インタビュー日時は、二〇〇九年九月四日（於：岐阜県中津川市熊谷和郎氏自宅）。なお、録音データは筆者所蔵。

23 高石は、現在では「高石ともや」名義で活動しているため、本論考においては高石ともやの表記を原則としたが、中津川での最初のコンサートや全日本フォークジャンボリーでは「高石友也」だったため、ここでは高石友也と表記した。

24 筆者の笠木透氏へのインタビューによる。インタビュー日時は、一九九二年五月二六日(於:岐阜県中津川市笠木氏自宅)。なお、録音データは筆者所蔵。

25 伊東・川村、前掲、八―一六頁。

26 同右。

27 「響け　僕らのフォークソング」（NHK―BS放映、二〇〇九年）。

28 伊東・川村、前掲、八―一六頁。

29 開催前の宣伝として配布された、'09椛の湖フォークジャンボリーのチラシの裏面（二〇〇九年）。

30 '09椛の湖フォークジャンボリー当日に配布されたプログラムの表面。

31 坂下小史編集委員会『坂下小史』（岐阜県恵那郡坂下町、一九九一年）二一八―二一九頁。

32 フィールドフォークの一環として行ったコンサートの一部は、三枚のレコードに録音されている。（「フィールド・フォーク」と名付けられた中津川でのライブを中心にしたレコードはいずれも東芝EMIから発売された。）

33 晩年にはCD文庫シリーズ（自主制作盤）を刊行している。扱ったテーマは、日本国憲法、東日本大震災、田中正造、などである。

34 興味深いテーマだが、本稿の守備範囲を超える。別稿に譲りたい。

35 大山昌彦「ポピュラー音楽の体験と場所」東谷護（編著）『拡散する音楽文化をどうとらえるか』（勁草書房、二〇〇八年）二三六―二三七頁。

## ■巻末付表

### 図4　機関誌「中津川労芸」「中津川労音」構成一覧表

| 号数 | 号名 | 表紙 | 総頁数 | 備考 |
|---|---|---|---|---|
| 中津川ろうげい | | | | |
| No.1 | 63.4・5月 | （木版画） | 16 | 発行日 63.5.25 |
| No.2 | 63.6・7月 | （木版画） | 8 | 発行日 63.6.14 |
| 中津川労芸 | | | | |
| No.3 | 63.8月 | 映画『怒りの葡萄』 | 8 | |
| No.4 | 昭和36年10月 | 芦野宏 | 8 | 発行年 S36 → S38 の誤り |
| No.5 | 昭和38年11月 | 劇団夜明けの会『三角帽子』 | 8 | p.54：中津川労音発足の記事 |
| No.6 | 昭和38年12月 | （風景写真） | 4 | |
| No.7 | 1964.4 | ダークダックス | 13 | 表紙に「中津川労音・労演・労映機関誌」と明示 |
| No.8 | 64' 6 | 中村八大クインテット | 8 | 表紙に「中津川労音・中津川労演準備会・中津川自主上映促進会・協議会機関誌」と明示 |
| No.9 | 1964' | 東京シンフォニック・タンゴ・オーケストラ | 8 | 表紙に「中津川労音、中津川労演、中津川労映」と明示 |
| 中津川労音 | | | | |
| No.10 | 64' 10 | わらび座 | 8 | p.88：中津川労芸の発展的解消に関する説明（中津川労音として一本化）<br>p.93：入場税に対しての意見 |
| No.11 | 64' 12 | デューク・エイセス | 8 | |
| No.12 | 1965' 1 | （記事：抱負を新たに前進しよう） | 4 | |
| No.13 | 1965' 2 | 薗田憲一とディキシーキングズ | 6 | p.108：「中津川市にも文化会館を」の記事<br>p.112：「労音坂下支部の誕生」の記事 |
| No.14 | 1965' 4 | 坂本スミ子 | 6 | p.118：「入場税撤廃要求請願」中津川市の定例市議会に提出 |
| No.16 | 1965' 6 | 見砂直照と東京キューバンボーイズ | 8 | p.122：入場税に関する記事 |
| No.17 | 1965' 6 | 音楽歌舞団カチューシャ（文字のみ） | 4 | 号名：6月←7月の誤り？ |
| No.17 | 1965' 8 | 音楽歌舞団カチューシャ | 4左 | No.18の誤り？ |
| No.19 | 1965' 8 | （楽譜：黒だんど節） | 4左 | 号名：8月←9月の誤り？<br>p.137：中津川労音第二回総会を終えての記事「63年4月350名で発足」「1千名を越える会員に支えられて第2回総会をひらき」と明示 |
| No.20 | 1965' 10 | エドゥアルド・ファルー（記事） | 4左 | p.140：中津川労音の新事務所の誕生（地図付き）中津川市本町2丁目1番2号四ツ目会館ハウス内（二階） |
| No.21 | 1965' 12 | （記事：なぜ480円になるのか？） | 4左 | p.146：機関誌の新題名募集中 |

| 号数 | 号名 | 表紙 | 総頁数 | 備考 |
|---|---|---|---|---|
| No.22 | 1966' 3 | CBC 合唱団 / 管弦楽団 | 10 左 | p.152：「中津川労音まつり」→地元の専門家と伝統芸能をとりあげる<br>p.154：「税金学習会」＝入場税不当課税の異議審査の却下と岐阜地方裁判所への訴訟に関して |
| No.23 | 1966' 5 | （詩：「いのちのつぼみのために」） | 4 左 | p.160：「昼頃から５時半頃まで、事務専門の会員がつめることになりました」 |
| No.24 | 1966' 5 | 辻久子 | 4 左 | 号名：５月←６月の誤り？<br>p.164：「恵那市で労音を作ろうと、有志の間で話合いが進んでいます。」 |
| No.25 | 1966' 7 | 田楽座 | 8 左 | |
| No.27 | 1966' 8 | ザ・シャデラックス / 小林万里 | 4 左 | No.26 の誤り？<br>p.175：入場税裁判のカンパ |
| No.27 | 1966' 10 | 築地利三郎 / 滝沢三重子 | 6 左 | p.178：中津川労音第３回総会を終って |
| No.28 | 1966' 11 | （記事：仲間たち） | 4 左 | p.184：入場税について<br>p.186：会費 200 円／１ヵ月　入会金 50 円（12 月から変更のお知らせ） |
| No.29 | 1966' 12 | （第12回全国会議、写真） | 4 左 | p.189：企画制作部が１頁紙面全部に「良い例会を創るためにあなたの意見が頼りです」という文章を提示。「労音まつり」「地域例会」「長期企画」について言及。<br>p.190：サークルの現状（電話局と北恵那サークル）労音減少について記述アリ |
| No.30 | 1967' 3 | （記事：初めてやったサークル合同例会） | 4 左 | p.191：「初めてやったサークル合同例会」 |
| No.31 | 1967' 5 | （記事：今日の弱点を明日への力に） | 4 左 | p.198：入場税問題 |
| No.32 | 1967' 7 | 山口銀次とルアナ・タヒチアンズ（文字のみ） | 4 左 | p.199：サークルのレコードコンサートの状況 |
| No.33 | 1967' 9 | 高石友也（総会告知） | 4 左 | p.203,p.206：「高石友也」例会の宣伝<br>p.204：入場税裁判 |
| No.34 | 1967.11. | 寺内タケシとバニーズ | 4 | p.208：「高石友也」例会の宣伝<br>p.209：第４回中津川労音総会報告 |
| No.35 | '1967.12. | 森山良子 | 4 | p.212：「高石友也」例会の後日報告（「すごい反響」という見出し） |
| No.36 | 1968.3.15. | 坂本博士 / 真理ヨシコ | 6 | p.216：映画「若者たち」<br>p.217：高石友也とベトナムに平和を |
| No.37 | 1968.5.22. | 関西学院交響楽団 | 6 | p.225：入場税について |
| No.38 | 1968.7.12. | 岸洋子 | 6 | |
| No.39 | 1968.9.10. | 高石友也 / 岡林信康 | 6 | p.235：：第５回中津川労音総会<br>p.237：「全国労音研究集会に参加して」 |
| No.40 | 1968.11.14. | 見砂直照と東京キューバンボーイズ | 8 | p.240-241：高石友也と岡林信康の紹介<br>p.242：フォークソング紹介<br>p.243：「運営委員になって下さい」 |
| No.41 | 1968.12.5. | デューク・エイセス | 8 | p.249：「拝啓　全国労音 殿」（笠木透）<br>p.250-251：高石・岡林例会のアンケートより<br>p.252：裁判傍聴（走り書き） |
| No.42 | 1969.3.11. | バーブ佐竹 | 8 | p.258：「続・拝啓　全国労音 殿」（田中鉦三） |

| 号数 | 号名 | 表紙 | 総頁数 | 備考 |
|---|---|---|---|---|
| No.43 | 1969.5.18. | 鈴木巌 | 8 | p.265：「続々・拝啓　全国労音 殿」（渡辺梓）<br>p.266：全日本フォークジャンボリー告知 |
| No.44 | 1969.6.20. | 全日本フォークジャンボリー / 黒沼ユリ子 | 4 | |
| No.45 | 1969.9.20. | 大野義夫とカントリーメイツ / 映画『若者はゆく』 | 4 | p.277：全日本フォークジャンボリーの開催報告<br>p.278：「あとがき」にフォークジャンボリーとウッドストックに言及<br>p.278：9/25 裁判傍聴を呼びかける |
| No.46 | 1969.10.27. | ペギー葉山 | 4 | p.281：高石友也法廷でうたう |
| No.47 | 1969.12.13. | 五つの赤い風船（手書き文字） | 4 | すべてのページが手書き<br>p.285：「高石友也につづき　安保・田中証言台に立つ　中津川労音入場税取消裁判」 |
| No.47 | 1970.3.13 | 加藤登紀子 | 4 | No.48 の誤り？<br>p.289：入場税裁判、「市民会館の建設促進を」 |
| No.49 | 1969.4.23. | 小原聖子（手書き文字） | 4 | すべてのページが手書き<br>号名：正しくは 1970.4.23<br>p.292：'70 フォークジャンボリーの告知 |
| No.50 | 1970.6.12. | 全日本フォークジャンボリー（手書き文字） | 4 | すべてのページが手書き |
| No.50 | 10.26. | 赤い鳥 / ソルティー・シュガー（手書き文字） | 4 | No.51 の誤り？<br>すべてのページが手書き<br>表紙ロゴが「中津川 ROON」<br>p.301：フォークジャンボリー報告 |

＊ No.18 から No.33 は、横書き左綴じ。他は縦書き右綴じが基本。（作成：東谷護）

### 図 5　中津川労音主催　例会開催年表

1963 年

| 例会名称 | 開催日時 | 内容（演目など） | 会場 |
|---|---|---|---|
| 4・5月例会 | | 人形劇団プーク（逃げだしたジュピター） | |
| 6・7月例会 | 6月20日（木） | ボニー・ジャックス（リサイタル） | 中津川市民スポーツセンター |
| 8月例会 | 8月11日(日)～15日(木) | 映画（怒りの葡萄、禁じられた遊び） | 中津劇場 |
| 9・10月例会 | 10月27日（日） | 芦野宏（シャンソンリサイタル） | 不明 |
| 11月例会 | 11月24日（日） | 劇団夜明けの会（三角帽子） | 南小学校 |
| 文化講座第1回 | 12月7日（土） | 日本人の生活と笑いについて<br>ー寄席をめぐってー | 中津公民館 |
| 12・1月例会 | 12月14日（土） | 寄席（柳家小三太、林家正蔵）、奇術、講談、俗曲 | 中津劇場 |
| 文化講座第2回 | 12月21日（土） | 前進座の俳優と語る会 | 中津公民館 |

1964年

| 例会名称 | 開催日時 | 内容（演目など） | 会場 |
| --- | --- | --- | --- |
| 創立1周年記念例会 | | ダーク・ダックス（リサイタル） | |
| 5・6月例会 | 6月14日（日） | 中村八大クインテット | 東小学校講堂 |
| 特別例会 | 7月12日（日） | 劇団はぐるま（ひとりっ子） | スポーツセンター |
| 7・8月例会 | 8月15日（土） | 東京少年・少女合唱隊 | |
| 7・8月例会 | 8月21日（金） | 北村維章と東京シンフォニック・タンゴ・オーケストラ | スポーツセンター |
| 9・10月例会 | 10月24日（土） | わらび座 | スポーツセンター |
| 11・12月月例会 | 12月8日（火） | デューク・エイセス | 東小学校講堂 |

1965年

| 例会名称 | 開催日時 | 内容（演目など） | 会場 |
| --- | --- | --- | --- |
| 1・2月例会 | 2月　日（ ） | 薗田憲一とディキシーキングズ | |
| 3・4月例会 | 4月16日（金） | 坂本スミ子 | 東小学校講堂 |
| 5月例会 | 5月　日（ ） | 五十嵐喜芳 | |
| 6・7月例会 | 6月26日（土） | 東京キューバンボーイズ | 東小学校講堂 |
| | 7月30日（金）〜8月2日（月） | 映画（キムドン［ベトナム］、シベリア物語［ソ連］） | 中津劇場 |
| 8・9月例会 | 8月28日（土） | 音楽舞踏団カチューシャ | |
| 10・11月例会 | 10月7日（木） | エドアルド・ファルー（唄とギターによるアルゼンチン民謡集） | |
| 12・1月例会 | 12月　日（ ） | ABC交響楽団 | |

1966年

| 例会名称 | 開催日時 | 内容（演目など） | 会場 |
| --- | --- | --- | --- |
| 中津川労音まつり | 2月20日（日） | | 南小学校　約250人参加（41サークル） |
| 2・3月例会 | 3月27日（日） | CBC合唱団管弦楽団（労組） | 東小学校講堂 |
| 4・5月例会 | 5月28日（土） | 藤家虹二クインテット | 東小学校講堂 |
| 名古屋労音との交流会 | 5月29日（日） | 根の上高原交流会 | 根の上高原 |
| 6月例会 | 6月10日（金） | 辻久子（バイオリン独奏リサイタル） | 東小学校講堂 |
| | 6月18日（土）〜19日（日） | がくしゅうとこうりゅうの集い | 駒の湯（木曽）費用2,000円（旅費、宿泊費、テキスト代含む） |
| 7月例会 | 7月5日（火） | 田楽座公演 | 東小学校講堂 |
| 8月例会 | 8月13日（土） | ザ・シャデラックス、小林万里 | 東小学校講堂 |
| | 8月27日（土）〜8月28日（日） | 第2回中津川労音友好祭 | 苗木高峰湖 |
| 10・11月例会 | 9月　日（ ） | 築地利三郎、滝沢三重子（リサイタル） | 東小学校講堂 |
| 12・1月例会 | 12月13日（火） | 小原重徳とブルーコーツ | |

1967 年

| 例会名称 | 開催日時 | 内容（演目など） | 会場 |
| --- | --- | --- | --- |
| 2・3月例会 | 3月28日（火） | オディール（シャンソンコンサート） | |
| 中津川労音まつり | 4月23日（日） | | |
| 4・5月例会 | 5月22日（月） | 寄席 | |
| 6・7月例会 | 7月17日（月） | 山口銀次とルアナ・タヒチアンズ（ハワイアンコンサート） | |
| 岐阜・大垣労音との交流会 | 8月12日（土）～13日（日） | 交流会キャンプ | 恵那山の頂上 |
| 8・9月例会 | 9月20日（水） | 大野亮子（ピアノリサイタル） | |
| 10・11月例会 | 11月9日（木） | 高石友也とフォーク・キャンパース（コンサート） | 東小学校講堂 |
| 12・1月例会 | 12月11日（月） | 寺内タケシとバニーズ（コンサート） | |

1968 年

| 例会名称 | 開催日時 | 内容（演目など） | 会場 |
| --- | --- | --- | --- |
| 2・3 月例会 | 3 月 16 日（土） | 森山良子（コンサート） | 東小学校講堂 |
| 特別例会 | 4 月 26 日（金）～5 月 1 日（水） | 映画（若者たち） | グリーン劇場 |
| 4・5 月例会 | 5 月 22 日（水） | 坂本博士、真理ヨシコ（コンサート） | |
| 交流例会 | 6 月 23 日（日） | ラジオ中国芸能団 | |
| 6・7 月例会 | 7 月 12 日（金） | 関西学院交響楽団演奏会 | |
| 岐阜県内労音との交流会 | 7 月 27 日（土）～28 日（日） | 県内労音友好祭 | 美濃太田大矢田キャンプ地 |
| 8・9 月例会 | 9 月 10 日（火） | 岸洋子（リサイタル） | |
| 10・11 月例会 | 11 月 14 日（木） | 高石友也・岡林信康（フォークソングコンサート） | 東小学校講堂 |
| 12・1 月例会 | 12 月 5 日（木） | 見砂直照と東京キューバンボーイズ（ラテン・コンサート） | |

1969 年

| 例会名称 | 開催日時 | 内容（演目など） | 会場 |
| --- | --- | --- | --- |
| 2・3月例会 | 3月11日（火） | デューク・エイセス（リサイタル） | 東小学校講堂 |
| 交流集会 | 4月12日（土）～15日（火） | 上條恒彦（リサイタル） | 坂下町小学校講堂 |
| 特別例会 | 4月24日（木）～29日（火） | 映画（橋のない川） | グリーン劇場 |
| 4・5月例会 | 5月18日（日） | バーブ佐竹（コンサート） | |
| 6・7月例会 | 6月20日（金） | 鈴木巌（ギターリサイタル） | 南小学校講堂 |
| 特別例会 | 8月9日（土）～10日（日） | '69全日本フォークジャンボリー | 椛の湖畔 |
| 8・9月例会 | 9月9日（火） | 黒沼ユリ子（バイオリンリサイタル） | |
| 特別例会 | 10月8日（水）～13日（月） | 映画（若者はゆく） | グリーン劇場 |
| 10・11月例会 | 10月27日（月） | 大野義夫とカントリーメイツ（コンサート） | |
| 12・1月例会 | 12月13日（土） | ペギー葉山 | 東小学校講堂 |

1970年

| 例会名称 | 開催日時 | 内容（演目など） | 会場 |
|---|---|---|---|
| 2・3月例会 | 3月13日（金） | 五つの赤い風船（コンサート） | 東小学校講堂 |
| 特別例会 | 3月22日（日）<br>～26日（木） | 映画（ベトナム） | グリーン劇場 |
| 4・5月例会 | 4月23日（木） | 加藤登紀子（リサイタル） | 東小学校講堂 |
| 6・7月例会 | 6月12日（金） | 小原聖子（ギターリサイタル） | 東小学校講堂 |
| 特別例会 | 7月4日（土）<br>～5日（日） | 映画（沖縄） | 東小学校講堂 |
| 特別例会 | 8月8日（土）<br>～9日（日） | '70全日本フォークジャンボリー | 椛の湖畔 |
| 10・11月例会 | 10月26日（月） | カルメンマキ＆六文銭（コンサート） | 東小学校講堂 |
| 12・1月例会 | 2月6日（日） | 赤い鳥＆ソルティシュガー（コンサート） | 東小学校講堂 |

＊日時、曜日の内容、会場の空白は不明によるもの。（作成：東谷護）

**図8　中津川労音　地域例会一覧**

1966年

| 開催日 | 内容（演目など） | 会場 |
|---|---|---|
| 7月1日（金） | 田楽座公演 | 恵那郡坂下中学校（生徒） |
| 7月2日（土） | 田楽座公演 | 恵那郡坂下小学校（児童） |
| 7月2日（土） | 田楽座公演 | 恵那郡坂下小学校（一般公演） |
| 7月3日（日） | 田楽座公演 | 恵那郡蛭川村中央公民館 |
| 7月6日（水） | 田楽座公演 | 中津川市坂本小・中学校 |
| 8月1日（月） | 田楽座公演 | 長野県木曽郡南木曽町 |
| 8月2日（火） | 田楽座公演 | 恵那郡明智町 |
| 8月3日（水） | 田楽座公演 | 恵那市 |
| 8月6日（土） | 田楽座公演 | 恵那郡付知町 |

1967年

| 開催日 | 内容（演目など） | 会場 |
|---|---|---|
| 11月10日（金） | 高石友也とぜんまい座 | 恵那郡坂下小学校講堂 |
| 11月11日（土） | 高石友也とぜんまい座 | 岩村小学校岩村町 |

1968年

| 開催日 | 内容（演目など） | 会場 |
|---|---|---|
| 2月24日（土） | 高石友也とベトナム反戦の夕べ | 中津川農協３Ｆホール |
| 3月24日（日） | 第7回木曽のうたごえ | 南木曽東映南木曽町 |
| 4月28日（日） | ぜんまい座と共に | |
| 8月29日（木） | 田楽座公演 | 蛭川村 |
| 9月1日（日） | 田楽座と交流会 | |
| 11月13日（水） | 高石友也・チルドレンコンサート | 恵那郡坂下町坂下保育園 |
| 11月13日（水） | 高石友也・岡林信康コンサート | 恵那郡坂下町坂下小学校 |
| 11月14日（木） | 高石友也・チルドレンコンサート | 中津川市神坂小学校 |
| 11月14日（木） | 高石友也・チルドレンコンサート | 中津川市西小学校 |

1969年

| 開催日 | 内容（演目など） | 会場 |
|---|---|---|
| 2月18日（火） | 田楽座公演 | |
| 4月13日（日） | 上條恒彦コンサート | 岩中体育館岩村町 |
| 4月14日（月） | 上條恒彦コンサート | 蛭川公民館 |
| 4月15日（火） | 上條恒彦コンサート | 中津川市南小学校講堂 |

1970年

| 開催日 | 内容（演目など） | 会場 |
|---|---|---|
| 3月14日（土） | 五つの赤い風船 | 中津川市西小学校 |
| 12月8日（火） | 高石友也　高石とし子コンサート | 恵那郡 付知町 |
| 12月9日（水） | 高石友也　高石とし子コンサート | 恵那郡 岩村町 |
| 12月10日（木） | 高石友也　高石とし子コンサート | 恵那郡 蛭川村 |
| 12月11日（金） | 高石友也　高石とし子コンサート | 恵那郡 坂下町 |
| 12月12日（土） | 高石友也　高石とし子コンサート | 中津川市東小学校 |

＊『FOLKS Song Book』の活動年表（自主制作、1987年）と笠木透氏へのインタビューを基に作成。会場の空白は不明によるもの。（作成：東谷護）

**図9　No.40 ― p240 で言及された「いま出ている演奏家、演奏団体の名前」**

| 既に公演していた者 |
|---|
| ボニージャックス（1963年6月）<br>デューク・エイセス（1964年4月）<br>薗田憲一とデキシーキングス（1965年2月）<br>田楽座（1966年7月）<br>ザ・シャデラックス（1966年8月）<br>高石友也（1967年11月） |

| 後に公演が実現した者 |
|---|
| 岡林信康（1968年11月）<br>上條恒彦（1969年4月）＊1<br>黒沼ユリ子（1969年9月）<br>ペギー葉山（1969年12月） |

| 公演が実現しなかった者（記事中の言及順） |
|---|
| 田代美代子、倍賞美津子、葵ひろ子、春日八郎、<br>原信夫とシャープス・アンド・フラッツ、<br>早川真平とオルケスタティピカ東京、井上宗孝とシャープ・ファイブ、<br>遠藤祐子とポップスシンガーズ、ドンキー・カルテット、<br>立川澄人、中村紘子、潮田益子、井上頼豊、ハープ・トリオ、ふきの会 |

*1 上條恒彦は、1966年12月の小原重徳とブルー・コーツの公演に、歌手として来演していた。
（作成：山田晴通）

**図 10　告知されながら実現しなかった企画一覧**

| 号 / 頁 | 例会 | 内容 |
|---|---|---|
| **1963年** | | |
| 3 / 8 | 12月例会B案 | 映画『裸の島』『晴れた空』 |
| **1964年** | | |
| 6 / 8 | 7・8月例会 | 劇団ぶどうの会 |
| | 9月例会1案 | 友竹正則*1 |
| | 9月例会3案 | 立川澄人*1 |
| **1966年** | | |
| 26 / 8 | 9・10月例会 | 友竹正則と真理ヨシコ*2 |
| **1967年** | | |
| 30 / 2 | これからの例会 | バッキー白片とアロハハワイアンズ |

*1 例会は、2案とされていた五十嵐喜芳で実現した。
*2 真理ヨシコは、後に坂本博士とともに中津川で公演している。
（作成：山田晴通）

# 参考文献


伊東武彦・川村恭子

2006 「真説 1971 年　中津川フォークジャンボリー」『AERA in FOLK』（AERA 臨時増刊 2006 年 4 月 5 日号）: 8-16，朝日新聞出版.

大西宏治

2011 「地理学からみた岐阜県東濃地区の地域特性」東谷護（編）『地域共同体の文化実践とポピュラー文化との関係性－岐阜県東濃地区の文化実践を事例に－』（2010 年公開ワークショップ報告書）: 3-12，成城大学民俗学研究所グローカル研究センター.

大山昌彦

2008 「ポピュラー音楽の体験と場所」東谷護（編著）『拡散する音楽文化をどうとらえるか』: 236-237，勁草書房.

笠木透

1983 『ただうたいたいためだけにうたうのではない』同時代社.

1985 『わが大地のうた　笠木透エッセイと写真集』あけび書房.

1998 『私に人生と言えるものがあるなら』萌文社.

岐阜県

2003 『岐阜県史：通史編　続・現代』岐阜県.

近藤武典

1977 『近藤武典集』近藤愛子発行 [ 私家版 ].

1977 「サークル活動のこれまでとこれから」近藤武典『近藤武典集』: 389-394, 近藤愛子発行 [ 私家版 ] ← 1965「第 11 回全国労音連絡会議　代表報告」.

1977 「中津川労音発展のために」近藤武典『近藤武典集』: 394-399, 近藤愛子発行 [ 私家版 ] ← 1966「中津川労音第 3 回総会議案書」.

坂下小史編集委員会

1991 『坂下小史』岐阜県恵那郡坂下町.

坂下町町史編纂委員会

2005 『坂下町史』岐阜県恵那郡坂下町教育委員会.

思想運動研究所（編）

1967 『恐るべき労音　50 万仮装集団の内幕』全貌社.

鈴木勝生

1987 『風に吹かれた神々』シンコーミュッジック.

高岡裕之

2011 「高度成長と文化運動－労音運動の発展と衰退」大門正克・大槻奈巳・岡田知弘・他（編）『成長と冷戦への問い（高度成長の時代３）』: 319-364，大月書店.

東京労音運動史編さん委員会（編）

1994 『東京労音運動史年表　1953 ～ 1992』東京労音.

2003 『東京労音演奏会記録集 1953 ～ 1994 年の例会プログラム』東京労音.

2004 『東京労音運動史 1953 ～ 2000 年の歴史』東京労音.

東谷護

1995 『日本におけるフォークソングの展開―社会史的側面より―』（JASPM ワーキング・ペーパー：3）日本ポピュラー音楽学会.

2014 「ポピュラー音楽にみる「プロ主体」と「アマチュア主体」の差異－全日本フォークジャンボリーを事例として」東谷護（編著）『ポピュラー音楽から問う－日本文化再考－』: 245-275，せりか書房．⇒加筆修正後，本書Ⅲに収録.

東谷護（編）

2011 『地域共同体の文化実践とポピュラー文化との関係性－岐阜県東濃地区の文化実践を事例に－』（2010 年公開ワークショップ報告書）成城大学民俗学研究所グローカル研究センター.

2015 『地域共同体の文化実践の担い手としての小学校教員に関する文化社会学的研究』（科学研究費補助金（挑戦的萌芽研究）報告書），成城大学文芸学部東谷研究室.

長崎励朗
2013 『「つながり」の戦後文化誌―労音、そして宝塚、万博』河出書房新社.
中津川市
2012a 『中津川市史 下巻 現代編Ⅰ』中津川市.
2012b 『中津川市史 下巻 現代編Ⅱ』中津川市.
ミュージックプラザなごや（編著）
1995 『わが青春のフォークソング』愛知書房.
山田晴通
2003 「ポピュラー音楽の複雑性」東谷護（編著）『ポピュラー音楽へのまなざし―売る・読む・楽しむ―』勁草書房.
2010 「新聞記事データベースにみる音楽ジャンル名としての「フォーク」概念の定着過程」『コミュニケーション科学』32：157-190, 東京経済大学.
2021 「1960年代の中津川労音における公演者―地方小規模労音の夢と現実」『パラゴーネ』8：129-146, 青山学院大学比較芸術学会、（刊行予定）.

◎新聞
朝日新聞　1970年7月23日（東京版・夕刊）6面.
1971年8月9日（岐阜版・朝刊）3面.
1971年8月11日（東京版・夕刊）7面.
2009年5月24日（東京版・朝刊）33面.
2009年8月2日（東京版・朝刊）35面.
岐阜日日新聞　1971年8月10日.
さかした　1970年8月25日（第268号）2面.
中日スポーツ　1969年8月14日.
読売新聞　1963年9月27日夕刊9面
◎雑誌
『朝日ジャーナル』1971年8月20日－27日号：9-17.
『うたうたうた　フォークリポート』1969年11月号.
『季刊フォークリポート』1971年秋号：2-83.
『週刊朝日』2008年10月31日.
『週刊現代』1971年8月26日：160-164.
『週刊ビルボード・ジャパン／ミュージック・ラボ』1971年11月21日号：27.
『週刊明星』1971年8月22日：213-216.
『新譜ジャーナル』1971年10月号：7-26, 81-88.
『セブンティーン』1971年8月31日：48-52.
『ポップス』1969年10月号.
『毎日グラフ』1971年9月5日：64-72.
◎歌本（ソングブック）
『FOLKS Song Book』1987年.［FOLKS自主制作］
◎放送
「BSフォークソング大全集」（NHK-BS）1994年3月7日～3月11日放送.
「岐阜ラジオ特別番組　ふるさとワンダフル」（岐阜放送）2006年8月13日放送.
「響け　僕らのフォークソング～岐阜・伝説のコンサートから～」（NHK-BS）2009年9月25日放送.
◎ DVD
「だからここに来た！　全日本フォークジャンボリーの記録」（ポニーキャニオン、2010年）.
◎インターネット
全国労音一覧：http//:www.ro-on.jp/about/list.html　（東京労音）最終アクセス日：2021年1月2日.
労音とは：http//:www.ro-on.jp/about/　（東京労音）最終アクセス日：2021年1月3日.
田楽座とは：https://www.dengakuza.com/blank-7　（田楽座）最終アクセス日：2021年1月18日.

# あとがき

私が初めて中津川に行ったのは一九九二年五月二六日だ。駅前にはダイエーがあったのを覚えている。この時は、笠木透さんに全日本フォークジャンボリーのことについてお話を伺いに行ったのだった。その二年後に、フォークジャンボリー開催に場所を貸し、後援者として名を連ねた町の立場などについて当時のことを教えていただこうと坂下町役場の小池町長のもとに足を運んだ。

あれから三〇年弱の時が流れ、中津川駅前のダイエーも、坂下町役場も今は存在しない。残念なことに笠木透さんも二〇一四年暮れに天に召されてしまった。論考にも少し書いたが、日本のフォークソングを修士論文の研究テーマとした私は、博士論文を執筆するにあたって一九九五年から研究テーマを変えた。その時点では正しい選択だったと思うが、今にして思うと、たとえ一年に数日でも、中津川に定期的に通って、資料収集はもちろんのこと、どなたかにでもお話を伺って、多くのことを教えていただいておけばよかったと思う。そうすることによって、「名も無き人々による文化実践」について、今以上に考えることが出来たのではなかったかと思うからだ。

当初は、全日本フォークジャンボリーを研究対象とした私も、本格的に中津川に通うようになった二〇〇八年からは視野が一気に広がった。本書は、そうした視野の広がったなかの一つとして、独特な音楽文化や文化実践を生み出した場である中津川労音の機関誌を復刻したものである。全国労音の機関誌、東京労音がまとめた労音の歴史などを記した記念誌（非売品）は古書店等で入手できる。しかしながら、本書が復刻した地方の労音の活動がわかる会報レベルの機関誌は資料が散逸していて、活動の実態を探ることが難しい。近い過去にもかかわらず、遠い過去のものとなってしまっている。このような点からも、本書刊行の意義として、基礎資料の整備があげられる。自然科学の分野だと基礎研究の重要性が指摘されているが、人文科学、とりわけ戦後日本の音楽を学術的に研究対象とする際に、どれだけ基礎資料が整備されているかは心もとないのが現状である。さらには、地域のあり方、日本の音楽文化の再考とローカルアイデンティティ（地元愛）を考える契機の一助にもなると思い、本書の刊行を企画した。

†

こうした私の考えを最大限にバックアップしてくださったのが、私が客員研究員をつとめる成城大学グローカル研究センターのセンター長である小澤正人先生（成城大学文芸学部教授）でした。本書刊行を実現させてくださったこと、感謝に堪えません。さらに、出版事情の厳しいなか、風媒社編集長の劉永昇さんが本書の意図を汲んでくださり、快く出版を引き受けてくださったことも、感謝に堪えません。また、索引作りと校正を手伝ってくださった、小河原あやさん（成城大学非常勤講師、元グローカル研究センターPD）に、この場を借りて御礼申し上げます。

Ⅱの解説に収めた年表の一部や索引を作成してくださり、時に中津川労音の文化実践について議論を交わしてくださった山田晴通さん（東京経済大学コミュニケーション学部教授）、Ⅲの論考の草稿にクリティカルなコメントをくださった大山昌彦さん（東京工科大学教養学環准教授）、あらためて御礼申し上げます。最後に、Ⅰの機関誌「中津川労芸」「中津川労音」という貴重な一次資料の開示と復刻公開を快諾くださった笠木透さんに、そして今回、復刻するにあたってあらためて現物をお貸しくださった笠木由紀子さんに、御礼申し上げます。ありがとうございました。

Ⅲの論考の最後にも書きましたが、中津川の戦後の文化実践について目下一冊にまとめる準備をしていますので、これを一日も早く世に問いたいと思っております。あらためて、本書から「名も無き人々による文化実践」や「ローカルアイデンティティ」を感じていただければ嬉しく思います。

二〇二一年一月
研究室にて過ぎ去りし日々に想いを馳せながら
東谷護

謝辞
本研究は、公益財団法人　豊秋奨学会（２０１８年度研究費助成）、JSPS科研費 JP20K00219の助成を受けました。ありがとうございました。

## ■人名等索引

・この索引では、表記は一般的なものを優先しており、記事・広告中の表記とは一致しない場合もある。
・斜体は、記事ないし広告の見出しに氏名が含まれている場合、表紙に写真が掲載されている場合、および、署名記事の寄稿者。
・行事等の連絡先として記された個人名、会員の結婚や、転勤などの報告で言及された個人名、会員の活動に関して姓のみで言及されている例、19世紀以前のクラシック音楽の作曲者名、配役名など架空の人物は取り上げていない。
・団体名は、演者に相当するグループ、団体のみを挙げる。
・日本人で「名・姓」の芸名を名乗る者はそのままの読みの位置に、日本人以外で「名・姓」を名乗る者は「姓, 名」の読みの位置に配置している。

（作成：山田晴通、小河原あや）

**き**



**く**



**け**



**こ**

**と**



**な**



**に**



**ぬ**



**の**



**は**

**へ**



**ほ**



**ま**



**み**



**む**



**も**

## ■映画作品名索引

**編著者紹介**

東谷　護（とうや　まもる）

1965 年　神奈川県横浜市生まれ。京都大学大学院人間・環境学研究科博士後期課程修了。博士（人間・環境学）

現　在　愛知県立芸術大学音楽学部音楽学コース教授

著　書　『進駐軍クラブから歌謡曲へ―戦後日本ポピュラー音楽の黎明期―』（みすず書房、2005 年）

『マス・メディア時代のポピュラー音楽を読み解く－流行現象からの脱却―』（勁草書房、2016 年）

『教養教育再考―これからの教養について語る五つの講義』（編著、ナカニシヤ出版、2019 年）

『表現と教養―スキル重視ではない初年次教育の探求』（編著、ナカニシヤ出版、2019 年）

『ポピュラー音楽再考―グローバルからローカルアイデンティティへ―』（編著、せりか書房，2020 年）

*Made in Japan : Studies in Popular Music* (Routledge Global Popular Music Series) （共著、New York : Routledge , 2014）

ほか。

監　修　灰田高鴻「スインギンドラゴンタイガーブギ」漫画雑誌『週刊　モーニング』（講談社、2020 年～） https://morning.kodansha.co.jp/news/5249.html

ほか。

復刻　資料「中津川労音」
―1960年代における地域の文化実践の足跡を辿る―

2021 年 3 月 30 日　第 1 刷発行　　（定価はカバーに表示してあります）

編著者　東谷　護

発行者　山口　章

発行所　風媒社
名古屋市中区大須 1-16-29
振替 00880-5-5616　電話 052-218-7808
http://www.fubaisha.com/

乱丁・落丁本はお取り替えいたします。　＊印刷・製本／モリモト印刷

ISBN978-4-8331-1563-6